亳州年鉴

BOZHOU YEARBOOK

（2023）

中共亳州市委党史和地方志研究室 编

总第22卷

方志出版社
Publishing House of Local Records

图书在版编目（CIP）数据

亳州年鉴．2023 / 中共亳州市委党史和地方志研究室编．—北京：方志出版社，2023.12

ISBN 978-7-5144-5992-0

Ⅰ．①亳… Ⅱ．①中… Ⅲ．①亳州市－2023－年鉴
Ⅳ．① Z525.43

中国国家版本馆 CIP 数据核字（2023）第 245670 号

责任编辑：张　颢
责任校对：张玉霞
责任印制：梅中英
出 版 者：方志出版社
地　　址：北京市朝阳区潘家园东里 9 号（国家方志馆 4 层）
邮　　编：100021
网　　址：http://www.zgfzcb.cn
发　　行：方志出版社图书营销中心（010-67110500）
印　　刷：济南书来书往印刷有限公司
开　　本：889 毫米 ×1194 毫米　1/16
印　　张：26.5
字　　数：758 千字
版　　次：2023 年 12 月第 1 版
印　　次：2023 年 12 月第 1 次印刷
定　　价：260.00 元

《亳州年鉴（2023）》编审委员会

《亳州年鉴（2023）》编辑部

编辑说明

一、《亳州年鉴（2023）》以马克思列宁主义、毛泽东思想、邓小平理论、“三个代表”重要思想、科学发展观、习近平新时代中国特色社会主义思想为指导，坚持辩证唯物主义和历史唯物主义的立场、观点和方法，全面记述2022年亳州市自然、经济、政治、文化、社会、生态文明等各方面的发展情况。本卷是连续出版的第22卷。

二、《亳州年鉴（2023）》采用分类编辑法，按类目、分目、条目编排，部分内容设有次分目。条目为记述的基本单位。条目标题加【 】。全书设特载、专记、大事记、市情概览、中国共产党亳州市委员会、亳州市人民代表大会、亳州市人民政府、中国人民政治协商会议亳州市委员会、纪检 监察、民主党派、群众团体、法治、军事、经济管理、环境保护、中药产业、农业、工业、商贸、旅游、财政 税务 金融、交通 邮政 通信、城乡建设与管理、教育、科技、文化、医疗卫生、体育、社会事务管理、开发区简介、县（区）概览、人物、附录33个类目。

三、本卷文字资料由全市各部门、各县（区）及其他有关单位提供，亳州年鉴编辑部统筹编纂，经各部门和单位审核定稿。记述时限为2022年1月1日至12月31日，为保持内容资料的完整性和连续性，部分资料适当上溯或下延。

四、本卷主要综合性统计数据由市统计局或相关单位提供。所用数据由于统计的来源、口径、方式、方法和时间的不同，可能存在一定差异，使用时以市统计局提供的统计数据为准；凡市统计局未做统计的，以供稿单位提供的数据为准。计量单位一般均使用法定的单位。为遵从行业或使用习惯，有些内容使用“亩”等单位。数据一般保留到小数点后两位，保留数末尾为“零”的，一般不标出；同时，根据实际情况对部分数据予以全部保留。

五、本卷年鉴对各类目、分目间的交叉重复资料，在分清主次和互相协调的基础上，采取详此略彼的记述方法予以记载。

六、为方便读者查阅，本卷年鉴设“目录”“主题词索引”“图表索引”三种检索系统。

类 目

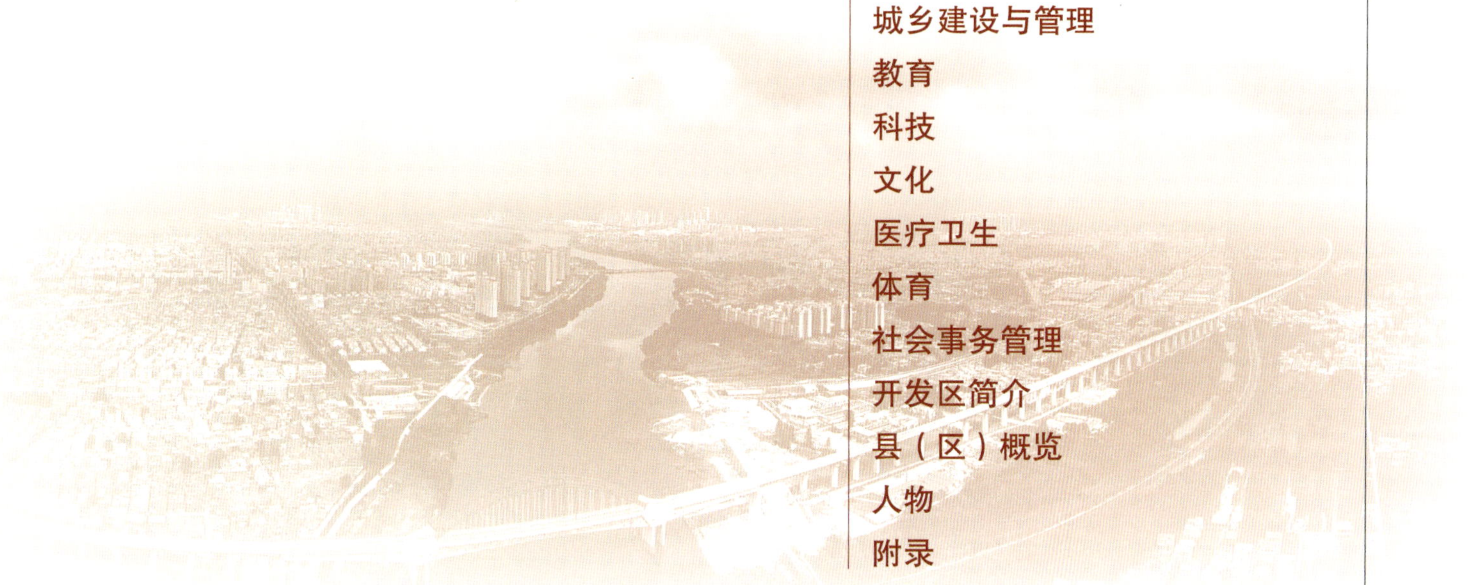

亳州市行政区划图

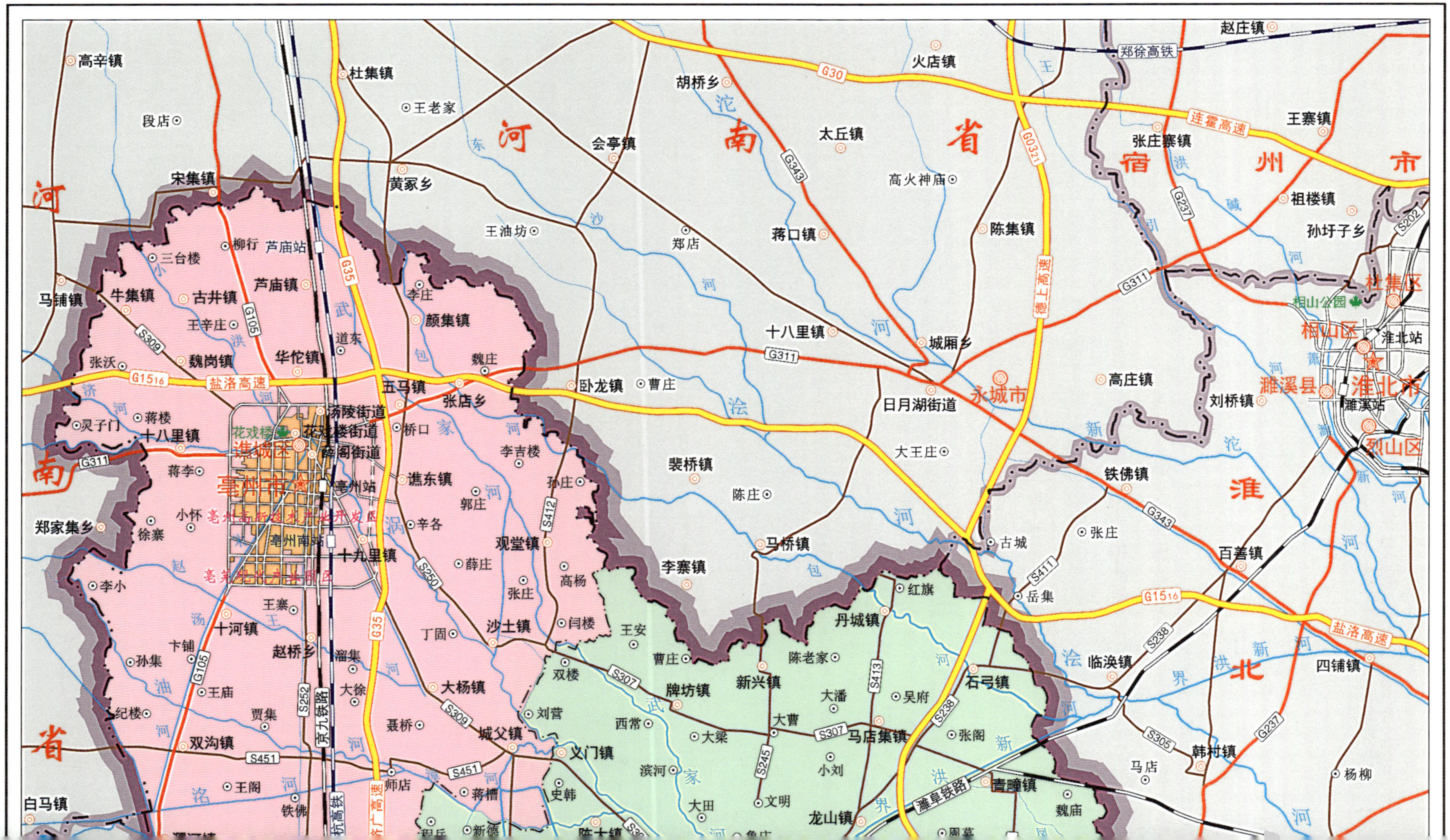
河南省
宿州市
淮北市
淮北
亳州市
谯城区
永城市
相山区
杜集区
烈山区
濉溪县
高辛镇
杜集镇
王老家
段店
宋集镇
黄冢乡
会亭镇
胡桥乡
太丘镇
火店镇
高火神庙
陈集镇
蒋口镇
郑店
王油坊
十八里镇
城厢乡
卧龙镇
曹庄
日月湖街道
大王庄
裴桥镇
陈庄
马桥镇
李寨镇
古城
岳集
张庄
铁佛镇
百善镇
高庄镇
刘桥镇
临涣镇
四铺镇
韩村镇
马店
杨柳
赵庄镇
王寨镇
张庄寨镇
祖楼镇
孙圩子乡
相山公园
淮北站
濉溪站
马铺镇
牛集镇
古井镇
芦庙镇
芦庙站
柳行
三台楼
王辛庄
张沃
魏岗镇
华佗镇
道东
李庄
颜集镇
魏庄
五马镇
张店乡
汤陵街道
花戏楼街道
花戏楼
薛阁街道
桥口
亳州站
谯东镇
郭庄
李吉楼
孙庄
灵子门
蒋楼
蒋李
郑家集乡
小怀
徐寨
李小
亳州南站
亳州高新技术产业开发区
十九里镇
辛各
薛庄
观堂镇
高杨
张庄
王寨
十河镇
卞铺
孙集
王庙
纪楼
赵桥乡
淄集
大徐
丁固
沙土镇
闫楼
大杨镇
聂桥
贾集
双沟镇
王阁
铁佛
师店
城父镇
蒋槽
白马镇
王安
曹庄
陈老家
丹城镇
红旗
双楼
刘营
牌坊镇
新兴镇
大潘
吴府
石弓镇
西常
大梁
大曹
马店集镇
张阁
义门镇
滨河
小刘
史韩
大田
文明
龙山镇
青疃镇
魏庙
郑徐高铁
连霍高速
德上高速
盐洛高速
京九铁路
商杭高铁
濉阜铁路
G30
G0321
G343
G237
G311
G15₁₆
G105
G35
S202
S309
S250
S412
S411
S238
S305
S252
S451
S307
S413
S245

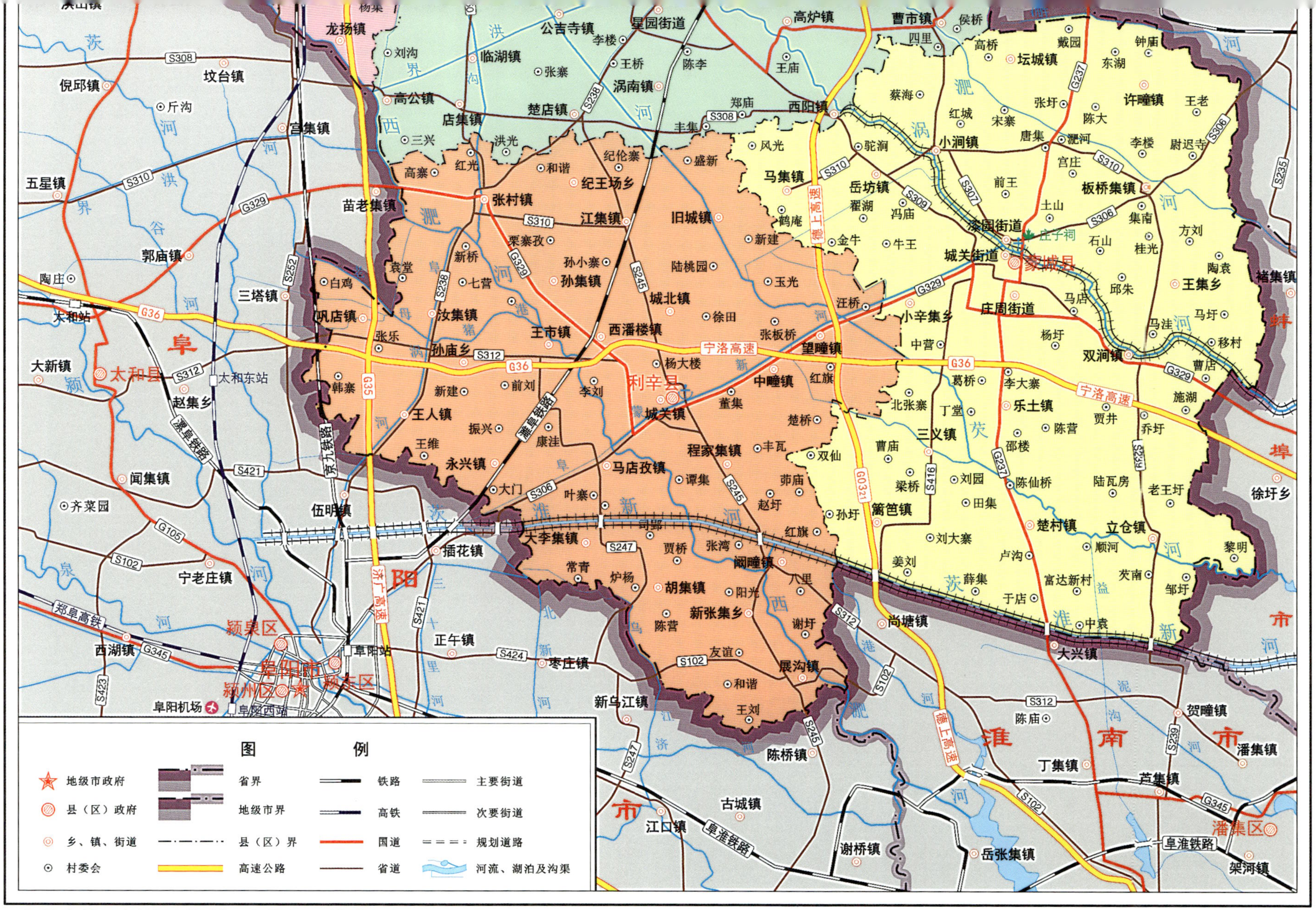

安徽省第四测绘院编制　审图号：皖亳S(2022)02号

二〇二〇年十一月

鸟瞰大美亳州　（刘勤利　摄）

亳州名片

BOZHOU
MINGPIAN

中国历史文化名城

中国优秀旅游城市

全国双拥模范城市

中国最具幸福感城市

中国十大最具活力休闲城市

中国特色魅力城市 200 强

中国长寿之乡

中国五禽戏之乡

全国武术之乡

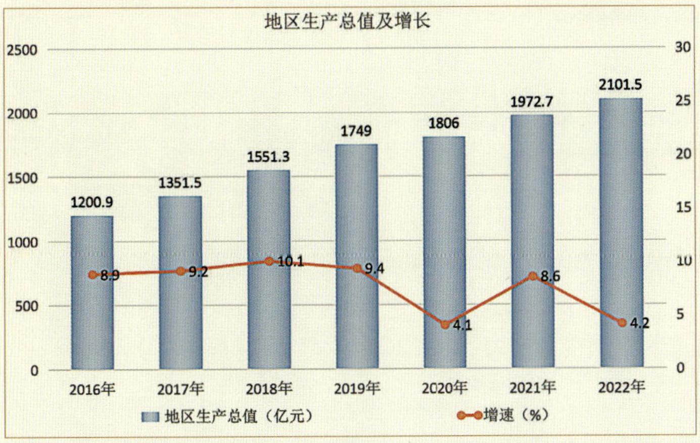
地区生产总值及增长
2500
2000
1500
1000
500
0
30
25
20
15
10
5
0
1200.9
1351.5
1551.3
1749
1806
1972.7
2101.5
8.9
9.2
10.1
9.4
4.1
8.6
4.2
2016年
2017年
2018年
2019年
2020年
2021年
2022年
地区生产总值（亿元）
增速（%）

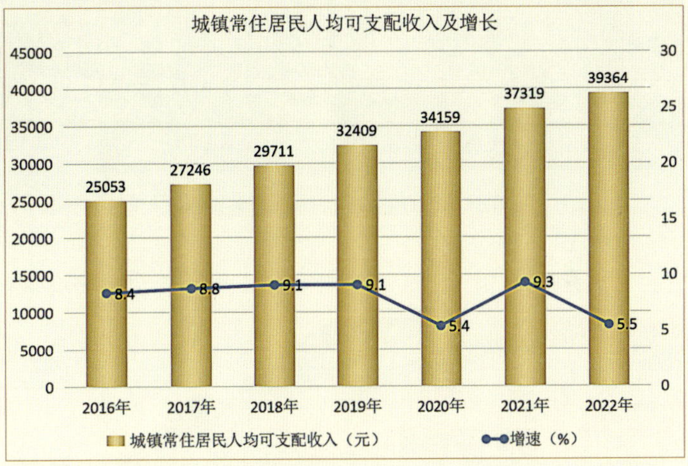
城镇常住居民人均可支配收入及增长
45000
40000
35000
30000
25000
20000
15000
10000
5000
0
30
25
20
15
10
5
0
25053
27246
29711
32409
34159
37319
39364
8.4
8.8
9.1
9.1
5.4
9.3
5.5
2016年
2017年
2018年
2019年
2020年
2021年
2022年
城镇常住居民人均可支配收入（元）
增速（%）

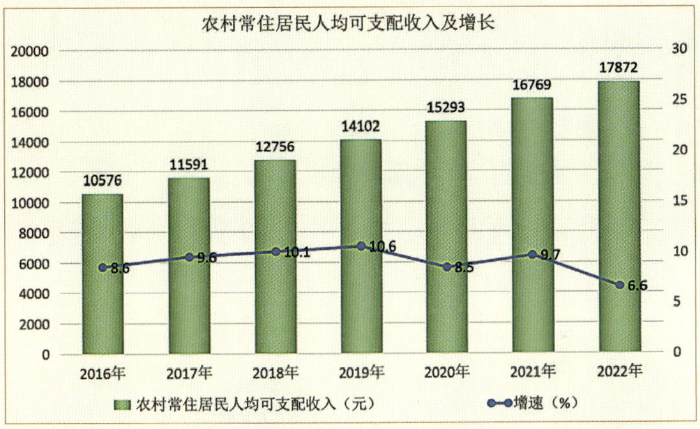
农村常住居民人均可支配收入及增长
20000
18000
16000
14000
12000
10000
8000
6000
4000
2000
0
30
25
20
15
10
5
0
10576
11591
12756
14102
15293
16769
17872
8.6
9.6
10.1
10.6
8.5
9.7
6.6
2016年
2017年
2018年
2019年
2020年
2021年
2022年
农村常住居民人均可支配收入（元）
增速（%）

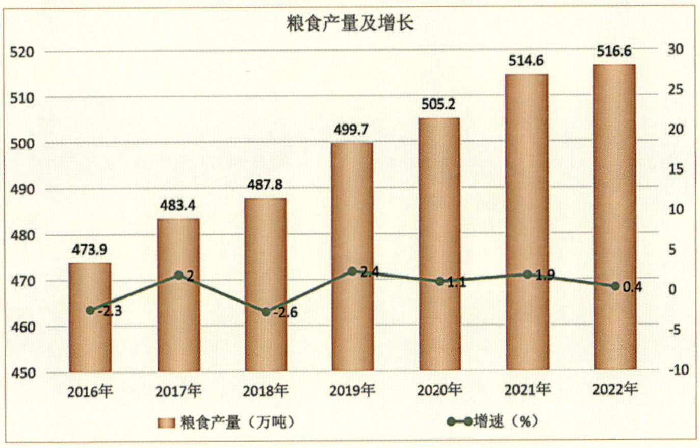
粮食产量及增长
520
510
500
490
480
470
460
450
30
25
20
15
10
5
0
-5
-10
473.9
483.4
487.8
499.7
505.2
514.6
516.6
-2.3
2
-2.6
2.4
1.1
1.9
0.4
2016年
2017年
2018年
2019年
2020年
2021年
2022年
粮食产量（万吨）
增速（%）

2022年10月16日，武警亳州支队官兵收看党的二十大开幕会　（张延林　摄）

学习宣传贯彻 党的二十大精神

2022 年 10 月 17 日，中药企业党员阅读党的二十大新闻消息
（张延林　摄）

2022 年 10 月 21 日，民营企业家协会召开学习贯彻党的二十大精神座谈会　（王慧君　摄）

2022 年 10 月 25 日，党的二十大代表谭艳芳在企业宣讲二十大精神　（杨　柳　供图）

2022年10月27日，亳州市第五小学举行“党是阳光我是花　庆祝党的二十大”百米长卷绘画活动　（洪　雷　摄）

2022 年 10 月 29 日，亳州城建集团举办“献礼二十大　唱响新征程”红歌比赛　（张启业　供稿）

2022 年 11 月 2 日，新华书店工作人员在整理党的二十大文件及学习辅导读物　（张延林　摄）

2022 年 11 月 7 日，党的二十大文件及学习辅导读物在亳州首发　（聂连丽　摄）

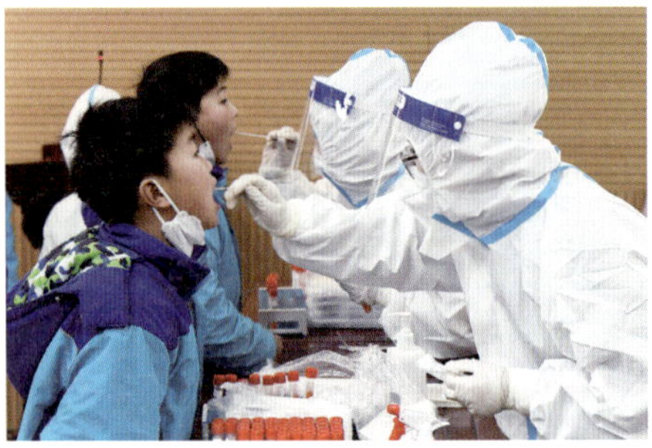

2022 年 2 月 14 日，疫情防控人员为小学生做核酸检测

（张延林　摄）

2022 年 3 月 24 日，市医保局工作人员，开展定点药店疫情防控措施督查

（张延林　摄）

疫情 防控

2022年3月29日，亳州市抗疫物资驰援上海市奉贤区　（张延林　摄）

2022 年 4 月 1 日，在亳州南高速防疫卡点，爱心企业人员为疫情防控一线人员送来慰问品

（刘勤利　摄）

2022 年 4 月 8 日，亳州市中医院医师在配制防治新冠的中药剂

（张延林　摄）

2022 年 5 月 13 日，迎接亳州援沪医务人员凯旋

（张延林　摄）

2022年6月5日，疫情防控人员在校园进行消杀工作

（张延林　摄）

2022 年 9 月 10 日，亳州海关关员对出口疫用中药材产品开展属地查检

（邱　昊　摄）

2022 年 9 月 8 日，亳州首届国际香料节开幕式暨亳州国际香料谷开业仪式举行（张延林　摄）

2022 年 9 月 9 日，亳州市举办纪念华佗诞辰 1895 周年祭祀典礼（张延林　摄）

世界中医药之都

2022 年 9 月 9 日，2022 年国际（亳州）中医药博览会暨第 38 届全国（亳州）中药材交易会、2022 年中医药文化传播行动·走进名医故里主题活动（亳州站）举行（张延林　摄）

鸟瞰药都亳州（刘勤利　摄）

2022 年 9 月 9 日，药商在亳州中药材专业市场内选购中药材　　（刘勤利　摄）

安徽济人药业公司员工在药品生产流水线上　　（刘勤利　摄）

2022 年 9 月 24 日，药农在药田采收菊花　（张延林　摄）

2022年10月29日，药农在分拣藏红花和玉兰花　（张延林　摄）

亳州市涡阳县鸿路钢构涡阳生产基地外景　（刘勤利　摄）

2022 年 7 月 9 日，亳州市利辛县翰联色纺股份有限公司，纺织工人在生产车间里赶制订单　（刘勤利　摄）

皖北承接产业转移集聚区

投入使用的亳州风力发电项目外景　（张延林　摄）

亳州市蒙城县江淮安驰公司冲焊厂焊装车间
（刘勤利　摄）

安徽协和成药业生产一角　（张延林　摄）

安徽金沙河面业加工场景　（张　弛　摄）

2022 年 10 月 12 日，施工人员在亳州市万通风电场 EPC 项目部集电线路组立铁塔　（刘勤利　摄）

古井贡酒生产流水线　（张延林　摄）

2022年，亳州市粮食生产实现“十九连丰”。图为5月27日，谯城区赵桥乡“无人农场”小麦收割现场（刘勤利　摄）

长三角绿色农产品 生产加工供应基地

蒙城专供长三角绿色蔬菜全产业链项目　（张　弛　摄）

2022 年 2 月 11 日，谯城区赵桥乡双楼村“无人农场”，植保无人机对麦田进行喷药作业

（刘勤利　摄）

2022 年 6 月 8 日，在亳州市谯城区双沟镇闫庄村蔬菜瓜果种植基地，农民在收获供应长三角地区的玫珑网纹甜瓜

（刘勤利　摄）

2022 年 10 月 8 日，在安徽省亳州市谯城区芦庙镇芦庙村，农民在大棚里晾晒刚采摘的朝天椒

（刘勤利　摄）

2022 年 11 月 2 日，谯城区双沟镇方向家庭农场农民在田间收获供应长三角地区的雪菜　（刘勤利　摄）

2022 年 12 月 6 日，国网安徽电力皖美（亳州）共产党员服务队队员在为村民晾晒传统手工制作的红薯粉丝

（刘勤利　摄）

2022年1月18日，古井贡酒生产车间　（张延林　摄）

华夏 酒城

2022年1月28日，安徽古井贡酒股份有限公司获“安徽省国有控股企业税收贡献10强”称号

（吴　伟　杨金川　供稿）

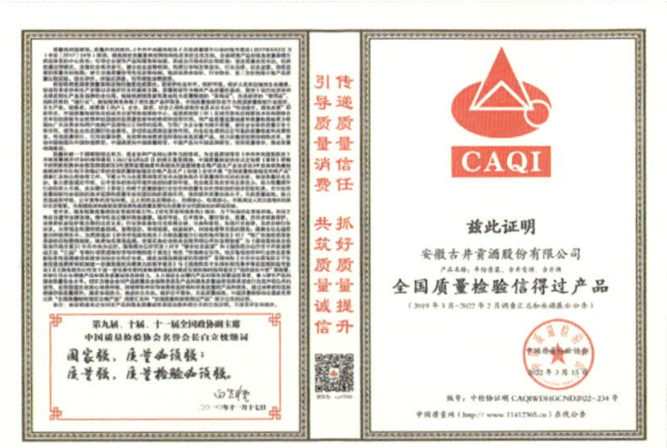

2022年3月15日，安徽古井贡酒股份有限公司荣获“全国质量检验稳定合格产品”荣誉称号　（吴　伟　杨金川　摄）

涡阳县高炉镇徽酒集团生产车间　（杨　柳　供图）

金不换酿酒明清古窖池　（冯国杰　摄）

2022年8月31日，“古井贡酒·年份原浆”粮食种植基地签约仪式在古井党建企业文化馆举行

（吴 伟 杨金川 供稿）

2022年9月19日，古井贡酒2022秋季开酿大典在亳州市中华酒谷古井酒神广场举行 （张延林 摄）

2022年2月9日，亳州市花戏楼景区，市民在表演国家级非物质文化遗产华佗“五禽戏”　　（刘勤利　摄）

亳州“夜经济”　（刘勤利　摄）

文化旅游**强市**

2022年4月30日，亳州市万亩芍花美景　（张延林　摄）

亳州花戏楼砖雕 （刘勤利 摄）

2022 年 9 月 3 日，亳州首届曹操诗歌文化节开幕 （刘勤利 摄）

2022 年 10 月 6 日，民间艺人在亳州市花戏楼景区进行民俗表演 （刘勤利 摄）

2022 年 9 月 17 日，亳州市谯城区举办第十届农民广场舞大赛 （张延林 摄）

2022年12月2日，亳州市望月潭公园冬日美景 （刘勤利 摄）

亳州市“口袋公园” （刘勤利 摄）

亳州南部新区　（刘勤利　摄）

省际毗邻 区域中心城市

2022年6月19日，落日余晖下的南湖公园　（陈海红　摄）

亳州北部新城　（刘勤利　摄）

亳州市区汤王大道涡河隧道开通运行　（刘勤利　摄）

亳州机场航站楼施工现场　（于成江　摄）

高铁筑梦　亳州腾飞　（刘勤利　摄）

目 录

特 载

专 记

大事记

市情概览

中国共产党亳州市委员会

亳州市人民政府

中国人民政治协商会议亳州市委员会

纪检 监察

民主党派

群众团体

法 治

军　事

经济管理

中药产业

农　业

工 业

商　贸

旅　游

财政　税务　金融

交通 邮政 通信

城乡建设与管理

教　育

科　技

医疗卫生

体　育

社会事务管理

开发区简介

县（区）概览

人　物

附　录

索　引

特 载

乌瞰药都亳州　　（刘勤利　摄）

政府工作报告（节选）

——2022年12月29日在亳州市第五届人民代表大会第二次会议上

亳州市人民政府代理市长　秦凤玉

一、2022年工作回顾

2022年是党的二十大胜利召开之年。全市人民在省委、省政府和市委的坚强领导下，坚持以习近平新时代中国特色社会主义思想为指导，深入贯彻党的十九大、十九届历次全会和党的二十大精神，全面落实习近平总书记对安徽作出的系列重要讲话指示批示，按照党中央“疫情要防住、经济要稳住、发展要安全”要求，聚焦省委“一改两为五做到”部署，全面实施“六一战略”，较好完成市五届人大一次会议确定的目标任务，实现本届政府工作良好开局。

（一）综合实力实现新突破。认真落实国家和省关于稳经济一揽子政策措施，相继出台促进经济平稳健康发展系列举措，努力克服疫情冲击影响，经济运行回稳向好。前三季度，地区生产总值1590.4亿元、同比增长3.3%，总量首次迈入全省前八位，在全国、中部地区、省内分别又赶超9个、4个、1个市。全年地区生产总值首次突破2000亿元大关、达2101.5亿元，增长4.2%，增速居全省第4位，较上年前进6个位次；一般公共预算收入完成148.1亿元，同口径增长7%；固定资产投资增长8.8%，增速居全省第9位，较上年前进6个位次；城乡居民人均可支配收入分别增长5.5%、6.6%。县域发展整体跃升，蒙城县、涡阳县经济总量分别居全省第15、18位，蒙城县入选全国县域发展潜力百强县，利辛县入选全国县域经济投资潜力百强县，谯城区入选全国投资竞争力百强区，涡阳县入选全省县域经济综合竞争力30强。

（二）产业转型迈出新步伐。三次产业比为13.6∶34.9∶51.5。推进一产“两强一增”。粮食总产连续11年居全省第2位，小麦最高单产913.2千克再创全省纪录，涡阳县获评国家级制种大县（小麦）。畜禽规模养殖比重86%，试点中药材趁鲜切制企业17家，新认证绿色食品、有机农产品81个。农业产业化龙头企业635家，规上农产品加工产值居全省第1位。

新建高标准农田58万亩、总数达771.4万亩、占比87.2%，实施“小田变大田”239.4万亩、占比27%，新建全程机械化综合农事服务中心13个，建成全省首家无人农场示范基地。科技特派员实现行政村全覆盖，农业科技进步贡献率66.5%，农作物耕种收综合机械化率94%，适度规模经营比例57.8%。实施农村居民本地就业“121”计划，开展农民工职业技能培训3.2万人。国家农业科技园区通过验收，亳药产业集群获批全省唯一的国家级优势特色产业集群。推进二产“提质扩量增效”。实施“扶优育规”工程，新增规模工业企业80家，规模工业增加值增长10.6%、居全省第2位。获批省级“专精特新”冠军企业4家，羚羊工业互联网平台注册企业768家。现代中医药产业规模达1664.1亿元，医药制造业产值356.5亿元、增长10.8%。规模白酒企业占全省1/3以上，古井集团年产值首次突破200亿元，古井贡酒白酒工业互联网平台获评国家级特色专业型平台。涡阳县绿色装配式建筑、蒙城县汽车及装备制造、利辛县轻纺服饰、谯城区现代中医药等特色产业加速集聚。推进三产“锻长补短”。开展“皖美消费”系列活动，限上批零住餐企业突破1000家，新能源汽车销售额增长7.1倍。国内旅游收入、旅游人数增速分别居全省第5、6位，古井酒文化博览园获评国家工业旅游示范基地。邮政业务总量38.6亿元，增长30.9%；快递业务量4亿件，增长55.4%，规模均居全省第2位，增速均居全省第1位。圆通、韵达物流一级分拨中心建成运营，农村产品网络销售额增长20%。谯城经开区获批省级服务业改革创新试点。

（三）发展质量得到新提升。招商引资质效并重。大力推进产业链招商、平台招商、基金招商，组建“双招双引”十大产业专班，举办药博会、“天下亳商”大会等系列活动，新签约亿元以上工业项目255个、新落地155个。新开工制造业项目投资增长86%，居全省第6位。项目建设成效明显。完善“管行业必须管投资”、要素会商等机制，大抓项目谋划、建设、入库，157个亿元以上项目建成投产，261个亿元以上项目开工建设，省重点项目投资完成率、开工率、竣工率均居全省前列。新入库纳统项目736个，增长63.3%，创历史新高。落实中央预算内投资、地方政府专项债券项目65个，争取保交楼专项借款金额居全省第1位。新建5G基站2308个，基础设施投资增长42%，居全省第2位。涡阳县、蒙城县获评为全省投资“赛马”激励地区。要素保障稳健有力。推广“亩均效益”评价，推行“拿地即开工”“交地即发证”做法，清理闲置低效用地1.4万亩，获省政府奖励新增建设用地计划指标1000亩。提高金融服务实体经济能力，新增信贷375.2亿元，直接融资额居全省第4位，普惠型小微企业贷款利率较年初下降0.68个百分点。亳州至太和天然气长输管道、板集煤矿建成投运，板集电厂二期、亳二500千伏输变电工程开工建设。生态底板持续加固。$PM_{2.5}$平均浓度、空气优良天数比率全面完成省下达的目标任务，国控断面水质优良率提升幅度居全省第1位，畜禽粪污资源化利用率稳定在95%以上。坚决遏制“两高”项目盲目发展，完成节能降耗年度目标任务，新增并网风电项目6个、工商业分布式光伏装机规模257.4兆瓦，累计并网可再生能源发电装机规模3064兆瓦。

（四）改革开放增添新动能。重点领域改革纵深推进。政务服务事项全程网办率99.6%，50.8%的事项实现“一键申报”，平均承诺办理时限压缩至1.4天，成功申报全国数据直达基层试点。在全省率先设立“政务找茬”窗口、实施工业项目“四证齐发”、开展工程项目审批“全程代办”、推行“智能宫格”评标模式改革，“退休一次办”、重点企业用工服务保障、医保经办管理做法成为全国典型，市县领导干部公布电话号码直通群众、企业机制广受好评。“税信通”联合激励机制延伸扩面，通过“免申即享”方式为9576家企业兑付奖补资金3.6亿元。零基预算改革全面实施，国企改革三年行动顺利完成。省级开发区新供工业用地全部实现“标准地”出让。医保按病种分值付费改革加快推进。开放合作不断扩大。获评全省推进长三角一体化发展专项考核优秀等次，亳芜浙江五金机电产业园一期建成投产，涡阳永康产业园加快建设，上海市工业综合开发区亳州产业园即将开工，“一网通办”应用场景覆盖长三角所有城市，社会保障卡在长三角区域基本实现“居民服务一卡通”。加快建设中国（安徽）自由贸易试验区亳州联动创新区，新增进出口实绩企业73家，中药材出口额占全省80.6%，皖北首家保税芝麻仓库、药食同源商品保税仓库落户亳州。利用外商直接投资增长153.9%。亳州高新区居全省开发区综合考核第19位。创新能力有效提升。战略性新兴产业产值增长14.9%，高技术产业投资增长52.8%，认定高新技术企业152家。设立1.5亿元市级科技成果转化引导基金，全社会研发经费投入增长10.9%，每万人口发明专利拥有量增长13.3%。引进高层次人才和急需紧缺人才461人。亳州青年科技创业园获批国家级科技企业孵化器，利辛县辛创云众创空间获批国家级众创空间。营商环境持续优化。组合式推进惠企纾困政策落地，为市场主体退税减税缓税降费89.5亿元，新登记市场主体10.4万户，增长29.4%。出台创建一流营商环境十条举措，开展“优环境、稳经济”集中办公、“市长接待日”等系列活动，在全省率先实施“码上监督”、工业厂房分幢登记办证等创新举措，“12345”政务服务便民热线荣获全国政务热线服务质量评估A级。

（五）城乡建设呈现新面貌。空间布局更加科学。国土空间总体规划“三区三线”划定成果获批使用，市中心城区和三县县城发展空间进一步拓展，分别增加40%、37%。重点片区加快建设，高铁新城、涡北新城功能不断增强，西部片区、涡河滨水片区有序更新，城东文化新区启动建设。城市品质更加彰显。市中心城区实施重点城建项目49个、完成投资30.5亿元，希夷大道等4条道路“白加黑”、三清大道工程全面完成，杜仲路、合欢路下穿立交桥和汤王隧道建成通车。海绵城市达标区面积25.4平方千米，实施小微地块生态治理3.7万平方米，新建改造口袋公园9处。市中心城区电动三轮车治理成效显著，公交线路进一步优化，新增停车泊位1.8万个，红色物业覆盖率居全省第3位，文明养犬、共享单车管理持续规范，全国文明城市创建通过首次年度测评、居第一方阵。连续2年获批为国家城市体检样本城市，城市生命线一期安全工程建成运行，“城市大脑”运行管理服务场景建设经验推向全国。美丽乡村更加宜居。扎实推进巩固拓展脱贫攻坚成果同乡村振兴有效衔接。农村人居环境加快改善，美丽乡村省级中心村覆盖1/3以上行政村，建设农村巷道1500千米，升级改造农村电网505.5千米，完成改厕2万户，实现47.2万农村人口地下水水源置换，农村生活垃圾无害化处理率98%，涡阳县改厕模式、蒙城县城乡一体化供水工程入选全国典型案例。（市）村级综合文化服务中心覆盖率99.5%。交通出行更加便利。谋划启动交通重点项目“三年行动计划”，新建续建国省干线147.2千米，提质改造农村公路249.6千米。亳州机场预计2024年通航，阜蒙淮城际铁路、亳蒙高速二期、徐淮阜高速亳州段开工建设，G237蒙城绕城段、G329利辛绕城段等一级公路建成通车，涡河航道整治疏浚工程基本完成。

（六）社会事业取得新进步。民生保障稳步提升。20项民生实事和10项暖民心行动全面完成，“亳州养生”品牌影响力不断提升。新增城镇就业7.6万人，居民医疗、养老保险参保率分别达99%、95%，城乡低保标准分别提升7.5%、4.9%，改造棚户区住房1.4万套、老旧小区99个，新增托育托位9905个，建设养老服务站56个。教育事业扩容提质。新建、改扩建幼儿园、中小学63所，新增基础教育学位4.8万个。严格执行划片就近免试入学政策，义务教育课后延时服务实现全覆盖。落实“双减”政策，民办义务教育在校生占比由24.84%下降到3.53%。建设市县职教园区3个，产教融合、校企合作持续深化。亳州学院高峰培育学科加快建设，华佗中医药学院主体完工。亳州职业技术学院技能型高水平大学建设步伐加快。思政课改革有力有效。健康亳州扎实推进。实施医疗卫生健康事业“三年提升、两年巩固”行动，建成各类卫生项目67个，成功创建省卫生城市。组建紧密型城市医联体4个，建成示范中医馆23家，华佗名医堂启动建设，三县中医院均创成三级中医医院。建成全民健身场地设施291处，亳州市运动健儿省运会、少数民族运动会获得奖牌数创历史新高。平安建设不断深化。政府债务、金融、房地产等领域风险有效防范，社会矛盾纠纷多元预防调处化解机制不断健全。信访总量下降24.3%，进京访批次、人次分别下降84%和82.4%，赴省访批次、人次分别下降54%和48.4%，重复信访下降33.5%，信访答复率、受理率、参评率、满意率分别居全省第1、1、2、5位，信访工作居全省第2位。人民网留言办理连续11年获评全国先进。质量工作获省级考核A级，食品安全“两个责任”有效落实。城市综合信用指数居全国第65位。连续8年获评全省安全生产工作先进单位，城乡自建房安全专项整治全面展开，打击整治养老诈骗、电信网络诈骗成效显著，扫黑除恶斗争常态化开展，人民群众安全感进一步提升。

二、深入学习宣传贯彻党的二十大精神，进一步明确政府工作的目标任务

学习宣传贯彻党的二十大精神，是当前和今后一个时期的首要政治任务。根据市委五届六次全会部署，亳州现代化建设的奋斗目标是：到2027年，主要经济指标增速超过全省平均水平，经济总量实现3300亿元、冲刺3700亿元，力争年均增长8%左右，在皖北和全省争先进位，进入中上游梯队；人均地区生产总值6.5万元以上，全员劳动生产率13万元/人以上；固定资产投资年均增长10%左右，社会消费品零售总额突破1800亿元，货物贸易进出口额力争达到150亿元；居民收入和经济增长基本同步，人民健康水平和居民生活品质实现新提升。到2035年，与全国全省同步基本实现社会主义现代化，实现“三个上台阶、总量增两倍”，基本建成现代化美好亳州。到21世纪中叶，与全国全省同步实现社会主义现代化，建成现代化美好亳州。

政府工作的总体要求是：以习近平新时代中国特色社会主义思想为指导，全面贯彻落实党的二十大精神，深入贯彻落实习近平总书记系列重要讲话指示批示精神，把“两个确立”“两个维护”作为最高政治原则和根本政治规矩，认真落实“五位一体”总体布局和“四个全面”战略布局，坚持稳中求进工作总基调，完整、准确、全面贯彻新发展理念，积极服务和融入新发展格局，以产业化、城镇化为牵引，以改革创新为动力，自信自强、守正创新，踔厉奋发、勇毅前行，全面实施“六一战略”，在高质量发展中促进共同富裕，奋力谱写现代化美好亳州建设新篇章。

面对新目标、新要求，我们将牢牢把握以下五点：

（一）坚持不懈用习近平新时代中国特色社会主义思想凝心铸魂。把习近平总书记重要讲话指示批示精神和有关重要论述列为政府党组集体学习首要内容、常务会议第一议题，深刻领悟“两个确立”的决定性意义，增强“四个意识”、坚定“四个自信”、做到“两个维护”。全面把握习近平新时代中国特色社会主义思想的世界观和方法论，深刻领会“两个结合”，切实做到“六个坚持”，把党的创新理论贯彻到政府工作各方面全过程。

（二）深刻领会中国式现代化的中国特色和本质要求。坚定以中国式现代化引领亳州现代化建设，加快实施“六一战略”，着力推动现代中医药产业迈向中高端，皖北承接产业转移集聚区建设走在全省前列，长三角绿色农产品生产加工供应基地全面建成，华夏酒城影响力和美誉度不断提升，文化旅游对经济发展贡献度持续提高，省际毗邻区域中心城市地位更加牢固。

（三）牢牢把握高质量发展这个首要任务。牢牢把握扩大内需这个战略基点，更好统筹疫情防控和经济社会发展，更好统筹发展和安全，全面深化改革开放，大力提振市场信心，突出做好稳增长、稳就业、稳物价工作，强力推动经济实现质的有效提升和量的合理增长。推进三次产业高质量协同发展，增强教育、科技、人才的基础性战略性支撑，培育形成3个千亿级、6个百亿级产业和3个超百亿元、8个超50亿元、60个超10亿元企业。

（四）始终坚持以人民为中心的发展思想。坚持在发展中保障和改善民生，想人民之所想，行人民之所盼，大力实施民生工程和暖民心行动，持续开展“亳州老乡，请您回家”和助力青年学子创业活动，健全社会保障体系，扩大公共服务供给，不断把人民对美好生活的向往变为现实。落实市委防范化解重大风险方案体系，保障群众合法权益，不断增强人民群众获得感、幸福感、安全感。

（五）切实把自我革命要求落实到政府自身建设的全过程。推动政府系统各级党组织认真履行主体责任，常态化长效化开展党史学习教育，发扬斗争精神，勇于自我革命，拓展“三严三实”“马上就办、真抓实干”作风建设专项行动成果。贯彻《全市各级领导班子和领导干部政治建设监督检查参考指标》要求，一体推进不敢腐、不能腐、不想腐，持续净化优化政治生态。

三、2023年重点工作

2023年是全面贯彻落实党的二十大精神的开局之年，是实施“十四五”规划承上启下的关键一年。全市经济社会发展的主要预期目标是：地区生产总值增长8%左右，一般公共预算收入增速高于全省平均水平，固定资产投资、规模工业增加值、社会消费品零售总额均增长10%左右，进出口总额增长10%，城镇、农村常住居民人均可支配收入与全省同步增长，城镇新增就业3.2万人以上，居民消费价格涨幅低于全省平均水平，粮食产量稳定在50亿千克左右，碳排放、节能及生态环境质量指标完成省下达年度目标任务，努力推动各项工作“皖北走前列、全省靠前站、全国有位置”。

重点做好九个方面工作：

（一）聚焦高质量发展，在稳定经济增长上奋力突破。持续扩大有效投资。坚定把招商引资作为经济工作的第一战场，围绕十大产业，面向世界500强、国内500强、行业龙头企业和产业链关键环节企业，坚持市县联动、条块结合，新落地亿元以上工业项目不少于130个，每个载体新引进10亿元以上产业项目1~3个，力争50亿元以上项目有突破。坚持“管行业必须管投资”，围绕中央预算内投资、地方政府专项债券等重点支持领域，谋划储备项目1200个。常态化开展“项目建设进度”和“招商引资落地”集中攻坚，完善要素会商机制，新开工亿元以上项目170个、竣工100个。基础设施投资增长50%以上。

持续推动消费提质升级。开展汽车、批零住餐等领域促消费活动，实施商贸企业培育计划，新增限上商贸流通单位150家以上。改善消费条件，优化城市商业网点布局，升级农村集贸市场，推进蒙城县域商业体系建设试点工作。提升消费品质，做强“亳州养生”“谯城花茶”等区域公共品牌，申报一批“安徽老字号”。发展现代物流业，加快建设亳州港多式联运物流园、韵达现代产业园、市快递物流综合产业园，支持蒙城县创建省级物流枢纽、冷链物流基地。建设市县电商快递产业园，促成更多快递企业在亳新设一级分拨中心。因城施策，支持刚需性和改善性住房消费，解决好新市民、青年人等住房问题。积极发展线上经济、直播带货等新业态新模式。

持续提升园区能级。推动园区亩均效益评价全覆盖，依法实施差别化财税、用地、用电等政策。开展批而未供、闲置土地和工业低效土地全域治理，有效盘活存量资产。全面推行开发区“标准地”制度和“拿地即开工”“交地即发证”做法。推动六个省级开发区差异化、集群化发展，努力在全市比贡献、全省进位次，力争2个开发区进入全省开发区综合考核30强。支持谯城经开区创建国家级经开区、亳州高新区创建国家级高新区、亳芜现代产业园区争创省级生产性服务业集聚区。

持续壮大县域经济。蒙城县、涡阳县锚定全国百强县目标努力冲刺。利辛县力争进入全省县域20强，奋力建设“中原纺织城”“绿色能源县”。谯城区发挥产业资源、市场空间等优势，推动主要经济指标“皖北打头阵、全省争先进”。支持各县区加快培育百亿级特色产业集群、营收超百亿元的链主企业，构建错位联动、竞相发展的产业格局。

*（二）聚焦新型工业化，在制造业提质扩量增效上奋力突破。*做大做强主导产业。细化制定“六一战略”专班方案，推动年度任务清单落地落实。加快建设世界中医药之都，积极打造全球中药材桥头堡，推动中药材种植标准化、制造集群化、业态多元化，发展中药饮片、配方颗粒、中成药、大健康产品，壮大花草茶、香辛料产业，促进生产领域向“药、食、健”高端化延伸，中药材种植面积124万亩，实现中医药产业规模1800亿元，其中贸易总额1350亿元，医药制造业产值增长10%以上。加快建设华夏酒城，构建“一核一区一圈多点”整体发展格局，做强古井集团、徽酒集团等行业龙头，促进中小酒企产业化发展，白酒产业产值增长15%。加快建设长三角绿色农产品生产加工供应基地，打造粮食、畜牧、蔬果等超百亿元全产业链集群，做大预制菜产业，农产品加工总产值增长10%以上。培育壮大绿色装配式建筑、汽车及装备制造、轻纺服饰、新能源、电子信息等产业，打造一批特色产业集群。

扎实推进扶优育规。实施制造业“提质扩量增效”行动，挖掘、培育行业龙头企业，扶持企业做大做强，新增规模工业企业80家，力争培育省级“专精特新”企业10家、国家级小巨人企业1家以上，年销售收入超亿元企业40家、超10亿元企业8家、超20亿元企业3家。加快现代中药产业集聚发展基地建设，战略性新兴产业产值占比提高0.8个百分点。引导企业更新工艺技术，工业技改投资增长10%，培育省级企业技术中心和工业设计中心5家、安徽工业精品5个。

持续深化智改数转。推进数字新基建，新建5G基站1000个，实现农村全域覆盖、城市深度覆盖。推动智能化改造和数字化转型，加快云计算、人工智能等技术创新和应用，新增省级数字化车间、智能工厂5个，市大数据（软件）产业园销售收入突破2亿元。实施工业互联网创新发展行动，建成工业互联网平台行业级2个、企业级5个，羚羊工业互联网平台新登记企业600家，推出5G、工业互联网应用场景3个。

不断优化营商环境。落实创建一流营商环境十条举措，完善“市长接待日”等服务机制，迭代升级“免申即享”“码上监督”“一键申报”、工业厂房分幢登记办证等创新做法，提升政务服务标准化规范化便利化水平。推进直达基层的金融服务活动，扩大首贷户规模和无还本续贷覆盖面，力争新增贷款360亿元。健全基金投资体系，推动政府母基金、产业基金和市场基金联动发展。落实惠企纾困政策，助力中小微企业、个体工商户稳定发展，新增市场主体6万户。实施民营经济上台阶行动，依法保护民营企业产权和企业家权益，民营经济增加值增速高于全省平均水平。

（三）聚焦科教兴亳，在增强基础性战略性支撑上奋力突破。坚持教育优先发展。实施基础教育质量提升三年行动计划，建设一批公办中小学、幼儿园，促进高中阶段学校多样化发展。统筹职业教育、高等教育、继续教育协同创新，推进职普融通、产教融合、科教融汇，加快建设市职教园区，建成投用华佗中医药学院，支持亳州学院高峰培育学科、亳州职业技术学院技能型高水平大学建设，支持亳州幼儿师范学校提升办学层次。促进教育公平，规范民办教育办学行为。发展老年教育，建立家长学校，构建服务全民终身学习的教育体系。深化中小学教师“县管校聘”管理改革，开展校长职级制试点。加强师德师风建设，培养高素质教师队伍，弘扬尊师重教社会风尚。巩固“双减”成效，提高课后服务质量，加强青少年心理健康教育和近视防控，努力办好人民满意的教育。

提升科技创新能力。强化企业创新主体地位，推进科技企业“双倍增”，认定高新技术企业50家，备案科技型中小企业400家。加强企业主导的产学研深度融合，建设省级科技成果产业化基地和现代中医药等产业技术研究院，新增省级以上创新平台5个，技术合同成交额30亿元以上。推进规模工业企业“两清零一提升”，全社会研发经费投入增长15%以上。实施科技项目“揭榜挂帅”，推进关键共性技术攻关。推动“科技—产业—金融”良性循环，促进科技创新与科技普及协同发展。

强化人才引领驱动。升级药都“双创”英才计划，完善招才引智政策，承接高端人才资源和创新要素外溢，引进高层次人才55人、急需紧缺人才400人。探索设立人才飞地、研发飞地，申报高层次科技人才团队2家。加强产教融合、校企合作，建设技工学校和公共实训基地，新增技能人才1.5万人，培训农民工2.3万人。构建人才引进留驻机制，让各类人才潜心钻研、尽展其能。

（四）聚焦新型城镇化，在建设省际毗邻区域中心城市上奋力突破。以更高标准建设中心城市。统筹推进市县国土空间规划编制，精心编制市中心城区控制性详细规划，优化重点片区、重要节点城市设计。完善高铁新城基础功能，增强涡北新城承载力，优化城东文化新区概念规划，让老城再现历史文化风貌、新城彰显现代都市气息。常态化开展城市体检，继续推进城市更新，大力拓展“城市大脑”应用场景。实施重点城建项目54个，启动光明路涡河大桥、药都路涡河大桥和2条道路“白加黑”工程。加快引江济淮入亳工程建设，建成涡北地表水厂，提高城市饮用水保障能力。推动教育、医疗、文化、体育等资源均衡布局，构建15分钟基本公共服务圈。

以更细举措强化城市管理。坚持点线面结合、区街园联动，加强智慧停车、红色物业、精致社区管理，推动老旧小区、背街小巷、雨污分流改造，人力推进垃圾分类，科学设置便民摊点，让城市面貌更加靓丽、空间更加清朗。加快智慧城市建设，优化城市运行管理服务平台功能。开展绿化提升行动，推进高铁站公园项目，建设口袋公园、街头游园8处，打造绿地10分钟服务圈，争创国家园林城市。全面提升市民文明素质，创建全国文明城市。

以更优品质丰富文化内涵。坚持以文塑旅、以旅兴游，深挖老子、庄子、曹操、华佗等历史人文资源，开展芍花养生文化旅游节等活动，创建A级旅游景区和旅游度假村，加快旅游线路、旅游景区优化升级，旅游总收入增长20%以上。聚焦增强文韵，加强历史文化保护传承，建设曹操文化园，改造提升北关历史街区，把“亳文化”元素充分融入城市。着力彰显药韵，建成运营华佗百草园、亳州养生会客厅，建设十河芍花养生小镇，争创省级中医药文化生态保护区。突出展现酒韵，加快建设古井白酒小镇，提升华夏酒城美誉度。

以更强力度打造特色城镇。推进以县城为重要载体的城镇化建设，支持各县完善公共设施、环境设施、市政设施，打造50万人口规模现代化中等城市。涡阳县争创国家级园林县城、森林城市，塑造“问道涡阳、生态福地”城市品牌。蒙城县建设淮河生态经济带宜居宜业宜游的中等城市，彰显“庄子故里、逍遥蒙城”历史文化名城底蕴。利辛县建设城乡区域协调发展试验区，提高“皖北水乡、淮上江南”品牌影响力。支持各县区立足资源禀赋，分别打造一批农业强镇、工业强镇、文旅强镇。

以更大格局完善交通网络。实施交通重点项目“三年行动计划”，完善内联外畅交通网络，融入更大经济圈。推进区域连通，加快建设亳蒙高速二期、徐淮阜高速亳州段等高速公路项目，继续实施G105、G311、S245等10条国、省干线项目，谋划推进亳州至郸城、涡阳至利辛连接线项目。打造综合交通，完成亳州机场主体工程，加快机场连接线、阜蒙淮城际铁路亳州段建设，做好现代铁路综合物流园项目前期工作。继续实施涡河航道一体化建设，开工建设涡阳船闸、大寺闸等节点项目。

（五）聚焦乡村振兴，在建设宜居宜业和美乡村上奋力突破。促进农业强。深化“两强一增”行动，构建现代农业全产业链。落实最严格的耕地保护制度，新建和改造提升高标准农田27万亩。做好全省第三次土壤普查工作。推进科技强农，实施“科技特派员+”制度，促进农业“四新”科技成果转化，深化“亳勃种业”行动，农业科技进步贡献率提高0.5个百分点。推进机械强农，壮大亳州农机大市场，新增全程机械化综合农事服务中心13个，新建粮食烘干项目8个、农产品产地冷藏保鲜设施25个，农作物耕种收综合机械化率达94.4%。推进种养业提质增效，打造优质专用小麦600万亩，规模养殖比重85%以上，蔬果面积150万亩以上。擦亮“绿色亳农”品牌，新增绿色食品、有机农产品60个。发展农村电商，农村产品网络销售额超130亿元。

促进农村美。编制“多规合一”实用性村庄规划。持续改善农村人居环境，接续推进“三大革命”“三大行动”，新建美丽乡村省级中心村39个、美丽宜居自然村庄527个，改厕1.9万户，垃圾无害化处理率达98%。系统谋划沼气应用、有机肥料项目，逐步解决农作物秸秆、畜禽粪污、农村有机质垃圾利用问题。统筹建设路、水、林、电、气、通信网，提质改造农村公路350千米、危旧桥梁104座。推进“喝上引调水”工程，新建续建地表水厂9处，水源替换惠及100万人。推动基本公共服务资源向农村倾斜，兜牢基本民生保障。加强和改进乡村治理，推动移风易俗，培育文明乡风。

促进农民富。巩固拓展脱贫攻坚成果，保持主要帮扶政策总体稳定，强化监测帮扶，守牢防止返贫致贫底线。深化农村集体产权制度改革，推进农村集体经营性建设用地入市，开展“三变”改革的村占比达79%，年经营性收入50万元以上强村达14%。大力推行“一块田”、订单农业、股权联盟等模式，土地适度规模经营比例达59%。继续实施农村居民本地就业“121”计划，提高农村低收入群体内生发展能力。鼓励工商资本下乡，支持新型农业经营主体发展，带动农民增收致富。

（六）聚焦改革开放，在增强发展潜能上奋力突破。加速融入长三角一体化发展。深化战略互动，加快落实各领域共建协议，尽快取得一批标志性成果。深化产业互联，加快建设上海市工业综合开发区亳州产业园、亳芜浙江五金机电产业园、涡阳永康产业园，推动优势产业加入长三角相关产业协会联盟，共建长三角文化旅游廊道，建设长三角3小时鲜活农产品物流圈。深化社会互融，共建共享优质公共服务资源，提高“跨省通办”、长三角“一网通办”覆盖面和便利度。深化要素互通，推动创新、资金、人才、技术等要素耦合。

深化重点领域改革。纵深推进“放管服”改革，精简涉企经营许可，落实企业准入准营退出举措，加强事中事后监管。优化财政体制，提升零基预算改革质效。稳步推进国有粮食企业改革。支持国有企业做强做优做大，发展多层次资本市场，实现直接融资200亿元，力争新增上市企业、辅导备案企业各1家。动态调整开发区赋权清单，支持亳芜现代产业园区实行“管委会+公司”运作，鼓励引导省级开发区实施市场化改革。推进重点工程管理制度和建筑工程审批制度改革。深化科技、医疗、教育、文化、工会等领域改革，规范促进行业协会、商会和中介机构发展。

提升开放合作水平。高质量建设中国（安徽）自由贸易试验区亳州联动创新区、国家加工贸易产业园，市场化办好药博会。推进贸易产业融合，支持企业抢订单、拓市场，新增外贸实绩企业25家以上。发展外贸新业态新模式，帮助企业开展跨境电商，推动更多优势产品走出去。引进更多外资来亳兴业，实际使用外资增长10%以上。深化与RCEP成员国、“一带一路”沿线城市经贸合作，建设保税物流中心（B型）。深化国际友城交流合作。

（七）聚焦生态文明，在推动绿色发展上奋力突破。推动污染防治攻坚。持续抓好“1+1+N”突出生态环境问题整改。加强$PM_{2.5}$和臭氧浓度协同控制，完成省下达目标任务。推进地表水污染治理集中攻坚，开展西淝河流域水环境治理，加强农村黑臭水体综合治理和后期管护，整治骑河建房、生活污水直排河道问题，新增污水处理能力14万吨，国考断面水质稳定达标。强化土壤污染风险管控，加强固废危废监管和处置，推进涡阳县、利辛县国家大宗固体废弃物综合利用示范基地建设。促进化肥农药减量增效，农作物秸秆综合利用率、畜禽粪污资源化利用率均达95%。

推动生态修复治理。统筹国土空间生态保护与修复，加强废弃矿山、采煤塌陷区、地下水超采区综合治理，抓好蒙城芡河鳜鱼青虾保护区禁捕退捕工作。深化河流湿地环境修复，推进涡河、茨淮新河等生态廊道和生态屏障建设。推深做实河（湖）长制，继续加强水土保持监管。深化新一轮林长制改革，实施“五大森林”行动，完成人工造林、森林抚育6.4万亩。加强生物多样性保护和生物安全管理。

推动节能减排降碳。实施重点领域、重点行业碳达峰行动。落实能耗双控制度，开展重点企业节能诊断，推行合同能源管理模式。严格审批新增“两高”项目，加强存量项目节能挖潜。统筹发展风电、光伏、生物质等可再生能源，推进煤炭清洁高效利用，建设党政机关、国有企业集中办公区域屋顶分布式光伏项目，加强充电桩、储能电站等设施建设，建成板集电厂二期、亳二500千伏输变电、利辛县生活垃圾焚烧发电二期和7个风电项目，争取板集电厂三期获批和“陕电入皖”项目落地。加快发展方式绿色转型，创建省级绿色工厂3家，新建装配式建筑占比30%以上。

（八）聚焦共同富裕，在增进民生福祉上奋力突破。强化就业优先政策。常态化开展“2+N”“招聘进镇村”活动，做好高校毕业生、农民工、退役军人等重点群体就业，帮扶困难群体就业，“三公里”充分就业社区覆盖面50%以上。深化“亳州老乡，请您回家”和助力青年学子创业活动，鼓励大中专院校毕业生留亳返亳就业创业，创业带动就业8万人以上。支持和规范发展新就业形态。健全根治欠薪问题长效机制，保障农民工合法权益。

健全社会保障体系。继续实施民生实事和暖民心行动。推进全民参保，扩大医疗、养老保险覆盖面，基本养老保险参保率95%以上，推动医保异地就医直接结算，做好社会救助工作。保障“一老一小”，建设中医药康养中心4个，新增老年食堂、老年助餐点164个；落实三孩生育政策及配套措施，新增幼儿托位4000个以上，降低生育、养育、教育成本。改造棚户区5183套、老旧小区47个。

推进健康亳州建设。落实优化疫情防控措施，持续开展疫苗接种工作，加强重点学科专科建设，提升医疗救治能力和服务水平，努力保护人民生命安全和身体健康。继续实施医疗卫生健康事业“三年提升、两年巩固”行动，建成市肿瘤医院、市中医院二期等项目，加快建设涡阳县人民医院急救中心、蒙城县第二人民医院新院区、利辛县第三人民医院、谯城区人民医院等项目。促进中医药传承创新发展，培育养老、康复、护理等新兴健康产业，争创全国基层中医药工作示范市，支持涡阳县、蒙城县中医院创建“三甲”医院。开展爱国卫生运动，争创全国卫生城市。

发展文化体育事业。弘扬优秀传统文化、红色文化，实施文化惠民工程，推动送戏进万村、送电影下乡，村级综合文化服务中心覆盖率100%。加快市博物馆、市图书馆、市科技馆建设。广泛开展全民健身活动，提升完善便民体育设施，开工建设涡阳县紫光体育公园、蒙城县体育公园、利辛县全民健身中心，争创全国全民运动健身模范市。提高竞技体育水平，市县体校建设实现全覆盖。

（九）聚焦安全发展，在建设平安亳州上奋力突破。防范重大风险。加强重点领域安全能力建设，确保粮食、能源资源、重要产业链供应链安全。完善政府隐性债务常态化监测与化解机制，依法规范政府举债行为。支持和引导资本规范健康发展，开展地方金融风险处置攻坚行动，严厉打击金融欺诈等违法行为。持续推进“难安置”专项治理和保交楼工作，促进房地产业平稳健康发展。

抓好公共安全。深化“铸安”行动，加大重点行业、重点领域安全隐患排查整治，坚决遏制重特大事故发生。提高防灾减灾救灾能力，建成城市生命线二期安全工程，推进市级综合应急物资储备库和市县应急指挥中心建设，创建综合减灾示范社区。开展食品药品安全专项整治，提升农贸市场、学校餐饮、进口冷链食品等监管水平，全力守护“舌尖上的安全”。

维护社会稳定。坚持和发展新时代“枫桥经验”，完善基层社会服务管理机制，积极创建全国市域社会治理现代化试点市。坚持领导带头接访下访、包案化解、阅批群众来信，依法依规、将心比心做好信访工作。完善社会治安防控体系，推进农村（社区）警务室建设，常态化推进扫黑除恶斗争，重拳打击电信网络诈骗等新型犯罪，确保人民安居乐业、社会安定有序。

加强全民国防教育、国防动员、人民防空工作，强化退役军人服务保障，争创新一届全国双拥模范城。抓好气象、地震、外事、民族宗教、工商联、对台、侨务等工作，发展供销社、妇女儿童、残疾人、红十字、老龄、关心下一代等事业，做好公积金管理、无线电管理和机关事务管理等工作。开展第五次全国经济普查。

奋进新征程，对政府自身建设提出了更高要求。我们一定解放思想、改革创新、提升能力，恪尽职守、勤勉工作，全面开创政府工作崭新局面。

绝对忠诚，永葆本色。深刻领悟“两个确立”的决定性意义，坚持用习近平新时代中国特色社会主义思想武装头脑、指导实践、推动工作，坚定不移在思想上政治上行动上同以习近平同志为核心的党中央保持高度一致，做到紧跟总书记、奋进新征程、建功新时代。善于用政治眼光观察和分析经济社会问题，从讲政治的高度思考和推进经济社会发展工作，创造性抓好落实，用干净和担当诠释忠诚。

依法行政，规范用权。深入贯彻习近平法治思想，加强法治政府建设，推进政务公开，提高行政效率和公信力。自觉接受人大法律监督、工作监督和政协民主监督，自觉接受监察机关监督，主动接受社会和舆论监督，强化审计、司法、统计监督，让权力在阳光下运行。深化府院、府检联动，以政府守法赢得群众信任、促进社会和谐。

敢于斗争，增进本领。发扬斗争精神，敢于亮剑冲锋，直面矛盾，破解难题。大兴调研学习之风，不断提高政府工作人员综合素养和专业化能力。强化宏观视野和战略眼光，善于运用市场的逻辑推进要素配置，更好发挥政府作用。加强政府智库建设，广泛汇聚众智，全力推动经济社会发展。

真抓实干，勇争一流。突破惯性思维和“官本位”思想桎梏，激发全社会干事创业活力，让干部敢为、地方敢闯、企业敢干、群众敢首创。增强“慢进是退、不进更是退”意识，落实“好、快、高”要求，敢于同先进比高下，敢于同自己过不去，推动各项工作纵向比快提升、横向比快进位。锲而不舍落实中央八项规定及其实施细则精神，持续纠治形式主义官僚主义，让“三严三实”“马上就办、真抓实干”在政府系统蔚然成风。

清正廉洁，坚守底线。落实全面从严治党主体责任和“一岗双责”，深入推进政府系统党风廉政建设和反腐败斗争。加强对“一把手”和领导班子监督实效，让手中的权力只能用来为党分忧、为民奉献。以零容忍态度反腐惩恶，强化对权力集中、资金密集、资源富集领域监督管理，做好巡视巡察、审计发现问题整改和成果运用，坚决纠正一切损害群众利益的腐败和不正之风。坚持政府过“紧日子”，严控“三公”经费和一般性支出，把有限的资源和财力用在推动发展、改善民生上。

（市政府办公室）

专 记

环境治理后的谯城区陵西湖美景　　　　　　　　　　　　　　　　　　　　（刘勤利　摄）

乡村振兴

2022年，在市委、市政府坚强领导下，亳州市立足持续攻坚区定位，聚力“守底线、抓发展、促振兴”，着力抓好责任落实、政策落实、工作落实和成果巩固，全市没有发生规模性返贫现象，脱贫成果得到进一步巩固拓展。

（一）坚持高位推动压责任。市、县均设立由党政主要负责人任组长的高规格巩固拓展脱贫攻坚成果专项小组，每月“一暗访一反馈一整改”；坚持市委农村工作领导小组季调度，县（区）党政主要负责人月调度，巩固成果专项小组经常调度工作机制，2022年市委主要负责人先后研究部署、督导调度脱贫成果巩固工作33次，以上率下压实各方责任。

（二）强化监测帮扶守底线。扎实开展网格化监测，调整优化基层网格19655个、网格员19682人；建立健全防返贫动态监测会商和信息互通机制，进一步明确民政、医保、卫健、住建等15家单位职责，完善部门数据比对、监测预警、联动会商制度，坚持每月会商，全年预警反馈基层核实信息13.9万户。组织对全市农村人口逐户逐人逐项开展两轮次走访排查，突出抓好近两年新增低保户生活状况专项再排查，严防简单以低保代替监测帮扶，坚决杜绝“体外循环”和应纳未纳，全年新识别监测对象1146户3663人。坚持缺什么补什么，为13371户监测对象落实帮扶措施12.02万条，监测对象风险消除率82.6%。

（三）推动政策落实固成果。保持政策总体稳定，优化调整有效衔接政策42个。教育、医保、住建、水利和农业农村等有关部门全面落实有关政策，发放教育资助资金1.9亿元，资助学生19.1万人次；资助医疗保险参保金907万元，脱贫人口和监测对象参保率100%；实施农村危房改造902户，排查鉴定整改安全隐患农房2696户；完成农村饮水维修养护工程150处，“三保障”和饮水安全成果持续巩固提升。强化产业和就业帮扶促增收，发放奖补资金10039.2万元，支持32506户脱贫人口和监测对象发展自种自养。

2022年7月3日，在亳州市谯城区赵桥乡赵桥村绿果种植专业合作社，果农在桃园里收获蟠桃 （刘勤利 摄）

（四）抓实重点工作强保障。市县安排衔接资金11.49亿元，与2021年持平，用于产业发展占比59.1%，强化项目资金管理，各级衔接资金17.7亿元实施项目1712个，全部完工。新增发放脱贫人口小额信贷3.04亿元；光伏电站全年发电6.5亿千瓦时，较上年增加2291万千瓦时，经验做法获国家和省肯定推广；坚持脱贫人口务工就业“月监测月报告”，积极开发公益性岗位，多渠道、多方式安置因疫返乡人员再就业，“免申即享”落实跨省务工交通补贴58721人、1605.5万元，脱贫人口和监测对象务工就业17.5万人，规模保持总体稳定。2022年全市脱贫人口人均纯收入12722元，同比增长12.1%，增幅高于同期农民人均可支配收入5.5个百分点。

（五）强化问题整改补短板。逐级建立国家和省考核评估、暗访督查等反馈问题“四个清单”，强化问题整改暗访督导，推进问题改彻底、改到位、不反弹，全市认领具体问题108个，制定整改措施244条，全部完成整改。聚焦“三保障”和饮水安全、“老少病残孤”特殊困难群体生活保障、农户住房安全隐患、帮扶措施落实等重点方面组织开展多轮次排查，发现并解决各类问

2022 年 6 月 1 日，在亳州市谯城区赵桥乡双楼村麦田，农民将刚打捆的小麦秸秆进行装车 （刘勤利 摄）

题2.4万个。聚焦动态监测帮扶、问题整改、政策落实、驻村工作队履职等重点环节，常态化开展“四不两直”暗访督导，发现问题及时反馈整改，不定期开展“回头看”。

（市乡村振兴局）

生态环境保护

2022年以来，在市委坚强领导、市人大及其常委会依法监督和全市上下共同努力下，亳州市深入贯彻习近平生态文明思想，圆满完成年度生态环境保护目标任务，稳步改善生态环境质量，为经济社会高质量发展筑牢生态屏障。2022年，全市$PM_{2.5}$平均浓度41微克/立方米，优良天数比率74.2%，圆满完成省下达的各项目标任务，并完成$PM_{2.5}$年均浓度力争目标。全市13个国考断面水质优良比例为92.3%，超过年度目标30.8个百分点，优良断面提升率位居全省第一。土壤环境质量保持稳定。

（一）推深做实齐抓共管大环保格局。坚决扛起加强生态文明建设的政治责任，及时召开市政府常务会议、市生态环境保护委员会会议以及专题会议，深入学习贯彻习近平生态文明思想和习近平总书记关于生态文明建设、生态环境保护的重要讲话指示批示精神，坚定不移贯彻新发展理念，坚决贯彻落实中央、省重大决策部署。推深做实市委常委会直接领导、市县乡村分级负责、领导干部分工负责、“11+1”工作组和各职能部门各负其责的领导体制，对污染防治攻坚实行统一管理、统一调度。突出精准、科学、依法治污，以更高标准深入打好污染防治攻坚战，着力建设人与自然和谐共生的现代化美好亳州。

（二）巩固提升大气污染防治工作成效。常态化开展大气污染源“九查九做”，突出重点实施深度治理，被生态环境部作为真抓实干成效明显典型通报表扬。一是狠抓重污染天气消除攻坚战。定期调度并全面完成“散乱污”企业治理等28项重点任务，调整49家砖瓦窑厂生产计划，成功创建重点行业绩效评级A级、B级、引领性企业16家。抽调住建、城管、交通、市场等部门人员集中办公，加强本地污染源管控，完成第五届进博会空气质量保障。二是狠抓臭氧污染防治攻坚战。强化走航监测和监督检查，建成$PM_{2.5}$组分——光化学污染超级站，持续开展挥发性有机污染物排查整治，邀请国家环科院等科研单位专家，深入企业开展专题培训，复核、提升25家企业VOCs污染治理“一厂一策”。强化源头替代，开展工业喷涂、家具制造等行业企业深度治理，引导汽车维修、沥青铺设等错峰作业。三是狠抓柴油货车污染治理攻坚战。注销淘汰各类型老旧机动车38334辆，坚决打击不合格油品，监督抽查加油站点363家，抽查汽、柴油652批次，立案查处8件。充分利用遥感监测、黑烟抓拍全天候监管过往柴油车，对上路柴油车和车辆停放集中地进行抽查，移交处罚580辆次、预警超标4917辆次。四是持续加强大气面源污染治理。1—3月份，实施全域全时段烟花爆竹禁燃禁放，春节期间亳州市$PM_{2.5}$浓度在皖北六市中排名第二。开展秸秆禁烧工作，实施分区域包保、全时段巡查、全区域暗访督查。开展扬尘污染治理专项行动，强化11个营运码头、45家混凝土搅拌站、228家建筑工地常态化监管。实施

"绿色标杆施工工地"创建，严格执行限制在亳招投标制度。

（三）深入实施地表水污染防治集中攻坚。不断完善地表水污染防治机制，坚持污染减排与生态扩容两手发力，统筹推进城镇村庄、岸上岸下系统治理。一是持续开展沿河居民生活污水直排、农村生活污水治理等九大专项整治。对涡河等8条主要河流的18个断面，100条支流的214个断面开展月度监测评估，建立以促进水质改善为基础的奖惩制度。二是全力推进农村黑臭水体整治。在原有215条国省控农村黑臭水体的基础上，新摸排农村黑臭水体1224条并摸清内源及外源污染情况，完成了286条年度治理任务。三是保障饮用水安全。开展西淝河清水廊道和98条主要支流涉水污染源摸排，强化水岸协同系统治理，推动水环境质量持续改善。开展"千吨万人"饮用水水源地全覆盖检查，持续推进环境问题"清零行动"。四是强化入河排污口管理。依法审批入河排污口32个，均完成标识牌设置，依法规范管理，定期监测出水水质。

（四）全面加强土壤污染防治。一是对830家涉固体废物单位加强日常监管，对66家重点危险废物产生和经营单位开展全覆盖规范化管理评估，严格对标管理。二是对26家土壤重点排污单位地下水和土壤环境开展监测评估，督促相关企业严格落实污染防治责任。三是开展重点行业企业全口径涉重金属排查整治，并将5个煤矿矿区历史遗留固体废物纳入排查范围，确保从源头防治镉等重金属土壤污染。四是建立健全联动机制，完善114处转为"一住两公"地块信息，确保建设用地安全。五是开展废旧铅蓄电池和中小微企业、社会源类危险废物收集转运试点，提升危险废物收集转移处置能力，目前已有7家危废收集转运试点单位投入运行。六是切实强化医疗废物处置单位和医疗机构、疫情隔离点医疗废物监管，保障环境安全。

（五）加快推进突出环境问题整改。建立市级领导包保突出生态环境问题整改制度，修订完善《亳州市生态环境问题整改行业分类标准》，指导各类突出生态环境问题规范整改。深入开展大起底、大排查，建立问题、任务、标准、责任"四项清单"，对标对表进行整改。对各类突出生态环境问题继续落实"县区整改初验、市级核查验收"的动态销号管理制度，跟踪督促整改到位。发挥民主监督作用，制度化组织各民主党派开展环境问题现场核验。紧盯重点行业，开展了谯城区白芍初加工行业、全市砂石料场行业环境问题专项督查。2017年中央环境保护督察反馈的28个问题和183件信访件，2018年中央生态环境保护督察"回头看"及专项督察反馈的5个问题和144件信访件，2020年国家长江经济带生态环境警示片披露涉亳问题1个，已全部完成整改销号。2021年中央生态环境保护督察反馈意见涉亳问题15个，已完成整改12个，有序推进整改3个，转办信访件168件全部完成整改销号。2022年亳州市需完成整改中央和省级层面交办问题20个，截至2022年12月底已全部完成整改。

2022年7月14日，科学精准治水，让群众乐享清水绿岸　（刘清照　摄）

（六）全面加强生态环境监管服务。一是推行排污许可"一证式"管理。2022年，全市新发证企业51家，新登记企业396家，完成574家排污许可证核发质量和256家排污许可执行报告规范性审核，提前一年完成"双百"目标任务。二是完善环境审批服务。2022年，全市共审批建设项目环评文件415个，其中环评报告书18个，环评报告表387个，审批时间均比法定审批时间降低60%。三是明确重点排污单位。结合2021年环境统计数据，确定2022年重点排污单位139家。四是强化生态保护修复。印发《亳州市生物多样性保护2022年工作任务清单》，强化生物多样性保护修复。开展自然保护地勘界“回头看”，厘清自然保护地边界。2022年，全市共计新增绿地面积87.08万平方米，改造提升绿地面积130.78万平方米，建成游园6个，新增城市绿道20.3千米。五是加大“双招双引”力度。加强与省新能源与节能环保产业专班对接，积极谋划节能环保产业项目。2022年，亳州市签约新能源与节能环保项目31个，开工项目44个，投产项目5个，全年签约总投资151.53亿元。

（七）强化环境综合执法保障作用。一是紧盯严重违法行为查办大案要案。查处涉危险废物、自动监控数据弄虚作假违法犯罪案件6起，均移送公安机关。召开5次生态环境损害赔偿磋商会，签订磋商协议3件。二是紧盯送法暖企为企优环境。对企业进行“体检式”帮扶指导，积极梳理易发生环境问题的行为及点位，做到积极预防、关口前移，对轻违、首违不予处罚。办理免罚案件43件，最大程度减少行政处罚对企业的不利影响，彰显环境执法“温度”，营造更具竞争力的营商环境，被生态环境部作为优化执法方式典型通报表扬。获生态环境部2022年第七轮次重点区域空气质量改善夏季监督帮扶“实战练兵”全国第三名，被司法部表彰为“全国行政执法先进集体”。三是紧盯群众身边环境问题化解风险。建立领导开门接访、带案下访工作机制，对于重点难点信访事项提级办理，第一时间就地化解矛盾风险，提高信访办理满意率。2022年全市环境保护类投诉举报8427件，同比持续下降54.7%。

（八）积极营造生态环境保护良好氛围。充分利用“六五环境日”“世界水日”“国际生物多样性日”等重要时间节点，市县联动，组织环保法律法规进机关、进乡村、进社区、进学校、进企业、进单位活动，开展“以案释法”，增强公众环保法律意识。全年举办4次新闻发布会，及时回应社会关切，每月组织开展环保领域舆情风险点排查，通过政务双微正面回应，积极引导网络舆论。开展集中宣传活动25次，通过网络直播、在线访谈、答题互动等“云”方式共享环保理念。通过“亳州生态环境”微信公众号开展“创生态亳州、建美好家园”在线有奖竞答等活动5次，活动期间参与者超30万人次，有效宣传了生态环境保护知识。2022年亳州环保世纪行暨六五环境日主题宣传活动通过央视频、微信客户端等多个平台同步直播，活动点击量达143.5万人次。在全省生态环境系统率先创新推出环保设施“云开放”活动，全年线上线下共组织开放27批次，累计12000余名社会公众积极参与。

（市生态环境局）

亳州市中心城区电动三轮车治理

2021年11月至2022年7月，市电动三轮车治理领导小组按照杜延安书记提出的“依法依规、科学周密、分类施策、疏堵结合”的工作要求，开展电动三轮车治理工作。市中心城区共摸底登记、引导处置电动三轮车20.35万辆，保障了市民生命财产安全、满足了城市基本民生需求，

2022年4月18日，第一次三轮车治理新闻发布会召开　（魏　军　摄）

优化了道路交通环境，提升了城市整体形象，为加快建设安全顺畅、整洁规范、文明有序、宜居宜业的现代化美好亳州贡献了力量。

一、治理背景

近年来，亳州市电动三轮车数量激增，据摸底登记数据显示，仅市中心城区电动三轮车就达20.35万辆。交通拥堵问题十分严重，部分电动三轮车驾驶员交通安全意识淡薄，闯红灯、抢占车道、逆向行驶、乱停乱放、违法载人等现象突出，交通安全事故频发多发，严重威胁人民群众生命财产安全。据不完全统计，2019年以来，电动三轮车造成的交通事故共10274起，致5438人伤亡。2019年省委巡视亳州市反馈意见指出“城区电动三轮车管理不到位，目前多达7万辆，2018年上半年省委巡视谯城区已指出主城区三轮车畸多、交通管理混乱等问题，但不见整改成效，下半年造成交通事故不降反升、死亡人数增加3倍”，要求立即整改。广大群众对治理电动三轮车的呼声日益强烈，在历年市“两会”期间，人大代表和政协委员均提交有关电动三轮车的议案和提案，特别是今年，市人大、市政协分别将电动三轮车治理工作作为重点议案和重点协商议题。2020年以来，“12345”市长热线平台受理有关电动三轮车的问题共1847件，开展电动三轮车治理势在必行。

二、工作开展情况

（一）坚持高位推动。市委书记杜延安亲自指挥调度决策，人大常委会主任王玉玺、市政协主席汤勇积极出谋划策、参与决策讨论。市委、市政府成立了由市委副书记任组长，市四大班子分管领导任副组长，属地政府和市直有关单位主要负责人为成员的电动三轮车治理工作领导小组，领导小组下设“一办七组”。由市专项治理领导小组统筹，压实属地管理责任，成员单位各司其职，确保治理工作扎实推进、尽快完成。谯城区、亳州高新区管委会也分级成立了治理工作专班。

2022年6月7日，市委书记杜延安（左一）、副市长孟祥国（左二）在街头调研三轮车治理　（魏军　摄）

（二）认真谋划方案。2021年11月12日至2022年3月31日，在市委副书记的带领下，借鉴外市成功经验做法，广泛组织开展走访座谈调研，主动听取人大代表、政协委员及电动三轮车车主、学生家长、残疾人、市场主体、老干部等代表建议意见，了解群众需求和期盼，市电动三轮车治理办公室制定了《亳州市中心城区电动三轮车治理工作方案》《行事历》及21个专项方案，并分别向省委办公厅、省政府办公厅、省委政法委、省委宣传部、省委网信办、省公安厅、省信访局等部门作了专题汇报。

（三）依法科学决策。《亳州市中心城区电动三轮车治理工作方案》严格贯彻落实《重大行政决策程序规定》，履行公众参与、专家论证、风险评估、合法性审查、集体讨论决定五大程序。分别召开人大情况沟通会、政协民主协商会等征求意见座谈会；依托市政府专家库，组织城市管理、城市建设、交通运输、公安交通管理等领域专家及法律顾问、律师、人大代表、政协委员论证治理措施；制定风险评估工作方案，组织开展风险评估；依据相关法律、法规和规定进行合法性审查；分别提交市政府常务会、市委常委会集体研究决策。

（四）扎实摸底登记。制作市直单位（A类）、区直单位（B类）、社区职工（C类）、社区居民（D类）等4类摸底登记表格和相应填表指南。为方便信息录入，开发了“电动车三轮车登记管理平台”手机APP系统。先后

3次召开摸底登记动员会和培训会，分3批开展摸底登记工作，200余家单位历时28天按照序时进度优质高效完成摸底登记工作并将信息录入手机APP系统。共计录入信息175078条。

（五）优化公交服务。按照"大稳定、小调整"的原则，遵循"保出行、补盲点、降低效、优衔接"工作思路，在广泛征求群众意见基础上，开展了2轮公交优化，提高中心城区公共交通能力，特别是学生公交上下学，按照"一校一策""试点先行"的原则，不断优化完善、总结提升，方便群众公交出行。工作开展以来，共新投入公交车60辆，开通企业、学校定制公交28条，新增公交站点、站牌27处，优化线路40条，取消线路13条，新增环线3条，减少低效线路长度182千米，优化后公交上座率达到78%，环比增长20个百分点。

（六）提供便民服务。划定电动三轮车交易场所5处，方便市民处置电动三轮车；设置城乡换乘点5处，方便农村进城人员换乘公交进城；设置临时便民市场34处，引导流动商贩入市经营；合理布点共享单车停车点位752处，畅通出行"最后一公里"；享受公交奖励政策的电动三轮车约15万辆（每处置1辆电动三轮车可享受1000元公交奖励卡）；发放学生卡和家长陪伴卡28.33万张，鼓励学生及家长公交出行。

（七）加强宣传劝导。召开2场新闻发布会；发布"一通告两封信"；制作"20问20答"政策解读；组织市直媒体推出宣传报道830余篇，新媒体阅读量超千万；设置街口劝导点42处，共摸排劝导登记有关人员3.48万人次，并推送社区闭环管理；设置小区劝导点267处，累计劝导17万余人次；组织"两代表一委员"进社区7000余人次，劝导群众4万余次，解决市民疑问2万余次，收集群众反映问题3500余条，化解不稳定因素230余次。

（八）强化舆情引导。建立"快、引、灵"舆情引导工作法，密切关注、研判舆情，及时妥善处置。"快"是按照网上监测、公安落地、专人协调、两区上门做工作的闭环流程，快速消除负面舆情；"引"是广泛动员网评员积极引导网络舆论；"灵"是宣传、网信、公安部门联合，通过关注重点群体、分析事态趋势、提供专业建议。工作开展以来，共监测到相关信息2736条，引导删除负面视频228条。

（九）严格规范管理。坚持"保民生、控总量、保秩序、严管理"，不搞"一阵风、一刀切"，充分考虑城市基本民生、城市正常运行和特殊人员需求，保留物流配送、小商小贩、环卫保洁、市政维护等所需的货运电动三轮车，保留下肢残疾人代步和需要康复治疗残疾人员、困难家庭透析患者所需使用的电动三轮车，制定实施了《保障城市基本民生的货运电动三轮车分类管理规范》，实行备案登记、分类管理，并坚持常态化办理通行证，对符合条件的做到"应办尽办"。工作开展以来，共办理通行证24022个，严格按照审批路线和时间管理。

（十）联合文明执法。市场监管、公安机关交通管理、城市管理、交通运输等部门联合执法，依法查处违规销售、违反禁行规定、违法占用公共停车资源、非法营运等违法违规行为。路面管控中不断创新执法方法，坚持定点与流动查处相结合、严格公正文明执法与柔性人性化执法相结合，在严厉打击基础上最大限度减少矛盾。工作开展以来，共引导市中心城区电动三轮车经营户退市86家，劝导登记2071辆次，处罚2446起，暂扣147辆，清理230辆。

（十一）积极化解风险。注重通过来访接待、电话接听、社区摸排、"两代表一委员"进社区搜集各类信息，摸排重点人员。建立"区+街道+社区"重点人员包保机制，确保包保到人，主动化解风险。制定《风险防控社会维稳方案》，由政法委、公安局、信访局、属地政府负责按照职责分工做好突发事件应对、调查和善后处置、政策解释、群体访接待工作。

三、工作中存在的困难和问题

（一）治理成果脆弱。通过1个月的路面集中查扣，两区督查以及社区干部反映等，发现仍然存在治理区域外电动三轮车进城，背街小巷遗留电动三轮车上路，已经上牌三轮车不按规定行驶和载人等问题，群众对电动三轮车的依赖性和观望心理仍然存在，出行习惯还没有完全改变，如果治理措施和力度减弱，容易发生反弹。

（二）舆情引导前期经验不足。治理初期，网络舆情信息较多、反映强烈，主要体现在抖音平台和相关作品评论区。针对网络舆情呈现出的情绪性、群体性、冲突性、难控性等现象，舆情研判不足，采取的应对措施不多、不灵活，多依靠封堵、删除，掌握舆论主动权和话语权不够，特别在评论区正面力量薄弱，要总结经验，不断加强网评员力量。

（三）通行证办理存在部分瑕疵。部分社区工作人员对群众的申请办证材料审核、解释政策的能力不强，有群众反映办证工作人员推诿扯皮、态度强硬，让群众来回跑腿，办证时间长等问题，主动耐心做群众工作能力有待加强。同时在残疾人通行证办理中，存在把关不严，审核不细致的情况，造成部分具有骑行两轮车或者乘坐公交能力的残疾人员申领到通行证，在群众中造成不良影响。

（四）公交线路仍存在不足。目前，仍存在部分公交线路过长或过短、上下学的学生等公交时间较长、群众乘坐公交换乘频次较多等问题。农村和城乡接合部群众进城公交运力不足。例如调研时发现木兰社区木兰大道只有一班113路公交车，且每周只运行三天（周一、周二、周三），群众出行不便。

（五）共享单车布点不够合理。目前，共享单车布点主要集中在背街小巷和小区门口，主次干道布点过少，市民反映不够便民。

四、下一步工作打算

（一）建立长效机制。按照《亳州市中心城区电动三轮车治理工作方案》安排，2022年7月份以后进入常态化管理阶段。要长期保留市中心城区电动三轮车治理领导小组和办公室，增设市文明办城市秩序管理科、市公安局交警支队第六大队等机构。建立“保障特殊行业、群体、个人正常需求的电动三轮车”通行证准入退出机制，加强备案登记管理、核查和教育引导工作，切实做到“人、车”对应、信息齐全、监管有力。建立会商机制，定期研究解决存在的问题，发现重大问题和舆情，及时向市委、市政府报告。三区建立主要负责人和分管负责人调度工作机制，保持有斗志、有激情、有方法、有效果。

（二）坚持科技引领。利用城区内部及周边已建成的反向卡口，通过训练机器分类识别各类电动三轮车，建立“白名单”制度，对不在名单内的车辆进行预警，实现前段识别、平台预警和路面响应的闭关管理机制。

（三）持续严管重罚。坚持“露头就打”的原则，由公安、交通运输、城市管理、市场监管部门负责对市中心城区电动三轮车实施常态化劝导、查处、禁行、清理等规范管理措施，持续严厉打击违规销售和违规上路的电动三轮车，严防反弹回潮。

（四）持续宣传引导。由市委宣传部牵头，持续组织《亳州晚报》、亳州广播电视台以违规电动三轮车的查处为报道重点，加大违规行为的曝光力度，为巩固电动三轮车治理成果提供舆论支持。

（五）持续舆情监测。由市委网信办牵头，坚持“快、引、灵”舆情管控工作法，持续做好舆情监测处置。

（六）持续提升便民服务。继续增加公交班次，优化公交线路；增加城乡接合部公交线路和班次；科学布点共享单车；合理增设便民市场。

（七）压实部门职责。对已办理通行证的电动三轮车，由各行业主管部门负责各领域电动三轮车使用人员的教育、管理、监督；由公安机关交通管理部门负责定期将违反通行证管理规定的车辆信息推送至各行业主管部门进行整改。

（市电动三轮车治理领导小组办公室）

大事记

2022年2月8日，全市“三严三实”“马上就办、真抓实干”作风建设专项行动推进会议召开　　（刘勤利　摄）

1月

1日　市委书记杜延安采取“四不两直”方式，先后到市委总值班室、市委机要局、市公安局110指挥中心、市消防救援支队119指挥中心、路面值勤点等地，检查元旦假期值班值守情况，看望慰问坚守一线的值班人员。

4日　亳州市组织收看2022年第一批全省重大项目集中开工动员会。2022年第一批，亳州市集中开工动员项目33个，总投资129.8亿元，年度计划投资39.6亿元。开工重大项目11个，总投资56亿元，其中代表性项目共3个。

5日　市人大常委会2022年立法工作会议召开。《亳州市人大常委会2022年立法计划》经市四届人大常委会第144次主任会议通过。2022年列入立法计划的共有2个实施类项目和6个调研类项目。

6日　省委常委、政法委书记张韵声在谯城区魏岗镇公开接待信访群众。省委、省政府副秘书长、省信访局局长张祥根，省委政法委副书记张明、李国庆，市委书记杜延安参加接访。该次接访信息提前7天对外公示，接受预约登记，并实行省、市、县、乡镇四级联动，组成30个接访组，同步接待所有信访群众。

9日　中国人民政治协商会议第五届亳州市委员会第一次会议在市行政会议中心二楼多功能厅开幕。市委书记杜延安到会祝贺。市政协五届一次会议主席团常务主席汤涌、郑超、应国君、张国芳、李长春、陈昭敏、吴斌、靳家海在主席台前排就座。会上，汤涌代表政协第四届亳州市委员会常务委员会作工作报告。

10日　亳州市第五届人民代表大会第一次会议在市行政会议中心二楼多功能厅开幕。市委书记、大会执行主席杜延安主持会议。省委换届指导组组长、省委第三巡视组组长钱岩松，省委换届指导组副组长、省纪委监委驻省委组织部纪检监察组组长戴卫义到会指导。

11日　亳州市第五届人民代表大会第一次会议举行第二次全体会议。大会听取市人大常委会主任王玉玺作的《亳州市人民代表大会常务委员会工作报告》，市中级人民法院代理院长李孝云作的《亳州市中级人民法院工作报告》，市人民检察院代理检察长刘继英作的《亳州市人民检察院工作报告》。

12日　市政协五届一次会议完成各项议程闭幕。大会选举产生政协第五届亳州市委员会主席、副主席、秘书长和常务委员。市委书记杜延安出席会议并讲话。新当选的五届市政协主席汤涌，副主席应国君、张国芳、李长春、王时银、于群、陈昭敏、吴斌，秘书长靳家海到会就座。

13日　亳州市第五届人民代表大会第一次会议完成各项议程闭幕。王玉玺当选市五届人大常委会主任，巩中、龚艳玲、解杰昂、张洁、熊国洪、孔祥永当选副主任，程修略当选秘书长，39人当选委员。秦凤玉、钟治峰、曹振萍、孟祥国、戴力、薛冰、刘婉贞当选副市长，查文彪当选市监察委员会主任。李孝云当选市中级人民法院院长，刘继英当选市人民检察院检察长。大会通过市人大专门委员会组成人员人选名单，通过关于政府工作报告等六项报告的决议。

14日　全市党史学习教育总结会议召开。市委书记、市委党史学习教育领导小组组长杜延安出席会议并讲话。省委党史学习教育第三巡回指导组副组长魏建华到会指导。市委副书记张志强主持会议。

15日　市委副书记张志强在谯城区双沟镇接待信访群众。该次接访提前一周公示，组成5个信访接待组，共接访103批156人。信访群众主要反映土地纠纷、拆迁补偿、拖欠工程款和农民工资等问题。

16日　出席省十三届人大五次会议的亳州市代表团在驻地召开全体代表会议，推选省人大代表、市委书记杜延安为亳州市代表团团长，推选省人大代表、市人大常委会主任王玉玺为亳州市代表团副团长。会议审议省十三届人大五次会议议程草案，主席团和秘书长名单草案，议案审查委员会主任委员、副主任委员、委员名单草案，成立代表团计划预算审查小组。

17日　出席省十三届人大五次会议的亳州市代表团举行代表团会议，集中审议省政府工作报告。省人大代表、省人民检察院检察长陈武，省人大代表、市委书记杜延安，省人大代表、市人大常委会主任王玉玺参加审议。会议审议省政府工作报告，审议选举办法草案，推选监票人，审议关于省十三届人大部分专门委员会主任委员、副主任委员人选表决办法草案，审查安徽省2021年国民经济和社会发展计划执行情况与2022年计划草案的报告，审查安徽省2021年预算执行情况和2022年预算草案的报告。

18日　市委副书记张志强主持召开市城区公交运力保障调研座谈会。张志强一行先后到市公交公司智能调度中心、高铁南站公交枢纽站，现场听取公交智能调度和信息化建设、充电桩建设等方面介绍，了解市城区公交现有线路、车辆和日载客量等运营情况。

19日　市委副书记张志强主持召开“文明创建·榜样先行”座谈会。座谈会上，团市委介绍亳州共青团系统“吹响冲锋号共创文明城”专项行动方案，青年文明号集体代表、教育系统和少先队组织代表、中国好人代表作交流发言。副市长刘婉贞出席会议并为外卖行业青年助力文明创建标识揭牌。

20日　省十三届人大五次会议完成预定的各项任务，在安徽大剧院闭幕。会议期间，亳州市代表团联名提出议事原案94件、建议59件，多数涉及民生和经济社会发展等事关群众切身利益的重要事项。列为大会议案处理的议事原案213件，其中亳州市代表团37件；并案79件，亳州市代表团占30件。

21日　市人大常委会党组会议暨党组理论学习中心组学习会议召开，市人大常委会主任王玉玺主持会议并讲话。

24日　市委书记杜延安主持召开市委常委会会议。市人大常委会主任王玉玺，市委副书记张志强出席会议。会议听取市人大常委会、市政府、市政协、市法院、市检察院党组工作汇报，听取市委常委会党史学习教育专题民主生活会筹备情况的汇报。

25日　亳州军分区党委三届十次全体（扩大）会议召开，市委书记、亳州军分区党委第一书记杜延安出席会议并讲话。会前，杜延安代表市委、市政府向驻亳部队全体官兵致以问候和祝福。

26日　省委常委、政法委书记张韵声到会参加指导亳州市委常委会党史学习教育专题民主生活会。省委第三巡回指导组组长、省政协常委、提案委副主任徐飞，省纪委监委一级巡视员李玉平，省委组织部市县干部处处长、二级巡视员李兆平到会指导。市委书记杜延安主持会议，市委副书记张志强，市委常委出席会议。市人大常委会党组书记、主任王玉玺，市政协党组书记、主席汤涌列席会议。

31日　市委书记杜延安先后到亳州高新区格林豪泰酒店隔离点、亳州南高速出口、高铁亳州南站、市疫情防控大数据专班、市公安局110指挥中心和G311谯城区十八里镇城西查验点、马营村查验点等地，看望慰问奋战在疫情防控一线的工作人员。

2月

8日　全市“三严三实”“马上就办、真抓实干”作风建设专项行动推进会议在市行政会务中心召开，市委书记杜延安出席会议并讲话，市人大常委会主任王玉玺、市政协主席汤涌、市委副书记张志强出席会议。会议宣读《中共亳州市委亳州市人民政府关于表扬2021年度经济社会发展先进单位和先进个人的通报》，观看《加固作风建设的堤坝》警示教育片，通报“三严三实”“马上就办、真抓实干”作风建设专项行动开展情况，解读《亳州市干部能力作风提升年计划》和优化营商环境具体举措，部分县区委书记和市直部门主要负责人作表态发言。

9日　市委书记杜延安赴利辛县马店孜镇开展带案下访活动。杜延安到利辛县马店孜镇阳光时代广场小区，与信访群众现场交流，实地了解小区建设有关情况，倾听信访诉求，查阅有关材料。下午，杜延安在利辛县委常委会议室主持召开专题协调督办会协调推动解决信访问题。

11日　市委农村工作会议召开，市委书记杜延安出席会议并讲话，市委副书记张志强主持会议。会议强调，亳州市上下要深入贯彻习近平总书记关于“三农”工作重要论述及中央、省委农村工作会议部署，切实增强做好全市“三农”工作的政治自觉，推动亳州市农村工作在全省、全国当标杆。会上安排部署亳州市全年和当前乡村振兴重点工作，各县区围绕会议主题在分会场进行交流发言。

11—12日　副省长张曙光到蒙城县开展“新春访万企、助力解难题”活动，省政府副秘书长戴启远参加接访。该次活动提前三天向社会公开，广泛发动企业反映问题，并组成4个接待组，现场实际接待企业47家。接访期间，省“新春访万企、助力解难题”工作组到蒙城县兴农绿港现代农业科技产业园、安徽江淮安驰汽车有限公司等7家企业，进行实地调研。

16—17日　省政协副主席郑永飞到亳督导突出生态环境问题整改，并调研“四送一服”等工作。16日下午，郑永飞到捷运汽车销售有限公司，督导国三、国四高排柴油车深度治理情况；随后到谯城区柴家沟还原小区A区、8#还原小区二期B区、丰水源社区棚改项目拆迁工地，督导施工工地扬尘污染防治工作。17日上午，郑永飞先后到安徽九方制药有限公司、华佗国药股份有限公司等地，实地调研亳州市“四送一服”工作和中医药产业发展情况。

17日　市委书记杜延安会见上海安徽经济文化促进会会长孟祥民、上海杰事杰新材料集团董事长杨桂生、欧琳集团副总裁谢忠定、国轩控股集团常务副总裁杜获等企业家一行，就推进合作事宜进行洽谈。

17—18日　省检察院党组书记、检察长陈武到利辛县开展“新春访万企、助力解难题”活动，省助企服务常态化工作组组长、省发展改革委一级巡视员笪艺武参加活动。17日，陈武一行组成5个接待组，现场接待43家企业；18日，陈武到京威纺织服饰有限公司、浩翔农牧有限公司、欣奥食品包装科技有限公司、明峰纺织科技有限公司进行实地调研。

18日　市委书记杜延安在亳州高新区管委会开展“新春访万企、助力解难题”活动。该次活动提前3天向社会公开，并组成4个接待组，现场接待企业35家，其中杜延安随机接待12家。活动期间，杜延安一行到安徽九方制药公司、宝龙药业有限公司、亳州市千安智医疗生物科技有限公司等3家企业进行实地调研，现场了解企业生产经营情况和存在的困难。

18—20日　全市领导干部学习贯彻党的十九届六中全会精神培训班在市委党校举行，市委书记杜延安在开班式上讲话。

19日　亳州市中医药健康旅游联盟首次“联盟吧”交流活动在市区汤王温泉举行，联盟20余个会员单位代表参与会员交流活动。活动宣布联盟常设机构分工及2022年联盟工作计划。市文旅集团、协和成药业和大桑园公司作为主交流单位进行发言，参会其他会员代表围绕亳州市中医药健康旅游产业抱团发展和提质增效等进行讨论交流。

19—20日　省委常委、副省长张红文到亳开展“新春访万企、助力解难题”活动。市委书记杜延安陪同调研，省政府副秘书长吴劲松参加活动。该次活动提前三天向社会公开，并组成4个接待组，现场接待企业55家。19日上午，张红文到亳州青年创客空间进行现场办公，随机接待企业负责人。19日下午，张红文到安徽华佗国药股份有限公司、安徽雷允上药业有限公司、亳州数字城管指挥大厅、药都银行等地进行调研，现场开展“四送一服”活动。20日上午，张红文到涡阳县盛鸿科技有限公司、安徽金沙河面业有限责任公司等地，了解企业规模、产量产值、市场拓展等情况，询问企业生产经营中是否存在困难，对企业未来发展提出期望。

20日　市委书记杜延安会见丰大集团董事长吴大香一行。杜延安对吴大香一行的到来表示欢迎并详细介绍亳州市经济社会发展和历史文化、名人古迹、特色产业、优势资源、招商政策等情况。双方就进一步加强对接，深入建设古井特色小镇和酒店、会展中心、商业街区，助推亳州文化旅游大健康事业发展进行会谈。

21日　市委书记杜延安主持召开市委常委会会议。市人大常委会主任王玉玺，市政协主席汤涌，市委副书记张志强出席会议。会议传达中央关于加强和改进新时代人才工作的意见、省委《贯彻〈中国共产党统一战线工作条例〉实施方案》精神；学习省委农村工作会议、2021年度市委（工委）书记抓基层党建述职评议会议主要精神，听取全省组织部长、宣传部长、统战部长会议精神及贯彻落实意见汇报，研究公安、文明创建等工作，审议通过有关文件。

22日　市委副书记张志强在

涡阳经开区管委会开展“新春访万企、助力解难题”活动。活动提前3天向社会公布，并组成3个接待组，现场接待企业25家，其中张志强接待8家。活动期间，张志强一行到正宇面粉、泰山石膏、金沙河面业、黑娃食品等企业实地走访调研，了解企业生产经营情况和存在的困难。

23日　2021年度县区委（工委）书记抓基层党建工作述职评议会议在市行政会议中心召开，市委书记杜延安主持会议并讲话，省委非公工委有关人员到会指导。会议现场听取三县一区县（区）委书记、亳州高新区党工委书记抓基层党建工作述职，11家市直单位党委（工委）作书面述职，杜延安代表市委逐一进行点评，会议对各县区委（工委）书记抓基层党建工作进行现场评议。

同日　全市信访工作督办调度会在市行政会议中心召开，市委书记杜延安主持会议。会议强调，各级各相关部门要着力构建“党建+信访”“倒查+问责”等工作机制，加强自身建设，改进工作作风，为党的二十大胜利召开营造安全稳定的社会环境。会上，三县一区、亳州高新区、市直相关部门汇报信访工作情况。

23—25日　亳州市工会第五次代表大会召开，市委书记杜延安，省总工会副主席胡东辉，市委副书记张志强出席会议。来自全市各条战线上的304名职工代表出席大会，会议选举产生市工会新一届领导班子，市总工会党组书记张学峰代表市总工会第四届委员会作工作报告。

24日　市政协五届二次主席会议召开，市政协主席汤涌主持会议并讲话。会议审议市政协负责人及相关人员工作分工；审议通过《政协亳州市委员会2022年工作要点》《政协亳州市委员会2022年度主要工作任务分解表》，政协第五届亳州市委员会各专门委员会组成人员名单，《市政协“三严三实”“马上就办、真抓实干”作风建设专项行动推进方案》《2022年度政协重点民主协商计划》。会议还审议了有关人事事项。

同日　全市关心下一代工作会议召开，市委副书记张志强出席会议并讲话。会议强调，要切实扛起做好关心下一代工作的重大政治责任，发挥关工委及“五老”的特点优势，积极参与文明城市创建、三轮车治理、乡村振兴、矛盾化解等重点工作，突出关爱服务，倾心关爱留守儿童、困境儿童，帮助青少年解决实际困难。会议通报表扬全市“五好关工委”和“五老”先进个人。

25日　市委审计委员会第四次会议召开，市委书记杜延安主持会议，市委副书记张志强出席会议。会议传达学习习近平总书记关于审计工作的重要讲话指示批示精神、李克强总理讲话精神，传达全国、全省审计工作会议精神，听取全市审计工作情况汇报，研究有关事项和文件。

同日　全市组织、宣传、统战、政法、武装、党办工作会议召开，市委书记杜延安主持会议并讲话，市人大常委会主任王玉玺、市政协主席汤涌出席会议。会上，听取全市组织、宣传、统战、政法、武装、党办等工作报告。

同日　至26日亳州市召开2022年文明委全体（扩大）会议暨创建全国文明城市工作推进会议。市委书记杜延安出席会议并讲话，市人大常委会主任王玉玺，市政协主席汤涌出席会议，市委副书记张志强主持会议。会议传达全国、全省文明办主任会议精神，安排部署2022年创建全国文明城市工作，谯城区、亳州高新区、市城市管理局等单位作表态发言，相关专家进行专题辅导。

27—28日　市工商业联合会（总商会）第五次代表大会召开，省委统战部副部长、省工商联党组书记缪学刚，市委书记杜延安，市人大常委会主任王玉玺，市政协主席汤涌出席会议。会议审议通过市工商联（总商会）四届执行委员会工作报告，选举产生市工商联（总商会）五届执行委员会领导班子，陈昭敏当选为市工商联五届执委会主席、市五届总商会会长。

3月

1日　市人大常委会主任王玉玺到包保社区调研文明创建工作。调研中，王玉玺先后到谯城区薛阁街道谯陵社区和西关社区，实地了解背街小巷、还原小区等地文明创建工作开展情况。

1—2日　国家邮政局党组成员、副局长陈凯到亳调研邮政快递业发展、快递进村等情况。1日，陈凯先后到谯城区十八里镇小怀村快递服务站、孙口村快递服务站、蒋李村快递服务站等地，了解快递进村“邮快电”合作情况。2日，陈凯先后到市区谯陵邮政所、亳州学院快递服务中心、圆通电商创业园，以及正在建设的亳州电商快递产业园，调研快递电商融合发展、快递共配模式、快递包装回收利用及快递进校园等情况。省邮政管理局局长伍洲文，副市长戴力陪同调研。

3日　十三届全国人大五次会议于2022年3月5日在北京召开。上午，在皖全国人大代表从合肥乘坐高铁，赴京出席十三届全国人大五次会议。全国人大代表、亳州市委书记杜延安在接受安徽电视台等媒体采访时表示，将坚持“三严三实”“马上就办、真抓实干”，为加快建设“五个安徽”贡献亳州力量。

4日　全市生产经营租住自建房重大火灾风险综合治理动员部署电视电话会议召开。市委常委、常务副市长秦凤玉主持会议并讲话。会议传达全国、全省关于做好全国“两会”和冬残奥会期间安全防范工作视频会议精神；传达全省火灾防控视频会议精神；对《全市生产经营租住自建房重大火灾风险综合治理实施方案》进行解读；部署2022年度安全生产重点工作。

7—8日　副省长周喜安到亳州市调研。周喜安一行先后到蒙城县江淮安驰汽车有限公司、兴农绿港现代农业科技产业园、涡河蒙城枢纽，利辛县安徽君翰纺织科技有限公司、文珑府安置小区、李奇茂美术馆等地进行调研。

8日　全国人大代表、市委书记杜延安向全国人代会提交《关于支持亳州药都农村商业银行主板上市的建议》，建议支持亳州药都农村商业银行主板上市。该行2015年7月启动上市工作，2018年3月上市申请获证监会正式受理，在沪市主板申请IPO企业中按时序排在第五位，其中在银行板块排在第二位。

同日　《中国共产党亳州历史第三卷（1978—2012）》编纂工作会议在市行政会务中心召开。会议安排部署全市党史三卷编纂工作，对党史专题资料征编工作进行任务分解，就《如何开展党史专题写作》开展业务培训。

11日　农业政策性金融支持亳州城市更新项目对接会议在亳州宾馆举行。农发行安徽省分行行长张宝江出席会议并致辞。会议上，农发行对亳州市6家平台公司、10个城市更新项目现场签约授信，授信金额合计151.3亿元，与会人员共同观看谯城区城市更新项目支持模式视频短片，听取城市更新信贷政策宣讲。

11—13日　市委书记杜延安围绕建设“世界中医药之都”专题在北京开展招商活动，并赴国家卫生健康委汇报中医药产业发展工作。招商活动中，杜延安先后考察中国节能环保集团有限公司、北京本草方源药业集团、北京一下科技发展有限公司、中国医药健康产业股份公司、北京同仁堂股份有限公司、中国医药集团有限公司等企业，并会见国医大师王琦和山东瑞康医药股份公司总经理张仁华一行，深入洽谈投资合作事宜。

15日　省卫生健康委党组书记刘同柱先后到蒙城县第一人民医院、蒙城县实验中学、丽都花园小区、蒙城县二中高中部等地，深入调研指导蒙城县疫情防控工作，市委书记杜延安陪同调研。

18日　市委书记杜延安主持召开市委常委会会议。市人大常委会主任王玉玺，市政协主席汤涌出席会议。会议传达学习习近平总书记在十九届中央政治局第三十七次集体学习时的重要讲话、中共中央政治局会议审议巡视工作的有关精神及全国组织部长会议主要精神，学习省委书记郑栅洁在省委常委会会议和省委书记专题会议听取巡视工作有关情况汇报时的讲话、十一届省委第一轮巡视动员部署会议和全省党委秘书长、办公室主任会议主要精神，学习省纪委有关严重违纪违法问题教训警示通报及《关于以案为鉴着力改进作风的通知》，听取关于粮食购销领域腐败问题专项整治工作推进情况汇报，审议通过有关文件。

19—21日　利辛县发现一例上海返乡人员核酸检测阳性。19日晚，市委书记杜延安检查蒙城县高速公路出入口、重点交通查验点和封控区值勤点，看望慰问值守人员，听取疫情处置情况汇报。20日，杜延安在利辛县疫情防控应急指挥部召开调度会，听取各工作组工作开展情况汇报，与省疫情防控指挥部专家共同商讨解决存在的问题，安排下一步疫情防控工作。21日，市委书记杜延安到利辛县核酸检测阳性人员所在地张村镇后刘洼庄，督查各项疫情防控措施落实情况。

21日　市政府与市检察院召开第一次联席会议。会议听取行政执法与刑事司法衔接工作情况汇报，通报检察机关服务民营经济发展、公益诉讼、未成年人检察工作情况，审议《关于建立“府检联动”工作机制的方案》。

22日　市委书记杜延安督导检查疫情防控工作。杜延安先后到亳州北高速出入口、谯城区万达广场、谯城区薛阁街道马元社区、亳州火车站、市人民医院等地，看望慰问一线值守人员，督查疫情防控措施落实情况。

同日　市委实施乡村振兴战略领导小组文化振兴专项小组召开会议。会议研究审议2022年专项小组工作要点和工作机制，部署全市乡村文化振兴工作。会议强调，要聚焦强化理论武装、加强农村思想道德建设、传承发展提升农村优秀传统文化、加强农村公共文化建设、持续推进移风易俗、培育乡村文化人才等重点内容，奋力推动乡村文化振兴。

23—24日　副省长张曙光在亳州市开展“新春访万企、助力解难题”活动。该次活动提前三天向社会进行公开，广泛发动企业反映问题，并组成3个接待组，现场实际接待企业38家，详细了解企业家诉求和意见建议，对所有预约登记的企业全部接待。接访期间，省“新春访万企、助力解难题”工作组到五得利集团亳州面粉有限公司、安徽雷允上药业有限公司、亳州康仕嘉食品有限公司、安徽省东昕食品有限公司等4家企业，进行实地调研。

24日　市委书记杜延安先后到亳州学院中医药学院、亳州市肿瘤医院、华佗百草园、亳州市大型国防教育综合基地、市区汤王大道涡河隧道工程、亳州市第三十四中学等项目现场，实地了解重点项目建设情况，现场解决项目建设过程中遇到的困难和问题。

同日　亳州市2022年土地招商推介会举行，市自然资源和规划局、市住建局、市投资促进中心、市住房发展中心及银行代表、在亳房地产企业等参加推介会。会上，市自然资源和规划局介绍亳州市的投资环境，并集中推介各地块。房地产企业代表围绕在亳投资问题向有关部门咨询，各部门现场答疑。本次推介会共推出11宗地块，其中10宗商住用地、1宗康养用地，总出让面积59.68万平方米，约合895.183亩，地块将在2022年陆续挂牌上市。

26日　市委书记杜延安在谯城区开展第二轮“新春访万企、助力解难题”活动，接待来自谯城区、亳州高新区、亳芜现代产业园区的企业负责人，帮助企业解决实际困难和问题。该次活动提前3天向社会公布、预约登记，不阻拦、不筛选，广泛发动企业反映问题，接待组现场接待企业30家，其中杜延安随机接待9家。

26—27日　市委书记杜延安带队先后到亳州高铁南站、汽车客运南站、火车站等地，督查疫情防控工作，看望慰问一线防疫人员、值勤公安干警和志愿者。

28日　市委书记杜延安主持召开市委常委会会议。市人大常委会主任王玉玺出席会议。会议传达学习习近平总书记在春季学期中央党校（国家行政学院）中青年干部培训班开班式上的重要讲话；学习中央、省委保密委员会全体会议，全国、全省保密工作会议主要精神；听取全市疫情防控工作等情况汇报，审议通过有关文件，同意追授刁志岭同志“亳州市优秀共产党员”称号、给予蒙城县乐土镇葛桥高速路口交通查验点记集体二等功。

4月

2日　市委书记杜延安主持召开市委常委会会议。市人大常委会主任王玉玺，市政协主席汤涌出席会议。会议传达学习习近平总书记重要指示精神和李克强总理批示要求，传达全国、全省安全生产视频会议精神，研究亳州市贯彻落实意见；安排部署近期疫情防控工作。会议还研究了其他事项。

3—4日　市委书记杜延安到市公安局、市数字城管指挥中心、市消防救援支队检查节日值班工作，到三县一区与周边市交界处17个交通查验点，分类检查外防输入措施落实情况，看望慰问坚守岗位的一线工作人员。

6日　亳州市政府召开全市经济工作分析会议。各分管副市长先后点评。会议传达学习省辖市一季度工作点评会议和市委常委会（扩大）会议精神，对一季度经济工作进行分析点评。

7日　2022年第二批全省重

大项目集中开工动员会举行，亳州市集中开工项目70个。市委书记杜延安在亳州市分会场向大会报告项目集中开工情况，市人大常委会主任王玉玺，市政协主席汤涌出席活动。会上，杜延安就全市二季度经济运行和重点项目建设、招商引资工作进行专题部署。第二批集中开工项目总投资325.4亿元，年度计划投资125.1亿元。其中，制造业项目41个，总投资185亿元，亩均投资423万元。

9日　全市规范义务教育招生秩序视频会议召开。会上宣读《关于进一步规范中小学招生秩序严肃招生纪律的通知》，对规范中小学招生行为、严明招生工作纪律提出明确要求。公办义务教育学校校长代表及民办义务教育学校举办者、校长代表现场签订承诺书。

11日　五届市委第一轮巡察工作正式启动。该轮巡察市委共派出4个巡察组，对市发展和改革委（市粮食和物资储备局）、市经济和信息化局、市司法局（含市仲裁委员会秘书处）、市财政局（市国资委，含市国库支付中心、市非税收入征收管理局）、市商务局（含市贸促会）、市市场监督管理局（市知识产权局）、市公共资源交易监督管理局、市住房发展中心（含市房屋征收补偿管理办公室）8家市直单位党组（党委）开展常规巡察。

12日　全市工业经济形势分析会议召开。会议通报一季度全市工业经济运行和扶优育规情况，全面分析工业经济形势，安排部署下一步重点工作，并对48家新入规工业企业进行通报表扬，为在主会场参会企业颁发奖状和一次性奖励。

13日　市政协党组理论学习中心组学习扩大会议召开，市政协主席汤涌主持会议并讲话。会议传达学习习近平总书记在中央政协工作会议暨庆祝中国人民政治协商会议成立70周年大会上的重要讲话精神，传达学习了中共中央办公厅《关于加强和改进新时代市县政协工作的意见》。

14日　市委党的建设工作领导小组会议召开，市委书记、市委党的建设工作领导小组组长杜延安主持会议并讲话。会议传达省委党的建设工作领导小组会议精神，听取了全市2021年度党的建设工作开展情况、“党建+疫情防控”“党建+文明创建”等工作汇报，审议通过了党的建设工作领导小组2022年工作要点及任务分解。

15日　市委书记杜延安主持召开市委常委会会议，传达学习2022年全国巡视工作会议暨十九届中央第九轮巡视动员部署会议精神，省委非公工委扩大会议暨实施“双创双提升”工程推进会议精神和全省对台工作会议精神等，研究了亳州市贯彻落实意见。会议听取全市打击走私综合治理工作、市中心城区电动三轮车治理工作情况汇报，审议通过有关文件。

19日　公交新线网于4月19日正式运营。此次共优化调整线路27条，其中优化线路走向13条，取消线路4条，调整为定制线路3条、专线4条，新增环线3条。同时重点围绕“中小学校、居民小区、大型商超、医院车站、政务办公区”，新增、改造公交站点45处，改造、迁移公交站牌115处，切实为市民提供方便快捷的出行服务。

21日　中国致公党亳州市基层委员会成立大会在市行政会务中心召开。全国人大常委会委员、省人大常委会副主任、致公党省委会主委谢广祥，致公党省委会专职副主委、省政协副秘书长武琼宇出席会议，市委书记杜延安到会祝贺。大会选举产生了致公党亳州市第一届基层委员会，曹振萍当选主任委员。

21—22日　全国人大常委会委员、省人大常委会副主任谢广祥带队来亳开展科技成果转化工作情况专题调研。市人大常委会主任王玉玺陪同调研。21日下午，谢广祥一行先后到安徽九方制药有限公司、亳州中科科博检测有限公司和安徽瑞思威尔科技有限公司，实地调研亳州市科技成果转化工作开展情况。在4月22日召开的座谈会上，市政府汇报了亳州市科技成果转化工作情况，市发改委、市教育局等部门发言，与会人员进行了座谈交流。

22日　利辛县在开展每天15%的区域轮检中，发现1份混检管核酸标本检测结果异常。

23日　亳州市举办2022年“4·23”世界读书日暨书香亳州全民阅读活动（“绿书签”行动）启动仪式，倡导全民阅读，推进书香亳州建设。启动仪式上，集中观看全民阅读有关短视频，分享书香家庭代表藏书读书的故事，进行图书捐赠，表演诗朗诵、歌伴舞节目，并向全社会发出读书倡议。

26日　全市防汛抗旱工作电视电话会议召开。会议深入贯彻习近平总书记关于防汛抗旱和防灾减灾救灾工作的重要指示精神，传达学习李克强总理对防汛抗旱工作的重要批示和全国防汛抗旱工作电视电话会议精神，市水利局、市城市管理局、市应急局围绕防汛抗旱准备工作作汇报。

27日　亳州市召开芍花养生文化旅游系列活动第二次调度会，进一步细化活动组织保障措施，协调解决相关问题。会上，谯城区政府、市文旅体局、市城管局、市公安局、市委宣传部分别汇报当前工作遇到的问题，相关成员单位作发言。

28日　亳州市召开创优营商环境工作专题调度会。会上，市营商环境办汇报省市领导开展“新春访万企、助力解难题”活动收集问题办理情况，营商环境18项一级指标牵头部门依次发言。

5月

1日　市委书记、市疫情防控应急指挥部指挥长杜延安先后到利辛县城关镇向阳路垃圾中转站、嘉和阳光城小区、县公安局指挥中心、江集镇、纪王场乡、核酸检测移动方舱集中点等地，检查疫情防控措施落实情况，看望慰问一线工作人员。

4日　利辛县为支援核酸检测医疗队送行。市委书记杜延安出席送行仪式并颁授锦旗和荣誉证书。同日，杜延安分别召开利辛县各行业主管部门负责人、乡镇党委书记、市县指挥部会议，详细部署解封前各项准备工作和解封后疫情防控方案。

5日　全省加强“双招双引”扩大有效投资促进三次产业高质量协同发展电视电话会议召开。会议指出，全市各级各部门要把“大干六十天冲刺二季度”作为共同行动，全力推进“双招双引”、项目建设、产业发展，决战决胜“双过半”目标。

10日　亳州市第五届人民代表大会常务委员会第三次会议召开。市人大常委会主任王玉玺主持会议并讲话。会议听取审议市政府关于“双减”工作与规范民办义务教育发展情况的报告、关于全市群众喝上引调水工程建设情况的报告和关于退役军人事务工作开展情况的报告。会议表决通过有关人事任免事项。

同日　2022年全省重大项目“云签约”活动在合肥举行，活动以视频连线方式举办，各市设立分会场。亳州市本次“云签约”项目17个，总投资318亿元，涵盖制造业、现代服务业等领域，单个项目总投资均不低于5亿元。其中总投资10亿元以上的项目10个，总投资20亿元以上的项目5个，总投资50亿元以上的项目4个。代表性项目有北京同仁堂亳州饮片集团项目、许继风电装备产业园项目、多功能商用车生产项目、四通智能格栅显示屏生产项目等。今年以来，全市“双招双引”工作成效明显，1—4月份共计新签约亿元以上招商引资项目128个，总投资642.6亿元。

12日　市委全面依法治市委员会第六次会议召开。市委书记、市委全面依法治市委员会主任杜延安主持会议并讲话。会议传达学习习近平法治思想及省委有关会议精神，原则通过了《中共亳州市委全面依法治市委员会2022年工作要点》《亳州市行政复议体制改革实施方案》，听取了部分市直部门主要负责人履行推进法治建设第一责任人职责情况报告等。

同日　市委书记杜延安主持召开市委常委会会议。市人大常委会主任王玉玺，市政协主席汤涌出席会议。会议传达学习了4月29日中共中央政治局会议、5月5日中共中央政治局常务委员会会议、全国新冠肺炎疫情防控工作电视电话会议精神，研究部署疫情防控工作；传达学习了习近平总书记关于安全生产工作重要指示、李克强总理批示要求和全国、全省自建房专项整治视频会议主要精神，安排部署自建房屋安全专项整治工作；传达学习了风险隐患排查会议，全省市域社会治理现代化试点工作推进会，省扫黑除恶斗争领导小组会议、第三次常态化扫黑除恶斗争推进会暨《中华人民共和国反有组织犯罪法》宣传贯彻工作部署会议精神等，安排部署防风险、保安全、护稳定工作；审议通过有关文件。

13日　市委理论学习中心组学习（扩大）会议暨市信访重点工作视频调度会议召开，市委书记杜延安主持会议并讲话。市人大常委会主任王玉玺，市政协主席汤涌出席会议。会议解读《信访工作条例》，传达学习《中共安徽省委、安徽省人民政府关于完整准确全面贯彻新发展理念做好碳达峰碳中和工作的实施意见》，对信访重点工作进行调度，部分市领导结合工作实际作了交流发言。

14日　全市一季度工作点评会议在涡阳县召开。市委书记杜延安，市人大常委会主任王玉玺、市政协主席汤涌出席会议。与会人员先后到涡阳县绿色装配式建筑产业园、安徽易腾服装科技有限公司、体育中心等地，实地观摩涡阳县经济社会发展情况。在随后召开的会议上，部分工作先进、落后的县区、市直单位分别作交流发言、表态发言。

16日　五届市委全面深化改革委员会第二次会议召开，市委书记杜延安主持会议并讲话。会议传达学习中央深改委第二十四次会议、第二十五次会议及十一届省委深改委第二次会议精神，总结2021年以来工作，审议2022年工作要点，听取“加强‘一镇一委一站’消防救援体系建设，提高防灾、减灾、抗灾、救灾能力”“抓好普惠小微贷款支持工具落实，提高金融产品与小微、涉农主体需求适应性”有关情况汇报。

17日　市委书记杜延安带队先后到谯城区李门楼还原小区二期、古井镇供水工程二次加压站、悦水苑幼儿园、涡河景观带、谯城区花戏楼街道桑园社区群众工作服务站和老年助餐点现场，详细了解项目进展情况，实地调度解决问题。

19日　省人大常委会副主任魏晓明率检查组到亳州市开展环境保护“一法一条例”执法检查并召开座谈会。市人大常委会主任王玉玺参加活动。座谈会上，市政府相关负责人汇报亳州市实施环境保护“一法一条例”有关情况；涡阳县、市生态环境局、市住建局、市自然资源和规划局、市水利局等单位负责人分别作汇报；省执法检查组成员进行了交流发言。

20日　市政府第一次廉政工作会议暨创建一流营商环境工作会议召开。会议通报亳州市2021年度营商环境综合评价、“新春访万企、助力解难题”活动问题办理和“为企服务”平台问题办理情况。涡阳县、蒙城县、市医保局、市住建局、市市场监管局围绕廉政建设、营商环境建设作了交流发言。

23日　市委书记、亳芜现代产业园区党工委第一书记杜延安先后到亳芜新能源汽车零部件产业园、亳芜浙江五金机电产业园、安徽亿昇达科技有限公司、安徽瑞斯特新材料有限公司等地，实地调研亳芜现代产业园区工作开展情况。

24日　市推动融入长三角一体化发展领导小组会议召开，市委书记、市推动融入长三角一体化发展领导小组组长杜延安出席会议并讲话。会议学习习近平总书记关于推动长三角一体化发展重要讲话指示批示、省推动长三角地区更高质量一体化发展领导小组第六次会议精神，听取了亳州市市长三角一体化发展工作开展情况及省会议精神贯彻落实举措汇报，有关单位做了交流发言。

25日　市五届人大常委会第8次主任会议召开，市人大常委会主任王玉玺主持会议并讲话。会议听取市政府关于2021年度地方政府债务以及专项债项目推进情况的汇报、市政府关于《保障农民工工资支付条例》执行及“亳州老乡，请您回家”创业活动开展情况的报告；听取了“双减”工作与规范民办义务教育发展情况报告审议意见整理情况的汇报、全市群众喝上引调水工程建设情况报告审议意见整理情况的汇报、退役军人事务工作开展情况报告审议意见整理情况的汇报；会议还传达了全省人大城建环资委工作座谈会议精神，听取了关于市五届人大常委会第四次会议建议时间、建议议题的汇报。

27日　市委书记杜延安主持召开市委常委会会议。市人大常委会主任王玉玺，市政协主席汤涌出席会议。会议传达学习习近平总书记在庆祝中国共产主义青年团成立100周年大会上的重要讲话精神、省委书记郑栅洁在省主题团日活动上的讲话精神，传达贯彻了全国稳住经济大盘电视电话会议、全省暖民心行动工作部署推进会议精神，传达了关于推动党史学习教育常态化长效化、巩固政法队伍教育整顿成果推进全面从严管党治警等中央及省委文件精神，研究了亳州市贯彻落实意见；审议通过有关文件。

31日　市委党校（市行政

学院）2022年春季学期开学典礼举行，市委书记杜延安作专题报告。杜延安指出，2022年是党的二十大召开之年，也是全面实施“六一战略”、推进亳州经济社会高质量发展的关键时期。要认真学习贯彻习近平总书记在春季学期中央党校中青年干部培训班上的重要讲话精神，强化理论素质，提升党性修养，锤炼优良作风，锻造过硬能力，努力成为可堪大用、能担重任的栋梁之材，更好地为亳州经济社会高质量发展建功立业。

6月

1日　亳州市首届网上房交会正式上线。房交会通过搭建企业项目展示和市场消费的数字化营销平台，推广网上选房和购房云签约。该届网上房交会由市住房发展中心指导、市房地产业协会主办、安徽购房网亳州站承办。已有古井·颐康园、建投·东方名府源著、建投·漆园悦府、融创·南湖大观、北京城房·滨江壹号等数十个项目上线。

同日　亳州市组织召开“稳增长稳市场主体保就业”商贸流通服务业银企对接会，通过搭建政府、银行、企业三方参与平台，帮助企业解资金难题。活动邀请市内30多家重点商贸流通类企业参加，现场解读2022年增值税留抵退税、企业融资等政策，对企业融资需求和面临的困难进行归集，并予以协调解决。

2日　市委书记杜延安先后到市公安局110指挥中心、亳州火车站、高铁亳州南站、亳州南高速出入口、亳芜现代产业园区隔离点等地，检查疫情防控措施落实情况，并向抗疫一线人员致以节日问候。

同日　亳州市生态环境局召开新闻发布会，通报2021年亳州市生态环境状况。

6日　市委党的建设工作领导小组会议暨2021年党建工作要点落实情况问题整改进展调度会召开，市委书记、市委党的建设工作领导小组组长杜延安主持会议并讲话。会议审议市委党的建设工作领导小组2021年工作要点落实情况问题清单，逐部门逐项听取工作要点落实情况问题整改进展汇报。

同日　全市信访工作会议召开，市委书记杜延安出席会议并讲话。会上宣读《关于表扬2021年度全市信访工作先进单位和先进个人的通报》《关于对全市信访工作重点管理单位的通报》，总结亳州市2021年度信访工作，分析当前信访形势和存在的问题，安排部署下一步重点工作，部分县作经验交流和表态发言。

7日　省检察院党组书记、检察长陈武到谯城区开展“优环境，稳经济”活动，在谯城会客厅接待来访企业，面对面听取诉求和意见，实打实解决困难和问题。市委书记杜延安陪同。

同日　2022年普通高校招生考试第一天，市委书记杜延安带队巡视亳州十八中、亳州二中、亳州一中考点，看望慰问一线工作人员。

8日　市委书记杜延安主持召开市委常委会会议。市人大常委会主任王玉玺出席会议。会议学习习近平总书记在海南考察调研时的重要讲话精神，学习关于网络安全保障、网络信息安全风险及应对措施等文件精神，传达贯彻全省基层小微权力“监督一点通”平台建设推进会精神，听取20项民生实事、10项暖民心行动工作进展情况汇报，审议通过有关文件。

同日　市委人才工作会议召开，市委书记杜延安出席会议并讲话。会议传达学习习近平总书记关于新时代人才工作新理念新战略新举措，传达学习有关会议精神，通报全市人才工作情况，对有关文件进行说明，研究部署人才工作重点任务，部分单位和个人作交流发言。

同日　全市切实解决执行难工作领导小组会议召开。会议研究部署当前及今后一段时期重点工作。会上，市公安局、市自然资源和规划局、市住房公积金管理中心就配合做好执行联动工作作交流发言。1—5月，全市法院共受理各类执行案件16643件，执结13510件，执行到位金额12.81亿元，执结率81%，位居全省第3位，首次执行案件实际执行到位率居全省第2位。

8—9日　副省长张曙光在利辛县开展“优环境，稳经济”活动，省政府副秘书长戴启远陪同。张曙光一行组成3个接待组，在利辛经开区管委会现场接待企业30家，其中，张曙光随机接待9家企业。活动期间，张曙光先后到安徽丰源车业有限公司、安徽禾丰食品有限公司、安徽瑞虎肥业有限公司、安徽省金宜时光食品有限公司等地，详细了解企业生产经营情况，现场办公帮助企业解决面临的困难和问题。

9日　市委理论学习中心组学习会议暨五届市委国安委第一次全体会议召开，市委书记杜延安主持会议并讲话。会议深入学习《习近平法治思想学习纲要》《总体国家安全观学习纲要》有关章节、习近平总书记关于粮食安全的重要论述，传达学习省委理论学习中心组学习会议暨十一届省委国安委第一次全体会议精神，听取全市风险隐患排查情况汇报，部分市领导结合工作实际做交流发言。

同日　亳州芜湖现代产业园区与安徽工程大学举行签约仪式，双方将围绕产学研展开深度合作。双方将以创新引领技术转化和加速，构建“转化—孵化—加速”的全孵化运营体系“安徽工程大学亳州孵化器”和安徽工程大学亳芜技术转移中心。项目建设运行期暂定为5年。

10—11日　省委常委、副省长张红文先后到蒙城县、利辛县开展“优环境，稳经济”活动。市委书记杜延安陪同。

13日　全市民生实事及暖民心行动工作推进会议召开，市委书记杜延安出席会议并讲话，市人大常委会主任王玉玺，市政协主席汤涌出席会议。会议通报20项民生实事和10项暖民心行动开展情况，部分工作先进、落后的单位分别作交流发言和表态发言。会议以视频形式召开，各县区设分会场。

同日　市委财经委员会召开经济运行分析调度会，市委书记、市委财经委员会主任杜延安主持会议并讲话。会议通报全市5月份经济运行情况，各载体、市直有关单位作工作汇报和表态发言。

14日　亳州市召开全市粮食安全工作会议，贯彻落实全省会议精神，安排部署市粮食安全工作。市委书记杜延安主持会议并讲话。会议强调，要系统排查粮食生产中存在的风险隐患，尽快补齐短板弱项，坚决打击危害粮食安全的违法违规行为。

15日　市委农村工作领导小组会议暨“两强一增”行动调度会召开，市委书记杜延安出席会议并讲话。会议传达习近平总书记关于“三农”工作的重要论述，通报2021年度国家及省巩固拓展脱贫攻坚成果同乡村振兴有效衔接考核评估反馈问题整改情况，审议通过有关文件，有关单位作交流发言。

16日　市委书记杜延安会见中国京粤港投资控股集团董事局主席李栋良一行。双方就加强现代中医药、文化旅游、乡村振兴、现代农业等领域的合作，加大投资布局，推动项目尽快落地，助力亳州市高质量发展等方面进行会谈。

17日　市委书记杜延安主持召开市委常委会会议。市人大常委会主任王玉玺、市政协主席汤涌出席会议。会议传达学习习近平总书记在四川考察时的重要讲话精神和在中央政治局第三十九次集体学习时的重要讲话精神，深入学习习近平总书记关于统计工作的重要指示批示精神，传达贯彻省有关会议精神，听取2022年上半年全市公安工作情况汇报。

18日　安徽张恒春药业股份有限公司亳州生产基地项目签约仪式在亳芜现代产业园区举行。市委书记、亳芜现代产业园区党工委第一书记杜延安出席签约仪式，并会见安徽张恒春药业股份有限公司董事长王伟杰一行。

20日　市委书记杜延安带队调研谯城区抗旱抢种和经济社会发展工作，并主持召开经济运行分析调度会。上午，杜延安到广州白云山和记黄埔中药（亳州）有限公司、联滔电子、鹭燕集团项目、振谯花茶大健康产业加速器、临漳公园等地进行调研。下午主持召开经济运行分析调度会，听取谯城区1—5月份经济工作情况汇报，研究解决发展中存在的困难和问题。

同日　亳州市政府与安徽师范大学在芜湖举行合作办学签约仪式，亳州市、安师大、亳芜园区“携手”合办安师大附属亳芜小学。安徽师范大学是安徽建校最早的高等学府，是省政府与教育部共建高校、省委省政府优先建设的省属重点综合性大学。根据合作协议，亳州市第九小学将委托给安师大开展合作办学，加挂“安徽师范大学附属亳芜小学”校牌，设计办学规模48个教学班，预计2022年9月正式开学。

21日　2022年市级河长、林长会议召开，市委书记杜延安主持会议并讲话。会议传达学习省级河长、林长会议精神，听取2021年以来全市河长、林长工作开展情况汇报，审议通过有关文件，观看河湖问题明察暗访视频。

22日　省委常委、省委宣传部部长郭强到亳调研宣传思想文化、文明创建工作。省文明办主任杨明世参加调研，市委书记杜延安陪同调研。郭强一行先后到市展览馆、亳州广播电视台、谯城区新时代文明实践中心、谯城区薛阁街道马元社区新时代文明实践站和老年助餐点、光明农贸市场、市演艺有限公司、谯城区十八里镇蒋李村，详细了解亳州市媒体融合、新时代文明实践、老年助餐服务、文明创建等情况。在随后召开的座谈会上，郭强听取亳州市文明创建、文化传承和文明保护、媒体融合等工作汇报。调研期间，郭强一行到谯城区十八里镇孙口村、蒋李村看望慰问老党员，向他们致以“七一”节日问候。

23—24日　甘肃省定西市考察团到亳考察。24日上午，亳州市人民政府与定西市人民政府签订中医药产业发展战略合作协议。定西市市长汪尚学、甘肃省药监局局长王胜见证签约仪式。根据协议，亳州、定西两市将在中药材种植基地建设、中医药产业园区建设、中医药服务贸易、中医药龙头企业和知名品牌打造、中医药科技交流、加强节会举办交流等方面进行广泛、深入合作。

27日　市委书记杜延安带队赴合肥开展现代中医药产业专题招商，先后考察合肥综合性国家科学中心大健康研究院、合肥立方制药股份有限公司和安徽中医药大学，深入洽谈投资合作事宜。

7月

1日　市委书记杜延安到谯城区走访慰问部分困难党员、老党员和离休干部，并向奋战在全市各条战线上的广大党员致以节日祝福。市委常委、组织部部长部红建参加活动。

同日　2022年第三批全省重大项目开工动员会举行，亳州市开工动员项目53个。市委书记杜延安在亳州市分会场出席活动。据了解，今年亳州市前两批开工动员项目103个，总投资455.2亿元。目前，已开工项目99个，开工率96.1%；已纳统项目77个，纳统率74.8%。亳州市第三批开工动员项目53个，总投资376.1亿元，年度计划投资72亿元。其中，制造业项目27个，总投资102.9亿元，亩均投资455万元；高技术项目17个，总投资50.6亿元；民生项目7个，总投资43.6亿元。

同日　亳芜园区举行重大项目集中开工活动。该次参加集中开工的项目共16个，计划总投资44亿元，其中投资亿元以上项目15个、5亿元以上项目4个，有13个是以义荣无缝内衣、昶威汽车零部件、汉丝新能源配套为代表的新能源汽车、电子信息、新材料、数字经济等先进制造产业项目，另有制药、食品等大健康产业项目3个。

2日　市委书记杜延安主持召开市委常委会（扩大）会议，市人大常委会主任王玉玺，市政协主席汤涌，市委副书记秦凤玉出席会议。会议传达学习习近平总书记给种粮大户徐淙祥的重要回信及全省领导干部专题会议精神，传达学习省委书记郑栅洁关于安徽省新冠肺炎疫情处置情况的批示精神和《中共安徽省委关于追授刁志岭同志“安徽省优秀共产党员”称号的决定》，并围绕“3+N”开展全市季度工作分析评议，研究解决存在问题，安排部署贯彻落实工作。

3日　市委书记杜延安到涡阳县谷神种业公司、楚店镇“三大主粮”病虫害全程绿色防控示范区，实地调研粮食安全工作。在涡阳县谷神种业公司，杜延安认真听取企业负责人关于“谷神麦19”等小麦优质品种繁育推广情况的介绍，详细了解粮食种植、加工、储备、销售和农业综合服务体系建设、良种培育等情况；在楚店镇“三大主粮”病虫害全程绿色防控示范区，杜延安走进田间地头，仔细查看大豆玉米苗情长势，并与种粮大户交谈，指出要强化现代农业科技应用，大力推广大豆玉米带状复合种植，抓好田间管理和病虫害绿色防控防治，推动粮食生产经营专业化、标准化、绿色化，实现“玉米不减产、增收一季豆”，助力粮食稳产增收。

4—5日　蒙城县发现一例初筛阳性。市委书记杜延安带队到蒙城县指导处置。4日下午，杜延安到立仓镇罗集村、薛庙村，实地查看封闭管理、村民核酸检测组织、环境消杀等工作开展情况；4日晚，所有密接者全部找到并集中隔离，核酸检测结果均为阴性；次密接者核酸检测结果均为阴性并全部落实管控措施，未造成社会面传播风险。5日上午，杜延安到蒙城县健康驿站、方舱医院，详细了解隔离人员生活情况。在庄周街道绿洲雅苑小区，杜延安与社区干部、医护人员和物业管理人员深入交谈，现场查看小区管理、核酸检测组织、生活物资保障等工作开展情况，要求街道社区和小区物业要加强协调，细致周到做好群众各项服务保障工作。

5日　亳州市普降暴雨。5日早上5时至晚上9时，市区累计降雨量达180~240毫米，个别乡镇累计降雨量超过300毫米，其中谯城区五马镇累积降雨量329.5毫米、双沟镇累计降雨量313.7毫米。

6日　皖北地区防汛排涝保苗视频会议在亳州市召开，副省长张曙光主持会议并讲话，省水利厅厅长张肖，省应急管理厅厅长张海阁出席会议。会议通报本轮强降雨情况，亳州、淮北、宿州、蚌埠、阜阳、淮南6市汇报防汛排涝保苗情况，安徽农业大学农业专家对防汛排涝保苗进行辅导。会前，张曙光一行到谯城区赵桥乡焦魁农机专业合作社，了解全省首家无人农场建设、运营、效益等方面情况，并对焦魁农机专业合作社示范基地和谯城区双沟镇农田积水和排涝情况进行检查。

同日　亳州市工业互联网数据中心揭牌仪式举行。据了解，市工业互联网数据中心将依托中国电信亳州分公司的技术优势，为亳州企业提供大数据、物联网、云计算等技术支持，助力亳州企业数字化转型。

7日　市委书记杜延安主持召开市委常委会会议，市人大常委会主任王玉玺，市政协主席汤涌，市委副书记秦凤玉出席会议。会议传达学习习近平总书记在湖北武汉考察时的重要讲话精神，学习省委十一届三次全会精神，《郑栅洁同志赴宿州市泗县督导调研疫情防控工作纪要》，省委常委、宣传部部长郭强在亳州调研时的讲话精神和省纪委监委有关文件，研究贯彻落实意见，听取市委五届五次全会筹备情况汇报。

同日　中共亳州市委五届五次全会在市行政会议中心召开。全会由市委常委会主持。市委书记杜延安讲话，市人大常委会主任王玉玺，市政协主席汤涌，市委副书记秦凤玉，市委委员，市委候补委员出席会议。杜延安代表市委常委会向全会作工作报告，会议听取《全市“三严三实”“马上就办、真抓实干”作风建设专项行动工作情况报告》《全市干部作风能力提升年活动工作情况报告》，观看作风建设警示教育专题片。

同日　中煤新集利辛矿业公司顺利通过竣工验收，矿井正式由基建转为生产，每年可提升300万吨煤炭保供能力。利辛矿业公司位于利辛县胡集镇板集社区，是板集煤电一体化项目配套矿井，设计可采储量1.99亿吨，服务年限49年，煤种为低硫、低磷、中高热值的气煤和1/3焦煤，煤质优良，煤层赋存稳定。

8—11日　市委书记杜延安率队赴广东省佛山、东莞、广州市和福建省漳州、厦门市招商，先后考察中国中药控股有限公司、立讯精密工业股份公司、广州医药集团有限公司、漳州片仔癀药业股份有限公司和李时珍医药集团，达成一批重要合作意向，期间会见全国台湾同胞投资企业联谊会副会长、漳州市台商投资企业协会会长林伯彦和部分亳州籍企业家。

11日　亳州市召开市安委会2022年第三次全体（扩大）会议暨燃气安全“百日行动”推进会议，并组织收看全国、全省安全生产电视电话会议。会议通报2022年上半年全市安全生产工作情况。2022年以来，全市开展安全生产专项整治等工作，上半年生产安全事故起数、死亡人数均同比下降22.2%，未发生较大及以上生产安全事故，安全生产形势总体稳定。

13日　安徽乐聚服务机器人研究院揭牌仪式在亳芜园区2.5产业大厦举行。俄罗斯工程院外籍院士、苏州大学机电工程学院院长孙立宁，市委书记杜延安出席活动并揭牌。安徽乐聚服务机器人研究院是亳州市与“独角兽”企业共同成立的首家产业技术研究院，旨在推进AI+场景应用和机器人核心技术产业化，将为亳州乃至皖北机器人及智能制造产业注入新活力。活动中，乐聚研究院与合作伙伴签订4个合作项目，专家学者作主旨报告。

13—14日　省政协主席唐良智到亳调研经济社会发展和政协工作情况。市委书记杜延安，市政协主席汤涌陪同调研。调研中，唐良智到古井产业园、中国

（亳州）中药材专业市场等地，与企业负责人、经营户面对面交流，详细了解食品工业、中医药产业发展等情况。

14日 全市信访工作会议召开，市委书记杜延安主持会议并讲话，市委副书记秦凤玉出席会议。会议通报全市上半年信访工作开展情况，各县区、亳州高新区围绕信访工作短板弱项作发言。

15日 市委书记杜延安主持召开市委理论学习中心组学习会议，市人大常委会主任王玉玺，市政协主席汤涌，市委副书记秦凤玉出席会议。会议集中学习《中国共产党党内法规制定条例》《中国共产党党内法规和规范性文件备案审查规定》《中国共产党党内法规执行责任制规定（试行）》《习近平关于注重家庭家教家风建设论述摘编》和《论“三农”工作》，学习习近平总书记关于党风廉政建设、廉洁文化建设的重要论述和中央政治局第四十次集体学习时的重要讲话精神，部分市领导进行发言。

同日 市委书记杜延安到太阳升集团国际医药产业园项目、安徽煜星体育用品项目、亳州学院中医药学院项目施工工地，实地调研亳州高新区经济社会发展情况。市委副书记秦凤玉参加调研。在太阳升、煜星项目现场，杜延安详细了解项目建设、品种转移、产业发展等情况，要求亳州高新区全力做好服务，第一时间帮助企业解决困难，推动项目早日建成投产。在中医药学院项目现场，杜延安听取工程进度汇报，并到教学楼查看工程质量。座谈会上，杜延安听取亳州高新区重点工作开展情况汇报，现场逐项研究解决资金、土地、人才、投融资等7个方面的问题和困难。

18日 市委书记杜延安在利辛县主持召开疫情防控工作调度会。会议指出，在全县范围内开展区域核酸检测，第一、二轮共检测158.3万人份，检测结果均为阴性，疫情防控工作取得积极成效。会议强调，要加强指挥部各专项工作组配合衔接，强化督查检查，扎实做好核酸检测、流调溯源、转运隔离、环境消杀等各环节工作，切实做到守土有责、守土尽责。会上，省疾控中心副主任苏斌充分肯定亳州市工作取得成效并提出工作要求。

18—19日 涡阳县发现1名核酸初筛阳性。市委书记杜延安带队赶赴涡阳县，调集蒙城县、谯城区流调队伍、医务人员及核酸检测方舱紧急支援，部署流调溯源、核酸检测、转运隔离、环境消杀等各环节工作。19日凌晨1:30、晚上10:00，杜延安深入城关街道、星园街道、花沟镇等重点区域，实地查看应急防控措施落实情况，看望慰问一线防疫的街道、村（社区）干部和公安干警、城管人员、志愿者。

20日 全市创建一流营商环境工作调度会召开。会议以视频会议形式召开，各县（区）设分会场。会议通报18项营商环境指标第二季度考评情况，市直有关部门分别作交流发言和表态发言。

24日 市委书记杜延安在利辛县主持召开两县疫情防控专题调度会议，听取两县和指挥部“一办十四组”疫情防控工作汇报，逐项解决存在的问题，部署下一阶段任务。经统计，17日至24日，利辛县、涡阳县已分别开展四轮全县范围核酸检测和6轮、5轮重点区域核酸检测，累计检测784.54万人次，结果均为阴性，没有出现一例社会面传播感染。

27日 市委副书记秦凤玉先后到谯城区幸福农贸市场、天润上层小区，亳州高新区养生大道综合农贸商城、万达广场等地，实地调研各点位全国文明城市创建工作开展情况。

8月

1—2日 市委副书记秦凤玉率队赴杭州、广州招商，考察浙江润丰能源集团、国机集团中国联合工程公司，拜访广州华域集团、哥弟服装集团。

3日 亳州学院与亳州海关签订战略合作框架协议，并举行“亳州学院——亳州海关协同创新中心”“亳州学院海关工作站”“中国WTO/TBT-SPS国家通报咨询中心亳州中药材技术性贸易措施研究评议基地工作站”揭牌仪式。该基地围绕“世界中医药之都”战略目标，开展技术性贸易措施工作，持续助力亳州市特色中药材产业扩大出口。

3—4日 上海市奉贤区政府代表团到亳考察。市委副书记秦凤玉陪同考察。在亳考察期间，考察团一行先后到济人药业、古井集团、中国（亳州）中药材专业市场、亳州展览馆等处，实地了解亳州市经济社会发展情况，现场踏勘上海市工业综合开发区亳州产业园拟选址点，就产业园选址、建设以及其他合作事项与亳州市进行交流。上海市工业综合开发区亳州产业园面积约1300亩，其中孵化区约300亩。孵化区拟选址点位于亳州高新技术产业开发区，基础设施完善，建设用地已报批并全部实现“七通一平”，可为企业入园提供“一站式”服务。

4日　亳州职业技术学院举办高层次人才服务地方企业启动仪式。为提升药业企业发展质量，增强企业核心竞争力，亳州职业技术学院选派18名教授、副教授入驻企业担任企业科技副总或技术顾问，服务期限三年，实行弹性工作制。科技副总或技术顾问的主要任务是提供政策和信息服务，开展科技攻关，在企业和学校之间发挥桥梁和纽带作用，促进企业与学校的有效对接和联合。启动仪式上，18家药业企业负责人分别为亳州职业技术学院18位教授、副教授颁发聘任证书。

5日　市人大常委会主任王玉玺带队到市应急管理局、市消防救援支队、救援指挥中心等地，实地调研亳州市应急管理工作开展情况。调研中，王玉玺详细了解应急救援队伍人员构成情况、日常训练内容，对救援队员的辛勤付出表示感谢。在市消防救援支队，王玉玺认真查看了消防队伍装备运用情况，询问救援指挥中心的软硬件建设、智慧系统调度等情况。

5—7日　谯城区出现阳性感染密切接触者。市委书记杜延安牵头成立市区联合指挥部，实行提级管理，从蒙城、利辛县调集人员车辆对涉及的乡镇、小区实行封控管理，并开展流调溯源、核酸检测、隔离管控、环境消杀等工作。7日晚，杜延安主持召开指挥部“一办十四组”调度会，逐项检查各项防控工作开展情况并进行再部署，随后到实施封控管理的兴华医院、银杏路集中隔离点、和谐佳苑、涡北蔬菜批发市场、沙土镇、万达广场、万达金街，看望慰问一线防疫人员，检查疫情防控措施落实情况。

6日　亳州市召开十大暖民心行动推进会。会上，市发展改革委通报全市十项暖民心行动总体进展情况，市人力资源和社会保障局、市民政局、市教育局等牵头单位分别汇报各项暖民心行动开展情况。经统计，上半年亳州市十项暖民心行动综合进度50.22%，位居全省第八位，皖北六市第二位。截至7月底，全市十项暖民心行动累计拨付资金2.1亿元，占计划投入资金的68.5%。

11日　亳州市召开“扫黄打非”领导小组工作会议。会议通报上半年“扫黄打非”工作开展情况，审议《2022年亳州市“扫黄打非”工作考评办法》《全市“扫黄打非”重大案件督导包保方案》。

15日　市委书记杜延安专题调研文明创建和突出环境问题整改工作。市委副书记秦凤玉参加调研。杜延安一行先后到市区薛阁社区名仕佳苑小区、魏武社区文帝街一区、魏武社区居委会等地调研文明创建工作，实地查看老旧小区改造、强弱电线路整治、背街小巷基础设施和环境秩序改善等情况。随后，杜延安一行到谯城区古井镇安徽天蕴皖酒业有限公司、谯城区张店乡刘高峰木材加工点、亳州高新区甘湾涡河渔船聚集点等地，调研突出环境问题整改工作。

16日　全市粮食安全工作暨2022年市粮食安全领导小组电视电话会议召开，市委书记杜延安出席会议并讲话。会议传达《安徽省粮食节约行动实施方案》，安排部署亳州市具体落实举措，通报全市夏粮收购及粮食购销领域腐败问题专项整治、粮食生产、耕地保护等方面情况。

同日　市委审计委员会第五次会议召开，市委书记杜延安主持会议并讲话，市委副书记秦凤玉出席会议。会议传达学习习近平总书记关于审计工作的重要讲话精神、中央有关会议精神及省委审计委员会第五次会议精神，听取上半年审计重点工作情况汇报，审议审计工作相关报告，安排部署下一阶段工作。

17日　市委书记杜延安主持召开市委常委会会议，市人大常委会主任王玉玺，市委副书记秦凤玉出席会议。会议传达学习习近平总书记在7月28日中共中央政治局会议、新疆考察调研时的重要讲话精神，传达意识形态、网络安全、安全生产等省有关文件、会议精神，听取中央及省委巡视反馈问题整改、平安建设、党风廉政和反腐败、干部选拔任用等工作情况汇报，研究贯彻落实意见，审议通过有关文件。

18日 2022第十五届安徽国际茶产业博览会在合肥滨湖国际会展中心开幕，副省长张曙光到亳州展馆巡展。亳州展馆位于会展中心主展馆A7区，面积共620。芳香苑保健品有限公司、万花草生物科技有限公司、奈良家生物科技有限公司等28家花草茶企业300多种产品参展，产品主要有花草茶、调味茶、花茶原料和其他饮料等。

同日 亳州市青年企业家协会第五次会员大会召开，市委副书记秦凤玉出席会议并讲话。会议选举产生亳州市青年企业家协会第五届理事会会长、副会长、秘书长，周庆伍当选为市青年企业家协会第五届理事会会长。会议向亳州市青年企业家协会第四届优秀青年企业家、先进工作者及“名誉会长”颁发荣誉证书，青年企业家现场进行投资项目签约。

18—20日 市委书记杜延安带队赴上海市，与上海中医药大学洽谈合作共建国家级区域中医医疗中心和中医药学院事宜，并赴上海康桥中药饮片公司、上海中药行业协会、韵达集团、国药资本投资公司、沪宁不锈钢产业园运营公司开展招商。

19日 “2022安徽秸秆暨畜禽养殖废弃物综合利用产业博览会”在合肥滨湖国际会展中心举行。该次秸博会亳州市共筛选31家秸秆和畜禽废弃物综合化利用企业参展，其中原料化6家、能源化6家、基料化5家、肥料化5家、饲料化5家、畜禽废弃物资源化利用4家；共计展示90个产品，主要有秸秆固化颗粒、秸秆砖、秸秆板材、秸秆餐具、秸秆食用菌、秸秆畜禽粪便有机肥、生物降解地膜、生物降解餐具包装、生物降解改性颗粒等产品。在项目推介暨签约仪式上，亳州市签约10个引资、引企、引智项目，签约总金额15.91亿元。除此之外，现场推介7个秸秆和畜禽废弃物资源化利用项目，总投资3.73亿元。

23日 市委书记杜延安主持召开市防范化解重大风险专项工作会议，听取政治、意识形态、舆情应对、经济、社会等方面重大风险情况的汇报，研究部署防范化解工作。会议强调，要加强排查整治，聚焦重点人员、重点领域、重大节点开展全面严密的排查，摸清基数底数，掌握动态动向，清单化、闭环式管理，做到发现一个、解决一个、及时清零，切实把问题和风险消除在萌芽状态。

24日 市委书记杜延安赴利辛县城北镇、城关镇等地，实地调研“三农”工作，并带案下访现场接待来访群众。上午，杜延安到安徽联众种业公司，详细了解育种技术攻关、市场运营等情况。在陈营村，杜延安慰问合肥工业大学驻村工作队成员，并通过视频连线方式向合肥工业大学负责人表示感谢。随后，杜延安到清洁文明户陈学亮、脱贫户陈洪文家中，详细了解其生产生活、医疗保障、身体情况，询问有无困难。下午，杜延安带案下访，接待来访群众，面对面认真听取诉求，并召开重点信访案件调度会上。

25日 市委书记杜延安到亳州职业技术学院、亳州学院调研高校党建及意识形态工作。市委副书记秦凤玉参加调研。杜延安一行先后到亳州职业技术学院的VR实验实训中心、省级中药传统技能大赛赛场、中药标本室，亳州学院的易班中心、大学生活动中心、心理健康教育中心、隔离观察室等地调研，并主持召开座谈会，听取两所高校党建及意识形态工作情况汇报。

25—26日 市五届人大常委会第六次会议召开，市人大常委会主任王玉玺主持会议并讲话。会议听取并审议市人大常委会执法检查组关于检查《安徽省老年教育条例》实施情况的报告；听取并审议市政府关于应急管理工作情况的报告；听取并审议市政府关于2021年市级决算的报告、2022年上半年预算执行情况及下半年工作意见的报告、2021年度市级预算执行和其他财政收支情况的审计工作报告、市人大财经委关于亳州市2021年市级决算（草案）审查结果的报告；听取并审议2022年上半年国民经济和社会发展计划执行及下半年工作意见的报告；表决通过有关人事任免议案，王玉玺为新任命人员颁发任命书。

26日 市委财经委员会8月份经济运行分析调度会议召开，市委书记杜延安主持会议并讲话。市委副书记秦凤玉出席会议。会议听取全市及各载体8月份经济运行情况和招商引资、项目建设及企业登记有关情况汇报。会议指出，三季度是完成全年经济任务目标的黄金期、关键期，全市上下要锚定全年目标，扭住关键环节，高质高效抓好落实，持续加压奋进，抓速度、赶进度、强调度，以稳求进、以进固稳，全力冲刺三季度，夺取全年“满堂彩”。

同日　全市年轻干部座谈会暨挂职干部、选派驻村干部、招商干部座谈会召开，市委书记杜延安出席会议并讲话。市委副书记秦凤玉出席会议。会议传达学习习近平总书记在2022年春季学期中央党校中青年干部培训班开班式上的重要讲话精神及省委书记郑栅洁在省年轻干部座谈会上的讲话精神。部分年轻干部代表作交流发言。

29日　市委书记杜延安主持召开市委常委会（扩大）会议，重温习近平总书记考察安徽重要讲话指示精神，回顾总结学习贯彻情况，研究部署进一步贯彻落实举措。市人大常委会主任王玉玺出席会议。会议学习有关文件和8月19日省委常委会（扩大）会议精神，听取部分县、市直单位汇报发言。

9月

1日　省委依法治省办督察亳州法治建设工作见面会在市行政会议中心召开，市委书记、市委全面依法治市委员会主任杜延安主持会议，省委政法委副书记、第二督察组组长李国庆介绍督察工作有关情况。会议指出，此次督察工作将紧扣学习贯彻习近平法治思想，持续将法治建设向基层延伸、向纵深推进，以高质量的市县法治建设水平，促进和保障经济社会高质量发展。

同日　市委宣传部、市文明办组织召开学习习近平总书记给“中国好人”李培生、胡晓春的重要回信精神座谈会暨好人礼遇座谈会。会议强调，要充分发挥好人榜样作用，深入宣传道德模范与身边好人的先进事迹，积极营造向上、向善的浓厚氛围，引导广大群众向好人学习。

1—2日　省政协党组副书记、副主席邓向阳到亳州市开展包保督导消防安全工作。市委书记杜延安，市政协主席汤涌陪同调研。邓向阳先后到谯城区十八里镇消防工作站、天运物流园、谯城万达商业综合体等地督导消防安全工作。包保督导汇报会上，市委常委、副市长左龙汇报亳州市消防安全工作情况并作表态发言。会议强调，要深入学习贯彻习近平总书记关于安全生产重要论述，全面落实党中央、国务院及省委、省政府的部署要求，抓实抓细消防安全各项工作，为党的二十大胜利召开营造安全稳定环境。

2日　市委书记杜延安主持召开市委常委会会议，市人大常委会主任王玉玺出席会议。会议传达学习习近平总书记在辽宁考察时的重要讲话精神，学习统战、宣传、农业农村、信访、统计、生态环保、作风建设等中央及省有关文件、会议精神，听取节能降耗、困难群众救助补助资金审计、效能建设等工作情况汇报，研究贯彻落实意见，审议通过有关文件。

2—4日　2022年曹操诗歌文化节在谯城区举行，省文联主席陈先发参加活动。该次活动由安徽省文学艺术界联合会指导，谯城区委、区政府主办。活动分为面向全国征文评选、到谯城实地考察采风、建安文化研讨、获奖作品颁奖典礼4个环节。活动期间共收到优秀诗歌稿件10000余篇，经专家评审，最终评选出28首优秀诗歌作品，分获该届诗歌文化节的“观沧海”大奖，一、二、三等奖和“古风奖”。

3—4日　市委书记杜延安赴利辛县、涡阳县带案下访，现场接待来访群众，并在涡阳县西阳镇驻村调研“三农”、环保工作。3日，杜延安先后到利辛县马店孜镇王郢村、涡阳县综治服务中心等地，实地察看信访反映的土地现状，详细了解“信访超市”建设情况。4日，杜延安到返乡创业企业西阳镇鼎徽食品有限公司调研，鼓励其围绕特色农产品加工转型升级，助力乡村产业振兴；随后，杜延安随机走访2户脱贫户和1户一般农户，详细了解家庭成员、经济收入、居住环境等情况，要求镇村干部认真做好防止返贫动态监测，强化帮扶措施，以实际行动解民忧、暖民心。其间，杜延安还督查企业环保问题整改工作。

5日　五届市委第一轮巡察集中反馈会在市行政会议中心召开。该轮巡察市委各巡察组紧扣被巡察单位职能职责，围绕“三个聚焦”，通过听取汇报、信访接待、个别谈话、调阅资料、下沉调研等方式，对8家市直部门及其所属的5家二级机构开展巡察。

5—6日 山西省政协副主席王立伟带队到亳州市考察，市政协主席汤涌陪同考察。其间，王立伟一行先后到谯城区大杨镇聂红伟种植专业合作社、亳药花海中药材种植基地、古井集团、中国（亳州）中药材专业市场、亳州中药材商品交易中心、城市展览馆等地对亳州市白酒产业优质原粮基地建设、中药材种植销售产业链建设、优势农产品产业发展规划等内容进行调研。

6日 第38个教师节来临之际，市委书记杜延安先后到亳州市第三十二中学、第三小学、第一幼儿园和亳州中药科技学校，慰问一线优秀教师代表，并向全市广大教育工作者致以节日的祝贺和诚挚的问候。

同日 全省双拥模范城（县）命名暨双拥模范单位和个人表彰大会在合肥举行。亳州市被命名为“安徽省双拥模范城”，这是亳州市第四次获此殊荣。

7日 市人大常委会召开持续优化营商环境工作推进情况专题询问协调会。会议宣读《市人大常委会开展持续优化营商环境工作推进情况专题询问实施方案》以及工作行事历，明确专题询问的组织和方式、专题询问的对象和内容、专题询问的问题设定、专题询问的工作步骤和日程安排以及专题询问的工作分工等。市政府办公室主要负责人作表态发言。

同日 市政协“对接区域协同发展建设省际毗邻区域中心城市”专题协商会召开，市政协主席汤涌出席会议并讲话。为筹备协商会，市政协成立两个调研组，在调研利辛县、蒙城县基础上，赴安徽省安庆市、宣城市，河南省信阳市、南阳市等地进行考察，并与河南省周口市鹿邑县政协开展联动调研，函请夏邑、永城、郸城三县提供区域协同发展有关材料。市政协各参加单位、各县区政协和相关委员也以不同形式开展调研，形成53篇高质量的调研报告。会上，市政协调研组宣读调研报告，6名市政协委员进行发言。

同日 亳州市召开庆祝第38个教师节会议。会议表彰2022年“药都最美教师”，2021—2022年度教育工作先进单位、优秀教师、优秀援疆援藏教师和先进教育工作者，受表彰代表作交流发言。

8日 2022年亳州市“双招双引”推介会暨“天下亳商”大会以线上线下结合的方式举行。中国旅游研究院院长、文化和旅游部数据中心主任戴斌出席会议。会议邀请行业百强、上市公司、知名企业负责人和业界专家共100余人参会，现场签约项目21个，发布亳商徽章LOGO及“天下亳商宣言”，举行中医药传承创新暨健康旅游高峰论坛。戴斌作《游客想看见文化的遗产，更想看见城市的未来》讲座。经统计，现场签约21个项目分别集中在现代中医药、新能源新材料、精密电子器件及机械装配制造等领域，主要有：总投资11亿元的广东鼎峰锂能集团新能源高能量密度电池电芯项目、总投资10亿元的李时珍医药集团中医药大健康项目、总投资10亿元华域集团亳州潮商产业园项目、总投资5亿元的南京同仁堂健康药业集团花茶产业园项目和浙江科辉照明科技有限公司防爆电器产业园项目、安徽泗州拖拉机制造有限公司智能玉米收割机研发生产项目等。

同日 国家中医药管理局副局长秦怀金到亳调研。其间，秦怀金先后到亳州市中医院、济人医药集团等地实地考察亳州市中医院建设、中医药人才培养、中医药产业发展等情况。

9日 2022年国际（亳州）中医药博览会暨第38届全国（亳州）中药材交易会，2022年中医药文化传播行动·走进名医故里主题活动（亳州站）开幕式在市行政会议中心举行。全国人大常委会原副委员长、中国关心下一代工作委员会主任顾秀莲通过视频致辞，并宣布大会开幕。该次大会主题是：中医药，让人类更健康。

同日 2022年国际（亳州）中医药博览会系列会展举行，市委书记杜延安到会展巡展。博览会系列会展分别在康美中药城会展中心和亳州中药材商品交易中心举行。该届会展共有十大展项，线上线下同步进行，来自全国各地的近800家企业参展。

同日 纪念华佗诞辰1895周年祭祀典礼在市区华祖庵景区隆重举行。上午8时18分，元化草堂大殿前，祭祀典礼正式开始。经过敬献四宝、明烛、敬香、奠酒等礼节后，主祭员恭诵华佗诞辰1895周年祭文。随后，参加祭祀的人员全体肃立，行施拜礼，向华佗像三鞠躬，表达对神医华佗的崇敬和缅怀之情。同日，华祖庵景区组织开展中药切片、五禽戏等“非遗”展演和古筝名曲演奏等活动。

10日　市委书记杜延安先后到市消防救援支队119指挥中心、市公安局110指挥中心、市信访专班、亳州火车站、亳州高铁南站、亳州南高速出入口等地，看望慰问坚守岗位的工作人员。

14日　五届市委全面深化改革委员会第三次会议召开，市委书记杜延安主持会议并讲话。会议传达学习中央及省委全面深化改革委员会有关会议精神，听取“退休一次办”、创优一流营商环境等重点领域改革和各县区深化改革推进情况汇报，研究部署下一步改革工作。

同日　市委书记杜延安主持召开市防范化解重大风险专项工作会议，研究部署新业态、精神病患者医疗救治、打击拐卖妇女儿童违法犯罪等领域重大风险防范化解工作。会议强调，全市各级各部门要深刻认识防范化解重大风险隐患的重要性紧迫性，扎实做好应对各类风险的思想准备和工作准备，为党的二十大胜利召开营造安全稳定的政治社会环境。

同日　全市巩固拓展脱贫攻坚成果专项小组（扩大）会议召开。市委书记杜延安出席会议并讲话。会议传达国家考核评估会议、省乡村振兴局局长会议精神，通报近期暗访督查情况，听取各县区、亳州高新区当前工作汇报，安排部署下一阶段重点任务。

同日　亳州市中药饮片产业促进会成立大会暨第一届会员代表大会召开。亳州市中药饮片产业促进会是以亳州市药业企业为主体，吸收产业上下游经营主体及产业主管部门相关机构，自愿结成的地方性、联合性、非营利性社会团体。大会选举市人大常委会副主任张洁为亳州市中药饮片产业促进会会长。

15日　全市秋种工作暨“一块田”改革现场推进会在蒙城召开。与会人员实地观摩蒙城县小辛集乡李大塘村“一块田”改革、中营村中西庄人居环境整治情况。市委农办传达全省秋种工作现场会主要精神并通报相关工作开展情况，蒙城县人民政府、小辛集乡和涡阳县金沙河种植合作社进行交流发言。

同日　2022年亳州市维护妇女儿童合法权益联席（扩大）会议召开。会议宣读安徽省妇联《关于亳州市2021年婚姻家庭纠纷预防化解工作考评结果的通知》、亳州市妇联《关于2021年婚姻家庭纠纷预防化解工作考评结果的通报》。市公安局、市中院、市检察院、市司法局、市妇联作交流发言，工作先进单位利辛县妇联作经验交流。

15—16日　省委统战部副部长、省侨办主任张启明带队到亳开展侨地对接暨省情考察活动。张启明一行先后到金沙河面业有限责任公司、中国华侨国际文化交流基地天静宫、古井集团、安徽协和成药业饮片有限公司等地进行实地考察，了解亳州经济社会发展、营商环境等情况。座谈会上，市委统战部介绍亳州市市情及招商引资政策，来亳侨商代表依次介绍企业情况及合作意向，双方围绕下一步合作进行座谈交流。

16日　亳州市香辛料产业促进会成立大会召开。亳州市香辛料产业促进会是由亳州市香辛料经营户、加工企业、香辛料衍生产业、副食品经营者为主体，吸收相关科研及企事业单位参加，自愿联合发起成立的地方性、联合性、非营利性社会团体。

17日　亳州市组织收看全省中医药振兴发展大会。会议指出，要立足中药材市场资源优势，加快“世界中医药之都”建设，努力把亳州打造成为全国乃至全球从现货到期货具有重要影响力的中药材交易平台、全国智能化水平最高的中医药物流基地、具有全球公信力的中药材价格形成中心和中药材指数发布中心。

19日　古井贡酒·年份原浆2022年秋季开酿大典在安徽亳州古井酒神广场举行。中国贸促会原副会长、国际展览局原中国首席代表王锦珍通过视频致辞，中国酒业协会理事长宋书玉，安徽省残疾人福利基金会理事长宋卫平等出席活动并讲话。大典上，发布《古井贡酒·年份原浆品质管控纲要》和2022年古井贡酒新品，聘任古井贡酒·年份原浆品质监督大使，古井透明工厂正式上线，古井贡酒·年份原浆文化研究院正式揭牌，古井贡酒·年份原浆安徽助残公益项目启动。

20日　2022年世界制造业大会在合肥滨湖国际会展中心举办。市委书记杜延安出席开幕式并先后到古井集团、安徽九方制药有限公司、安徽楚王制药机械科技股份有限公司等展区巡视。该次大会亳州市共有24家企业参加线上线下展示。大会期间，亳州市线上线下签约项目33个，总投资115亿元。其中，中煤能源股份公司和安徽省皖能股份有限公司共同出资53亿元建设的板集电厂二期项目，参加世界制造业大会开幕式集中签约项目活动；深圳国瑞协创储能技术有限公司投资的利辛100mw/100mwh独立共享储能项目参加中国民营制造业合作交流对接会项目签约活动。

21日　中国医药集团党委书记、董事长刘敬桢到亳考察，市委书记杜延安会见并陪同考察。中国医药集团是由国务院国资委直接管理的中国规模最大、产业链最全、综合实力最强的医药健康产业集团，以预防治疗和诊断护理等健康相关产品的分销、零售、研发及生产为主业。刘敬桢一行先后考察中国（亳州）中药材专业市场、安徽天祥药业公司、安徽冯了性药业公司、冯了性中药材种植基地、华佗国药公司、古井集团，详细了解亳州市现代中药、白酒、花茶及大健康产品重点企业生产情况，并在中药提取、配方颗粒、中药材种植、中医药研发、资源整合等多个领域，与亳州市深入合作达成重要共识。

23日　市委书记杜延安分别主持召开市委常委会会议、市委理论学习中心组学习会议。会议传达学习习近平总书记关于维护意识形态安全和加强思想政治工作的重要论述、在第五个“中国农民丰收节”到来之际作出的重要指示精神，学习《习近平关于统一战线工作论述摘编》《中华人民共和国反有组织犯罪法》和全国全省扫黑除恶常态化推进会议、9月19日省委常委会扩大会议精神，听取全市扫黑除恶、安全生产等工作情况汇报，研究贯彻落实意见，审议通过有关文件。部分市领导围绕学习内容作交流发言。

26日　全省“举旗帜·送理论”学习贯彻习近平总书记在省部级主要领导干部专题研讨班上重要讲话精神、《习近平谈治国理政》第四卷省级示范宣讲报告会在亳州市举行。省级示范宣讲团成员，省经济和信息化厅党组书记、厅长牛弩韬作专题宣讲报告，市委书记杜延安主持报告会，市政协主席汤涌参加报告会。

同日　市委书记领衔督办市政协重点提案办理协商会召开，市委书记杜延安出席会议并讲话，市政协主席汤涌主持会议。该次市委书记领衔督办重点提案主题为“打好健康养生品牌，建设文化旅游强市”。会上，市政协调研组宣读调研报告，提案主办单位及相关承办单位汇报提案办理情况，提案者代表作发言，杜延安和市直部门负责人与企业家进行互动交流。

27日　省政协党组副书记、副主席刘莉就医疗医保工作到亳调研，市政协主席汤涌陪同调研。刘莉一行先后到市医院、谯城区医保结算窗口、市医保局智能监控大厅进行调研，实地了解亳州市医疗服务能力、医保基金结算、医保基金使用监管、异地就医服务等内容，并召开座谈会，听取亳州市及谯城区工作情况汇报。

28日　2022年全省第四批重大项目开工动员会举行，亳州市开工动员项目45个。市委书记杜延安在亳州市分会场出席活动。第四批开工动员项目45个，总投资291亿元，年内完成投资29.2亿元。其中，5亿元以上项目10个，总投资227亿元。分行业来看，制造业项目30个，总投资101.4亿元，亩均投资560万元；高技术项目34个，总投资111.2亿元；民生项目3个，总投资4.1亿元。代表性项目有：谯城区鼎峰圆柱形锂电池生产项目，总投资11亿元；江淮星锐年产5万辆多功能商用车项目，总投资6.3亿元；利辛县板集电厂二期项目，总投资53亿元；蒙城经开区基础设施及公共服务项目，总投资90.6亿元；谯城区农村供水保障规划工程项目，总投资14.9亿元。

29日　市碳达峰碳中和工作领导小组暨市节能减排及应对气候变化工作领导小组全体成员会议召开，市委书记杜延安主持会议并讲话。会议听取亳州市碳达峰碳中和及节能降耗情况汇报，市经信、农业农村、商务、城市管理、教育、供电等部门分别作发言。

10月

1—7日　亳州市组织开展“喜迎二十大华佗五禽戏标准化

为全民健身做贡献”华佗五禽戏标准化宣传推广服务活动。1日上午，康美（亳州）华佗国际中药城三楼华佗五禽戏传承基地，举行五禽戏标准化宣传推广活动启动仪式，同时召开国家级非物质文化遗产华佗五禽戏地方标准宣传贯彻推广动员大会。2—5日，市华佗五禽戏协会开展华佗五禽戏交流展演、华佗五禽戏标准功法培训、华佗五禽戏标准化高峰论坛等系列活动。

9日　五届市委第二轮巡察工作动员部署会召开。该轮巡察市委授权4个巡察组，对市科技局等9家市直单位开展常规巡察。会议要求，要强化政治建设，推进巡察工作提质增效；要强化制度执行，严格落实“两不”规定，认真执行组长负责制、巡察报告问题底稿制度等；要强化贯通融合，做到统筹有方、协调有序；要强化教育管理，严守党的各项纪律，以实际行动和优异成绩迎接党的二十大胜利召开。

10日　全省疫情防控、安全生产电视电话会议召开。会议要求，要深入贯彻习近平总书记“疫情要防住、经济要稳住、发展要安全”重要指示，抓好经济运行各项工作；要把握经济运行规律，推动经济管理由粗放式转向精细化，促进经济高质量发展；要为企纾困解难，帮助企业渡难关、开新局，激发市场主体活力；要抓好项目建设、招商引资、节能降耗、秋收秋种、社会稳定等各项工作，全力以赴稳住经济基本盘，确保社会大局和谐稳定。

12日　全市秋种暨“三农”重点工作调度会议召开，市委副书记秦凤玉出席会议并讲话。会议强调，各县区要坚决抓好秋种攻坚工作，趁墒播种、优化结构、稳定面积，确保按时保量保质完成播种任务；要深入推进“两强一增”行动，突出“四个优先”，千方百计促进农民增收；要扎实推进农业“标准地”改革，加快实施“一块田”改革，认真开展农田机井排查整改，积极推广“股权联盟”模式，不断提高土地收益；要持续开展农村人居环境整治，深入推进农村户厕摸排整改“回头看”，抓好镇村文明创建，大力推进美丽乡村建设，不断提升农村环境质量；要扎实开展防止返贫监测帮扶第二轮排查和信息采集，加强光伏电站日常维护，持续巩固拓展脱贫攻坚成果；要统筹做好涉农资金项目管理和2023年度项目谋划，加快存量项目建设，切实发挥好涉农资金的撬动作用。

12—13日　副省长杨光荣到亳调研。杨光荣先后到蒙城县博物馆、庄子祠、岳坊镇戴尧村退役军人服务站，涡阳县城关镇退役军人服务站、天静宫，亳州国防教育基地、华佗百草园、安徽雷允上药业有限公司、谯城花茶基地、安徽养生天下生物科技有限公司、安徽济人药业股份有限公司等地进行调研。调研期间，杨光荣还检查有关文旅项目运行和安全生产、疫情防控等工作。

13日　党的二十大代表、市委书记杜延安启程赴京参加党的二十大时接受安徽卫视《安徽新闻联播》记者采访。杜延安表示，作为党的二十大代表，将不负重托，履职尽责，衷心拥护“两个确立”，忠诚践行“两个维护”，以强烈的政治责任感和历史使命感，全力以赴开好这次历史性盛会，紧跟总书记、奋进新征程、建功新时代，按照省委“一改两为五做到”要求，坚持“三严三实”“马上就办、真抓实干”，奋力谱写全面建设社会主义现代化国家崭新篇章。

14日　亳州市召开创建国家园林城市工作动员会，市委副书记秦凤玉出席会议并讲话。会议通报国家园林城市创建工作开展情况、存在问题及下一步重点任务。会议强调，要扩大绿化总量，加快已确定绿化工程进度，见缝插针地增加绿化面积。要提升绿化品质，开展好主干道、绿化带补缺工作，建设好“口袋公园”、绿地“10分钟服务圈”，督促新建小区绿化达标、老旧小区改造绿化升级。要优化绿地服务，推进公园绿地环境综合治理，规范公共绿地各类商业和服务活动，完善城市公园应急场所，打通绿道梗阻，做好文化入绿文章。要注重精细管理，全面梳理排查养护管理薄弱环节，严格落实绿化养护管理责任。要凝聚创建力量，加强统筹协调、督导检查，加大宣传力度，不断增强市民爱绿护绿意识。

20日　市五届人大常委会第七次会议召开。会议审议并表决通过《亳州市城市道路交通秩序管理条例》，报省人大常委会批准。会议指出，要对条例进一步修改完善，确保条例规范严谨。

要及时做好报批工作，按照省人大常委会要求，准备好相关报批材料，争取尽快获得省人大常委会批准。

23—24日 市委书记杜延安到蒙城县高速公路出入口，检查卡点疫情防控工作落实情况，并到核酸检测室、登记引导处，看望慰问坚守岗位的防疫人员，详细了解每天来返蒙人员、车辆查验登记情况。24日，杜延安与负责驻点督查的市委常委、组织部部长部红建和市卫健委、蒙城县委、县政府主要负责人，共同会商研判全县疫情防控形势，就做好下一步疫情防控、城区有序解封等工作作出具体安排。随后，杜延安赶赴利辛县，在县疫情防控指挥部召开会议，听取全县疫情防控工作整体情况汇报，逐项分析排查风险隐患，特别是对封控的重点乡镇、重点场所、重点人员逐一研究明确处置方案。

24日 亳州市召开市委常委会（扩大）会议，传达学习贯彻党的二十大和二十届一中全会、十九届七中全会精神，市委书记杜延安主持会议并讲话，市政协主席汤涌，市委副书记秦凤玉出席会议。会议强调，要在学习研讨上下功夫，各级领导干部要先学一步、学深一层，加深对党的二十大精神的理解和把握；要在宣传宣讲上下功夫，充分运用“两微一端”等新媒体传播平台，积极开展多角度、全方位、立体化的深度报道，营造网上网下一体、线上线下联动的良好氛围；要在融会贯通上下功夫，确保党的二十大精神落实到岗位中、体现在行动上。

25—26日 市委书记杜延安赶赴利辛县，慰问日夜奋战一线的公安、城管、交通、卫健等部门同志和乡镇、社区、村干部、志愿者，督查疫情防控工作。晚上，杜延安在县指挥部连续召开会议，分析研判近日全县及重点乡镇、学校疫情形势变化情况，商定下一步分类处置举措，并就整合市、县区力量增援作出具体安排。26日上午，杜延安到流调专班、万达广场、社区核酸检测点、邮政局家属院和封控小区、饭店，检查各项疫情防控措施落实情况。

26日 亳芜园区举行双创平台集中揭牌活动。复旦大学张江研究院亳芜创新创业中心、安徽工程大学亳州孵化器、亳州学院亳芜科技创新中心依次揭牌。据了解，26日挂牌的3家机构是已投入运营双创平台的一部分，2022年亳芜园区有望聚合形成以10家产业技术研究院为核心的双创平台矩阵。

27日 市政协传达学习党的二十大精神专题会议召开，深入传达学习贯彻党的二十大和二十届一中全会、十九届七中全会精神。市政协主席、党组书记汤涌主持会议并讲话。市政协副主席、党组副书记应国君，市政协副主席张国芳、李长春、王时银、陈昭敏，市政协秘书长靳家海参加学习。

30日 全市第三季度工作调度会召开，市委书记杜延安，市政协主席汤涌，市委副书记秦凤玉出席会议。会上，部分工作先进、落后的县区、市直单位分别作交流发言、表态发言。

31日 市委书记杜延安先后到亳芜现代产业园区韵达产业园、华佗百草园、谯城区十河镇大周村村部等地，向企业一线职工、基层党员干部和农民群众宣讲党的二十大精神。宣讲期间，杜延安对谯城区十河镇大周村芍花养生小镇进行调研，详细了解产业发展、小镇运营等情况。

11月

1日 市委书记杜延安带队到谯城区古井镇古井贡酒张集酿酒基地、豫皖酒业公司、污水处理厂、店小二酒厂等地，实地督查谯城区白酒企业集聚地水环境问题整改工作。

2日 省委常委、常务副省长刘惠到亳州市调研并向企业一线职工宣讲党的二十大精神。省政府副秘书长李必方、省发展改革委主任陈军、市委书记杜延安陪同。调研期间，刘惠与板集电厂的党员干部职工代表面对面交流，宣讲党的二十大精神。刘惠指出，要将做好能源工作与贯彻党的二十大精神紧密结合起来，抢抓电力重点项目建设、狠抓电厂安全生产，全力保障经济稳定运行和群众温暖过冬。

同日 党的二十大代表、市委书记杜延安作题为《认真学习领会党的二十大精神奋力谱写中国式现代化亳州篇章》的宣讲，分别在“学习强国”安徽学习平台、《安徽之声》、《安徽新闻联播》中播出。

同日 国网亳州供电公司

召开“一改两为五做到”工作作风建设大会。会议以电视电话会形式召开，各县区设分会场。会上，国网亳州供电公司通报供电系统损害营商环境暨作风问题的典型案例，汇报加强供电服务领域作风建设情况，有关县级供电公司作经验交流和表态发言。

同日　市委副书记秦凤玉到涡阳县宣讲党的二十大精神，并调研风光储充一体化建设情况和粮食深加工项目。秦凤玉先后到涡阳公交公司、体育馆南馆、阳光电源涡阳县年产2GWH储能系统集成项目、金沙河面业自发自用光伏项目、正宇面粉食品加工产业园、风电场项目等地，详细了解风光发电、并网运营、节能降耗、项目建设等情况，并与企业负责人交流，现场为企纾困解难，宣讲党的二十大精神。

3日　“六一战略”实施情况汇报会召开，市委书记杜延安主持会议并讲话。会议强调，要聚焦关键，进一步提升实施“六一战略”的工作实效；要抓规划强引领，尽快完善各战略发展规划，制定“六一战略”2023年度工作任务清单，以钉钉子精神有序推进；要抓学习强本领，抢抓国家、省重大政策机遇，积极借鉴先发地区发展的有益经验，为全面实施“六一战略”提供智慧和力量；要抓重点强保障，以招商引资大突破、项目建设大提升带动产业大发展、能级大跃升，快马加鞭推动各项任务落地落实。

同日　亳州市花草茶产业促进会第一届会员代表大会暨成立大会召开。亳州市花草茶产业促进会是由亳州市花草茶生产企业、包装材料企业、电商及物流快递企业等单位自愿结成的地方性、联合性、非营利性社会团体组织。促进会成立后，将为企业提供服务，促进交流合作，推动产业技术进步和产品质量提高，促进花草茶产业高质量发展。会上，全体会员共同宣读亳商宣言，大会选举市政协副主席张国芳为第一届理事会会长。

4日　亳州市中药材标准化种植促进会成立大会召开。亳州市中药材标准化种植促进会是由亳州市从事中药材种植、研究的企事业单位、社会组织和有关专业人士自愿结成的地方性、联合性、非营利性社会团体组织。促进会成立后，将发挥桥梁纽带作用，促进交流合作，为政府、社会、中药材种植产业和会员服务，引领中药材种植产业持续健康发展。会上，全体会员共同宣读了亳商宣言，大会选举市政协副主席应国君为亳州市中药材标准化种植促进会会长。

5日　省委常委、常务副省长刘惠到亳州市对中药材市场、医药企业和医疗机构进行调研，并主持召开座谈会，宣讲党的二十大精神，落实全省中医药发展大会工作要求。刘惠强调，要按照党的二十大关于促进中医药传承创新发展工作要求，抢抓局省共建机遇，清单化、闭环式推进全省中医药大会工作举措，更好满足人民群众对中医药服务的需求；要推动中医药一、二、三产业的高质量协同发展，加快培育具有核心竞争力企业，高标准建设亳州中药材市场，促进中医药现代化、产业化；要进一步深化中医药改革创新，传承北华佗等古籍文献精华，加强中医药人才队伍建设，做优做强中医特色重点医院、优势专科专病，打造具有区域引领性的中医药服务高地。

同日　第十五届安徽省运动会青少年篮球男子丙组比赛中，亳州市篮球队运动员喜夺桂冠。是地级市成立以来亳州市在省运会上篮球项目首金。

7日　市委书记杜延安主持召开市委常委会会议。会议传达学习《关于认真学习宣传贯彻党的二十大精神的决定》、习近平总书记《论“三农”工作》重要论述、《关于进一步发挥改革效能有力推进纪检监察监督巡视巡察监督与审计监督贯通协同高效的指导意见》，听取全市未成年人思想道德建设、全市教师队伍建设等工作汇报，审议通过有关文件。

8日　全省劳动模范、先进工作者和先进集体表彰大会结束后，亳州市召开会议，表彰2017年以来为现代化美好亳州建设作出突出贡献的省级劳动模范、先进工作者和先进集体。市委书记杜延安出席会议并讲话。会上宣读亳州市受表彰的安徽省劳动模范、先进工作者和先进集体名单，凡军等27人荣获“安徽省劳动模范”称号、木敏等10人荣获“安徽省先进工作者”称号、亳州市交通运输局等5个集体荣获“安徽省先进集体”称号。

9日　省委、省政府水利建设暨防汛抗旱会议结束后，亳州市召开会议，对全市水利建设和防汛抗旱工作进行部署。市委书记杜延安出席会议并讲话。会议指出，要科学谋划2023年和未来一段时期的重点水利项目，加强农田水利设施和高标准农田项目建设，持续开展农田沟渠疏通，实现防洪网、供水网、灌溉网相互协调，为防汛抗旱打下基础；要抓好防灾减灾，强化源头治理，定期对风险点开展拉网式、地毯式隐患排查，对查出的问题不等不靠、即知即改；要强化监测预警，充分发挥好气象、水利等预警预报信息前哨作用，加强值班值守、信息共享，发挥好自然灾害红色预警手机全网发布联动机制作用。

10—11日　省委书记郑栅洁到亳州市调研经济运行情况、宣讲党的二十大精神。副省长张曙光陪同。10日下午，郑栅洁到利辛县中煤新集发电公司，察看磨煤机组、集控室和项目建设后指出，要统筹好发展和安全，加强煤炭清洁高效利用，综合利用光伏、风能等新能源，切实保障能源安全、产业链供应链安全；随后，郑栅洁到蒙城县上海市外蔬菜主供应基地，察看产品展示和生产车间后指出，要抓住长三角一体化发展、中部地区加快崛起等战略机遇，严把食品质量关、安全关，培育更多高附加值产品，把品牌打出去；在蒙城博物馆，郑栅洁指出，要深入贯彻习近平总书记在河南安阳考察时的重要讲话精神，加强文物发掘、研究保护，深入做好安徽文化的挖掘和阐释工作，增强文化软实力。11日上午，郑栅洁到位于涡阳县的金沙河面业有限公司，听取企业生产经营情况介绍，察看挂面车间和企业产品展示，勉励企业在品种研发等方面取得新突破，满足市场高品质需求，推动产业迈向中高端；随后，郑栅洁实地察看安徽古井集团有限公司酿酒生产智能化技术改造项目和酿酒生产、储酒区，要求提高质量、扩大产量、做强品牌，推动国有资本和国有企业做强做优做大。11日下午，郑栅洁主持召开亳州市领导干部会议并讲话。他指出，要坚持把高质量发展作为首要任务，以产业化、城镇化为牵引，以改革创新为动力，忠诚尽职、奋勇争先，推动亳州高质量发展取得新突破，努力在皖北走前列、全省靠前站、全国有位置；要聚焦产业高质量发展，在壮大实体经济上奋力突破，抓中医药、白酒、文旅等重点产业发展壮大，抓重大项目招引，抓重点领域改革，推动三次产业高质量协同发展；要聚焦产城融合，在加快新型城镇化建设上奋力突破，全面提升中心城区承载力、县域城市竞争力、农业农村吸引力，推进城乡融合发展、乡村全面振兴；要聚焦保障和改善民生，在增进民生福祉上奋力突破，解决信访难题，办好民生实事，改善生态质量，抓好安全维稳，扎实推进共同富裕；要聚焦自我革命，在全面从严治党上奋力突破，强化党的政治建设、干部队伍建设、基层党组织建设、作风建设和党风廉政建设，营造风清气正、干事创业的良好政治生态。

12日　市委常委会（扩大）会议召开。市委书记杜延安主持会议并讲话。会议传达学习11月10日召开的中共中央政治局常务委员会会议精神、省委书记郑栅洁到亳州市调研时的讲话精神。

16日　全市巩固拓展脱贫攻坚成果专项小组（扩大）会议召开，市委副书记秦凤玉出席会议并讲话。会议通报2022年以来全市巩固拓展脱贫攻坚成果工作成效及督查发现问题，听取各县区、亳州高新区工作情况汇报，市委组织部、市住房和城乡建设局、市医疗保障局进行交流发言。

23日　市委常委会（扩大）会议召开。市委书记杜延安主持会议。会议传达学习习近平总书记对河南安阳市凯信达商贸有限公司火灾事故作出的重要指示精神，听取全市安全生产工作情况汇报。会议指出，各级各部门要时刻保持“如履薄冰”的状态和“归零”的心态，深刻汲取各类安全生产事故教训，全面提升安全生产工作水平；要抓好消防安全、建筑施工安全、道路交通安全、工业生产安全等工作，坚决筑牢安全生产防线。

28日　市委常委会（扩大）会议召开。会议通报省委和省纪委监委对邓真晓涉嫌严重违纪违法进行纪律审查和监察调查的决定。市委书记杜延安主持会议并讲话。会上，与会人员逐一表态发言，一致表示，坚决拥护省委和省纪委监委决定。

30日　全省推进2022年第三季度长江（安徽）经济带生态环境警示片披露问题整改工作电视电话会议召开，市委书记杜延安在亳州分会场参加会议并讲话。杜延安强调，要始终保持战略定力，不断提高工作标准，聚焦问题整改，强化源头治理、综合施策，确保整改完成一项、销号一项，推动问题见底清零；要聚焦自查自纠，变被动接受问题为主动发现问题，对突出生态环境问题开展一次“大起底”“回头看”，全力推进问题整改；要聚焦生态修复，坚持治标和治本相结合，加快产业转型升级，以更多“含绿量”来提高“含金量”。

12月

1日　市委书记杜延安在蒙城县公开接待群众来访。该次接访活动提前三天进行公示，通过电话登记、电子邮箱、现场登记等方式，现场组成8个信访接待组，广泛接待群众来访，共接待来访群众65批、83人次，确保有访必接、有难必解。

同日　市委书记杜延安在蒙城县开展“优环境、稳经济”活动现场集中办公，接待企业负责人，面对面听取意见、了解诉求，帮助企业解决实际困难和问题。该次活动提前3天向社会公示、预约登记，广泛发动企业反映问题，现场接待企业12家。

2日　亳州市全面推进农村黑臭水体治理新闻发布会召开。会上，市生态环境局、市水利局相关负责人通报亳州市农村黑臭水体治理工作有关情况。经统计，2022年，亳州市已完成农村黑臭水体治理245条、正在施工治理41条。全市8条主要河流（涡河、西淝河、茨淮新河、小洪河、赵王河、包河、芡河和北淝河）的13个国控断面达到或好于Ⅲ类占比为92.3%，同比上升30.8个百分点，位居全省第一；水质指数同比改善4.69%、改善率全省第三。

3日　副省长张曙光到谯城区开展“优环境、稳经济”活动现场集中办公。该次活动提前3天公示，现场共组成2个接待组，做到有访必接、有难必解。

5日　省委常委、秘书长、政法委书记张韵声在蒙城县接待群众来访、开展“优环境、稳经济”活动现场集中办公。该次活动提前3天对外公示，12月5日上午在蒙城县委党校现场接访群众131批163人次，12月5日下午在蒙城经开区管委会接待企业40家。

6日　市委、市人大、市政府、市政协等机关干部群众集中收听收看江泽民同志追悼大会实况。10时整，江泽民同志追悼大会开始，市委书记杜延安、市人大常委会主任王玉玺、市政协主席汤涌等市领导静立默哀，全程肃立收看江泽民同志追悼大会实况，聆听习近平总书记所致悼词。

7日　住亳全国政协委员、省政协委员到亳州芜湖现代产业园区考察调研，省政协委员、市政协主席汤涌带队调研。汤涌一行先后到亳芜园区安徽亿昇达科技有限公司、安徽芯航电子科技有限公司、亳州酷哇智能科技有限公司、复旦大学张江研究院亳芜双创中心、亳芜2.5产业园规划馆、安徽乐聚服务机器人研究院等地考察调研，详细了解园区建设运营、企业科技创新发展等情况，并在亳芜园区管委会召开座谈会，听取园区工作介绍。

7—8日　省检察院党组书记、检察长陈武到谯城区颜集镇李集村宣讲党的二十大精神，并在亳州高新区开展“优环境、稳经济”活动现场集中办公。7日下午，陈武在李集村宣讲党的二十大精神，随后与谯城区部分镇村干部、驻村工作队负责人围绕全面推进乡村振兴进行座谈交流。8日上午，陈武在亳州高新区开展“优环境、稳经济”活动现场集中办公，该次活动提前3天公示，现场共组成3个接待组，接待来访企业23家。

8日　市委书记杜延安主持召开市委常委会会议。市人大常委会主任王玉玺、市政协主席汤涌、市委副书记秦凤玉出席会议。会议传达学习省委十一届四次全会精神，学习国务院联防联控机制综合组《关于进一步优化落实新冠肺炎疫情防控措施的通知》、省委《关于贯彻落实〈中共中央政治局关于加强和维护党中央集中统一领导的若干规定〉的实施意见》《中共安徽省委贯彻落实中央八项规定精神深入推进作风建设实施细则》等有关文件精神，听取中央及省委巡视反馈问题整改、市委常委履行管党治党责任和筹备召开市委五届六次全会、市五届人大二次会议、市政协五届二次会议等有关情况的汇报，审议通过有关文件。

9日　中国共产党亳州市第五届委员会第六次全体会议召开。全会由市委常委会主持。市委书记杜延安讲话，市人大常委会主任王玉玺，市政协主席汤涌，市委副书记秦凤玉，市委委员、市委候补委员出席会议。会议听取和讨论杜延安受市委常委会委托作的工作报告，审议通过《中共亳州市委关于深入贯彻落实党的二十大精神奋力谱写现代化美好亳州建设新篇章的决定》和《中国共产党亳州市第五届委员会第六次全体会议决议》。杜延安就《决定（讨论稿）》向全会作说明。会议通过《中共亳州市纪律检查委员会关于程修略严重违纪违法问题的审查报告》和《关于追认给予程修略开除党籍处分的决定》。

10—11日　市委书记杜延安赴蒙城县开展住村调研、带案下访，并宣讲党的二十大精神。10日上午，杜延安到漆园街道办事处淝河村走访慰问包保脱贫户，随后看望慰问驻村工作队成员，并在村部召开座谈会，宣讲党的二十大精神。10日下午，杜延安到漆园黄牛养殖小镇、兴农绿巨人科技有限公司，调研企业经营、合作模式、发展规划等情况。10日晚、11日上午，杜延安分别到小辛集乡城西村、城关街道富园社区信访群众家中开展带案下访，当面倾听信访诉求，并与县、镇街道、村社区干部深入研究化解措施。

12—16日　全市领导干部学习贯彻党的二十大精神集中轮训班在市委党校开班。该次轮训班为期5天，轮训期间，学员们听取《夺取全面建设社会主义现代化国家新胜利的政治宣言和行动纲领——学习党的二十大精神》《习近平新时代中国特色社会主义思想的世界观和方法论》《新时代新征程中国共产党的使命任务》《加快构建新发展格局，着力推动高质量发展》《坚定不移全面从严治党，深入推进新时代党的建设新的伟大工程》《二十大修改党章的主要内容和主要意义》等辅导报告。16日举行结业式，市委书记杜延安作辅导报告。杜延安要求，2023年是全面贯彻落实党的二十大精神的开局之年，各级领导干部要全面对标党的二十大各项决策部署，按照省委工作要求，紧密结合亳州实际，更好统筹疫情防控和经济社会发展，更好统筹发展和安全，全面实施“六一战略”，奋力实现皖北走前列、全省靠前站、全国有位置。结业式上，部分学员代表进行交流发言。

13日　亳州市皖北烈士英名墙落成揭碑仪式在皖北烈士陵园举行。烈士英名墙长60米、高4.8米，4384位烈士的姓名镌刻于英名墙，供社会各界群众缅怀追思。

15日　第十三届华佗五禽戏养生健身节暨健身气功五禽戏大联动活动在涡阳举行。该次活动面向全国，期间举办安徽省校园五禽戏师资培训班、健身气功五禽戏线上交流比赛等，共有来自安徽省、上海市、江苏省、浙江省等省市22个地市的845人报名参赛。

16日　市委书记杜延安主持召开市委常委会会议。市政协主席汤涌列席会议。会议传达学习12月6日中共中央政治局会议精神及全省推进2022年第三季度长江（安徽）经济带生态环境警示片披露问题整改工作电视电话会议、十一届省委全面深化改革委员会第四次会议精神，研究贯彻落实意见。听取市人大、政协两会相关报告、《2022年度市直机关效能考核办法》起草情况和2021年度市管领导班子和领导干部综合考核情况的汇报。

20日　亳州市召开2022年市委议军会暨开展党政领导军事日活动，市委书记、军分区党委第一书记杜延安主持会议并讲话。会议传达学习党的二十大报告关于国防和军队建设相关内容、习近平主席视察军委联合作战指挥中心时重要讲话精神，听取全市党管武装工作报告，观看形势战备教育片。各县区人武部党委第一书记作党管武装工作述职。

21日　杜延安带队到济人药业公司调研防疫物资生产保供工作，详细察看亳州市二十几家药企、医院生产的抗疫药品和物资，并召开全市防疫物资保障供应调度会，听取市经信局、市卫健委、市市场监管局、省药监局第二分局、华润亳州中药公司、市人民医院等关于防疫物资生产供应、医疗机构保障、药品采购、药品监管等情况汇报。随后，杜延安到华佗国药公司和古井集团智能产业园，检查食品药品安全。

23日　市委书记杜延安主持召开市委常委会会议。市人大常委会主任王玉玺、市委副书记秦凤玉出席会议。会议传达学习中央及省委经济工作会议精神，学习《关于加强新时代网上信访工作的实施意见》、全省党校（院）

系统常务副校（院）长会议、全省文物工作会议等精神，听取全市贯彻落实中央八项规定精神、党风廉政建设和反腐败斗争、平安亳州建设、公安、民族宗教、侨联侨务及港澳台统战等工作汇报，研究贯彻落实意见。

24日　市政府第二次全体会议召开。会议传达学习中央、省委经济工作会议精神，组织讨论即将提请市五届人大二次会议审议的《政府工作报告（讨论稿）》，安排部署重点工作。

26日　亳州市召开“两节”期间根治拖欠农民工工资工作电视电话动员会，部署“两节”期间根治拖欠农民工工资工作，推进欠薪隐患化解，切实保障农民工劳动报酬权益。会上，市人力资源和社会保障局、市住房和城乡建设局分别通报近期全市集中整治拖欠农民工工资问题专项行动督导情况和《关于建立长效机制切实保障建筑行业农民工工资支付工作的通知》贯彻落实情况，蒙城县政府和亳州高新区管委会汇报根治欠薪工作开展情况，中心城区工程项目建设单位和施工单位代表作表态发言。

27日　市委书记杜延安主持召开市委常委会会议，市人大常委会主任王玉玺、市政协主席汤涌、市委副书记秦凤玉出席会议。会议传达学习中央农村工作会议和中央办公厅、国务院办公厅《关于做好2023年元旦春节期间有关工作的通知》精神，传达学习《安徽省贯彻〈推进领导干部能上能下规定〉实施细则》等文件精神，听取建立中小学校党组织领导的校长负责制等情况汇报，听取市总工会、共青团、妇联、离退休干部、党史和地方志、档案等工作情况汇报，研究贯彻落实意见，审议通过有关文件。

28日　中国人民政治协商会议第五届亳州市委员会第二次会议在市行政会议中心二楼多功能厅开幕。市委书记杜延安，市委副书记、代市长秦凤玉到会祝贺并在主席台前排就座。市政协五届二次会议应出席委员391人，实到311人，符合规定人数。会议审议通过政协第五届亳州市委员会第二次会议议程，汤涌代表政协第五届亳州市委员会常务委员会作工作报告。

29日　亳州市第五届人民代表大会第二次会议在市行政会议中心二楼多功能厅开幕。市委书记、大会执行主席杜延安主持会议。该次会议应到代表435人，实到代表372人，符合法定人数。代市长秦凤玉向大会作《政府工作报告》。报告共分三个部分，2022年工作回顾；深入学习宣传贯彻党的二十大精神，进一步明确政府工作的目标任务；2023年重点工作。会议审查关于亳州市2022年国民经济和社会发展计划执行情况及2023年计划草案的报告，审查亳州市2022年预算执行情况和2023年预算草案的报告；表决通过大会选举办法。

30日　引江济淮一期工程举行全线试通水试通航仪式。2017年10月，引江济淮工程江水北送段朱集泵站正式开工建设，是全线首个开工的项目，随后亳州加压泵站、阚疃南泵站、西淝河北泵站、龙德泵站相继开工。经两年工程建设，2020年6月，引江济淮工程亳州供水段率先在全线试通水，有效缓解亳州城区缺水问题。引江济淮工程全线试通水，亳州将实现从“饮水难”到“饮水甜”跨越。

同日　亳州市三清大道正式通车，亳州城区外环线形成闭环。三清大道工程南起S309线，北至北一环线，全长14.75千米，其中包括已建成的涡河大桥长630米。三清大道全线采用一级公路标准建设，兼城市快速路功能，设计时速60千米/小时，道路红线宽60米，快车道为双向8车道，路面类型为沥青砼路面。建设内容包括道路、桥梁、排水、交通设施、照明和绿化等工程。该项目合同工期两年，于2021年6月开工建设，提前半年完成。三清大道通车之后，亳州市全长约60千米外环路形成闭环，有效缓解南北方向及过境车辆交通压力。

31日　中国人民政治协商会议第五届亳州市委员会第二次会议胜利闭幕。市委书记杜延安出席闭幕会并讲话。市委副书记、代市长秦凤玉，市人大常委会主任王玉玺出席闭幕会。市政协主席汤涌主持会议。会议审议通过政协第五届亳州市委员会第二次会议决议，政协第五届亳州市委员会提案委员会关于五届二次会议提案审查情况的报告。

（杨　柳）

市情概览

2022 年 11 月 20 日，亳州市市政公园冬日美景　　（刘勤利　摄）

概 述

【概况】亳州市位于安徽省西北部，北部与河南省商丘市相接、西部接壤河南省周口市。亳州之名始于北周大象元年（579）。隋唐时期起，多次更名，或为州，或为县，隶属关系及辖区不断变动。民国元年（1912），亳州改为亳县。民国37年（1948）8月，成立亳州市，辖城关及郊区。1949年2月，市、县合并，恢复亳县建制，隶阜阳行政公署。1986年3月，撤亳县建亳州市，其隶属关系和辖区不变。1998年2月，收归省直辖（副地级）。2000年5月，国务院批准设立地级亳州市，辖涡阳县、蒙城县、利辛县和谯城区，其中谯城区为市委、市政府机关所在地，全市行政区域面积8374平方千米。2022年，全市常住人口496.0万人；地区生产总值2101.5亿元，比上年增长4.2%；全年一般公共预算收入148.1亿元，比上年增长5.6%，其中税收收入89.4亿元，占财政收入的60.4%。

【农业经济】2022年，全年粮食作物种植面积875.5千公顷。粮食生产实现“十九连丰”，粮食总产516.6万吨，居全省第2位。小麦最高单产913.2千克再创全省纪录，规上农产品加工产值居全省第1位。截至2022年末，全市农业机械总动力844.3万千瓦。农作物耕种收综合机械化率94%，为全国首批整建制实现主要农作物生产全程机械化示范市；涡阳县获评国家级制种大县（小麦）。畜禽规模养殖比例86%，试点中药材趁鲜切制企业17家，新认证绿色食品、有机农产品81个。新建高标准农田58万亩，总数达771.4万亩，占比87.2%；实施“小田变大田”239.4万亩，占比27%，新建全程机械化综合农事服务中心13个，建成全省首家无人农场示范基地。科技特派员实现行政村全覆盖，农业科技进步贡献率66.5%，农作物耕种收综合机械化率94%，适度规模经营比例57.8%。实施农村居民本地就业“121”计划，开展农民工职业技能培训3.2万人。国家农业科技园区通过验收，亳药产业集群获批全省唯一的国家级优势特色产业集群。年末市级以上农业龙头企业635家。其中，国家级7家，省级84家。年末拥有农民合作组织3.0万家，合作组织成员69.8万人。

【工业经济】2022年，年末全市规模以上工业企业681户，增加值同比增长10.6%，居全省第2位。增速分别高于全国、全省7.0个百分点和4.5个百分点。获批省级专精特新冠军企业4家，羚羊工业互联网平台注册企业768家。全市工业用电量同比增长15.6%，居全省第1位。全市新增省级智能工厂和数字化车间7个，省级服务型制造示范企业4家、省级服务型制造示范平台2家、省级企业技术中心3家、安徽省新产品16个、安徽工业精品4个，安徽省消费品工业“三品”示范企业8家、工业互联网场景应用2家。古井贡酒白酒工业互联网平台获评国家级特色专业型工业互联网平台，古井贡酒先进过程制造入选2022年国家智能制造优秀场景名单。医药制造业产值356.5亿元、增长10.8%。规模以上白酒企业占全省1/3以上，古井集团年产值首次突破200亿元，古井贡酒品牌价值以2270.27亿元再创新高，名列中国白酒第4位、安徽白酒第1位。涡阳县绿色装配式建筑、蒙城县汽车及装备制造、利辛县轻纺服饰、谯城区现代中医药等特色产业加速集聚。

【商贸服务业】2022年，全年社会消费品零售总额1188.2亿元。按经营地统计，城镇消费品零售额907.2亿元；乡村消费品零售额281.0亿元。按消费类型统计，商品零售额1081.0亿元；餐饮收入107.2亿元。开展“皖美消费”系列活动。限额以上批零住餐企业突破1000家，限额以上新能源汽车零售额增长7.1倍。全年进出口总额6.5亿美元。其中，出口5.3亿美元，增长9.8%。全市孵化新增进出口实绩企业82家。组织80余家企业参加第131届、132届线上广交会、第五届中国国际进口博览会等展会；195家企业与RCEP缔约方开展外贸进出口贸易，累计实现进出口总额2.6亿美元；21家企业通过跨境电商平台实现出口3606万元。全年新设外商投资企业15家；实际利用外商直接投资1610万美元，增长15.4倍。全年接待国内旅游人数2050.9万人次，国内旅游收入160.4亿元。年末全市共有旅行社34家，国家AAA级以上旅游景区44处，其中AAAA级旅游景区9处。古井酒文化博览园获评国家工业旅游示范基地，北关历史街区获评全国旅游休闲街区，三馆居获评省十佳民宿。11道特色美食（小吃）、6家特色美食名店、2条特色美食线路入选游安徽“不得不吃”的名菜、“不得不进”的特色美食名店、“不得不游”的美食精品线路。举办“千年药都 醉美花海”2022亳州芍花养生文化旅游系列活动，媒体曝光量超1亿，亳药花海美景在中央电视台《新闻联播》片尾展播。

【招商引资】2022年，全市新签约亿元以上工业项目255个。全市新落地亿元以上工业项目155个，总投资541.1亿元，个数同比新增35个、同比增长29.2%，总投资同比新增95亿元、同比增长21.2%。全市新建亿元以上省外投资项目197个，当年实际到位资金854.5亿元，总量全省第十名。2022年新签约项目投资较大的有：总投资10亿元的李时珍医药集团中医药大健康项目、总投资5亿元的南京同仁堂健康药业集团花茶产业园项目、总投资11亿元的广东鼎峰锂能集团新能源高能量密度电池电芯项目、总投资5亿元的浙江科辉照明科技有限公司防爆电器产业园项目、总投资5亿元的安徽泗州拖拉机制造有限公司智能玉米收割机研发生产项目等。

【项目建设】2022年，全市计划实施亿元以上省重点项目735个，包括续建项目470个、计划新开工项目265个。省重点项目年度计划投资完成任务超过1%；265个计划新开工项目开工261个、开工率98.5%；114个计划竣工项目实际竣工157个，竣工率137.7%。易腾服装基地、住方科技智能化门窗生产、东越纺织年产8000万米化纤面料生产、济人药业医药产业园、新伊塑业年产6万吨新型医疗食品薄膜生产、亳州中科科博中药材检测等亿元以上项目建成投产或主体完工；年加工3万吨风电塔筒、法兰泰克自动化起重机智能制造、安徽利鑫联诚钢结构年产2.6万吨钢结构生产、中联重科新型材料产业园、安徽天祥药业30000吨中药配方颗粒提取、奇瑞新能源车等亿元以上项目加快建设。

【城乡建设】2022年，全市共建成美丽乡村省级中心村397个，建设农村巷道1500千米，升级改造农村电网505.5千米，完成改厕2万户，实现47.2万农村人口地下水水源置换，农村生活垃圾无害化处理率98%。涡阳县改厕模式、蒙城县城乡一体化供水工程入选全国典型案例。村级综合文化服务中心覆盖率99.5%。全年建筑业增加值203.5亿元。房屋建筑施工面积1602.6万平方米，增加543.9万平方米；房屋竣工面积417.5万平方米，增加98.8万平方米。交通出行更加便利。谋划启动交通重点项目“三年行动计划”，新建续建国省干线147.2千米，提质改造农村公路249.6千米。G237蒙城绕城段、S306蒙城绕城段、G329利辛绕城段等项目已相继通过交工验收并通车，亳蒙高速公路二期和徐淮阜高速全面开工建设，汤王隧道如期实现通车运营，涡河航道一体化建设进展顺利。

【民生工程】2022年，亳州城镇常住居民人均可支配收入增长5.5%、居全省第5位、居皖北六市第1位。民生支出占比85%，全面完成20项民生实事和10项暖民心行动。新增城镇就业7.6万人。改造棚户区住房1.4万套、老旧小区99个。公共服务提质增效。实施医疗卫生健康事业“三年提升、两年巩固”行动，投资

亳州市北部新城 （刘勤利 摄）

88亿元新建医疗卫生机构981个。新建、改扩建中小学63所，新增基础教育学位4.8万个。亳州学院中医药学院即将投入使用。蝉联全国双拥模范城，创建全国文明城市通过首次年度测评、居第一方阵。“城市大脑”运行管理服务场景建设经验向全国推广。加快建设省际毗邻区域中心城市，国土空间总体规划“三区三线”划定成果获批使用。城市生命线一期安全工程建成运行。启动交通重点项目“三年行动计划”。生态环境持续改善。省对市污染防治攻坚战成效考核获优秀等次。水污染防治考核连续3年居全省第1位，全市13个国考断面水质优良比例为92.3%，超过年度目标30.8个百分点。$PM_{2.5}$、优良天数顺利完成省下达任务。土壤环境质量保持稳定。遏制“两高”项目盲目发展，完成节能降耗年度目标任务。平安建设有力有效。出台《亳州市法治政府建设率先突破三年行动计划（2022—2024年）》。“一镇一委一站”城乡基层火灾防控体系获国家消防救援局肯定并推广。安全生产工作连续8年获评全省优秀，全市安全生产形势总体平稳。

【社会事业】2022年，全市共有专业艺术表演团体459个，文化馆5个，公共图书馆5个，博物馆5个，乡镇综合文化站87个，农家书屋1296个，建成村级综合文化服务中心1338个。全国重点文物保护单位8处，省级重点文物保护单位44处，市级重点文物保护单位59处。国家级非物质文化遗产名录6项，省级名录54项，市级名录180项。广播电视台4座，调频转播发射台4座，电视转播发射台4座。有线电视用户20万户，电视综合人口覆盖率100%。全年出版报纸1种，总印数917.6万份。全市开展免费送戏下乡1316场，举办“亳州文化大讲堂”“博物馆、文化馆、非遗进基层”等活动74场次，开展“小小讲解员”非遗视频展播等活动125场次，开展“人人有艺”全民艺术普及免费公益培训课程共33个公益课程，惠及1100余人次。申报国家级非物质文化遗产代表性传承人4名，曹氏宗族墓群荣获首批“安徽省级遗址公园”称号。年末全市共有卫生机构2568个，其中医院86个，卫生院92个，社区卫生服务中心（站）134个，妇幼保健院（所、站）5个，疾病预防控制中心5个。卫生技术人员33387人，其中执业（助理）医师12768人，注册护士16284人。医院、卫生院实有床位数32556张。全年诊疗2459.3万人次。村卫生室1338个，乡村医生和卫生员3726人，农村有医疗点的村占总村数的100%。完善三孩生育支持政策，出台优化生育政策促进人口长期发展实施方案。实施健康口腔暖民心行动，市口腔医院挂牌运营，二级及以上（中医）综合医院全部设置口腔科，配置牙椅102张，增长38.7%。优化医疗资源布局，全市三级公立医院增加到9家，市中医院入选全国重点特色中医院建设单位，同步推进省级中医区域医疗中心建设，市人民医院急诊大楼、蒙城县第二人民医院新院投入使用。全市县域内就诊率87.5%，位居全省第一。成功创建安徽省卫生城市，连续9次获得全国“无偿献血先进市”称号。年末全市共有体育场地14705个，其中体育场35个，体育馆12座。“全民健身”系列主题活动蓬勃开展，全年共举办百人以上群众体育活动108次，其中现代体育项目群众活动73次，民间传统体育群众活动35次。加强全民建设基础设施建设，新建健身步道46.5千米，新设立五禽戏习练点30个。

（杨　柳）

年度要事

【推动党的二十大精神落地落实】2022年，亳州市委把迎接和学习宣传贯彻党的二十大精神作为首要政治任务，精心谋划、周密部署，兴起学习宣传贯彻热潮。2022年，全市学习贯彻习近平总书记“五个牢牢把握”和党中央《决定》“九个深刻领会”要求，制发学习宣传贯彻党的二十大精神总体方案和任务清单，组织专题学习15803场次，6.03万名党员作研讨交流发言，市级领导干部带头赴基层宣讲41场次，开展学习贯彻党的二十大精神集中轮训，“村村通”广播常态化播放习近平总书记同期声和党的二十大精神学习音频等，持续开展“举旗帜·送理论”专题宣讲5.1万余场，直接受众达195万人次，推动党的二十大精神大学习、大宣传、大贯彻走深走实。12月9日，召开市委五届六次全会，制定出台《关于深入贯彻落实党的二十大精神奋力谱写现代化美好亳州建设新篇章的决定》，把学习宣传贯彻工作作为政治监督、市县巡察的重要内容，实行清单化、闭环式管理，切实把思想和行动统一到党的二十大精神上来。

【“六一战略”实施】2022年，亳州市贯彻新发展理念，服务和融入新发展格局，全面实施“六一战略”，全力建设“一都一区一基地、一城一市一中心”。聚力建设世界中医药之都。现代中医药产业规模达1664.1亿元，医药制造业产值356.5亿元、增长10.8%。聚力建设皖北承接产业转移集聚区。获评全省推进长三角一体化发展专项考核“优秀”等次。2022年新签约亿元以上工业项目255个、新落地155个。2022年集中开工项目198个，总投资1092.3亿元。聚力建设长三角绿色农产品生产加工供应基地。建成24家省级绿色农产品生产加工供应基地，累计销往沪苏浙农产品855吨、755亿元。聚力建设华夏酒城。规上白酒企业销售收入占全省白酒行业的46%，古井集团年产值首次突破200亿元，达229.62亿元。古井贡酒白酒工业互联网平台获评国家级特色专业型平台。聚力建设文化旅游强市。国内旅游收入、旅游人数增速分别居全省第5、6位，旅游总收入、旅游人数均翻一番。亳州北关历史街区获评国家级旅游休闲街区。曹氏家族墓群被授予首批“安徽省省级考古遗址公园”称号。华佗百草园正式开园，兵器博物馆加快建设。古井酒文化博览园获评国家工业旅游示范基地。聚力建设省际毗邻区域中心城市。国土空间总体规划“三区三线”划定成果获批使用。启动交通重点项目“三年行动计划”，新建续建国省干线147.2千米。亳蒙高速二期、徐淮阜高速亳州段、阜蒙淮城际铁路井工建设，涡河高等级航道改造工程加快推进。

【在全国率先公布市县负责人手机号码】2022年，亳州市由市委主要负责人带头，在全国率先公布市县81名负责人手机号码并定期更新，坚持“做就做好”，制定并严格执行《关于切实做好群众和企业来电反映事项办理工作的通知》，建立5个方面16项制度，细化办理清单及工作流程图。截至2022年底，市委、市政府负责人接电交办群众和企业反映事项13324件，办结率96.5%、满意度90.3%，一大批群众“急难愁盼”问题得到解决，人民群众的获得感、幸福感、安全感持续提升。

（杨　柳）

亳州市行政区划统计表

表1　　　　单位：个

单位	市辖区	县	街道	镇	乡
亳州市	1	3	9	72	7
谯城区			3	20	2
涡阳县			3	20	
蒙城县			3	12	2
利辛县				20	3

说明：数据截至2022年12月31日

亳州市乡镇名录

表2

亳州市1区、3县、9街道、72镇、7乡	
谯城区	街道：薛阁　汤陵　花戏楼 镇：　古井　双沟　古城　淝河　大杨　城父　五马　魏岗　牛集　芦庙　沙土　十河　观堂　龙扬　谯东　颜集　华佗　立德　十八里　十九里 乡：　张店　赵桥
涡阳县	街道：城关　星园　天静宫 镇：　高炉　义门　青疃　石弓　龙山　西阳　花沟　店集　涡南　楚店　高公　曹市　新兴　临湖　丹城　陈大　牌坊　标里　公吉寺　马店集
蒙城县	街道：城关　漆园　庄周 镇：　双涧　小涧　三义　乐土　许疃　坛城　岳坊　楚村　立仓　马集　篱笆　板桥集 乡：　王集　小辛集
利辛县	镇：城关　阚疃　张村　江集　旧城　孙集　永兴　王市　中疃　胡集　展沟　望疃　汝集　王人　巩店　西潘楼　马店孜　程家集　大李集　城北 乡：孙庙　纪王场　新张集

（市民政局）

中国共产党亳州市委员会

2022 年 12 月 9 日，中国共产党亳州市第五届委员会第六次全体会议召开　　（张延林　摄）

概　述

【概况】2022年，市委坚持以习近平新时代中国特色社会主义思想为指导，全面贯彻落实党的十九大、十九届历次全会和党的二十大精神，深入贯彻习近平总书记关于安徽工作的重要讲话重要指示精神，衷心拥护“两个确立”、忠诚践行“两个维护”，持续深化“一改两为”，坚持“三严三实”“马上就办、真抓实干”，全面实施“六一战略”，经济发展持续向好，社会大局和谐稳定，党的建设全面加强，现代化美好亳州建设迈出坚实步伐。2022年地区生产总值首次突破2000亿元大关，达2101.5亿元，居全省第8位，在省内又赶超1个市，增长4.2%，居全省第4位。一般公共预算收入完成148.1亿元，增长5.6%；规模工业增加值增长10.6%、居全省第2位；城镇常住居民人均可支配收入增长5.5%，居全省第5位、居皖北六市第1位；农村常住居民人均可支配收入增长6.6%、居皖北六市第1位；工业技术改造投资增长27.7%；新开工制造业项目投资增长86%；固定资产投资增长8.8%。三次产业结构优化为13.6∶34.9∶51.5。

【经济发展】2022年，市委坚持稳中求进工作总基调，全面实施“六一战略”，加快建设现代化美好亳州，经济发展保持稳中向好、稳中提质的良好态势。主导产业壮大。获评全省2022年度制造业提质扩量增效明显地区。世界中医药之都建设取得阶段性成效，现代中医药产业规模达1664.1亿元，医药制造业产值356.5亿元，增长10.8%。亳州市生产的疏风解毒胶囊连续7次被列为国家新冠病毒感染诊疗方案推荐用药，中药配方颗粒在全国率先进入欧盟市场，位列“2022年度中医药十大学术进展”榜首。华夏酒城加快建设，规上白酒企业销售收入占全省白酒行业的46%，古井集团年产值首次突破200亿元，达229.62亿元。邮政业务总量增速连续4年居全省第1位，亳州花草茶连续4次被授予全国“快递服务现代农业金牌项目”，年寄递量2.12亿件。文化旅游强市建设加快推进，国内旅游收入、旅游人数增速分别居全省第5、6位，旅游总收入、旅游人数均翻一番。社会消费品零售总额1188.2亿元，限上批零住餐企业突破1000家。发展活力迸发。高水平建设皖北承接产业转移集聚区，获评全省推进长三角一体化发展专项考核“优秀”等次。出台创建一流营商环境系列举措，开展“新春访万企、助力解难题”“优环境、稳经济”集中办公等活动，在全省率先推出“码上监督”“一键申报”、工业厂房分幢登记办证等创新做法。药食同源商品保税仓库、皖北首家保税芝麻仓库落户亳州。上海市奉贤区投资30亿元的亳州产业园项目加快推进。2022年新签约亿元以上工业项目255个、新落地155个，集中开工项目198个，总投资1092.3亿元。常态化开展“亳州老乡，请您回家”和助力青年学子创业活动，返乡创业经验在全省推广。创新动能增强。2022年，市委坚持全面深化改革，加快实施创新驱动发展战略，不断塑造亳州高质量发展新动能。古井集团改革三年行动、蒙城县“小田变大田，一村两作区”改革入选全国2022年度地方全面深化改革典型案例，是全省唯一有两个案例入选的市，也是全省唯一连续5年获评全国年度改革典型案例的市。“退休一次办”改革获评2022年度全省十大改革案例。2022年战略性新兴产业产值增长14.9%、居全省第6位，高技术制造业增加值增长6.7%，亳州青年科技创业园获批国家级科技企业孵化器，利辛县辛创云众创空间获批国家级众创空间。

【民生福祉】2022年，市委坚持紧紧抓住人民最关心最直接最现实的利益问题，办好民生实事，抓好暖民心行动，更好满足人民群众对美好生活的向往。民生保障坚实有力。城镇常住居民人均可支配收入增长5.5%，居全省第5位、居皖北六市第1位。民生支出占比85%，全面完成20项民生实事和10项暖民心行动。新增城镇就业7.6万人。改造棚户区住房1.4万套、老旧小区99个。公共服务提质提效。大力实施医疗卫生健康事业“三年提升、两年巩固”行动，投资88亿元新建医疗卫生机构981个。新建、改扩建中小学63所，新增基础教育学位4.8万个。亳州学院中医药学院即将投用。切实落实“乙类乙管”各项措施，坚决巩固来之不易的重大成果。城市品质全面提升。蝉联全国双拥模范城，创建全国文明城市通过首次年度测评、居第一方阵。“城市大脑”运行管理服务场景建设经验向全国推广。加快建设省际毗邻区域中心城市，国土空间总体规划“三区三线”划定成果获批使用。城市生命线一期安全工程建成运行。启动交通重点项目“三年行动计划”，新建续建国省干线147.2千米。生态环境持续改善。省对市污染防治攻坚战成效考核获“优秀”等次。水污染防治考核连续3年居全省第1位，全市13个国考断面水质优良比例为92.3%，超过年度目标30.8个百分点。$PM_{2.5}$、优良天数顺利完成省下达任务。土壤环境质量保持稳定。坚决遏制“两高”项目盲目发展，完成节能降耗年度目标任务。平安建设有力有效。出台《亳州市法治政府建设率先突破三年行动计划（2022—2024年）》。“一镇一委一站”城乡基层火灾防控体系获国家消防救援局肯定并推广。安全生产工作连续8年获评全省优秀，安全生产事故发生数、死亡人数实现“双下降”，全市安全生产形势总体平稳。

【乡村振兴战略实施】2022年，市委坚持农业农村优先发展，持续深化乡村建设行动，全面推动乡村产业、人才、文化、生态和组织振兴，建设宜居宜业和美乡村。脱贫攻坚成果进一步巩固。全市脱贫人口人均纯收入增长12.1%。落实各级衔接资金17.7亿元，1712个年度项目全部完工。现代农业蓬勃发展。规上农产品加工产值、增速均居全省第1位。农村常住居民人均可支配收入增长6.6%、居皖北六市第1位。“皖垦麦22”以亩产913.18千克刷新全省小麦亩产纪录。大豆玉米带状复合种植面积达18.5万亩、居全省第1位，两次获国家工作专班专刊推介。在全省率先实现科技特派员服务行政村“一对一”全覆盖，农业科技进步贡献率66.5%，农作物耕种收综合机械化率94%，是全国首批、全省首个整建制实现主要农作物生产全程机械化示范市。建成全省首家无人农场示范基地。建成长三角绿色农产品生产加工供应基地24家，累计销往沪苏浙农产品855万吨、755亿元。乡村建设扎实推进。美丽乡村省级中心村覆盖1/3以上行政村，农村生活垃圾无害化处理率达98%。升级改造农村电网505.5千米，村级综合文化服务中心覆盖率99.5%，完成农村公路提质改造249.6千米。

【社会主义民主政治建设】2022年，市委充分发挥总揽全局、协调各方的领导作用，发展全过程人民民主，更好地把制度优势转化为治理效能，不断巩固生动活泼、安定团结的政治局面。支持人大及其常委会发挥职能作用。加快重点领域立法，制定《亳州市城市道路交通秩序管理条例》，开展居家养老服务、饮用水源地保护等立法调研。全年办理议案22件、建议307件，建议答复率100%，满意率100%。听取审议专项报告19项，培训代表260人，任免国家工作人员180人次。发挥人民政协专门协商机构作用。构建“1+6+N”协商议政新格局，共提交提案511件，经审查立案376件，并案84件，所有提案均办复，其中371件提案所提建议已采纳或列入计划落实。社情民意信息获省委、省政府主要负责人及多位省级负责人批示。完善大统战工作格局。民主党派市级组织和市工商联顺利换届，协助成立致公党亳州市基层委员会。市县两级人大、政府、政协、法院、检察院领导班子中党外干部全部按标准配备到位。开展“万企兴万村”行动，参与企业数和“兴村”总数居全省第1位。伊斯兰教“三化”问题整治和宗教工作“三级网络两级责任制”在全省被通报表扬并推广。

【全面从严治党】2022年，市委始终坚持全面从严治党永远在路上，党的自我革命永远在路上，全面提升工作效能，一以贯之推进反腐败斗争，为建设现代化美好亳州提供坚强保障。

党的政治建设。持续学懂弄通落实习近平新时代中国特色社会主义思想，严格执行贯彻落实习近平总书记重要讲话重要指示批示“两规定一机制”和“第一议题”“首要内容”制度。坚持把习近平总书记重要指示批示作为党内第一政治要件，建立定期“回头看”机制。五届市委班子换届后即制定实施加强新一届市委班子政治建设的意见，修订《全市各级领导班子和领导干部政治建设监督检查参考指标（2022版）》，着力建设忠诚尽职、奋勇争先、能力过硬的领导班子。

党的思想建设。迅速传达学习全国“两会”精神，切实把学习成果转化为发展成果。巩固拓展党史学习教育常态化长效化。落实意识形态工作责任制、网络意识形态和网络安全工作责任制。《建强队伍 拓宽渠道 推动网络举报工作向纵深发展》案例入选全国网信系统网络举报工作创新实践案例。累计开展各类文明实践活动4.8万余场。“中国好人”连续7年累计上榜人数居全省前列。

党的组织建设。坚持面向基层、注重实干的用人导向，一年来共研究提拔、进一步使用、调任及职级晋升市管干部366人次，调整不适宜担任现职的市管干部10人。“一月一课一片一实践”主题党日活动入选中宣部《宣传思想文化工作案例选编》并排在第1例。党建引领信用村建设等3项工作入选第六届全国基层党建创新典型案例。整顿软弱涣散村党组织75个。

党的作风建设。持续深化“一改两为”，开展“三严三实”“马上就办、真抓实干”作风建设专项行动和市县乡村干部作风能力提升年活动。拓展为基层减负成果，2022年度市级层面会议、文件同比减少17.3%、11.7%。2022年信访工作居全省第8位、居皖北六市第2位。建立完善“接诉即办”机制，做到民有所呼、我有所应。在全国率先公布市级负责人和市直单位、县区主要负责人手机号码，市委、市政府负责人累计接电并交办群众和企业反映事项去重后13324件，办结率96.5%，满意度90.3%，多次获中央媒体专题介绍。

党的纪律建设。严明政治纪律和政治规矩，2022年以来，立案审查调查违反政治纪律行为案件20件，处分20人。坚持以身边事教育身边人，制作警示教育片12部，开展侯化严重违纪违法案件警示教育。扎实推进全市纪检监察干部队伍教育整顿。

全面推进反腐败斗争。2022年全市立案1725件，居全省第2位，同比增长24%，居全省第1位。持续推动乡镇纪检监察协作区制度化规范化建设，全省现场会在亳州市召开，央视迎接党的二十大大型纪录片《征程》专题介绍。（葛维朋）

重大决策

【“三严三实”“马上就办、真抓实干”作风建设专项行动】市委认真落实省委“一改两为五做到”要求，印发《全市“三严三实”“马上就办、真抓实干”作风建设专项行动推进方案》，召开全市“三严三实”“马上就办、真抓实干”作风建设专项行动推进会议，动员全市上下以开年即冲刺的状态，重整行装再出发，深化“一改两为”，忠诚尽职、奋勇争先，加快实施“六一战略”、推进现代化美好亳州建设。专项行动开展以来，深入查摆干部队伍中存在的思想解放不够、标杆树得不高、工作不严不实等各类作风问题并全部立行立改、长期坚持。经过整治，全市党员干部的精神面貌明显提振、工作作风明显提升，反映基层干部的信访件明显减少。

【市县乡村干部作风能力提升年活动】经市委研究，决定将2022年作为市县乡村干部作风能力提升年，并在全市“三严三实”“马上就办、真抓实干”作风建设专项行动推进会议上进行了安排部署，要求全市党员干部进一步改进作风、提升效能，忠诚尽职、奋勇争先。2022年，全市县处级以上党委（党组）对照“八个着力、八个切实”检视问题830个并推进整改。全年查处“四风”问题255起、同比下降7.9%。加大对干部的培养力度，实施干部教育培训“铸魂赋能强基”工程，市级举办主体班20期、专题班45期，培训干部4600余人次。注重干部实践锻炼，选派干部从市到镇挂职锻炼38名，市县双向挂职16名，到沪苏浙跟班学习17名。

【纪检监察协作区规范化建设】市委深入学习贯彻习近平总书记关于全面从严治党重要论述，坚持不增加机构、不增加职数、不增加编制，按照“就近整合、区域划分、便于指导、利于工作”原则，每4~5个乡镇（街道）设立1个协作区，全市共建立21个，实现88个乡镇（街道）全覆盖。协作区主要办理县区纪委监委交办，乡镇纪委转交，以及在监督检查、审查调查工作中发现的问题线索，实行全流程闭环管理。2022年以来，亳州市委持续深化纪检监察协作区规范化建设，充分发挥驻在基层优势，实行全流程、嵌入式监督，基层政治生态净化优化，为全市经济社会高质量发展提供了有力支撑。

【构建“一镇一委一站”城乡基层火灾防控体系】亳州市坚持改革驱动，以“火灾防得住、小火不亡人、大火形不成、灭火高效能”为目标，创新“一镇一委一站”基层消防安全治理模式，明确乡镇（街道）、消防工作站、村（居）委会等三级消防组织及相关人员职责任务，推动消防安全融入综合治理、基层治理、社会治安三大体系，压紧压实基层消防安全责任，全市98个乡镇（街道）以此为依据，均已成立消安委、消防工作站。同时以“整合资源、突出重点、统一调度”为原则，编印《消防工作站制度汇编》《“镇火哨”APP使用手册》等工作丛书，研发“镇火哨”APP业务系统应用软件，切实加强了基层消防安全治理体系和治理能力建设。该做法获国家消防救援局肯定并推广，列入省对市年度消防工作绩效考核。

【市委月度经济形势分析会和季度工作调度会议机制】2022年以来，亳州市坚持稳中求进工作总基调，建立市委月度经济形势分析和季度工作调度机制，以市委财经委员会名义，每月召开一次经济运行分析会议，时间定在上月主要经济指标上报结束后；每年3、6、9、12月与全市季度工作调度会议合并召开，时间安排在季度指标公布之后。季度工作调度会议先实地观摩、后集中开会。会议围绕经济运行、为民办实事、为企业优化环境三个方面开展评议，工作先进的作交流发言，工作落后的作表态发言，激励全市上下学先进、找差距，比学赶超、争创一流，鼓舞士气、竞相发展。

【营商环境优化工作】2022年以来，亳州市把优化营商环境作为推动高质量发展、提升竞争力的重点工作，出台《亳州市创建一流营商环境十条举措》，开展“优环境、稳经济”集中办公活动，组合式推进惠企纾困政策落地，为市场主体退税减税降费85亿元，新登记市场主体9.8万户、增长33.6%。在全国首创“税信通”联合激励机制，累计授信635亿元，2022年10月1日起，升级为安徽省“纳税信用绿卡”在全省范围内推广实施；在全省首创惠企政策“免申即享”平台，累计上线惠企政策1193项，靠前服务推动9587家企业足不出户“一键领取”惠企资金3.67亿元；大力推行工业项目厂房和配套建筑等分幢登记办证，提高了企业固定资产使用效益，释放企业抵押贷款空间。（葛维朋）

重要会议

【市委全委会议】2022年2月10日，中共亳州市委五届四次全会召开。会议审议了《关于批准李玉科、怀颖、黄世斌同志辞去市委委员职务的决定》《关于递补张传宾、刘泉、冯浩同志为市委委员的决定》，票决通过亳州市推荐省出席党的二十大代表候选人推荐人选。

7月7日，中共亳州市委五届五次全会召开。会议听取了《全市“三严三实”“马上就办、真抓实干”作风建设专项行动工作情况报告》《全市干部作风能力提升年活动工作情况报告》，观看了作风建设警示教育专题片。会议要求，要坚决落实党中央“疫情要防住、经济要稳住、发展要安全”的决策部署，坚持稳中求进工作总基调，全力以赴改作风，下大气力整治“虚、躲、冷、粗、假”等顽瘴痼疾，全力以赴惠民生、保安全、强党建，统筹推进疫情防控和经济社会发展，奋力完成全年目标任务，扎实推进“六一战略”，以实际行动和优异成绩迎接党的二十大胜利召开。

12月9日，中共亳州市委五届六次全会召开。会议听取和讨论了杜延安受市委常委会委托作的工作报告，审议通过了《中共亳州市委关于深入贯彻落实党的二十大精神奋力谱写现代化美好亳州建设新篇章的决定》和《中国共产党亳州市第五届委员会第六次全体会议决议》，通过了《中共亳州市纪律检查委员会关于程修略严重违纪违法问题的审查报告》和《关于追认给予程修略开除党籍处分的决定》。会议要求，要把学习宣传贯彻党的二十大精神是当前和今后一个时期的首要政治任务，聚焦高质量发展，坚持人民至上、守正创新、问题导向、系统观念、胸怀天下，增强斗争精神，勇于自我革命，进一步推动全面实施“六一战略”、加快建设现代化美好亳州各项部署落地落实。

【全市党史学习教育总结会议】1月14日，全市党史学习教育总结会议召开。会议要求，要持续巩固拓展成果，在理论武装、担当作为、为民造福、自我革命上常抓不懈、衷心拥护“两个确立”、忠诚践行“两个维护”，持续把党史总结、学习、教育、宣传引向深入，真正把党史学习教育融入日常、抓在经常，进一步引导激励全市党员干部从党的百年奋斗历程中汲取智慧和力量，为加快实施“六一战略”、推进现代化美好亳州建设凝聚磅礴力量。

【市委常委会党史学习教育专题民主生活会】1月26日，亳州市委常委会党史学习教育专题民主生活会召开，省委常委、政法委书记张韵声到会指导。会议要求，市委常委会及各位班子成员要坚定政治信仰，衷心拥护“两个确立”，忠诚践行“两个维护”，弘扬伟大建党精神，持续厚植人民情怀，勇于自我革命，全力以赴推动经济社会高质量发展，加快实施“六一战略”，努力推动亳州各项工作在皖北走前列、全省站前排、全国有影响。

【上海市奉贤区亳州市结对合作视频对接会】1月29日，上海市奉贤区亳州市结对合作视频对接会召开。会议要求，亳州市将紧紧抓住长三角一体化发展重大机遇，春节后组织市党政代表团到奉贤区考察学习，对标先进找差距，解放思想谋发展，推动全市各项工作争创一流、走在前列。

【全市“三严三实”“马上就办、真抓实干”作风建设专项行动推进会议】2月8日，全市“三严三实”“马上就办、真抓实干”作风建设专项行动推进会议召开。会议要求，全市上下要旗帜鲜明讲政治，深入开展“三严三实”“马上就办、真抓实干”作风建设专项行动，把能力作风建设成效转化为推动经济高质量发展和社会和谐稳定的工作成果，突出抓好“双招双引”、乡村振兴、疫情防控、安全生产等重点工作，坚定不移推动经济社会发展，一心为民办实事，真刀真枪抓落实，努力推动亳州各项工作在皖北走前列、全省站前排、全国有影响。

【市委农村工作会议】2月11日，亳州市委农村工作会议召开。会议要求，全市上下要深入贯彻习近平总书记关于“三农”工作重要论述及中央、省委农村工作会议部署，深入实施“两强一增”行动计划，守牢粮食安全底线，持续巩固拓展脱贫攻坚成果同乡村振兴有效衔接，持之以恒抓重点、补短板、强弱项，拉高标杆、奋勇争先，推动亳州市农村工作在全省、全国当标杆。

【全市领导干部学习贯彻党的十九届六中全会精神培训班】2月18日，全市领导干部学习贯彻党的十九届六中全会精神培训班开班式举行。会议要求，要提高政治站位，把学习宣传贯彻党的十九届六中全会精神作为当前和今后一个时期的重大政治任务，深刻领会“两个确立”的决定性意义，发自内心、表里如一、言行一致衷心拥护“两个确立”、忠诚践行“两个维护”。要保持政治定力，抓住主要矛盾和中心任务，加快实施“六一战略”，全面推进现代化美好亳州建设。要把牢政治任务，全面贯彻新时代党的建设总要求和新时代党的组织路线，在推进常态化长效化中巩固拓展党史学习教育成果。

【2021年度县区委（工委）书记抓基层党建工作述职评议会议】2月23日，2021年度县区委（工委）书记抓基层党建工作述职评议会议召开。会议要求，要全面落实新时代党的建设总要求和新时代党的组织路线，大力弘扬伟大建党精神，推动基层党组织全面进步、全面过硬。要坚持党建引领，推进党建引领信用建设提质扩面，落实好“党建+信访”工作机制，持续为基层减负，在强化党建赋能中促进经济发展行稳致远、社会大局和谐稳定。要强化责任担当，突出责任落实、机制保障、跟踪问效，以高质量党建引领高质量发展，以优异成绩迎接党的二十大胜利召开。

【全市组织宣传统战政法武装党办工作会议】2月25日，全市组织、宣传、统战、政法、武装、党办工作会议召开。会议要求，要强化责任担当，全面落实新时代党的组织路线，锻造全面过硬的干部队伍和党组织，推动组织工作高质量发展。要以迎接、宣传、贯彻党的二十大为主线，担当起举旗帜、聚民心、育新人、兴文化、展形象的使命任务。要紧扣工作主线，强化政治引领，推动各领域统战工作创新发展。要坚持党对政法工作的绝对领导，从严从实抓好防风险、保安全、护稳定、促发展各项工作。要聚焦新时代强军目标，推动亳州市国防动员和后备力量建设再上新台阶。要紧紧围绕全市工作大局，进一步强化党办各项职能，不断提升“三服务”质量水平，努力当好党委的“坚强前哨”和“巩固后院”。

【2022年文明委全体（扩大）会议暨创建全国文明城市工作推进会议】2月25—26日，2022年文明委全体（扩大）会议暨创建全国文明城市工作推进会议召开。会议要求，要坚持系统思维、把握工作重点，抓建设重宜居、抓管理重精细、抓素养重内涵、抓机制重长效，对照标准、精准突破，举全市之力奋力冲刺，确保“首创首成”，以实际行动迎接党的二十大胜利召开。

【工作点评会议】2022年5月14日，全市一季度工作点评会议在涡阳县召开。会议要求，要聚焦“六一战略”年度重点任务，深入实施三次产业高质量协同发展行动计划，坚持“三严三实”“马上就办、真抓实干”，勇于自我革命，苦干实干拼命干，全力冲刺二季度，确保实现时间、任务“双过半”，以实际行动和优异成绩迎接党的二十大胜利召开。

7月29日，全市第二季度工作点评会议在谯城区召开。会议要求，要认真落实党中央“疫情要防住、经济要稳住、发展要安全”的部署要求，坚持“三严三实”“马上就办、真抓实干”，大力发扬“亮剑”精神，高效统筹疫情防控和经济社会发展，统筹抓好信访和民生工作，大干六十天、冲刺三季度，确保实现全年“满堂彩”。

10月30日，全市第三季度工作点评会议在利辛县召开。会议要求，要以党的二十大精神为指引，深入贯彻党中央“疫情要防住、经济要稳住、发展要安全”的部署要求，全力以赴惠民生、增福祉，防风险、保安全，稳经济、促发展，抓实抓细各项工作，全力冲刺四季度，奋力实现全年满堂彩，为实现2023年“开局稳、开门红”打下坚实基础，以实干实绩推动党的二十大精神落地见效。

【全市民生实事及暖民心行动工作推进会议】6月13日，全市民生实事及暖民心行动工作推进会议召开。会议要求，要突出有力有序，准确把握工作原则，按照“好快高”要求，抓深抓细抓实项目建设，力争让群众早受益。要突出实干担当，各级各部门要把办好民生实事摆在更加突出位置，纳入重要议事日程，周密部署安排，精心组织实施，以实际行动和优异成绩迎接党的二十大胜利召开。

【全市信访工作会议】7月14日下午，全市信访工作会议召开。会议要求，要严格落实“三到位一处理”要求，认真落实好领导干部批阅群众来信、公开接访、带案下访制度，进一步发扬“亮剑”精神，敢于迎难而上，倾尽全力解决群众合理合法诉求。要突出责任落实，健全日常工作调度推进机制，实行挂牌督办，严格兑现奖惩，不断推动亳州市信访工作高质量发展。

【政法干警廉政党课报告会】8月30日，市委书记杜延安为政法干警作廉政党课报告。会议要求，全市政法机关和广大政法干警要着力强化“大事必须大抓”的使命感，切实增强“时时放心不下”的责任感，扎实做好应对风险挑战的思想和行动准备，以万全之策确保万无一失，坚决打赢政治安全保卫战、公共安全防控战、应急处突战、信访化解攻坚战，为全面实施“六一战略”、加快建设现代化美好亳州提供坚强保障，为党的二十大胜利召开营造安全稳定的政治社会环境。

【全市领导干部会议】10月25日，全市领导干部会议召开。深入传达学习贯彻党的二十大和二十届一中全会、十九届七中全会精神。会议要求，要抓好“大学习”，领导带头学、分层分级学、全面系统学，确保学思践悟、融会贯通。要抓好“大宣传”，广泛开展宣传，精心组织宣讲，确保家喻户晓、深入人心。要抓好“大贯彻”，深入开展调研、谋实思路举措、督促推动落实，确保落地生根、开花结果。

【市委常委会（扩大）会议】11月12日上午，市委常委会（扩大）会议召开。会议传达学习了省委书记郑栅洁到亳州市调研时的讲话精神。会议要求，要深入学习省委书记郑栅洁来亳州市调研时的讲话精神，持续在壮大实体经济、加快新型城镇化建设、增进民生福祉、全面从严治党上奋力突破，埋头苦干、争先进位，全力推进各项工作在皖北走前列、全省靠前站、全国有位置。

【全市领导干部学习贯彻党的二十大精神集中轮训班结业式】12月16日，全市领导干部学习贯彻党的二十大精神集中轮训班结业式举行。会议要求，要坚持学深悟透，在全面学习、把握、落实上持续用力，推动党的二十大精神入脑入心、落地落实。要坚持知行合一，全面对标党的二十大各项决策部署，全面实施“六一战略”，全力推动经济高质量发展，奋力实现皖北走前列、全省靠前站、全国有位置。要坚持务求实效，把学习贯彻党的二十大精神与落实省委十一届四次全会、市委五届六次全会精神结合起来，盘点工作收好尾、科学谋划开好局，以实干实绩推动党的二十大精神落地见效，奋力谱写现代化美好亳州建设新篇章。（葛维朋）

市委办公室

【概况】2022年，在市委的坚强领导下，市委办公室坚持以习近平新时代中国特色社会主义思想为指导，深入学习贯彻党的十九大、十九届历次全会和党的二十大精神，认真贯彻落实习近平总书记对安徽作出的系列重要讲话重要指示批示精神，衷心拥护“两个确立”、忠诚践行“两个维护”，认真贯彻“五个坚持”的重要要求，着力提升“三服务”工作水平，坚决当好市委的“坚强前哨”和“巩固后院”，圆满完成年度岗位责任目标任务。市委办公室在上年度全市年度综合考核、效能考核、招商引资考评中均获评优秀等次，并荣获“安徽省卫生先进单位”“全省保密系统先进单位”“平安亳州建设先进集体”等称号。11人分获省、市级表彰。

【参谋服务】2022年，市委办公室起草文件、汇报等文稿300余篇。2篇调研报告分别在全市重点调研课题、党建调研课题成果评选中被评为“优秀”等次。协调推进各项改革，连续5年获评中国改革年度典型案例，连续3年获评全省十大改革案例。起草《力戒形式主义官僚主义为基层减负工作督查调研情况报告》等多篇督查报告，市委主要负责人给予批示肯定。编发信息2000余条，14篇信息被省委主要负责人批示。持续巩固提升“讲规矩、重精细、出精品”标兵竞赛活动成果。先后制定领导批示件转办规范、重要紧急敏感信息报送规范等一系列制度规范。对市委、市政府向省委定期报告事项、市厅级领导落实有关规定量化事项实行台账管理。

【保障运转】2022年，市委办公室上报信息数量居全省第3位。服务保障省党代表会、全省“两会”等会务活动160余次。认真做好省领导、省直单位等来亳调研服务。认真落实节假日值班带班制度，严格执行重要紧急敏感信息报送规范及值班应急信息办理流程，妥善处置突发事件。落实领导干部外出报备工作机制。全年收发办理电报4633件。创新开展“迎接二十大 保密见行动”主题研讨交流活动，先后对21个重点单位和部门开展保密工作专项检查。2家单位被评为全省保密系统先进集体，2人被评为省先进个人。扎实开展专用通信网络“查隐患、防风险、保安全”专项检查，工作做法被《安徽专用通信信息》刊发。组织开展“6·9”国际档案日暨档案法治宣传月系列宣传活动，对61家单位开展档案执法检查、档案安全检查督查。脱贫攻坚和疫情防控“两类档案”归集工作被省档案局、省乡村振兴局、省疫防办通报表扬，档案服务外包监管试点工作取得显著成效，档案工作服务农村基层社会治理试点工作获全省通报表扬。审核党内规范性文件、其他文件及重要文稿52件。深入开展党内规范性文件备案审查，报备率达100%。公务接待专项经费同比下降29.4%。

【全面从严治党】2022年，市委办公室抓好政治理论学习。深入学习习近平新时代中国特色社会主义思想和党的二十大精神，及时跟进学习习近平总书记最新重要讲话指示批示精神，实地开展督查4次。2022年开展理论学习中心组学习12次，班子成员围绕相关学习主题开展交流研讨20余人次。结合“一月一课一片一实践”主题党日活动，组织观看《加强效能建设，改进工作作风》等警示教育片10余部。

落实意识形态工作责任制。认真贯彻落实《党委（党组）意识形态工作责任制实施细则》，全年组织开展意识形态方面学习4次。抓好全市互联网保密安全监管，多次组织开展县区涉密计算机保密检查、互联网安全风险排查。

提升党建工作水平。坚持领导干部带头过双重组织生活，积极开展民主评议党员工作，党支部规范化建设水平不断提升。高质量开好了年度民主生活会。认真开展公务员平时考核，有序推进职务职级并行工作。充分发挥机关工会作用，定期组织干部职工开展健康体检，开展关怀慰问职工10余次。为永兴村、薛阁社区留守儿童送去“爱心大礼包”。

推进全面从严治党工作。紧盯巡视巡察、审计监督等发现问题整改落实，持续巩固市委第八轮巡察反馈意见整改成果。主要负责人严格履行党风廉政建设第一责任人责任，其他班子成员落实“一岗双责”，按照分工抓好分管领域的党风廉政工作。办公室室务会会议专题听取办公室党风廉政建设工作汇报，研究部署党风廉政建设工作。严格执行“三重一大”事项集体决策等制度，全力支持派驻纪检组开展工作，加强机关纪委建设，合力协同抓好党风廉政建设工作。认真开展主体责任谈话。持续推进有关负责人离任审计报告反馈问题整改工作。牵头起草《关于进一步改进作风做好2022年整治形式主义为基层减负工作要点》，科学制定发文、会议计划，坚决防止文山会海反弹回潮，2022年度市级层面会议、文件同比减少17.3%、11.7%。深入开展工作“留痕”、村（社区）挂牌、“长制”清理规范等自查整治。研究制定《市委办公室进一步厉行节约坚持过紧日子的具体举措》。及时统计汇总考勤及请假情况，并将其作为年休假、年度考核、评先评优、晋级晋升的参考依据。

【其他重要工作】2022年，市委办公室组织党员干部深入社区开展疫情防控宣传，抽调20人赴利辛县支援疫情防控。在全市疫情防控工作中，3人被评为“优秀共产党员”，2人被评为“先进工作者”。制定“4·15”全民国家安全教育日宣传教育活动方案，组织开展“筑牢国家安全钢铁长城”集中宣讲培训活动。制定市防范化解重大风险工作年度重点工作任务，并协调推动整改落实。牵头对县区委国安委及31家市直有关单位履行国家安全责任制情况进行督查。认真做好公开手机号码服务督办工作，成立工作专班，开展电话回访10400余次，推动全市1.3万余件群众和企业来电诉求落地落实。连续4年牵头抓好巡视整改，中央巡视144项整改任务全部完成或基本完成，省委巡视反馈的38项整改任务已完成或基本完成37项。组织党员干部深入文明创建一线，常态化开展问题排查，现场排查发现问题800多个，及时抓好督促整改。积极参与市中心城区电动三轮车集中整治活动。积极外出招商，全面做好项目落地服务，新签约并落地工业项目2个，圆满完成年度目标任务。

（葛维朋）

组织工作

【概况】2022年，亳州市有党的基层组织11530个，包括城市街道基层党组织634个，乡镇基层党组织5352个。全市共有党组211个、中央和各级地方党委派出工委29个。城市街道9个，全部建立党工委；城市社区（居委会）127个，其中单独建立党委的65个、单独建立总支部的52个、单独建立支部的10个；乡镇79个，全部建立党委；乡镇社区（居委会）223个，其中单独建立党委的72个、单独建立总支部的141个、单独建立支部的10个；行政村998个，其中单独建立党委的298个、单独建立总支部的659个、单独建立支部的41个。公有经济控制的企业法人单位共有360个，其中单独建立党委的30个，单独建立总支部的16个，单独建立支部的307个；在岗职工37559名，其中党员7173名。非公有经济控制的企业法人单位共5225个，其中单独建立党委的8个，单独建立总支部的1个，单独建立党支部的1936个；建立联合党支部的单位901个，建立联合党支部233个；在岗职工141027名，其中党员6343名。事业法人单位共有926个，其中单独建立党委的85个，单独建立总支部的76个，单独建立支部的755个；在岗职工80547名，其中党员25206名。机关法人单位共有411个，其中单独建立党委的85个，单独建立总支部的50个，单独建立支部的276个；在岗职工29156名，其中党员14487名。社会团体、基金会、民办非企业单位1097个，其中单独建立总支部的1个，单独建立支部的496个；建立联合党支部的单位204个，建立联合党支部58个；从业人员32367名，其中党员1374名。

【学习贯彻党的二十大精神】在大会召开前，高质量做好党的二十大代表候选人推荐提名工作；组织开展“喜迎二十大、展现新状态、奋进新征程”系列活动，作品《芡河湾的笑声》入围全省“二十部优秀作品迎接党的二十大”活动。大会召开后，坚持把学习贯彻党的二十大精神作为首要政治任务，牵头开展学习贯彻党的二十大精神教育培训，组织全市基层党组织专题学习1.6万余场次，分级举办学习贯彻党的二十大精神集中轮训班17期，轮训县处级和乡科级干部3500余人。部机关组织开展“一次系列理论学习、讲授一堂专题党课、邀请专家作一次专题辅导、组织一次集中宣讲、撰写一篇心得体会、谋划一次专题调研、解决一件民生实事”等“七个一”活动，形成制度性成果2个，为民办实事15项，《关于开展主题教育的几点思考》调研报告被中央党建领导小组《党建要报》专题刊发，建议做法获省委主要负责人批示肯定。

【新时代党的创新理论武装】大力实施“铸魂赋能强基”工程，充分发挥党校主阵地作用，举办主体班20期，培训干部1100余人。落实领导干部上讲台制度，市委常委到市委党校授课13人次。深化干部专业化能力提升计划，举办经济、法律、乡村振兴、环境保护等专题班45期，培训3462人次。开展党员集中轮训工作，通过市级重点培训、县级普遍培训、基层党委兜底培训，轮训党员6.7万名。发挥党员远教平台作用，开展“双创双争”评选活动、“五星远教站点”创建活动，强化党员理想信念教育，86个先进集体和个人获全市党员教育示范平台、示范终端站点、学用标兵等称号。扎实推进县级党校（行政学院）分类建设，三县顺利完成建设目标。

【领导班子和干部队伍建设】深入落实新时代好干部标准，树立面向基层、突出实干的用人导向，选派27名干部人才到沪苏浙等地跟班学习，安排1800余名干部到疫情防控、双招双引等吃劲岗位实践锻炼，组织500名干部入企担任党建指导员，提高干部能力本领。激励干部担当作为、推动能上能下，树立面向基层、突出实干的用人导向，开展一线考察识别干部，及时将想干事、能干事、干成事的干部发现出来、使用起来，将不担当、不作为、乱作为的干部调整下去。2022年，从信访维稳、疫情防控等一线提拔重用业绩突出的市管干部64人，调整不适宜担任现职的市管干部10人。加大年轻干部源头储备，组织招录公务员458名（含选调生）。加强年轻干部递进培养，选派38名年轻干部到乡镇挂职锻炼，安排16名年轻干部开展市县双向挂职。大力培养选拔优秀年轻干部，提拔及进一步使用“80后”县处级干部20人。加强公务员队伍管理，统筹做好公务员考录、调任、考核、培训和及时奖励工作，推荐1人获评全国“人民满意的公务员”。加强干部监督管理，扎实开展干部能力作风提升年活动，修订领导干部配偶、子女及其配偶经商办企业禁业范围，严格查核个人有关事项报告，对17家单位开展选人用人专项检查。选人用人工作总体评价的满意度分值在16个省辖市中排名第三。

【基层党组织建设】深化基层党组织标准化规范化建设，411个新建党组织达标验收。出台《全市“五星基层党组织”动态管理办法（试行）》，巩固基层党组织“登高计划”成果，命名“五星基层党组织”48个。调整市委直属党（工）委，成立市委教育工委、市财政局（市国资委）党委。制定《全市乡村组织振兴实施方案》《新时代抓党建促乡村振兴十大工程实施意见》等，构建抓党建促乡村振兴“1+1+N”制度体系。千方百计发展壮大村级集体经济，推深做实“联合体·组合投资·优先股”村级集体经济发展模式，开展“两清理两利用”行动，2022年全市经营性收入50万元以上的集体经济强村449个，占比36.8%。持续整顿软弱涣散村党组织75个，蒙城县重点村分类管理试点工作获中组部充分肯定。巩固拓展蒙城县党建引领信用村建设成果，制定推动“党建+信用”开展党建引领信用村建设工作方案，全市确定试点村368个。加强党建引领城市基层治理，巩固深化“邻长制”改革成果，将城市社区划分为738个网格，成立小区（网格）党支部280个。加强全市街道社区党组织兼职委员队伍建设，配备兼职委员274名，带动驻区单位参与基层治理。推进“皖美红色物业”建设，全市小区党组织、物业服务企业党组织组建率分别为47.5%、32.1%，实现应建尽建。全市13家二级及以上公立医院全部落实党组织领导下的院长负责制，有独立法人资格的公办中小学校、幼儿园建立党组织领导的校长负责制的达53.4%。持续提升“两个覆盖”质量，2022年新组建非公企业党组织417个、社会组织党组织106个，新组建群团组织970余个，我市在2022年度全省“组建群团组织，扩大党的工作覆盖”经验交流会上作了交流发言。打造“党建领航·益企蓬亳”党建品牌，开展问题帮办助企发展、“五个一批”优环境、服务集市等系列活动，服务非公企业和社会组织1510家次，覆盖职工群众13200余人次。开展新业态新就业群体党建提质专项行动，新组建党组织123个，建设暖蜂驿站97个，服务新就业群体13500余人，扩大党在新兴领域的号召力和凝聚力。全面推开排查整顿农村发展党员违规违纪问题工作，对涡阳县、蒙城县和亳州高新区42个乡镇（街道）、652个村（社区）、16318名党员逐一核查。实施发展党员规范提质行动，出台《亳州市基层党委组织委员列席党支部发展党员大会办法（试行）》《亳州市发展党员联合审查办法（试行）》《亳州市党员档案管理办法（试行）》等五项制度，进一步加强和规范发展党员工作，全年发展党员3325名。

【人才队伍建设】2022年，深入推进招才引智工作，引进高层次人才55人、急需紧缺人才406人，发放安家费和生活补贴1930万元。29名优秀人才享受第六批市政府特殊津贴。实施产业发展关键核心技术“550”登峰行动计划，遴选支持技术项目7个，柔性引进高层次人才53人。实施乡村产业“鸿雁”人才计划，计划未来5年遴选支持100名左右乡村产业“鸿雁”人才，培训培养6000名左右乡村产业人才。举办乡村企业家人才培训班，110名乡村产业人才参训。创新实施党员人才“1+N”双提升示范工程，给予10名高层次党员技能人才一定资金支持。扎实开展皖北产业创新团队设立工作，新设立皖北产业创新团队10个，遴选带头人10名、带头人助理30名，发放团队建设扶持资金100万元。加强人才政治引领、政治吸纳，50人参加高层次人才国情研修班。做好人才服务保障，为50人提供健康医疗服务，帮助26人解决入编、随迁配偶工作调动、子女入学等问题。（何　静）

宣传工作

【概况】2022年，全市宣传思想文化系统深入学习贯彻习近平新时代中国特色社会主义思想，贯彻落实党的十九大、十九届历次全会和党的二十大、二十届一中全会，全面贯彻落实习近平总书记系列重要讲话指示批示精神，引导广大党员干部深刻领悟“两个确立”的决定性意义，增强“四个意识”、坚定“四个自信”、做到“两个维护”。

【理论武装工作】2022年，亳州市学懂弄通做实习近平新时代中国特色社会主义思想，把习近平总书记重要讲话指示批示精神和习近平总书记关于宣传思想工作重要论述列为市委常委会第一议题、市委理论学习中心组学习会议首要内容，市委常委会16次学习研究宣传思想工作，市委理论学习中心组全年开展学习11次。召开亳州市第五届委员会第六次全体会议，动员全市上下担当使命任务，坚决用党的二十大精神统领现代化美好亳州建设。紧紧抓住领导干部这个“关键少数”，科学制定市委理论学习中心组年度学习计划，开展全市党委（党组）理论学习中心组学习《习近平谈治国理政》第四卷、党的二十大精神专项列席旁听工作，列席旁听县处级党委（党组）理论学习中心组46家。组织全市党员干部群众运用“学习强国”学习平台开展网络自学，运用“村村通”广播，常态化播出习近平总书记同期声及其重要论述学习音频，进一步拓展理论宣讲阵地，有效改善农村学习生态。加强理论宣讲人才队伍建设，建立200余人的理论宣讲人才库，推深做实基层理论宣讲，构建“市县乡村”四级宣讲体系，持续开展“举旗帜·送理论”专题宣讲3.6万余场，直接受众达140万余人次。常态化长效化开展党史学习教育，全面加强习近平新时代中国特色社会主义思想等教育培训。《亳州市“一课一片”让党的创新理论武装走深走实》入选中宣部《宣传思想文化工作案例选编》并作为第一例。

【党的二十大精神学习宣传】 2022年，亳州市把迎接和学习宣传贯彻党的二十大精神作为首要政治任务，迅速兴起学习宣传贯彻热潮。抓实大学习，及时召开市委常委会（扩大）会议、全市领导干部会议、市委理论学习中心组学习会议等进行学习贯彻。出台亳州市学习宣传贯彻《总体方案》和《任务清单》。组织全市领导干部收听收看中央宣讲团报告会，通过“三会一课”“一月一课一片一实践”活动等形式，组织专题学习9260场次，3.68万名党员作研讨交流发言。开展全市领导干部学习贯彻党的二十大精神集中轮训工作，分批分层实现县处级、乡科级干部培训全覆盖。抓实大宣传，市级领导干部带头赴基层宣讲41场次，“村村通”广播常态化播放习近平总书记同期声和党的二十大精神学习音频等，覆盖人口达350余万人。组织市直媒体开设“喜迎二十大”“深入学习宣传贯彻党的二十大精神”“聚焦二十大”等专题专栏，刊播相关稿件2000余篇。创新开展“党的二十大精神·我来读”“党的二十大精神·我来讲”全媒体宣讲。开展“强国复兴有我”群众性主题宣传教育活动48项活动。抓实大贯彻，坚持以党的二十大精神统领、谋划和推进各项工作，制定深入贯彻落实党的二十大精神《决定》，市级领导干部及各地各部门负责人开展专题调研，把学习宣传贯彻工作作为政治监督、市县巡察的重要内容，实现清单化、闭环式管理，确保党的二十大精神在全市落地生根。

【舆论引导工作】 2022年，亳州市统筹网上网下、内宣外宣，开设“奋进新征程 建功新时代”“改进作风 我们在行动”“送政策、展风采、助纾困”等主题专栏，围绕省市“两会”“暖民心行动”“打造世界中医药之都”等20余个重要专题开展集中宣传。2022年，中央主流媒体刊播亳州市重点稿件493篇（条）。其中，《人民日报》及其新媒体平台刊发187篇（条），央视各栏目及新媒体平台发稿86篇（条）；省级主流媒体刊播1900余篇（条）。坚持“4·2·1+N”新闻发布制度，围绕“暖民心行动”“城区三轮车治理”“打击整治养老诈骗”等主题，共召开新闻发布会24场，网上新闻发布20次。深入推进媒体深度融合发展，开展全媒体建设情况工作调研，推进市级媒体深度融合发展，形成“报、台、网、微、端”全媒体平台的传播矩阵，用户数达226万人。建强用好县级融媒体中心，形成以移动客户端为主要载体的移动传播矩阵，打造政务信息服务综合体，增加为民便民服务窗口，链接皖事通等重要服务功能，“新闻+政务+服务”为群众提供多样化服务。

【社会主义核心价值观建设】 2022年，亳州市开展党史、新中国史、改革开放史、社会主义发展史教育，弘扬爱国主义精神。发挥各级爱国主义教育基地作用，常态化开展各类宣传教育活动100余场次。命名市级爱国主义教育基地13家。做好全民国防教育领导体制机制改革，成立市、县两级全民国防教育工作领导小组和办公室，明确党委书记为“第一责任人”。围绕“新时代爱国强军谱新篇”主题，组织各地各单位深入开展第22个全民国防教育日活动。同步推进典型选树宣传、礼遇帮扶工作。2022年春节期间，全市共走访慰问身边好人、道德模范和优秀志愿者代表105组，慰问志愿服务组织32个。利辛县人民法院法官刁志岭、党的二十大代表谭艳芳被确定为全省重大先进典型，省直媒体实地开展集中采访3次。刁志岭同志被追授为“全国优秀法官”“安徽省优秀共产党员”“亳州市优秀共产党员”。省级主流媒体《榜样》专栏推出政法战线模范人物、全国“人民满意的公务员”杨磊等先进典型6名。在市直媒体《榜样》专栏推出25名市级先进典型深度报道。以亳州市亳州好人等先进典型事迹为原型，原创6集微广播剧《爱是你我》。亳州学院“三下乡”社会实践团队获评2021年全国文化科技卫生“三下乡”活动优秀团队。1个集体、1名个人分别获评第七批安徽省学雷锋活动示范点和第七批安徽省岗位学雷锋标兵。2名个人获评安徽省最美城乡社区工作者。开展2022年学习贯彻党的二十大精神典型宣传暨先进典型宣传好稿评选，围绕3个类别评出优秀作品18部。

【文化事业和文化产业工作】2022年，亳州市制定《亳州市“十四五”文化改革发展规划》。安徽刀锋网络科技有限公司获评第一批安徽省文化和科技融合示范基地。常态化开展文化科技卫生“三下乡”“我们的中国梦”——文化进万家品牌活动。持续提升公共文化服务水平，开展农村电影公益放映15662场次、“送戏进万村”活动1293场。评选市级“十佳院团”“十大名角、十大名剧”。创排淮北梆子戏《青春之光》《在希望的田野上》等文艺作品。《雨燕衔春》获评2019—2020年度安徽省社会科学奖（艺术类）集体奖。聚焦文化旅游强市建设，统筹疫情防控和复工复产工作，2022年上半年，全市国内旅游收入增幅位居全省第3位；国内旅游人数增幅位居全省第2位；旅游外汇收入增幅位居全省第1位；入境游人数增幅位居全省第2位。加强文物和文化遗产保护利用，曹氏家族墓群荣获首批“安徽省级遗址公园”。古井酒文化博览园获评国家工业旅游示范基地。（盛治国）

统战工作

【概况】2022年，党对统战工作的领导进一步加强。市委民族工作、全市宗教工作会议及市委统战工作会议先后召开，市委常委会会议6次听取统战工作情况汇报，市委书记杜延安先后7次对统战工作作出批示，市委统战工作领导小组3次召开会议，贯彻党中央重大决策部署及省委工作要求，推进重点工作任务的落实。市委制定《亳州市贯彻落实〈中国共产党统一战线工作条例〉及省委〈实施方案〉工作举措》，并开展情况督查，确保各项任务落细落实。支持各民主党派深入开展“矢志不渝跟党走、携手奋进新时代”政治交接主题教育，在党外知识分子、新的社会阶层人士中开展“双树双建”主题教育，在非公经济领域开展“学党史、迎七一”红色党史主题教育，在宗教领域开展“爱党爱国爱社会主义”主题教育。

2022年，组织统一战线开展引资引智活动，共招引落地企业23家，亿元以上项目11个；围绕疫情防控，组织统一战线成员广泛参与，捐款捐物1900万元；围绕全国文明城市创建，34名民主党派成员中的人大代表、政协委员参与城区电动三轮车专项治理民主监督工作，提出意见建议31条；围绕助企纾困，组织开展“优环境稳经济亳州统战在行动”，走访民营企业788次，协调解决问题393个；围绕生态环境问题整改，5个民主党派市委会对口各县区开展民主监督现场核验工作，现场查验点位100多个；围绕推进乡村振兴，开展“万企兴万村”行动，847家民营企业与乡村开展结对帮扶，落实项目933个，“兴村”729个，投入资金23.66亿元，民营企业参与数和“兴村”总数排在全省第一名。

2022年，9名民主党派成员、3个民主党派市委会获省以上表彰；涡阳县天静宫获首届“全国宗教界先进集体”表彰；市委统战部获全省党外知识分子“双树双建”活动优秀组织奖，谯城区委统战部被评为全省统战系统先进集体，蒙城县委统战部被推荐为全省民族宗教系统先进集体；亳州市党外干部工作、宗教工作获全省统战工作实践创新成果奖，亳台中医药产业合作发展调研成果获省委台办调研课题成果一等奖。

【统战干部队伍建设】2022年，三县一区党委统战部部长全部由同级党委常委专任，全市12个民族宗教工作任务重的乡镇（街道）统战委员、民宗干事试点专任。将《中国共产党统一战线工作条例》宣讲纳入市委党校（市社会主义学院）主体班教学内容，举办全市统一战线深入学习贯彻习近平总书记关于做好新时代党的统一战线工作的重要思想专题研讨班。6月17日，市委常委、统战部部长郑超为第38期县处级干部进修班、第35期乡科级干部进修班、第37期中青年干部培训班、第28期乡科级公务员任职班学员作统战工作专题辅导报告。市委统战部赴市直单位、县（区）及民主党派开展宣讲活动15场次，参训学员1000余人次。在市、县、乡三级共同努力下，乡镇统战委员、民宗干事和村（社区）民宗联络员业务培训实现全覆盖。

【多党合作工作】2022年，召开3次政党协商会议，就经济社会发展、创建全国文明城市、党外代表人士队伍建设等征求意见建议，推进市委、市政府科学决策、民主决策。7月30日，市委书记杜延安召开党外人士座谈会，通报2022年上半年全市经济工作情况、党风廉政建设和反腐败工作情况、生态环境保护工作情况、巩固拓展脱贫攻坚成果同乡村振兴有效衔接工作情况。2022年市“两会”期间，党外人士围绕市委、市政府中心工作提交提案议案及社情民意信息等350余件，其中7篇提案在市政协五届一次会议作大会发言，获得市委书记杜延安批示。市委统战部建立部务会成员联系民主党派、与各民主党派季度座谈两项制度，帮助解决问题，支持更好履职。将加强民主党派市委会内部监督纳入改革事项，实现民主党派成立内部监督委员会全覆盖。支持成立致公党亳州市基层委员会。

【民族团结进步创建】2022年，牵头多部门开展民族团结进步创建“六进”活动12批次，推进民族团结进步创建与全国文明城市创建交融共创。聚焦民族村发展不平衡、不充分现状，落实各类扶持资金896万元、实施项目13个。在全省第九届少数民族运动会上，亳州市取得2金5银4铜好成绩，并获优秀组织奖和道德风尚奖。落实省委主要领导批示要求，推进谯城区牛集镇蒋楼村、利辛县西潘楼镇郭楼村生态环保项目建设，解决黄牛养殖业发展过快造成的环境污染问题。

【宗教工作】2022年，落实坚持中国宗教中国化方向、做好新时代宗教工作的重点任务，开展社会主义核心价值观教育。开展主题教育活动32场次，491次专题学习，390余场次普法活动、参训7400余人次、宣传服务对象4.8万人次，全市宗教领域制度化、规范化、法治化水平不断提升，宗教界人士、信教群众学法守法用法意识持续增强。

【非公经济工作】2022年，市县工商联顺利换届，一批受省市表彰的优秀民营企业家、进入安徽百强民营企业家、“六一战略”领军企业家、年轻一代民营企业家代表、新兴产业代表和返乡创业典型担任各级工商联（总商会）领导岗位。建立工商联副主席（副会长）履职评议、与民营企业家月座谈会等制度。组织开展“优环境稳经济亳州统战在行动”，建立常态化走访、收集、督办民企反映问题的工作机制，着力解决民营经济发展之困。弘扬企业家精神，引导企业家争做“四个典范”，4名企业家获安徽省第七届非公有制经济人士优秀中国特色社会主义建设者称号。健全民营企业平等保护机制，全市商会人民调解委员会成功调解企业纠纷480件。举办民营企业家快乐健身活动，组织民营企业家、商会负责人100余人进行体育项目培训。

【党外知识分子和新的社会阶层人士统战工作】2022年，实现市县、高校党外知识分子联谊会成立全覆盖。引导党外知识分子、新的社会阶层人士在服务乡村振兴、疫情防控、文明创建、双招双引中强信念、树形象、做贡献，市委统战部获全省党外知识分子“双树双建”活动优秀组织奖。全市党外知识分子紧扣长三角一体化发展、全面实施“六一战略”、环境保护等重大任务，深入调查研究，积极献计出力，通过人大、政协和统战等各类平台，提交议案提案219余件、社情民意240余条。打造“亳州新力量·同心新作为”新的社会阶层人士工作品牌，推动亳芜产业园2.5产业园、凤还巢产业园等实践创新基地建设提质升级。制定出台加强自由职业人员统战工作具体举措，组织开展专题调研。

【党外代表人士队伍建设】2022年，研究出台亳州市党外代表人士队伍建设规划，明确按照“一年达标、三年优化、五年跃升”的要求，压茬推荐党外代表人士队伍建设。深入实施党外干部“三案”精准管理，建立党外干部数据库，举办第10期党外代表人士培训班、习近平总书记关于做好新时代党的统一战线工作的重要思想培训班等班次。人大、政协换届党外代表人士政治安排符合规定比例，人大、政府、政协和法检两院党外干部配备全部达到上级要求，党外干部配备工作取得重大进展，获全省统战工作实践创新成果奖。

【对台交流】2022年，落实党中央港澳台侨工作大政方针和决策部署，深入开展交流合作。6月29—30日，2022皖台青年创富交流营开营仪式在亳州市举行，以“青春梦想、创富未来”为主题，淡江大学22名华东校友会成员和企业家参加活动，亳台青年搭建创新创业的交流合作平台。8月25—29日，中国电视、旺旺中时集团2022文化C游记在亳拍摄活动圆满结束。以老庄文化和药膳为主题，拍摄组实地探访花戏楼、道德中宫、华祖庵、天静宫、庄子祠等名胜古迹，现场领略药膳和特色名小吃制作加工过程，并赴古井产业园和亳州中药材交易市场寻奇。11月29日，亳台华佗五禽戏线上展演暨中华传统文化交流活动举行，活动设亳州职业技术学院、台湾中国文化大学两处分会场，分文化研讨，华佗五禽戏、八段锦和传统武术表演，互动交流三个环节，台湾中国文化大学100余名师生通过视频连线方式参加活动。2022年世界制造业大会亳州市推报台企签约项目1个。

【侨务工作】2022年9月15日至16日，省委统战部副部长、省侨办主任张启明率省侨商投资企业协会一行赴亳开展侨地对接暨省情考察活动，省侨企会会长陈齐等10余名侨商代表参加活动。认真开展“听侨声、访侨企、办实事、解难题”活动。深入安徽天航纺织品有限公司等6家侨资企业走访调研，帮助解决困难和问题。春节、重阳节等传统节日期间走访慰问归侨侨眷代表人士和困难归侨侨眷40多人次，为亳州市困难归侨侨眷和企业退休老归侨争取上级专项生活补助金2.7万元。2022年，浙江新华爱心教育基金会“珍珠班”项目资助亳州市困难学生40名，“大学梦·邦泰情”2022侨爱公益助学活动资助亳州市困难学生66名，市留联会捐赠10多万元支持谯城区颜集镇曹元村建设。2022年，亳州市新设蒙城黄海社区“侨胞之家”一处，新增国家级、省级“中国华侨国际文化交流基地”各一处，亳州对外影响力不断提升。

（骆广文）

市委政策研究

【调查研究工作】围绕全市经济社会发展和群众关心关注的“四个点”问题，开展调查研究专题10个，形成《亳州市老年助餐工作现状及思考》等调研报告10篇。积极参与省委政研室牵头的调查研究，《突出多措并举注重实干干实以稳定和扩大就业兜牢民生底线》等材料被省委政研室作为起草专项调研报告的主要素材，省委政研室对亳州市“马上就办”工作作风给予充分肯定。配合省委政研室完成《发展乡村特色的“谯城之路”——关于亳州市谯城区发展朝天椒产业的调研报告》被郑栅洁书记批示表扬。《探索“二产带一产”合力发展新模式》等调研成果转化落地，促使古井集团签约我市粮食种植基地12万亩，以文辅政作用凸显。

【党的建设工作】制定《市委党的建设工作领导小组2022年工作要点》，明确8条26项153个具体任务，确保党建工作任务落实无空隙。充分发挥党建考核指挥棒作用，牵头开展全市党建考核工作，连续5年牵头及配合事项未失分。收集党建调研课题85个，评选出优秀等次13篇、良好等次16篇，引导全市各级党组织进一步提升党建研究水平和服务决策质量。亳州市作为推广“四事四权”工作法的四个省级全域试点地区之一，现已在全市6个乡镇（街道）、42个村（社区）试点推广。创新“小区吐槽大会”“五老工作室”等工作方式极大地提升基层治理效率，被《安徽日报》、“亳州发布”等媒体全方位报道，获得市委主要领导高度评价。

【改革工作】2022年，市委、市政府形成抓重点、抓问题、抓示范调度机制。创新改革观察点制度，在营商环境、互联网+政务服务等领域，选择4个不同类别的改革创新观察点作为“试验田”，实现创新谋划前仔细论证、推进实施中仔细对比、形成成果后仔细研究全链条管理。先后完成300余个改革项目统筹推动，形成20多个改革品牌。“无人农场”“粮经模式”等做法获省委主要负责人批示肯定，特别是

"无人农场"在三季度省辖市分析会上作为勇于担当作为典型被省委书记郑栅洁表扬。市古井集团"围绕双百亿，再造一个古井推动国企改革三年行动"、蒙城县探索"小田变大田、一村两作区改革，有效推动农业农村现代化"两案例顺利入选"中国改革2022年度地方全面深化改革典型案例"，亳州市也是全省唯一有两个案例入选的地级市和全省唯一连续五年入选的地级市。亳州市"退休一次办"让政务服务更有温度入选安徽省2022年度全省十大改革案例，连续三年入选全省十大改革案例。

【制度建设】结合财经委工作职能，会同相关部门建立月度经济形势分析会议制度，采取"1+6+N"的形式（1是上月全市经济运行情况、6是6个载体单位经济运行情况、N是当月经济运行中亟待解决的一些重点问题），针对上月全市经济运行情况，对GDP、固定资产投资、工业投资等经济指标中存在的短板弱项进行分析，帮助载体和市直部门找准原因，提出对策，迎头赶上。对全市全面加强基础设施建设问题进行深入研究，印发《关于落实十一届省委财经委员会第二次会议精神重点任务分工方案》。

（张　健）

市直机关党建

【概况】亳州市直属机关工作委员会于2000年成立。其职能主要是领导市直机关党的工作、纪律检查工作和工青妇等群团组织的工作；指导市直机关各级党组织实施对党员特别是党员领导干部监督、精神文明建设和维护社会稳定的工作等。截至2022年底，市直机关党组织有党委32个、党总支7个、党支部424个，党员人数6749人。

2022年，市直机关工委购买发放二十大精神学习用书10400余册，组织举办党的二十大精神辅导讲座3场，培训学员150余人次。落实"三会一课""一月一课一片一实践"、主题党日、组织生活会、民主评议党员、党员领导干部过双重组织生活等制度。重新调整市直机关党支部20个、批准新建党组织16个（不含临时党支）。严格落实换届提醒、未按期换届约谈制度，市直26家直属党组织按期完成换届，33家直属单位党组织对空缺班子进行了补选，并建立了基层党组织全覆盖的换届台账。

【市直机关基层党组织建设】2022年，严格基层党组织换届改选、党员发展、组织关系转接等程序时限，规范机关党建。举办2期党务干部培训班，培训学员123人次。加强对市直机关党组织落实"一月一课一片一实践"活动的指导和检查，运用好亳州智慧党建云平台，加强对活动的管理和监督，已开展13次督查，指导26家单位进一步规范党内组织生活。落实基层党组织换届提醒制度，指导市直机关13家基层党组织按期换届。组织召开2021年度市直机关党组织书记述职评议会议，5家单位党组织口头述职，80家单位党组织书面述职，实行现场测评，现场打分，进一步压实党组（党委）和机关党组织党建主体责任。表彰市直单位先进党组织10个、优秀党务工作者20名、优秀共产党员50名。

【市直机关党员发展工作】2022年，做细党员发展工作。突出政治标准，做好党员发展工作规划、指标分配、教育培训、督查调度等，不断提高党员发展质量。2022年办好2期党员发展对象培训班，共培训党员发展对象150人，培养入党积极分子234名，发展党员150名。严格落实党员发展政审、记实、公示、票决等制度，高质量完成全年150名党员发展任务。党费经费进一步向基层倾斜，向市直机关党组织下拨党费56.08万元。加强党内激励关怀帮扶工作，关心帮助机关生活困难党员。"七一"前夕，下拨13.3万元走访慰问困难党员、老党员、因公牺牲党员家属等124人，把组织温暖送到党员干部心坎上。为23名党员颁发"光荣在党50年"纪念章，让党员真切感受党组织温暖。

【党员教育】认真做好党务干部培训工作。按照习近平总书记关于把党务干部培养成"政治上的明白人、党建工作的内行人、干部职工的贴心人"的工作要求。2022年举办2期市直机关党务干部培训班，共培训党务干部123人次。举办党组织书记培训班，培训党组织书记、副书记63人次。全面提升机关党组织书记的政治素质和履职能力。开展微型党课比赛、巡讲活动和“学习身边榜样”活动。举办市直机关微型党课精品课程比赛，完善市直机关微型党课人才库，持续推进“微型党课巡讲”活动，全年开展巡讲30次，受众2200多人次。用身边人讲身边事、道身边情说身边理，用生动鲜活的案例、深入浅出的语言，以小见大、见微知著，进一步增加党课教育的针对性，找到一条体现时代要求、满足党员需求、提高教育实效的新路子。抓好党员廉洁教育工作。把业务培训作为提升机关纪检干部履职尽责能力的基础性工作抓实抓牢。2022年，举办2期市直机关单位纪检干部培训班，培训学员180多人次，进一步提升机关纪检干部综合素质和履职能力。加强政治能力培养和锻炼，通过开展党史学习教育、深化“三个以案”警示教育、“三严三实、马上就办、真抓实干”作风建设专项行动等，着力提高党员干部政治判断力、政治领悟力、政治执行力。

【机关纪委建设】2022年，加强机关纪委组织建设，调整充实5名机关纪检干部。贯彻落实《关于加强中央和国家机关纪委建设的意见》，按照“六个统一、五个规范”要求，召开座谈会2次，开展调研督导5次，不断深化机关纪委规范化建设试点工作。坚持把学习贯彻习近平新时代中国特色社会主义思想、习近平总书记重要讲话指示批示精神，列为书记办公“第一议题”，坚决把讲政治的要求落实到机关工作各领域和党建工作全过程。强化政治监督，准确把握《全市各级领导班子和领导干部政治建设监督考核指标》，持续推进中央、省委和市委巡视巡察发现问题整改落实，以整改的实际成效推动工委各项工作迈上新台阶。

【模范机关创建】2022年，认真贯彻习近平总书记关于“讲政治、守纪律、负责任、有效率”的要求，统筹推进模范机关创建工作，强化政治机关意识，更好畅通党中央决策部署和习近平总书记重要指示批示精神贯彻落实的“最后一公里”。开展模范机关创建活动，有计划分类推进模范机关建设工作。在市民政局召开创建模范机关现场观摩推进会，两批11家市直单位正积极打造模范机关示范点。

【服务中心大局工作】2022年，贯彻落实市委决策部署，聚焦重大战略重要任务重点举措。坚持围绕中心，服务大局，着力构建“党建+”工作模式。一是积极担当作为，及时化解信访矛盾，荣获2022年度全市信访工作先进单位称号。二是在市直机关424个支部中开展“节能降耗绿色发展”研讨，收集节能降耗意见建议820条，使市直机关广大党员节能意识普遍增强。三是在疫情防控背景下，市直机关党组织闻令而动，254名党员干部立即赶赴防控一线。结束后，相关市直机关党员干部，又及时转入市中心城区电动三轮车治理路口劝导点值守。四是发出倡议，号召市直各级党组织、广大党员干部积极参与创建全国文明城市工作。

【考核督查工作】2022年，加强机关纪委建设，落实工作报告、督促检查、述职约谈、考核评价等制度，指导推动机关纪委履职尽责，发挥监督执纪问责职能。2022年，市直单位机关纪委处置问题线索160件，立案20件，给予党纪政务处分28人。加强市直机关廉洁文化建设。组织开展市直机关第三个党风廉政宣传教育月活动，举办全市机关党组织第二届“注重家风家教培育家国情怀”演讲比赛，开展“弘扬廉洁文化、共建清廉机关”征文活动，营造市直机关风清气正廉洁氛围。认真履行案件审理职能，秉持质量第一理念，受理派驻纪检监察组移送违纪违法案件15件，审结15件，审理反馈建议给予党纪处分15人，政务处分14人，无受处分党员申诉、申请复核复审等情况。

（黄卫诠）

机构编制管理

【概况】2022年，亳州市全面开展第二次全国机构编制核查，完成全市3466家机构、77800余人信息数据比对工作，对1214家机关事业单位进行实地核查督查，完成市直单位用编用职审核348项，办理出入编及人员信息变动

1469人次。截至2022年底，亳州市有市直行政机关83家、事业单位190家。

【清单制度建设】2022年，根据安徽省权责清单“全省一单”制度体系建设工作安排，衔接落实国家行政许可事项清单，开展全市权责清单及公共服务清单行政权力中介服务清单年度集中调整。充分运用权责清单“全省一单”制度体系建设成果，承接实施自贸试验区特别清单事项，开展优化乡镇（街道）权责清单厘清县乡职责边界和经济发达镇赋权工作。围绕降低制度性交易成本，全面实行行政许可事项清单管理。编制《亳州市行政许可事项清单》《亳州市市级行政权力中介服务清单》，包含行政许可事项360项（其中市级事项314项）、行政权力中介服务事项104项。将依法设定的行政许可事项全部纳入清单管理，清单之外一律不得违法实施行政许可，持续推进行政许可标准化、规范化、便利化。围绕进一步明确政府工作部门职责权限，全面推进依法行政。集中调整《亳州市市级政府权责清单》《亳州市市级公共服务清单》，保留权责事项2990项、公共服务事项1238项。依据法律法规规章“立改废释”、国务院及省市政府调整权力事项等情况，清晰界定权责事项。同时规范清单要素，实现同一权力事项要素（名称、类型、依据等）统一、标准统一。围绕提高贸易投资便利化水平，全面承接实施自贸试验区特别清单事项。积极贯彻落实省委、省政府关于联动创新区建设有关要求，主动对接省级部门，梳理承接《中国（安徽）自由贸易试验区特别清单》事项190项，明确事中事后监管事项、权力事项、公共服务事项等实施部门，动态调整省级以上开发区赋权清单，推动加快营造市场化、法治化、国际化营商环境。围绕强化基层治理和服务效能，全面推开优化乡镇（街道）权责清单厘清县乡职责边界工作。结合实际认领编制亳州市乡镇（街道）权责清单事项31项、乡镇（街道）配合事项清单事项64项。重点在产业发展、基层群众办事创业等方面，公布实施经济发达镇赋权事项40余项。建立乡镇（街道）清单运行保障机制，推动乡镇（街道）清单及经济发达镇赋权清单中依申请类事项网上办、就近办、一次办，实现数据多跑路，群众少跑腿，不断提升基层社会管理能力和服务水平。

【重点领域改革】2022年，深入开展综合行政执法改革，优化执法层级结构。深化交通领域综合行政执法改革，进一步拓展交通领域综合行政执法改革成果；深化自然资源执法监察体制改革，不断提升自然资源管理效能；深化公共资源交易领域行政执法改革，有效解决公共资源交易行政处罚多头执法、职责交叉等问题；深化水行政执法改革，有效解决亳州市水行政执法力量薄弱问题；深化应急管理综合行政执法改革，为建设高质量发展城市创造更加安全稳定的社会环境。深化行政复议体制改革，优化行政复议资源配置。按照《行政复议体制改革方案》要求，将分散在政府部门的行政复议职责整合到市司法局统一行使，单独设立行政复议科、行政应诉科，实现了一级政府只设立一个行政复议机关，“一口对外”受理行政复议案件。同时按照“事编匹配、优化节约、按需调剂”的原则，给市司法局调剂增加编制，保障行政复议应诉工作力量，为推动建设更高水平的法治政府提供体制机制保障。强化粮食安全监管力量，巩固粮食安全防线。统筹加强市县区粮食安全监管机构职能，调剂增加市县区发展改革部门领导职数，专职负责粮食和物资储备工作，有效确保粮食安全监管职责落实到位，推动全市粮食安全监管工作高质量发展。强化校外培训监管，推动“双减”政策落实。推动开展校外培训监管行政执法，给市教育局增设校外教育培训监管科，同时指导县区在教育局增设内设机构或在内设机构上加挂校外培训监管机构牌子，明确监管职责，进一步增强校外培训监管力量。

【服务经济高质量发展】2022年，加快推进开发区规范管理，推动开发区管理机构改革，印发全市开发区“三定”规定，优化开发区职能配置和机构设置。探索推进亳芜园区“管委会+公司”试点改革，为进一步推动开发区高质量发展提供机构编制保障。聚焦营商环境建设，推动经济社会高质量发展。贯彻落实省委、省政府《关于创建一流营商环境的意见》，持续服务市委“六一”发展战略，设立亳州市营商环境建设服务中心，统筹协调推动全市优化营商环境工作，进一步为实体经济发展创造良好环境。在市商务局设立电子商务和信息化科，引导电子商务产业集聚和平台建设，推动电子商务服务体系建设和农村电商持续健康发展。优化基层机构设置和职能配置，持续推进经济发达镇行政管理体制改革。稳步推进三县一区四个经济发达镇行政管理体制改革，根据经济发达镇不同地域特征和产业特点，科学制定改革方案，一镇一策，量身打造改革方案，综合设立副科级建制事业单位，进一步加强基层服务经济发展力量。同时组成两个评估小组，对经济发达镇管理体制改革开展情况进行总结评估，进一步巩固扩大改革成果。

【服务保障民生】2022年，按照国家基本编制标准测算，跨县区跨层级调剂中小学教职工编制1064名，调整后所辖各县区编制均达到国家基本标准，进一步优化中小学教职工编制结构。全面推开公办幼儿园教职工“管理团队编制保障法”，印发《关于进一步深化完善公办幼儿园教职工“管理团队编制保障法”实施方案》，三县一区按照团队保障法模式核定公办幼儿园编制1785名，为推进学前教育普及普惠安全优质发展提供有力体制机制保障。重新调整市中医院、市华佗中医院周转池编制数量，完成全市公立医院编制周转池编制使用计划申报。立足常态化疫情防控，统筹调剂40名编制给市疾控中心，审核市疾控机构、市第五人民院等医疗卫生单位使用93名编制用于招聘专业技术人员，助力推动全市疾病预防控制等公共卫生工作。

【完善基层管理体制机制】2022年，创新消防安全管理方式，推动构建基层消防安全体制机制。统筹设立市消防工作站指导中心，指导设立县级消防工作站指导中心并明确人员编制，加快构建亳州市“一镇一委一站”消防安全治理体系，打通消防安全“最后一公里”，推动社会公共消防安全建设再上新台阶。完善基层治理体系，扎实推动扫黑除恶斗争常态化体制机制建设。助力常态化开展扫黑除恶斗争，给市委政法委增设扫黑除恶工作科，并推动县区在综治中心加挂扫黑除恶工作指导中心牌子，明确专职人员负责扫黑除恶工作，努力为建设更高水平的平安亳州、法治亳州提供体制保障。聚焦网络意识形态安全，不断提升网络信息综合治理能力。调整增加市委网信办内设机构，推动县区委宣传部增设网络安全和信息化事务中心，健全完善基层网络安全和信息化治理体系，为基层重大网络安全突发事件的预警防范和应急处置工作提供体制机制保障。

【机构编制日常管理】2022年，市委编办坚持严格贯彻执行《中国共产党机构编制工作条例》，共召开2次市委编委会议，研究机构编制事项76项，印发编委文件82个。贯彻落实事业单位法人年度报告的规定，加快推进服务方式由传统管控向主动保障转变，全面完成2021年度市直178家事业单位法人年度报告工作。加强信用信息归集共享，全年推送市公共信用信息服务平台信用数据285条。坚持线上办理与线下服务相结合，办理机关群团统一社会信用代码初领和信息变更44家，办理事业单位法人变更登记和证书到期换领53家，事业单位登记管理服务效率不断提高。完成中文域名管理和续费工作，截至2022年底，亳州市共有党政机关中文域名83家，事业单位中文域名131家。（杨玉凤）

老干部工作

【概况】2022年，亳州市加强新时代离退休干部党的建设，抓好离退休干部党组织建设，推动离退休干部发挥作用，用心用情做好服务工作。截至2022年底，全市离休干部270人，退休干部约3.4万人。

【离退休干部党的建设】2022年，聚焦政治引领，依托离退休干部党组织、老干部学习活动场所、涉老团体等组织离退休干部学习党的二十大精神。印发《关于全市老干部系统认真学习宣传贯彻党的二十大精神的通知》。市委召开会议向老同志传达党的二十大、二十届一中、二中全会、十九届七中全会精神。组织收听收看离退休干部网上专题报告会。开展“建言二十大”“我看中国特色社会主义新时代”调研活动。全市老干部工作系统召开座谈会40余场，上门访谈或电话访谈50余人，微信约稿26篇。调研活动信息在“安徽老干部”微信公众号刊出。举办全市离退休干部党建工作推进会暨党支部书记示范培训班，宣讲党的二十大精神，解读中央、省关于加强新时代离退休干部党的建设工作文件。开展离退休干部党支部规范设置提升行动，规范离退休干部党支部设置、班子配备、换届工作，建立离退休干部党组织台账，加强离退休干部党支部标准化规范化建设。

【离退休干部作用发挥】2022年，引导老同志在城市建设、疫情防控、乡村振兴、基层治理等方面贡献智慧力量。老干部志愿者踊跃参与疫情防控工作。通过公益演出、文明行为劝导、环保宣传、文明实践活动等参与创建全国文明城市工作。组建“离退休干部宣讲团”“五老宣讲报告团”。组织老干部开展文明创建宣传、普法宣传、优秀传统文化宣传等文艺演出。举办“喜迎二十大 奋进新时代”摄影展、剪纸展、书画展，展出作品200余幅。开展“乡村振兴·关工助力”工作。持续推进青少年思想道德教育和法治教育，深化“法治关爱·护航成长”取得良好成效。组织中小学生参与省关工委第三届“阅读伴随我成长”演讲征文活动，联合教育部门，开展“放飞中国梦·传承红基因”主题教育活动，共有3名学生获奖。牵头为农村留守儿童义诊的做法在《安徽日报》刊发。

【服务水平提升工作】春节期间，发放慰问金11.6万元。市委常委、副市长左龙向老同志通报2022年度经济社会发展形势。落实节日走访、去世吊唁等制度，走访离退休干部52人。组织市直离退休干部在市人民医院进行身体健康检查。联合市财政局、市人社局转发省关于提高离休干部无工作遗属生活困难补助、退职人员生活困难补助有关文件。为离休干部订阅《安徽老年报》，为离退休干部党支部订阅《离退休干部党支部学习参考》。发放困难离退休干部帮扶金0.9万元。开展离退休干部党建工作调研，完成2篇调研报告。贯彻落实老干部工作政策和制度，《用好“三功”推进老干部工作制度建设》信息在《安徽老干部工作交流》上刊发。做好离退休干部服务管理系统使用维护工作。被评为全省老干部信访工作、调研工作先进单位。

【“老有所学”暖民心行动】2022年，加强县（区）、乡镇（街道）、村（社区）协调指导，盘活资源，建设老年大学、老年开放大学、老年大学分校、乡镇（街道）老年学校、村（社区）老年课堂四级老年教育体系服务网络。联合教育部门印发加强老年大学师资队伍建设的通知和老年大学优秀教师评选办法，建立老年教育师资库及志愿者库，实现教育资源共享。面向高校毕业生招聘老年大学工作人员，加强教学管理队伍。全市建成老年大学分校4所、乡镇（街道）老年学校86个、村（社区）老年课堂1058个。各级老年教育平台教师库吸纳3400余人、学员数达17万人。依托国家、省老年教育网络学习平台，建立老年远程教育站点，并向乡镇（街道）、村（社区）延伸。“老有所学”暖民心行动实施成效在中组部老干部局微信公众号“离退休干部工作”、省委老干部局微信公众号“安徽老干部”、《新亳州》上刊发。

【老干部工作队伍建设】2022年，亳州市委老干部局推深做实理论武装，理论学习中心组围绕习近平新时代中国特色社会主义思想、党的二十大精神等18个专题，开展集体学习13次，交流研讨 26人次，专题辅导4次，观看警示教育视频2次，专题调研3次。加强支部党建工作，开展“一月一课一片一实践”活动。与帮扶村、包保社区党组织结对共建，给予专项资金支持，常态化开展志愿服务活动。开展全市老干部工作者培训，提升能力和水平。谯城区委老干部局、涡阳县委老干部局被评为“全省老干部工作先进集体”，2名老干部工作者分别被评为“全省优秀老干部工作者”“全省先进老干部工作者”。

【市老年大学】2022年，亳州市老年大学坚持政治立校，用习近平新时代中国特色社会主义思想引领老年教育思想政治工作。增加2个临时党支部，配齐支部班子，加强老年大学党建工作。举办中华民族发展史、十九届六中全会精神宣讲报告。组织学员集中收看党的二十大开幕式。举办法律知识讲座。全年设置7个系、49个专业、158个班，招收学员累计5612人12353人次。在全省老干部活动中心（室）主任培训班上作经验交流发言。被省教育厅授予“长三角市民终身学习体验基地”称号。

（锁楠楠）

文明创建

【概况】2022年，亳州市推动文明培育、文明实践、文明创建，持续推进城乡精神文明建设融合发展，各项工作取得显著成效。3月29日，中央文明办公布2021年全国文明城市年度测评结果通报，亳州市以87.72的总分在全国97个参测地级以上提名城市中位列第24位，其中问卷调查排名全国第4位，实地考察排名全国第15位，总成绩进入全国文明城市提名城市第一方阵。

【全国文明城市创建工作】2022年，亳州市建立市创建指挥部每周定期调度的领导机制，实施市厅级领导包保片区的督导机制、“属地单位+职能部门”协作联动的责任机制，常态坚持“日督查、周调度、月测评”的推进机制，市创建指挥部常务领导班子累计实地调研和专题调度40余次。按照“1+3+14”创建工作总思路（“1”即严格对标测评体系这一根本，“3”即抓好网上资料申报、扎实提高群众满意度和强化负面清单管理，“14”即14项系列专项行动），开展交通秩序治理专项行动、开展道路综合整治专项行动等14个专项行动。在全市打造一批“席地而坐”城市客厅示范区域，为公众提供“客厅级”城市公共环境，擦亮“城市窗口”。聚焦人民群众所需所盼，实施基础设施、城市管理、交通秩序、农村村镇创建等系列专项行动，新建改造农贸市场10个，改造老旧片区28个、老旧小区52个，整治提升居民小区269个，城区居民小区物业管理实现全覆盖。新增停车泊位4.8万余个，查处闯红灯等交通违法行为53万余起，稳妥完成城区电动三轮车治理工作，城乡环境面貌明显改善，城市形象不断提升。

【中心城区社区包保工作】2022年，以市委、市政府名义印发《亳州市创建全国文明城市包保工作方案》，将29位市厅级领导干部和93家市直单位分类分片包保城市社区、乡镇等67个片区，主动下沉至基层，帮助社区（片区）协调解决文明创建相关问题。持续优化包保工作，印发《关于开展“行走亳州”徒步督查活动的通知》，将社区居委会、居民小区、主次干道、背街小巷（建筑公司周边、城乡接合部）、乡镇等列为社区包保重点事项，召开中心城区社区包保工作培训会，明确各单位（包含中央、省驻亳单位）工作任务和考核制度。每月定期对社区包保单位工作情况进行通报，并对考核情况进行通报排名。

【道德典型选树活动】2022年，亳州市开展道德模范与身边好人“文明家庭”评选表彰活动，2022年评出“亳州好人”32人（30组），入选“安徽好人”2人，上榜“中国好人”1人。推选7户家庭参评第二届安徽省文明家庭，印发《进一步加强家庭家教家风建设重点任务分工方案》的通知，推动家庭家教家风建设工作制度化、规范化、常态化开展。成立亳州市道德模范与身边好人“百姓宣讲团”，常态化组织各级道德模范与身边好人开展“听党话、感党恩、跟党走”百姓宣讲活动，推进二十大精神飞入“寻常百姓家”。

【探索新时代文明实践工作路径】2022年，亳州市制定《亳州市拓展新时代文明实践中心建设实施方案》，推动新时代文明实践中心建设不断提质扩面，提档升级。组织召开拓展新时代文明实践中心建设工作高质量发展座谈会，推动谯城区、亳州高新区建成新时代文明实践信息化平台，开展新时代文明实践中心建设调研，继续推进“点单”“派单”“接单”“评单”相贯通的工作模式，进一步推进乡镇、社区（村）开展新时代文明实践活动。以“强国复兴有我”“喜迎党的二十大”为主题，开展清明、端午等群众性精神文明创建活动。连续三年开展等新时代文明实践“六个一”活动。2022年，全市开展各类文明实践活动4.6万余场次，受益群众超过100万人次。

【文明村镇、文明单位、文明校园、文明家庭创建活动】2022年，印发《关于做好安徽省文明城市（城区）、文明村镇、文明单位评选和安徽省文明家庭、文明校园推报工作的通知》（亳文明发〔2022〕3号），推荐26个村镇、68家单位、7个家庭、21所学校参加省级评选，启动第十届亳州市文明单位、第七届亳州市文明村镇和第二届亳州市文明家庭、文明校园评选工作。市领导调研文明村镇创建5次，组织市直有关单位开展文明村镇驻村包保工作。召开文明单位代表座谈会，部署创建具体任务，推动各级文明单位开展文明交通、文明旅游、文明上网、文明观赛等活动，参与文明城市创建。开展全国文明校园督导检查工作，指导各级各学校开展文明校园创建活动，学校参与率达100%。开展“强国复兴有我·‘邀名人颁证 话家风传承’”七夕节活动，邀请全国最美家庭、省市级文明家庭、省五好家庭参加；开展“传承红色基因 弘扬文明家风”暨九九重阳节敬老黄手环关爱活动。在市级媒体广泛宣传报道各级文明单位、文明校园、文明村镇、文明家庭创建情况。

【志愿服务制度化】2022年，全市开展志愿服务培训24场次，召开座谈会21场，举办线上线下志愿服务展示交流活动4场。常态化组织城区各志愿服务组织、各级文明单位160余名志愿者开展“文明交通 志愿同行”交通劝导活动；中、高考期间，组织志愿者开展爱心助考、爱心送考活动。开展2022年度亳州市“十佳志愿服务组织”“百名优秀志愿者”推选活动，评选出优秀志愿服务组织10个，优秀志愿者100名；持续开展“感动药都”志愿服务典型评选，评选出个人、项目、组织、社区典型共40个，获评安徽省“月评十佳”优秀典型7个。全市实名注册志愿者92.67万人，占常住人口比例比18.6%，有时间记录的志愿者48.74万人，占比52.6%。

【未成年人思想道德建设】2022年，联合市教育局面向全市中小学校组织开展“我们的节日”“扣好人生第一粒扣子”“喜迎二十大”等主题教育实践活动。择优推荐蒙城县张涵获评2022年度安徽省“新时代好少年”称号，联合市教育局、团市委评选出第七届“千名新时代好少年”970名。推荐21所中小学校参评第二届安徽省文明校园，指导各级各学校开展文明校园创建活动，创建活动各学校参与率达100%，鼓励各级文明校园开展丰富多彩的校园文化活动。

【举办2022年“公民道德宣传日”暨7—8月份“亳州好人”发布活动】2022年9月20日下午，“喜迎党的二十大，强国复兴有我”亳州市“公民道德宣传日”暨7—8月份“亳州好人”发布活动在亳州广电中心二号演播大厅举行，市委常委、宣传部部长吉洪武出席，为7—8月份获评的“亳州好人”颁奖并致辞。参加活动的还有亳州市文明委成员单位负责人、亳州市各县区文明办负责人，以及中国好人代表、亳州市各行业代表等。“我推荐我评议身边好人”活动自2008年开展以来，亳州市响应中央文明办和省文明办号召，实施“好人亳州”品牌活动。亳州市190人荣登“中国好人榜”，2016年以来，上榜人数连续五个年度位居安徽省第一。

【召开学习习近平总书记给“中国好人”李培生、胡晓春的重要回信精神暨好人礼遇座谈会】2022年9月1日，亳州市召开学习习近平总书记给“中国好人”李培生、胡晓春的重要回信精神暨好人礼遇座谈会。市委常委、宣传部部长吉洪武出席会议并讲话。市文明办主任张志国主持会议。各级道德模范和身边好人代表，相关礼遇政策落实责任单位负责人，谯城区、亳州高新区文明办主要负责人参加会议。会议学习习近平总书记8月13日给安徽黄山风景区工作人员“中国好人”李培生、胡晓春回信精神，各级道德模范、身边好人代表结合自身实际分享自身体会，相关礼遇政策落实责任单位负责人就落实《中共亳州市委办公室、亳州市人民政府办公室关于礼遇帮扶道德模范和身边好人的补充通知》的情况作交流发言。活动现场为1—6月份新获评的谯城籍“亳州好人”颁发荣誉证书和“好人礼遇卡”。

（刘雪强）

党校教育

【概况】2022年，市委党校以《中国共产党党校(行政学院)工作条例》为基本遵循，突出党的理论教育和党性教育的主业主课地位，办学治校取得新成绩。推动改革创新制定实施校(院)“十四五”发展规划，制定(修订)《市委党校(市行政学院)关于教职工到党政机关或基层挂职锻炼的实施办法》《校(院)专业技术人员职称评聘和岗位等级晋升管理办法(试行)》《校(院)教职工岗位锻炼管理办法(试行)》《校(院)年度考核奖励暂行办法》等45项制度，有效保障机关各项工作有序高效运转。

【领导干部上讲台授课】2022年，市委党校坚持党校姓党，落实领导干部上讲台制度。领导干部授课课时占比25%，市级领导到校授课13人次，其中市委常委10人次，市委书记带头为春季主体班上开学第一课，市直部门负责人到校授课15人次。

【教学培训工作】2022年，市委党校举办主体班次19个，培训学员1192人次，严格落实各项学员管理制度，实现疫情防得住、教学抓得实、学员管得严、培训效果好的目标。主体班教学专题学员测评平均95分以上，教学满意度达97%。加大外请专家学者授课力度，建立专兼职教师、专家、领导干部组成的师资库，邀请全国党校精品课获得者授课11次，省委党校教授授课12人次。充分利用中央党校(国家行政学院)网上党校资源，优化调整以习近平新时代中国特色社会主义思想为中心内容的课程体系，已开设相关课程98门，2022年新开发相关课程12门。在教学方式改革方面，加强现场教学比例，深挖本地红色资源、历史资源和文化资源，打造特色现场教学基地，增加研讨式、案例式等新型教学方式课程所占比重。举办全市党校系统精品课程评选活动，2门课程获全市党校系统精品课程，5门课程获全市党校系统优秀课程。在全省党校系统精品课程评选活动中，1门课程获全省党校系统精品课第一名，实现连续两届获评全省党校系统精品课，在全省地市级党校中处于前列。着力推进“三名工程”(名师、名库、名片)建设，打造2个“名师工作室”，推动“一人一精品”“人人有精品”。

2022年，承办全市领导干部学习贯彻党的十九届六中全会专题研讨班，培训学员182人；承办全市领导干部学习贯彻党的二十大精神集中轮训班(第一期)，培训学员170人；承办省委党校培训班16个，培训643人次；承办市直单位培训班45个，培训3462人次。2022年在职研究生开设3个专业，招录在职研究生161人，在校研究生有334人，面授到课率95%以上。

【科研咨政工作】2022年，市委党校坚持夯实基础支撑，提升科研咨政质效。积极发挥党委智库作用，形成一批高质量科研咨政成果，科研咨政质效明显提升。结项省部级课题1项，在研省部级课题2项，实现建校以来的突破。4篇论文获省级奖项，公开发表论文47篇。各级课题立项50项，结项45项。撰写咨政报告120篇，37篇编入咨政专报，7篇获市主要领导肯定性批示，被省委党校决策咨询部采用2篇，1篇获省领导肯定性批示。加强科研平台建设，出版《新视角》4期，《党校园地》10期。

【图书管理与数据库建设】2022年，制定《中共亳州市委党校(行政学院)图书馆发展规划(2022—2026年)》，完善《中共亳州市委党校(行政学院)图书馆书刊借阅规则》。进一步丰富图书馆馆藏资源，优化馆藏结构，订购报纸12种、杂志期刊56种、人大复印资料26种。完成学员宿舍及教职工学习用书招标工作，配置《习近平的七年知青岁月》等系列访谈实录8个品种1526册图书。及时按需完成教师备课用书采购工作，采购中央党校出版社、人民出版社等知名出版社新出版图书311部。完成建校以来过刊装订加工工作，共计合装期刊9749册。完成学校中医药文化数据库资源更新工作。积极对接省委党校图书馆开展资源共享合作，联系三县一区党校开通国家哲学社会科学期刊数据库。

【人才队伍建设】2022年，市委党校实施人才强校，激发教职工干事创业热情。培养政治强、业务精、作风好的高素质教研人才，实施《中青年教师“传帮带”管理制度》，打造2个“名师工作室”，促进教研人员能力提升。推进职称评审和岗位等级晋升、考核奖励改革，修订《校（院）职称评聘和岗位晋升办法》《年度考核奖励办法》，创新开展岗位等级晋升评审。以学员测评、科研绩效为主要依据设立教学标兵奖、科研标兵奖、优秀中青年教师奖，建立“年终光荣榜制”。对教学新专题实行“揭榜招标制”，按照个人申报、教研室论证、试讲和学校组织专家讲稿评审和试讲等程序，同一专题竞争试讲，优胜者进课堂；对老专题实施“末位淘汰制”，根据学员测评分数，实施全员量化考核，统筹用好各类人才。选拔任用1名正科级干部，调整1名正科级干部职务，聘用5名专业技术人员，晋升4名专业技术人员岗位等级，配合市委组织部调整使用1名正处级干部、1名副处级干部，晋升1名一级调研员。共选派约35人次到安徽省委党校（行政学院）、省社会主义学院等进修培训，28人次到市直单位和基层一线挂职锻炼。

【宣讲工作】2022年，24人次参加市委宣讲团，1人次为市委理论学习中心组学习作专题辅导。开展党的二十大精神、党的十九届六中全会精神、《习近平谈治国理政》第四卷等各类宣讲137场次，受众近14000人。

【机关党建工作】2022年，市委党校坚持政治统领，强化机关党建。召开中心组理论学习34次，所属3个党支部召开党员大会共计12次，支委会36次，主题党日活动36次，讲授党课和微党课36次。加强党务人员培训力度，严格落实党费收缴管理公示制度。全年预备党员转正1人，接收预备党员1人、吸收入党积极分子1人。召开校委会27次，与派驻纪检组开展定期会商2次，对作风建设专项行动中查摆出的问题进行整改。开展主体责任谈话67人次。实行“日打卡、周例会、月检查、季点评、半年调度、年度考核”效能管理机制，在年度全省党校（院）系统常务副校（院）长会议上作交流发言。加强网络意识形态阵地管控，把好馆藏图书资源意识形态关，加强微信、网站信息发布审核，在主体班开设意识形态工作教学专题，落实学员“两群”管理机制，加强宣讲、科研、外请教师、网络意识形态方面存在的风险点排查和防控。

【后勤保障工作】2022年，市委党校深化作风建设，创建节约型机关。开展“作风建设能力提升年”活动，进一步压缩经费开支，节俭办公，终止第三方监督管理服务、热水器维保服务、会计服务，更换第三方服务公司2家并压减合同金额，与托管单位协商压减宾馆管理费。进一步节能减排，公共区域照明全面升级声控系统，改造教学楼办公室及教室13间，减少电梯使用频率，调整电梯低楼层不停靠。加强用水设备维护管理，实施西校园绿化喷淋改造，大幅节约灌溉用水。

【业务指导交流工作】2022年，市委党校加强对县（区）党校指导交流，推动全市党校系统协同发展。制定县（区）委党校业务指导办法，建立业务指导长效机制。校委班子成员先后15次深入县（区）委党校进行调研，了解在分类建设中存在的问题，协调各方力量解决部分县（区）党校常务副校长长期缺配、机构编制、新校区建设等实际问题。举办全市党校系统精品课比赛，举办1期全市党校系统师资培训班。选派骨干教师到县（区）党校开展送教活动23人次。赴奉贤区委党校“取经借宝”，开启两地党校合作新篇章。

（赵明旸）

党史和地方志研究

【概况】2001年6月，中共亳州市委史志办公室成立，2003年2月更名为中共亳州市委党史研究室，与亳州市地方志编纂办公室一个机构、两块牌子。2019年3月，更名为中共亳州市委党史和地方志研究室。主要职能是：研究中国共产党在亳州市不同时期的历史，收集整理党活动的有关资料，总结历史经验，宣传党的路线、方针、政策，为党的中心工作服务；编纂亳州年鉴，续修亳州市志，发挥其资政育人作用；同时指导三县一区史志研究室的工作。2022年，市委史志研究室《中国共产党亳州一百年大事记》获全省史志科研成果评比资料专题著作类二等奖；《不忘来时路》

2022年3月8日，《中国共产党亳州历史第三卷（1978–2012）》编纂工作会议在市行政会务中心召开 （杨 柳 摄）

获评全省史志科研成果评比影视音像作品类二等奖；《亳州年鉴（2021）》获全省史志科研成果评比年鉴类一等奖；获评2022年全省党史宣传教育先进单位。

【党史三卷编写】2022年，全面部署《中国共产党亳州历史第三卷（1978—2012）》编写工作。党史三卷资料征集工作以2000年地级亳州市成立为限，分市直和县区两部分内容进行广泛征集。3月初召开全市党史三卷编纂工作会议，会上下发专题资料征集工作方案，对全市180个党史专题资料征编任务进行分解，并对撰稿人开展业务培训。市委秘书长万瑞年出席会议并就征编工作作重点强调。市直各单位负责人、撰稿人；县区委分管负责人、县区委史志研究室主要负责人、业务骨干共180人参加会议。截至年底，已完成篇目大纲的编写，收集市直党史三卷60余篇，开展党史三卷2000—2012年初稿撰写，形成15万字的初稿资料，完成2022年度工作计划。另外，同步安排部署县区党史三卷编写工作，做好业务指导工作，要求县（区）加快党史专题收集进度。各县（区）党史专题资料有序收集中，部分县（区）进入初稿撰写阶段。

【《亳州抗战纪事》编写】2022年，为深入挖掘亳州红色资源，继续编辑整理亳州抗战资料，进一步修改补充完善相关史料，编辑整理《亳州抗战纪事》一书。该书分29章17万字，以新四军在亳州抗战事迹为主要内容，多角度、多层次展现亳州抗战历史。该书已由人民东方出版社正式出版。

【《亳州红色记忆》编写】2022年，组织编写《亳州红色记忆》，该书分“人物英烈”“遗址遗迹”“红色故事”和“要事回眸”四大部分，重温在亳州历史上的那些红色印记，挖掘亳州红色遗址遗存背后的感人故事，梳理、回顾发生在亳州市境内的党史大事、要事，以巩固拓展党史学习教育成果，加强党的光荣传统和优良作风教育。该书已由党史出版社正式出版。

【党史宣教】2022年，为把党的历史学习好、总结好，把党的宝贵经验传承好、发扬好，推动党史学习教育常态化长效化，市委史志研究室及时修改补充完善亳州党史图片展，更新2021年度亳州重要党史资料，全面展示亳州党组织带领广大人民群众所走过的光辉历程。“七一”前，市级有关部门组团到馆参观亳州党史图片展。

【市新四军历史研究会四届四次理事会议召开】2022年11月8日会议召开。市新四军历史研究会四届四次理事会议围绕学习贯彻党的二十大精神为主题，总结前一阶段全市新四军历史研究会工作，就全市深入做好新四军历史研究、开展红色历史宣讲、打造红色教育基地、建立健全新四军历史研究会班子进行安排部署。

【《亳州年鉴（2022）》编纂工作】2022年初，启动《亳州年鉴（2022）》编纂工作，以亳州市地方志编纂委员会名义下发《关于做好〈亳州年鉴（2022）〉资料征集工作的通知》，向各有关单位征集文字和图片资料。在做好市级年鉴工作的同时，跟踪指导县区进度并开展年鉴工作专题调研，进一步推进工作。截至年底，市县区均完成一年一鉴公开出版任务。

【村镇志、企业志编纂工作】2022年，聚焦主责主业制发《关于规范乡镇（名村）志稿评议和出版印刷工作的通知》，对乡镇志、名村志编纂评议程序及出版要求进行规范；指导《中国名酒志·古井贡酒志》《蒙城县人大志》编纂工作；协助利辛县委史志研究室召开《望疃镇志（评议稿）》评议会。

【地情书编纂工作】全年完成搜集整理编印2022年《亳州大事记》月刊12期，总计近8万字。《亳州大事记》自2006年5月开编，已编辑16年有余，大事记及时准确记述全市每月发生的大事、要事、特事、新事，努力为领导决策、改革开放和加快发展提供服务，受到广泛好评。

（杨　柳）

档　案

【概况】2022年，全市接收进馆档案385964卷（件），馆藏档案总数为927096卷（件），数字化率达90.98%，位居全省前列水平。建成疫情防控档案专门数据库，市档案馆派出人员分别深入市直38家单位进行业务指导，接收12家共1062件疫情防控档案，已全部实现目录电子化和全文数字化，建立专门数据库。

【档案安全体系建设】档案安全体系建设深入推进。认真落实档案安全责任，加强档案安全防范体系建设，强化底线思维，扎实开展档案安全风险隐患排查整治工作。严格落实节假日、重要时间节点24小时专人值班制度、领导带班制度。按序时进度推进安可替代工程建设，提升全馆网络安全和保密能力，不断健全人防、物防、技防三位一体的档案安全防范体系。

【数字档案馆利用】2022年，市档案馆数字档案馆成为安徽省首批接入全国档案查询利用服务平台的4家地市级数字档案馆之一，满足更多档案利用者的远程档案查档需求，实现全国档案查阅“一网通办”。认真落实“一改、两为、五做到”要求，切实改进档案查询利用服务，疫情防控闭馆期间，正常提供电话查询、网络查询等查档服务，做到有问必答，有查必果，提升企业群众查阅利用档案服务的便利度、满意度。年内提供档案查阅利用服务750人次，利用档案10680卷（件），复印（拍照）档案16382张。

（刘麟子）

亳州市人民代表大会

2022 年 1 月 10 日，亳州市第五届人民代表大会第一次会议隆重开幕　　（张延林　摄）

概　述

【概况】2022年，市人大常委会以习近平新时代中国特色社会主义思想为指导，全面贯彻党的二十大精神，按照中央及省委人大工作会议新部署新要求，围绕中心，服务大局，依法履职，奋勇争先，为加快建设现代化美好亳州作出了应有贡献。全年召开常委会会议11次，听取审议“一府一委两院”专项报告19个，作出决议决定5项，发出审议意见书17份；制定地方性法规1件，开展执法检查2次、专题询问1次；召开主任会议27次，听取专题报告18个，依法任免国家机关工作人员180人次。

【执法检查】2022年，开展《中华人民共和国乡村振兴促进法》和《安徽省老年教育条例》执法检查。7月，印发《安徽省老年教育条例》执法检查方案，召开《安徽省老年教育条例》执法检查动员会，举办《安徽省老年教育条例》法律知识讲座。7月中旬，主任会议成员带队分赴县区开展《安徽省老年教育条例》执法检查。8月25日，市五届人大常委会第六次会议听取审议市人大常委会执法检查组《关于检查〈安徽省老年教育条例〉实施情况的报告》，形成审议意见书，连同执法检查报告转交市政府及有关部门办理。8月，印发《中华人民共和国乡村振兴促进法》执法检查方案，召开《中华人民共和国乡村振兴促进法》执法检查动员会，举办《中华人民共和国乡村振兴促进法》法律知识讲座。9月上旬，主任会议成员带队分赴县区开展《中华人民共和国乡村振兴促进法》执法检查。11月9—10日，市五届人大常委会第八次会议听取审议市人大常委会执法检查组关于检查《中华人民共和国乡村振兴促进法》实施情况的报告，形成审议意见书，连同执法检查报告转交市政府及有关部门办理。

【专题询问】2022年，开展持续优化营商环境工作专题询问。制定持续优化营商环境工作专题询问方案，多次召开协调会，开展持续优化营商环境工作调研，广泛征求社会各界意见建议，形成专题询问问题。11月9日，市五届人大常委会第八次会议，听取审议市政府关于持续优化营商环境工作推进情况的报告。11月10日，召开联组会议进行专题询问，市政府分管负责人，市政府办公室、市发展改革委、市经济和信息化局等20家单位到会应询，取得良好效果。

【人事任免】2022年，全面贯彻执行省委、市委组织意图，确保党组织推荐的人选通过法定程序成为国家机关领导人员。换届后，及时召开常委会会议，决定任命政府组成部门主要负责人，为新一届政府有效开展工作，提供组织保障。在审议表决人事任免议案时，认真执行地方组织法和常委会人事任免办法，严格落实法律知识考试、供职等程序，增强任命人员法治意识、责任意识、公仆意识。

【地方立法】2022年，坚持科学立法、民主立法、依法立法，开展城市道路交通秩序管理立法。成立条例立法工作领导小组，召开立法座谈会、论证会14次，征求意见建议843条，采纳577条。10月20日，市五届人大常委会第七次会议审议表决通过《亳州市城市道路交通秩序管理条例》。11月18日，省十三届人大常委会第三十八次会议审查批准《亳州市城市道路交通秩序管理条例》，于2023年1月1日施行。

【专题调研】2022年，围绕常委会监督议题和主任会议议题，组织开展喝上引调水工程建设、退役军人事务、“双减”和规范民办义务教育发展、中心城区城市更新、科技创新工作情况等调研32次，形成调研报告11篇，提出意见建议38条，为推进相关工作提供参考。

【议案建议办理】2022年，市五届人大一次会议期间，代表提出议案22件（并案后4件）、建议307件。2件立法议案，交市人大法制委牵头办理；2件非立法议案，常委会作出决议，转交市政府贯彻落实。选择7件代表建议，作为重点建议，实行主任会议成员领衔督办；其余300件建议，实行常委会工作机构对口督办。常委会严格落实代表议案建议处理办法，加大督办力度。“一府一委两院”和有关方面高度重视办理工作，压实办理责任，注重加强沟通，代表议案建议所提问题基本得到解决或列入解决计划。代表议案办理过程和结果均为满意；代表建议答复率100%，通过二次督办，满意率100%。

【代表工作】2022年，联系代表群众更加密切。健全主任会议成员联系代表小组、委员联系代表制度，基本实现联系基层代表全覆盖。扩大代表对常委会和“一府一委两院”工作参与，全年邀请省、市代表列席常委会会议68人次，邀请代表参加常委会执法检查、视察、调研等180人次，推荐代表参与“一府一委两院”新闻发布会、旁听庭审、检察开放日等107人次。认真落实人大代表同人民群众联系办法，加强代表活动室、代表之家建设，搭好代表为民服务“连心桥”，让代表履职“小阵地”发挥人民民主“大作用”。代表闭会期间活动更加丰富。搭建代表活动平台，成立28个代表小组和9个专业代表小组，基本实现代表活动有场所、有制度、有计划、有保障、有档案、有实效。各代表小组开展活动85次，提出建议178件。各专业代表小组积极开展调研，形成专题报告16篇，为常委会履职提供了重要参考。组织代表参与三轮车治理，劝导市民5100人次，向市民解释疑问4530人次，收集社情民意413条，提出建议137件。代表履职服务保障更加有力。紧扣代表履职需要，举办新一届市人大代表培训班，培训代表260人。划拨代表活动经费，支持保障代表依法执行代表职务。向代表通报经济社会发展情况，组织开展会前视察，为代表更好审议报告、提出高质量议案建议创造条件。推荐代表参加法治代表人物评选，加强代表事迹宣传。全力支持省人大代表开展活动，五年来，驻亳省人大代表提出议案169件、建议529件，为推动全省经济社会发展和民主法治建设做出亳州贡献。“聚民意，惠民生”行动扎实有效。引导代表发挥联系群众优势，在全市各级人大代表中开展“聚民意，惠民生”行动，收集社情民意，提出意见建议。行动实施以来，全市五级人大代表提出建议49077件。常委会有关机构认真整理，转交有关部门研究办理，办结37130件，推动解决了一批人民群众急难愁盼的问题。

（谢文星）

重要会议

亳州市第四届人民代表大会常务委员会第五十次会议。2022年1月7日在亳州举行。会议审议并表决通过了亳州市第五届人民代表大会第一次会议议程（草案）、日程（草案）、主席团和秘书长名单（草案）、计划和预算审查委员会名单（草案）、议案审查委员会名单（草案）、列席人员名单；审议并表决通过了代表资格审查委员会关于少数代表的代表资格审查报告；会议审议并表决通过了人事任免案。决定任命：刘婉贞为亳州市人民政府副市长。任命：李孝云为亳州市中级人民法院副院长；刘继英为亳州市人民检察院副检察长。审议并表决通过了《亳州市人民代表大会常务委员会关于接受李玉科辞去亳州市中级人民法院院长职务的决定》《亳州市人民代表大会常务委员会关于接受黄世斌辞去亳州市人民检察院检察长职务的决定》《亳州市人民代表大会常务委员会关于亳州市中级人民法院副院长李孝云代理院长的决定（草案）》《亳州市人民代表大会常务委员关于亳州市人民检察院副检察长刘继英代理检察长的决定（草案）》。

亳州市第五届人民代表大会第一次会议。2022年1月10日至13日在亳州举行。会议审议通过了亳州市人民代表大会常委会委员会工作报告、亳州市人民政府工作报告、亳州市中级人民法院工作报告、亳州市人民检察院工作报告；审查和批准亳州市2021年国民经济和社会发展计划执行情况与2022年国民经济和社会发展计划草案的报告，批准2022年国民经济和社会发展计划；审查和批准亳州市2021年预算执行情况与2021年预算草案的报告，批准2022年市级财政预算。会议选举：王玉玺为亳州市第五届人民代表大会常务委员会主任，巩中、龚艳玲、解杰昂、张洁、熊国洪、孔祥永为亳州市第五届人民代表大会常务委员会副主任，程修略为亳州市第五届人民代表大会常务委员会秘书长，万瑞年、马永久、王虹、王玉民、王显吉、王洪杰、田兵、付红伟、朱献营、刘建、刘泉、刘云飞、刘兴群、刘超祥、孙锦伦、芮绍勇、苏莉、苏维峰、杜飞、杜金陵、李坤、李成杰、李培华、何燕、张立宏、张学峰、赵青华、茹金国、修薇、徐丽、徐永建、崔新海、董现林、董艳慧、蒋家彬、锁敬宇、解子德、戴飚、戴明启当选为亳州市第五届人民代表大会常务委员会委员；邓真晓为亳州市人民政府市长，秦凤玉、钟治峰、曹振萍、孟祥国、戴力、薛冰、刘婉贞为亳州市人民政府副市长；查文彪为亳州市监察委员会主任；李孝云为亳州市中级人民法院院长；

刘继英为亳州市人民检察院检察长。表决通过了亳州市第五届人民代表大会有关专门委员会组成人员名单。法制委员会主任委员：李坤；副主任委员：王洪杰；委员：马永久、朱强、刘兴群、李振杰、张朝臣、赵勤、修薇。财政经济委员会主任委员：芮绍勇；副主任委员：李成杰；委员：王锋、冯万举、李静、李红伟、张立宏、柴秋晨、高军。社会建设委员会主任委员：孙锦伦；副主任委员：朱献营；委员：马山、方亚、刘辉、杜飞、李广华、张学峰、徐丽。

亳州市第五届人民代表大会常务委员会第一次会议。2022年2月28日在亳州举行。会议审议并表决通过了人事任免案。免去：闫莉的亳州市人民代表大会常务委员会副秘书长职务；刘传华的亳州市人民代表大会常务委员会财政经济工作委员会主任职务；梁海波的亳州市人民代表大会常务委员会预算工作委员会主任职务。免去：李森的亳州市监察委员会委员职务。任命：刘建为亳州市人民代表大会常务委员会副秘书长；解子德为亳州市人民代表大会常务委员会人事代表选举工作委员会主任；李成杰为亳州市人民代表大会常务委员会财政经济工作委员会主任；芮绍勇为亳州市人民代表大会常务委员会预算工作委员会主任。决定任命：孟祥国为亳州市公安局局长；陈昭敏为亳州市乡村振兴局局长；张传宾为亳州市人民政府秘书长；闫文昭为亳州市发展和改革委员会主任；王占峰为亳州市教育局局长；郑虹为亳州市科学技术局局长；吴海波为亳州市经济和信息化局局长；秦博为亳州市民政局局长；孙光华为亳州市司法局局长；赵良为亳州市财政局（国资委）局长（主任）；陈长安为亳州市人力资源和社会保障局局长；张吉明为亳州市生态环境局局长；李丰为亳州市住房和城乡建设局局长；孙善豹为亳州市交通运输局局长；黄恺为亳州市农业农村局局长；荀凤飞为亳州市水利局局长；马莉为亳州市商务局局长；张秀忠为亳州市文化旅游体育局局长；胡秋雯为亳州市卫生健康委员会主任；于斌为亳州市退役军人事务局局长；程效银为亳州市应急管理局局长；王玉红为亳州市审计局局长；路文强为亳州市统计局局长；刘允强为亳州市市场监督管理局局长；陈淑敏为亳州市公共资源交易监督管理局局长；吴旭春为亳州市医疗保障局局长；韦翔为亳州市地方金融监督管理局局长；张守雨为亳州市城市管理局局长；张韶光为亳州市人民防空办公室（地震局）主任（局长）；怀会义为亳州市人民政府信访局局长；王宇为亳州市数据资源管理局局长；王林为亳州市药业发展促进局局长。批准任命：许翠洁为谯城区人民检察院检察长；张帆为涡阳县人民检察院检察长；丁杰为蒙城县人民检察院检察长；孙传海为利辛县人民检察院检察长。

亳州市第五届人民代表大会常务委员会第二次会议。2022年3月29日在亳州举行。会议传达学习了十三届全国人大五次会议精神；听取审议市政府关于2021年度环境状况和环境保护目标完成情况的报告、关于市五届人大一次会议代表议案办理方案的报告。会议审议并表决通过了《亳州市人大常委会关于市人民政府议案办理方案的决议》。会议审议并表决通过了人事任免案。免去：郑戈的亳州市监察委员会委员职务。免去：张贝贝的亳州市中级人民法院民事审判第二庭庭长、审判委员会委员、审判员职务。免去：许翠洁的亳州市人民检察院检察委员会委员、检察员职务；丁杰的亳州市人民检察院检察委员会委员、检察员职务。任命：高强为亳州市监察委员会委员。任命：程涉峰为亳州市中级人民法院审判委员会委员、审判员；雷晨为亳州市中级人民法院审判委员会委员、审判员；江海洋为亳州市中级人民法院审判委员会委员、审判员。任命：葛绍志为亳州市人民检察院检察委员会委员、检察员；信清彬为亳州市人民检察院检察委员会委员、检察员；孙峰为亳州市人民检察院检察委员会委员、检察员；侯冰为亳州市人民检察院检察委员会委员、检察员。

亳州市第五届人民代表大会常务委员会第三次会议。2022年5月10日在亳州举行。会议听取审议了市政府关于“双减”工作与规范民办义务教育发展情况的报告、关于全市群众喝上引调水工程建设情况的报告、关于退役军人事务工作开展情况的报告。会议审议并表决通过了人事任免案。任命：巩中为亳州市第五届人民代表大会常务委员会代表资格审查委员会主任委员；解子德为亳州市第五届人民代表大会常务委员会代表资格审查委员会副主任委员；田兵、刘泉、杜飞、何燕、张学峰、修薇、徐丽为亳州市第五届人民代表大会常务委员会代表资格审查委员会委员。任命：李义、许岩、孙涛、王玉友、陈健、刘艳艳、陈灿、杨雪晔为亳州市第五届人民代表大会常务委员会法制工作委员会委员；王子斌、张化祥、李允国、闫鸿雁、王金侠、张超、王艳红、李静、孙晓杰为亳州市第五届人民代表大会常务委员会预算工作委员会委员；汪琪、张立宏、王立军、马晓虎、卢健、徐勇、李翠飞为亳州市第五届人民代表大会常务委员会财政经济工作委员会委员；锁小虎、王志军、张海峰、刘峥嵘、王秀娟、田坤、陈灿为亳州市第五届人民代表大会常务委员会监察和司法工作委员会委员；刘杰、怀岩、刘翔、张俊祥、陆梦琦、芮灿、怀大志、王桂海为亳州市第五届人民代表大会常务委员会人事代表选举工作委员会委员；马山、王永生、王永建、刘飞、刘勋、张萌、孟丽君、徐千为亳州市第五届人民代表大会常务委员会城乡建设环境资源保护工作委员会委员；杨淼、董建华、张坤、任斌、郭子建、李晓燕、樊建军、钱正兴、葛德助、孙训焱为亳州市第五届人民代表大会常务委员会教育科学文化卫生（民族宗教侨务外事）工作委员会委员；刘善斋、苏莉、刘云飞、张剑、陈杰、刘松年、李东安、杨雪晔为亳州市第五届人民代表大会常务委员会农业与农村工作委员会委员；邢军、王璐璐、夏萍、姜永、杨海龙、郭之栋、付友善、傅杰为亳州市第五届人民代表大会常务委员会社会建设工作委员会委员。

亳州市第五届人民代表大会常务委员会第四次会议。2022年6月23日至24日在亳州举行。会议听取审议了市监委关于监督保障巩固拓展脱贫攻坚成果同乡村振兴有效衔接工作情况的报告，市中院关于涉诉信访工作情况的报告；会议审议了《亳州市城市道路交通秩序管理条例（草案）》；会议审议并表决通过了《亳州市人民代表大会常务委员会关于批准2022年市级预算调整方案的决议》。会议审议并表决通过了人事任免议案。免去：龚朝昊的亳州市人民代表大会常务委员会法制工作委员会副主任职务。决定免去：路文强的亳州市统计局局长职务；吴海波的亳州市经济和信息化局局长职务；孙光华的亳州市司法局局长职务。免去：段红斌的亳州市监察委员会委员职务。免去：王时银的亳州市中级人民法院副院长、审判委员会委员、审判员职务；庄灵春的亳州市中级人民法院执行庭庭长职务；赵亮的亳州市中级人民法院民事审判第一庭庭长职务；何宏民的亳州市中级人民法院刑事审判第一庭副庭长、审判员职务。免去：李磊的亳州市人民检察院检察员职务；王婷婷的亳州市人民检察院检察员职务。决定任命：路文强为亳州市经济和信息化局局长；张磊为亳州市司法局局长；钱飞龙为亳州市统计局局长。任命：赵长坤为亳州市中级人民法院副院长；赵亮为亳州市中级人民法院民事审判第二庭庭长。任命：王时银为亳州市人民检察院副检察长、检察委员会委员、检察员。

亳州市第五届人民代表大会常务委员会第五次会议。2022年6月29日在亳州举行。会议审议并表决通过了人事任免案。决定任命：左龙为亳州市人民政府副市长。会议审议并表决通过了《亳州市人民代表大会常务委员会关于接受秦凤玉辞去亳州市人民政府副市长职务请求的决定》。

亳州市第五届人民代表大会常务委员会第六次会议。2022年8月25日至26日在亳州举行。会议听取审议了市人大常委会执法检查组关于检查《安徽省老年教育条例》实施情况的报告，市政府关于应急管理工作情况的报告，关于2021年市级决算的报告，市政府关于亳州市本级2021年度预算执行和其他财政收支审计情况的报告，关于亳州市2022年上半年国民经济和社会发展计划执行及下半年工作意见的报告，关于亳州市2022年上半年预算执行情况及下半年工作意见的报告。会议审议并表决通过了人事任免议案。免去：刘建的亳州市人民代表大会常务委员会副秘书长职务。任命：刘云飞为亳州市人民代表大会常务委员会副秘书长；王向阳为亳州市人民代表大会常务委员会财政经济工作委员会副主任。任命：范江红为亳州市监察委员会委员。

亳州市第五届人民代表大会常务委员会第七次会议。2022年10月20日在亳州举行。会议听取了市人大法制委关于《亳州市城市道路交通秩序管理条例》修改情况的说明。会议听取并审议了市人大法制委关于《亳州市城市道路交通秩序管理条例》审议结果的报告；审议并表决通过了《亳州市城市道路交通秩序管理条例》，报请省人大常委会审查批准。

亳州市第五届人民代表大会常务委员会第八次会议。2022年11月9日至10日在亳州举行。会议传达学习了二十大会议精神；听取并审议了市人大常委会执法检查组关于检查《中华人民共和国乡村振兴促进法》实施情况的报告，市政府关于持续优化营商环境工作推进情况的报告、关于市中心城区城市更新工作情况的报告、关于科技创新工作情况的报告、关于2021年度我市企业国有资产管理工作情况的报告、市检察院关于办理控告申诉案件工作情况的报告，代表资格审查委员会关于少数代表的代表资格的报告；会议审议了《亳州市优化营商环境条例（草案）》。会议对持续优化营商环境工作推进情况开展了专题询问。市人民政府副市长戴力，市政府办公室、市发展改革委、市经济和信息化局、市财政局、市人力资源社会保障局、市自然资源和规划局、市生态环境局、市住房城乡建设局、市交通运输局、市商务局、市市场监管局、市公管局、市地方金融监管局、市城市管理局、市数据资源局、市中级人民法院、市税务局主要负责人列席会议到会应询。会议审议并表决通过了人事任免案。免去：赵长坤的亳州市中级人民法院刑事审判第一庭庭长职务；刘秋菊的亳州市中级人民法院行政审判庭庭长、审判委员会委员、审判员职务；赵瑞强的亳州市中级人民法院审判监督庭庭长职务；许林的亳州市中级人民法院民事审判第三庭副庭长职务；周腊梅的亳州市中级人民法院立案二庭副庭长职务。任命：赵瑞强为亳州市中级人民法院行政审判庭庭长；张广军为亳州市中级人民法院刑事审判第一庭庭长；王雷为亳州市中级人民法院执行庭庭长、审判委员会委员、审判员；许林为亳州市中级人民法院审判监督庭庭长、审判委员会委员；周腊梅为亳州市中级人民法院民事审判第一庭庭长、审判委员会委员；梅林为亳州市中级人民法院刑事审判第一庭副庭长、审判员；刘强为亳州市中级人民法院民事审判第二庭副庭长；王艳东为亳州市中级人民法院民事审判第三庭副庭长；王桂燕为亳州市中级人民法院立案二庭副庭长；吕金刚为亳州市中级人民法院审判员。

亳州市第五届人民代表大会常务委员会第九次会议。2022年11月29日在亳州举行。会议审议并表决通过了《亳州市人民代表大会常务委员会关于召开亳州市第五届人民代表大会第二次会议的决定》。会议审议并表决通过了人事任免案。任命：赵玮玮为亳州市人民代表大会常务委员会教育科技文化卫生（民族宗教侨务外事）工作委员会副主任。

亳州市第五届人民代表大会常务委员会第十次会议。2022年12月23日至24日在亳州举行。会议听取审议了市政府关于2021年度市级预算执行和其他财政收支审计查出问题整改情况的报告、关于市五届人大一次会议代表议案和建议办理情况的报告，市人大法制委员会关于市五届人大一次会议代表立法议案办理情况的报告、市人大常委会规范性文件备案审查工作情况的报告。会议审议并表决通过了《亳州市人民代表大会常务委员会工作报告》。

亳州市第五届人民代表大会常务委员会第十一次会议。2022年12月27日在亳州举行。会议审议并表决通过了亳州市第五届人民代表大会第二次会议议程（草案）、日程（草案）、主席团和秘书长名单（草案）、议案审查委员会名单（草案）、列席人员名单、代表资格审查委员会关于少数代表的代表资格审查报告。会议审议并表决通过了《亳州市人民代表大会常务委员会关于批准2022年第二次市级预算调整方案的决议》。会议审议并表决通过了人事任免案。决定任命：秦凤玉为亳州市人民政府副市长。会议审议并表决通过了《亳州市人民代表大会常务委员会关于接受邓真晓辞去亳州市人民政府市长职务请求的决定》《亳州市人民代表大会常务委员会关于亳州市人民政府副市长秦凤玉代理市长的决定》。

（谢文星）

市人大常委会办公室工作

【概况】2022年，市人大常委会办公室做好人代会服务工作，市五届人大一次会议圆满完成各项任务，筹备服务实现零差错。全年筹备召开常委会会议11

次，听取审议科技创新、“引调水”工程建设、市中心城区城市更新、涉诉信访、办理控告申诉案件等“一府两院”专项报告19个，作出决议决定5项，发出审议意见书17份，任免国家机关工作人员180人次。筹备召开27次主任会议，听取税务支持地方实体经济发展、创建国家园林城市、政务公开工作情况等专题报告18个。2022年共招引项目5个，投资总额为5.3亿元，其中亿元以上项目3个。

【机关管理】2022年，进一步规范文秘档案、财务管理、后勤保障、人事和老干部工作。坚持重要问题和重大事项集体决策机制。严格执行各项制度。修订完善机关财务管理办法，加强财务审批管理，严控“三公”经费支出。严格执行办公用房、用车审批等规定。认真落实机关请销假制度，机关干部职工因公外出、因私请假按程序报批。全年共报备市厅级领导干部外出48人次。

【法治建设】2022年，履行法治建设职责，协助常委会做好城市道路交通秩序管理条例的立法工作。举办常委会法律知识学习12期。认真落实宪法宣誓制度办法。组织开展机关“12·4”国家宪法日活动。审查“一府一委两院”规范性文件13件。

【平安建设】2022年，落实平安建设各项制度。参与全市平安建设任务督办工作。加强机关人员安全生产教育，法定节假日实行领导带班和双人值班制度，落实网络信息安全管理制度。重要涉密场所按要求配置相关设备。2022年人大常委会机关没有发生安全生产事故。

【为民服务工作】2022年，落实“双联”工作要求，基本实现联系基层代表全覆盖。邀请省市代表列席常委会会议、执法检查、视察、调研等，推荐代表参与“一府一委两院”新闻发布会、旁听庭审、检察开放日等活动。举办市五届人大代表培训班，代表议案、建议督办工作成效明显。扎实开展“聚民意，惠民生”行动，全市五级人大代表提出建议5万件。选派3名干部到谯城区颜集镇黄营村开展驻村帮扶。扎实推进法治信访建设，认真做好人民群众来信来访工作，转交来信来访事项29件。以“干部能力作风建设提升年行动”为抓手，开展“新春访万企、助力解难题”、重点企业(项目)包保走访、“优环境，稳经济”等活动，推动助企纾困工作走深走实。认真开展结对共建、驻村帮扶、文明创建等活动，走好新时代党的群众路线。巩固拓展党史学习教育成果，开展迎接党的二十大、庆祝建党101周年系列活动，激励党员干部奋发进取。

【党的建设工作】2022年，落实习近平总书记重要讲话和重要指示批示精神及时传达贯彻机制，学习宣传贯彻党的二十大精神，深刻领悟“两个确立”的决定性意义，增强“四个意识”、坚定“四个自信”、做到“两个维护”。全年党组中心组学习习近平新时代中国特色社会主义思想13次、机关党组学习11次，开展专题研讨8次；支部学习36次、党员上党课36人次。深入学习宣传贯彻党的二十大精神，研究制定方案，集中学习原文原著，深入基层开展宣讲，交流研讨心得体会，不断推动学习宣传贯彻走深走实、落实落细。落实全面从严治党主体责任，切实加强党建工作，充分发挥党组把方向、管大局、保落实作用。严格落实意识形态工作责任制，注重网络意识形态安全，加强对亳州人大网等宣传阵地的管理，规范机关党员干部网络行为。认真落实“三会一课”制度，规范党内组织生活。

【党风廉政建设】2022年，落实领导班子和领导干部政治建设监督检查参考指标任务要求，严守政治纪律和政治规矩。认真履行“一岗双责”，坚持党风廉政建设与业务工作紧密结合，坚持两手抓、两手硬，切实落实党风廉政建设主体责任。观看警示教育片10部，开展廉政谈话19人。利用重要节假日、关键时点，采取提醒警示、发送廉政短信等多种形式开展经常性警示教育。及时召开机关党组会议、机关全体人员会议和支部党员大会，利用身边人、身边事，开展警示教育。开展违规经商办企业、违规参与民间借贷专项整治。支持市纪委监委驻市委办纪检监察组履行监督责任，深入推进机关反腐败斗争。加强机关纪检干部培训，提升履行监督执纪能力。

（谢文星）

亳州市人民代表大会历届代表人数一览表

表3

届次	代表总数（人）	女代表（人）	占代表总数（%）	少数民族代表（人）	占代表总数（%）
一届一次	370	81	21.9	19	5.1
一届二次	369	81	22.0	19	5.1
一届三次	388	84	21.6	20	5.2
一届四次	388	83	21.4	20	5.2
一届五次	393	83	21.1	19	4.8
一届六次	393	83	21.1	19	4.8
一届七次	385	82	21.3	19	4.9
二届一次	420	117	27.9	18	4.3
二届二次	415	117	28.2	18	4.3
二届三次	433	118	27.3	17	3.9
二届四次	428	117	27.3	17	4.0
二届五次	424	116	27.4	17	4.0
二届六次	436	115	26.4	17	3.9
三届一次	438	109	24.9	10	2.3
三届二次	438	109	24.9	11	2.5
三届三次	433	110	25.4	10	2.3
三届四次	427	111	26.0	10	2.3
三届五次	434	111	25.6	10	2.3
三届六次	428	118	27.6	16	3.7
三届七次	434	118	27.2	16	3.7
三届八次	427	117	27.4	16	3.7
四届一次	443	125	28.2	22	5.0
四届二次	437	122	27.9	21	4.8
四届三次	437	124	28.4	22	5.0
四届四次	435	120	27.6	21	4.8
四届五次	432	120	27.7	21	4.8
四届六次	427	126	29.5	21	4.9
五届一次	439	131	29.8	23	5.2

亳州市人民政府

2022 年 11 月 20 日，亳州市市政公园冬日美景　　（刘勤利　摄）

概　述

【概况】2022年，亳州市全年地区生产总值首次突破2000亿元大关、达2101.5亿元，增长4.2%，总量首次进入全省前八位、长三角前三十强，增速居全省第4位、较上年前进6个位次；一般公共预算收入完成148.1亿元，同口径增长7%；固定资产投资增长8.8%，增速居全省第9位，较上年前进6个位次；城乡居民人均可支配收入分别增长5.5%、6.6%。

【双招双引工作】2022年，组建市委、市政府负责人挂帅的十大产业专班，推进产业链招商、平台招商、基金招商，成立中医药产业“五个促进会”，举办药博会、“天下亳商”大会等活动，新签约亿元以上工业项目255个、新落地155个。新开工制造业项目投资增长86%，居全省第6位。实施药都“双创”英才计划，引进高层次人才和急需紧缺人才461人。完善“管行业必须管投资”、要素会商等机制，大抓项目谋划、建设、入库，157个亿元以上项目建成投产，261个亿元以上项目开工建设，省重点项目投资完成率、开工率、竣工率均居全省前列。新入库纳统项目736个，增长63.3%，创历史新高。

【产业发展】2022年，亳州市粮食总产量稳居全省第2位，小麦最高单产913.2千克再创全省纪录，规上农产品加工产值居全省第1位。新建高标准农田58万亩，总数达771.4万亩，占比87.2%，实施“小田变大田”239.4万亩，占比27%，建成全省首家无人农场示范基地。国家农业科技园区通过验收，亳药产业集群获批国家级优势特色产业集群。新增规模工业企业80家，获批省级“专精特新”冠军企业4家，羚羊工业互联网平台注册企业768家。现代中医药产业规模达1664.1亿元，医药制造业产值356.5亿元，增长10.8%，古井集团年产值首次突破200亿元。国内旅游收入、旅游人数增速分别居全省第5、6位。邮政业务总量38.6亿元，增长30.9%；快递业务量4亿件，增长55.4%，规模均居全省第2位，增速均居全省第1位。谯城经开区获批省级服务业改革创新试点。

【改革创新】2022年，亳州市战略性新兴产业产值增长14.9%，新认定高新技术企业152家，亳州青年科技创业园获批国家级科技企业孵化器。设立1.5亿元市级科技成果转化引导基金，全社会研发经费支出增长10.9%，每万人口发明专利拥有量增长13.3%。深化“放管服”改革，政务服务事项全程网办率99.6%，50.8%的事项实现“一键申报”，平均承诺办理时限压缩至1.4天。在全省率先设立“政务找茬”窗口、实施工业项目“四证齐发”、开展工程项目审批“全程代办”，重点企业用工服务保障、医保经办管理做法成为全国典型，“退休一次办”做法获全省推广，市县领导干部公布电话号码直通群众、企业机制广受好评。通过“免申即享”方式为9576家企业兑付奖补资金3.6亿元。零基预算改革全面实施，国企改革三年行动顺利完成。省级开发区新供工业用地全部实现“标准地”出让。

【对外开放】2022年，亳州市获评全省推进长三角一体化发展专

2022年2月25日，亳州市2022年文明委全体（扩大）会议暨创建全国文明城市工作推进会议召开
（张延林　摄）

项考核优秀等次，亳芜浙江五金机电产业园一期建成投产，涡阳永康产业园加快建设，上海市工业综合开发区亳州产业园即将开工，“一网通办”应用场景覆盖长三角所有城市，社会保障卡在长三角区域基本实现“居民服务一卡通”。加快建设中国（安徽）自由贸易试验区亳州联动创新区，新增进出口实绩企业73家，中药材出口额占全省80.6%，皖北首家保税芝麻仓库、药食同源商品保税仓库落户亳州。利用外商直接投资增长153.9%。亳州高新区居全省126个开发区综合考核第19位。

【城市建设】2022年，亳州市加快建设省际毗邻区域中心城市，国土空间总体规划“三区三线”划定成果获批使用，城镇化率达43.2%。连续2年获批为国家城市体检样本城市，市中心城区实施重点城建项目49个，海绵城市达标区面积25.4平方千米，全国文明城市创建通过首次年度测评、居第一方阵。城市生命线一期安全工程建成运行，“城市大脑”运行管理服务场景建设经验推向全国。启动交通重点项目“三年行动计划”，新建续建国省干线147.2千米，提质改造农村公路249.6千米。亳州机场预计2024年通航，阜蒙淮城际铁路、亳蒙高速二期、徐淮阜高速亳州段开工建设，G237蒙城绕城段、G329利辛绕城段等一级公路建成通车，涡河航道整治疏浚工程基本完成。

【乡村振兴工作】2022年，亳州市推进巩固拓展脱贫攻坚成果同乡村振兴有效衔接。农村人居环境加快改善，美丽乡村省级中心村覆盖1/3以上行政村，建设农村巷道1500千米，升级改造农村电网505.5千米，完成改厕2万户，实现47.2万农村人口地下水水源置换，农村生活垃圾无害化处理率98%，涡阳县改厕模式、蒙城县城乡一体化供水工程入选全国典型案例。（市）村级综合文化服务中心覆盖率99.5%。

【生态环境保护】2022年，亳州市开展“双碳”工作，遏制“两高”项目盲目发展，新增并网风电项目6个、工商业分布式光伏装机规模257.4兆瓦，完成节能降耗年度目标任务。深入推进污染防治，$PM_{2.5}$平均浓度、空气优良天数比率有效改善，国控断面水质改善率居全省第1位，农作物秸秆、畜禽粪污资源化综合利用率居全省前列。持续加强保护修复，推进涡河、茨淮新河等生态廊道和生态屏障建设，完成人工造林、森林抚育6.7万亩，创建省级森林城镇、森林村庄50个。

【民生事业】2022年，亳州市民生支出占比85%，全面完成20项民生实事和10项暖民心行动。新增城镇就业7.6万人，居民医疗、养老保险参保率分别达99%、95%，城乡低保标准分别提升7.5%、4.9%。改造棚户区住房1.4万套、老旧小区99个，新增托育托位9905个，建设养老服务站56个。新建、改扩建中小学63所，新增基础教育学位4.8万个，“双减”政策有效落实，义务教育课后服务实现全覆盖，民办义务教育在校生占比由24.84%下降到3.53%。实施医疗卫生健康事业“三年提升、两年巩固”行动，建成各类卫生项目67个，成功创建省卫生城市。建成全民健身场地设施291个。

【平安建设】2022年，亳州市社会矛盾纠纷多元预防调处化解机制不断健全。信访总量下降24.3%，进京访批次、人次分别下降84%和82.4%，赴省访批次、人次分别下降54%和48.4%，重复信访下降33.5%，信访答复率、受理率、参评率、满意率分别居全省第1、1、2、5位，信访年度评议工作居全省第2位。人民网留言办理连续11年获评全国先进。质量工作获省级考核A级，食品安全“两个责任”有效落实。城市综合信用指数居全国第65位。连续8年获评全省安全生产工作先进单位，城乡自建房安全专项整治全面展开，打击整治养老诈骗、电信网络诈骗成效显著，扫黑除恶斗争常态化开展，人民群众安全感进一步提升。

【红十字工作】2022年，市红十字会举办“5·8”红十字日、“6·14”无偿献血者日、“世界急救日”等特色志愿服务活动10余期，组织志愿者参与水域救援42场，救援演练活动5期。开展应急救护培训工作，培训持证救护员37场2321人，普及性培训45场，受益群众3.6万余人次。开展“博爱送万家”春节走访慰问活动，发放温暖家庭箱350个，价值14.7万元。完成30名白血病、先心病患儿申报天使基金项目，救助资金共计99.5万元。协助完成6例造血干细胞捐献工作，遗体角膜器官捐献工作4例。亳州市红十字会入选安徽省巾帼建功先进集体，荣获安徽省红十字应急救护师资大赛“团体二等奖”“优秀组织奖”。（马豆豆）

市政府重要会议

【市政府全体会议】2022年共召开市政府全体会议2次。1月14日第一次全体会议召开，传达贯彻市“两会”精神，分解落实2022年《市政府工作报告》主要目标任务，全面开启新一年和新一届政府工作。12月24日第二次全体会议召开，讨论2023年《政府工作报告（讨论稿）》，安排部署近期工作。

【市政府常务会议】2022年共召开市政府常务会议34次。

1月17日　第1次常务会议召开，传达省重点水利工程调度会议主要精神，听取关于《促进2022年一季度全省经济平稳健康运行的若干措施》任务分解情况、2021年度市政府系统岗位责任目标完成情况及省对市政府目标管理绩效考核工作自查情况等汇报，还研究了其他事项。

1月24日　第2次常务会议召开，传达全国、全省安全生产电视电话会议主要精神等，听取关于2022年全市征兵工作有关情况、《亳州市科技强农机械强农促进农民增收行动实施方案（2022—2025年）（试行）（送审稿）》起草情况等汇报，还研究了其他事项。

1月28日　第3次常务会议召开，听取关于《全市“三严三实”“马上就办、真抓实干”作风建设专项行动推进会议表扬工作方案（送审稿）》《创建一流营商环境的若干举措（送审稿）》起草情况等汇报，还研究了其他事项。

2月14日　第4次常务会议召开，传达省委农村工作会议主要精神，听取关于市人民医院、市中医院2017—2019年度医保费用预算超支问题有关情况和《亳州市工业企业“扶优育规”工程实施方案（送审稿）》起草情况等汇报，还研究了其他事项。

2月21日　第5次常务会议召开，传达全省突出生态环境问题整改工作推进会议主要精神及亳州市贯彻落实情况，听取关于《亳州市中心城区电动三轮车治理工作方案（送审稿）》《亳州市促进畜牧业高质量发展实施方案（送审稿）》起草情况等汇报，还研究了其他事项。

2月27日　第6次常务会议召开，听取关于国务院第八次大督查反馈问题举一反三排查整改情况、全省营商环境问题专题片通报问题整改情况、《亳州市制造业提质扩量增效行动计划（送审稿）》《进一步推进绿色建筑和装配式建筑产业发展的实施意见（送审稿）》起草情况等汇报，还研究了其他事项。

3月7日　第7次常务会议召开，传达关于全国两会、冬残奥会安全防范工作电视电话会议精神和省安委办关于蒙城县“2·22”火灾情况的紧急通报精神、全省深化供销合作社综合改革座谈会主要精神、全省春季农业生产工作电视电话会议主要精神，听取关于市政府系统2021年度重点工作未完成事项有关情况等汇报，还研究了其他事项。

3月14日　第8次常务会议，传达全省数字创意产业发展推进会议精神、全省食品工业项目需求座谈会议主要精神，听取关于2022年市级财政小麦赤霉病防治经费分配方案等汇报，还研究了其他事项。

3月21日　第9次常务会议召开，传达全国全省森林草原防灭火工作电视电话会议精神、全省春季长江禁捕退捕专题会议主要精神、全省军民融合发展工作会议精神，听取关于2021年度全市安全生产和消防工作考核巡查情况等汇报，还研究了其他事项。

3月28日　第10次常务会议召开，传达《中共中央办公厅　国务院办公厅关于更加有效发挥统计监督职能作用的意见》《国家统计局关于开展全面清理纠正违反统计法律法规文件和做法工作的通知》精神、全省就业工作座谈会暨省就业工作领导小组全体会议精神，听取关于《加快农村寄递物流体系建设的实施方案（送审稿）》起草情况和市级食用植物油储备有关情况等汇报，还研究了其他事项。

4月11日　第11次常务会议召开，传达全国全省2022年城市排水防涝工作部署暨城市内涝治理培训视频会议、全省河湖突出问题整改调度会议和省重点水利工程第三次调度会议、全省“两强一增”行动调度会议主要精神，听取关于兑现2020年中药材初加工白芍脱皮定点企业市级奖补资金等汇报，还研究了其他事项。

4月18日 第12次常务会议召开，传达全省科技特派员工作专题调度电视电话会议、全省产业振兴暨绿色食品产业发展推进会议主要精神，听取关于《亳州市中心城区应对疫情暖企纾困助力房地产业平稳有序发展十条措施（送审稿）》《亳州市中心城区集中开展房地产市场销售乱象治理专项行动工作方案（送审稿）》起草情况等汇报，还研究了其他事项。

4月25日 第13次常务会议召开，听取关于全省防止返贫监测帮扶集中排查和衔接资金项目管理暨五大帮扶推进工作视频会议精神及亳州市贯彻落实意见、全市教育领域民生实事进展情况、《亳州市深入推广福建省三明市经验深化医药卫生体制改革实施方案（2022—2025年）（送审稿）》起草情况等汇报，还研究了其他事项。

5月9日 第14次常务会议召开，传达学习习近平总书记提请市委编委批准，成立市委审计办公室秘书科。

记关于安全生产工作重要指示、李克强总理批示要求和全国全省自建房安全专项整治视频会议精神，听取关于《亳州市安全生产“红黄牌”警示制度（送审稿）》起草情况等汇报，还研究了其他事项。

5月16日 第15次常务会议召开，听取关于2022年办好人社领域民生实事进展情况、《亳州市城镇垃圾处理费征收管理办法（送审稿）》《亳州市人民政府与天津中医药大学战略合作框架协议（送审稿）》起草情况、2021年市工业发展专项资金分配有关情况等汇报，还研究了其他事项。

5月23日 第16次常务会议召开，传达学习全省“三夏”暨粮食生产工作视频会议主要精神、全国防汛抗旱工作电视电话会议和全省防汛抗旱工作暨防汛推演会议主要精神，听取《亳州市城区2022年义务教育阶段招生指导意见（送审稿）》《做好2022年普通中小学招生入学工作的通知（送审稿）》起草情况等汇报，还研究了其他事项。

5月30日 第17次常务会议召开，听取《亳州市自然灾害救助应急预案（送审稿）》修编情况、《亳州市“十四五”安全生产规划（送审稿）》《亳州市全民科学素质行动规划纲要实施方案（2021—2025年）（送审稿）》起草情况等汇报，还研究了其他事项。

6月6日 第18次常务会议召开，听取关于《市委常委会委员粮食安全工作责任清单（送审稿）》《市政府领导班子成员粮食安全工作责任清单（送审稿）》《亳州市稳增长惠企纾困若干举措（送审稿）》起草情况等汇报，还研究了其他事项。

6月13日 第19次常务会议召开，传达关于全省“两强一增”行动月调度会议、全省推进解决集体和国有土地上房屋征收“难安置”问题专项治理工作电视电话会议精神，听取关于全市城乡自建房屋安全隐患排查整治工作开展情况等汇报，还研究了其他事项。

6月20日 第20次常务会议召开，听取关于《亳州市“十四五”服务业发展规划（送审稿）》《亳州市中心城区物业管理三年提升行动方案（送审稿）》《亳州市妇女发展纲要（2021—2030年）（送审稿）》《乡村人才振兴的实施意见（送审稿）》《亳州市市属国有企业经营业绩分类考核办法》起草情况等汇报，还研究了其他事项。

7月5日 第21次常务会召开，传达关于全省统计造假不收手不收敛问题专项纠治工作动员部署视频会议主要精神，听取关于《亳州市加快推进乡村人才振兴的实施意见（送审稿）》《亳州市市属国有企业经营业绩分类考核办法》起草情况等汇报，还研究了其他事项。

7月10日 第22次常务会召开，传达关于全省推进困难群众救助补助资金审计发现问题专项治理工作电视电话会议精神、全省2021年耕地流出问题暨耕地保护督察发现问题整改工作电视电话会议主要精神，听取关于全市依法推进公共政策兑现和政府履约践诺专项行动进展情况等汇报，还研究了其他事项。

7月18日 第23次常务会召开，传达关于全国自建房安全专项整治工作推进现场会议主要精神，听取关于《亳州市“十四五”卫生健康规划（送审稿）》《亳州市中药材趁鲜切制及中药材经营扶持政策（送审稿）》起草情况和全市2022年生态环境质量改善目标及下一步工作建议等汇报，还研究了其他事项。

7月25日　第24次常务会议召开，传达全省乡村建设行动暨美丽乡村工作会议精神，听取关于部分政府投资项目审计发现问题等汇报，还研究了其他事项。

8月8日　第25次常务会议召开，传达关于全省上半年农业农村重点工作会议精神，听取关于2022年市本级专项资金清理整合情况、第三季度营商环境考核工作开展情况等汇报，还研究了其他事项。

8月22日　第26次常务会议，传达关于全省制造业提质扩量增效“4116”行动推进情况会议精神，听取关于《亳州市“十四五”残疾人保障和发展规划（送审稿）》起草情况等汇报，还研究了其他事项。

9月1日　第27次常务会议召开，涉密略。

9月13日　第28次常务会议召开，传达学习刘惠常务副省长听取亳州等市重点项目建设专题汇报时的讲话精神，听取关于《亳州市推进工业互联网建设工作方案（送审稿）》、全省教育领域经济运行调度会议精神及亳州市贯彻落实意见等汇报，还研究了其他事项。

9月20日　第29次常务会议召开，传达学习习近平总书记关于常态化机制化扫黑除恶斗争重要指示精神，听取关于近期安全生产工作、“不见面”数字化分散评标系统项目有关情况等汇报，还研究了其他事项。

9月26日　第30次常务会议召开，听取关于《2022年度市直机关效能考核办法（送审稿）》《2022年省对市政府目标管理绩效考核任务分解表（送审稿）》《2022年各县区政府目标管理绩效考核办法（送审稿）》起草情况等汇报，还研究了其他事项。

10月24日　第31次常务会议召开，听取关于《中共亳州市委 亳州市人民政府关于完整准确全面贯彻新发展理念做好碳达峰碳中和工作的实施意见（送审稿）》《亳州市“十四五”节能减排实施方案（送审稿）》起草情况等汇报，还研究了其他事项。

11月7日　第32次常务会议召开，传达学习药品医疗器械化妆品“两法两条例”相关精神，听取关于2022年省促进皖北地区高质量发展暨皖北承接产业转移集聚区中小企业固定资产投资项目贷款贴息补助资金分配方案等汇报，还研究了其他事项。

11月21日　第33次常务会议召开，传达学习《知识产权强国建设纲要（2021—2035年）》《安徽省知识产权强省建设纲要（2021—2035年）》精神，听取关于公布《亳州市市直单位证明事项告知承诺制目录（2022）》情况等汇报，还研究了其他事项。

12月15日　第34次常务会议召开，听取关于习近平总书记防灾减灾和森林防火重要指示精神、党的二十大报告防灾减灾工作部署及亳州市贯彻落实意见、《亳州市2022年国民经济和社会发展计划执行情况与2023年计划草案的报告（讨论稿）》起草情况等汇报，还研究了其他事项。

（马豆豆）

市政府办公室工作

【概况】2022年，市政府办公室围绕中心、服务大局，切实保障政府各项工作高效运转和决策部署落地见效。及时处理各类来文、转办领导批示件，高标准印发规范性文件105件，高质量完成《政府工作报告》、综合性汇报材料、市领导讲话等各类文稿。积极承办市政府全体会议、常务会议、党组会议、党组理论学习中心组学习会议等，整理会议纪要33篇、会议记录63篇。改造提升政府网站，更新充实政务信息，全年市政府门户网站公开信息3.3万条，市直有关单位公开信息6.4万条。

【优化营商环境】2022年，起草《亳州市优化营商环境条例（草案）》并经亳州市第五届人民代表大会常务委员会第八次会议审议通过。制定创建一流营商环境十条举措，探索实施“码上监督”、工业厂房分幢登记办证等创新举措，推动“税信通”联合激励机制延伸扩面，通过“免申即享”方式为9576家企业兑付奖补资金3.6亿元。积极助企纾难解困，开展“新春访万企、助力解难题”“优环境、稳经济”、市长接待日等系列活动，通过省创优营商环境为企服务平台收集企业反映诉求6783个，办结率达99.2%，满意度达95.99%，居全省第2位。

【市长热线工作】2022年，在整合32条政务服务热线基础上，搭建“一线N端”为民服务综合平台，创新开展市长、县（区）长联动接听热线活动124期，12345热线平台共受理群众和企业诉求59.8万件，办结率99.99%，满意率97.2%；承办省长热线、人民网领导留言板、省政府网站等省级反映渠道事项3360件，按时办结率100%，群众满意率99%。市长热线办先后荣获“全国三八红旗集体”、全国政务热线服务质量评估A级、2022年度人民网网民留言办理先进单位荣誉称号。

【信息报送】2022年，积极做好信息报送工作，全年向省政府办公厅报送政务信息获采用320条，参与组稿的信息获国务院领导批示6条、省领导批示44条，综合排名居全省前列。

【机关事务管理】2022年，加强办公用房统筹调整，优化调配12家单位办公用房，完成3家单位整体搬迁。加强单位存量资产利用，严把资产新购关，有效盘活闲置资产，完成2021年度全市机关运行成本统计工作。大力推进公共机构节能降耗，完成市行政中心中央空调地热能源改造项目建设，每年可以减少燃气用量23.9万立方米，节约标准煤290吨，减少二氧化碳排放692吨。稳步推进节约型机关建设，完成年度创建任务。完成市行政中心大院雨水收集利用项目建设，每年可节约地下水资源约1万立方米。采取“以租代购”方式更新新能源汽车12辆。完成垃圾分类试点创建工作，开展反食品浪费宣传督查，引导机关干部树立文明、健康、节约的饮食消费习惯。

【值班值守】2022年，执行《全国政府系统值班工作规范（试行）》，落实24小时值班和节假日领导在岗带班制度，共抽查全市政府系统值班情况2328次，完善重要紧急情况信息报告机制，全年接收并协助处理值班信息300余件，编辑上报《亳州值班信息》147期，落实反馈省政府领导批示23件，做到应报尽报，值班工作居全省先进位次。

（马豆豆）

市政府发展研究

【概况】2022年，围绕市委、市政府中心工作，确定关于打造省际毗邻区域中心城市的研究与思考、打造“绿色亳农”品牌发展绿色生态农业、加快推进亳州市义务教育高质量发展的思考、县域经济高质量发展的思考、关于促进亳州市民营经济高质量发展等6项调研课题。其中，市政府主要负责人领衔调研课题2篇；聚焦改革创新成果，开展中小企业运行情况分析、国家新型城镇化政策研究等4项课题调研。

2022年，围绕上述调研课题，运用问卷调查、电话调查和现代统计分析等方式，对有关情况数据进行收集、整理、分析。在中小企业运行情况分析调研活动中，向全市中小企业调查点开展问卷调查，获取大量一手资料，为调查研究提供数据和资料基础。加强与县区、部门合作与交流，与市教育局、市农业农村局等部门联合开展加快推进亳州市义务教育高质量发展的思考、打造“绿色亳农”品牌发展绿色生态农业等调研活动，进一步提高调研成果的广度、深度。打造省际毗邻区域中心城市的研究与思考、打造“绿色亳农品牌，建设长三角绿色农产品生产加工供应基地”的调研与思考2篇重点调研报告，杜延安书记分别作出批示，市政府分管负责人专门召开会议研究、签批意见，住建、农业农村等部门吸收借鉴，进一步完善《亳州市省际毗邻区域中心城市战略实施规划》。

【市政府系统重点课题调研】2022年，根据市委、市政府年度工作安排和亳州市发展战略性、长远性工作，年初向市直有关单位征集课题意见，拟定2022年度市政府系统重点调研课题计划，印发《2022年度全市重点调研课题通知》，明确课题责任单位、完成时限，促进全市调研工作制度化、规范化和经常化。按照年度调研计划进度每月初对部门承担的调研课题进行检查、催报，对部门报送的调研报告认真核实数据，推进重点课题按序时进度完成，保障课题质量逐年提升。实施市政府负责人领衔调研制度，由市政府领导领衔调研，研究改革发展中的新情况、新问题，形成专题调研报告，市政府领导牵头课题13篇已全部完成。部门报送的调研报告由市政府发展研究中心统一修改后呈送市领导参阅，共协调、指导部门完成重点课题报告55篇。其中，市委、市政府领导批示14篇，为市委、市政府及有关部门工作领导决策提供参考。编辑印发《2021年亳州市政府系统重点课题调研成果汇编》一册，并送至市领导及市直各部门。

【信息决策咨询服务】2022年，以《决策参考》为载体，选编全国各省市出台的有关经济社会发展等方面的政策性文件，挖掘全局性、宏观性政策以及对与亳州市经济社会发展有借鉴意义的政策措施，解读分析，提高信息服务的时效性、实用性和针对性。学习外地先进经验做法。拓宽选题范围，从具体工作和实践探索出发，多角度收集外省、市先进经验做法，为领导科学决策和指导工作提供借鉴参考。全年印发政策及经验类《决策参考》36期，选编50余条信息，其中获市领导批示14条。（陈圆圆）

数据资源管理和政务服务

【概况】2022年，亳州市坚持以数字亳州建设为统领，加快完善数字基础设施建设，推进数据资源整合共享，持续深化“互联网+政务服务”，全面提升数字亳州建设的整体性、系统性、协同性。亳州市和蒙城县被选为全国数据直达基层试点市县；“城市大脑”城市运行管理服务场景被国家住房和城乡建设部在《全国城市运行管理服务平台工作情况交流》上向全国推广；“5G+智慧停车场”“5G+全民健康信息平台”2个项目荣获国家工业和信息化部第五届“绽放杯”5G应用征集大赛优秀奖；亳州市被选为安徽省政务信息化项目建设管理两个试点市之一；10月23日，亳州市在全面建设数字安徽加快数字经济发展专题培训班上作典型发言。

亳州市软件产业园（曹单单 摄）

【“互联网+政务服务”平台建设】2022年，完善“皖事通办”平台建设，持续减环节、减材料、减时限、减跑动，大力提升行政审批效率和群众办事体验感。全年办结群众申请546.83万件，群众满意率达99.99%；平均跑动次数减少至0.0066次/件，平均办事材料减少至1.97个/件，承诺时限较法定时限压缩93.63%。开展政务服务“大体检”，排查整改问题15万余个，办事指南完整性和准确性提升至93.91%；深入推进惠企政策“免申即享”，完善“1+2+3+4+N”总体架构，累计上线政策1195项，累计发放资金3.63亿元，惠及企业9576家；创新实施政务服务“一键申报”，利用数据核查、电子证照、告知承诺、电子签名等技术，通过开发定制化表单、设置一键核查等措施，以数据调取代替群众手工填报，实现市县两级2602个政务服务事项“一键申报”；上线“跨省通办”服务专区和长三角“一网通办”专栏，设置5个“跨省通办”（长三角“一网通办”）综合专窗，与上海市杨浦区、奉贤区等6地及嘉兴海宁、台州黄岩等11个县签订政务服务“跨省通办”协议，实现187项政务服务事项“跨省通办”和138个政务服务场景长三角“一网通办”。

【数据资源管理应用】2022年，组织市级和蒙城县成功申报全国数据直达基层试点，确定亳州市公安局、亳州市民政局、亳州市自然资源和规划局等12个部门首席数据官，建设数据交换、目录管理、资产管理等十大平台，着力推动数据资源整合共享，助力全市一体化大数据中心协同创新体系建设。截至2022年底，汇集81家单位4171类数据，建成5大基础数据库和10个专题数据库，为230家部门提供1551个数据接口，数据调用次数超60.28亿次，探索智慧招生、智慧资助、“亳易聘”、智慧安居创业等一系列数据应用。

【政务服务大厅工作】2022年，推行“一制度两窗口”创新举措，建立周末轮岗制、电话预约制等工作制度，在市、县两级政务服务中心设立“办不成事”反映窗口和涉企服务窗口。截至2022年底，市、县两级共设置周末轮岗窗口35个，对外提供线下高频政务服务事项228个，办理群众申请8074件。升级改造“好差评”系统，实现“一事多评”“智能邀评”，建立健全“差评”全流程闭环处置机制。2022年，群众评价574.38万次，核实处理办件差评93条，按期整改率100%。建立政务服务事项回访制度，对企业办件实行回访全覆盖，累计回访办件12983件，涉及5409家企业，企业满意率100%。开展满意度调查，在市县两级政务服务大厅发放《市政务服务中心满意度调查问卷》8000余份，积极引导企业群众参与评价，并及时采纳整改群众反馈意见。开展政务服务领域作风大整治，聚焦思想解放不够、宗旨意识不牢、“庸懒散拖”、工作大而化之、不严不实、纪律规矩意识不强六大类问题，全面排查整改，不断提升企业群众办事服务“温度”。2022年，印发3期专项整治问题清单，整改问题19个。

【网络体系建设】2022年，城镇固定宽带家庭普及率达92.15%，农村地区光纤网络实现自然村全通达，互联网出口总带宽达5000G，累计建设4G基站9942个，实现4G网络全域覆盖、深度覆盖；新建5G基站2308个，累计建设5216个，实现城区、工业园区、集镇、行政村、高速和高铁沿线全覆盖；探索5G在工业制造、农业种植、交通运输等领域的场景应用，“5G+智慧电厂”“5G+智慧停车场”“5G+全民健康信息平台”荣获国家工业和信息化部第四、五届“绽放杯”5G应用征集大赛优秀奖，“亳州市谯城区基于5G边缘云的智慧融媒体建设项目”获工业和信息化部第五届“绽放杯”5G应用征集大赛融合媒体专题赛优秀奖；完善电子政务外网网络布局，有序推进部门专网向电子政务外网整合迁移，实现电子政务外网横向覆盖市直124家单位，纵向联通省、市、县（区）、乡镇。

【“城市大脑”平台建设】2022年，推进“城市大脑”建设，构建“1417N”体系（即1个城市级数据湖，数据、技术、业务、物联感知4大中台，1个城市运营管理中心，全景亳州、数字政府、产业发展、城市治理、公共安全、生态保护、民生福祉7个重点领域，N个应用场景），通过搭建共性能力支撑平台，推进现有政务系统集成融入、改造提升，开发“多车监管”、汛情信息、电商大数据监测等45个应用场景，推动数据资源、算力、算法和应用场景集约建设、共享共用，荣获首届中国新型智慧城市创新应用大赛智胜奖（一等奖）、2021年长三角城市数字化转型创新项目二等奖，入选全国信标委《城市大脑案例集（2022）》和国家智慧城市标准化总体组《智慧城市国家标准应用实施报告（1.0版）》；2022年6月份，城市运行管理服务场景被国家住房和城乡建设部刊登在《全国城市运行管理服务平台工作情况交流》上，面向全国推广。

【工业互联网平台建设】2022年，印发《亳州市人民政府办公室关于印发亳州市推进工业互联网建设工作方案的通知》（亳政办秘〔2022〕50号），按照“1+1+3+N”总体框架建设工业互联网平台体系，即建设1个工业大脑，推广1个工业互联网综合服务平台，打造3个行业级工业互联网平台，培育一批企业级工业互联网平台。截至2022年底，有768家企业注册“羚羊”工业互联网平台，23家企业参加线上诊断；古井集团建设全自动立体发酵智能酿造车间、营销数字化系统，搭建供应商在线协同、小型材料电商化、全生命周期质量信息管控等应用场景，人均产能提升20倍，订单的流转效率提高80%，企业整体运营效率提升60%，古井白酒工业互联网平台入围国家工业和信息化部“特色专业型工业互联网平台方向”名单；亳州市中药材商品交易中心（珍宝岛）建成中药产业互联网线上交易平台，2022年实现交易4848批、成交额21.4亿元；冯了性公司建成中药饮片工业互联网平台，生产效率提高约10%，不良率降低5%；在纺织、装配式钢结构、洗消等行业确定康和、亿人安、华扬服饰等一批企业级工业互联网平台培育名单。

【“互联网+监管”系统应用】2022年，依托省“互联网+监管”系统，汇聚全市行政许可、行政处罚和行政强制相关数据，加强分析利用，推动监管事项全覆盖、监管过程全记录，提升监管部门执法监管能力和水平。2022年，录入食品生产企业、融资租赁企业、建筑施工企业等监管行为数据13425条，监管行为覆盖率达到83.09%。

【数字经济产业】2022年，“双招双引”有序推进。印发《亳州市数字经济产业“双招双引”工作实施方案》《亳州市数字经济产业推进工作机制》，组建招商专班，建立“四个1”工作机制，建设四个项目库，成立数字经济产业协会，聚焦电子信息制造、软件与信息技术服务、云计算和大数据、工业互联网、动漫游戏、直播电商六大招引领域，绘制全市数字经济发展图谱，为产业招商提供有力支撑。2022年，通过省平台报送招商项目142个，总投资423.1亿元。2022年，全市信息传输、软件和信息技术服务业，计算机、通信和其他电子设备制造业新增固定资产投资14.66亿元，同比增长467%。软件和信息技术服务业产业规模不断壮大，全市软件和信息技术服务企业超过98家，规模以上企业年营业收入13.19亿元。其中，亳州市信息产业发展有限公司2022年经营性收入达5556万元，同比增长167%；加快电子信息制造业发展，支持联滔电子等重点企业研发低功耗集成电路、车载云终端设备等新产品，全市规模以上计算机、通信和电子设备制造企业有13家，年产值53.8亿元。建成亳州大数据（软件）产业园并投入运营，签约信息化企业21家，实现年营收3亿元。传统产业数字化转型加快，全市累计获批省智能工厂、数字化车间35个。古井贡酒1栋全自动立体发酵智能酿造车间全面投产，产品设计中心获评国家级工业设计中心。建成中药饮片生产企业信息化追溯体系，部署试点企业183家，实现中药饮片重点品种来源可溯、过程可控、去向可追、信息可查。

【疫情防控工作】2022年，优化全员核酸检测系统功能，支撑信息预登记1255万人次、核酸检测19321万人次。发挥邻长信息平台作用，及时将返乡人员信息推送至社区，筑牢疫情防控网。按照市防疫要求，做好“安康码”赋码、转码工作。2022年，共赋码26.88万人次、转码27.16万人次、赋弹窗462.41万人次，处理群众申诉111.86万件。落实大厅各项防疫措施，常态化开展“两码”核验工作，坚持出入人员戴口罩、测体温、消毒“三件套”防疫措施，每日对公共区域消杀2次。

（王峰志　曹单单）

信访工作

【概况】2022年，全市信访形势持续向好，社会大局和谐稳定，全市没有发生异常访、极端访，在全省信访工作考核中获得优秀等次。落实信访事项听证、评议、评查相关规定，全年共完成信访事项听证、评议600余件。落实政务公开，通过局微信公众号发布信息86条，收到皖事通和政务服务平台咨询留言40余条，全部按时答复。

【信访制度建设】2022年7月15日，市中级人民法院、市检察院、市公安局、市信访工作联席会议办公室联合下发《亳州市关于依法处置违法信访行为的通告》，7月27日以市信联办名义下发《关于印发〈亳州市关于依法处置违法信访行为宣传报道方案〉的通知》，要求市县（区）信联办和高新区社综局在各自辖区张贴《亳州市关于依法处置违法信访行为的通告》，并利用乡村小喇叭每日进行宣传播放，市、县（区）两级信访部门印制《信访工作条例》小册子向群众发放进行宣传，通过有效宣传教育引导信访人依法理性表达诉求，对违法信访行为进行有力有效治理，信访秩序进一步规范。

【突发事件处置】2022年，加大依法处理违法信访行为的力度。全市对滋事扰序、缠访闹访、以访施压等违法信访行为坚决按照省、市指导意见，固定证据，及时依法处理，公开发布全市违法信访活动典型案例十余起。发挥多元化解矛盾纠纷作用。制定相关信访事项评查工作方案，组织市直单位、“1+6”信访工作专班成员及县区信访部门业务骨干，按要求开展疑难复杂信访案件评查。发挥公职律师化解优势。市信访局公职律师全年累计向信访群众提供法律咨询158人次，共审查中央信联办交办重复信访积案200余件，有效保障重复信访积案上报审核质量。

【法治宣传】2022年，广泛宣传《信访工作条例》，2022年5月1日以来，亳州市各级信访部门结合信访接待工作，动员市直、县区乡镇，以《信访工作条例》为主要内容，以来访群众为主要对象，在各级群众来访接待场所、社区广场等地，持续开展《信访工作条例》宣传活动，累计开展宣传活动30余次，采取大屏幕播放宣传海报，现场发放讲解《信访工作条例》和宣传画报等方式，加深群众对《信访工作条例》的掌握和理解，同时市信访局在群众信访来访接待大厅全文张贴《信访工作条例》，引导广大群众依法依规信访，努力让条例走近群众身边，走进群众心里。同时认真贯彻《法治亳州建设规划（2021—2025年）重要举措分工方案》《亳州市法治社会建设实施方案（2021—2025年）重要举措分工方案》《亳州市法治政府建设实施方案（2021—2025年）重要举措分工方案》和“八五”普法规划等重要文件，细化信访部门配套落实工作举措，出台“八五”普法方案，在“江淮普法行”活动期间，认真宣传宪法、民法典等。（姚宁）

应急管理

【概况】2022年，亳州市完善应急管理体系建设，防范化解重大安全风险，全面整治安全生产隐患，全市自然灾害风险防范总体有效，突发事件应急处置总体有序，生产安全事故起数、死亡人数实现“双下降”，全市安全生产形势总体平稳，未发生较大及以上生产安全事故，未发生重大自然灾害。落实安全生产15条硬措施和省安委会105项工作举措，统筹三年行动巩固提升与安全生产大检查工作，推进重点行业整治。2022年，成立检查组5325个，检查生产经营单位41846家次，督导问题36109个，行政处罚1186家次，责令停产整顿10家，移送司法机关132人次，约谈警示685家，联合惩戒11家。依托智慧应急平台建立安全隐患排查治理系统，通过系统查找、上报、整改、验收，实现隐患报送可查询、隐患整改可追溯、隐患销号可问责的监管机制，排查整改隐患8.7万余处。

【安全生产工作】2022年，建立党政领导干部安全生产职责清单、任务清单和“履职档案”，在全省率先制定《亳州市委常委会市政府常务会市委市政府领导班子成员安全生产职责清单》，细化市委常委会6项、市政府常务会4项和市委、市政府领导班子成员46项安全生产职责，将市领导6个方面、32项年度安全生产重点工作纳入督查督办的重要内容，市领导靠前一线排查整改隐患，履职情况全部建立“履职档案”。按照业务相近原则，印发《关于进一步明确全市新行业新业态等领域安全生产监管职责的通知》，对新能源、电商物流及顺风车、网约车、外卖送餐车等22类新行业新业态的安全监管职责进行细化分解，明确文化旅游、城市管理、商务等部门新监管职责54项，进一步消除监管漏洞和盲区，补强短板弱项。建立安全生产“吹哨人”制度，鼓励群众通过“12345”（“12350”）热线、信函、邮件等形式，主动举报企业安全生产违法违规行为，并给予“吹哨人”一定金额的奖励。全年办理举报投诉4133件，兑现奖励资金30.7万元。创新开展“点对点”包保指导服务。市安委会成立5个督导组分赴各县区各部门不定期开展督导，市安委会办公室同步成立5个县区包联检查组，坚持每季度1次常态化督导检查，确保省市重大举措和重要部署、重点工作落实到位。建立清单交办机制。针对督查暗访和工作存在的问题，建立“一县区一清单”“一行业一清单”，交办县区（园区）党政主要负责人和有关部门主要负责人，对问题突出和事故多发的及时予以警示、约谈和通报，全年共交办隐患问题1000余项，全部按期整改。

2022年，开展工贸行业“百日清零行动”。督促28家粉尘涉爆企业进行清零自查，对1家企业处罚10万元。查处加油站点违法违规行为7起，罚款30.2万元。推进涡阳化工园区整改提升工作，完成居民搬迁和基础设施建设任务，通过省级安全风险等级复核。2家企业建成并接入省危化品风险监测预警信息系统。完成危险化学品重大危险源企业2轮自查和消地市际交叉检查工作和省级督导抽查工作，发现问题24项，均按时完成整改。开展烟花爆竹打非治违。立案查处28起，没收烟花爆竹1580件，罚款21.73万元。推进企业标准化创建。完成三级安全生产标准化企业38家，其中工贸企业33家、烟花爆竹批发企业3家、危险化学品企业2家。建立执法季通报制度，推进典型案例报送。印发《关于实行安全生产行政执法工作统计季报制度的通知》，每季度对6个县区（园区）和负有安全生产行政执法权的部门安全生产监督检查和行政处罚情况进行汇总分析，对存在执法“宽松软”问题的县区和部门及时予以通报，并纳入年度安全生产和消防工作考核。全市应急管理系统共监督检查企业1118家次，实施行政处罚178件，罚款766.83万元。构建安全生产行政执法与刑事司法衔接和行检协作机制，加强与市检察院沟通协调，组织召开座谈会，建立应急系统执法培训与检察系统培训互邀人员参与的合作机制。

【防灾减灾工作】2022年，根据省各项防灾应急预案和防灾减灾、物资保障规划，结合亳州市实际，修订《亳州市自然灾害救助应急预案》《亳州市低温雨雪冰冻灾害应急预案》《亳州市突发地质灾害应急预案》《亳州市地震应急预案》，印发《亳州市综合防灾减灾规划（2021—2025）》和《亳州市应急物资保障规划（2021—2025）》。印发《关于做好2022年度综合减灾示范社区创建工作的通知》，指导县区开展工作。有19家社区参与创建活动，其中参与创建省级社区14家、国家级社区5家。6月中旬，市减灾办对全市综合减灾示范社区创建工作进行督查，下发问题清单，督促各地积极整改。7月，市减灾办对全市各创建社区创建资料进行审核。10月，省应急厅组织第三方验收评估组到亳州市对社区创建情况进行验收评估。开展灾情统计上报。2022年7月，亳州市遭受洪涝灾害，谯城区出现短时大风和强降雨过程，城区内低洼地出现积水，城市基础设施受损。大部分乡镇出现积涝和农田渍涝，夏季农作物及畜牧、渔业养殖受损严重。全市有受灾人口163955人，农作物受灾面积18157.93公顷，直接经济损失7844.55万元。开展冬春救助工作。2022年，全市有因灾生活困难需救助群众20541户、40922人。2022年12月，中央冬春救助资金下达后，立即组织开展资金发放工作，并在2023年春节前全部发放到位，全市共发放冬春救助资金638万元。

【防汛抗旱工作】2022年7月5日，亳州市谯城区部分乡镇出现特大暴雨过程，市、区防汛抗旱指挥部启动防汛Ⅱ级应急响应，降雨造成部分农田内涝和低洼地短时积水。6日，皖北地区防汛排涝保苗视频会议在亳州市召开。组织清沟沥水、应急排涝，最大限度减轻灾害损失。

【预案管理体系建设】2022年，下发《关于报送2022年应急演练计划的提示》。汇总和梳理全市各级各部门的大型应急演练计划70余个。举办2022年亳州市生产安全事故暨淮河能源天然气长输管线应急演练。印发《关于组织开展应急救援处置能力测试的通知》。对市、县、乡三级专项预案，市、县二级安委会成员单位的部门预案进行统计。中型规模以上防汛演练9次、疫情防控演练82次、燃气企业开展应急演练43次、重点工贸企业开展应急演练290次、危险化学品企业开展应急演练310次。市级专项应急预案演练43次、部门预案演练49次。县、乡镇专项预案演练280余次、县安委会有关成员单位部门预案演练170次。测试市级应急救援队伍61支、县级和乡镇应急救援队伍270余支。印发《关于开展应急潜力调查的通知》。对全市生产经营应急物资的300余家企业进行全面摸排。

（付友善）

消防救援

【概况】2022年，全市消防救援队伍共接警出动7350起。其中，火灾4616起、抢险救援1947起、社会救助691起、公务执勤96起；出动车辆13961辆/次、救援人员87741人/次；直接财产损失约1854.31万元，抢救财产价值2613.44余万元，保护财产价值1.28余亿元。

2022年，谯城区消防救援大队被区政府荣记集体三等功，药王大道特勤站、天静宫路消防救援站荣获“五四红旗团支部”称号，3名指战员荣获地方政府记功嘉奖。联合市移动公司、市青联等单位开展主题党日活动和共建，并与团市委签订共建协议。先后开展5期“管理教育大家谈”和“安全工作微课堂”活动；印发督导通报8期，预警通报8次，视频饮酒抽查3000余人次；与市总工会协调，首次将消防救援人员纳入疗养计划；制定《支队指战员弹性休假实施办法》，解决值班备勤和轮休调休难统筹突出问题。

【防范化解重大风险】2022年，完善消防法制和责任体系。落实政府领导责任，市委、市政府召开常委会、常务会、消防工作会议6次，市政府研究消防工作常态化、制度化。落实行业监管责任，市消安委实体化运行，出台《亳州市消防安全委员会议事和约谈工作规则》，提高议事协调效率和决策水平，下发通报17次、督办通知书8份，发送提示预警194次、召开联席会议3次、开展督导检查13次，推动行业部门落实重点行业消防安全标准化管理规定，加强达标创建工作。落实单位主体责任，推动全市771个消防安全重点单位认真落实《社会单位消防安全标准化管理规定》，深入推行社会单位消防安全“自知、自查、自改”和公示承诺制。加强消防法制建设，出台《亳州市“十四五”消防救援事业发展规划》，促进消防救援事业高质量发展；提请市政府印发《关于进一步加强电动车火灾防范的通知》，建立健全电动车消防安全管理长效机制。完善消防安全治理体系。开展6项消防安全专项整治行动，排查生产经营租住自建房4.03万家，发现并整改火灾隐患2.77万处，清理违规住宿人员1465人，拆除彩钢板房和防盗网1030处；排查高层住宅小区326个，整改室内消火栓无水高层住宅小区129个，落实整改资金6790余万元，剩余10个未完成整改的8个正在整改施工、2个正在协调推进；排查超高层住宅建筑13栋、高层公共建筑161栋，发现隐患772处，整改608处；排查燃气使用单位2012家，发现并整改隐患1686处，约谈燃气企业28家，开展警示教育培训13次，熟悉演练16次；开展常态化电动自行车联合执法、集中夜查行动，查处消防违法行为258起；开展大型商业综合体消防安全管理达标建设，14家2万平方米以上大型商业综合体达标率100%，管理水平显著提升。完善基层消防治理体系。持续深化乡镇（街道）“一镇一委一站”消防治理体系，全市78个乡镇、10个街道、9个社区管理中心和1个经济开发区消安委、消防工作站成立率均100%，889名消防工作站人员全部上岗。市、县（区）委编委分

2022年5月20日，亳州市消防救援支队开展水域救援实战拉动演练

（张亚亚　摄）

别批复设立市、县区消防工作站指导中心，核定170名行政编制、事业编制，已到任159名。2022年，全市乡镇（街道）消防工作站共排查单位（场所）3.8万余家，发现并整改火灾隐患1.5万余处，开展消防宣传5300余次，受众100余万人次，独立或参与火灾扑救3100余起。

【现代化灭火救援体系建设】2022年，全市消防救援队伍对标“主力军、国家队”职能定位，实现全年作战训练“零伤亡”，支队党委先后召开专题党委会、行政办公会20余次，研究灭火救援工作，明确职责分工，确保工作落地见效。落实市政府《亳州市综合性消防救援社会联动工作管理规定》，完善24小时预警联动机制；制定《作战训练安全管理规定》《作战训练安全量化考评细则》等机制性文件4个；完成智能接处警、融合通信和应急指挥网系统建设及推广应用，开展系统应用培训6次，拉动测试16次。全市77个乡镇专职消防站纳入支、大队指挥中心，监控全部接入支队监控平台，实现一键调派；共调查测试高层建筑小区326个，大型综合体建筑14个，开展各类演练124余次，制定创新供水方案2种，创新技战法和实战应用操法3种。承办市级大型仓储类场所消防救援应急演练，成功处置利辛县“5·29”西潘楼镇油罐车火灾、谯城区古井镇“8·15”金口酒业火灾、谯城区龙杨镇“9·9”引江济淮工地塌方救援和亳芜现代产业园区“10·19”烂尾厂房局部倾倒事故救援。重要时间节点开展前置备勤57次，完成党的二十大消防安保攻坚组集训暨前置备勤任务。

【后勤保障】2022年，集中采购装备3298余万元，采购消防车辆12辆，灭火救援器材17781件（套）、灭火药剂39.6吨、信通装备145件（套），为面对“全灾种、大应急”任务需要提供有力保障；新建两个队站新招48名政府专职消防员，落实政府专职消防队员8万余元的人均年度预算经费保障标准。

（卢　野）

招商引资

【概况】2022年，全市新签约亿元以上工业项目255个。全市新落地亿元以上工业项目155个、总投资541.1亿元，个数同比新增35个、同比增长29.2%，总投资同比新增95亿元、同比增长21.2%。全市新建亿元以上省外投资项目197个，当年实际到位资金854.5亿元，总量全省第十名。2022年新签约项目投资较大的有：总投资10亿元的李时珍医药集团中医药大健康项目、总投资5亿元的南京同仁堂健康药业集团花茶产业园项目、总投资11亿元的广东鼎峰锂能集团新能源高能量密度电池电芯项目、总投资5亿元的浙江科辉照明科技有限公司防爆电器产业园项目、总投资5亿元的安徽泗州拖拉机制造有限公司智能玉米收割机研发生产项目等。

【重大项目签约活动】2022年4月27日上午9点，由投资促进中心主办的亳州市重大项目“云签约”仪式在市会务中心举行，有38个项目签约，总投资357.1亿元。2022年9月8日下午4点，亳州市“双招双引”推介会暨“天下亳商”大会在富力万达嘉华酒店举行。会议邀请行业百强、上市公司、知名企业负责人和业界专家共100余人参会，会议现场签约21个合作项目。

【招商重点工作】2022年，市领导开展“云招商、云洽谈”推动意向项目“云签约”，先后与中节能集团、林洋集团、中国医药健康产业集团等60多家企业沟通洽谈，与海螺集团、许继风电集团、阳光电源公司、中苏科技等在内的26家企业就项目合作达成一致。实施产业招商工程。结合亳州市产业基础和资源禀赋，各分管副市长牵头、主管部门负责、相关部门配合组建十大产业专班，并在全市范围内抽调62名科级以上干部成立产业招商组。优化招商机制。围绕“招什么、怎么招、如何帮”招商引资全流程，系统总结招商经验，明确招商方向，出台《亳州市招商引资大项目导则（暂行）》；释放载体招商引资主体活力，印发《亳州市招商引资优惠政策指导意见（暂行）》；创新项目投资全流程分阶段帮扶推进机制，制定《亳州市加快招商引资项目推进工作举措》；提升政策兑现时效，建立“免申即享”线上政策兑现平台。

（王　猛）

中国人民政治协商会议
亳州市委员会

2022年1月12日，中国人民政治协商会议第五届亳州市委员会第一次会议开幕　　（张延林　摄）

概 述

【概况】2022年，市政协及其常委会全年共组织举办各类协商会议46次，形成调研视察报告386篇，立案交办提案376件，为党委政府科学决策提供重要参考。加强凝聚共识工作。充分尊重和保障各民主党派的民主权利，大会发言优先安排、民主监督优先保障、提案信息优先督办。全年共安排市各民主党派、工商联和无党派人士大会发言20人次，占总数的59%，立案交办提案272件，其中集体提案73件、重点提案11件，在政协舞台上彰显多党合作事业的生机活力。发挥政协在社会治理中作用。推进委员进社区，创新开展基层民主恳谈工作，全年举办恳谈会87场（次），促进群众天天有感的民生问题解决。连续第四年开展“扶危济困月”“捐资助学月”活动，为临时性困难家庭、学子送上“雪中炭”“及时雨”。持续对包保脱贫村、脱贫户走访帮扶，做好巩固脱贫攻坚成果与促进乡村振兴衔接工作。派员参加市疫情防控督导，参加“1+6”信访工作专班，促进解决信访群众合理合法的利益诉求，为现代化美好亳州建设做出新贡献。

【理论学习和党的建设】2022年，市政协完善落实广泛多层理论学习制度机制，全年开展学习研讨26次，举办委员培训班、网上读书活动11期，系统研学《习近平谈治国理政》第四卷，跟进学习习近平总书记最新重要讲话精神。实施《市政协党组工作规则》，严格执行重大问题请示报告制度和定期报告工作制度，确保在市委领导下主动负责、协调一致地开展工作。扛起全面从严治党政治责任，落实落细党建、意识形态、党风廉政建设责任制。针对换届后的新情况，开展全市政协系统党的建设，构建党员管理有组织、年度工作有计划、联系委员有作为的工作格局。围绕贯彻落实中央及省委关于加强和改进新时代市县政协工作的文件精神，开展专题调研，查找短板弱项，提出意见建议，协助市委制定出台贯彻落实举措。学习贯彻市第五次党代会精神，做到市委、市政府中心工作推进到哪里，政协履职就跟进到哪里，保障政协工作与党政工作同频共振、同向发力。加强基层党组织建设。成立8个专委会功能型党支部，配齐配强机关纪委和各党支部班子，严格落实“三会一课”、组织生活会、民主评议党员、党费收缴、党员领导干部双重组织生活等制度，开展“一月一课一片一实践”活动，组织机关党员、党务干部参加各类培训，全年共组织41人参加学习培训，实现机关党员和党务干部培训全覆盖。机关党委与立德镇申楼村党委建立共建关系，共同开展主题党日、宣讲二十大精神等共建活动。开展“传承优良家风家训”党风廉政宣传月系列活动，通过讲廉政党课、征集廉政警言警句、开展党风党纪知识测试、邀请书法家为党员干部撰写家训箴言等活动，使党员在日常工作相互交流、耳闻目染中受教育、受警醒。全年共收看警示教育片12部。

【参政议政】2022年，市政协聚焦“强化‘双招双引’，高质量建设承接产业转移集聚区”深入调研，形成调研报告79篇，召开专题议政性常委会议协商建言，报送15个方面的意见建议。市委书记对协商成果充分肯定并批示交办，意见建议被吸纳落实。将“打好健康养生品牌，建设文化旅游强市”和“培育白酒骨干企业，聚力建设华夏酒城”两个专题系列提案，分别并案打造成重点提案，由市委、市政府主要负责人领衔督办，召开办理协商会，有力推进24个相关问题解决。组织开展“走进5G、走进工业互联网”“金融助力中医药产业发展”“房地产健康发展”“康养旅游线路打造”界别调研视察，以及“新春访万企、助力解难题”“优化营商环境和助企纾困”等活动，就破解相关问题提出117条意见建议，助力企业战疫情、渡难关。聚焦“对接区域协同发展，建设省际毗邻区域中心城市”议题，赴周边市县协商交流、汇聚共识，抓住重点、靶向建言，形成20条意见建议，得到市委书记等多位市领导批示肯定。就“提升特色小镇建设管理水平”等课题开展界别调研视察，提出意见建议。聚焦“加强地表水污染治理，持续改善生态环境”议题，形成68篇高质量的调研报告，以建议案形式报送6个方面24条意见建议。市委、市政府充分肯定协商成果，落实相关建议，推进问题解决。受市政府委托，牵头开展西淝河流域亳州段水环境治理工作，摸排沿岸98条支流、29个乡镇存在问题，制定四项清单，强化责任落实，推进科学治理，取得阶段性工作成效。围绕提升教育、科技、文化、卫生等公共服务水平，集智献策、聚力推进。着眼“推进产教融合，加快技能型人才培育”“落实教育双减政策”，开展界别调研视察，针对存在的问题提出意见建议。着眼“建设15分钟中医药服务圈”“推进青少年心理健康服务体系建设”“加强医院重点专科建设”，开展界别协商和提案办理协商。着眼“推动书香社区建设”“健全矛盾纠纷‘大调解’工作机制”“弘扬优良家风”，建言献策，多项意见建议得到市党政领导批示，转化为推进相关工作的政策举措。如《关于推进全市青少年心理健康服务体系建设的建议》，市委、市政府主要负责人均作出批示，要求相关部门认真吸纳、办理落实。

【民主监督】2022年，市政协围绕“科学治理电动三轮车，提升城区交通管理水平”专题，召开监督性调研协商会，提出38条操作性建议，组织市区政协近200名委员，编成19个组，上门上路宣讲政策、解疑释惑、疏导情绪、凝聚共识，为取得整治胜利贡献智慧和力量。开展“一改两为”等民主监督。制定《“一改两为”专题民主监督行动方案》，形成“1+8”系统方案，认真组织实施，报送意见建议300多条，得到省政协充分肯定，经验做法被省政协《持续深化“一改两为”专题民主监督简报》刊发。号召广大政协委员投身“暖民心行动”，开展监督活动18次，提出意见建议151条。组织市各民主党派开展生态环境问题民主监督现场核验工作，每月对交办问题进行勘查，向市委报送281个问题的核验报告，有力促进问题整改。

【多党合作】2022年，推进多党合作事业。加强同民主党派、工商联和无党派人士的团结合作，开展理论联学、平台联建、力量联合、机制连接，推进思想政治共同进步、履职效能整体提高。建立定期走访、沟通联络制度，听取他们对政协工作的意见建议，就共同性事务进行协商交流。全年共安排市各民主党派、工商联和无党派人士大会发言20人次，立案交办提案272件。增进社会各界团结。坚持“双向发力”一体设计、一体推进、一体落实。贯彻党的民族宗教政策，开展“民族村产业发展”界别视察、“民族团结进步宣传”民主监督，派员参加民族宗教节庆活动，设立民族宗教界别委员工作室，密切与民族宗教界人士联系，促进民族团结、宗教和顺。加强同党外知识分子、非公经济人士、新的社会阶层人士沟通联络，邀请10名相关人士旁听政协全会开幕会和闭幕会。拓展合作交流平台。与上海市奉贤区、河南省许昌市、山东省临沂市等政协联系对接，围绕助推长三角一体化发展、中原经济区及淮河生态经济带建设，开展合作交流。主动争取省政协指导支持，全年向省政协提交建言献策材料16篇，接待省政协到亳考察调研指导10批次。推进与市外政协专委会工作交流，“走出去”考察学习，“请进来”传经送宝。在郑州、合肥等地举办亳州之友恳谈会，吸引更多有识之士到亳投资兴业。

【创新工作】2022年，贯彻落实加强和改进新时代市县政协工作部署要求，构建以全体会议集中协商为龙头，以专题议政性常委会议、市委书记市长领衔督办重点提案、专题协商会、监督性调研协商会组成的“双月重点协商”为品牌，以对口协商、界别协商、提案办理协商等为常态的“1+6+N”协商议政新格局。接续开展“质量提升年”活动，不断提高调查研究和协商议政质量。坚持把交流互动作为协商必要环节，在有来有往、良性互动中共同提升“言”的质量、“专”的水平、“商”的特色。创新民主监督新形式。聚焦提高民主监督成效，创新开展专项专班常态化民主监督，聚焦经常性监督内容，建立监督专班，始终保持监督力度热度。创新开展领衔领题高规格民主监督，将书记市长“双领衔”督办重点提案扩展为市党政班子全员领衔督办，使更多提案由“软监督”变成“硬落实”。创新开展协作协同联动式民主监督，针对点多面广监督事项，组织市、县（区）政协协同履职、联合监督。打造基层协商新平台。进一步健全委员联络机制，指导县（区）在乡镇（街道）、省级以上开发区设立政协工作联络组及政协委员召集人，支持有条件的地方，在村（社区）及其他基层单位设立委员联络室、委员界别工作室、委员个人工作室。深入推进委员进社区工作，加强与界别群众沟通交流，协助党委政府做好协调关系、理顺情绪、化解矛盾的工作。创新开展基层民主恳谈工作，促进群众身边一些实际问题解决，助力提升基层社会治理水平，广大基层干部群众誉其为“家门口”“心头事”的协商、“接地气”“很管用”的民主。

【队伍建设】2022年，强化委员队伍建设。坚持常态化制度化开展委员学习培训工作，推行年度政协常委述职、优秀履职成果表扬、委员履职考核评价等制度机制，营造比学赶超氛围。强化机关队伍建设。推进“五型”机关建设，用“严”的要求、“实”的举措打造适应新时代工作要求的模范机关。严格落实全面从严治党要求，抓实支部“一月一课一片一实践”活动，支持市纪委（监委）派驻纪检监察组在市政协机关履行职责。深入推进“三严三实”“马上就办、真抓实干”作风建设，教育引导机关干部树牢一线思维，践行一流标准，推进工作效能和服务保障水平不断提升。强化制度机制建设。连续四年开展“制度建设年”活动，制定出台《市政协负责同志和专门委员会对应联系界别的意见》《委员工作室设立管理办法》等20余项规章制度，进一步提升政协工作“三化”水平。建立年终总结谋划、每月督查通报、每周调度安排工作机制，推进目标任务环环相扣、层层推进、件件落实。推行岗位目标清单化管理，实化、细化、量化市政协年度工作要点，明确牵头领导、责任委室、完成时限，制作全年任务分解清单，挂图作战、对账销号，保障全年各项工作任务顺利推进、高质量完成。

【提案工作】2022年市政协委员、政协各参加单位和各专门委员会共提交提案511件，经审查，立案376件，并案84件。立案提案中，经济建设方面提案157件，占41.8%；政治建设方面提案20件，占5.3%；文化建设方面提案43件，占11.4%；社会建设方面提案143件，占38%；生态文明建设方面提案13件，占3.5%。截至2022年11月底，所有提案均已办复，提案所提建议已采纳或列入计划落实的371件，占98.7%；因条件限制以后解决或留作参考的5件，占1.3%。提案者对办理总体结果均反馈满意。

2022年，首次全面实施党政负责人领衔督办重点提案。市委书记杜延安领衔督办“打好健康养生品牌，建设文化旅游强市”系列提案，召开专题督办协商会，要求承办部门事事有回音、件件有着落，把好对策变成好决策，把好提案变成好方案。系列提案提出的29条建议得到承办单位高度重视，认真吸纳。市委常委和市政府副市长依照分管联系工作，聚焦中小企业融资、优化营商环境、矛盾纠纷调解等经济社会发展中的热点难点问题，共领衔督办重点提案12件，有力促进相关问题解决。以《重要提案摘报》为载体，报送市党政负责人签批促进办理落实，共编报8期，市党政负责人17人次批示8期。市政协主席会议听取重点提案遴选、办理协商方案、督办工作进展汇报，建立市政协负责人配合督办重点提案工作机制。加强选题协商，及时与市委办、市政办沟通，梳理150个提案选题供委员参考，增强提案与党政工作的契合度。加强立案协商，在审查过程中引导委员进一步完善提案、提升质量，按照提案审查委员会意见，严格立案标准，提升立案质量。加强办理协商，促进提案承办单位“开门办案”，与提案者沟通协商，丰富办理形式和举措，提高办理质量。加强督办协商，把调研作为重点提案督办重要环节，市党政负责人、市政协负责人分别带领督办调研组，深入镇村、社区、企业开展专题调研，召开办理协商会议14次，增加现场互动环节，活跃会议协商氛围。坚持寓监督于协商之中，充分发挥提案民主监督作用。注重监督性提案的征集，引导各民主党派、广大委员围绕主城区电动三轮车治理、城乡污水治理等市委、市政府重要决策部署的执行落实情况，提交高质量监督性提案。结合“一改两为”民主监督，成立督办监督组，由市政协负责人带队，对市党政主要负责人领衔督办重点提案的各承办单位办理情况开展督办调研，并在办理协商会上作专题汇报，切实推动督办一件、带动一片。按照省政协部署，围绕优化营商环境主题，开展省委书记领衔督办重点提案专题联动监督调研。加强委员培训，提升委员提案履职能力。加强亳州政协APP建设，提升提案工作信息化水平。开展“双向评议”活动，促进提案质量、办理质量双提升。完善制度机制，市委办、市政办、市政协办共同印发《亳州市党政负责同志领衔督办政协重点提案活动组织实施办法(试行)》，建立市委书记、市长领衔督办重点提案质量提升、重点提案遴选和督办、平时提案审查交办等机制，规范优化提案工作流程。

【社情民意信息和宣传工作】全年征集社情民意信息133条，编报《社情民意》内刊40期，向市委、市政府报送10期，5期得到市党政领导批示。其中社情民意信息《农村地表水环境治理存在的问题及建议》获省委书记郑栅洁、省长王清宪批示；《加大对我省中药材种质资源保护力度》被副省长张曙光批示。运用各类媒体和市政协门户网站、政协APP等平台，传播好声音，汇集正能量。全年在市级以上宣传媒体发表作品376篇，其中省政协网站采用192篇，连续4年位居省辖市第一名。

(李先锋)

重要会议

【政协亳州市委员会五届一次会议】政协亳州市委员会五届一次会议于2022年1月9日至12日在亳州召开。会议审议批准汤涌代表政协第四届亳州市委员会常务委员会所作的工作报告和张国芳代表政协第四届亳州市委员会常务委员会所作的关于提案工作情况的报告。委员们列席市五届人大一次会议，听取并讨论市政府工作报告、市法检两院工作报告及其他有关报告，对上述报告均表示赞同并提出意见建议。审议通过政协第五届亳州市委员会第一次会议决议和政协第五届亳州市委员会第一次会议提案审查委员会关于市政协五届一次会议提案审查情况的报告。会议选举产生政协第五届亳州市委员会主席汤涌，副主席应国君、张国芳、李长春、王时银、于群、陈昭敏、吴斌，秘书长靳家海和70名常务委员。

【政协亳州市委员会五届二次会议】政协亳州市委员会五届二次会议于2022年12月28日至31日在亳州召开。会议审议批准汤涌主席所作的政协第五届亳州市委员会常务委员会工作报告、张国芳副主席所作的政协第五届亳州市委员会常务委员会关于五届一次会议以来提案工作情况的报告。委员们列席市五届人大二次会议，听取并讨论市人民政府工作报告、市中级人民法院工作报告、市人民检察院工作报告及其他有关报告，对上述报告均表示赞同并提出意见建议。审议通过政协第五届亳州市委员会第二次会议决议和政协第五届亳州市委员会第二次会议提案审查情况的报告；中共亳州市委书记杜延安出席会议并讲话。

【常委会议】市政协五届一次常委会议于2022年3月9日在亳州召开。会议传达学习省政协十二届五次会议精神和亳州市“三严三实”“马上就办、真抓实干”作风建设专项行动推进会议精神；协商通过有关人事事项；开展委员讲堂·专题讲座；市政协主席汤涌讲话。

市政协五届二次常委会议暨“强化‘双招双引’高质量建设承接产业转移集聚区”专题议政性协商会于2022年7月28日在亳州召开。会议传达学习中共中央办公厅《关于加强和改进新时代市县政协工作的意见》；市政协调研组宣读调研报告；协商发言；中共亳州市委书记杜延安讲话；协商通过有关人事事项；开展委员讲堂·专家讲座。

市政协五届三次常委会议暨“加强地表水污染治理，持续改善生态环境”专题议政性协商会于2022年9月29日在亳州召开。市政协调研组宣读调研报告；委员发言；互动交流；市政府主要负责人讲话。传达学习习近平在中央统战工作会议上重要讲话精神；传达学习全省政协工作经验交流会暨市县政协主席培训班精神；审议通过《“加强地表水污染治理，持续改善生态环境”专题议政性协商建议案》；开展委员讲堂·专家讲座。

市政协五届四次常委会议于2022年12月23日在亳州召开。会议传达学习党的二十大报告等精神；市法检两院通报2022年工作情况；审议通过关于召开市政协五届二次会议的决定；审议通过市政协五届二次会议议程(草案）；审议通过市政协五届二次会议日程；审议通过市政协五届二次会议常委会工作报告和关于五届一次会议以来提案工作情况的报告；协商有关人事事项；审议通过关于授权主席会议审议市政协五届四次常委会议未尽事宜的决定；市政协常委进行工作述职；市政协主席汤涌讲话。

市政协五届五次常委会议于2023年12月30日在亳州召开。会议听取分组讨论情况的汇报；审议通过政协第五届亳州市委员会第二次会议决议（草案）；审议通过政协第五届亳州市委员会提案委员会关于五届二次会议提案审查情况的报告（草案）。

（李先锋）

市政协办公室工作

【概况】2022年，按照市政协常委会工作报告和市政协年度工作要点安排，办公室将承担的重点任务细化为115项重点工作，制作成表、挂图作战、对账销号，圆满完成政协全会、常委会议、主席会议、党组中心组理论学习扩大会议、主席读书班等160多项重要会议和协商活动的组织服务保障工作。

【室机关履职工作】2022年，创新履职活动方式。组织开展市县政协联动调研、集中组织委员参与等协商活动。围绕“科学治理电动三轮车 提升城区交通管理水平”监督性协商课题，组织市政协领导带领200名市区两级政协委员在社区、重要交通路口开展宣讲劝导，取得良好社会宣传效果。助力民主监督工作。会同有关专委会、民主党派制定《生态环境保护问题民主监督现场核验工作方案》《“一改两为”专题民主监督行动方案》和《暖民心民主监督行动方案》，细化行动子方案，协调推进组织实施，增强专题民主监督行动的实效。特别是《生态环境问题民主监督现场核验情况的报告》，先后得到市党政负责人批示7人次。助力申楼乡村振兴。组织机关人员走访联系帮扶村户150人次，发现并帮助解决问题14个。组织开展“帮扶月”活动，发动委员捐款12.4万元，走访慰问困难学生、家庭21户。助力包保社区文明创建工作。机关成立8个包保工作组，累计开展文明创建活动100余人次，帮助郑店子社区协调解决公园环境脏乱差、建筑垃圾无人清理等具体问题。助力亳州之友联谊会和政协书画院活动。9月24日，在郑州成功举办亳州之友联谊会经贸文化恳谈会。邀请企业53家，促成6家企业与古井集团完成供销合同签约。全年组织书画家110人创作作品134幅。7月1日，举办“庆七一暨党风廉政宣传月活动”。9月15日，举办“喜迎二十大政协系统书画网络展”，浏览量达到3000多人次，为党的二十大胜利召开营造良好氛围。助力委员读书活动。保障各专委会组织的委员读书活动，委员参与人数达到100%，互动发言达到4.5万多条，委员参与读书、主动读书的良好氛围逐渐形成。助力疫情防控工作。克服机关人员少的现实困难，抽调2人参加亳州南、北两个高速路口卡点常态化疫情防控工作，为维护全市社会稳定大局和人民群众安全贡献政协力量。开展“双招双引”工作。把“双招双引”作为经常性重点工作，收集线索，认真梳理，及时跟进，每月向主席会议汇报进展情况。全年开展招商活动19次，确认落地项目2个，投资金额2.46亿元。

【承办重点协商计划】2022年，市政协办公室围绕6个重点协商议题，协调、组织有关单位和人员参加协商会议，形成调研视察报告386篇，《市政协信息（专报）》《重要提案摘报》《社情民意》等履职成果51篇，获得市委、市政府主要负责人批示44篇，其他市党政负责人批示74人次，同比增长39.6%。向省政协提交协商发言材料16篇，其中2篇入选省政协相关专题协商会议口头发言。

（李先锋）

纪检 监察

2023 年 1 月 19 日，中国共产党亳州市第五届纪律检查委员会第三次全体会议召开　　（张延林　摄）

概　述

【概况】2022年，在省纪委监委和市委的坚强领导下，亳州市纪委监委坚持以习近平新时代中国特色社会主义思想为指导，认真落实中央纪委、省纪委全会部署，发挥监督保障执行、促进完善发展作用，一体推进“不敢腐、不能腐、不想腐”，监督治理效能持续释放，政治生态持续优化，党风政风社风民风持续向好。2022年，全市立案1725件，居全省第2位，同比增长24%，居全省第1位。其中，立案县处级干部19人，处分1583人，留置36人，移送检察机关34人。2人主动投案，34人主动交代问题。建立行贿人信息库，立案行贿人员83人，处分73人，留置9人。

【政治建设监督检查】2022年，修订《政治建设监督检查参考指标（2022版）》，按照习近平总书记系列重要讲话指示批示，实施“十四五”规划、“三新一高”、长三角一体化发展等党中央决策部署，推动“总书记有号令、党中央有部署，安徽见行动”的要求在亳州落地落实。成立4个疫情防控督导组，驻点县区、既督又战，共督促整改问题3987个，处分27人。监督推动农村乱占耕地建房问题整治，处分9人。开展粮食购销领域腐败问题专项整治，立案93人，处分92人，留置13人，移送检察机关11人。中央环保督察反馈涉亳问题15个，已督促整改完成12个。建立监督推动重点任务落实机制，清单化、闭环式抓好落实。立案审查调查存在违反政治纪律行为案件15件，处分16人。

【全面从严治党监督检查】2022年，加强对落实省委《关于加强对“一把手”和领导班子监督的若干措施》《党委（党组）领导班子成员履行“一岗双责”推进全面从严治党若干规定》情况的监督检查，推动主体责任和“一岗双责”落细落实。开展党委（党组）落实“三重一大”事项监督检查。规范审慎回复党风廉政意见13328人次，其中提出暂缓或否定性意见73人次。督促开展全面从严治党主体责任谈话7.2万人次。

2022年1月5日，亳州市部分党员干部在市党风廉政教育中心参观，接受党风廉政教育　（胡　威　摄）

【落实中央八项规定精神】2022市，开展整治形式主义、官僚主义。查处“一改两为”问题253起，处分250人，协助市委出台创建一流营商环境十条举措，《安徽纪检监察信息》专篇刊载亳州市小切口深化“一改两为”做法。查处“六不”突出问题218起，处分324人。整治“纸面服刑”，立案17人，处分17人，移送检察机关2人。全市查处形式主义、官僚主义问题96起157人，处分95人。严肃查处享乐主义、奢靡之风。紧盯春节、中秋、国庆等关键节点，开展突击检查、交叉互查，严肃查处“两违规”问题，深入整治擅离职守组织或参与打牌、酒驾醉驾及背后的“四风”问题，对典型案例通报曝光。查处涉酒问题113起，处分108人。全市查处享乐主义、奢靡之风问题159起，处分155人，中央纪委国家监委内网、《中国纪检监察报》对亳州市典型做法予以报道。协助开展作风建设专项行动。市委五届五次全会专门通报作风建设情况，组织观看专题片《作风建设没有休止符》。协助市委制定“三严三实”“马上就办、真抓实干”作风建设专项行动实施意见和推进方案，充分发挥牵头抓总和统筹协调作用。以高新区行政服务中心“黄牛”案件为突破口，开展“窗口腐败”专项整治，立案30人，留置4人，移送检察机关4人。协助市委开展侯化严重违纪违法案件警示教育，牵头开展违规经商办企业、违规参与民间借贷问题专项整治，立案27人，处分11人，留置4人，65人如实向组织说明问题。

【反腐败工作】2022年，办理省监委指定管辖案件4件。发挥反腐败协调小组作用，通报案件、移送问题线索978件。召开审查调查安全会议，开展风险隐患排查整改，制定办案点审查调查安全规定、“走读式”谈话指引，实现办案零事故，中央纪委国家监委内网专篇介绍亳州市相关做法。精准把握政策策略。运用“四种形态”，批评教育帮助和处理5590人次。其中，运用第一种形态批评教育帮助3939人次、占70.5%；运用第二种形态处理1256人次，占22.4%；运用第三种形态处理207人次，占3.7%；运用第四种形态处理188人次，占3.4%。落实“三个区分开来”，精准问责党组织（单位）3个，问责党员领导干部、监察对象136人，开展暖心回访825人次，为51名受到不实举报的干部澄清。做实以案促改、以案促治。围绕粮食购销、土地征收、违规发放津补贴等问题，制发纪检监察建议书192份，督促相关单位完善制度、深化改革、优化治理。播出“清风播报”53期，制发警示教育片11部，督促全市各级党组织扎实开展“一月一课一片一实践”活动，发挥市廉洁文化公园作用，教育引导党员干部筑牢思想防线。

【整治群众身边腐败和不正之风】2022年，开展过渡期专项监督。加强对脱贫摘帽后“四个不摘”等政策措施落实情况的监督检查，压紧压实党委、政府和相关职能部门政治责任，推动巩固拓展脱贫攻坚成果同乡村振兴有效衔接。聚焦乡村振兴政策支持力度大、投资密集、资源集中的项目和环节加强监督，查处乡村振兴领域问题76起104人，处分89人。持续整治民生领域腐败和作风问题。开展群众身边腐败和作风问题“1+N”专项整治，配合督促开展困难群众救助补助资金使用管理专项治理。查处民生领域腐败和作风问题57起90人，处分59人。紧盯村级“关键少数”，立案村党组织书记、村委会主任243人，留置3人，处分191人，其中“一肩挑”人员46人。查处涉黑涉恶腐败和“保护伞”问题26件79人，立案14件14人，处分8人，留置1人，移送检察机关1人。做好信访举报工作。认真办理郑栅洁、刘海泉、张韵声阅批件、接访件20件，截至2022年底已办结13件。对市委主要负责人交办的18件进京赴省重复信访件直查直办，已全部办结，化解17件。协助市委制定重点信访问题追责问责意见，追责问责进京访和赴省重复访、集体访39件，处分87人，推动基层干部改进作风、维护民利。开展信访举报“大起底、大化解、大督办”专项行动，起底信访事项391件，已办结345件。省纪委监委部署的5件重复举报件，已全部化解。全市纪检监察机关接收信访举报3700件，同比下降18.8%，中央纪委国家监委内网刊载亳州市相关做法，市委主要负责人3次批示肯定。

【纪检监察体制改革】制定2022年纪检监察体制改革要点，实施9大类43项改革任务。加强上

2022年6月16日，全省乡镇（街道）纪检监察协作区制度化规范化建设推进会在亳州市召开 （张延林 摄）

级纪委监委对下级纪委监委的领导，召开全市纪检监察系统工作会议，组织机关各单位、县区纪委监委主要负责人述职，落实查办腐败案件以上级纪委监委领导为主的工作机制。市、县（区）监委首次向本级人大常委会报告专项工作。推动“四项监督”统筹衔接，促进各类监督贯通协调。深入贯彻《纪检监察机关派驻机构工作规则》，制定派驻机构重要情况报告办法，召开派驻（出）机构工作会议，组织开展派驻（出）机构年度考核。建立“室组”联动监督机制，围绕疫情防控、作风督查、信访举报等开展联动监督32次。全市派驻机构共立案217件，处分176人，对派驻机构“零办案”的约谈提醒。强化机关纪委建设，市直单位机关纪委立案24件，处分31人。做实基层监督。全省加强协作区制度化规范化建设推进会在亳州市召开，刘海泉发表讲话并作出批示，中央电视台纪录片《征程》介绍亳州市协作区做法。召开全市协作区制度化规范化建设推进会，创设“亳州纪检监察协作区”微信公众号。全市协作区处置问题线索921件，立案295件，处分266人。用好小微权力“监督一点通”服务平台，受理群众投诉1907件，已办结1855件，办结率97%，满意率90%。通过系统施治、综合治理，全市反映村居干部检举控告900件、重复举报162件，同比下降30.2%、55.9%。

【纪检监察队伍建设】2022年，市纪委常委会带头学习习近平新时代中国特色社会主义思想，自觉接受省纪委监委和市委的领导、指导和监督，修订完善领导班子改进作风实施办法，严格落实请示报告制度。全面落实党建工作责任制、民主集中制、意识形态工作责任制、“三会一课”等制度。举办庆祝建党101周年活动。亳州市获评全国、全省纪检监察系统先进工作者各1人，市纪委监委获评全省纪检监察系统先进集体、全市信访工作先进单位、全市平安建设工作先进集体。深入学习贯彻纪委工作条例、监察官法、监察法实施条例，开展“监督执纪执法规范化水平提升年”行动，举办“谈纪说法”大讲堂20期，5568人次参加学习。开展全市纪检监察系统作风建设专项行动，整改问题64（付友善）8个，举行作风建设“大家谈”活动，市委主要负责人给予批示肯定。坚持好干部标准，市纪委监委提拔、进一步使用及晋升职级47人次，其中县处级干部16人次，择优选调公务员5名，交流轮岗61名。制定审查调查工作介入式监督操作办法、重要涉案人员回访办法，严格执行打听、干预监督审查工作登记备案制度。约谈函询纪检监察干部22人，给予党纪处分6人，组织处理2人，坚决防止“灯下黑”。支持特约监察员发挥作用，主动接受党内和社会各方面监督。

（李国强）

2022年11月14日，亳州市谯城区纪检监察干部在大杨镇丁固村走访群众

（胡 威 摄）

重要会议

【中国共产党亳州市第五届纪律检查委员会第二次全体会议】2022年1月29日，亳州市纪委五届二次全会召开。查文彪同志代表市纪委常委会所作的《运用党的百年奋斗历史经验坚定不移正风肃纪反腐，为加快建设现代化美好亳州提供坚强保障》工作报告和决议。

市委书记杜延安出席会议并讲话。会议强调，2021年以来，全市各级党组织和纪检监察机关坚持以党的政治建设为统领，认真落实新时代党的建设总要求，政治建设持续加强，政治监督持续深化，“四风”整治持续升级，反腐惩恶持续推进，巡查利剑持续擦亮，监督体系持续完善，推动全面从严治党取得新的重要成果。同时要求，全面从严治党形势任务依然繁重，全市各级党员干部特别是主要负责人，一定要准确把握形势，以旗帜鲜明的政治立场，坚持严的主基调不动摇。要大力弘扬伟大建党精神和自我革命精神，推动全面从严治党、党风廉政建设和反腐败斗争向纵深发展，忠诚尽职、奋勇争先，埋头苦干、勇于前行，加快实施“六一战略”、推进现代化美好亳州建设，以实际行动迎接党的二十大胜利召开。

【全市纪检监察系统工作会议暨“三严三实”“马上就办、真抓实干”作风建设专项行动推进会议】2月15日，全市纪检监察系统会议暨“三严三实”“马上就办、真抓实干”作风建设专项行动推进会议召开，传达学习习近平总书记关于作风建设重要论述，传达全省改进工作作风为民办实事为企优环境大会及全市“三严三实”“马上就办、真抓实干”作风建设专项行动推进会议精神。市委常委、市纪委书记、市监委主任查文彪主持会议并讲话。

会上，涡阳县纪委监委等8家单位进行交流发言，其他单位进行书面述职，集中观看警示教育片《加固作风建设的堤坝》。会议强调，要以严实作风抓好《市纪委监委机关2022年重点任务清单》的落实工作，要深化运用《参考指标》、推深做实审查调查工作、擦亮派驻监督探头、将心比心做好信访举报工作、做好市县两级监委向本级人大常委会报告专项工作、组织开展好新一届市县（区）党委巡察工作，大力弘扬伟大建党精神和自我革命精神，推动党风廉政建设和反腐败斗争向纵深发展，为加快实施“六一战略”、推进现代化美好亳州建设提供坚强保障，以优异成绩迎接党的二十大胜利召开。

【全市基层小微权力“监督一点通”平台建设推进会】6月9日，全市基层小微权力“监督一点通”平台建设推进会召开，深入贯彻落实中央纪委国家监委和省纪委监委部署要求，总结前一阶段试点工作，部署在亳州市全面推开平台建设。市委常委、市纪委书记、市监委主任查文彪参加会议并讲话。

会上，谯城区、利辛县纪委监委介绍试点做法和取得成效，涡阳县、蒙城县纪委监委汇报平台建设前期准备工作。会议强调，要提高政治站位，小微权力“监督一点通”平台建设是贯彻落实习近平总书记重要讲话指示精神、打通全面从严治党“最后一公里”的重要举措；是巩固“我为群众办实事”实践活动成果、维护群众切身利益的重要抓手；是整合基层监督力量、推动纪检监察工作高质量发展的重要内容。要切实增强平台建设的责任感紧迫感，把握关键环节，抓好清单化公开、抓好闭环办理、抓好普及应用、抓好规范管理，深入推进平台建设各项任务落实。要加大平台宣传推广力度，不断改造拓展平台功能，让平台真正管用好用实用，不断提高群众知晓率参与率满意率。要精心组织安排，强化组织领导、强化协作配合，确保平台建设各项任务落地见效，以信息化助力监督下沉落地。

【全省乡镇（街道）纪检监察协作区制度化规范化建设推进会】2022年6月16日，全省乡镇（街道）纪检监察协作区制度化规范化建设推进会在亳州召开。省委书记郑栅洁作出批示，省委常委、省纪委书记、省监委主任刘海泉出席会议并讲话。

郑栅洁在批示中强调，乡镇（街道）纪检监察协作区建设，整合基层监督力量，有效破解“熟人社会”监督难题，推动全面从严治党向基层一线、向群众身边延伸，是有益有效的探索和实践。各级纪检监察机关要将监督融入基层治理，把协作区建设作为深化基层纪检监察体制改革的重要内容，在巩固深化上持续用力，在制度化规范化建设上下功夫，不断增强基层监督有效性，更好地为发展护航、让群众有感。

会议指出，建立协作区是安徽省基层纪检监察组织和工作制度的创新探索，在全国开展得比较早、成效比较明显，要认真总结提升，推进制度化规范化建设。深入贯彻习近平总书记考察

2022年11月2日，市委常委、市纪委书记、市监委主任查文彪到涡阳县星园街道赵瓦房村宣讲党的二十大精神　　（胡　威　摄）

安徽重要讲话指示精神，认真落实中央纪委国家监委和省委部署要求，增强协作区建设的政治自觉，织密扎牢基层监督网，切实把协作区打造成政治监督的“前沿阵地”、审查调查的“协作高地”、为民办事的“暖心驻地”、纪检干部的“培训基地”。会议要求，要规范协作区组织形式，优化组织设置，配齐配强力量，强化统一管理。要规范协作区工作定位，处理好与县级纪委监委、乡镇党委、乡镇纪委等关系。要规范协作区制度机制，确保依规依纪依法行使权力。要规范协作区职责任务，聚焦主责主业，监督检查要做实、审查调查要严实、廉政教育要务实，加大对基层“微腐败”和不正之风的查处力度，持续优化基层政治生态。会议强调，要强化组织领导，确保协作区规范、有序、高效运转，持续推动基层治理体系完善和治理能力提升，切实让群众感受到纪检监察就在身边、公平正义就在身边，以全面从严治党实际成效迎接党的二十大胜利召开。会议期间实地观摩亳州市纪检监察协作区工作开展情况，亳州、安庆、阜南、郎溪、濉溪、寿县纪委监委或协作区作交流发言。

【全市乡镇（街道）纪检监察协作区制度化规范化建设推进会】 6月28日下午，全市乡镇（街道）纪检监察协作区制度化规范化建设推进会在谯城区魏岗镇召开。会议传达全省乡镇（街道）纪检监察协作区制度化规范化建设推进会精神，实地观摩谯城区纪委监委第二纪检监察协作区，第三、第五协作区负责人作详细介绍，5人结合实际作交流发言。

会议指出，2018年上半年，亳州市探索建立协作区，通过人员、场所、职能等资源的“物理组合”，实现监督职责再强化、监督力量再融合、监督质效再提升的“化学反应”，取得明显成效。会议强调，协作区制度化规范化建设是持续净化优化基层政治生态的重要举措，是持续推动基层治理体系和治理能力现代化的具体实践，是持续加强规范化法治化正规化建设的现实需要，要提高政治站位，进一步增强推进协作区制度化规范化建设的政治自觉；要把握关键环节，进一步落实落细协作区制度化规范化建设任务；要压紧压实责任，进一步凝聚协作区制度化规范化建设的强大合力。要持续增强使命担当，持续深化协作区建设，让群众切实感觉到纪检监察就在身边、公平正义就在身边，以全面从严治党实际成效迎接党的二十大胜利召开。

【亳州市纪委常委会（扩大）会议暨乡镇（街道）纪检监察协作区工作专题会议】 2022年7月18日，亳州市纪委常委会（扩大）会议暨乡镇（街道）纪检监察协作区工作专题会议召开，市委常委、市纪委书记、市监委主任查文彪主持会议并讲话。

会议指出，2022年以来，全市纪检监察机关坚持把协作区建设作为深化基层纪检监察体制改革的重要内容，忠实履职、真抓实干，推动协作区制度化规范化水平不断提升，监督检查更精准、案件查办更有力、廉政教育更有效、自身建设更过硬。会议要求，要准确把握形势，进一步坚定信心决心，持续推深做实协作区建设。聚焦重点任务，深化“一月一专题”精准监督，加大案件查办力度，将心比心做好信访举报工作，发挥好村级纪检委员作用，在协作区制度化规范化建设上持续用力、久久为功，不断开创协作区工作新局面。要强化组织领导、强化党建引领、强化教育管理，压紧压实责任，进一步凝聚工作合力，切实在全面实施“六一战略”、加快推进现代化美好亳州建设中发挥更大作用、做出更大贡献，以全面从严治党实际成效迎接党的二十大胜利召开。

（李国强）

巡察工作

【概况】2022年，市委召开4次市委常委会会议研究推进巡察工作，2次市委书记专题会议，听取巡察综合情况及整改进展情况报告；杜延安书记先后8次就巡察工作作出批示，听取巡察情况报告时点人点事点问题53个，市委巡察工作领导小组召开3次动员部署会议、4次领导小组会议，建立领导小组成员对口包保县（区）委巡察工作制度，落实落细组织实施责任。围绕“三个聚焦”监督重点，修订《政治建设监督检查参考指标》，把政治巡察定位落实到具体的监督政策、标准、内容上，作为巡察工作的基本遵循。制定《对亳州市委巡察工作开展指导督导情况反馈意见整改方案》，把抓好省委对亳州市巡察工作指导督导反馈意见整改作为全面提升巡察质效的重要契机，结合整改组织开展市县巡察规范化建设提升年活动，以改促建，全面推动市县巡察工作高质量发展。

【巡察指导督导工作】2022年，修订《中共亳州市委巡察工作规划（2022—2026年）》，提出巡察党组（党委）时同步巡察相关纪检监察机构，明确对县区公安局、法院、检察院开展提级巡察，对县（区）委办公室、宣传部等部门以及重点乡镇开展交叉巡察，着力破解基层熟人社会监督难题。坚持有形覆盖与有效覆盖相统一，2022年组织开展2轮常规巡察、1轮自然资源系统提级交叉巡察和1轮县区投融资平台公司专项巡察，共巡察32家党组织，发现各类问题809个。加强对县区巡察工作的领导和指导督导，派出指导督导组对蒙城县委巡察工作开展指导督导。通过巡前审核、巡后备案等方式，指导县区巡察108家党组织，推动市县巡察工作质效整体提升。制定《关于“巡察+协作区”监督机制的指导意见》《关于推进村（社区）巡察高质量发展的指导意见》，明确对村（社区）巡察的工作流程，规范“巡察+协作区”监督机制。2022年，全市1348个村（社区）党组织已巡察276个。

【巡察整改工作】2022年，市委高度重视巡察整改工作，市委书记专题会议既听取每轮巡察情况，还压茬听取巡察整改情况，印发《关于加强市委巡察整改和成果运用的实施意见》，市委巡察工作领导小组不断改进巡察反馈方式，2022年首次实行集中反馈和“一对一”反馈相结合，不断增强反馈严肃性、权威性、针对性。建立“四方会审”机制，市纪委监委机关、市委组织部、市委巡察办、市委巡察组及时召开整改培训会议，共同审核被巡察党组织整改方案、整改台账及集中整改进展情况报告，开展整改成效全覆盖检查评估。扎实做好粮食安全主体责任、涉粮问题专项巡察反馈意见整改日常监督，市纪委常委带队开展5轮实地督导，确保真改实改。四届市委巡察和涉粮问题专项巡察、五届市委第一轮巡察反馈的6787

2022年5月18日，市委第二巡察组在开展巡查工作　　（胡　威　摄）

2022年9月5日，五届市委第一轮巡察集中反馈会议召开　（胡威　摄）

个问题，已整改6760个，正在推进27个，整改率99.6%。健全《市纪委监委加强巡视巡察整改日常监督办法》《市委组织部加强巡察整改日常监督实施办法》，将整改落实情况纳入领导班子综合考核和抓党建述职重要内容，形成“移交、办理、反馈、评估”的工作闭环。督促被巡察党组织加强巡察整改成果运用，切实将整改融入日常工作、融入深化改革、融入全面从严治党、融入班子队伍建设，把解决共性问题、突出问题与完善制度结合起来。

【巡察工作制度建设】2022年，贯彻落实《关于推进市县巡察工作高质量发展的若干意见》，围绕政治巡察定位、高质量全覆盖等6个方面，全面梳理巡察制度规定，新出台23项、修订完善10项、废止13项，有力推动巡察工作制度化、科学化、规范化。深化“巡纪联动”“巡审联动”，常态化组织纪检监察干部、审计干部参加巡察，采取巡审同步方式对市财政局、市公管局、市司法局3家市直部门进行监督，分别与组织、审计、财政等12个部门建立协调协作机制，用好市长热线、电话公开、督查考核等平台信息资源，实现监督力量和资源有效整合。全年举办15期“巡察小课堂”，深入学习贯彻党的十九大、十九届历次全会和二十大精神以及习近平总书记关于巡视工作重要论述，加强对政治巡察要求的传导，提升巡察干部发现问题的能力水平。严格落实党建工作责任制，巡察期间巡察组成立临时党支部，常态化开展“一月一课一片一实践”活动，全力争创“五星级党支部”。出台“组办融合一体化”建设的意见，打破组办界限，实现资源整合，发挥协同优势。加强巡察信息化建设，指导县（区）加强巡察信息人员力量配备，不断提升巡察工作信息化水平。

（胡　威）

民主党派

2022 年 7 月 14 日，九三学社亳州市委联合市科协、市中医药研究会组织医疗专家到谯城区马元社区开展义诊活动

（戴　璐　摄）

中国国民党革命委员会亳州市委员会

【概况】2022年，中国国民党革命委员会亳州市委员会共有1个总支，7个支部，共有民革党员153人，全年新发展党员12人。

【思想建设工作】2022年，民革亳州市委会把深入学习宣传贯彻中共二十大精神作为当前和今后一个时期的首要政治任务，全年共组织召开6次市委常委会会议和理论学习中心组学习会议，各支部开展党员集中学习26次。深入开展“矢志不渝跟党走、携手奋进新时代”主题教育。印发工作方案，成立领导小组，明确主题教育工作指导思想、目标任务、工作要求，制定工作行事历，深入开展“矢志不渝跟党走、携手奋进新时代”政治交接主题教育，持续筑牢与党同心、携手前进的思想基础。践行“四新”“三好”，彰显履职作为。2022年是民革履职能力建设年。印发《2022年民革亳州市委会履职能力建设年工作方案》，成立履职能力建设年工作领导小组，全年细化重点工作任务56项，谋划重点调研课题12个。围绕社法、祖统、“三农”三大重点领域，制定各支部年度重点调研课题任务，并做好成果转化。加强履职人才队伍建设，成立经济、农业与农村、祖国和平统一促进、妇女和青年、社会和法制等5个专门委员会，强化专委会履职功能，积极主动挖掘和培养履职人才。党员履职成效明显，5名党员获“民革全省先进个人”。创新宣传方式，营造“引领”氛围。充分利用各种传播手段，多渠道宣传亳州民革的工作动态、履职实践、优秀党员事迹等。在团结网、民革中央、民革安徽省委会、市政协等网站刊发大量稿件。“亳州民革”微信公众号全年推送信息87条，其中推出“党员风采”专栏12期，在党员内部形成比学赶超、创先争优的良好氛围。1名党员获民革全国宣传思想工作先进个人。

【组织建设工作】2022年，制定《民革亳州市委会发展党员工作程序》，坚持“在工作中发展，发展为工作”原则，圆满完成年度党员发展计划，全年通过谈话、组织培养、考察、备案等程序发展党员12人，其中3人具有研究生学历，8人具有民革特色。指导2个支部进行届中调整，切实夯实组织基础。凝心聚力，扎实推进作风建设。切实推动党内监督，成立民革亳州市第三届委员会内部监督委员会。抓好班子示范引领，贯彻落实民主集中制，召开领导班子民主生活会、述职和民主评议会议，深入落实内部监督制度，开展批评与自我批评，不断提高领导班子及其成员解决自身问题能力，提升领导班子建设水平，以上率下推动作风转变。

【参政议政工作】2022年，建立常态化调研机制，明确参政议政工作任务，聚焦“十四五”重点任务和中共亳州市委、市政府中心工作，确定12个年度重点调研课题，每月开展一个实地调研活动，鼓励各支部和广大党员广泛开展调研，积极提交高质量调研报告。参政议政成果丰硕。民革亳州市委会坚持“没有调查就没有发言权”，坚持“一线工作法”，注重查实情、建诤言、献良策。2022年，《关于大力加强农村人居环境整治的建议》《打造现代物流平台 完善中医药产业链发展的建议》等两篇调研报告被民革安徽省委会采用。三篇提案被市政协列为重点提案，由市领导领衔督办。四篇建议在市政协专题协商会上被列为口头发言。市“两会”期间，向大会提交议案建议等共计60篇，其中集体提案18篇、社情民意10篇、委员个人提案20篇、人大联名议案建议2篇、个人议案建议10篇。代表委员接受媒体采访6人次。在市政协五届二次会议开幕式上，《促进亳州市养老服务高质量发展的建议》被选为大会口头发言。

【社会服务工作】2022年，发挥民主党派在疫情防控工作中积极作用，动员全市党员积极参与疫情防控工作。近20名党员投身疫情防控一线工作，党员中的企业家在疫情期间积极捐款捐物，为亳州市疫情防控工作贡献民革力量。扎实做好民主监督工作。2022年4月，按照中共亳州市委统一安排，民革亳州市委会制定工作方案，组成工作专班，到亳州高新区、亳芜现代产业园区，开展生态环境问题民主监督现场核验工作。共开展核验工作15次，参与党员75人次，核验问题72个，向市环保委反馈整改建议12条，均得到落实。参与文明创建。9名党员参与市中心城区电动三轮车治理“两代表一委员”进社区工作，宣传市中心城区电动三轮车治理各项政策，征集所进社区电动三轮车治理的社情民意，主动化解所进社区不稳定因素，积极建言献策，为文明城市创建工作当好参谋。弘扬“博爱”精神。持续做好“单位包村 个人包户”工作，为结对帮扶村谯城区古井镇北曹村为北曹小学120名小学和幼儿园学生赠送总价值1万元的120套爱心棉衣。党员企业家们在各种公益活动捐款捐物达50余万元。走访慰问北曹村生活困难的退役军人，并送去慰问金。向民革中央积极争取博爱慰问资金，重点资助困难党员一名。组织法律专业人士赴北曹村开展公益普法活动，共发出各类宣传材料200余份，受益群众近百人。赴谯城区观堂镇开展文化、科技、卫生“三下乡”活动，一系列工作，体现民革亳州市委会为民服务的情怀，树立良好形象。全力促进祖统工作。加强与台湾联系，深化亳台经贸文化交流，促进祖国统一工作，增进两岸同胞感情。

（田　露）

中国民主建国会亳州市委员会

【概况】2022年，中国民主建国会亳州市委员会发展7名会员，共有会员128名，经济界人士占75.6%。全市民建会员中，市人大代表6名；省政协委员1名，市政协委员22名。民建市委会被民建安徽省委评为社会服务工作先进单位，民建亳州市高新区支部被民建安徽省委评为全省先进基层组织与全省新闻宣传工作先进单位。

【“矢志不渝跟党走、携手奋进新时代”政治交接主题教育】2022年，民建亳州市委会把学习宣传贯彻中共二十大精神与开展“矢志不渝跟党走、携手奋进新时代”政治交接主题教育相结合，推动学习宣传贯彻党的二十大精神走深走实。赴皖西革命老区开展政治交接主题教育。7月2日，市政协副主席、民建市委会主委李长春率部分骨干会员赴六安市大别山革命历史纪念馆、金寨革命博物馆开展“矢志不渝跟党走、携手奋进新时代”政治交接主题教育，瞻仰金寨革命烈士陵园并敬献花篮。组织参加民建安徽省委“喜迎二十大，奋进新时代”中共十八大以来安徽民建建设与履职成果图片暨书画摄影展。9月，向民建省委会提交书画等作品21件。会员李培华创作的《永葆初心——一名退伍军人的故事》获绘画类一等奖，贾玉麟创作的《鹤舞云飞，凤翥龙翔》获书法类二等奖，董玉泉、林达、张红军、周梓达等会员的作品分别荣获优秀奖。组织会员收看中共二十大开幕会盛况。10月16日上午10时，中国共产党第二十次全国代表大会在人民大会堂开幕。习近平代表第十九届中央委员会向大会作报告。民建市委会提前专门发出通知，要求广大会员结合自身实际选择到会员之家集中收看、参与所在单位集体收看、居家利用互联网平台收看等不同形式，认真学习、深入领会。召开专题会议学习宣传贯彻中共二十大精神。10月27日上午，市政协副主席、民建市委会主委李长春主持召开学习宣传贯彻中共二十大精神专题会议，部署安排各支部学习宣传贯彻工作。会议指出，学习宣传贯彻中共二十大精神，是当前和今后一个时期民建各级组织的首要政治任务。民建各级组织和广大会员，要切实提高政治站位，主动学习、深入学习。五是各支部深入学习宣传贯彻中共二十大精神。民建谯城总支及各支部采取单独召开或联合举办研讨会，深入学习宣传贯彻中共二十大精神。市政协副主席、民建市委会主委李长春作为一名普通民建会员参加支部学习。

【参政议政工作】2022年，民建市委会就经济社会发展的热点课题组织或参与调研46人次。全年提交民建安徽省委参政议政材料8篇，承担民建中央、民建安徽省委调研课题、理论研究课题等4个，全年提交社情民意信息11件。民建市委会获民建安徽省委2022年度反映社情民意信息工作三等奖。在2022年初召开的市区人大、政协两会上，共提交人大议案4件，建议8件，政协提案63件（其中，民建集体提案15件）。余萌青代表民建市委会在市政协五届一次会议上作题为《加快合作共建，高效承接产业转移》的大会发言。市委会撰写的“关于推动亳州市白酒产业集群化、高质量发展的建议”被列为市长领衔督办重点提案，并被市政协评为2022年度优秀提案。市委会撰写的“关于进一步加强招商引资工作的建议”“加快合作共建，高效承接产业转移”“巩固治理效果，落实长效机制”等调研报告被市政协评为2022年度优秀调研成果。李长春等撰写的《严守耕地保护红线，确保粮食安全》等8篇材料，分别被民建中央、民建安徽省委、省政协、省委统战部采用。

【民主监督工作】2022年，市委会按照中共亳州市委、市政协的统一部署，重点围绕中央、省市环保督察发现的问题，对生态环境整改情况进行现场核验民主监督。民建市委会成立以主委李长春为组长的生态环境问题民主监督现场核验小组，制定《民建亳州市委会生态环境保护问题民主监督现场核验实施方案》。采取“四不两直”工作法，组织32人次深入现场点位，核验问题71个，发现问题4个，以问题清单向利辛县反馈整改建议4条。会员何颖川和郭德峰还被民建安徽省委抽调作为民建安徽省长江生态环境民主监督专家库成员，参与长江（安徽段）生态环境保护民主监督。

【社会服务工作】多措并举全力抗“疫”。2022年3月，市内外新冠肺炎疫情防控工作形势严峻，市委会积极发动会内资源全力抗击疫情。主委李长春到蒙城县督导疫情防控工作。在上海疫情严重期间，市委会领导成员带头捐款，广大会员积极响应，捐款购买防疫物资原材，由会员企业按照方剂无偿加工生产价值约15万元的防疫强身饮，驰援上海市奉贤区防疫。企业家会员纷纷发挥自身优势抗疫，兴华医疗集团董事长卞立琴积极响应全市统一部署，选派医疗人员到市内外支援核酸采集及检测工作；谓博药业有限公司董事长王超捐赠上海价值近6万元的1000盒羚羊清肺胶囊。青年会员刘梅、张梦妍积极参与防疫卡点值班执勤工作。8月，民建上海市奉贤区委会向民建亳州市委会发来感谢信及锦旗，感谢民建亳州市委会在上海市疫情防控紧要关头千方百计筹集物资驰援奉贤。齐心助力文明创建。市政府部署市中心城区电动三轮车治理工作后，市委会及时在微信群向全市民建会员发出倡议，要求民建会员自觉做治理工作的先行者、宣传者、监督者，并举行电动三轮车治理倡议签字仪式。会员中的市区两级人大代表、政协委员下沉社区和学校助力开展电动三轮车治理。扶危济困热心公益。2022年，民建市委会走访帮扶结对村利辛县马店孜镇双沟社区6次，了解巩固拓展脱贫攻坚成果和乡村振兴有效衔接情况，为该社区4名贫困大学新生送去助学金1.2万元，走访家庭困难的退役军人（军属）6户，送上慰问金0.6万元。在民建安徽省委举办的2022年一季度社会慈善公益活动集中发布会上，3名会员被民建省委表彰为“民建慈善践行者”。

【民建亳州市企业家联谊会第三次会员大会】民建市委会注重引导企业家会员深入学习贯彻习近平总书记关于非公经济和民营企业发展的重要讲话精神。5月24日，中共亳州市委常委、统战部部长郑超调研民建会员企业并出席民建企业家座谈会。

6月26日，民建亳州市企业家联谊会第三次会员大会在市行政会务中心召开。中共亳州市委常委、统战部部长郑超出席会议并讲话。安徽省（民建）企业家联谊会常务副会长、秘书长黄家杰出席会议并致贺词。亳州市政协副主席、民建亳州市委会主委李长春主持会议。淮南市政协副主席、民建淮南市委会主委周方勤，亳州市政协副主席、市工商联主席陈昭敏应邀出席会议。会议听取民建企联会理事长翟海伟代表二届理事会做的题为《携手奋进 砥砺前行——为促进亳州经济社会高质量发展贡献力量》的工作报告和秘书长张化祥受二届理事会委托做的《民建亳州市企业家联谊会二届理事会财务工作报告》。会议审议通过《民建亳州市企业家联谊会章程》（修改稿）和《民建亳州市企业家联谊会会费缴纳及管理办法》（修改稿），选举产生民建亳州市企业家联谊会第三届理事会和监事，翟海伟当选为民建企联会第三届理事会理事长，王超等7人当选为常务副理事长，孟丽君等10人当选为副理事长，李宣衡当选为秘书长。

6月26日，民建亳州市企业家联谊会与药都农商银行联合举办助企纾困银企对接会。中共亳州市委常委、统战部部长郑超应邀出席会议并讲话，市政协副主席、民建亳州市委会主委李长春主持会议。市委统战部常务副部长管卫东，药都农商银行党委书记、董事长王锋出席会议。会上，药都农商行业务部副总经理李红博介绍相关信贷产品，与会人员展开深入交流，并举行授信签约仪式。 （杨轶博）

中国民主促进会亳州市委员会

【概况】2022年，中国民主促进会亳州市委员会共有会员107人，其中教育出版界人士占70.1%。全市民进会员中，省政协委员1名，省人大代表1名，市（区）政协委员15名，其中市政协常委5名，区政协常委1名。市（区）人大代表共5名，其中市人大常委2名、区人大常委1名。

【组织建设】2022年，印发实施民进亳州市委《关于进一步改进作风 推进全年重点工作提质增效的若干举措》，修订完善市委会各类会议规则以及参政议政、理论宣传、社会服务等各项工作制度；成立三届市委会内部监督委员会。监委会以日常监督、事项监督、专项监督为抓手，围绕市委会年度工作重点，促进市委会自我管理、自我教育、自我约束、自我完善；完成基层组织换届。上半年完成5个支部换届，新选出支部主委2人，副主委2人，该项工作获得民进省委组织建设工作先进单位的表彰。

【理论学习】2022年，中国民主促进会亳州市委员会制订出台《民进亳州市委会理论学习中心组2022年学习计划》，累计召开民进市委会理论学习中心组专题学习会议5次，召开二十大报告专题学习会议2次。利用网络手段和资源，丰富学习渠道，组织市委会委员、机关工作人员等参加民进中央在线学习答题活动7次，日常学习中做到学习内容电子化，累计推送学习材料27篇。全年召开主题教育专题学习会议2次。贯彻落实《市委会领导班子联系基层制度》，全年委员赴联系点开展主题教育活动等9次，采取信息化手段开展日常联系，指导和帮助基层提高工作水平。加强会内工作动态、会员履职成果和优秀事迹的宣传报道，在各级媒体上讲好民进故事，全年在民进中央发表稿件11篇，在省市媒体发表稿件35篇，获得民进省委宣传思想工作先进单位表彰。

【日常工作开展】2022年，开通亳州民进微信公众号。全年累计推送工作信息和会员事迹21篇，转载转发人民网、民进中央和民进省委等信息56篇，成为亳州民进会员新的学习阵地和宣传阵地。完善会员基础数据库建设。收集整理107位会员的基础信息和资料，建立会员花名册资料库，为市委会决策提供有效的基础信息支持。更新视频会议设备，对从业人员进行软件和手机APP使用方法培训，多次顺利组织会员参加省委会举办的视频会议。

【参政议政】2022，向民进省委会报送提案和调研报告5篇，社情民意信息17篇，其中《关于加快建设乡村振兴数字产业链以促进农户增收的建议》被民进中央采用，《建议整合初中〈历史〉〈道德与法治〉教材中“民族区域自治制度”知识点》被评为民进中央2022年度参政议政成果三等奖，《应对耕地“非农化”基本农田“非粮化”》被省委统战部采用。向市政协报送大会发言材料4篇，提案和调研报告11篇，协商会发言材料15篇，社情民意信息7篇。其中《关于打造职业教育强市的建议》被选为大会口头发言材料，《关于推进省际毗邻中心城市建设的建议》等3篇发言材料被选为协商会口头发言。

【社会服务】2022年，开展“春联万家”送春联活动、义务植树、慰问孤老等社会服务活动9次。开展“红芍花开，关爱乡村留守儿童”活动7期，累计参与会员人次近50人，为近600余名师生进行校园普法、医学知识讲解和现场体检等，累计捐赠书包25个、饼干40箱、学习用品180份、棉服427套。开展“文化沙龙”活动1期，参加会员20余名。 （孙 浩）

中国农工民主党亳州市委员会

【概况】2012年7月24日，中国农工民主党亳州市委员会（简称

2022年7月8日，农工党亳州市委会组织党员赴涡阳县辉山烈士陵园开展现场教学（朱 琳 摄）

“农工党亳州市委会”）成立，曾于2012年、2016年、2021年召开三届党员大会，龚艳玲任三届主委。2022年，农工党亳州市委会有医卫总支部委员会、市直总支部委员会、联合总支部委员会，3个总支下设6个支部。

【组织建设】2022年，发展党员7名。推进基层组织建设，制定2022年度基层组织工作手册和工作行事历，每个季度末，对各总支工作开展情况进行通报，激励各总支对标对表，查找不足，在工作中补齐短板，争先进位。加强党内监督。内部监督委员会召开工作会议，传达学习中共二十大精神，学习相关文件精神，研讨开展内部监督工作的手段和办法，并通过微信群开展经常性警示教育及廉洁提示，围绕杜绝酒驾醉驾在党员中广泛开展宣传提醒活动，在中秋、国庆等重要节日，针对纠“四风”开展廉洁提示，坚定推进依规从严治党，不断筑牢党员干部拒腐防变思想防线。

【参政议政】2022年，龚艳玲主委在省政协十二届五次会议上提出《关于提升紧密型县区医共体建设水平的提案》；6月，省政协“完善义务教育‘双减’政策落实机制”月度专题协商会上，农工党亳州市委会提交的发言材料被采用。市政协五届一次会议上，市委会报送发言材料《依托药都资源 发展心理健康产业》被选为大会口头发言；报送集体提案11件、社情民意5件，其中《关于推进我市中医药健康旅游产业发展的建议》在市委书记领衔督办市政协重点提案办理协商会上被作为1号提案进行督办；《提高药材检测能力促进中药高质量发展的建议》被列为2022年度市政协重点提案由市政府领导进行督办。围绕市政协强化“双招双引，高质量建设承接产业转移集聚区”等6个专题协商课题，报送发言材料23篇，其中2篇被作为大会口头发言；全年向农工党省委报送社情民意信息20余件，部分建议被农工党省委采用。

【民主监督】2022年，按照市政协生态环境问题民主监督现场核验工作部署，市委会对口涡阳县开展生态环境问题整改工作进行现场核验，制定生态环境保护问题民主监督现场核验工作方案，抽调机关人员和党员成立核验组参加市环保委组织的培训，全年开展现场核验6次，核验市环保委交办的57个点位的问题，反馈问题10个，提出建议10条。

【社会服务】2022年，市委会揭牌设立“农工党讲堂”，作为向群众传播专业的心理健康、医药卫生、法律环保等方面知识的社会服务平台。农工党亳州市联合总支在高新区十九里镇文化站广场开展主题义诊活动，受到群众欢迎。党员中的律师开展普法宣传、到企业“送法帮扶”等活动；党员中的心理学专家积极开展心理健康公益辅导，为线上线下共计1万多人提供心理健康辅导；党员中的医药专家积极开展义诊服务、核酸检测、前往隔离酒店支援、学术讲课等志愿活动；党员中的企业家积极为希望工程“圆梦大学”捐助爱心资金等等。

（朱 琳）

九三学社亳州市委员会

【概况】2022年，九三学社亳州市委员会有社员116人。全市社员中，省政协委员1名，省人大代表3名，市（区）政协委员23名。其中，市政协常委6名，区政协常委1名。市（区）人大代

表4名，其中市人大常委2名，区人大常委1名。全年组织召开社市委全体（扩大）会议、主委办公会议9次进行集中学习。通过“亳州九三”微信公众号，征集并发布社员学习中共二十大心得体会26篇，分5期进行专题推送，营造学习中共二十大良好氛围。组织社员参加社中央在线学习答题活动1次，收听社省委组织的中共二十大精神专题报告会1次，线上参与社省委专家讲座6次。组织社内书画界专家社员1人参与并成功参展中共中央统战部二十大主题作品展，3人作品在九三学社安徽省委中共二十大主题书画展展出。五个支社均开展学习教育活动和特色社务活动。2022年，开展“双招双引”，联系推进安徽瑞美中药科技有限公司芍药花精油萃取和中药化妆品项目落地。助力“同心科创工程（九三•安徽）”实施，成功帮助安徽禾丰食品有限责任公司与合肥工业大学视频与生物工程学院周辉教授团队对接达成合作。

【组织建设】2022年4月，成立九三学社亳州市委员会内部监督委员会，建立并完善社内监督相关制度，发挥内部监督效能，提高解决自身问题能力，实现政治更加坚定、组织更加坚实、履职更加有力、作风更加优良。完善民主生活会制度、机关工作制度等，完善各类会议的议事决策程序，用制度确保领导班子作用的发挥，推进工作的制度化、程序化和规范化。5个基层组织完成换届，全年新发展社员4名，社员队伍的活力得到增强。社内凝聚力进一步提升，社市委主委带队走访亳州学院、亳州职业技术学院、亳州市中医院等单位党委并看望社员。全年向各级网站报送宣传报告80余篇，通过“亳州九三”微信公众号全年推送宣传信息及人物事迹报道48篇，账号关注人数同期增长38%。

【参政议政】2022年，九三学社提出多项议案提案。韩青、沈晓燕、刘国英等3名人大代表在省十三届人大五次会议上提出4件建议。张国芳委员在省政协十二届五次会议上提出2件提案。刘云飞等3名人大代表在市人大五届一次会议上领衔提出3件议案、5件建议。在市政协五届一次会议上，以党派名义和社员中的市政协委员共提出32件提案（集体提案11件、个人提案21件），社市委作“关于设施蔬菜产业发展的建议”大会口头发言。多项调研成果被市政协表彰。《关于我市设施蔬菜提质增效的建议》等3篇提案被市政协表彰为2022年度优秀提案；《关于全力打造省际毗邻区域中心城市核心旅游景点的建议》等4篇调研报告被市政协表彰为2022年度优秀调研报告。反映社情民意信息。通过《亳州政协社情民意》第二期反映的“关于提升我市城区绿化档次的建议”被杜延安书记批示，“关于盘活我市开发区低效闲置工业用地的建议”社情民意通过《亳州政协社情民意》第七期报送给市政府主要领导，2篇信息均获市政协2022年度优秀社情民意信息表彰。参与协商活动。7月，在市委统战部文明城市创建协商会上，社市委提出7条建议。在市政协监督性调研座谈会和4次专题协商会上，提供书面发言材料13篇，以社市委名义作5次会议口头发言，分别是：7月市政协“科学治理电动三轮车 提升城区交通管理水平”监督性调研座谈会；市政协五届二次常委会议暨“强化‘双招双引’高质量建设承接产业转移集聚区”专题议政

2022年7月23日，九三学社亳州市二支社委员会召开换届大会

（戴 璐 摄）

2023年7月11日，九三学社亳州市委环保核验工作组赴蒙城县开展环保问题现场核验工作　　（戴璐　摄）

性协商会；9月“对接区域协同发展，建设省际毗邻区域中心城市”专题协商会；市政协五届三次常委会议暨“加强地表水污染治理，持续改善生态环境”专题议政性协商会；9月26日，在市委书记领衔督办“打好健康养生品牌 建设文化旅游强市”市政协重点提案办理协商会上，社市委作为提案者代表发言。

【参与市委、市政府中心工作】2022年，九三学社亳州市委围绕市委、市政府中心工作，开展文明城市创建、环保问题现场核验、疫情防控等工作。4月18日至4月22日，机关1人参加社区三轮车整治工作。4月23日至5月8日，机关2人积极参加利辛县疫情防控工作。5月17日至5月31日，机关2人参加城市道路路口劝导三轮车工作。5月至11月，社市委组织工作队到蒙城县对67个环保问题开展现场核验，提出12条工作建议。8月15日至11月4日，张国芳主委带队到利辛县开展疫情防控督查工作，编发45期工作简报，解决90个问题，帮助利辛县提高疫情防控科学精准水平。

【社会服务】2022年，九三学社亳州市委联合市教育局、市科协开展“百名专家乡村学堂讲科普”活动，全年组织10名专家到“三县一区”15所中小学举办15场科普讲座，为3200余名学生送去科普知识。联合团市委、市司法局、市律师协会开展大中专院校校园普法“微光计划”，以“毕业生就业法律风险防控”为主题，开展2场普法讲座，为即将走向社会的学生们奠定法律基础。联合市中医药研究会组织26名中医专家到谯城区马元社区、亳州学院开展义诊活动，为500余名群众提供中医诊疗服务，发放800余份中医药知识宣传材料。到蒙城县岳坊镇翟湖村开展帮扶走访活动，对机关帮扶的6户脱贫户进行慰问，为该村脱贫户家庭中的九年级以下42名学生每人送去一套学习桌、椅子、台灯、插板。

（戴　璐）

群众团体

2022年2月24日，亳州市工会第五次代表大会召开　　（张延林　摄）

亳州市总工会

【概况】2022年，亳州市总工会强化党建引领，坚持重点突破，注重创新发展，全面完成年度工作任务。相关工作获市委领导批示3次、省总通报表扬2次、全省会议交流经验2次。荣获安徽省“尊法守法·携手筑梦”服务农民工公益法律服务行动成绩突出集体，全市普法工作先进单位，承办省级劳动和技能竞赛2场，在全省率先完成“工匠学院”联建挂牌。

【亳州工会第五次代表大会】2022年2月23日，亳州市工会第五次代表大会召开，选举产生亳州市总工会第五届委员会和第五届经费审查委员会。市总工会五届委员会委员53名，经费审查委员会委员10名。选举熊国洪、张学峰、邢军、刘晓华、张中智、陈琳、刘国英、颜芙蓉、张蕾、张亚丽、邓海波、杨文玲、吴迪、吴克侠、李艳梅为市总工会五届常委，其中熊国洪为工会主席，张学峰、邢军、刘晓华、陈琳、刘国英为工会副主席，刘晓华为经费审查委员会主任，邓海波人为经费审查委员会副主任。

【宣传教育工作】2022年，开展全市“新业态劳动者说”诗词创作大赛、全市职工摄影作品征集等群众性主题宣教活动1348场次，参与职工10.76万人次。通过线上线下的方式对亳州市劳模宣讲团进行专题培训，组织劳模“五进”宣讲209场次。评选2022年度“亳州最美职工”10名，组织最美职工宣讲104场次，覆盖2.37万人次。组织开展“皖若春风·新时代非公企业产业工人思想政治工作沙龙”，16家非公企业和6家国有企业参会。参加“网聚职工正能量 建功献礼二十大”好网民活动，承办全省“优秀小程序案例”征集项目，制作倡议书、视频等开展线上宣传引导，建立全市好网民宣传员工作群发动各级工会积极参与，收集上报各类好网民作品398篇，获得全省奖项23个。在百人以上企业示范创新开展企业职工“班前十分钟 思政微课堂”宣传教育活动，充分利用企业晨会、夕会，通过学理论、讲故事、唱红歌、看红色经典视频、传常识、授技能等多种形式，把职工思想教育落实到企业、车间、班组。组织有技术、有能力、事迹突出、善宣讲、讲奉献的先进人物、班组长、技术骨干作为思政“微课堂”宣讲员，并结合劳模工匠“五进”宣讲、中青年新时代理论宣讲等，让思政工作接地气、聚人气。自2022年8月以来，宣传教育活动已覆盖80%的百人以上企业，开展活动3154场，参与职工5.44万人次。

2022年11月8日，全省劳模表彰大会亳州分会场颁奖仪式（张淑贤 摄）

【工会组织建设】2022年，在全省率先联合交通、市场监督管理部门印发《持续推进新就业形态劳动者入会集中行动工作方案》，开展50天集中入会行动，依托头部企业重点建、行业工会集中建、网上入会灵活建、小三级工会兜底建，实现外卖送餐、快递、网约车等企业建会入会率近100%，货车司机入会率近80%。全市征集新就业形态劳动者建会入会创新案例7个，报送省总2个。2022年新建工会414个，新增会员人数3.7万人，分别完成任务的207%、185%。完善非公企业台账，百人以上企业建会率100%。基层工会组建，严格落实“两上、两下”规定，严格落实“三同时”原则，严格落实会员会籍管理。选树星级工会105家，其中五星级工会44家。连续两年组织全市30对企业开展“结对共建”活动，连续3年在古井集团开展厂务公开民主管理现场观摩活动，示范带动基层工会，特别是民营企业工会组织职代会、厂务公开等工作的开展。市总及各县区总工会均已完成厂务公开民主管理领导小组的调整工作并召开年度工作推进会议，对存在的问题会议通报并形成清单闭环管理，列入市委督办内容。组织开展厂务公开民主管理培训班120余人参加。选树民营企业厂务公开民主管理示范单位10家，申报全省厂务公开民主管理先进单位3家，先进个人8人。评选“优秀职工代表提案”16个、“我为企业献一计”“金点子”46个，厂务公开民主管理典型案例11个，微视频9个。古井集团民主管理微视频在全国企业民主管理微视频大赛中荣获“优秀作品奖”。

【服务职工工作】2022年，开展困难职工档案互查专项行动，落实三级工会干部“二对一”结对帮扶困难职工，线上数据比对，建档做到“四清一精准”。帮扶困难职工1425户，发放救助金1013.04万元，完成民生工程任务数的625%。为职工服务中心赋能增效，打造3家县级以上服务职工综合体。投入21.4万元推动12家五星级基层工会所在企业开展职工幸福生活企业标准化建设。市工人文化宫阵地建设已经市政府与市总工会联席会议研究通过，正在筹备立项等事宜，各县区工人文化宫建设均稳步推进。劳模工匠馆展出劳模先进200余人、工运史料征集97件，参观达3万人次。新创建省级女职工“阳光家园”14家，开展女职工“阳光家园”回头看工作，加强对“阳光家园”的动态管理。现有2家省级职工疗休养基地，2022年承接职工疗休养1424人。累计建成303家工会服务驿站，百度地图可精准定位。整合网上练兵、普惠商城、亳工招聘、亳工学堂、职工书屋等栏目，实现集中管理、一键登录、功能互通。2022年“电子书屋”阅读量217万人次；“网上练兵”参与量30万人次；“亳工学堂”栏目共征集483个视频及学习文档，浏览量达41万人次。以不让职工提供任何佐证材料为出发点，继续深化与本市政务数据的共享，上线9项网上办事，2022年办件1178件，满意率100%。

【工会法治建设】2022年，实施工会法治化“五大专项行动”。全市各级工会组织开展《中华人民共和国工会法》(以下简称《工会法》)等各类普法宣传和培训活动116场，印发宣传资料3万余份，通过线上线下途径宣传、培训工会干部和职工12万余人次，法治体检覆盖企业21家，制作微动漫3个，微视频1个。开展法律帮扶专项行动。联合人社部门深入企业开展法治体检和法治宣讲活动，覆盖企业26家。“送法进企业·新就业形态劳动者权益保障”和“尊法守法·携手筑梦”服务农民工公益法律服务行动开展法律宣传56场，覆盖职工7100余人。开展法律援助专项行动，为困难职工及农民工提供法律援助服务17场。开展“法院+工会”诉调对接工作，成功调解追索劳动报酬案件468件，帮助农民工追回涉案金额900余万元，调解成功率达87%。做好市域社会治理现代化工作，推动基层工会建制率90%以上，全市签订集体合同覆盖企业918家，覆盖企业职工5.30万人。建立劳动法律监督组织164家，劳动法律监督员182名，发出劳动法律监督意见书11份。

【工人队伍建设】2022年，深化产业工人队伍建设改革工作，市委副书记多次主持召开产改领导小组工作推进会，并形成27项专题会议安排事项清单，纳入市督查考核平台限期办结。开展全市产业工人队伍建设改革试点工作，全面试点单位2个，项目试点单位14个。全面试点单位古井集团深化“两池两道”，打通管理岗和技术岗上升壁垒。围绕推动经济社会发展，开展46场次市级技能大赛，全市共组织开展998场次技能大赛，参赛职工共10.64万人。参加省级劳动和技能竞赛33项，获奖22次，55人。开展各级各类劳动和技能竞赛4034场次，共有1080家企业，25.97万名职工参与。开展创业就业培训332人，发放11万元就业创业补助资金。为245名困难职工、农民工等提供免费家政服务培训，帮助84名职工提升就业技能和素质。持续开展名师带徒和职工技能等级提升活动，帮助4310名职工提升技能等级，全市共有159名名师带523名徒弟，评选出20名带徒名师。维护职工安全健康合法权益。全市共组织1427家企业16.07万名职工参与“安康杯”竞赛活动。全市共组织2.4万名职工参加网上安全健康知识竞赛。开展第二十个全国“安全生产月”活动、职业病防治法宣传周活动，发放宣传资料万余份。配合市应急管理局开展安全事故调查3起。联合市委组织部和市人社局开展“亳州工匠”推荐选树活动，共选树各级工匠179名。印发《关于推进亳州工匠学院建设的实施意见》，为3家亳州工匠学院举办成立仪式。积极选树产业工人先进典型，全市荣获全国五一劳动奖章1名，全国工人先锋号1个；安徽省五一劳动奖章2名，安徽省工人先锋号1个；授予市技能大赛五一劳动奖章72名，市工人先锋号16个。

【工会干部队伍建设】2022年，市县级总工会召开专题会议研究，制定《工会干部本领锤炼工程工作方案》、2022—2026年亳州市工会干部教育培训规划等指导性文件。打造“3+1”培训模式品牌，2022年全市各级工会线上线下举办干部培训班34次，受训5.2万人次。以讲促学持续开展“亳工讲堂”33期，讲评结合，促进水平提升。把《工会法》学习纳入各类工会干部培训班，并制作《工会法》宣传短视频，市总工会领导班子成员带头宣讲《工会法》3次。以线下宣讲同步直播方式开展《工会法》解读，观看达12万余人次。在全省率先开展工会干部本领锤炼工程专题劳动竞赛，线上线下组织开展工会知识竞赛17次，参与1.28万人次。提倡每位工会干部至少掌握一项技能，岗位大练兵115次数，参与7.2万余人。完成第九次职工队伍状况调查，自行追加问卷710份，形成专题调研报告5篇。市县级总工会建立常态化蹲点机制，2022年共成立蹲点小组15组，蹲点183天；形成调研报告15篇，解决问题91个。组织县以上工会机关干部全员参与“当一周工人 守工会初心”主题实践活动，深入40多家企业累计工作近500天，收集整理意见建议和难点问题33条，已解决21条，正在推进12条。

2022年9月1日，安徽省中药炮制工职业技能大赛在亳州启动

（张淑贤 摄）

【工会组织活动】2022年，开展“工会送岗位 乐业在江淮”全省工会就业援助行动，打造“亳工招聘”品牌，常态化开展线上线下就业招聘会301场，促进8657名人员实现稳定就业。为1.87万名新就业形态劳动者、稳就业人员等赠送意外伤害互助保障计划。“两节”及常态化送温暖1.12万人，筹集资金823.79万元。组织31名省部级以上劳模参加疗休养活动，202名省部级以上劳模参加健康体检，发放劳模专项补助金91.51万元。全市共组织6754名职工疗休养、为808名新就业形态劳动者在内的农民工提供免费体检、为600名女职工进行两癌筛查。开展婚恋交友活动14场，参与职工2800余人次。开展“五一学堂”职工公益培训152场，参与人次6.5万。全市共选树各级工匠179名，扶持职工创新项目64个。新增会员卡11605张，共计8.2万张；普惠商家124家。开展线上活动55场次，3.78万名职工参与；宣传推广市总“网上练兵”“亳工学堂”“电子书屋”85次，普惠职工10余万人次。

【劳模工匠工作】2022年，全市成立“劳模工匠导师团”6个，开展活动109场，参与活动1.11万人次。全市新建21家各级劳模工匠创新工作室，共有劳模工匠助力乡村振兴示范基地16家，创新项目21个，实现效益

5792.05万元，带动就业1774人。推荐上报省劳模工匠创新基地2个，劳模工匠助力乡村振兴基地1个。全市各级共开展93场职工技术创新竞赛活动，共有1.49万人参加。认真组织开展职工技术创新成果评选，全市共推荐25项职工技术创新成果。向省总推荐上报10项职工创新成果，6项职工创新项目，4个重大合理化建议。开展亳州市劳模工匠高技能人才揭榜挂帅活动，全市共开展“揭榜挂帅”活动9场，成功揭榜挂帅项目18个。组织参加职工创新交流活动全国级1场，省级3场。

【工会维权服务】2022年，举办维护劳动领域政治安全专题培训班，每月开展职工队伍风险隐患专项排查化解，累计排查风险点14个均已化解。常态化开展各类风险研判32次，牵头落实货车司机权益保障方面重大风险隐患排查化解，妥善化解3项重大风险。定期召开市维护劳动领域政治安全部门协调机制会议，明确18家成员单位职责。优化信访案件闭环式处理流程，修订5项信访工作制度，市、县区工会领导干部接访下访115次，办理登记信访80件，回访满意率100%。拓宽信访工作渠道，主动在政府官网等主流媒体上公开县级以上总工会主要负责人手机号，开设网上“主席信箱”，确保“12351”职工服务热线7×24小时畅通，实现法律援助、心理疏导、诉讼指引、困难帮扶等“一站式”服务。开展关爱货车司机“三个一”行动，走访63次，慰问3656人次；宣传调研64次，覆盖8464人次；针对货车司机工作性质，通过特快专递寄送专属旅途清凉包、健康包、宣传包各500份。开展货车司机道路货运安全行车劳动和技能竞赛，以“五比五赛”提升安全行驶技能。全市签订新就业形态领域集体合同58份，覆盖企业406家，覆盖职工2.7万人。参与制定修改劳动保障政策法规1件，推进职业伤害保障试点1家，开展法律帮扶行动15场。组织新就业形态劳动者开展疗休养618人，免费体检905人。

【县级工会发展】2022年，市县总工会分别成立领导小组和工作专班，包保县区实行全覆盖，压力传导到人到岗；围绕“三个导向”分解专项工作任务47项，编制清单实行挂图作战逐项推进。2022年，指导县区完成工会换届工作，配齐配强县区总工会领导班子，充分发挥兼挂职主席作用；为县区总工会增加社会化工会工作者加强人员力量，转拨县区工会资金548.02万元。发挥县级工会主体作用和特色优势，涡阳县总工会在全省工会系统率先引入“无人律所”，为群众提供“一站式”互助法律服务；蒙城县总工会成立“劳模协会文化艺术团”，自创、自编、自演、自排劳模故事，以新形式开展劳模事迹宣传活动。利辛县总工会在疫情下创新开展线上婚恋交友2场，参加413人成功牵手38对；谯城区总工会为每名企业职工补贴100元，引导企业带动1034名职工到亳州市职工疗休养基地开展职工疗休养活动。

【对外合作交流】2022年，建立沪苏浙工会合作交流机制，签订2份合作框架协议，联合开展5次交流活动，形成1份调研报告。组织参加长三角职工创新交流9次、获奖11人。选树推荐长三角工匠4人，获奖1人。联合市人社局出台《“亳州技工”星级评价激励办法》，为企业职工技能提升创造条件。承办2022年安徽省中药炮制工技能大赛、“华佗杯”全国（亳州）药膳大赛暨安徽省药膳制作职业技能大赛，邀请上海市奉贤区组队参赛并获得团体金奖。组织和参加长三角劳动和技能竞赛3场、获奖14人。为亳芜五金机电产业园带队赴浙江省台州市、温州市招商。向上海市奉贤区捐赠抗疫物资30余万元。

【工会财务管理】2022年，足额收缴工会经费，税务代收4718万元，同比增长10.6%；上缴省总经费首次突破1000万元。2022年返还小微企业工会经费194.82万元，为符合条件的租户免除租金30.71万元。全市工会系统购买消费帮扶产品金额已达2000余万元。加强预决算管理，决算单户填报643家，同比增长10%。市总本级开展预算绩效评价项目6个，动员基层工会使用工会财务管理云平台，市直机关事业单位做到全覆盖。党组听取部署经审工作3次。市总本级已完成对下审计14家，审计发现问题51条已全部整改，整改率达到100%。

（张淑贤）

中国共产主义青年团亳州市委员会

【概况】2022年，亳州市有团支部9766个、团员156793人。2022年，中国共产主义青年团亳州市委员会按照“围绕中心、突出特色、全省领先”的工作目标，各项工作取得新突破。市委书记杜延安先后8次批示肯定团市委疫情防控、防溺水宣传教育、“青年创业扬帆行动”、青年志愿服务等工作。团亳州市委连续3年综合评估位居全省市级前两名，获得2021年度市管领导班子和效能考核双“优秀”单位。

【文明创建工作】2022年，团市委到包保社区实地察看巷街交通卫生治理、居民聚居区环境、公共设施建设、前期反馈问题整改、创建宣传等情况，及时发现跟踪解决存在问题，确保问题一周内清零。实施“吹响文明号·共创文明城”专项行动，组建文明创建青年志愿服务队52支，制作“文明创建 青年先行”系列漫画、海报等文创产品，动员快递、外卖等行业青年踊跃参与，开展“文明号护航文明行”等志愿服务活动71场次。在全市中小学集中开展“文明交通 你我同行”共上开学第一课活动，覆盖学生50万余人次。

【疫情防控服务】2022年，制定《亳州市新冠肺炎疫情防控青年志愿服务工作指引》，指导各级团组织和志愿服务组织在一线参与核酸检测、隔离管控、应急保障等工作。2022年3—6月，常态化在高铁站、火车站、亳州南、亳州北收费站开展志愿服务，协助交通、卫健、公安等部门守护防疫“第一关”。动员各协会青年志愿者主动与属地社区及有关市直单位对接，深入包保社区、沿街门面、商铺等，开展防疫政策宣传，发放“两码”标识1万余份。组建物资保障车辆观察志愿组，出动车辆23辆，观察入亳物资保障车辆风险点138个，将违规行为及时反馈给市疫情防控指挥部办公室，为防疫决策提供参考。2022年团市委机关党支部获评亳州市疫情防控工作中表现突出的基层党组织。

【招商引资工作】2022年，发挥驻外团工委、青联、青企协等组织优势，成立驻上海、苏州、广州青年人才工作站，构建市、县区团委一体化招商网络，团市委班子成员每月至少外出招商一次，全年18次外出收集线索26条。每季度组织青企协会员开展一次学习考察、招商引资活动，对苏南、浙东等重点区域城市逐市推进，先后在上海、台州、成都等地举办恳谈会5场。树立“热情、诚恳、持续、周到”的服务理念，帮助客商解决用地、规划、建设、办证等各类问题，2022年，成功招引工业项目4个，其中亿元以上3个。

【助力招才引智】2022年，开展“暑期三项行动”，通过“高考学子看家乡”活动，让即将跨入大学的高考学子加深对家乡的了解，埋下“乡情种子”；通过“青年人才亳州行”活动，让亳州籍大学生、外地重点高校学生、优秀创业青年等，实地参观感受亳州日新月异的变化，增强对亳州的认同；通过“大学生暑期实习实践”，引导市内外高校学子在亳州市转型跨越发展的生动实践中受教育、长才干、做贡献。2022年全市累计组织近5000名青年参加活动，组织亳州一中、亳州学院、安徽中医药大学、北京大学等校高考学子、青年人才参加参观及实践活动。

【服务“六一战略”】2022年，围绕世界中医药之都建设，会同卫健、商务、药发等部门，先后召开青年中医药人才座谈会、大健康产业发展座谈会，邀请中医、饮片、制药、产投等方面青年人才20余人参与交流，收集意见建议30余条。在2023年团省委全会上，团市委就助力“双招双引”等服务大局做法作大会交流发言。

【青少年思想引领工作】2022年，团市委用习近平新时代中国特色社会主义思想教育引领青年，筑牢听党话、跟党走的思想根基。提升常态学习实效。创新打造“空中课堂”、青年宣讲“十百千万”工程、“网红”变网“红”行动等青少年思想引领品牌，引导全市青少年共学党史，2022年开展宣讲活动1163场，制作视频、课件等126个，覆盖青少年达225万余人次。持续办好“青年大学习”“红领巾爱学习”网上主题团队课，累计学习人数达800万余人次，参学率稳居全省前列。2022年8月10日，在全省共青团宣传思想文化工作培训班上亳州作典型发言。强化重要节点引领。抓住“党的二十大”“庆祝建团100周年”“五四青年节”等关键节点，开展“学习宣传贯彻党的二十大精神”“学习习近平总书记在建团百年庆祝大会上重要讲话精神”理论宣讲和“亳州发展 青年有为”“党的故事我来讲——争做红领巾讲解员”“弘扬雷锋精神 争做文明卫士”等实践教育活动，引导广大青少年在沉浸式、体验式、互动式教育中厚植爱党、爱国情感。扩大信息宣传覆盖。推动各级团属新媒体与报社、电视台等传统媒体有效融合，构建大宣传矩阵，及时有效传递工作声音。组建网宣队伍，教育引导全体青少年弘扬主旋律，凝聚正能量，坚决同一切不良思潮作斗争。2022年，《中国青年报》《安徽日报》、安徽广播电视台等省级以上主流媒体先后35次报道推介亳州共青团双招双引、规范基层团组织生活、青年志愿服务、青年交友等方面经验做法。团市委信息工作位居市直二类单位第一名。

【服务青年创业就业】2022年，帮助青年就业。搭建“在亳学子——青企协会员企业”供需对接机制，定期组织民营企业家、公务员、国企员工等青年代表进高校，与青年学子面对面交流，分享职场感悟和创业就业心得，引导学生认清就业形势，树立正确就业观念，赴亳州学院、亳州职业技术学院、安徽中医药大学等高校累计组织开展“青年就业沙龙”“高校学子就业座谈会”“专场校园招聘会”等活动22场。开发“青年就业”微信小程序，为企业招工、人才求职提供对接平台，实现岗位信息和人员信息匹配的互联互通。2022年，“青年就业”小程序累计入驻企业552家，发布就业岗位10318个。服务青年创业。全力宣传“一封家书”，利用团属各类媒体资源，注重发挥“网络红人”作用，相关阅读量超1000万人次。在高铁站、公交118线等人流密集场所搭建线下宣传平台，拍摄《我家·亳州》《一只行李箱》等微电影，不断扩大青年创业宣传覆盖面。实施“青年创业扬帆行动”，持续开展青年创业大赛、创业先锋进校园、返乡人才恳谈会等特色活动，报送的双创主体融通发展情况信息被国办信息261期综合采用，并被国务院领导批示。依托青年创客空间，为青年创业者提供“全方位‘一站式’服务”，梳理服务内容200余项，园区入驻率保持90%以上，累计孵化企业578家、带动就业创业4517人，2022年孵化项目总产值4.75亿元、纳税3092.22万元。青年创客空间被评为国家级科技孵化器，实现亳州零的突破。

【青年志愿服务】2022年，在“3·5”学雷锋日、“12·5”国际志愿者日等时间节点，采取广场展示、集中表彰、座谈交流等形式对青年服务进行展示表彰，用荣誉激励前行。制定年度青年志愿服务项目指引，按照“一月一主题”，围绕群众生活所需，进一步设计精细化服务项目，针对困境青少年、春运乘客、残弱群体、户外高温劳动者、高考学子等，打造“温暖一冬”“情暖一路”“护你一程”“清凉一夏”“在此一搏”等品牌，全市23万名注册青年志愿者累计服务超百万小时，青年志愿服务覆盖面不断拓宽，影响力不断扩大。

【从严治团】2022年，深化共青团改革。坚持市区一体，扎实推进县域共青团基层组织改革试点工作（谯城区为全国试点县区），提前完成全部20项改革目标任务，在改革终期评估中，团亳州市委、团谯城区委分别被评为全省优秀市、县区，《提升系统效率 释放工作活力》被评为全省优秀案例。推进规范化建设。在基层团组织中深入推进“一月一课一践一悟”活动，有效推动组织生活常态化、规范化。2022年共有6.3万名团员登台讲授微型团课，7436个基层团支部前往企业、社区、爱国教育基地等开展社会实践活动，14.6万名团员进行感悟分享，团中央官方网站对此做法进行推介。完善“月调度、季观摩、半年分析、年终总结”工作推进模式，不断提升工作规范化水平。坚持复盘工作法，每项大型工作结束后，认真梳理会议、活动、办事中每一个环节，查找不足，明确下步改进方向，在坚持中不断实现流程再造和优化。扩大社会领域团组织覆盖。实施非公企业和社会组织团建“攀登行动”，新建团组织1672个、增幅27.8%，社会领域团建工作完成率居全省第一。2022年11月14日，团市委代表全省共青团系统在全省“组建群团组织，扩大党的工作覆盖”工作交流会上作经验介绍。狠抓调查研究摸清基层情况。对全市青年思想意识形态工作、青年情感认同、青年就业创业等情况进行深度调研，形成《提升国家文化软实力，把新时代10年发展成就全面融入青少年爱国主义教育》《新时代青年团员党建理论认同感提升研究》《亳州市花茶电商产业发展情况》等调研报告，其中《亳州市花茶电商产业发展情况调研报告》被市政府发展研究中心《决策参考》第50期印发。

【服务青年全面发展】2022年，落实青年发展规划。召开亳州市青年工作联席会议第三次全体会议，制定重点任务清单，累计出台青年相关扶持政策96项。谯城区成为全省唯一获得全国中长期青年发展规划实施试点工作考核优秀的县区，并在全团大会上作典型发言。维护青少年合法权益。结合当前青少年实际情况，常态化开展“三防”主题教育（防欺凌、防溺水、防抑郁），采取发放《告知书》、制作巡回展板、开设“12355”专线等方式做到全市中小学生全覆盖。开展“预防青少年违法犯罪”“禁毒防艾”等法治宣传教育活动150余场次，参与青少年5万余人次。建立“阳光心灵”爱心基金，募资10万元专项用于青少年心理健康公益教育和服务，开展公益性心理健康辅导活动6场。与市未成年人心理健康辅导中心、亳州晚报合作，开发心理健康短视频栏目《成长心语》，每周在《亳州晚报》、团市委新媒体发布1期，关注并帮助解决青少年心理健康问题。关爱困境青少年成长。不断深化希望工程，全市全年募集资金722.22万元，资助困难学子2528人，募资金额和资助人数全省遥遥领先，多次在全省共青团会议上受到团省委领导表扬。开展“温暖一冬”校服捐赠活动，为留守儿童捐赠校服价值10万余元。开展“情暖童心”活动，走访困境青少年2000余人次，发放爱心大礼包和“微心愿”物品1200件。开展“困境尖子生”“孤儿助飞计划”等项目，资助困难青少年1120名，支持爱心物资近百万元。建成希望小屋7所，发动青联委员常态化到希望小屋开展送教下乡活动，为乡村青少年提供才艺学习、科学实践、心理咨询等服务。促进青年社会融入。开展“共青团与人大代表、政协委员面对面”活动，相关调研文章《探索构建社会化的青少年心理健康服务机制》获评全国面对面调研报告二等奖。打造“青年100”，在市区推出100个青年打卡点，进一步建设青年友好型城市，打造青年人愿来愿留、乐活乐享的城市环境，为市内外青年提供美食、娱乐、文旅、运动、亲子、购物的好去处，让青年更加了解亳州、热爱亳州。做好青年婚恋交友工作。“线上+线下”“平台+活动”“服务+引导”实现青年交友服务精准化、常态化。打造“亳州市优秀青年交流基地”和“爱在亳州·缘来是你”线上交友平台，紧扣“5·20”“七夕”等节点，定期开展针对性强、精准度高的专场交友活动20余场，通过专家讲座、茶话谈心等方式，帮助青年树立正确的婚恋观。

（曹　嵩）

亳州市妇女联合会

【概况】2022年，亳州市妇联围绕巾帼创业就业、家庭文明建设、维权关爱服务和妇联改革创新，圆满完成年度工作目标任务。市妇联荣获全市“平安亳州先进集体”荣誉称号、全市市长热线工作先进单位、民生工程实施工作先进单位、全市五好关工委。在全省2021年度平安建设考核中，其中婚姻家庭纠纷预防化解工作考评结果为一档，获得满分10分。市妇联组织发展部荣获“安徽省实施妇女儿童发展纲要先进集体”荣誉称号，家庭权益部荣获“安徽省家庭工作先进集体”荣誉称号，“亳州木兰之声”微信公众号获评亳州市“文明账号”。

【宣传示范工作】2022年，市妇联党组召开理论学习中心组学习会议20次，党员大会同步学习20次，研讨8次，较好地提升党员干部思想政治素质。围绕党的二十大精神、党史学习教育等，持续开展“百千万巾帼大宣讲”活动，2022年全市开展宣讲1700余场，受众5万余人次。利用“亳州木兰之声”微信公众号开设各类专栏12个，发布宣传信息1300余篇，被省级以上媒体采用67篇。推荐亳州市“12345”市长热线办获评全国三八红旗集体，推荐获评安徽省三八红旗手标兵1人、安徽省三八红旗手6人、安徽省三八红旗集体2个。评选亳州市三八红旗手标兵5人、三八红旗手60人、三八红旗集体12个，评选亳州市“最美军嫂”47人，用先进典型激励广大妇女团结拼搏、奋发向上。

【巾帼服务工作】2022年，推进创业就业。开展线下“巾帼风采”专场招聘等30余场次，推介省市内外企业岗位11461个，促成妇女就业7564人次。开展技能培训152期，培训服务5599人次；组织创业培训15期，培训服务408人次。联合邮储银行、农业银行等开展金融服务，共计为2380位女企业家、创业女性发放创业优惠贷款6.8亿元。2022年度，扶持市级妇女专项经费项目56个，帮扶资金70.4万元；扶持省促进妇女健康和创业扶持转移支付资金项目8个，帮扶资金125.4万元。开展“美丽庭院”创建。制发《亳州市“乡村振兴巾帼行动”整体提升活动方案》《亳州市“美丽庭院”创建评选办法（试行）》等文件，落实各级创建责任，发动各级妇联积极挖掘选树“美丽庭院”创建典型，全年创建“美丽庭院”16558户。其中，市级美丽庭院400户，县级美丽庭院773户，乡级美丽庭院4324户，村级美丽庭院11061户，开设专栏宣传美丽庭院70期，以家庭“小美”助力乡村“大美”。推进科技创新。组建市级“巾帼科技助农直通车”专家人才库，登记入库巾帼科技特派员233名，开展“订单式”“菜单式”科技助农指导培训403次，讲座和政策宣传540场。推广新品种64项、新技术91项、新装备53项、新模式13项，有效推动科技成果转化。

【家庭服务建设】2022年，开展典型家庭创建。推荐全国最美家庭2个、五好家庭2个，省级最美家庭5个、五好家庭6个、家庭工作先进集体1个、先进个人1个。创评2022年度亳州市“最美家庭”110户，“平安家庭”110户，“最美家庭成员”110名。开通市家庭教育咨询服务热线，提供咨询服务200余人次。与检察院共同签订《亳州市涉案未成年人家庭教育指导工作合作协议》，市、县两级均已成立家庭教育指导工作站。成立家庭教育讲师团，开展家庭讲座100余场。举办线上、线下青年交友活动14场，帮助广大青年扩大交友范围。3月份启动“木兰讲堂·婚姻家庭教育及心理健康”巡讲活动，各级妇联组织开展木兰讲堂507场。其中，法律知识宣讲249场，家风家训、家庭教育171场，心理健康辅导讲座31场，女性健康知识14场，未成年人教育42场，受众人数2.5万人次。

【妇女维权工作】2022年，制定新一轮妇女儿童发展纲要。7月，亳州市新一轮妇女儿童发展纲要正式颁布实施，是全省颁布较早的地市。推动社区婚调室建设，截至2022年底全市已成立18家婚姻家庭纠纷调解工作室。发挥维权联席会议作用，督促推动反家庭暴力法落实力度，发放家庭暴力告诫书705份，人身安全保护令28件。开展婚姻家庭矛盾纠纷走访排查，共排查重点人群9251人次，高风险家庭1035户次，排查纠纷数2490件，成功调解2277件。开展法治宣传教育。2022年共发放宪法、民法典、反家暴

2022年8月，市妇联举办亳州市实施省、市妇女专项经费项目培训班
（张小燕　摄）

法、家庭教育促进法、未成年人保护法等相关法律法规资料5万余份，举办普法培训、讲座694场，开展普法宣传936场，徒步普法活动54次，举行法治文化活动21场，答题活动5次，发布倡议书4份。推进民生工程实施。亳州市超额完成城镇低保适龄妇女“两癌”免费筛查民生工程任务649人，完成率为101%。开展妇女儿童关爱服务活动。利用全国、省“两癌”救助资金172万元，救助172人。开展“腾讯99公益”募捐活动，全市组建爱心团队496支，共筹集捐款50.44万元。开展“把爱带回家——送法到家 让孩子健康成长”寒假儿童关爱服务活动、“少年儿童心向党用心用情伴成长”暑期儿童关爱活动及“六一”关爱慰问活动等1728场，慰问留守、单亲、困境儿童2万余名，结对帮扶留守儿童、困境儿童3892名。

【妇女组织建设】2022年，指导完成村（社区）、乡镇（街道）妇联换届。年初，完成全市1348个村（社区）妇联换届选举工作，选举产生村（社区）妇联主席1348名，副主席2408名，执委12140名；6月，完成88个乡镇（街道）妇联换届工作，选出执委2711人，主席88人，专兼挂职副主席322人。开展四级执委大走访活动。以“五必访五必问”为主要内容，8894名市、县、乡村四级妇联执委共走访妇女群众14561户，政策理论法律宣传受众41460余人次。各级妇联执委积极参与“美丽庭院”创建和疫情防控44500余人次，发现报告涉及妇女儿童权益重要问题、线索37件。推动妇女组织建设。对全市非公企业和社会组织成立妇女组织情况开展摸底统计，指导成立女职工委员会和各种类型妇女组织共计4121个；在小区、楼栋、合作社、家庭农场、广场舞队、社会组织等中成立妇女小组4703个。

（张小燕）

亳州市科学技术协会

【概况】2022年，亳州市引导符合条件的科技社团加入科协组织，同意市科协为3个市级学会的业务主管单位，新批准成立1个市级学会、同步成立党支部，指导利辛县科协和2家市级学会顺利完成换届工作。成立企业科协3个，农技协4个，在3个省级园区建立科协组织。获得安徽省2022年全国科普日活动优秀组织单位、安徽省青少年科技创新大赛基层赛事优秀组织单位、安徽省科协系统新冠肺炎疫情防控工作先进单位和安徽省中学生气象科普知识竞赛优秀组织单位等荣誉称号。

【科技培训工作】2022年，推动各级科协组织为科技工作者成长成才搭建平台，县（区）科协、市级学会、企业科协举办40多场学术交流、技能培训活动。市药膳养生协会举办的“全国药膳之都”养生饮食文化暨药膳产品开发研讨会、市中医药研究会举办的“2022年中医药学术交流会”、市菊花产业协会举办的“药用植物与大健康研讨会”、市护理学会举办的“基层医院儿童急诊急救的护理安全管理学术报告会”、古井科协举办的“2022中国白酒健康研究院年会”等学术活动，邀请一批国内知名专家学者前来讲座，受益科技工作者近千名。市航模协会、市人工智能学会举办的科技辅导员培训班，参训人员近700人。

【“全国药膳之都”建设】2022年，根据《世界中医药之都（安徽亳州）建设发展规划2022年任务分解表》要求，针对“提升全国药膳之都知名度”方面，市科协组织指导市药膳养生协会从药膳餐饮调研、药膳产品开发、药膳人才培育、药膳文化传承等四个层面深入推进“全国药膳之都”建设。与亳州学院联合开展药膳餐饮课题调研，形成《基于“岗—证—课”三位一体的药膳酒店业人才培养研究》和《亳州药膳餐饮市场开发现状及对策研究》调研成果；举办2期药膳技能人才示范培训班，培训药膳技能人员100余人，加强亳州市药膳人才梯队建设。将曹魏文化、中医药健康文化融入药膳开发体系，规范每道药膳的主辅用料、功效禁忌等，研发药膳产品10个。推动药膳菜品、产品进酒店、景区，不断扩大亳州药膳的影响力。

【创新驱动发展】2022年，围绕省科协“学会服务站试点”计划，市科协开展调研走访，收集整理2项产业发展需求，7项产业链技术需求，并与上级学会保持密切联系，推动成立“省畜牧兽医学会谯城区科协服务站”，该服务站是全省首批十个试点服务站之一。举办学会服务站专家对接会，紧扣亳州市牛羊产业发展亟待解决的问题，围绕牛羊品种的选育和杂交改良、农作物秸秆等饲草饲料开发利用、牛羊动物疫病防控和监测以及推进产业融合等方面，与省牛羊产业技术体系和省畜牧兽医学会专家开展深度合作，搭建服务地方产业转型升级和助力企业技术进步的平台。利辛县在搭建高端智力服务平台方面实现新突破，新组建专家工作站2家，签约合作科研项目5个，投入研发资金181万元。

【青少年科技教育】2022年，联合4部门采取线上线下相结合的方式，举办第十届亳州市青少年科技创新暨发明创造大赛，共收到参赛作品1731项（幅），组织专家评选出一、二、三等奖共1039项。遴选优秀作品参加省赛，共获得一等奖2个、二等奖16个、三等奖21个，获奖总数位居全省前列，充分展示了亳州市青少年科技创新能力和水平，市科协获得“安徽省青少年科技创新大赛优秀组织单位”称号。联合市教育局举办第二届亳州市青少年航空航天模型大赛，53支参赛队1200多名选手参加角逐。

【科普惠民行动】2022年，履行全民科学素质纲要实施牵头单位职责，完成市政府对各县区政府2021年度全民科学素质考核工作，制定年度考核细则。全力打造“百名专家乡村学堂讲科普”“科普惠民乡村行”“科普大篷车进校园”等品牌科普活动，共举办各类科普活动120余场次，参与公众超7万人次。新建科普e站13个，评选命名市级科普教育基地13个，择优推选4个获评省级科普教育基地。（蒋子月）

亳州市工商业联合会（市总商会）

【概况】2022年，亳州市工商业联合会系统会员总数3873个，团体会员15个，乡镇（街道）商会87个，行业商协会61个。其中市本级行业商协会22个。组建异地亳州商会26个。本年度新增行业商协会、异地亳州商会等基层组织5个。市工商联所属商会党委下辖党组织13个，覆盖率59%。其中，12个为功能型党支部。加强人才储备，持续完善民营企业及民营企业家人才库，人才备选库190人、人才初选库705人、人才库939人。

【学习贯彻党的二十大精神】2022年，制定《市工商联党的二十大精神学习计划表》，编印《党的二十大学习手册》；制定《亳州市工商联学习宣传贯彻党的二十大精神实施方案》，并向县区工商联印发《关于深入学习宣传贯彻党的二十大精神的通知》。加强宣贯，会同市委统战部先后召开民营企业家及新的社会阶层人士学习贯彻党的二十大精神座谈会、“优环境稳经济 亳州统战在行动”座谈会（亳芜片区），宣讲党的二十大精神；结合开展“一月一课一片一实践”活动，发放《党的二十大精神学习手册》，赠送《党的二十大报告》读本、新修订《中国共产党章程》，组织直属商协会集体学习，讲授“微型党课”，进一步统一思想、凝聚共识。

【教育培训工作】2022年，编印并发放学习资料汇编300余份；邀请市委理论宣讲团成员进行“举旗帜·送理论”市级示范性宣讲；推进“四信”教育，整合党建资源，开展实践活动5次，组织直属商协会党员赴亳州福寿红色印记教育基地接受革命传统教育等。注重培训提素质，强化民营经济人士培训，先后组织市本级、县区工商联机关干部、商会民企负责人参加第五期全省重点民营企业主要负责人研讨班、第四期全国民营企业家和工商联干部绿色低碳发展网络专题培训班、工商联所属商会负责人培训班暨商会改革发展研讨会、2022年安徽省工商联民营企业绿色发展培训班、民营企业法律风险防范培训班等网络学习。

【网上工商联建设】2022年，加强“网上工商联”建设，制定《网站信息发布“三审制”》，市县区工商联在省工商联网站、《工商导报》、《亳州晚报》等发稿120篇。开展新形势下工商联系统新闻宣传工作专题调研，总结经验做法，分析存在问题，向工商导报社提出意见建议12条。与工商导报驻阜亳工作站联系，邀请到亳开展“新亳商”报道4次，通过文稿、图片、视频报道等形式，加强民营经济领域正面宣传，展示亳商良好形象。

【参政议政工作】2022年，畅通民营企业家建议渠道，收集民营企业声音，市工商联机关、工商联界别委员先后向市政协提交提案、社情民意17件。线上、线下相结合开展调查研究，先后开展能源领域民营企业生产经营状况摸底调查、国际化规模较大民营企业调研、民营经济人士思想状况调查及花草茶行业发展调研、政协专题调研等，撰写分析报告1篇、调研报告3篇、提交政协专题协商会发言材料2篇。《亳州市中小企业运行形势分析报告》送阅市委书记杜延安批示；《亳州市花草茶行业发展情况分析》评为2022年全省工商联系统优秀调研成果三等奖、全市重点调研课题成果优秀等次；《做好年轻一代民营经济代表人士思想政治工作的几点思考》评为2022年度全市党建研究课题优秀等次。推进民营企业调查点工作落实，样本点企业由104家扩容调整为320家，开展“季度全省民营企业评营商环境”问卷调查，并做好对县区评价。

【服务经济发展】2022年，搭建政企沟通平台，与市发改委、人民银行亳州市中心支行等开展“四送一服”，与税务局共同开展“春雨润苗”专项行动，针对企业税务、金融方面诉求，及时予以解答并宣讲政策，提升企业税收金融领域风险防范意识。落实与生态环境部门合作协议，开展民营企业绿色发展调研。加强金融服务，组织100余家企业入驻省综合金融服务平台；加强与建行亳州市分行战略合作，对接企业372家，累计投放贷款5.37亿元。服务企业“走出去”，加强与沪苏浙工商联对接，与上海奉贤区工商联签订合作框架协议，与浙江温州市工商联、衢州市工商联签订缔结友好商会协议；积极申请加入长三角商会联谊会，与沪苏浙13家工商联、省内5家工商联共同构建“长三角商会联谊会”运作机制，引导服务长三角民营企业更好融入区域经济高质量发展。推动企业互动交流，组织企业参加世界制造业大会、第五届上海进博会等。组织5家有意向企业参加“走出去”培训暨出口信用保险政策及信用风险防控和合规管理宣讲。

【法律维权服务】2022年，推进商会人民调解工作常态化，全年接受法律咨询1150次，受理调解案件1570件，调解成功案件807。开展法律“三进”，与市直相关部门先后开展“喜迎二十大 送法暖民企”暨“典亮企业 助力发展”民法典宣讲、企业法律知识宣讲会、“仲裁法”进企业宣讲等活动。会同市检察院、经信局等成立涉案企业合规第三方监督评估机制管委会，印发《第三方监督评估机制管理委员会工作规则》《第三方监督评估机制专业人员选任管理办法》，并向13名专业人员名录库专家成员颁发聘书。

【助力优化营商环境】2022年，落实“优环境稳经济，亳州统战在行动”工作方案，召开座谈会，引导商会民企为改善营商环境担当尽责，树立“改善营商环境民企有责”的观念。制定“周调研、月报告、季总结”工作方案，同步开展“走民企访商会、助力解难题”实践活动。助力优化法治营商环境，先后与公检法及司法机关建立沟通联系机制。利用各种时机做好《亳州市创建一流营商环境十条举措》《亳州市支持工业企业用工十二条措施》等惠企政策措施的宣传解读工作。

【“双招双引”工作】2022年，开展产业分析研究，编制招商指南，深化产业链学习调研，并加强与县区对接同谋划、同推进招引项目落地。加强异地商会建设，制定《异地亳州商会工作考核办法》，共组建异地亳州商会26个。开展以商招商、以会招商，坚持“请进来”考察、“走出去”推介、拜访本地商会民企“以商招商”相结合，邀商到亳考察21批次196人次，赴长三角、珠三角等17地市走访商会民企109家，搜集有效招商线索41个，洽谈项目14个，确认项目6个（其中工业项目5个），招才引智12个。承办招商会议和招才引智两项工作在全省工商联系统排名第二位。

【乡村振兴工作】2022年，推进“万企兴万村”行动，列入年度重点工作，先后召开工作推进会、部署会、举办培训班、开展项目对接活动等，通过积极争取、整合资源、凝聚合力，引导广大民营经济人士积极投身到行动中来，全年亳州市1435家民营企业开展“兴村”项目1567个，“兴村”总数806个，投入资金36.1亿元，申报省级“万企兴万村”行动示范项目5个。民营企业参与数和“兴村”总数排在全省工商联系统第一名。

【社会服务工作】2022年，开展“民企联校促就业”行动，发动商协会参与，124家企业吸纳应届高校毕业生数量524人。开展民营企业参与社会责任调研，组织122家企业填报2021年度全国工商联履行社会责任调查问卷，上报社会责任优秀案例3个（企业2、个人1）。开展援疆工作，动员民营企业捐助9.6万元；开展消费扶贫活动，市本级及县区工商联和直属商会购买新疆皮山县农产品26.27万元。动员组织商会民企积极参与光彩事业、公益慈善事业，捐款合计46.54万元，并到一线走访慰问。

【文明城市创建】2022年，开展药都社区文明创建包保工作。进家入户，发放文明创建宣传材料500份；开展三轮车治理，向群众宣传三轮车治理政策；配合社区做好返乡人员疫情防控摸排，走访沿街铺面50多家。向药都社区卫生保洁员送去慰问金5000元。协同区城管执法局、区市场监管局和市药都银行等包保单位共同做好文明创建工作。与市爱心协会、市青少年关爱协会等联合开展文明创建实践活动，华润亳州中药有限公司和安徽谓博药业有限公司为药都社区捐赠防疫用品。

【工商联改革发展】2022年，加强执委会建设，落实谈心谈话制度，市委常委、统战部长郑超与30名新当选企业家副主席副会长进行集体廉政谈话；做好思想疏导工作，开展“交流思想•谈心谈话”活动。推荐15名民营经济代表人士为省工商联第十二次代表大会会员代表。加强年轻常执委培育，推荐参加第一期省联常执委培训班学习、担任省光彩会理事。深化履职评价考核，制定《亳州市工商联（总商会）企业家副主席副会长履职评议办法（试行）》，召开企业家副主席副会长述职会，并开展履职评价；依托非公有制经济代表人士综合评价系统，6批次对47名民营经济代表人士进行综合评价。推进“五好”县级工商联建设，强化工作考核，蒙城县工商联、利辛县工商联、谯城区工商联通过全省“五好”县级工商联复核，涡阳县工商联、蒙城县工商联、利辛县工商联通过全国“五好”县级工商联复核。

【直属商协会改革发展】2022年，加强对直属商协会工作的指导、引导和服务，推进商会制度化、规范化建设，会同市民政局制定《全市性行业协会商会评估考核办法（试行）》。“四好”商会建设，审核并推荐6家商协会参加全国、全省“四好”商会认定，市汽车后市场商会、市中药材协会被认定为2021—2022年度全国、全省“四好”商会。商会会长任前综合评价，完成市民营企业家商会换届，对市花草茶行业商会法人进行变更，指导昆山市亳州商会做好筹备工作。加强行业商会治理，先后开展社会团体分支（代表）机构专项整治行动、市级社会服务机构非营利监管专项行动、行业协会商会收费自查抽查和信息公示等工作。异地商会建设，新成立南京、衢州2个异地亳州商会；加大对贡献突出的异地亳州商会支持力度，修订完善《异地亳州商会工作考核办法》。推进乡镇（街道）商会登记注册，87个乡镇（街道）商会已在民政部门登记注册15家，登记率17.2%。

【所属商协会党建】2022年，打造“同心同向•健康成长”所属商会党建工作品牌，制定《市工商联2022年非公经济和社会组织党建工作攻坚项目方案》《市工商联攻坚试点项目计划书》，完成品牌标识（LOGO）设计、所属商会党委非公企业和社会组织党建园地布置。贯彻落实《关于进一步加强全省工商联所属商会党的建设工作的意见（试行）》，每月向直属商协会下发“三学两提”清单，推进已建商协会党支部标准化规范化建设，并督促党建工作指导员开展“问题帮办、助企发展”活动。

【第五次会员代表大会】2022年2月27日至28日，市工商业联合会（总商会）召开第五次代表大会，省委统战部副部长、省工商联党组书记缪学刚，市委书记杜延安，市人大常委会主任王玉玺，市政协主席汤涌出席会议。会议审议通过市工商联（总商会）四届执行委员会工作报告，选举产生第五届执行委员会委员134名。2月28日下午，召开市工商联五届一次执委会议，选举产生市工商联五届常委58名（较四届增加10名）；领导班子成员34名（较四届增加3名），其中主席（总商会会长）1名、专职副主席（副会长）3名、兼职副主席12名、兼职副会长18名。选举陈昭敏当选为市工商联五届执委会主席、市五届总商会会长。

（冯　刚）

亳州市文学艺术界联合会

【概况】亳州市文学艺术界联合会是市委领导下的专业性人民群众团体，是全市各文艺家协会的联合组织。下设亳州书画院，为全额事业单位。截至2022年年底，全市有谯城文联、涡阳文联、蒙城文联、利辛文联、古井文联、作家协会、书法家协会、摄影家协会、美术家协会、音乐舞蹈家协会、戏剧曲艺家协会、收藏家协会、民间文艺家协会、电影电视艺术家协会等21个团体会员。

【重要会议】2022年，市文联四届六次委会（扩大）会议在市政府会议中心第四会议室召开，增补市文联党组书记李森、区文联主席孙广东、民间文艺家协会秘书长路通三人为市文联第四届委员会委员，选举李森为市文联第四届委员会主席。

【党的建设】2022年，7月2日，市文学艺术界联合会机关党支部组织党员到位于涡阳县新兴镇的新四军第四师纪念馆参观学习，缅怀革命先烈，重温入党誓词。9月20日，市文联机关支部召开党员大会，补选李森、孙志保为支部委员，李森为支部书记。9月29日，市文联党组书记、主席李森参加全面从严治党专题会议及《中国共产党宣传工作简史》学习研讨会。10月25日，市文联召开学习党的二十大报告精神专题会议，市文联主席李森主持会议并领学党的二十大报告精神。11月11日，市文联党组印发《关于学习宣传贯彻党的二十大精神的通知》（亳文组字〔2022〕22号），就本市文艺系统深入学习宣传贯彻党的二十大精神进行全面安排部署。

【制定《“强国复兴有我”文化志愿活动方案》】8月23日，市文联制定《2022年“强国复兴有我”暨文化卫生科技“三下乡”“我们的中国梦”——文化进万家志愿服务活动方案》。该方案主要围绕四个方面开展工作：一是进学校、社区服务群众。二是深入基层，送文化下乡。三是带动全民阅读，增强学习意识。四是以文艺作品慰问抗疫一线工作人员。

【文艺活动】2022年，亳州市文联主要举办如表4的文艺活动：

2022年亳州市举办文艺活动一览表

表4

时间	活动名称	举办单位	活动内容
1月12—21日	辛丑年中国书法展—全国篆书、隶书、篆刻作品展（亳州站）展览	亳州市文联 亳州市文旅体局	亳州市第一次引入的国家级书法展、全国性书法专业展览，展览在市文化馆一楼大厅展出，共展出191件作品
1月25日	“我们的中国梦·送文艺下基层”迎新春活动	亳州印社	走进谯城区大杨镇孟王村，义务写福字、春联，受到群众欢迎
2月1—6日	“欢乐过大年·喜迎冬奥会——我们的美好生活”春节活动	市文联	在十河镇举办春节活动，让群众体验传统民俗，欣赏戏曲、舞龙、斗鸡等精彩表演
2月14日	“感受非遗魅力 喜迎元宵佳节”活动	市文联	亳州市民间文艺家协会联合谯城区文化馆举行“感受非遗魅力 喜迎元宵佳节”活动，活动现场既有皮影戏演出，也有剪纸、面塑、糖画等非遗项目制作过程的展示，200多名市民参与、观看

续表4

时间	活动名称	举办单位	活动内容
5月18日	“强国复兴有我，喜迎党的二十大”戏曲进校园活动	市委宣传部 市文联	市委宣传部、市文联等联办2022年亳州市“强国复兴有我，喜迎党的二十大”戏曲进校园活动走进亳州市第十八中学活动，500多名学生观看演出
5月27日	“我们的节日 端午节”非遗进校园活动	市文联	开展“强国复兴有我”“我们的节日 端午节”非遗进校园活动，市民间文艺家协会主席、亳州剪纸非遗传承人闵霞、赵冬梅、方玲等3名艺术家到谯城区夏侯小学，给学生们讲授剪纸创作、古琴知识，有40多名学生参与
5月31日	“笔歌传文脉 墨舞颂华章”梁景堂书法作品展暨送书法进校园文艺志愿服务活动	市文联 市教育局	在市第三十三中学，市文联、市教育局等单位联合举办“笔歌传文脉 墨舞颂华章”梁景堂书法作品展暨送书法进校园文艺志愿服务活动，市书协潘克军、梁景堂、贾同宇等书法家向学生进行书法创作培训，赠送书法作品和字帖
6月21日	“为时代和人民放歌”送书法进校园	市文联	组织书法家走进亳州第五小学开展“强国复兴有我”“为时代和人民放歌”书法进校园志愿服务活动，40多位同学参与活动
6月30日	“强国复兴有我”——亳州市首届书法小品展	市文联 市文旅体局	收到应征作品261件，88件作品入展。入展作品中篆、隶、真、行、草五体俱全，在市文化馆正式展出
8月1日	《学党史 爱国防——“八一”建军节亳州文艺作品展》	市文联	精选文学、书法、美术、篆刻等文艺作品24件，讴歌人民子弟兵
8月4日	“强国复兴有我 传承优良家风”“我们的节日·七夕”——文艺作品展	市文联	弘扬中华优秀传统文化，推动形成新时代家庭文明新风，凝聚奋进新征程的强大精神力量
9月9日	“强国复兴有我”“我们的节日·中秋”文艺作品网络展	市文联	精选绘画、书法、剪纸、摄影、篆刻、文学作品24幅，在亳州文艺界公众号同步展览
9月17日	学“四史”爱祖国——国防教育文艺作品网络展	市文联	在亳州文艺界公众号展出绘画、书法、剪纸、文学优秀作品16件，增强全民国防观念
9月23日	“强国复兴有我”书法进校园活动	市文联	组织书法家到谯城区花戏楼办事处第二回民小学开展书法进校园活动
9月27日	“强国复兴有我”书法进校园活动	市文联	组织书法家们在谯城区薛阁办事处景福小学开展“强国复兴有我”书法进校园活动
10月4日	“强国复兴有我”“我们的节日·重阳”——文艺作品网络展	市文联	在亳州文艺界微信公众号展出包括绘画、书法、篆刻、剪纸、摄影、文学与重阳有关作品32件
10月10—19日	“喜迎二十大 礼赞新时代”书法美术摄影剪纸展	市文联等	展览在亳州市文化馆一楼综合展厅举行，共展出优秀文艺作品100幅，其中美术作品20幅、书法作品30幅、摄影作品30幅、剪纸作品20幅，在亳州文艺界公众号同步推送告知
10月15—20日	“喜迎二十大 奋进新征程”——亳州印社书法篆刻展	市文联 亳州印社	展览在市博物馆举办，展出文艺作品近60幅
10月26日	“亳州市全民阅读活动——读书分享会”	市文联	在亳州市老年大学举办两场全民阅读活动——读书分享会，分享《梁巘全集》《梁巘评传》《红楼梦》等书籍
10月28日	“我们的中国梦——文化进万家”送文艺志愿服务活动	市文联	活动在谯城区五马镇杨楼村、华佗镇大王村开展，现场创作书法作品90余幅，赠送现役军人家属、退役军人和群众

【文艺成果】2021年，全市在市级以上刊物发表文艺作品1000多件。主要成果见表5。

2022年亳州市文艺创作成果一览表

表5

时间	成果
1月17日	甘占民、杨朝清2人荣获安徽省第二届老年书法篆刻作品展奖项，9人入展
7月	孙志保的中篇小说《南乡子》获2019—2022年度安徽省社会科学奖文学类三等奖，演艺公司的《雨燕衔春》获戏剧类三等奖
8月16日	任明、王丰来合作作品《决战淮海》入选凝聚新力量·筑梦新时代——“艺心向党”喜迎二十大主题作品展
8月17日	李丹崖的散文《食豆记》在学习强国发布
8月23日	任明美术作品《黄河颂》在《中国书画报》发表
8月下旬	孙志保中篇小说《床前明月》在《小说月报原创版》第八期发表

【文艺采风创作】2022年，市文联开展“同心战‘疫’‘艺’起抗疫”文艺采风创作活动。亳州市文艺工作者到抗疫一线采风，陆续创作1000多件文艺作品，市文联择优在《亳州晚报》《掌上亳州》《安徽工人报》及省文联、省摄影家协会微信公众号等20多家媒体刊发100多件。5—11月，开展宣传中国好人、先进模范人物为主题的文学采风创作活动，于5月份组织艺术家以“中国好人”侯传宇、武中海、王桂英和“安徽好人”刁志岭先进事迹为题材采风创作4件文学作品先后在《亳州文艺》2022年第三、四期刊发，并在文联微信公众号9月17日、10月13日刊发。

【文艺队伍建设】2022年，发展会员104名，其中国家级6人，省级49人，市级4证书9人。7月5日，亳州市张秋晨、凡梁浩等7名作家入选安徽省网络作协本年度新入会会员名单。7月22日，确定李景芝、林琳、任明、王军、潘克军、张延林、闵霞、付红伟、路通、王显吉、韦如辉等11名文艺家为首批“名师”，开展“名师带徒”工作。8月8日，推荐朱芦斌参评安徽省委宣传部“江淮文艺名家”青年英才（文化艺术类）。8月8—11日，亳州市网络作家衡尔参加“长江的微笑”安徽知名网络作家采风创作活动。8月10日，亳州市作家郏德强入围中国报告文学学会2022年度第一批发展新会员名单。9月22日，全市文艺骨干能力素质提升培训班在市文化馆多功能会议厅举办，来自三县一区文联、市各文艺家协会的45名文艺骨干参会。12月14—19日，亳州市作家宋卉、范秋融、李卫华参加安徽省作协、安徽省文学院举办的第十一届中青年作家研讨班。

【文艺阵地建设暨“互联网+文艺”】2022年，市文联在“亳州文艺界”微信公众号开始创办“文联送学”专栏，系统宣传党的二十大精神，持续转载文联系统对深入学习宣传贯彻党的二十大精神的热烈反响、具体举措和实际行动。12月1日，市文联在“亳州文艺界”微信公众号开始创办“文艺风尚”栏目，通过刊发文艺精品力作，引领文艺风尚，引导广大文艺工作者大力弘扬和践行“爱国 为民 崇德 尚艺”的文艺界核心价值观，创作出更多增强人民精神力量优秀作品。2022年，市文联编辑出版《亳州文艺》6期，刊发文艺信息、文艺作品计300余件，开办“文艺评论”专栏，发表评论文章约20件。加强“互联网+文艺”工作，扩大新媒体影响力，《亳州文艺界》微信公众号发稿78篇，《亳州文联》微博发稿94条，亳州市政府网站更新代表性信息40余条。

【文艺志愿服务】2022年，市书协组织文艺志愿者在做好疫情防控的前提下开展“我们的中国梦”——文化进万家文艺志愿服务活动，先后走进市政协、市文化馆、丹华小学、中国银行亳州支行，现场书写春联、福字4500余件。3月17日，市文联开展“3·15”学雷锋送书法进校园志愿服务活动，中国书法家协会会员、青年书法家贾同宇走进亳州三十三中学开展“3·15”学雷锋送书法进校园志愿服务活动，现场为五十多位同学讲解书法创作基础知识。6月21日，市文联开展“为时代和人民放歌”送书法进校园，组织书法家走进亳州第五小学开展“强国复兴有我”“为时代和人民放歌”书法进校园志愿服务活动，40多位同学参与活动。10月28日，市文联组织书法家应邀走进谯城区五马镇杨楼村、华佗镇大王村，创作书法作品90余幅，赠送给现役军人家属、退役军人和群众。

【辛丑年中国书法展——全国篆书、隶书、篆刻作品展（亳州站）】1月12日—21日，辛丑年中国书法展——全国篆书、隶书、篆刻作品展（亳州站）展览在市文化馆一楼大厅展出。共191件作品入展。本次展览是在中国书法家协会支持下，由中国书法出版传媒有限责任公司与安徽省文学艺术界联合会、安徽省书法协会、淮北市文学艺术界联合会共同举办的全国性书法专业展览。是亳州市第一次引入的国家级书法展。

（李兴田）

亳州市残疾人联合会

【概况】2022年，全市有县区残疾人联合会4个。亳州市约有残疾人36万人，约占总人口的5.5%。其中，持证残疾人20.1676万名，约占总人口的3%。全市有残疾儿童康复机构18家，就业培训机构13家（国家级2家、省级1家、市级2家、县级8家）。全市有残疾人之家91个，残疾人工作站1303个。全市有阳光助残扶贫基地5个，扶持残疾人个人创业就业395名，补贴资金158万元；全年实施阳光大棚补贴47个，补贴资金24万元；困难残疾大学生资助75名，资助金额12万元；全年对397名残疾人实施社保补贴，补贴资金96万元。出台《亳州市“十四五”残疾人保障和发展规划》和《亳州市残疾预防行动计划（2022—2025年）》。

【涉残民生工程】2022年，亳州市残疾人联合会认真实施残疾人康复工程。困难精神残疾人药费补贴。安徽省残疾人联合会下达任务数为7040名，实际完成1.459万名，超任务数7550名，发放资金1459万元，基本做到持证精神残疾人药费补助全覆盖。残疾儿童抢救性康复工作。全市四类残疾儿童康复省指标任务数924名，实际完成2418名，超额完成1494名。省指标儿童辅助器具适配62名和假肢矫形器适配70名，全市实际完成266名和305名，均超额完成省任务数。另外，还举办全市儿童脑瘫、孤独症康复教师专业技能培训班。

2022年5月13日，举办“促进残疾人就业 保障残疾人权益”庆祝第32次全国助残日线上文艺汇演活动 （王国栋 摄）

【残疾人基本状况调查】2022年，开展全市持证残疾人基本状况调查工作，全面完成210017名持证残疾人数据核实、注销、走访、需求调查、录入数据和上报，为中国残联制定惠及残疾人有关政策提供科学翔实数据依据。

【残疾人教育就业服务】2022年，开展2022年义务教育适龄残疾儿童受教育情况核查工作，全市共有6126名适龄残疾儿童。其中，已入学安置5849人，延缓入学209人，未入学68人；适龄残疾儿童入学率达到95.48%。完成75名家庭经济困难残疾大学生资助，共计12万元。完成1008名残疾人就业培训工作。

【宣传文体活动】2022年，联合市卫生健康、教育等相关部门开展以“关爱听力健康 聆听精彩未来”为主题的全国第23次“爱耳日”公益宣传教育活动、第6次全国“残疾预防日”宣传教育活动；联合市教育、人力资源社会保障等相关部门举办以“促进残疾人就业 保障残疾人权益”为主题的第32次全国助残日活动；举办“贯彻二十大 奋进新征程——‘中国人寿杯’亳州市第二届残疾人读书达人演讲比赛”，组织参加安徽省第八届残疾人读书达人演讲大赛，并荣获个人优秀奖。组织参加安徽省第八届残疾人运动会，亳州市代表队荣获8金7银8铜，并荣获体育道德风尚奖。

【乡村振兴工作】2022年，亳州市残疾人联合会主要通过以下方式开展乡村振兴工作。开展“单位包村、个人保户”活动。到结对帮扶村涡阳县义门镇东姬村走访调研12户，主要包括结对帮扶村的脱贫户、困难学生、孤残儿童等，开展走访慰问、救济救助、民生工程宣传等活动。开展残疾人证办理服务送上门活动。全市残疾评定共19900余人，符合条件办证18656人（其中残疾人证办理服务送上门活动评定5300余人，符合条件办证4560人）。

【普法维权工作】2022年，亳州市残疾人联合会共办理“12345”市长热线、政风行风热线中残疾人办证、救助、就业、教育等咨询件220余件，政风行风热线上线直播4次。完成649余户困难重度残疾人家庭无障碍改造。积极动员参与市中心城区电动三轮车等车辆治理工作，联合卫生健康、交警等部门共受理、审核、办理残疾人电动三轮车牌照2969个。借助“全国助残日”、国家宪法日等节日开展法制宣传活动，集中开展《中华人民共和国宪法》《中华人民共和国民法典》《中华人民共和国残疾人保障法》《安徽省残疾人保障条例》等法律法规的学习和宣传活动。

【基层走访调研】2022年，亳州市残疾人联合会到各县区及市残疾儿童康复救助定点机构开展疫情防控和安全管理督查指导工作。到乡村振兴帮扶村涡阳县新兴镇中心村开展巩固脱贫攻坚成果与乡村振兴有效衔接工作调研活动，为残疾人适配辅助器具。到利辛、涡阳、蒙城三县开展残疾人工作调研，召开座谈会，深入了解基层工作情况，针对换届工作、民生工程、残疾人就业、残疾人证办理等工作，听取意见建议，研究工作措施。

（王国栋）

法　治

2022 年 5 月 25 日，亳州中院法官到利辛县汪大化雨爱心小学进行普法宣传　　（张广军　供图）

政法委及综治

【概况】2001年6月，亳州市委政法委成立，是市委主管全市政法工作的职能部门，内设机构3个。2016年7月，亳州市委政法委内设机构调整为4个，市防范和处理邪教问题领导小组办公室挂靠市委政法委，正处级规格。2019年3月，亳州市机构改革，市委政法委下设办公室、政治部、执法监督科、综治督导科、反邪教协调科和维稳指导科。2020年3月，增设事业单位综治中心。2022年4月，增设扫黑除恶工作科。2022年，全市政治安全、社会安定、人民安宁，实现“六个不发生”（不发生影响国家政治安全的重大事件、不发生严重暴力恐怖事件、不发生大规模群体性事件、不发生群死群伤的交通火灾及其他治安灾害事故、不发生重大网络负面炒作事件、不发生公安队伍重大违法违纪案件和涉警炒作事件）。

【队伍建设】2022年，全市政法系统深化教育整顿成果，推动政法队伍交流轮岗制度化，解决政法干部易受地方“生活圈”“朋友圈”干扰、队伍结构不合理和中层干部任职时间过长、交流渠道不畅等问题，先后交流轮岗政法干部624人，推动政治生态进一步优化、纪律作风进一步好转、素质能力进一步增强、执法司法公信力进一步提升。培树先进典型，弘扬英模精神，利辛县法院法官刁志岭被追授全国优秀法官、安徽省优秀共产党员称号，获评“中国好人”，获安徽省2022年度“十大法治人物”致敬奖；蒙城县公安局杨磊警官获评全国“人民满意的公务员”。大力实施“互联网+法治宣传”，着力走好网上“群众路线”，充分利用亳州长安网、亳州政法等两微一端公众号宣传政法工作，激励政法队伍、搭建警民桥梁。

【维稳安保】2022年，全市政法系统把安全稳定作为重要政治任务，建立高位运行、高效运转的安保维稳指挥体系，每周开展指挥调度行动。开展全面的矛盾纠纷排查，严格落实市县（区）每月、乡镇（街道）每半月、村（社区）每周的矛盾纠纷排查化解机制。推深做实“党建+信访”“清单+闭环”“倒查+问责”“专项整治+系统治理”工作机制，健全领导干部接访下访、包案化解、阅批群众来信、公布手机号码等制度，真正做到“民有所呼、我有所应”，市党政主要负责人2022年阅批群众来信15127件，居全省第1位。2022年全市共排查115件涉法涉诉重点案件，综合运用政策、法律、经济、行政等手段，用心用情解决群众合理诉求，全年息诉息访110件。

【扫黑除恶】2022年，开展扫黑除恶常态化斗争工作，推进“4+4”行业领域专项整治。筑牢各级党政“一把手”负总责、“四级书记”抓落实的责任体系。全面贯彻落实“十件实事”，常态化召开案件会商会、市公检法“大小三长”和纪委有关负责人会议32次，会商重大案件、重点线索，协调推动重大事项。制发“三书一函”53件，有效堵塞行业领域监管漏洞。亳州市在全省三年总结表彰中被评为先进扫黑除恶斗争领导小组。

【社会治理】2022年，亳州市优化邻长制功能作用，丰富片组邻三长在社会治理中参与度，进一步完善“乡镇（街道）—村（社区）—片—组—邻”的邻长制基层治理体系。发挥片组邻三长参与平安建设、维护社会稳定的职能作用，建立完善与“邻长制”相衔接的问题“发现、反映、交办、解决、反馈”工作机制，建立“政法干警+邻长”工作机制，“邻长”和综治中心“直通车”制度，“邻长吹哨，部门报到”诉求解决机制，常态化开展十万“邻长”访平安活动，充分发挥“邻长”干群联系“直通车”、工作互动“连接点”、矛盾化解“缓冲带”的作用，相关经验做法在全国市域社会治理现代化试点工作交流会上作交流发言。

【平安亳州建设】2022年，全市推动平安亳州建设，市委常委会3次专题研究平安建设工作，市政府常务会议2次专题研究平安建设工作。市委书记杜延安5次主持召开平安建设专题调度会，听取工作汇报，研究部署平安建设工作。市委副书记、市长秦凤玉2次主持召开专题会议，就加强平安建设基层基础、完善多元矛盾纠纷排查化解机制等方面作出部署安排。市委常委、政法委书记刘中汉常态化调度平安建设工作，对平安建设难点堵点问题，及时组织调度、研究措施、跟踪问效。全市开展“千村万户大走访”“平安建设大宣讲”、社会治安大防控、风险隐患大起底、矛盾纠纷大排查、涉法涉诉信访大化解六大攻坚行动。2022年度省对市平安建设考评中，亳州市位居第12名，取得建市以来的最好成绩。　（蒋　灿）

公　安

【概况】2022年，市公安局在市委、市政府和省公安厅党委的领导下，全力维护全市政治安全、社会安定、人民安宁。全市公安机关共有1个集体荣立集体二等功、23个集体荣立集体三等功、33个集体荣获集体嘉奖；1人荣立个人一等功、15人荣立个人二等功、114人荣立个人三等功、325人荣获个人嘉奖。

【防风险保安全护稳定工作】2022年，聚焦“防风险”，坚持清单化闭环式工作法。市、县两级公安机关成立风险隐患工作专班，制定《亳州市公安机关二十大安保风险隐患排查和工作措施清单》，常态化推动风险隐患排查、化解等工作。市局层面共排查整治22个领域、25885个风险点。依托“1+5+4”安保维稳工作体系，充实“1+3”工作专班力量。2022年，“1+3”工作专班共下发工作指令2859条，稳控人员7356人次、群体198个，联动处置舆情信息102条，抓获案件嫌疑人379人，协助破案739起。制定《亳州市公安机关突发事件应急预案》及严重暴力犯罪、较大以上道路交通事故、网络舆情三个应急子预案以及《信访人员赴省进京查控工作流程》，进一步健全应急预案体系。2022年，成功处置自杀求助警情251起，快速救援、成功挽回224条生命。聚焦“保安全”，严打突出违法犯罪活动。紧盯线索核查、案件办理、行业整治等重点工作，先后成立9个专案组，攻坚涉恶犯罪集团案件5起、涉恶犯罪团伙案件4起。全市共破获9类涉黑涉恶公开性犯罪案件267起，刑拘犯罪嫌疑人760人。成立工作专班，集中手段资源，24小时实体化运转，统一警情梳理、合成研判、线索推送、指挥抓捕。新模式运行以来，主城区盗窃案件同比下降22.63%，寻衅滋事案件同比下降56.92%，聚众斗殴案件同比下降10%。聚焦“护稳定”，防范各类突发案事件。聚焦部、厅交办信访事项和省领导公开接访信访事项，成立信访专班、抽调信访专员、充实信访民警，构建全员参与、全领域覆盖的信访力量体系，严格落实“清单+闭环”机制，推动信访事项依法及时就地解决。上级转办省领导公开接访事项120件已全部办结，其中办结息访115件、占比95.83%；公安部2020专项活动交办231件，已剔除（化解）231件、占比100%；省厅专项治理行动交办591件，已剔除（化解）591件、占比100%；市领导阅批信访事项62件，已办结58件、占比93.55%；接市领导交办群众来电反映事项1683件，目前已办结1562件、占比92.8%。

【疫情防控工作】把疫情防控一线作为干部识别、培养、选用的主战场，做实“党建+疫情防控”，构筑起坚实的疫情防线。一是深化“数字治疫”模式。研发“风险人群返亳管理系统”，建立往返重点疫区高危人群、购买特定药品人员、境外入境人员等20余类专题数据库、100余个数据模型，汇集40多亿条各类数据，累计推送基层核查数据180余万条，实现自动识别、全程跟踪、分类管控的闭环机制。二是强化流调溯源。2022年3月中旬以来，亳州市所辖县（区）先后12次报告省外关联疫情，其中无症状感染者311人次。流调专班通过现场询问、大数据分析和视频追踪等方式，第一时间摸清核酸检测异常者在亳轨迹。三是筑牢域外输入防线。参与114处疫情防控交通卡口查验工作，坚持“科技+人力”，守住入亳第一关。四是全力化解涉疫纠纷。聚焦群众反映的涉疫地区返亳车辆通行不畅、集中隔离管控措施没有“温度”、经营场所有关费用不予减免等方面的矛盾纠纷，依托城乡社区警务、“一村一警一辅”，线上、线下全力化解，严防发生疫情外溢次生案事件。

【服务经济社会发展】围绕全市“六一战略”，敢于“突破条条框框、打破瓶瓶罐罐”，把改革的切口对准群众所需、企业所盼，既当好经济社会高质量发展的护航员，又当好惠民优企的“店小二”。一是围绕建设“世界中医药之都”，维护中药材市场秩序。常态化开展涉麻黄草问题专项治理，严打走私、贩卖野生动植物及其制品犯罪专项工作，形成政府主导、部门协同、齐抓共管的良好态势。2022年，亳州市未发现违规经营麻黄草类药材，基本禁绝走私、贩卖野生动植物及其制品犯罪案事件。二是围绕建设“皖北承接产业转移集聚区”，积极为落户企业纾困解难。成立服务企业领导小组办公室，制定服务企业若干举措，建立民警包保联系企业机制，选派民警定向联系服务110家实体企业和已落地招商引资企业，加强入企走访、电话随访，提供“点对点、全方位”服务，办理相关证照314个，指导企业安保及周边治安治理46次，办结企业反映诉求和建议事项43个。三是围绕建设长三角绿色农产品加工供应基地，营造道路交通安全环境。从基础设施、综合整治、秩序管理、安全宣传四个方面入手，制定16项工作措施，构建农村道路交通安全社会化管理体系，农村道路交通事故四项指数均同比下降。牵头整治城区电动三轮车，制定专项方案21个，设置劝导点307处，累计投入警力2.1万人次，引导处置电动三轮车20.35万辆，解决城区电动三轮车乱象“老大难”问题，为全国文明城市创建贡献公安力量。四是围绕建设“华夏酒城”，严打涉酒违法犯罪。联合古井集团建立食药环快检中心，全要素、全环节、全链条打击侵犯知识产权刑事犯罪。2022年，全市范围内未发生侵犯古井知识产权刑事犯罪案事件。五是围绕建设“文化旅游强市”，强化旅游景区周边社会治理。加大全市10个AAAA级及以上重点旅游景区巡控警力投入，开展联合执法。“百日行动”以来，未发生一起涉景区犯罪案件。六是围绕建设“省际毗邻区域中心城市”，深化户籍制度改革。全面放开户口迁移政策限制，实行农业转移人口落户城镇“零门槛”，鼓励农业转移人口在城镇地区落户，有序推动农业转移人口市民化，逐步提高户籍人口城镇化率。2022年，全市农业转移人口落户城镇2.4万人，户籍人口城镇化率24.5%。

（李鹏飞）

检　察

【概况】2022年，全市检察机关共办理各类案件13961件。追赃挽损、未成年人保护等10余项工作被最高检、省检察院推广，10项工作在全省会议上交流发言，9个案例被评为省级典型案例，英烈保护、个人信息保护等做法被《检察日报》专题报道。42个集体、136名个人获市级以上表彰。

【“府检联动”工作】2022年，在全省较早实现市、县（区）“府检联动”全覆盖，建立协作机制20余项，互移线索210余件。设立侦查监督与协作配合办公室，提出侦查建议120余条。选派19名检察人员服务乡村振兴，开展涉农法治宣讲30余次，起诉涉农犯罪20余件。300余人次“逆向而行”，战斗在防疫一线。

【优化营商环境】2022年，制定打造一流法治营商环境15条意见，走访、接待企业162家，帮助解决问题190个。以数据赋能助力空壳公司治理，推动监管20余家经营异常企业。追赃挽损6835万元，居全省前列。清理涉企“挂案”141件，办理企业合规案件11件，全省首例职务犯罪企业合规案入选省检察院典型案例。

【民生民利保障】2022年，保障妇女、农民工、老人等弱势群体权益，办理反家暴案件2件，办理农民工讨薪案件23件，对29件子女不履行赡养义务案支持起诉。推动将未成年人保护指标纳入平安建设考核体系。以“检察建议＋政协提案”合力推动进口食品专项整治，获评全省优秀社会治理检察建议。治理消防、电梯等安全隐患95处。

【平安亳州建设】2022年，常态推进扫黑除恶斗争，批捕涉黑恶犯罪7件30人，起诉4件23人。创新推出“亳安码”，稳控1500余名被社区矫正、取保候审人员。运用公开听证、司法救助等方式化解信访案件312件。核查纠正脱漏管案件156件。“千家万户访平安”活动走访群众2600户，切实推动“双提升”。

【刑事检察】2022年，批捕刑事犯罪嫌疑人1470人，起诉3506

人。不捕率、不诉率、诉前羁押率实现“两升一降”。监督公安机关立案、监督撤案及刑事抗诉同比大幅提升。起诉原厅级干部徐某某、汪某某等职务犯罪案40件42人，侦查职务犯罪2件3人，1个案件获评全省检察侦查典型案例。

【民事行政检察】2022年，办理民事行政监督案件200件，提出再审检察建议25件，提出抗诉6件，提请抗诉18件。对民事行政审判活动违法提出检察建议187件。对民事行政执行活动违法提出检察建议196件。实质性化解蒙城县桂某某土地纠纷、谯城区十八里镇13人拆迁补偿纠纷等行政争议50件。

【公益诉讼检察】2022年，立案679件，提起民事公益诉讼106件，主张惩罚性赔偿6000余万元；提起行政公益诉讼6件，向行政机关发出诉前检察建议437份。2个案件被省检察院评为典型案例，其中谯城区检察院王某某等10人危害珍贵、濒危野生动物刑事附带民事公益诉讼案在加拿大蒙特利尔召开的《生物多样性公约》第15次缔约方大会上宣传展示。

（马　巍）

法　院

【概况】2022年，全市法院受理案件86969件，结案86152件，结案率99.03%，位居全省法院第4位。市中院受理各类案件7632件，结案7587件，结案率位居全省中院第3位，10项核心指标中有6项位居全省中院前5位，调解率、首次执行案件实际执行到位率位居全省中院第1位。“执行110”警务化模式和民事二审案件速裁快审机制两项改革经验获最高法院周强院长批示肯定，省高院、市委、市人大、市政协主要负责人12次批示法院工作；10项工作在全省法院会议上作经验交流；全市法院18个集体、79名个人获省级以上表彰，其中3名干警分别荣获全国法院先进个人称号、全国法院办案标兵、全国法院智慧法院工作先进个人。

【案件审判】2022年，依法审理刑事案件。全年审结刑事案件3356件。常态化推进扫黑除恶，审结黑恶案件13件59人，执行到位涉黑恶财产731.65万元，2篇案例入选全省扫黑除恶典型案例。依法严惩故意杀人、抢劫、强奸等严重暴力犯罪，审结案件171件。依法惩处非法集资、电信网络诈骗等犯罪，审结案件24件。依法审结全省首例以买卖新三板股票为名的非法集资案。依法严惩多发性侵财犯罪，审结盗窃、诈骗、抢夺等案件478件。审结危险驾驶、交通肇事、高空抛物等案件1225件，维护群众出行安全。守护“一老一小”，扎实推进打击整治养老诈骗专项行动，审结“办保坑老”“售假骗老”等案件10件31人；依法严惩侵害未成年人犯罪，审结案件53件，判处强奸、猥亵多名女童的被告人杨某某死刑。充分发挥反腐败司法职能，审结贪污贿赂等犯罪案件45件。

调处民商纠纷。审结民商事案件44979件。优化法治化营商环境，出台涉企案件“绿色通道”六条举措，开展“江淮风暴”执行攻坚优化营商环境行动，法院承担的三项营商环境评价指标分别位居全省第2位、第3位、第10位。服务世界中医药之都建设，化解涉中医药买卖合同等纠纷1072件，做实谯城区法院“大药行调解室”司法服务品牌。护航重点企业壮大做强，审结侵犯古井、高炉家酒等名优品牌知识产权案件503件，依法判决侵权人赔偿2341.92万元，同比上升9.28%。依法保障房地产市场健康发展，审结涉房屋买卖、租赁、建设工程等案件4473件。维护金融市场秩序，审结民间借贷案件15036件，审结金融纠纷案件3958件，涉案14.4亿元，助力金融机构化解不良债务和风险。

行政审判工作。监督支持行政机关依法行政，维护行政相对人合法权益，审结行政案件932件。落实行政机关负责人出庭应诉等4项制度，行政机关负责人出庭应诉率100%，一审行政诉讼案件调撤率22.03%。马某某诉涡阳县政府强制拆迁案入选安徽行政机关负责人出庭应诉典型案例。与市政府共同出台深化“府院联动”工作意见，围绕行政争议实质性化解、农民工工资保障等5个方面制定并推动落实23条具体举措。

【案件执行】2022年，全市法院执结案件28689件，执行到位金额39.29亿元。集中开展执行夏季攻坚和“百日突击行动”，用足用好执行强制措施，对拒不执行生效判决、裁定的“老赖”罚款108.3万元，拘传1034人，拘留291人，以拒执罪追究刑事责任52人。加强财产处置工作，举办“6·18”“11·11”网络司法拍卖节，成交总金额4.55亿元。坚持善意文明执行，灵活采取活封活扣措施，执行和解1017件。开展“保稳定、解愁盼、促规范”执行信访化解年活动，化解涉执信访积案103件。打造“执行110”品牌，建立值班接警、首问负责等9项制度，开通24小时“执行110”报警电话，做实“热线警情受理、终本信访案件巡查、协助凌晨出击”3种处警模式，被央视《今日说法》栏目专题报道。

【民生权益保护】2022年，加强民生权益司法保护，深化家事审判方式改革，审结婚姻、继承、抚养、赡养等案件14986件。依法开展根治欠薪工作，审结劳动争议等案件831件，帮助农民工追回“血汗钱”4251.94万元。加强公益司法保护，审结消费者权益、环境公益诉讼等案件44件。依法审理涉军案件，维护国防利益和军人军属合法权益，2篇案例入选安徽法院涉军维权十大典型案例。主动融入社会治理，436家基层调解组织入驻人民法院调解平台，与19个部门建立“特邀调解+行业调解”机制，全市法院诉前调解案件40116件，民事一审新收案件数同比下降7.2%。

【涉诉信访工作】2022年全市法院进京赴省访同比下降68.75%，市中院被确定为全省涉诉信访示范法院，连续3年被评为全市信访工作先进单位。“开门接访”，健全领导带班接访、带案下访等制度，开展领导干部大接访活动，公开接访2700余人次。“闭环办访”，落实领导包案化解制度，推行“五真四明三必须”工作法，办结、化解致省市领导信访件423件。注重实质化访，对重点信访案件开展提级、异地交叉核查，化解信访积案172件。

【司法改革】2022年，推进审级职能定位改革，加强审级制约监督，制定提级管辖工作指引，报请提级管辖案件8件。大力推广简易程序、小额诉讼程序适用，一审简易程序适用率70.02%，位居全省法院第2位。健全速裁快审机制，市中院组建3个调裁一体化团队，结案率98.57%，平均审理周期8.57天。3项改革举措被最高法院和省高院推介。

【重大案件审理】全省首例以买卖新三板股票为名的非法集资案。被告人马某系安徽润升牛业股份有限公司法定代表人。2017年9月至2018年2月，马某在未经批准和不具备经营金融业务资质的情况下，通过中介人员共收取104户投资款1914万余元，其中润升公司得款850余万元。2018年4月至8月，马某在润升公司已停工停产、未经批准和不具备经营金融业务资格的情况下，通过中介人员以转让新三板股票名义骗取416名投资人投资款9900万余元。亳州中院以集资诈骗罪、非法吸收公众存款罪一审判处被告人马某无期徒刑，剥夺政治权利终身，并处罚金人民币五十万元；分别判处其他4名被告人有期徒刑二年八个月至十五年不等。

瑞特科技案。安徽瑞特科技发展有限公司在建设厂房过程中因无法支付工程款等到期债务被债权人通过诉讼进入执行程序，经部分债权人申请，亳州中院于2018年1月17日裁定受理安徽瑞特科技发展有限公司破产清算一案，同年6月6日裁定宣告安徽瑞特科技发展有限公司破产。2022年7月28日召开第三次债权人会议，表决通过《破产财产变价方案》等议案，并于2022年11月完成债权确认和资产处置工作，清理债务1.7亿元，有效盘活189911.2平方米土地及77360.99平方米地上构筑物，债权人合法权益得到切实维护。盘活的土地上拟建设标准化厂房和教育产地项目，带动一大批就业岗位。

马某某诉涡阳县政府强制拆迁案。2019年，涡阳县人民政府根据省政府作出的征地批复，组织实施土地征收工作，马某某的房屋在征收范围内。2020年5月20日，马某某与征收实施单位签订《征迁补偿协议书》，其房屋腾空验收后，被涡阳县人民政府组织拆除。马某某对房屋拆除行为不服申请行政复议，亳州市人民政府驳回其复议申请，马某某遂提起诉讼。该案一二审期间，涡阳县人民政府副县长均出庭应诉。通过两级法院沟通交流，出庭负责人了解到马某某实质诉求，当庭表示安排相关部门认真核实马某某家庭成员情况，根据核实后的情况，依法依规给予相应补偿安置。马某某当庭撤回本案上诉及一审起诉。　（张广军）

司法行政

【概述】2022年，局机关及直属社区矫正管理局、派出机构高新区司法分局共36个专项编制，在编人员31人，司法局机关10个内设科室、1个直属机构、1个分局，2个二级机构（公证处、法律援助中心）、1个仲裁委秘书处。公证处编制5个，在编4人。法律援助中心编制3人，在编3人。仲裁委秘书处编制8人，在编6人。2022年，全市司法行政系统有26个集体、20名个人受到表彰，其中省部级以上表彰集体4个、个人4名。2022年度城乡困难群体法律援助民生工程绩效考评全省第1名；群众对执法工作满意度中期评估全省第7名，比上年度提升3个位次。省对市法治政府建设考核较2021年上升5个位次。省司法厅对市司法局综合考核评价较2021年上升3个位次。

【依法治市和法治政府建设】2022年，提请召开市委全面依法治省委员会第六次会议、市依法行政领导小组会议，印发法治建设“一规划两方案”重要举措分工方案，建立健全法治建设指标体系和考核标准。出台《亳州市法治政府建设率先突破三年行动计划（2022—2024年）》，推进《法治亳州建设规划（2021—2015年）》《亳州市法治社会建设实施方案（2021—2025年）》《亳州市法治政府建设实施方案（2021—2025年）》《亳州市“八五”普法规划》贯彻实施。制定《党政主要负责人年度述法评议工作实施办法》，建立重点工作季报制度、调度机制，成立6个督察组对各县区和56家市直单位实地督察。推动制定《亳州市二次供水管理办法》《亳州市再生水利用管理办法》2部政府规章。编制《亳州市人民政府重大行政决策事项目录清单（2022版）》，《亳州市城市道路交通秩序管理条例》于2023年1月1日施行，《亳州市优化营商环境条例（草案）》已经亳州市五届人大八次会议审议通过。审查市政府及其办公室出台的行政规范性文件和其他重大决策等151件，提出意见297条；县区司法局审查369件；市直单位的法制机构或法律顾问审查43件；亳芜产业园区的法制机构或法律顾问审查7件。市司法局高新区分局审查高新区管委会出台的行政规范性文件和其他重大决策27件。审查重大决策事项138件，提出意见240条。坚持“一个平台管执法”，审定公示行政执法主体246个（其中市本级42个），行政执法人员7499人。开展行政执法“三项制度”落实强化年活动，制定8项任务，7项工作指标，29项具体内容。牵头20家单位向社会公开192项政务服务事项237项证明事项实行告知承诺制，梳理公布《亳州市轻微行政违法行为“免罚清单”（2022）》，14个领域289项轻微行政违法行为实行免罚。印发《亳州市行政复议体制改革实施方案》，向市委编委报送《亳州市司法局关于统一行使行政复议职责有关事项的请示》，发布《亳州市关于统一行使行政复议职责有关事项的通告》，市委编委印发《中共亳州市委机构编制委员会关于调整市司法局内设机构设置等机构编制事项的批复》（亳编〔2022〕76号）完成行政复议体制改革基本架构设置。制定《行政机关负责人出庭应诉制度》《行政机关出庭负责人职责》《败诉（纠错）案件整改制度》《联动化解行政争议制度》等四项制度，共收到行政复议申请数量1285件、化解案件839件，化解率65.29%；立案受理数量446、立案案件办结数量400件，办结率89.69%。全市行政应诉开庭的案件数为628件，行政机关负责人出庭率为100%，主要负责人出庭案件数为47件，主要负责人出庭率为7.5%。印发《亳州市行政复议决定履行监督工作方案》，聚焦解决行政机关不依法履行或者无正当理由拖延履行行政复议决定书、行政复议调解书、行政复议意见书以及行政复议监督决定书等突出问题。组织开展打造一流法治化营商环境十大行动，建立重点工作季报制度、调度机制，优化营商环境法治保障协调机制，依法推进公共政策兑现和政府履约践诺，梳理化解历史存量问题454件，涉及资金4.5亿余元；核查兑现行政机关应履行给付义务案件78件，标的额1.2亿元；排查清理涉党政机关未结执行案件29件，标的额1727万余元。协助召开“府院联动”“府检联动”会议，落实工作任务，建立工作机制13项。组织参加省司法厅立法、行政执法监督、行政复议与应诉技能竞赛。

【社区矫正工作】2022年，贯彻《社区矫正法》，落实矫情分析、外出管理、分类管理、见面核查等制度，常态化开展隐患排查整治，出台《亳州市社区矫正工作突发事件应急处置预案》，构建“情况动态关注+针对性谈话教育+安全分析研判”为一体的安全管控体系。开展社区矫正“百日攻坚行动”安全稳定专项排查、个性化矫正和家庭纠纷排查专项活动，通过见面、电话、视频等核查方式核查率99%。全面推广“矫务通”，打通“亳安码”与“矫务通”，实现数据共享。节假日和“两会”等重大活动敏感时期，加密抽查暗访社区矫正对象监管情况，实行每日报送突发案事件情况，2021名在册矫正对象得到有效监管。亳州市连续三年矫正对象重新犯罪率为零。市社区矫正局被省司法厅表彰为“党的二十大维稳安保工作表现突出集体”。

【安置帮教工作】强化与监狱沟通协调机制，指导督促县区落地落实安置帮教措施，对重点刑满释放人员“必接必送”，确保无缝衔接，通过采取上门走访、电话联络、视频连线、委托异地协助核查等方式开展安置帮教对象全面走访摸排活动。安置帮教措施落地落实，建立安置帮教基地9个，推荐就业242人。完成远程探视5561件，探视量居全省前列。11184名安置帮教对象衔接服务管理不断加强。

【人民调解工作】2022年，全市88个乡镇、1348个村（社区）实现调解组织“全覆盖”，共有人民调解委员会1558家，个人调解室17个，乡镇（街道）调委会配备人民调解员901人，其中专职266人；村（居）调委会配备人民调解员13681人，其中专职1273人。行业性专业性调解委员会67家，共有调解员13282人，其中专职调解员1898人，建立“百姓评理说事点”976个。坚持和发展新时代“枫桥经验”，开展“人民调解为人民全力护航二十大”专项活动、“千村百镇人民调解大讲堂”主题活动等活动，排查调解矛盾纠纷54280件，调解成功率99.75%。谯城区设立“第一书记调解室”13个，入选全省“一改两为”优秀案例。

【司法所建设】2022年，印发《全市司法所高质量发展三年行动方案（2022—2024年）》。全市90个司法所副科级所长配备率92.2%，“六室一站”设置齐全，所均面积达到192平方米，现有专职在编人员185人、各类专兼职辅助人员222人，所均配备人员4.8人。创建司法部模范司法所5个、省级示范17个、市级示范17个。所有司法所全部配齐执法执勤和业务装备。

【公共法律服务体系建设】2022年，全市县（区）、乡镇（街道）100%建成公共法律服务实体平台，县级法律援助机构依法设立率100%，乡镇（街道）、村（社区）人民调解组织覆盖率100%，村（居）配备法律顾问比例100%，村（居）法律顾问每年免费提供符合要求的法律服务50小时以上，公证机构进驻县级公共法律服务中心或县级政务服务中心实现率达到100%，村（社区）有1个法治文化阵地、3名以上骨干法律明白人覆盖率100%的6项实体平台指标全部达标。涡阳、蒙城县在实体平台上创新建立“律师超市”，蒙城县研发“蒙城县村（居）法律顾问智慧管理系统”，利辛公证APP与行政执法机关执法行为“全过程记录”对接联通，亳州公证处引进赋强平台系统、法检提存业务等一系列创新服务形式。组织46家律师事务所、5家司法鉴定机构、65家人民调解组织、4家公证机构、5家法律援助机构进驻法律服务网。开通法网店铺248家，上架法律产品1185个。完成法网预约2290件。开展全面梳理标准规范、全面对标规划指标、全面完善台账资料、全面规范现场服务、全面发挥公法体系作用的“五个全面”的公共法律服务体系验收活动，省级12类55项指标完成54项（仲裁案件和解率50%未达到），市级指导标准23类63项指标完成61项（1个50人律所、20名公证员两指标未完成），形成以三大平台、四级体系为载体，12类公共法律服务项目运转有序、保障有力、服务有效的工作格局，实现常态长效工作目标。

【律师工作】2022年，全年律师办案24905件，其中刑事案件5992件、民事案件17637件、行政案件454件、非诉89件、仲裁案件733件；律师实地走访企业574家，梳理法律风险点750个，提出法律意见建议1101条。组织参加省司法厅技能竞赛。落实律师“三结合”的管理体制，对市律师协会进行换届，坚持党建引领，市、县区均成立律师行业党委。先后制发《进一步规范行政许可工作的通知》和《亳州市律师和律师事务所违法违规行投诉办理工作指引》《亳州市公共法律服务违法违规行为行政处罚办理工作指引》《规范党政机关公职律师和法律顾问管理工作指引》以及《亳州市律师事务所管理责任清单》《亳州市律师执业负面清单》《亳州市律师和律师事务所违法违规行为免罚清单》《亳州市律师和律师事务违法行为行政处罚清单》。《亳州市律师事务所管理责任清单》明确律师事务所12个方面39项具体管理责任。《亳州市律师执业负面清单》梳理集成8类53项136个禁止性规定，《亳州市律师和律师事务违法行为行政处罚清单》梳理集成律师应予以行政处罚的18类48项违法行为、律师事务所应予行政处罚的8类27项违法行为，《亳州市律师和律师事务所违法违规行为免罚清单》对13种轻微违法行为免予处罚。启动“律师行业规范提升年”活动，统筹开展30项活动，全面推进“五规范五提升”，即：进一步规范律师行业党建，提升政治引领能力，进一步规范律师执业行为，提升律师队伍综合素养，进一步规范律所管理，提升综合实力，进一步规范律师协会工作，提升服务效能，进一步规范司法行政机关监管，提升依法行政水平。先后出台《规范党政机关公职律师和法律顾问管理工作指引》《亳州市公职律师和法律顾问统筹使用制度》，建立“一表一图一制度”的公职律师统筹使用机制。“一表”即市、县区司法局建立公职律师分布和法律顾问聘请情况统计表。“一图”即分组统筹使用图，将市、县区党政机关的公职律师或法律顾问按照隶属关系相同或业务性质相近的原则，分成若干小组，以组为单位建立发挥公职律师和法律顾问职能的工作平台，每组明确一个牵头单位的法制科长（或公职律师、法律顾问）担任组长，实现公职律师、法律顾问统筹使用有平台、有网络。“一制度”即《亳州市公职律师和法律顾问统筹使用制度》，包括落实全覆盖要求、统筹使用、分组管理、两级统筹、协作配合、支持保障6方面内容，健全统筹使用机制。围绕“为民办实事，为企优环境”，常态化开展“一对一”陪领导接访、民营企业法治体检、万所联万会、“法律服务进万企”“乡村振兴法治同行”“我为企业防风险”等工作，组织律师与行业协会、企业“一对一”开展公益法律服务活动，开展政策宣讲、法治宣传、法治体检、法律咨询等工作。协调公安部门的户籍、车管等数据信息共享，方便律师查询。把律师执业权利保障、执业行为规范纳入府院、府检联席会议议题，定期听取法院对律师工作的意见建议，组织开展律师法官座谈会及相关部门座谈会，协调解决律师执业中遇到的问题。深化检律协作，搭建检律个案沟通会商平台，依法保障律师执业权利。

【法律援助工作】2022年，印发《亳州市2022年城乡困难群体法律援助民生工程实施方案》（亳司通〔2022〕7号）、《亳州市2022年城乡困难群体法律援助民生工程绩效评价指标》的通知（亳司通〔2022〕9号）、《亳州市2022年度法律援助民生工程月度考核指标》等文件。委托第三方对县（区）2021年度民生工程工作完成情况进行评估，评估结果作为去年县区工作完成情况的考核依据，并对县区进行排名。在《亳州晚报》、市广播电台政风行风热线栏目专题宣传法律援助工作。开展“法援惠民生 服务弱势群体”法律援助品牌建设和“我为群众办实事”宣传活动67场次，发放各类宣传品34300余份，现场解答咨询680人次。现场受理农民工等弱势群体案件174件，为农民工讨薪206万元。全市办理各类援助案件7655件，完成全年任务的106.3%。其中办理刑事案件4250件，占全市案件受理总数的55.52%；社会律师承办案件7306件，占案件受理总数的95.44%；案件结案7375件，结案率96.34%；全市各法律援助机构共接待咨询10025人次。受理农民工案件1434件，为2436位农民工讨薪2630余万元，为弱势群体挽回各类经济损失4800余万元。其中市法律援助中心已指派案件1324件，完成全年任务132.4%。其中办理刑事案件451件，占案件审批总数的34.1%，社会律师办案1319件，占比99.62%；结案1215件，结案率达到91.76%。网上随机抽取市、县（区）民事刑事归档卷宗各10卷，共计100卷。组织8~10名社会律师分类型分组进行现场评查，其中优秀卷宗57卷，占57%；良好卷宗38卷，占38%；合格卷宗5卷，占5%，没有不合格卷宗。通过案例报送系统报送法援案例23个，已经省厅审批通过有14个，通过司法部审批的案例有4个，等待司法部中心审核的案例10个。8月份，亳州市组织4名执业10年以上的律师对市局选定的20个案例进行案例评选，评选出6个较好的案例报省厅参加全省优秀案例评选，入围案例5个。

【公证工作】2022年，组织全市公证行业业务竞赛、全省公证行业业务技竞赛选拔赛工作。完成2022年度执业公证机构和公证员公告、执业证换发等行政许可初审工作。开展公证员助理和公证实习人员底数清查，开展公证行业党的建设自查工作，并完成相应整改。开展涉外公证专项治理自查工作，并按照全省统一安排开展互查。开展规范公民个人境外投资相关办理公证活动、2022年度公证案卷评查工作。推进“公证最多跑一次”改革。办理公证16448件，收费990.47万元。

【司法鉴定工作】2022年，组织开展全省司法鉴定专家库专家推荐工作，完善亳州市司法鉴定机构和司法鉴定人花名册。完成司法鉴定机构业务范围变更登记等初审工作，积极处理司法鉴定人被投诉的查处工作，完成全市司法鉴定机构执业证、司法鉴定人执业证统一换发工作。办理司法鉴定6500件，收费797.75万元。

【仲裁工作】2022年，召开第二届亳州仲裁委员会第二次会议，研究修订《亳州仲裁委员会章程》，建立仲裁员信息披露、指定规则、管理办法、责任追究等制度。建立标准审理庭室2个，配备标准桌椅2套，安装监控2套。办理仲裁案件797件，上缴财政仲裁费531.9万元。

【普法和依法治市工作】2022年，市县乡党委（党组）理论中心组集中学法230次；市委党校开设宪法主体班次12期，培训人员900余人次；采用“1+9+9”模式深化“宪法宣传周”活动，组织宪法宣传活动211场次，开展“我与宪法”征文评选活动，收到作品1200多篇。开展“美好生活·民法典相伴”宣传活动500余场次，“江淮普法行”宣传活动140场次，开展“典亮村居 振兴乡村”“喜迎二十大 送法暖民企”等专题普法活动180场次，督促指导相关单位开展宣传活动570余场次。组织国家工作人员6179人参加网上法律知识竞赛活动，2000多名党员干部参加党内法规网上集中测试。建设体现法治元素的“口袋公园”、景观带93个（座），实现“一镇一特色”“一村一风景”的法治文化阵地全覆盖。市法治文化公园年接待群众13万人次，36所校园法治文化阵地接待青少年学生6000多人次。实行“法润乡村社区”行动监测点备案制度，开展普法志愿者网络培训答题活动，在全省率先建立法治副校长考核评价机制，开展全省首个“法治读书月”线上融媒体直播活动，构建多元化新媒体普法矩阵，收录微信公众号、政务微博40余个，抖音号10余个，推送法治内容1700余篇，点击浏览量近6亿人次。在农村创新开展法律知识展板“巡展”、以案释法案例“巡讲”、法治文艺作品“巡演”，利用“村村通”大喇叭，滚动播放宣传习近平法治思想和法律知识，受教育人次350余万。广泛开展《中华人民共和国反有组织犯罪法》宣传教育。创建第九批民主法治示范村（社区）65个，确认“农村学法用法示范户”2124户，认定“法律明白人”13779人，引导群众做好“法律明白事”。（高　坤）

军　事

2022 年 5 月 4 日，亳州市武警支队开展“传承五四精神 争当薪火传人”主题活动　　（李长江　摄）

驻 军

【概述】2022年，亳州军分区各级在强军思想引领下，在省军区党委和市委、市政府的坚强领导下，衷心拥护“两个确立”、忠诚践行“两个维护”，全面贯彻落实军委国防动员部、东部战区、省军区党委（扩大）会议精神和市委要求，践行“争上游、站排头、立潮头”目标理念，积极适应新形势新变化新要求，狠抓各项工作落实，部队全面建设迈上新台阶、实现新发展。

【军分区党委四届二次全体（扩大）会议】2月7日上午，亳州军分区党委四届二次全体（扩大）会议召开，市委书记、亳州军分区党委第一书记杜延安出席会议并讲话。会议强调，要聚焦举旗铸魂，强力推进政治建军，做到坚决对党忠诚、坚决统一意志、坚决听党指挥，确保党对人民军队的绝对领导更加有力有效。要聚焦主责主业，强力推进练兵备战，强化以案组训、基础精训、实战运用，确保关键时刻能战能胜。要聚焦军地联动，强力推进国防动员，强化改革意识，增强后备力量、动员基础、军民融合实效。要聚焦军民一体，强力推进双拥共建，大力弘扬军爱民、民拥军的光荣传统。各级党委、政府要全力支持部队建设，帮助解决好基层官兵的后路后院后代问题。军地双方要全力巩固双拥成果，广泛开展多层次、多形式的双拥共建活动，持续营造双拥工作的浓厚氛围。

【市委议军会议】12月20日下午，召开2022年市委议军会暨开展党政领导军事日活动，市委书记、军分区党委第一书记杜延安主持会议并讲话。会议传达学习了党的二十大报告关于国防和军队建设相关内容、习近平主席视察军委联合作战指挥中心时重要讲话精神，听取了全市党管武装工作报告，观看了形势战备教育片。各县区人武部党委第一书记作了党管武装工作述职。会议强调要聚焦政治建军，用党的二十大精神凝心铸魂，进一步坚定决心意志、把牢政治方向、弘扬优良传统，加强军地共建，引领部队官兵积极投身现代化美好亳州建设。要聚焦使命任务，全面加强练兵备战，全面强化援战能力，全面做好国防动员准备，不断强化国防动员能力，推进实战化军事训练，努力练就能战善战的精兵劲旅，确保部队全时待战、随时能战。要聚焦党的领导，坚持党对人民军队绝对领导的根本制度，不断深化理论武装，协调稳步推进改革各项任务，严肃纪律规矩，持之以恒正风肃纪反腐，永葆人民军队性质、宗旨、本色。

【双拥共建】军分区坚持把做好双拥工作作为促进军民融合发展的重要政治任务，作为巩固军政军民关系的重要抓手，不断强化和培养官兵拥政爱民意识，确保了拥政爱民工作落到实处。充分发挥桥梁纽带作用，积极开展好双拥、国防征兵宣传教育、乡村振兴和解难帮困等活动，协调地方做好退役官兵和随军家属安置、军人子女入学、优待优抚等工作，在“全省双拥模范城”评选中，军地密切协作，量化考评军队系统实现了“只加分不减分”目标，交出满意答卷。积极参与文明创建和环境整治，累计建成“八一林”80余亩，建设绿色走廊、屏障十余（条）块。先后出动官兵200余人次，组织基干民兵2000余人次参与环境整治和秸秆禁烧活动，赢得了人民群众的一致好评。

【市国防教育公交专线】8月1日，亳州市国防教育宣传再添新绿，国防教育公交专线——81路“战友车队”正式开通。81路公交专线共有车辆14台，经过站点40多个，驾驶员21名，全部为退役军人，每个人都经过国防教育宣传培训，保证“驾驶员就是宣传员”的硬性要求。车辆利用车身，公交车扶手、车厢内部装饰等，以图片或者文字的形式，将国防教育内容赋之于上，方便乘客阅读；在公交车上分发国防教育宣传页，方便乘客利用碎片化时间，汲取国防教育知识；将81路公交车首末站、以及高铁、火车站等人流量大的部分公交站台融入国防教育内容，改造成为“国防教育驿站”，与公交车首尾呼应，为弘扬亳州市爱国拥军优良传统，激发退役军人先进性和示范性，营造出军民鱼水一家亲的浓厚氛围。

（市军分区）

武警部队

【概况】中国人民武装警察部队亳州支队（简称：武警亳州支队），正式组建于2001年10月16日，2018年编制调整为三类支队。下辖1个教导队、6个中队。主要担负亳州市、涡阳、蒙城、利辛县4个看守所的外围武装警戒任务和驻地处突、反恐、抢险救援等临时任务。

【专项勤务】圆满完成城市联勤武装巡逻、长途武装押解、在押犯分流现场警戒等专项勤务30起，圆满完成春节、“两会”、国庆等时期城市联勤武装巡逻勤务，巡逻官兵成功处置3起突发险情，救助1名轻生女青年，被武警部队、央广军事公众号转发。

【固定目标】深化拓展武警部队新时代执勤安保规范化网上集训成果，结合支队实际，按照“同步落实、试点规范、攻坚克难”三步走的部署，以蒙城中队试点先行，以点带面，抓好执勤安保规范化建设。大力开展“学规范、查隐患、堵漏洞、保安全”执勤隐患治理，严格落实值班值勤运行规范，持续规范值班执勤秩序，消除各类执勤隐患43处，确保了固定目标绝对安全。

【练兵备战】坚持以战领训，2次担负总队新大纲解读授课，探索警勤分队“44311”周训练模式，精心筹划执勤分队轮训、“魔鬼周”极限训练、特战侦察集训、教练员集训、军事体育运动会等活动，部队训练水平有效提升。先后夺得总队特战“颠峰”比武第2名、刺杀网上会操第3名、哨兵反袭击网上会操第5名、新训干部骨干集训第2名、参谋业务集训第5名、机要比武个人第5名、教练员网上考核团体第3名和个人第2名等好成绩，部队战备训练水平不断提升。

【理论武装】紧紧把握迎接保卫学习贯彻党的二十大的特殊背景，把学习贯彻习近平主席系列重要讲话作为首要政治任务紧抓不放，严密组织“学训词、迎盛会、谱新篇”开年教育，狠抓“原原本本学、重点解读学、知识问答学”三个环节，督导基层严格落实周二教育“三课”制度，不断提升官兵理论素养，强化政治自觉。运用“看读听讲做”五步法，持续抓好党史常态化学习教育。扎实推进主题教育，圆满完成总队主题教育试点任务。组织“云追思·祭英烈”“百年青春·当‘燃’有我”诗歌朗诵分享会、庆祝建军95周年歌咏比赛、“迎盛会、祭先烈、守初心”主题党日和“五四精神传薪火、激扬青春献祖国”主题团日等配合活动，邀请驻地老军人宣讲雷锋精神，开展“感悟发展成就”“与好人同行”等对话交流，有效增强了教育效果。高度重视党的二十大学习贯彻，组织全体官兵集中收看盛况，大会闭幕后，及时研究制定学贯方案，专题召开动员部署会，明确“九个一”学习具体措施。通过精读原文、背记要点、理论测试、常委下基层宣讲、邀请亳州市二十大代表进军营宣讲座谈等措施，持续掀起学习党的二十大精神热潮。发挥政治环境育人功能，完善营院政治环境，大力加强书香军营建设，提倡“爱读书、读好书、善读书”，让官兵在文化熏陶中砥砺昂扬斗志，强固忠诚底色。

【乡村振兴工作】支队先后两次前往亳州市利辛县阚疃镇宋圩村走访慰问，与当地村干部进行沟通交流，听取关于当前村里情况的介绍，询问村里困难户的详细情况，并在村干部的带领下，逐一走访易返贫户，慰问困难大学生，与帮扶对象进行了亲切交谈，了解他们的家庭生活、收入及开支情况，并送上支队党委的深情慰问。投入4万余元完善“点亮工程”，提升村民宜居环境。跟踪抓好支队投资鱼塘经营管理，指导村民进行水产养殖利润分红。

【后装保障】加强后装法规学习，利用“后装活动日”等载体，常态化组织业务辅导，进一步规范物资服务采购业务运行、严格经费结算报销手续，按照程序规范，严密组织军史场馆、书香军营、副食品配送、营区物业等项目招标。坚持把“三关”、抓“五练”，加强炊事人才队伍建设，提升伙食保障效益，极大丰富了官兵“菜盘子”，炊事员队伍建设在总队作经验交流。严格装备管理制度落实，支队连续5

年被总队评为“装备管理‘三化’达标先进单位”。坚持周专训、月合成、季拉动，加强“一组三队”应急保障训练，举办各类专业兵集训3期27人次，有效提升后勤队伍能力素质。按照严于地方、高于地方的要求，严格落实疫情防控要求，结合实际研究制定“四防一应急、三区一分离、两摸清一关注”防控机制，常态化全员核酸检测1万余人次，刚性落实物资补充、消杀隔离、体温检测、两码查验、封闭管理等措施，实现零感染。

（李长江）

人民防空

【概述】2022年，全市精简整合人防审批事项和环节，推行审批“四纳入”经验做法获住建部《工程建设项目审批制度改革工作简报》（2022年第6期）刊登，落实“A档免查”机制。走访座谈企业300余家，解决问题20个；聚焦市区停车难题，推进“暖民心”行动。全面落实全省人防系统信访工作调度会议部署，完善“党建+信访”工作机制。按照省、市年度执法检查的工作要求，随机抽查人防设计、审图、监理、防护防化企业、房地产企业及抗震设计等双随机一公开与“互联网+监管”关联的8个事项，对抽取的15家企业发现的14个问题，已全部督促落实整改。2022年，审批结建人防工程项目162个，易地建设94个，收取人防易地建设费1690.93万元。新开工人防工程50个，竣工验收53个。市县联动开展为期百天的全市人防工程安全专项整治，累计开展安全检查42批次，排查安全隐患259条，隐患整改完成率100%。

【人民防空建设】2022年，完成县区地面指挥中心和机动指挥所建设，实现多方式、全方位通信。编制完成市、县（区）防空警报建设规划，警报终端与城市建设同步发展。建设4个人防疏散基地（地域），编制城市防空袭方案和相关计划。建设11类人防专业队伍3783人，组建志愿者队伍1088人。有效提升亳州人防遂行任务能力。

【人民防空训练演练】2022年，按纲施训，科学组训，全年开展各类训练达800余次，总训练时间达2200学时。“5·12”防灾减灾日期间指导部分学校开展紧急疏散演练。“9·18”期间组织市人防指挥部演练和防空警报试鸣演练。创新性开展市带县（区）跨区机动通信演练。

【重要经济目标防护工作】2022年，组织开展国祯生物质电厂重要经济目标抢险抢修演练，组织5支人民防空专业队对重要经济目标模拟进行抢险抢修，按序时进度推进一、二级重要经济目标防护救援方案编制。

【法治宣传教育“五进”活动】2022年，与市委党校沟通对接，探索联动合作机制，将人防宣教纳入市委党校主体班教学课程，联合开展“提升国防意识 永驻爱国初心”主题党日活动，提升党员国防意识。规范有序地发挥志愿者和民间救援力量的作用，依托蓝天救援队、天狼救援队、阳光公益协会组建志愿者队伍，走进社区、学校开展科普宣传和演练活动，进一步扩大科普宣传覆盖面。统筹传统媒体和新媒体，扩大宣传方式和渠道。利用“5·12”全国防灾减灾日“9·18”警报试鸣日等重点时段，联合市广播电视台播出防空防灾公益宣传片；通过微信公众号等新媒体平台，开展“9·18”防空防灾知识竞赛，参与答题人数超万人次。

（陆　军）

经济管理

亳州市风力发电项目　　　　（刘勤利　摄）

概　述

【概况】2022年，亳州市地区生产总值首次突破2000亿元大关，达到2101.5亿元，增长4.2%、居全省第4位；第三产业增加值1082.3亿元，增长3.4%、全省第3位；战略性新兴产业产值增长14.9%，居全省第6位，占规模工业增加值比重达26.2%。加强重点用能单位能耗监管，单位GDP能耗完成省下达目标任务。规模以上其他营利性服务业营业收入同比增长16.1%，有力支持GDP增长；三次产业比例由2021年的13.8∶34.5∶51.7调整为13.6∶34.9∶51.5，服务业对GDP的贡献率达为41.9%，是拉动经济增长的重要引擎。亳州中联物流园获批省级冷链物流基地，安徽兴农精益诚农产品供应链有限公司、安徽禾丰食品有限责任公司获批省级冷链集配中心；谯城经开区获批"十四五"省级服务业改革创新试点单位，亳州中药材商品交易中心获批省级服务业集聚示范区，安徽古井贡酒股份有限公司获批"十四五"先进制造业和现代服务业融合发展试点企业。2022年度，亳州市因落实服务业锻长补短行动计划、物流枢纽网络建设和冷链物流发展工作力度大，推动服务业高质量发展成效明显，受到省政府办公厅督查激励。建成亳州市综合金融服务平台（"信易贷"平台）并实现与省平台接口对接，自2022年8月"信易贷"平台建成以来，已登记注册市场主体94216户，47家金融机构发布线上信贷产品119个，申请授信企业6259户，已获授信8423笔，累计授信金额224亿元。全省推广"信易贷"模式促进中小微企业融资现场会推进大会在亳州召开。

【项目建设】2022年，890个市重点项目投资完成率104%，超额完成年度目标任务。735个省重点项目投资完成率101%；265个计划新开工项目开工261个，开工率98.5%、居全省第3位；竣工项目157个，竣工率137.7%、超额完成全年目标。易腾服装基地、住方科技智能化门窗生产、东越纺织年产8000万米化纤面料、济人药业医药产业园、新伊塑业年产6万吨新型医疗食品薄膜、亳州中科科博中药材检测等亿元以上项目建成投产或主体完工，涡阳县智能装配钢结构基地、法兰泰克自动化起重机智能制造、利辛传旗重科装备制造产业园、谯城区山东瑞康医药产业园、太阳升（亳州）高科医药产业项目、奇瑞新能源车、古井集团酿酒生产智能化技改等10亿元以上工业项目加快建设。蒙城县、利辛县通用机场纳入《安徽省通用机场布局规划（2019—2035年）》。阜阳—蒙城—淮北城际铁路、亳蒙高速开工建设，亳州—蒙城（蚌埠）城际铁路、"三洋铁路"前期工作扎实推进。

2022年，市本级计划实施政府投资重点项目44个，总投资213.2亿元，年度计划投资60.8亿元，年度完成投资60.8亿元，占年度计划100%；三清大道工程、汤王大道涡河隧道工程、亳州第三十四中学、亳州职业技术学院二期工程、杜仲路下穿京九铁路工程等11个项目完工，亳州至蒙城高速公路谯城（立德）至涡阳（标里）段、亳州民用机场、亳州学院中医药学院等项目加快建设。向上争取资金。纳入国家政策性开发性金融工具项目32个、拟争取资金49.1亿元，已投放项目12个、金额18.8亿元，均居全省第6位。争取专项债项目47个、落实资金112.2亿元，争取中央预算内投资项目18个、落实资金3.5亿元。

【固定资产投资】2022年，固定资产投资增长8.8%，居全省第9位、比2021年提升6个位次。其中，基础设施投资增速42%，居全省第2位、比2021年提升13个位次；房地产投资下降0.1%，居全省第3位、比2021年提升9个位次。出台《亳州市落实"管行业必须管投资"加快项目建设考核办法》，建立市长、县长包保项目工作机制，压紧压实各县区和行业主管部门工作职责。2022年，全年新入库项目736个、较2021年增加286个、创历史新高。加快项目审批"清零"。除按规定进入公示程序外，原则上在手办理项目一周内全部办复"清零"；2022年，全市审核备项目2102个，总投资2964.46亿元，分别增长39.9%、36.9%。

【社会信用体系建设】2022年，信用数据归集总量持续提升，市信用平台累计归集信用信息2691.5万条。其中"双公示"信息136.9万条、水、电、气等特定信用信息499.8万条。信用服务实体经济能力不断显现，建成亳州市综合金融服务平台（“信易贷”平台）并实现与省平台接口对接，自2022年8月“信易贷”平台建成以来，已登记注册市场主体94216户，47家金融机构发布线上信贷产品119个，申请授信企业6259户，已获授信8423笔，累计授信金额224亿元。开展首次“诚信示范街区”和“诚信商圈”评选，认定亳州高新万达广场、涡阳青牛广场和谯城万达广场3个“诚信示范街区”，建安文化广场、利辛翰联商业广场、蒙城天河广场3个“诚信商圈”。城市信用建设成效明显，2022年12月份，亳州市综合信用指数在全国261个地级市中排名第82位。

【服务业发展】2022年，全市实现服务业增加值1082.3亿元，增长3.4%，增速居全省第3位；规模以上其他营利性服务业营业收入同比增长16.1%，增速居全省第8位；服务业占GDP比重达到51.5%。一是实施服务业集聚发展工程，围绕现代物流、科技服务、软件与信息服务、电子商务、新型专业市场、旅游休闲、健康养老等重点领域，把服务业集聚区建设成为适应和引领新常态的经济增长新引擎、承载新技术新模式新业态的新平台、“双创”活力持续释放的宜商宜业新高地。亳州中药材商品交易中心获批省级服务业集聚示范区，全市省级服务业集聚区总数达到12家（含示范区）。2022年，12家省级服务业集聚区（含示范区）累计实现营业收入128.03亿元、同比增长5.9%，实现税收2.71亿元，入驻企业9110家，直接带动就业人口49423万人。二是持续推进“两业融合”。支持科技研发、检验检测、技术转移、科技咨询、工业设计等引领制造业转型升级和品质提升的生产性服务业发展，推动先进制造业和现代服务业深度融合。谯城经开区获批“十四五”省级服务业改革创新试点单位，安徽古井贡酒股份有限公司获批“十四五”先进制造业和现代服务业融合发展试点企业。三是打造冷链物流集群。围绕服务农产品产地集散、优化冷链产品销地网络，整合串联存量冷链物流设施资源，建设一批集集货、预冷、加工、冷藏、包装、配送等功能于一体的产销冷链集配中心，打造冷链物流产业集群。2022年，亳州中联物流园获批省级冷链物流基地，安徽兴农精益诚农产品供应链有限公司、安徽禾丰食品有限责任公司获批省级冷链集配中心。2022年度，亳州市因落实服务业锻长补短行动计划、物流枢纽网络建设和冷链物流发展工作力度大，推动服务业高质量发展成效明显，受到省政府办公厅督查激励。

【保供稳价工作】2022年1—12月，亳州居民消费价格比2021年同期上涨1.9%，低于全省平均水平0.1个百分点。全市重要民生商品货源充足、价格稳定。依托107个价格监测点对重要民生商品和生产资料市场供求和价格变化情况进行监测，全年累计上报品种387个，共计上报监测数据34961条。2022年发展改革委利用元旦、春节等重大节假日先后8次启动“惠民菜篮子”，全市14家大型超市累计开展117天的“惠民菜篮子”活动，实现“惠民菜篮子”门店在主城区全覆盖。活动期间，蔬菜类价格低于同类市场均价15%以上，蛋类价格低于同类市场均价5%以上，惠民销售不少于20个品种。2022年共销售惠民平价菜约1235.65吨。2022年共启动3次价格补贴联动机制，全市累计发放价格临时补贴约3000万元，惠及困难群众约93万人次，有效缓解物价上涨对困难群众基本生活的影响。对日常监测、节日市场、重要时段价格变动等市场情况进行动态分析，并对热点问题相继开展生猪价格情况及走势分析、疫情期间蔬菜等生活物资保供稳价、小麦等价格市场情况的调查，2022年编写价格监测分析等材料135篇，撰写专题调查报告5篇。不断夯实信息发布工作，面向社会对亳州市3大农贸市场40个单品种，3大连锁超市61个单品种，畜禽饲料6个单品种以及12大类中药材价格指数定期发布。2022年共计发布“价比三家”48期96篇，12期月度分析报告，48期中药材价格指数运行分析等。

【产业发展】2022年3月，印发出台《亳州市主导产业集聚发展考核办法》，市级财政每年设立6000万元主导产业集聚发展引导资金，对各载体主导产业集聚发展情况进行奖补，用于支持本地区主导产业延链、补链、强链；同时，引导各载体做好主导产业分析研究工作，指导各载体制定主导产业集聚发展引导资金管理办法。

建立省制造业融资财政贴息政策项目名录库，在委网站设立“政策超市”，通过网络宣传及实地走访园区、企业等方式，积极宣讲省制造业融资财政贴息专项政策，组织指导符合条件企业开展申报工作。2022年，亳州市获得省“三重一创”、省现代医疗和医药等政策支持资金292.05万元。具体为：雷允上药业脑安胶囊获批省现代医疗和医药政策支持大品种奖补资金120万元、翰联色纺国家企业技术中心获省“三重一创”创新平台支持资金计划120万元，济人药业年产5亿粒疏风解毒胶囊生产线技改扩建项目、涡阳鸿锦绿色装配式建筑产业园重钢生产项目分别获批省制造业融资财政贴息专项奖补资金52.05万元、229万元。其中，属地配套资金200.525万元。

【长三角一体化发展】2022年，亳州市培育壮大特色产业，大力发展中药材贸易，建立中药材专业市场，成全球最大的中药材集散中心和价格形成中心，现代中医药产业规模达1500亿元。加快园区转型升级，全市6个省级开发区与沪苏浙开发区签署24个合作协议，五金机电产业园建成运营、涡阳永康产业园加快建设、上海市工业综合开发区亳州产业园即将建设；促进亩均效益提升，雷允上药业有限公司成为全市亩均税收的“优等生”。获批省级长三角绿色农产品生产工业基地20家，2020以来全市销往沪苏浙地区农产品933.57万吨、销售额818.85亿元；民生福祉不断增进，与上海市岳阳中西医结合医院等25家沪苏浙优质医疗机构成功合作、41个城市6631家定点医疗机构实现异地就医即时结算、沪苏浙12个市县区签署人力资源合作协议。实现与长三角41个城市6600余家定点医疗机构门诊、住院费用医保直接结算。34所学校与沪苏浙签订战略合作协议。

【民生实事工作】2022年，全市实施20项民生实事，截至2022年底，已全部完成年度目标任务。棚户区和老旧小区改造。老旧小区改造完工91个，完成率100%；棚户区新开工13667套，开工率100.4%；基本建成17150套，完成率100.4%。城乡适龄妇女“两癌”免费筛查。城镇低保适龄妇女“两癌”免费筛查649人，完成率101.3%；农村适龄妇女“两癌”免费筛查59621人、31214人，完成率分别为156.9%、312.1%。老年人门诊就医便民服务。完成老年人门诊就医志愿服务320人，完成率100%。幼儿托育和学前教育促进。新增托位9905个，完成率267.7%；新建、改扩建公办幼儿园完工38个项目，完工率100%；幼儿资助14045人，完成率134.45%。中小学课后服务。208所中小学开展课后服务，完成率100%。困难残疾人康复。贫困精神残疾人患者药费补助14590人，完成率207.24%；残疾儿童康复训练2418人，完成率261.69%；适配残疾儿童假肢矫形器305人，完成率435.7%；适配残疾儿童辅助器具266人，完成率429.03%。老年助餐服务。老年食堂完工4个，完成率133.3%；社区助餐点完工123个，完成率647.4%；农村助餐点完工214个，完成率3566.7%。养老服务和智慧养老。智慧养老机构完成2家，完成率100%；新增村级养老服务站（农村幸福院）56个，完成率100%；特殊困难家庭适老化改造768户，完成率106.7%。困难职工帮扶。提供生活救助669人，完成率3716.67%；医疗救助322人，完成率322%；子女助学434人，完成率394.55%。重特大疾病医疗保险和救助工程。基本医疗保险参保561.1万人，参保率115.5%；重点救助对象基本医疗保险参保25.4万人、参保率100%。就业促进工程。“三公里”就业圈试点完成11个，完成率137.5%；组织招聘会994场，完成率225.91%；服务企业26675户次，完成率346.43%；达成就业意向数59859人次，完成率486.66%；参加高校毕业生等青年群体见习人员1648人，完成率128.48%；高质量就业技能提升新技工培养2841人，完成率118.38%。“惠民菜篮子”运营。完成门店建设14家，完成率116.7%。食品安全“你点我检”。抽检320批次，完成率160%。15分钟健身圈建设。全民健身场地设施完成346个，完成率118.9%。15分钟阅读圈建设。城市阅读空间建设完成20个，完成率100%。“四好农村路”建设。农村公路提质改造建成路面249.6千米，完工率100%；农村公路养护提升完工973.7千米，完工率100%；城乡困难群体法律援助。审批法律援助案件7969件，完成率110.68%。区域医疗水平提升行动。仅亳州市中医院实施，门急诊量67.03万人次，完成率100%；住院病人3.77万人，完成率100%；手术0.76万台次，完成率100%。困难群众救助。实际保障农村低保22万人，累计发放补助资金11.71亿元；保障城市低保7583人，累计发放补助资金5453.5万元；保障农村特困供养对象26298人，失能、半失能特困人员集中供养率62.3%，完成率103.83%；保障城市特困供养对象141人，失能、半失能特困人员集中供养率100%，完成率166.67%；临时救助4957人次，支出资金2047.51万元。孤儿保障5924人，累计发放保障资金7960.6万元；共救助生活无着的流浪乞讨人员810人次，其中站内救助592人次、站外救助218人次，累计使用救助资金804.8万元；困难残疾人生活补贴共发放103308人、8090.92万元，重度残疾人护理补贴共发放73560人、5461.23万元。皖北地区群众喝上引调水工程。续建水厂2个、完成率100%；新建取水泵站4处，完成率100%；新建输水管道78千米，完成率106.9%；新建配水管道379千米，完成率110.17%；新建加压泵站3处，完工率100%。

【“暖民心行动”实施】全市实施10项“暖民心行动”，截至2022年底，已全部完成年度目标任务。就业促进行动。开发就业见习岗位5955个，完成率182.39%；开发短期就业见习岗位2555个，完成率127.75%；开发临时性专项岗位1990个，完成率124.38%；开发公益性岗位2716个，完成率123.45%；新增技能人才27397人，完成率182.65%。新徽菜名徽厨行动。培训徽菜师傅1681人，完成率210.13%。老年助餐服务行动。建成城市老年食堂（助餐点）127个，农村老年食堂（助餐点）214个，完成率100%，已投入运营341个、运营率100%。健康口腔行动。实施6~9岁儿童第一恒磨牙窝沟封闭项目比例39.4%，完成率123.13%；二级及以上综合医院（含中医院）新增牙椅较2021年底增加比例38.7%，完成率774%；全市二级及以上综合医院（含中医院）单独设置口腔科比例达到100%，完成率117.65%；全部中小学已经启动健康口腔进校园活动；全市基层口腔医护人员专业技术培训人数已完成70人，完成率466.7%；推广适宜技术项目7个，完成率100%；社区卫生服务中心、服务人口超过2万的乡镇卫生院配备专职口腔医师比例38.3%，完成率191.5%。安心托幼行动。新增托位9905个，完成率267.7%；新增公办园学位数7350个，完成率111.87%；示范性托育服务机构2个，完成率100%；公立医院托育点1个，完成率100%；县级公办独立托育服务机构1个，完成率100%；全市所有公办园均开展延时服务。快乐健身行动。完成154个居住小区健身设施维修改造或配建、310个行政村健身设施维修提升，完成率分别为100%、102.31%。培训健身群众10.8万人次、组织群众参加赛事活动48.7万人次，完成率分别为131.87%、118.95%。便民停车行动。完成新增城市停车泊位14836个，完成率118.69%；完成新增公共停车泊位3714个，完成率145.65%。放心家政行动。新增员工制家政服务企业5个、已培训家政服务人员44530人、新增服务人员9474人，完成率分别为125%、109.41%、116.96%。文明菜市行动。整治改造9个城区菜市、26个乡镇菜市，完成率均为100%。老有所学行动。老年学校新增学习人数58867人，完成率303.4%；参与学习教育活动的老年人数172221人，完成率156.56%。（武　庆）

改　革

【概况】2022年，亳州市围绕改革增效，聚焦重点领域改革，推进完成129项改革任务。改革信息工作位居全省第一，成功申报全国数据直达基层试点，推行工业厂房分幢登记，在全省首创“免申即享”平台、率先设立“政务找茬”窗口、率先实施工业项目“四证齐发”、率先开展工程项目审批“全程代办”、率先启动参保职工“退休一次办”，连续5年获评全国年度改革典型案例、为全省唯一的市，连续3年获评全省十大改革案例。其中，“围绕双百亿，再造一个古井”国企改革三年行动、“小田变大田，一村两作区”，获评全国2022年度地方全面深化改革典型案例；“免申即享”平台，入选2022年数标指数全国典型案例50强；“退休一次办”做法，入选全省十大改革案例和十大法治案例。

【产业结构改革】2022年，实施一产“两强一增”行动。粮食生产实现“十九连丰”，粮食总产连续11年稳居全省第2位、占全省1/8以上，培育的“皖垦麦22”以最高单产913.2千克再次刷新全省小麦高产纪录。农业科技进步贡献率达68%，主要农作物耕种收综合机械化水平达93.6%以上。蒙城县“小田变大田”改革在全省推广。谯城区建成全省首家无人农场示范基地，获省委主要负责人批示肯定，并作为勇于担当作为典型被表扬。谯城区朝天椒“粮经套种模式”获省委主要负责人批示肯定。实施二产“提质扩量增效”行动。落实省中医药振兴发展行动计划，深入推进世界中医药之都建设，现代中医药产值1500亿元，70家全国知名及医药百强企业先后落户，累计有40个药品品种成功转入亳州市生产，1350个中药配方颗粒品种进入省医保目录，疏风解毒胶囊连续6次被列为国家《新冠肺炎诊疗方案》推荐用药并成功进入欧盟市场，“北华佗”中医药品牌影响力日益增强。加快华夏酒城建设，古井集团连续4年销售收入过百亿元，古井贡酒酿酒生产智能化技改项目加快建设。实施三产“锻长补短”行动。推进文化旅游强市建设，前三季度国内旅游收入、旅游人数增幅分别居全省第5位、第6位，华佗百草园二期、大型国防教育基地二期等文化旅游项目加快推进。新增限上商贸企业38家。邮政业务总量增速连续3年居全省第1位，花草茶连续3年被评为“全国快递服务现代农业金牌项目”。

【为企业服务改革】创优营商环境。制定出台创建一流营商环境十条举措和8个方面45条稳增长惠企纾困措施，开展“新春访万企、助力解难题”活动和“优环境、稳经济”新一轮集中办公活动，开发建设营商环境问题“码上监督”平台，企业联办服务获国务院督查激励。拓展对外市场。深度融入和服务长三角一体化，获评全省推进长三角一体化发展专项考核“优秀”等次，与沪苏浙3个市（区）、24个园区签订合作共建协议。奉贤区投资建设上海市工业综合开发区亳州产业园。亳芜浙江五金机电产业园建成投产。首批中国（安徽）自由贸易试验区联动创新区、国家加工贸易产业园、皖北首家保税芝麻仓库落户亳州市，外经外贸拓展到20多个国家和地区。丰富人才要素。持续开展“亳州老乡，请您回家”和助力青年学子创业活动，发出第二封家书以来，返乡创业经验在全省推广。探索与沪苏浙人才双向挂职机制，深入实施药都“双创”英才计划、党员人才“1+N”双提升工程、产业创新团队建设工程等人才项目。

【民主法治改革】2022年，颁布《亳州市旅游促进条例》，制定的《亳州市城市道路交通秩序管理条例》经省人大常委会批准。创建“委员个人工作室”做法被省政协充分肯定。促进新时代统一战线工作。实现全国“五好县级工商联”创建、党外知识分子联谊会和新阶层人士联谊会全覆盖。伊斯兰教“三化”问题整治和宗教工作“三级网络两级责任制”在全省被通报表扬并推广。发挥群团组织桥梁纽带作用。健全党委统一领导群团工作制度，实施“青年创业扬帆行动”，累计孵化企业496家。挂牌成立亳州首家家庭教育指导工作站。亳州市青年创客空间被认定为国家级科技企业孵化器。推进法治亳州建设。实施法治政府建设率先突破三年行动，扎实推进公共政策依法兑现和政府履约践诺。二审民事案件速裁快审机制、“执行110”工作经验获最高法院院长批示肯定。全力推动国防动员改革。市委坚持原则、敢于担当，在全省率先完成市县（区）两级方案制定、机构挂牌、班子调整、军地机制衔接等工作，受到省国防动员改革专班肯定。

【社会治理改革】2022年，全市创新建立“1321+N”指挥体系，“快、准、狠”处置蒙城“3·14”、利辛“4·22”等10多起输入疫情，4次受到省指挥部表扬，坚决守住安徽“北大门”。向奉贤区、松江区捐赠6万盒疏风解毒胶囊等抗疫物资，累计派出651名医护人员驰援上海，提供300万人的预防治疗药品，为全国抗疫大局贡献亳州力量。设立市群众信访督办服务中心，开展信访事项“大起底、大化解、大督办”专项行动，市委主要负责人阅批群众来信数量居全省地市党政负责人第1位。在全国率先公布市县负责人手机号码，并切实落实省委主要负责人“做就做好”的批示要求。走好网上群众路线，人民网留言办理连续11年获评全国先进。社会治安防控体系深化拓展，“雪亮工程”实现城乡重点部位全覆盖。市域社会治理现代化试点扎实推进，“一镇一委一站”城乡基层火灾防控体系，获应急管理部消防救援局肯定并推广，列入省对市年度消防工作绩效考核。

【民生领域改革】2022年，全市常态化开展“2+N”“招聘进镇村”活动，统筹做好农民工、高校毕业生、退役军人等重点群体就业工作，开发公益性岗位2716个，确保零就业家庭动态清零。引江济淮工程亳州段通水，完成91个老旧小区改造。加强保障性住房供给，新开工棚户区改造项目13667套、建成17150套，完成量和完成率均居全省前列。创新慢性病管理模式，被评为国家医保优秀案例。连续2年获批为国家城市体检样本城市，数字城管城区覆盖面积达163平方千米，经验做法被住房和城乡建设部推介。城市生命线安全工程建成运行，“城市看海”问题得到根本性解决。贯彻习近平总书记给安徽省“中国好人”李培生、胡晓春的重要回信精神，累计开展各类文明实践活动4.4万余场次，“中国好人”五年累计上榜人数居全省第1位。加强文物和文化遗产保护利用，曹氏家族墓群被授予首批“安徽省省级考古遗址公园”称号。多措并举强教育。深化“三全育人”综合改革，持续推进学前教育普及普惠发展、义务教育优质均衡发展，新建、改扩建学前教育民生工程项目38个、增加学位7710个，评定341所普惠性民办园、新增托位930个。支持亳州学院、亳州职业技术学院全面建设高水平大学，与上海中医药大学合作共建的亳州学院中医药学院近期投入使用。协同推进降碳、减污、扩绿、增长，持续深入打好蓝天、碧水、净土保卫战，有序落实“双碳”战略部署，生态环境执法工作8次荣获国家和省表彰或奖励，大气环境治理经验做法获生态环境部通报表扬。

【党的建设改革】2022年，全市推进党建引领信用村建设，开展全国重点村分类管理试点，非公企业、社会组织党组织分别达2220、622个。推进党支部标准化规范化建设，深化“一月一课一片一实践”活动，党员讲微型党课12万余人次、受众110万人次，拍摄警示教育片9部，做法入选中宣部《宣传思想文化工作案例选编》并作为第一例。推动“四事四权”试点，做优布局、做实保障、做足加法，创新“吐槽大会”“三微墙”等工作举措，被相关媒体刊发。持之以恒转作风。开展“三严三实”“马上就办、真抓实干”作风建设专项行动，查摆各类问题830个；春节后第二天召开“三严三实”“马上就办、真抓实干”作风建设专项行动推进大会，开展市县乡村干部作风能力提升年活动，落实省委“一改两为五做到”要求。完善《全市各级领导班子和领导干部政治建设监督检查参考指标（2022版）》，常态化推进中央及省委巡视整改。持之以恒反腐败。一体推进“三不腐”，加强年轻干部教育管理监督，扎实推进审计监督全覆盖，全面推开小微权力“监督一点通”服务平台建设。推动乡镇纪检监察协作区制度化规范化建设，全省现场会在亳州市召开，中央电视台迎接党的二十大大型纪录片《征程》专题予以介绍。（张　健）

审　计

【概况】2022年，全市审计机关实施审计项目187个，审计发现问题金额221943万元。其中，违规金额6160万元，管理不规范金额215578万元，损失浪费金额205万元，移送问题线索19件。市本级2022年实施审计项目46个，审计发现问题金额71351万元。其中，违规金额2395万元，管理不规范金额68773万元，损失浪费金额183万元，移送问题线索11件。2022年，亳州市审计局被评为“全国审计通联宣传工作先进单位”“全省审计信息宣传工作先进单位”，获评“亳州市文明单位”，局党总支被评为“亳州市先进基层党组织”。另外还提请市委编委批准，

2022年7月18日，亳州市审计局驻中新苏滁审计组开展审计工作

（王方方　摄）

成立市委审计办公室秘书科。

【重大政策跟踪审计】2022年，组织全市审计机关实施四个季度重大政策落实跟踪审计和优化营商环境专项审计调查，查出管理不规范资金8191.03万元。审计促进资金直接拨付至企业，促使盘活旅游市场开拓培育资金，推动营商环境不断优化，重大政策落地落实。按照市政府安排，对亳州市招商引资政策兑现情况进行专项审计，审核亳州高新区两批次40个招商引资项目。

【财政审计】2022年，创新组织方式，采用同级审和“上审下”相结合的方式，突出审计重点，聚焦政策落实、预算管理制度改革、支出绩效管理、过“紧日子”，查出管理不规范资金9190万元，提出审计建议24条，促进被审计单位制定管理制度2项。着力推动财政资金提质增效。市本级2021年度预算执行和其他财政收支审计工作报告及整改情况报告获得满意度测评全票通过。

【农业农村审计】2022年，聚焦“乡村振兴”开展畜禽养殖废弃物资源化利用情况审计，督促被审计单位完善制度4项，追回资金122.84万元，市政府分管领导专门调研，推动整改，审计报告得到省政府认可。围绕“粮食安全”，深化全市粮食购销领域专项审计成果利用，强化跟踪督查，压实整改责任，省审计厅对亳州市粮食购销领域专项审计给予高度评价。

【国有企业审计】2022年，推动国有企业高质量发展，实施古井房地产、交控集团主要负责人经济责任审计，牵头组织实施全市农商银行系统专项审计，重点对国有企业领导干部任职期间的企业盈利能力、资产质量、债务风险等方面综合评判，规范资金5687.49万元，督促企业追回资金446.82万元，促进修订或完善制度23项，问责2人。

【经济责任审计】2022年，印发《亳州市市管领导干部履行经济责任“防未病”预警提示办法》，全省首创编制“防未病”预警提示单，提出268条预防措施，收录150篇审计案例。下发全市各单位对照检查和自查自纠，发现问题279个，清理不规范资金2698万元，上缴财政资金329万元，实现风险防范关口前移和源头治理。经验做法在全省推广，并纳入新华社《智库报告》，在审计署《审计观察》连载刊登。2022年市本级安排22个经济责任审计项目，审计发现问题126个，查出管理不规范资金1179.81万元，促进增收节支18万元，提出审计建议27条，促进被审计单位完善制度11项，着力推动权力规范运行。

【公共投资审计】2022年，加大公共投资审计监督力度，规范投资行为。开展7个公共投资审计项目，审计发现问题118个，提出审计建议26条，移送案件线索6条，调整核减财政资金1027.71万元，督促被审计单位修订完善制度7项。

【民生审计】2022年，开展全市困难群众救助资金专项审计，审计移送问题线索4件，促进清退违规享受低保、特困待遇353人，追责问责43人，督促困难群众救助补助资金落实整改84.8万元。关注“住有所居”，开展全市公共租赁住房管理使用情况审计，市委主要负责人对审计报告作出批示，市政府常务会议专题调度审计发现问题整改，促进空置公租房配租340套、腾退467套。

【审计整改】2022年，出台《关于进一步强化审计整改工作督促责任的意见》，实施“三单三书三函三审”工作机制，建立“一旬一调度、一月一起底、一季一督查”审计整改调度机制，做到清仓见底。组织召开全市审计整改工作推进会议，重点领域审计整改“回头看”3次，整改工作在全省审计整改工作调度会上通报表扬，经验做法在全省推广。

（王方方）

统　计

【概况】2022年，市统计局编发《亳州市2021年国民经济和社会发展统计公报》，编辑《亳州统计年鉴（2022）》，发布反映全市国民经济和社会发展情况的统计数据。提请市委、市政府印发《亳州市加强统计基层基础建设若干举措》，制发《统计资料管理制度》《数据质量责任追究制度》《数据采集审核报送制度》等县、乡两级统计工作制度。

全年举办各类统计相关知识培训，组织开展“统计大讲堂”12期，培训人员5200余人次。其中，市县联动共培训乡镇首席统计员16次，520人次。向社会公众、“两会代表”赠阅《统计月报》《数字亳州2022》读本及折页，扩大统计工作知晓度和影响力；向市直有关部门赠送《防范和惩治统计造假弄虚作假重要文件选编》，增强领导干部依法统计意识；向重点企业赠送《企业依法统计应知应会》《企业统计填报手册》，提高企业统计人员依法报表素质能力。全年共编印统计分析、快报94篇，其中被市委主要领导批示6篇，被市政府主要领导批示14篇，被其他市领导批示12篇。认真做好月度、季度经济运行监测分析，及时提出意见建议。收集整理全省各市及各县（区）数据，第一时间提供给市领导。定期更新综合数据库及数据亳州APP数据信息，采集企业信息4258家，企业项目信息1955个，发布新闻1071条；系统数据量948367条，入库表报表1052张，指标5725条，出库表229张。

【发布2021年全市经济运行情况新闻发布稿】2022年1月25日，市统计局发布《2021年亳州市经济运行情况新闻发布稿》，向社会公众、新闻媒体通报2021年全市经济运行情况。2021年，全市生产总值1972.7亿元，按可比价格计算，同比增长8.6%，两年平均增长6.3%。其中，第一产业增加值271.4亿元，增长9.1%，两年平均增长6%；第二产业增加值681.4亿元，增长8.1%，两年平均增长6.5%；第三产业增加值1019.9亿元，增长8.8%，两年平均增长6.2%。总体上看，2021年全市经济持续稳定恢复，主要指标实现预期目标。新闻稿发布后被“人民网安徽频道”、亳州《新闻联播》、亳州新闻网、“药都时空”《亳州晚报》“掌上亳州”“亳州发布”等媒体、媒介转载。

【社情民意调查】2022年，围绕推动皖北地区高质量发展，以及亳州市“六一战略”、“双招双引”等决策部署实施成效，加强统计监测、社情民意调查。全年开展县区领导班子综合考核等10项统计调查任务，完成有效样本1.5万个，为市委、市政府和有关部门摸准实情掌握实数提供服务，获得领导和群众的一致好

2022年9月20日，亳州市统计局到西关社区开展统计开放日宣传活动

（段辰旭　摄）

评。调查采用计算机辅助电话调查（CATI）方式，对抽中电话号码随机拨号，并保证调查对象为年满18周岁的城乡常住居民，调查广泛听取民声、了解民意。社情民意电话调查各项任务的圆满完成有力促进全市经济社会的高质量发展。

【统计法治建设】2022年，印发全市统计普法工作计划，开展统计法治“六进”活动，针对性开展依法统计普法宣传。向各级党委政府领导送达《防范和惩治统计造假、弄虚作假重要文件汇编》100余本。面向社会公众，利用“9·20”“12·4”“12·8”等重要时点采取宣讲展台、普法折页等形式开展普法宣传。将统计普法融入统计专业培训，坚持逢会必讲统计法。将统计法律法规纳入党校（行政学院）学习的必修课，开展“统计法进党校”8次，增强“关键少数”对统计法律法规的重视程度。

【“统计服务千企”行动】2022年，成立市“统计服务千企”行动领导小组，实行月度通报制度，及时督促县区、专业科室按序时进度要求推进工作。主动深入企业提供服务，走访企业267家。持续开展投资领域“大比武”活动，共指导721个项目，其中196个“双招双引”项目、221个预测预警项目、304个集中开工重大项目。对新入库企业全面实行“四个一”辅导服务，并扩大辅导服务范围，发放辅导服务包352个，新入库企业及项目全覆盖发放。（段辰旭）

公共资源交易监督管理

【概况】2022年，全市完成公共资源交易项目2163个，成交498.6亿元，增长23.2%。其中，完成工程建设项目573个，成交215.3亿元，增长49.58%，彻底扭转年初交易大幅下滑的被动局面。完成网上商城交易项目25796个，成交金额4.69亿元，其中，工程建设项目成交金额2.53亿元，为加快固定资产投资实物工作量的落地提供有力支撑。修订《亳州市工程建设项目招标投标“绿色通道”管理办法（试行）》，压缩各环节办事时限，实行能快尽快，能办即办，提高交易效率。项目登记、场地预约、交易公告核发、中标候选人公示、中标通知书发放、中标结果公告等环节1个工作日办结。全市工程建设项目和政府采购项目场内流转周期分别为30.75天和25.35天，均低于全省平均水平。交易项目“应进必进”。在全省率先实施产权交易项目全流程电子化交易，实现从竞买登记至合同签订，全程“零跑腿”，提高市场主体参与度，促进国有资产保值增值。2022年共有“四大类”以外158个项目进场交易，累计成交金额82.5亿元，平均溢价率5.19%。

【清退沉淀保证金】2022年，全面落实国务院办公厅关于清退应退未退的沉淀保证金要求，成立6个清欠组，采取网上公告、发函通知、上门服务等方式，督促协助招标人、投标人办理清退手续，对于招标人确认履约完成项目，保证金无需申请原账户退回，做到“免申即退”。全年清退沉淀保证金1175笔、8145.05万元，惠及企业830多家，已清理完毕。履约保证金“全程在线退付+到期提醒+免申即退”退付方式被省认定为创新做法。创新投标担保方式，修改完善招标文件范本条款，在招标文件中约定，允许中标人采用保函、支票等多种方式提交投标、履约及工程质量保证金，鼓励招标人对信用优良投标人免收投标保证金，继续免收政府采购项目保证金，全年免收1026个项目政府采购保证金约3.59亿元，为3283家市场主体开具投标保证金电子保函1.14万笔，减少占用现金18.57亿元。

【中小企业扶持】2022年，落实财政部、省财政厅有关促进中小企业发展政策措施，全市约20亿元预算资金专门预留给中小企业。扎实开展房屋建筑和市政基础设施工程招标“评定分离”试点工作，亳州市房屋建筑和市政基础设施工程项目采用“评定分离”方式招标8个，总预算金额11.29亿元。支持地方建筑业企业发展，将企业信用评价得分作为评标办法重要指标之一。

【电子化交易水平优化提升】2022年，完善交易系统功能，实现专家“在线抽”业务流程进一步优化、交易文档“在线存”功能更加完善。优化网络资源配置，持续完善平台模块功能，提升系统运行流畅度和稳定性，所有项目均采用“不见面”方式开标，全流程电子化率达100%。加强交易数据审核把关，开展市县数据交叉互查4次，2022年全市数据推送考核得分99.98，位列全省第5名。上线“标证通”移动CA业务，解决CA数字证书依托实体介质、需办理多把CA锁等问题，截至2022年底，全市注册“标证通”用户3000余名。在省发展改革委组织开展的交易平台服务第三方评价中，亳州市位列全省第7名。

【市场主体回访和座谈】2022年，以“阳光交易、优质服务、智慧监管”为主题举办2022年公共资源交易开放日活动，召开各类市场主体座谈会9场次，征集各方面意见建议48条。常态化开展专家回访，累计回访专家2315人次，充分了解市场主体需求。优化《专家服务》方式，在门户网站增设“专家服务”专栏，实现专家服务事项一“栏”尽知，该做法受到省发展改革委的充分肯定，被第三方评价机构认定为创新做法，在全省推广。

【维权渠道建设】2022年，在亳州市公共资源交易网、市县公共资源交易大厅显著位置设置异议投诉渠道提醒事项和营商环境问题线索征集专栏，提示市场主体依法维护自身合法权益。办理市长热线34件，通过“亳州市公共资源交易中心”网站办理网友留言38件，办理群众来信43件，市领导转办电话短信办件19件。开发上线异议（质疑）投诉办理系统，企业可通过网上系统提出对公共资源交易项目的异议（质疑）或投诉，畅通信访投诉渠道，降低维权成本，系统上线以来，全市累计网上办理异议（质疑）事项32件，投诉事项3件。

【交易监管工作】2022年，成立市公共资源交易执法支队，完善执法运行机制，顺利完成公共资源交易领域行政处罚权的相对集中工作。制定《亳州市公共资源交易活动行政处罚信用信息修复工作机制》，进一步营造诚实守信公共资源交易环境。修订《亳州市公共资源交易活动投诉处理办法》，建立起投诉处理超期管控机制，提高投诉办理效率。调整评标基准价计算方式，提高投标报价权重，强化信用评价应用，压缩施工组织设计等主观评审因素分值，形成3种新的评标办法，招标人根据项目类别和特点自行选用，遏制串通投标等违法行为发生。

【围串标问题专项治理】2022年，利用亳州市公共资源交易串通投标预警分析系统常态化对交易活动进行监测分析，公共资源交易监管部门根据智能监管情况，及时组织人员进行深入筛查，对涉嫌串通投标的投标人从资金往来、投标报价、投标文件雷同性等方面进行综合研判。全年向公安机关移送涉嫌串通投标违法犯罪线索8条、移送纪检监察机关2条，向行业主管部门移送线索4条，公安机关立案侦查4起，对5人采取刑事强制措施；审判机关对3人犯串通投标罪判处有期徒刑，并处罚金，对6家企业予以行政处理，对3家企业记不良行为记录，上缴投标保证金366万元，对违反工作纪律的52名评标评审专家给予扣分、暂停评标资格等处理，清退出库评标评审专家3名。整治药都电子商城乱象。为解决药都电子商城交易规则简单、报价畸高、异常企业难以分辨及涉嫌存在的串通投标问题，提请市政府召开规范工程建设项目招标投标和药都电子商城运行工作专题会议，牵头梳理汇总2022年5—9月期间部分药都电子商城企业涉嫌围串标的线索证据，暂停涉及企业在药都电子商城中的经营权限，将围标串标线索移交至政府采购的监管单位市财政局进一步核查处理。

【诚信履约监管】2022年，将施工现场标后履约情况作为督查的重点，牵头开展标后联合暗访9次，暗访项目34个，下发整改督办单40个，发现和整改问题151个。对重点工程项目建设单位（代建单位）和中标单位进行联合约谈，共开展联合约谈5次，对12个项目、9家建设单位、15家施工企业、12家监理企业进行约谈，发放责任清单39份，签订履约承诺书35份。开展联合驻点督查，对亳州中医药学院项目开展周督查34次，对汤王隧道项目月督查8次，对古井1#酿酒车间项目开展月督查9次，确保国有资金的使用效益。

【创建“智能宫格”评标系统】2022年，加强信息化在评标环节的应用，在全省创新建立

"智能宫格"评标模式，优化评标评审专家"云签名"系统，完善专家自动抽取、面部识别等功能，提升专家电子签名服务的便捷性、安全性，为评标评审工作顺利开展提供保障，全方位筑牢公正评审防线，开辟公正评审新模式，该做法被人民网、《安徽日报》《中国经济周刊》、《公共采购》杂志等多家媒体进行报道宣传。

（李斐然）

市场监督管理

【概况】2022年，亳州市市场监督管理局有内设机构27个，有市市场监督管理局登记注册局（行政审批办公室）、市市场监督管理局"12315"投诉举报处置指挥中心、市市场监督管理局网络交易监督管理局3个直属行政机构，有市知识产权管理服务中心、市市场监督管理行政执法督查支队、市消费者权益保护委员会秘书处、市产品质量监督检验所、市计量检查测试所、市食品药品检验中心6个下属事业单位。2022年全市市场监管系统共查办综合执法案件5405件，涉案案值1149.48万元，罚没款1993.6万元，移送公安39起，5起案件入选全省"铁拳"行动典型案例。

【企业信用监管】2022年，市市场监督管理局对新一代信息技术、绿色食品、生命健康等"十大新兴产业"中信用风险较低的市场主体登记事项、年报公示信息、商标使用情况等实施"守信免查"、触发式监管，探索推行"A档免查""一业一查"等跨部门联合抽查工作机制，提升监管科学性、精确性、有效性，有效减轻企业负担。全面推行"智慧化+信用化+网格化"监管，综合构建以智慧监管为支撑、以信用监管为基础、以网格化监管为手段的三位一体监管新模式，全市74个市场监管所共划分网格235个，配备网格监管员325名。

【规范市场秩序】2022年，开展反不正当竞争专项执法行动，于2022年11月14日和12月13日，分2批专题发布10起反不正当竞争典型案件。3起案件被省局评为反不正当竞争优秀案例。深入开展打击传销"皖剑—2022"行动及无传销社区（村），无传销网络平台创建工作，2022年新创建无传销社区（村）40个，无传销网络平台10个。印发《亳州市实行企业"轻微免罚"三项工作举措》，落实轻微违法违规行为免予处罚。谯城区市场监管局查处安徽金口酒业有限公司将"驰名商标"字样用于广告宣传展览案入选2022年4月份国家市场监管总局发布的知识产权执法典型案件。聚焦关系人民群众生命健康安全的重点商品、重点领域和重点行业，严厉查处食用油掺杂掺假、加油站计量作弊等十个方面的违法行为。

【知识产权保护】2022年，围绕十大新兴产业，加大对高价值专利培育、企业知识产权"贯标"、知识产权转化运用力度，兑现市级知识产权奖补资金1659.1万元。截至2022年底，全市共建立知识产权维权援助工作机构9个，实现知识产权维权援助工作站县（区）全覆盖。建立知识产权保护工作站1家、人民调解组织6个，实现知识产权纠纷调解组织县（区）全覆盖。办理专利侵权纠纷案件11件、电商案件45件、地理标志及特殊标志案件20件。亳州市4家专业市场入选省两批重点关注市场名录、4个商标入选省两批重点商标保护名录、4家单位入选省知识产权信息公共服务网点。1家企业新获批国家知识产权示范企业、3家企业新获批国家知识产权优势企业；1个开发区入选省级知识产权示范园区培育名单；新获省专利银奖1个，专利优秀奖8个；新增国家地理标志产品1个、地理标志证明商标2件；新增知识产权贯标企业34家；办理专利质押融资74笔5.8亿元，商标权质押融资22笔3.27亿元。两家企业入选省级高价值发明专利培育项目，获得资金支持。联合市中级人民法院等四部门联合制定出台《亳州市商业秘密保护协作机制》，大力推进商业秘密保护工作深入开展，指导建立商业秘密保护示范点5个。持续加强知识产权纠纷在线诉调对接，共调解知识产权纠纷诉前调解案件382件，调解成功137件。

【商事制度改革】2022年，市市场监督管理局深化商事制度改革。截至2022年底，全市存量市场主体数共计66.9万户，位居全省第三位；2022年新增市场主体10.42万户，同比增长29.42%。在全省率先推出企业开办全流程智能服务一体机并上线“智能审批”系统，为申请人提供7×24小时不打烊服务，实现全流程无纸化、标准化、智能化办理，切实做到让企业和办事群众办理市场主体登记注册“不求人”。

【食品安全监管】2022年，全面贯彻落实食品安全“守、查、保”专项行动。成立领导小组制定工作方案并贯彻落实隐患排查、风险会商、明察暗访、核查通报等相关制度机制。2022年，全市范围内已检查64351户，检查覆盖率达119.2%；发现问题数22866个，完成处置22672个，问题处置率达99.2%。全市食品生产经营单位开展各类食品安全抽检监测17294批次，检出不合格（问题）食品586批次，问题发现率3.39%，其中完成食品（含餐饮具）抽检10701批次，检出不合格347批次，问题发现率3.24%；完成流通领域食用农产品抽检5391批次，检出不合格179批次，问题发现率3.32%。创新监管模式，对小作坊进行“户籍化”管理，共对688家小作坊进行环境卫生整治，整改完成率达到100%。全面推广“数智食安封签”使用，全市已接入“数智亳食封签”网络订餐监管平台4735家，占比100%。研发落实“食安包保”平台，用数智赋能提高食品安全“两个责任”落地落实质效，切实提高全市食品安全治理水平。

2022年12月8日，亳州市市场监管局开展涉疫药品和医疗用品稳价保质市场检查工作 （杨 京 摄）

【药品安全专项整治】2022年，成立以市政府分管领导为组长的药品安全专项整治行动领导小组、集中打击整治危害药品安全违法犯罪工作领导小组，整合市直部门力量、协同作战，市、县区、乡镇三级联动。通过市局随机抽查、县（区）局全覆盖检查和县区交叉互查，全市共检查药械妆经营单位6467家次、医疗机构1672家次、医疗器械生产企业15家次、疫苗接种单位338家次，排查风险隐患1201条，建立问题清单945个，全部完成整改销号。全年办结药械妆案件522件。

【中药材质量监管】2022年，成立以市政府分管领导为组长的市中药材质量监管领导小组，构建多部门监管中药材市场的联动机制。出台《亳州市中药材市场管理办法》，为中药材市场科学管理、依法管理提供制度保障。开展严厉打击中药材制假售假（3个月）、城乡接合部及物流园药品违法生产经营行为（3个月）等专项整治行动。建立公安、农业农村、自然资源、海关等部门共同参与市场管理的“四个衔接”制度，落实网格包保责任制、日常巡查检查抽样制、信息互通共享制、督查督办制，督促排查问题逐项整改销号。2022年，共约谈中药材市场主要负责人2次，检查经营中药材固定门店和摊位5157家次，移交公安机关案件线索2件。

【特种设备安全监管】开展特种设备超期未检整治行动、电梯质量安全提升行动、“黑气瓶”整治巩固提升行动等6项专项行动，实施市场监管领域安全隐患大起底大排查大整改和城镇燃气“百日攻坚”行动。共检查特种设备使用单位1632家，排查安全隐患190处，已全部完成整改，有力保障特种设备安全形势持续平稳向好。

【产品质量安全监管】2022年，持续开展燃气具、儿童学生用品等重点产品专项整治及工业产品质量风险隐患排查清零行动。提升流通领域成品油数智监管平台运用效能，谯城区、高新区及蒙城县276家加油站（点）已纳入平台，通过互联网、物联网、大数据等技术手段实现成品油质量在线监管。配备成品油和车用尿素快检设备，及时发现成品油潜在质量隐患，有力推动成品油质量提升。开展工业产品获证企业分类监管和事中事后监管127家。组织产品质量监督抽查2007家，抽查样品3631批次。

质量工作

【概况】2022年，亳州市强力推进谯城区、蒙城县质量强县（区）创建。持续开展“四个一”质量提升行动，涡阳县优质小麦面粉及制品产业质量提升案例获评“四个一”典型案例。开展第二批安徽省产品质量提升示范区申报创建工作，蒙城县政府申报的《安徽省新型建材智能家居质量提升示范区》创建获批“第二批安徽省产品质量提升示范区”。开展质量基础设施助力纾困中小微企业和个体工商户专项行动和“一站式”服务建设，谯城区、蒙城县、利辛县、涡阳县共设立“一站式”服务综合服务站4个。对2021年度华佗国药股份有限公司等6家“皖美品牌示范企业”奖励资金90万元和第五届“安徽省人民政府质量奖”（周庆伍）个人奖奖励资金10万元予以兑现。完成2022年皖美品牌示范企业申报工作，安徽省刀锋网络科技有限公司等8家企业被批准认定为“皖美品牌示范企业”。开展企业首席质量官任职资格培训，267人次通过资格考试。县（区）设立缺陷产品伤害监测点16家正式挂牌开展工作。

【标准化建设】2022年亳州市制定国家标准17项、行业标准10项，地方标准43项、团体标准35项，获评“企业标准领跑者”2个、对标并达到国际标准3项，在建省级标准化示范试点项目6项，其中公共资源交易管理服务、中药材交易中心新型市场服务、生猪养殖繁育标准化示范试点项目顺利通过省级验收。

【认证认可与检验检测】截至2022年底，亳州市共获强制性产品认证证书110张，质量管理体系认证证书1164张，服务认证证书26张，自愿性工业产品认证证书198张，食用农产品认证证书515张。获证检验机构70家。其中，机动车检验机构21家，环境类检验机构6家，建筑建材类检验机构9家，食品、中药材类检验机构21家，公安司法鉴定类检验机构8家，其他类5家。

【计量工作】2022年，市市场监管局组织开展“5·20”世界计量日宣传活动，活动期间进企业39家，进社区23个，进医院5家，进眼镜配制场所42家，进集贸市场21家，发放宣传资料860多份。开展计量器具检定工作，检定各类计量器具82083台次。做好疫情防控和复工复产期间计量保障工作，全市服务复工复产企业1140家，为复工复产企业减免检定校准费用61.2万元。开展计量服务中小企业行活动。深入食品生产企业、重点用能单位、食品生产单位进行计量服务，帮助企业纾困解难。（杨　京）

环境保护

2022 年 7 月 8 日，亳州城南调蓄水库　　（刘勤利　摄）

概述

【概况】2022年，全市环境质量巩固改善、稳中向好，大气、水约束性指标完成省下达的年度目标任务，按期完成突出生态环境问题整改，农村生活污水治理率、受污染耕地安全利用率稳定提升。

【绿色低碳发展】2022年，主动服务“六稳”“六保”，落实亳州市创建一流营商环境十条举措，出台《亳州市生态环境局创建一流营商环境实施方案》。做好重大项目环评审批服务，加快推进许疃煤矿、袁店二井煤矿等能源保供项目依法完善环评手续。持续推进“放管服”改革，深化“三线一单”生态环境分区管控，开展定期调整。继续开展重点项目环评审批跟踪调度机制，提前介入、主动服务。深化“环境影响区域评估+环境标准”改革，减轻企业负担、提高服务效率。严格项目环境准入，坚决遏制“两高”项目盲目发展，推动相关产业布局优化和结构调整。扎实开展“四送一服”工作和服务企业“十百千”行动，解决包保重点企业（项目）和结对帮扶企业实际困难。落实推动“零跑”行动各项举措落地落实。推进重点行业强制性清洁生产审核，开展清洁生产审核创新试点。

【减污降碳协同治理】2022年，研究制订《减污降碳协同增效工作实施方案》，配合制订《碳达峰实施方案》，推动全市碳达峰“1+N”政策体系尽快落地。探索将碳评纳入环境影响评价体系。参与全国碳市场制度、系统和基础能力建设，继续做好火电等行业年度碳排放情况核查，组织纳入碳市场的重点行业企业积极履约，鼓励研发低碳产品，支持安徽古井贡酒股份有限公司启动零碳示范区建设。编制印发市级绿色发展年度工作要点及施工图，并及时调度推进。

2022年7月20日，亳州交控集团上善环保公司道路保洁作业

（鹿碧波　摄）

蓝天碧水净土保卫战

【蓝天保卫战】2022年，严格落实“五控”措施，强化$PM_{2.5}$和臭氧协同控制。制订空气质量持续改善行动实施方案，组织实施重污染天气消除、臭氧污染防治和柴油货车污染治理三个标志性战役，推动砖瓦窑厂等工业窑炉深度治理。加快推进涉VOCs突出问题排查整治，强化综合治理攻坚，实施包装印刷、工业喷涂等重点行业企业综合治理工程，分类确定源头削减、过程管控和末端治理类别整治项目。加强柴油货车污染治理攻坚，完成非道路移动机械环保检测和标识登记。开展专项执法检查，全面实施汽车检验与维护制度，加快淘汰国三及以下柴油货车，开展新车和环检机构“双随机一公开”检查。加强面源治理，组织开展扬尘污染治理专项行动。进一步强化网格化管理，定期开展“九查九做”，对网格大气环境问题实施动态清零。修订《亳州市重污染天气应急预案》，统一规范应对重污染天气工作流程，加强应急减排清单标准化、精细化管理。做好《中华人民共和国噪声污染防治法》宣贯落实，强化噪声污染防治，完成市声功能区区划调整及三县声功能区划定工作。

【碧水保卫战】2022年，强化分析调度，持续做好国考断面水质达标工作，推进省、市控断面水质目标管理。坚持污染治理和生态保护修复并重，实施地表水污染防治九大攻坚战，强化涡河、西淝河、茨淮新河等8条主要河流污染治理，配合做好民主监督工作，落实市对县、市对乡镇主干河道水质断面生态考核。推进重要水源地保护，强化入河排污口排查整治，加强汛期重点跨界水体联防联控。实施引江济淮工程治污规划，保障清水廊道水质安全。深入开展集中式饮用水水源地环境问题排查整治，推进县级以上集中式地表水水源地监测预警网络建设，进一步完善农村“千吨万人”及乡镇级集中式饮用水水源地建设。开展应急备用水源建设管理核查工作。加强城乡黑臭水体、工业园区水污染治理设施和医疗机构污水处理设施监督管理。

【净土保卫战】2022年，强化土壤污染风险管控和源头治理。实施农用地土壤镉等重金属污染源头防控行动，对纳入大气重点排污单位名录的涉镉等重金属排放企业，6月制定工作方案，对大气污染物中的颗粒物按规定实现在线自动监测；全面排查整治矿区历史遗留固体废物，12月完成首批排查任务并编制治理方案。强化土壤污染重点监管单位监管。加强重点建设用地遥感“一张图”管理，坚决杜绝违规开发利用，加强土壤污染状况调查等“三个”报告评审把关。编制并推动落实《农业农村污染治理攻坚战实施方案》，持续推进农村环境整治重点任务，农村生活污水治理率提高到14.7%，完成农村黑臭水体整治年度目标。完成全市地下水环境状况调查评估，推进地下水污染防治措施落实。组织畜牧大县编制畜禽养殖污染防治规划。编制并推动落实《乡村生态振兴实施方案》，建立乡村生态振兴专项工作小组工作机制，开展生态振兴试点村（镇）建设，探索形成生态振兴典型模式经验和评价体系。推进危险废物专项整治三年行动，开展危险废物专项整治“回头看”。加强塑料污染监督管理。组织开展打击跨省非法转移倾倒危险废物行动。持续开展危险废物规范化环境管理工作。提升危险废物环境管理信息化水平。加强重金属污染防控。实施新污染物治理行动方案，推动持久性有机污染物、汞等国际公约管控化学物质的削减、淘汰。严格落实“两个100%”要求，及时有效收集和处理处置医疗废物、医疗废水。完善核与辐射安全监管体制。落实《关于加强全省核与辐射安全监管体系建设指导意见》，按要求开展辐射环境检查，确保辐射环境安全。

生态环境问题整改

【生态环境问题整改】2022年，持续抓好中央和省生态环保督察反馈问题、国家和省长江经济带生态环境警示片披露问题等整改。动态建立2022年度“1+1+N”突出生态环境问题整改清单，对中央和省级层面交办未完成整改的20个问题，实行“旬督查、月调度”，督促指导各地严格落实“四项清单”，压实责任，严把质量，强力整改。按月拍摄突出生态环境问题警示片。

【环境问题信访渠道】2022年，进一步完善信访工作机制，常态化开展主要领导干部接访下访。实行环境信访事项清单化、闭环式管理。对“12345”市长热线和“12369”等平台交办群众环境信访进行跟踪督办，切实解决群众身边堵点、痛点和难点问题。

2022年11月3日，工人在亳州市凤尾公园清理水草　（刘勤利　摄）

【闭环管理机制】2022年，常态化开展突出生态环境问题“大起底”“大排查”，强化“1+1+N”突出生态环境问题整改信息化调度平台功能，建立完善“线上+线下”双向发力的发现问题、整改问题闭环机制。认真落实中央和省整改工作相关制度，持续完善制度体系，推动突出生态环境问题改彻底、改到位。

生态环境工作机制创新

【生态环境经济政策和资金投入机制】2022年，对生态环境质量明显改善的县区在相关转移支付分配资金时予以倾斜支持。引导和鼓励更多社会资金投入生态环境领域。积极谋划实施生态环境导向的开发（EOD）模式项目，推动生态环境治理与产业融合发展。

【生态保护补偿赔偿制度建设】2022年，修订完善全市地表水断面生态补偿实施办法，建立健全对乡镇主要河道支流生态补偿机制。修订全市空气质量生态补偿实施办法。持续推进生态环境损害赔偿制度改革，加大案件办理力度，核查案件线索，依法依规办理，在实际案件中创新方法，推进生态环境损害赔偿工作。

生态环境治理现代化

【智慧环保建设】2022年，深入推进大气环境智能管控、企业环境信息依法披露等信息系统建设，完成环保专网与电子政务外网整合。充分利用亳州市“城市大脑”平台，推进生态环境数据深度共享，建设生态环境应用场景，加强数据预警和溯源分析，为非现场执法提供数据支撑。

【生态环境执法】2022年，做好生态环境保护综合行政执法改革的“后半篇文章”，开展生态环境保护综合行政执法机构规范化创建工作。聚焦重点区域、行业、领域开展监督帮扶，持续实施轻违免罚、A档免查、信用修复，动态更新正面清单。对全市生活垃圾焚烧发电行业专项整治。积极推进排污许可“双百”行动，严厉打击无证排污、不按证排污等各类违法行为。完善以污染源自动监控为主的非现场监管执法体系。持续开展饮用水水源地环境问题“清零行动”，推进水源保护区环境问题排查整治工作常态化。打击危险废物环境违法犯罪和自动监测数据弄虚作假等环境违法犯罪。强化秸秆禁烧管控。深入开展生态环境领域扫黑除恶斗争。做好生态环境保护执法大练兵。积极稳妥抓好环境应急工作，及时科学妥善处置各类突发环境事件。

【法律法规标准体系】2022年，配合开展《安徽省实施〈中华人民共和国土壤污染防治法〉办法》相关立法工作。组织开展法律法规标准宣贯培训，持续提高专业素养和业务能力。

【生态环境监测能力建设】2022年，提升驻市、市、县三级生态环境监测能力，加强$PM_{2.5}$和O_3协同监测，推进环境质量、生态质量、污染源监测全覆盖。加强县域重点生态功能区生态状况监测评估。实施生态环境监测数据质量提升行动，按照省厅统一部署强化辖区内国、省控监测站点运维监督检查，加强生态环境监测机构联合监管，规范监测数据造假案件调查和移交处理程序，严厉打击人为干扰监测数据造假违法行为，强化监督检查信息公开与共享，确保数据真实、准确、全面。构建服务型科技创新体系。积极配合省厅开展生态环境领域科技攻关和技术创新，积极参与省市重点课题研究。积极实施$PM_{2.5}$和O_3污染协同防控、“一市一策”驻点跟踪研究。

（市生态环境局）

中药产业

中国·亳州中药材专业市场 （刘勤利 摄）

亳州市现代中药产业发展

【概况】2022年，亳州市积极推动中医药现代化、产业化、国际化高质量发展，中药材种植、中医药制造、中医药流通贸易、中医药健康服务、中医药文化传承、中医药创新研发六大中心建设取得积极成效，已初步形成涵盖中药材种植、中药饮片加工、中药配方颗粒生产、中成药制造、中药流通、中药科研和中药文化传播等全产业链体系，成为全球最大的中药材交易中心和全国最大的中药饮片、中药提取物、中药保健饮品生产基地，2022年，全市中医药产业规模达1664.1亿元。

【中药材种植】2022年，全市中药材种植面积81733.33公顷，产值约42.6亿元，中药材标准化种植面积29333.33公顷，分别较2021年增长2.1%、12.1%、5.52%。

【医药工业】2022年，全市共有药品生产许可企业227家，全市中医药制造业产值达356.5亿元，增长12.53%。其中，5亿~10亿元企业17家、1亿~5亿元企业112家。

【中药材贸易】2022年，全市线上线下中药材交易额约1265亿元，其中亳州中药材专业市场交易额约600亿元，亳州花草茶连续4次被授予全国“快递服务现代农业金牌项目”，年寄递业务量2.13亿件。

【优质种子种苗繁育水平提升工程建设】2022年，培育种子种苗企业蓬勃发展。亳州兴禾农业公司与中国医学科学院药用植物研究所合作建设的药用植物组培繁育中心不断壮大，已建立30余种中药材组培快繁技术体系，年扩繁良种2000余万株。该公司中药材种质资源圃被安徽省农业农村厅确定为省级农作物种质资源保护单位。合肥综合性国家科学中心大健康研究院安徽中药材种植联合研究中心在亳州已正式挂牌运营。建立1500平方米的亳菊原种园，获批国家基本药物中药材种子种苗（安徽）繁育基地。

【中药材绿色有机种植】2022年，加强与安徽省农科院园艺所进行科研合作，开展种质资源保护和利用、中药材种植技术研究和中药材新品种选育等工作，编制7种中药材绿色栽培技术导则。累计11个种植主体获评“十大皖药”产业示范基地建设单位。

【中医药大品种培育】2022年，借助亳州药博会平台，宣传和推介亳州优质中成药，发布“亳州现代中医药十大优势品种”，分别是：安徽济人药业股份有限公司生产的疏风解毒胶囊，安徽雷允上药业有限公司生产的脑安滴丸，安徽九方制药有限公司生产的葛酮通络胶囊，安徽雷允上药业有限公司生产的复方苁蓉益智胶囊，安徽九洲方圆制药有限公司生产的乌杞调脂口服液，安徽雷允上药业有限公司生产的脑安胶囊，华佗国药股份有限公司生产的救心丸，安徽济人药业股份有限公司生产的蒲地蓝消炎片，安徽谓博中药股份有限公司生产的羚羊清肺胶囊，修正药业集团亳州制药有限公司生产香砂胃苓丸。

【配方颗粒发展】2022年，支持中医药企业加快推进配方颗粒工艺标准备案，积极参与配方颗粒国家标准制定等工作，济人药业、九洲方圆制药、协和成药业已完成配方颗粒国标省标备案品种1038个。

【中医药进出口贸易】2022年，全市中药材出口6亿元，同比增长20.5%，占全省的81.1%，进口1.23亿元人民币，同比增长40.1%。5家药企在境外设立营销机构，中药材进出口实绩企业89家，业务覆盖70多个国家和地区，积极参与中药材及饮片、中药配方颗粒等国际标准制定，济人药业中药配方颗粒获批进入德国主要城市药房销售，是唯一以药品身份进入欧盟市场的配方颗粒。

【中医药文化发展】2022年，以国家中医药健康旅游示范区为目标，投资4.5亿元建设融合华佗文化、中医药文化的华佗百草园项目，投入运营。依托华祖庵景区、华佗广场，融合中医药文化，打造华佗永安里中医药养生特色街区。深度发掘华佗文化、中医药文化，收集整理华佗文化研究和医药古籍，编写并出版《国医华佗》，正在编写《亳州中药志》《华佗用药方法与医技选读》等。

（李胜雨）

2022年国际（亳州）中医药博览会暨第38届全国（亳州）中药材交易会

【概况】2021年9月9日，2022年国际（亳州）中医药博览会暨第38届全国（亳州）中药材交易会（以下简称“2022年药博会”）在安徽省亳州市隆重开幕。2022年药博会由中国中药协会、中国国际商会、康美药业股份有限公司、黑龙江珍宝岛药业股份有限公司、中国北京同仁堂（集团）有限责任公司、安徽古井集团有限责任公司、亳州文化旅游控股集团有限公司联合主办。本次药博会秉承“传承精华、守正创新”理念，以文化、经贸、学术、旅游四大板块活动为载体，会展招商成效突出、文化彰显淋漓尽致、学术交流成果丰硕、活动形式异彩纷呈，在确保疫情防控安全的前提下实现“务实、高效、节俭”的目标。

【项目签约】2022年，药博会强化经济效益实效，以会促贸、以贸强会。9月8日“双招双引”推介会暨“天下亳商”大会现场签约项目21个，实现签约项目金额约48亿元。9月9日，康美中药城会展中心和亳州中药材商品交易中心会展现场交易金额约2亿元，总体达成交易合同额约10亿元。古井秋酿大典头酒现场竞拍成交额达960万元。

【会展规模】展会规模方面，2022年药博会是历届以来布展面积最大、规模最大的一次，康美中药城会展中心5大专业展区，总展览面积约3万平方米，亳州中药材商品交易中心5大特色展区会展面积约4万平方米，共计3.8万人次进馆参观。展会形式内容方面，突出强调“特色、差异、创新”。系列会展活动共分为两大展区，康美中药城会展中心立足于“传统+创新”，组织开展中医药展、制药机械展、中医药文物展、抗疫突出贡献展和食品酒类企业展，其中中医药文物展、抗疫突出贡献展是今年新创，提升展会文化档次，现场反响良好；亳州中药材商品交易中心立足于“养生+线上”，开展“亳州养生”花草茶及大健康产品展、香料产品展、药膳产品展、中医药健康旅游产品展和电商企业产品展。展会参与度方面，参展商参展积极性高涨，康美中药城会展中心吸引来自全国的300余家企业参展，外市参展企业占比87%，其中的制药机械展设备现场一经展出便销售告罄。亳州中药材商品交易中心参展客商450余家，省外参展商占比为68.8%，首开的香料展备受客商青睐。

【宣传工作】平台高度迈上新台阶。2022年药博会首次亮相央视一套，9月10日晚通过央视一套《晚间新闻》播出，同时30余家中央、省市媒体争相报道，社会面影响的广度和深度进一步提升。国际影响打开新局面。美国《侨报》、俄罗斯《龙报》、法国《欧洲时报》等围绕亳州药业发展和“世界中医药之都”建设进行深度报道。线上宣传开创新热点。今年统一设置“#dou来亳州药博会”话题标签，网上播放量已达2.1亿，药博会全网信息浏览量达3.55亿次，吸引“发现安徽”等网络主播主动加持引流。

【文化主题活动】系列活动文化主题性强。开幕式文化展演活动充分融入中医药文化，精心编排《大医仁心》《新说中医药》等节目，借助RAP、情景剧等新表现形式，通过20余分钟时间生动展现亳州数千年的中医药文化。“双招双引”推介会暨“天下亳商”大会发布亳商徽章LOGO及“天下亳商宣言”，诠释亳商精神，凝聚共创亳州产业发展的共识和信心。文化赋能联动力强。2022年中医药文化传播行动·走进名医故里主题活动（亳州站）是国家中医药管理局主办的系列活动，与2022年药博会并联开幕。该活动在全国共设4站，在亳州站现场有30余家单位参与，内容涵盖名医义诊、非遗表演、中医药产品展览等，极大增强亳州名医故里和药博会的影响力。文化旅游元素凸显。通过华佗祭祀大典、历史名人带你游药都、嗨玩药都30天等活动，嘉宾免费游景区，进一步提升花戏楼、运兵道、华祖庵等景区知名度，彰显亳州深厚的中医药文化、道家文化和建安文化。

【线上活动】云上药博会活动丰富。首次定制发行2022年药博会纪念邮票、首次发行亳州旅游数字纪念票、举办“北华佗、南新安”线上双城记、策划电商直播季和“礼惠双节直播月”等活动。线上品牌吸引力增强。2022年药博会立足线上、聚集云端，聚焦打造“中华药都”公共品牌，首次围绕“中华药都”建立微信公众号、抖音号、微博号、快手号等宣传阵地，作为亳州药博会官方独立宣传平台，总浏览量达200万。初步形成永不落幕的药博会。持续开展“药都真管谈”微访谈活动三期，围绕五禽戏、养生药膳和亳州药商药企等文化热点，进行深度挖掘与传播。同时立足线上、聚集云端，形成以微信公众号、微信视频号、微博号、抖音号、快手号、今日头条号等阵地为主的宣传矩阵。

【学术研讨】本次药博会共举办学术论坛活动4场，是历届以来学术活动最多的一届。其中，第七届雷公论坛由中华中医药学会主办，70余名炮制专家线上或线下参会，9名专家学者进行大会主题报告，在创新饮品研究、规范临方炮制工艺、建立临方炮制质量标准等方面达成共识。第十九届长三角科技论坛药膳产业发展分论坛活动，6位行业专家进行主题讲座，正式成立长三角三省一市药膳行业组织联席会议机制。国际（亳州）中药材互联网高峰论坛活动，由中国中药协会指导，邀请8位来自南京中医药大学、安徽中医药大学、北京中医药学会中药界专家学者，在中药材趁鲜切药材生产规范及质量标准制定、中药产地加工与质量控制等方面进行研讨，为助力亳州打造“世界中医药之都”提供了宝贵的智力支持。

【产业发展】开展“最美十大药商”评选系列活动。“最美十大药商”系列评选活动于8月8日启动，经过8家载体单位推荐60名候选单位，经组委会初核、领导小组评审、复核及公示等环节，最终选出“最美十大药商”“亳州现代中医药十大优势品种”“亳州养生·谯城花茶十大热销榜”，开幕式现场为以上获奖个人和企业进行了颁奖，极大激励了个人和企业干事创业的积极性。开展直播带货助力销售。本届药博会积极开展直播活动，在亳州中药材商品交易中心设置有神农谷电商直播区、谯城花茶直播区、文旅集团直播区，现场共计10多个直播团队、60多人现场进行直播。（张　涛）

中国（亳州）中药材专业市场

【概况】中国（亳州）中药材专业市场〔康美（亳州）华佗国际中药城〕是经国家四部委审批开办的17家中药材专业市场之一，于2013年11月24日开业。市场占地1000亩，营业面积120万平方米，交易大厅经营摊位3000余个，样品号3000余个，精品商铺500余间，外围固定门店1600余间，从业药商2万余人，日上市中药材品种2800多种，日客流量6万余人次。该市场是中医药行业全国唯一CCTV中国经济观测点，曾获评全国商品交易市场系统文明诚信经营示范市场、著名品牌示范市场、转型升级示范市场、中国商品市场百强，国家AAA级旅游景区、安徽省中医药健康旅游基地、安徽省研学旅行基地、安徽省旅游商品特色街区、安徽省级服务业集聚示范园区等荣誉。

【市场运营】康美（亳州）华佗国际中药城商业有限公司是康美药业股份有限公司（股票代码：600518）的全资子公司，是中国（亳州）中药材专业市场运营管理主体，该市场按由交易大厅、信息发布中心、一二三期单元式商铺、金融银行配套服务、酒店会展综合体、香料城、仓储物流、研发中心等市场业态组成。

该市场共分为展示、交易、电商、仓储、物流、酒店、会展、金融八大功能区，采用“两轴两心”的布局：第一核心为中药材交易中心，单元式商铺为支撑，从零售、批发到期货交易，从采购、加工、仓储到大型现代物流中心，形成完整的一体化中药材商业产业链，第二核心以国际会展、五星级酒店、研发中心为延续的配套服务区。

日上市中药材近2800种，几乎囊括所有的植物、动物、矿物类中药材品种，年销量占全国同类市场交易总额的近45%，业界俚语称“买不到的能买到，卖不掉的能卖掉”。建立亳州中药材价格指数，成为全国中药材市场价格的风向标。尝试搭建大型现代B2B、B2C、O2O大宗中药材商品交易平台，建立“互联网+”线上线下相结合的商业新模式，提高市场管理、询价、服务、信息流转效率，中药材交易更便捷。拥有中国中药材专业市场领域首个获得国家颁发的CMA检验检测机构资质认定证书的检验检测中心，该中心占地800平方米，下设精密仪器室、理化分析室、液相室、气相室、原子吸收室等多个科室。每科室均配置高科技检验检测设备。可开展真伪、显微、薄层、重金属、量测定、农药残留、pH值等多种检验检测服务，并可以出具权威检测结果及数据报告。

建有100余亩的仓储物流市场和航空物流快运综合服务中心，拥有200余条联托运线路，直达国内200余个大中小型城市，商合杭高铁行包专列，紧邻涡河航道，形成公路、铁路、航空立体化的交通运输网络，日货物吞吐量达3000余吨。建有亳州唯一的会展酒店综合体，可同时容纳超1200个国际标准展位，康莱酒店拥有客房237间，国际会议厅、商务中心、咖啡吧等，连续10年协助承办国际（亳州）中医药博览会暨全国（亳州）中药材交易会，每年承接不同规模的展会30余个，以展促会，发挥重点展会对产业和市场的引领作用。

【市场管理】该市场以公司党委、工会、药商理事会（药商协会）为依托，以党员示范引导监督药商诚信守法经营。同时，药商理事会为药商与市场管理方和政府之间连接的纽带和沟通的桥梁，成为市场的“好助手”，药商的“好帮手”。

实行分区分类“五统一”的标准化、规范化管理模式，即统一包装、统一仓储、统一标牌、统一质检、统一核算。完善实名备案工作，在掌握经营者的身份证、主营品种等信息的基础上，在国内率先实现摊位仓储信息的备案和公示；强化商品标签管理，对市场内8000余个摊位3万余品规的中药材商品标签统一更换，在全国17个中药材专业市场率先标注产地到地市级并公示价格；重新调整经营业态布局，以三七、天麻、贝母、全虫、香料、茯苓、草药、白术等药材为试点，实施统一区域，集中管理。（李宁宁）

亳州中药材商品交易中心

【概况】亳州中药材商品交易中心有限公司成立于2014年12月，是安徽省人民政府批准设立，A股上市药企珍宝岛药业投建运营的全球大宗中药材现货交易平台。亳州中药材商品交易中心位于亳州市高新区魏武大道与亳芍路交叉口。

【市场运营】该中心开创“平台+实体”智慧药市运营的先河，交易中心运用“中药材+互联网+仓储物流+质检溯源+金融服务+信息服务”商业模式，创新打造“一中心（实体交易中心）、两平台（电子商务平台、电子交易平台）、三大仓（神农仓、饮片仓、大健康养生商品花茶仓）、四配套（仓储物流平台、质检溯源平台、金融服务平台、信息服务平台）”平台业务体系，形成以“N+50”产地加工、电商平台、电子交易平台、现货市场、药材经营、饮片经营为主体的中药材产业生态圈集群企业。

其中，交易大厅隶属于国家加工贸易产业园区，占地220亩，总建筑面积12万平方米，内设文博旅游区、电商示范互动区、产地大货直销区——神农仓、中药饮片展示区——饮片仓、特色品种专营区——日化仓，近8万平方米的中药材交易园区与交易大厅遥相呼应，内设单品专营街区、多品种现货交易区、草药地产药材交易区，近万商铺智慧互联，为数千家药企、数万药商提供标样展示、互动体验的全天候交易场所。

交易中心以合作共赢、平台共享的发展理念，立足中药材全产业链，深入全国中药材主产区，布局覆盖全国95%中药产区的“N+50”中药材产业资源体系，以“统一质检、统一仓储、统一包装、统一购销、统一结算、统一管理”的“六统一”运营模式，构建线上与线下相结合的全新交易体系、仓储物流体系、质量检测体系、金融服务体系、中药材大数据信息服务及全产业链溯源体系，意在通过从源头的规范种植、产地趁鲜加工、仓储物流到药材的质量检验、信息发布、线上交易，全过程提供各类服务，确保中药产品的品质，旨在构建互联网环境下中药材现代市场流通体系，从而推动中药产业转型升级。

神农仓：全国产地药材集中展销平台。神农仓内设展销区、洽谈区、配送区、服务区，其中一层为道地药材专区，涵盖东北、华北、西北、华中、华东、西南、华南七大专区，二层为大货单品种、冷背奇药材、进口药材、矿石类品种、花茶等专区及市场商户自营区。神农仓经营品种500个以上，品规1000余个，采用“六统一”的运营模式，全方位提供质检、供货、仓储、物流、金融等一站式的优质服务。神农采：第三方中药材电商平台作为专业中药材第三方线上交易平台，神农采通过信息、撮合、招采、溯源、物流、金融6大服务体系，开启产业互联网新时代。神农仓通过神农采开设专区，创新采用线上挂网、线下展示、远程视频实时看货的交易模式，实现线上线下一体化智慧交易。

“N+50全国布局：七大分区，产地互联亳州中药材商品交易中心以“N+50”全国布局，聚焦产业上下游。截至2022年底，交易中心全国产地办已成立七大分区，即东北、华北、华东、华中、西南、西北、华南大区，规划建立50个产地办事处和500个全国信息站点，助力中药材交易模式转型升级。

（张雅君）

亳州市名中医选介

张　杰

张杰，男，1946年9月生，籍贯亳州市涡阳县，中共党员，安徽中医药大学教授，主任医师，硕士生导师，南京中医药大学师承博士生导师。全国第三批/第五批全国老中医药专家学术经验继承工作指导老师，国家中医药管理局名老中医药专家传承工作指导老师，安徽省国医名师。安徽中医药大学第一附属医院中医痹病学建设项目学术带头人，安徽省中医学会常务理事，中国中西医结合学会养生康复专业委员会理事，世界健康促进联合会副会长，世界中医联合会老年医学专业委员会理事，安徽省中医药学会仲景学说研究会副主委，安徽省中医药学会肝胆专业委员会副主任。安徽省创新中医学研究院院长。从医以来，发表论文30余篇，编写专著9部，完成省级科研3项。1986年，他主持研制“海马回春酒”，并参加中国首届食品博览会评选并获金奖，获安徽省第二届发明二等奖等。张杰对中医内科疑难杂症的诊疗经验丰富，他独创“虚”“毒”“淤”理论，“肝脾建中”理论，“脾阳为本”理论等指导临床。主张以“化瘀解毒，散结通络，攻补并用”为基本理念，辨治多类肿瘤病等。擅长使用经方治疗各种杂病。尤其以治疗消化系统疾病，妇科疾病及肿瘤病著称。他认为，中医不能停留在望闻问切等传统技能上，要积极学习现代技术，使之服务于中医诊疗。

杨从鑫

杨从鑫，男，1939年生，中共党员，中医内科主任医师。省第三批名老中医工作室学术经验传承指导老师，全国第六批名老中医专家学术经验继承工作指导老师。积极投身中西医结合的伟大事业，系亳州市最先从事中西结合的中医专家之一。在临床实践中每个阶段都形成了不同的专长和技术风格。退休后，更多从事脾胃疾病和心脑血管，老年疾病研究，擅长诊治脾胃、心血管疾病。秉承“非天资聪慧者，不可为医，德不近佛者，不可为医”的治学理念，积极传授学术经验，选择优秀的中青年中医专家作为学术继承人。曾获“亳州市首届名老中医”“专业技术拔尖人才”称号，享受市政府津贴。

尹安坤

尹安坤，男，1966年生，1990年毕业于安徽中医学院，现任亳州市中医院党委副书记、副院长、中医眼科主任医师。先后担任眼科主任、五官科主任、医务科长、院长助理。2016年晋升主任医师三级。第二届亳州市政协委员，第三届亳州市党代表；担任亳州市医学会理事、亳州市中医药学会理事。从事中医眼科临中药产业床30余年，擅长中西医结合治疗干眼症、眼底病等眼科疑难病症及儿童斜视弱视康复等。发表学术论文10余篇。曾主持开展“彭年光明行动”，连续多年开展“百万贫困白内障患者复明工程”等项目。成立眼科病区并成功创建亳州市青年文明号、亳州市中医重点专科、安徽省中医重点专科。先后获得“亳州市首届十佳医生”“亳州市残疾人工作先进个人”“亳州市名中医”“谯城区首届优秀人才”“安徽省中医学术技术跨世纪人才培养对象”“安徽省首届江淮名医”“安徽省名中医”“安徽省中医学术技术传承指导老师”等荣誉称号，享受亳州市政府津贴。

怀 南

怀南，男，1964年生，1988年毕业于安徽中医学院毕业，主任中医师。全国颈肩腰腿痛协会理事，安徽省骨伤科常务委员，亳州市骨科协会副主任委员，现任亳州市华佗中医院骨伤科主任医师，先后被评为亳州市名中医、安徽省名中医，享受市政府特殊津贴。发表论文多篇，在亳州市率先开展了“股骨颈骨折经皮内固定”技术、“尺桡骨骨折夹板石膏双重外固定”技术，有效地解决了尺桡骨骨折在固定中的不稳定性。运用颈椎病、腰椎间盘突出症关节松动技术治疗颈椎病、腰椎间盘突出症，有效快速解决病人的痛苦，开展了腰椎间盘、腰椎管狭窄、腰椎滑脱、髋关节置换、膝关节置换手术，改良了推拿手法治疗该病的不足；运用关节松动手法能够有效快速治疗颈椎病、腰椎间盘突出症，有效快速解决患者的疼痛，在临床上取得了较好的疗效和广大患者的好评。研究的外用膏药获得安徽省科技成果，亳州市科技成果三等奖，是治疗膝关节骨性关节炎非常有效的方法，避免了手术带来的痛苦。

苗同贺

苗同贺，男，1966年9月生，55岁，大学本科学历，主任医师，现任蒙城县中医院推拿康复科主任、治未病科主任。先后担任安徽省针灸学会第五届理事会常务理事、安徽省康复医学会功能康复专业委员会第一届委员会常务委员、安徽省中医药学会治未病专业委员会常务委员等。从事针灸推拿工作30多年，先后在《中医药临床》等多种期刊发表专业学术论文十余篇。主治脑梗塞、脑出血引起的肢体活动功能障碍、认识功能障碍、言语功能障碍、吞咽功能障碍等，针药结合治疗颈椎病、肩周炎、腰椎间盘突出症、坐骨神经痛、腰肌劳损、网球肘、膝关节炎、面神经炎、失眠、小儿肌性斜颈；擅用“醒脑开窍”方法治疗脑梗塞及脑出血后遗症；结合现代康复治疗各类关节功能障碍；针药结合及独创正骨推拿手法治疗各类颈肩腰腿痛；擅用小针刀配合穴位注射治疗各类顽固性疼痛；对小儿腹泻、便秘、斜颈、疼积、遗尿等颇有研究。先后获得安徽省名中医、亳州市名中医、安徽省“十二五”中医临床学术和技术带头人、亳州市首届学术和技术带头人、亳州市第一届“首席专家”等荣誉称号，享受市政府特殊津贴。

王化猛

王化猛，男，1963年生，现为涡阳县人民医院中医肝病科主任医师（正高三级）、二级心理咨询师、健康管理中心主任、医院副院长。曾在安徽中医药大学第一附院跟师学习，为国医名师徐经世弟子、徐氏医学第四代传人。国家中医药管理局授予2018年全国基层名老中医药专家传承工作室建设项目指导老师；获得2015年度中国影响力图书奖1项；中华中医学学会科普专家1项；安徽省第八届自然科学优秀论文奖三等奖1项，并获安徽省科学技术研究成果证书；亳州市科学技术奖二等奖2项；亳州市书香亳州“阅读之星”1项；亳州市政协智库专家1项；亳州市政协优秀提案奖1项；亳州市文艺精品奖1项。曾获全国基层优秀名中医、安徽省名中医、首届江淮名医、安徽省卫生系统有突出贡献的中青年专家、亳州市优秀人才称号。获安徽省人民政府科学技术奖三等奖2项，亳州市科学技术奖三等奖5项。

张守光

张守光，男，1966年生，1988年毕业于安徽中医学院中医系推拿专业，主任中医师，安徽省全科医学会康复医学分会副主任委员，安徽省医师学会针推结合专业委员会副主任委员，安徽省中医学会推拿专业委员会常务委员，安徽省中西医结合学会康复及养生学专业委员会常务委员，安徽省医学会物理及康复医学专业委员会委员，亳州市医学会康复医学委员会主任委员，亳州市康复医学质控专业委员会主任。安徽省名中医，亳州市名中医，亳州职业技术学院兼职教授，亳州市政协委员。曾在华西医院，湘雅附二院，安徽医科大学康复医学科进修，擅长中西医结合治疗颈肩腰腿痛，对偏瘫和截瘫的中西医结合治疗也有较深的研究，是亳州市推拿学及现代康复医学的奠基人。近年来在国内各类医学核心期刊发表论文10余篇，主编论著两部，主持省市科研课题5个。

李献华

李献华，男，1969年生，籍贯亳州市谯城区，中共党员。毕业于北京中医药大学。亳州市华佗中医院副院长、副主任中医师。中国中医药研究促进会基层中医药提升工作委员会副会长，中华中医药学会治未病分会、中国中医药研究促进会中医生殖学分会暨男科医学研究院、中国民族中医药学会内分泌分会、中国中西医结合内分泌专业委员会常委，中国民间中医药研究开发协会常务理事兼副秘书长。安徽省中医药学会治未病专业委员会副主任委员，安徽省名中医学术经验继承指导老师，安徽省中医药传统知识产权保护项目（应孕丸）持有人。亳州市中医药学会秘书长、法人代表，亳州寇氏妇科流派代表性传承人、李氏妇科第五代传承人、国家非物质文化遗产“华佗五禽戏”第59代传承人。先后师从首都国医名师、全国名老中医药学术经验传承指导老师高益民教授、林兰教授，全国名老中医药学术经验传承指导老师杨从鑫主任医师。擅长妇科、男科、不孕不育症、肾病及内科杂症以及亚健康人群的养生调理。获批安徽省名中医工作室建设，参与建设国家名老中医药经验传承工作室。参与完成省级科研项目“补肾固金膏治疗慢性阻塞性肺心病的临床研究”、市级项目“中药口服加足浴治疗糖尿病下肢周围神经病变研究”。其中，省级科研项目“益智方在肾精不足兼血瘀型轻中度血管性痴呆患者中的临床应用”获安徽省中医药科学技术三等奖、亳州市科学技术二等奖。主持出版《杨从鑫名老中医学术及临床经验集》5部，出版《传统中医生殖医学与不孕不育》专著1部。发表专业论文20余篇。2020年获批主持《李献华名老中医经验方——瓜参汤的创新研究运用》、参与《华佗五禽戏在强直性脊柱炎患者康复锻炼中的应用研究》、参与《华佗养生思想及其历史渊源研究》。先后获“亳州市第一届优秀人才”“亳州市名中医”“安徽省名中医”等称号，享受市政府特殊津贴。

刘　亮

刘亮，男，1971年生，中共党员。1995年毕业于安徽中医学院，学士学位，主任中医师，现任院长助理。从事骨伤科工作20多年，坚持参加骨伤科的诊疗工作，上门诊、业务查房等，能熟练运用中医“正骨八法”整复四肢闭合性骨折，能独立主刀完成骨科三、四类手术，发表学术论文十余篇。先后在《中医临床杂志》《淮海医药》《精准临床医学》《世界最新医学》等多种期刊发表论文10多篇。先后获“亳州市名中医”“亳州市第五批市级专业技术拔尖人才”“安徽省第三届江淮名医”称号。2020年9月，被聘任为中医药临床杂志社第四届社委会常务委员。

张超伟

张超伟，男，1963年生，亳州市政协常委、亳州学院中医药文化研究所所长，中国近代著名中医堂号“保和堂”第9代传人，家族世代行医，已历300余年。张超伟自幼就秉文习医，师承著名中医新安医学传人吴锦洪、中西医结合开拓者朱希亨、孟河学派传人袁祖华、施今墨亲传弟子罗舒庭、胶东名医柳少逸、当代神农传人王德群诸先生，至今行医43年，临床诊治近22万例。他主张医者不分中西，只论古今，临床中，坚持以“中医全面辩证为体，西医之针对治疗为用”，不分轩轾，互补短长，取《内经》为骨，《伤寒》为筋，《千金》为肉，《神农本草经》、华佗学术和金元明清诸家为体，中西互参为用，解决临床常见病，多发病和疑难病。出版有《亳药拾趣》《中药典籍》《华佗医学的守正和创新》《华佗治“癌”心法实证录》等书籍，整理有《热病临证四字诀》《华佗脊穴治疗癌症疼痛》《治温病疫毒，疏利三焦13法》《临床辨证点滴》《麻沸散治疗精神分裂症》等医学论述。（侯学振）

农 业

2022 年 5 月 27 日，谯城区赵桥乡农机手驾驶收割机收割小麦　　　　（刘勤利　摄）

概　述

【概况】2022年，全市农民收入17872元，增速6.6%，高于全省平均增速0.1个百分点，居皖北六市第1位。全市规上农产品加工产值在全省占比、产值增速均居全省第1位。2022年，全市全年粮食播种面积1313.22万亩，总产516.59万吨，分别较上年增加0.02%和0.4%，粮食播种面积居全省第3位，总产量居全省第2位。其中优质专用小麦面积和订单面积均居全省第1位。

【农业供给侧结构调整】2022年，亳州市推进优质专用粮食生产。全市建立534万亩优质专用订单小麦生产基地，辐射推动粮食生产稳步可持续发展。粮食总产量51.66亿千克，比上年增加0.195亿千克，增长0.4%。发展优质蔬果产业。2022年蔬果种植面积和总产量继续保持全省前列，统计数字显示，全市瓜菜播种总面积13.68万公顷，其中设施蔬菜64.08万亩，蔬菜总产量438.8万吨；水果栽植面积0.94万公顷，水果总产量26.67万吨。食用菌总产量达2.62万吨，产值1.88亿元，分别增长28.5%、11.24%。提升中药材标准化种植水平。制定《亳州市人民政府关于加快亳州道地中药材绿色发展的实施意见》《亳州市中药材绿色种植技术标准导则》，成立安徽中药材种植联合研究中心和亳州市中药材标准化种植促进会，坚持生态优先、绿色种植，优化区域布局，推进中药材标准化、绿色化种植，推进世界中医药之都建设。2022年，全市中药材种植面积122.6万亩，较上年增加2.5万亩；全市标准化种植面积44.0万亩，较上年新增2.3万亩。亳州市谯城区十河镇亳白芍基地被农业农村部评为第二批全国种植业“三品一标”基地。稳定畜牧业生产形势。出台《亳州市促进畜牧业高质量发展实施方案》，编制《“十四五”亳州市畜牧兽医行业发展规划》，按照做强生猪、稳定家禽、发展牛羊的发展思路，涡阳县重点发展肉羊、生猪、肉鸡产业；蒙城县重点发展肉牛、肉鸭、生猪产业；利辛县重点发展生猪、肉牛、肉鸭产业；谯城区重点发展肉牛、蛋鸡产业。2022年，全市生猪存栏193.75万头，出栏358.98万头；牛存栏9.41万头，出栏7.25万头；羊存栏100.79万只，出栏219.96万只；家禽存栏1815.64万只，出栏5040万只；肉蛋奶总产52.54万吨，同比增长4.8%，居全省第6位。全市现有畜禽规模养殖场2208家，其中部省级示范场61家、市级示范场528家，规模养殖比重达到86%，高于全省5个百分点。

【粮食单产创新纪录】“皖垦麦22”以亩产913.2千克，刷新全省小麦亩产纪录。大豆玉米带状复合种植面积18.6万亩、居全省第1位。2021年、2022年粮食生产先后被农业农村部、省农业农村厅通报表扬。蒙城县篱笆镇骆庙村500亩大豆玉米带状复合种植平均大豆亩产139.38千克、玉米亩产518.63千克和涡阳县店集镇王元村300亩净作大豆平均亩产301.69千克，双双获得全国“金豆王”荣誉称号。

【种业发展】2022年市农科院、安徽谷神种业有限公司等选育的8个农作物新品种通过审定，谷神麦19、涡麦33、国禾麦3号、贯宝9538通过国家审定，涡豆9号、涡豆10号、中涡豆1号、新玉588通过安徽省审定。继蒙城县被认定为省级区域性优势小麦良种繁育基地后，涡阳县又被农业农村部认定为国家级小麦制种大县。全省13家国家级畜禽核心育种场亳州市占2家，分别是安徽禾丰浩翔农业发展有限公司的生猪核心育种场、安徽安欣（涡阳）牧业发展有限公司羊核心育种场，其中安徽安欣（涡阳）牧业发展有限公司2022年被认定为首批国家种业阵型企业。年营收总额5000万元以上农作物种业企业发展到3家，其中安徽谷神种业有限公司年营收总额超2亿元，28家农作物种业企业有11家年营收总额超1000万元。亳州市中药材种质资源圃、谯城区苏赵梨种质资源圃被认定为省级种质资源保护单位。

【畜禽废弃物资源化利用工作】坚持以种养结合、厌氧发酵、管网输送、就近消纳为主线，推广“肥水还田”模式，将符合检测要求的有机肥水通过管网进行还田利用，促进绿色种养循环发展。全市铺设管网约84.9万米，覆盖农田约50万亩，破解绿色种养循环问题。通过“双招双引”，引进上海唯丰畜禽粪污资源化利用生产中心项目，将畜禽粪污生产成高品质有机肥和高端水产饲料等，提升畜禽粪污综合利用价值，有效促进“种养结合、农牧循环”。

【农业标准化工作】2022年，亳州市新增农产品“三品一标”81个，全市“三品一标”认证总数达718个，地理标志登记保护农产品5个；亳州市中药材种植协会、蒙城强英食品有限公司入选全省2022年现代农业全产业链标准化示范创建基地名单。组织亳州兴禾农业发展有限公司等4家单位申报省地方标准制订计划。

【长三角绿色农产品生产加工供应基地建设】长三角绿色农产品生产加工供应基地建设取得新进展，全市24家单位申报创建长三角绿色农产品生产加工供应基地，通过省级绿色农产品生产加工供应基地评估累计达到21家。2022年组织亳州市10家企业申报2023年省级绿色农产品生产加工供应基地示范创建。全市销往沪苏浙地区粮油、果蔬、肉类、水产品总量396.8万吨，销售额363.71亿元。

【农村人居环境整治】2022年，亳州市2021年度42个省级中心村全部建成并通过省级验收，2022年度省级中心村39个全面开工完成序时进度。全市完成改厕2.18万户。砖砌三格式化粪池改厕模式入选2021年度全国巩固拓展脱贫攻坚成果同乡村振兴有效衔接典型案例。建立健全“村回收、镇归集、县处理”回收处理体系，回收农药包装废弃物523吨、农膜6056吨，国家发展改革委将亳州市做法纳入《地方塑料污染治理典型经验汇编》。亳州市被省委农办评为村庄清洁行动成绩突出的地区，涡阳县、谯城区被评为成绩突出的县（区）。谯城区开展2022年全省农村改厕长效管护机制建设示范县创建，获得省级奖补资金支持；蒙城县、谯城区被表彰“2020年度美丽乡村建设先进县”。推进农村垃圾分类处理，农村生活垃圾无害化处理率达98%以上。

【农业基础设施建设】2022年，亳州市58万亩高标准农田建设工程全面完成。全市农机总动力844.34万千瓦，居全省前列。耕种收综合机械化水平达94%。2022年全省小麦机收减损大比武活动（无人驾驶机械）在亳州市成功举办。

【农产品质量安全监管】2022年，亳州市农产品质量安全水平稳步提高，在省级农产品质量安全例行监测中，亳州市蔬菜、畜禽、水产品监测合格率均在98%以上。依托乡镇农产品质量安全监管站，全市共速测蔬菜、畜禽、水产品样品256243个，合格率99.99%。全市全年共出动执法人员12741人次，检查生产经营场所7031个，立案查处案件108件，其中移送公安机关案件1件，挽回经济损失107.66万元。

【特色种养业扶贫】2022年，亳州市贯彻落实省、市巩固脱贫攻坚成果与乡村振兴有效衔接的工作部署，组织实施“四带一自”特色种养业提升行动，推动特色种养产业发展。全市支持新建、完善农业特色产业达标园区333个；支持龙头企业、农民合作社、能人大户（家庭农场）等新型

2022年5月29日，农业技术人员对小麦示范种植点进行实割测产验收
（刘勤利　摄）

农业经营主体带动脱贫户18532户；引导和支持32506户具备条件的脱贫户开展自种自养，发展农业特色种养业。

【“农业机械化”质量提升工作】2022年，亳州市以推广“产业急需、发展急需、农民急需”的农机具作为补贴重点，在落实中央农机购置与应用财政补贴资金的基础上，搭建银企对接平台，给予贷款优惠，推进农机更新换代，大型复式智能高效机械占比达22%。针对市场需求、群众需要，编制农机装备和研制清单，推进农机装备制造企业科研攻关，谯城楚王研发“杜仲切片机”等机械、蒙城振兴永发研制“大豆玉米带状复合播种机”等机械、涡阳海森曼研发“履带自走式圆捆打捆机”等机械，填补特色农机研制空白，解决机械化水平短板问题。

2022年，加大对农机大户、农机合作社带头人培训力度，重点对安全操作技能、减损技能技术进行指导和讲解，针对在实际操作中可能遇到的难点、疑点，进行演示，通过手把手教学，面对面答疑，提高农机手驾驶操作水平，发挥农机手在推动技术进步和机械化生产中的重要作用。2022年培训农机合作社理事长390名、农机手3319名。建成市农机智能调度信息平台，联通农机化服务大数据，实现管供需智能化对接，提升农机管理、服务和应急能力。推广精准整地作业，对作业机具加装远程自动检测设备，运用农机精准作业协同支撑平台，实现对农机作业实时监控、数据分析，做到对农机作业质量、作业轨迹和作业面积的准确监测及各项数据的统计，确保适期、适墒作业。

种植业

【概况】2022年，亳州市贯彻落实国家和省关于“调、转、促”和供给侧结构性改革战略部署，打造一批实行标准化生产、规模化经营、专业化服务的优质专用小麦种植基地。全市建立优质专用订单小麦生产基地534万亩。实施中药材绿色增效行动，打造涡河中药材种植优势产业带，推进中药产业健康发展。中药材种植面积122.6万亩，标准化种植面积44万亩。

【粮食绿色增产攻关示范创建】2022年，全市建立小麦病虫害全程绿色防控示范片80个、示范区面积88.4万亩，玉米病虫害全程绿色防控示范片56个、示范区面积60.2万亩，大豆病虫害全程绿色防控示范片3个、示范区面积3万亩，共布设置高空灯28台、草地贪夜蛾性诱捕器5000余套，诱杀成虫，实现示范区统防统治和绿色防控全覆盖，辐射带动全市主要农作物病虫害统防统治面积2211.8万亩次、农作物病虫绿色防控814.2万亩，有效减少农药使用量，促进粮食绿色增产增效。

【耕地保护与质量提升暨化肥减量增效试点项目】2022年，亳州市实施中央财政耕地保护与质量提升项目暨化肥减量增效行动。落实耕地质量保护与提升技术面积累计163.93万公顷，其中，秸秆还田技术应用面积62.8万公顷；耕地深翻面积8.67万公顷；有机肥使用面积20.4万公顷；大豆玉米带状复合种植面积1.53万公顷。全市耕地质量平均等级3.66，质量总体稳步提升。全市共采集土壤样品1446个；开展

2022年3月18日，在谯城区双沟镇三官村益康食用菌种植农民专业合作社，村民在采收羊肚菌 （刘勤利 摄）

各类试验43项；发布小麦、玉米主要农作物配方50个；建立化肥减量增效示范片39个，示范区面积1.46万公顷；推广机械化施肥69.8万公顷；推广缓释肥、水溶肥料、生物肥等高效新型肥料11960万千克（实物量），应用面积19.1万公顷。统计部门数据显示，全市化肥使用量27900万千克，比2021年减少0.04%。肥料利用率试验结果显示小麦、玉米氮素化肥利用率41.8%。建成耕地质量长期定位监测点90个，完成监测点土壤样品化验，形成亳州市2022年度耕地质量监测报告和2021年、2022年耕地质量等级变化评价报告，全市59.01万公顷耕地质量平均等级为3.66，比2021年提升0.042个等级，耕地环境质量总体良好，没有发现因耕地质量引起的农产品质量安全问题。全市建设墒情固定监测点45个，年例行监测45次，并发布墒情监测报告45期。

【农业生态环保工作】2022年，亳州市以“源头减量、无害处理、资源利用”三个环节为重点，推广清洁生产技术，控制农业面源污染源头；集成推广畜禽粪污、秸秆、地膜资源化利用先进实用技术，防治农业废弃物污染，完成年度目标任务。推进农业投入品减量。农业生产化肥、农药使用总量稳定保持负增长水平。农业生产化肥、农药使用量分别为27900万千克（折纯量）和6520吨（商品量），分别比上年减少0.04%和1.2%。建设农膜残留监测点5个，开展全生物可降解地膜试验2个。开展耕地土壤—农产品协同监测工作。各县（区）整合资金，完成80个土壤样品和80个农产品样品5种重金属监测工作，共检测800项次，检测结果均在《农用地土壤污染风险筛选值》以下。

畜牧业

【概况】2022年，全市有畜禽规模养殖场2208家，其中部省级示范场61家、市级示范场528家，规模养殖比重达到86%，高于全省5个百分点。全市生猪存栏193.75万头，出栏358.98万头；牛存栏9.41万头，出栏7.25万头；羊存栏100.79万只，出栏219.96万只；家禽存栏1815.64万只，出栏5040万只；肉蛋奶总产52.54万吨，同比增长4.8%，居全省第6位。

【动物防疫】2022年，贯彻落实省、市重大动物疫病防控工作会议精神，落实“非洲猪瘟”防控Ⅰ级响应措施，及时、周密地安排部署辖区内重大动物疫病防控工作。开展春秋两季春秋季动物防疫，应免畜禽免疫密度、家畜二维码耳标直挂率、免疫证明发放率、免疫建档率达到100%。开展督查和疫情监测，及时掌握疫情动态，指导养殖场（户）做好防疫和消毒灭源，落实“非洲猪瘟”监测排查、禁止泔水喂猪、“点对点”调运等各项防控措施，切实建立“非洲猪瘟”防控责任制，全年亳州市重大动物疫病“零”发生。

【畜禽养殖污染治理】2022年，全市先后实施畜禽废弃物资源化利用整县推进项目（其中三县为中央项目、谯城区为省级项目），通过项目实施，全市共建设10个畜禽粪污集中处理中心，2208家规模养殖场全部完善粪污收集、处理设施设备。通过治污设施改造和有机肥推广，有效解决畜禽粪污处理难、利用难问题，全市畜禽粪污资源化利用率稳定95%以上，畜禽养殖废弃物资源化利用工作连续3年获得省农业农村厅考核优秀。

水产业

【概况】亳州市渔业工作以市场为导向，以增加渔民收入为核心，以提高水产品质量和综合效益为目标，逐步理顺渔业管理体制，依靠科技进步发展名、特、优水产品，调整优化渔业结构，逐步推进渔业科技创新和体制创新，建立渔业执法体系，实现全市渔业经济持续、健康发展。2022年，全市水产品产量5.65万吨，同比增长4.21%，产值13.34亿元、增长2.14%。

【渔业生产】2022年，印发《2022年亳州市水产绿色健康养殖技术推广“五大行动”实施方案》（亳渔技〔2022〕6号），制定生态健康养殖模式推广行动、养殖尾水治理模式推广行动、水产养殖用药减量行动、配合饲料替代幼杂鱼行动、水产种业质量提升行动五大行动。2022年，推荐2家国家级示范场并已通过审核，实施新增绿色养殖池塘标准化改造面积600亩。

【稻渔综合种养】2022年，以“打好生态牌、做活水文章”为发展思路，秉承“一地两用双轮驱动调结构、虾稻共作循环农业促发展”的理念，提升水利、用足水力、做强水产，发展稻虾、稻蟹等共作产业，实现产业兴旺与绿色发展的良性发展格局。已注册4个“虾稻米”品牌，认证有机稻米1个，蒙城县在小龙虾主产区形成交易市场3个，研发“北蒙虾客”系列即食产品，创建“虾疯子”餐饮品牌，蒙城县立仓镇薛庙村成功争创“安徽省优秀旅游示范村”和省级AAA级旅游村庄。2022年，全市稻渔综合种养面积新增1万亩，累计达10.5万亩。

【渔政监督】2022年，印发《2022年全市渔业安全生产专项大检查工作方案》，重点开展渔船、渔船集中点、渔民集中区、渔业船员等方面安全隐患大排查大整治，举办亳州市2022年渔业船舶水上突发事件应急演练活动，开展“平安渔业示范渔船”创建工作。2022年，共查处案件32件、查缴渔获物249公斤、罚款4.53万元，移送司法机关4件，发现隐患81起，已整改81起，整改率100%，创建平安渔业示范渔船12艘。

农业产业化

【概况】2022年，亳州市组织实施农业产业化转型发展行动计划和农产品加工业“五个一批”工程，培育龙头企业，农业产业化较快发展。2022年，全市创建国家现代农业产业园1个（涡阳县〔国家〕现代农业产业园）、国家级特色产业集群1个（亳药产业集群）、省级农产品加工强县3个（谯城区、高新区、涡阳县）、省级农产品加工强园2个（涡阳县农产品加工园区、谯城中药材产业园）、省级农产品加工强企3个（金沙河面业、正宇面粉、五得利面粉）。全市规模以上农产品加工企业350家，规上农产品加工产值全省占比12.4%、同比增速11.6%，产值、增速分别位居全省第1位。市级以上农业产业化龙头企业组织635家，其中国家级龙头企业7家，省级84家。省级农业产业化示范联合体68家。全市涉农产品驰名商标发展到13个，农产品地理标志产品（商标）达到13件。

【“农业旅游”项目建设】2022年，亳州市休闲观光农业园区（景点）336家，全年接待游客830万人次，休闲农业营业收入47.5亿元。全市已创建省级休闲农业与乡村旅游示范县4个（利辛县、谯城区、蒙城县、涡阳县）、国家级休闲农业与乡村旅游示范点1个（利辛印象江南）、省级示范点10个；谯城区芍花景观被农业农村部评为“中国美丽田园”；谯城区十河镇大周村和蒙城县立仓镇炮台沟村、涡阳县曹市镇辉山村被评为“中国美丽休闲乡村”；印象江南生态园获批安徽省“十佳休闲农庄（园）”称号，“芍药养生文化旅游节”获评为安徽省“十佳特色农业节庆活动”称号；古井镇药王村获批为“安徽省田园综合体项目”。

2022年省级以上农业产业化龙头企业一览表

表6

序号	企业名称	县、区
1	安徽正宇面粉有限公司	涡阳县
2	安徽黑娃食品科技有限公司	涡阳县
3	安徽金沙河面业有限责任公司	涡阳县
4	安徽德运粮油有限公司	涡阳县
5	安徽道源堂中药饮片有限公司	涡阳县
6	安徽润和食品有限公司	涡阳县
7	涡阳县庆发面粉有限公司	涡阳县

续表 6

序号	企业名称	县、区
8	安徽谷神种业有限公司	涡阳县
9	涡阳牧原农牧有限公司	涡阳县
10	亳州温氏畜牧有限公司	涡阳县
11	亳州温氏家禽有限公司	涡阳县
12	安徽德鑫源食品有限公司	涡阳县
13	涡阳县丰华面业有限公司	涡阳县
14	安徽如一食品有限公司	涡阳县
15	安徽安欣（涡阳）牧业发展有限公司	涡阳县
16	安徽福顺食品有限公司	涡阳县
17	涡阳县雪莲面粉有限责任公司	涡阳县
18	安徽爱家食品有限公司	涡阳县
19	安徽佳源油脂有限公司	涡阳县
20	安徽省同丰种业有限公司	涡阳县
21	安徽到家营养食品有限公司	涡阳县
22	安徽省朗硕食品有限公司	涡阳县
23	安徽省义门苔干有限公司	涡阳县
24	蒙城强英食品有限公司	蒙城县
25	蒙城牧原农牧有限公司	蒙城县
26	蒙城县佰世达木业有限公司	蒙城县
27	安徽上元家居材料股份有限公司	蒙城县
28	安徽金福瑞家具股份有限公司	蒙城县
29	安徽天基正方农业科技有限公司	蒙城县
30	安徽中瑞粮油有限公司	蒙城县
31	蒙城新发地农副产品批发市场	蒙城县
32	蒙城县兴农发展投资有限公司	蒙城县
33	安徽芋亿谷源生物科技股份有限公司	蒙城县
34	安徽省东升食品有限公司	蒙城县
35	安徽云峰农业发展有限公司	蒙城县
36	安徽喜乐佳生物科技有限公司	蒙城县
37	蒙城县金冠面粉有限责任公司	蒙城县
38	安徽省蒙城县恒瑞面粉有限公司	蒙城县
40	安徽润宝食品有限公司	蒙城县
39	安徽阳光药业有限公司	利辛县
41	利辛强英食品有限公司	利辛县
42	安徽翰联色纺股份有限公司	利辛县
43	安徽恒盛实业有限责任公司	利辛县

续表 6

序号	企业名称	县、区
44	安徽正源牧业有限公司	利辛县
45	安徽舒香食品有限公司	利辛县
46	安徽万礼食品有限责任公司	利辛县
47	安徽浩翔农牧有限公司	利辛县
48	安徽济人药业有限公司	谯城区
49	亳州市沪谯药业有限公司	谯城区
50	安徽协和成药业饮片有限公司	谯城区
51	华佗国药股份有限公司	谯城区
52	安徽百岁堂中药饮片有限公司	谯城区
53	安徽宏信药业发展有限公司	谯城区
54	安徽华馨生物科技有限公司	谯城区
55	亳州华宇中药饮片有限公司	谯城区
56	亳州普润药业有限公司	谯城区
57	圣百凌中药饮片（安徽）有限公司	谯城区
58	亳州市军达生物科技有限公司	谯城区
59	亳州市谯城区牧原农牧有限公司	谯城区
60	五得利集团亳州面粉有限公司	谯城区
61	安徽占元面粉有限公司	谯城区
62	安徽三利面粉有限责任公司	谯城区
63	亳州市康楼禽业有限公司	谯城区
64	安徽亳药千草国药股份有限公司	谯城区
65	安徽德昌药业股份有限公司	谯城区
66	安徽方敏医药科技有限公司	谯城区
67	亳州市永刚饮片厂有限公司	谯城区
68	亳州市宏宇中药饮片有限公司	谯城区
69	亳州市贡药饮片厂	谯城区
70	芍花堂国药股份有限公司	谯城区
71	亳州市京皖中药饮片厂	谯城区
72	安徽盛海堂中药饮片有限公司	谯城区
73	安徽省本草国药饮片有限公司	谯城区
74	安徽广印堂中药股份有限公司	谯城区
75	安徽七方中药饮片有限公司	谯城区
76	亳州市中正中药材饮片有限公司	谯城区
77	安徽和济堂中药饮片有限公司	谯城区
78	安徽新盛中药饮片有限公司	谯城区
79	北京本草方源（亳州）药业科技有限公司	谯城区

续表 6

序号	企业名称	县、区
80	亳州市万珍中药饮片厂	谯城区
81	安徽中和堂制药有限公司	市高新区
82	亳州中药材商品交易中心有限公司	市高新区
83	安徽精诚本草中药饮片有限公司	市高新区
84	亳州市天济药业有限公司	市高新区
85	安徽盛林国药有限公司	市高新区
86	桂林中南（亳州）药业科技有限公司	市高新区
87	安徽古井贡酒股份有限公司	市高新区
88	安徽冯 性中药材饮片有限公司	市高新区
89	亳州蜀中药业有限公司	市高新区
90	安徽东方帝维生物制品股份有限公司	市高新区
91	安徽省东昕食品有限公司	亳芜园区

【“一村一品”专业示范村建设】 2022年，亳州市围绕优质粮食、中药材、蔬果、畜牧养殖等主导产业优势，促进“一村一品”向专业化、规模化、标准化和产业化发展，为美丽乡村建设提供经济基础和产业支撑。新增省级“一村一品”专业示范村镇4个。截至2022年底，全市现有市级以上“一村一品”专业示范村镇402个。其中，国家级7个，省级47个。

2011—2022年亳州市全国“一村一品”示范村镇汇总表

表 7

序号	示范村镇名称	主导产品名称	认定年份
1	亳州市谯城区十九里镇	中药材种植加工	2012
2	亳州市涡阳县义门镇	苔干种植加工	2013
3	谯城区十河镇大周村	蔬菜	2014
4	谯城区十八里镇	药信中药材	2015
5	蒙城县乐土镇双龙社区	园艺业	2017
6	蒙城县小辛集乡李大塘村	西兰花	2018
7	谯城区张店乡黄楼村	水果	2020

2007—2022年全省“一村一品”示范村镇汇总表

表 8

序号	示范村镇名称	主导产品名称	认定年份
1	亳州市蒙城县庄周办事处马店村	甘蓝种植（蔬菜）	2007
2	亳州市涡阳县义门镇	苔干种植加工	2007
3	亳州市利辛县张村镇王营村	黄淮海白山羊养殖	2007
4	亳州市谯城区谯东镇铜关村	粉皮加工	2007
5	亳州市蒙城县乐土镇耿庙村	黄牛养殖	2007
6	亳州市谯城区十九里镇	中药材种植加工	2007

续表 8

序号	示范村镇名称	主导产品名称	认定年份
7	亳州市蒙城县小涧镇尖山村	双孢菇种植	2008
8	亳州市蒙城县马集镇马庙村	马铃薯种植	2008
9	亳州市利辛县巩店镇车寨村	生猪养殖	2008
10	亳州市涡阳县高炉镇陆杨村	小麦良种繁育	2008
11	蒙城县范集工业园区李圩村	蔬菜种植	2009
12	亳州市谯城区张店乡后窑村	蔬菜种植	2009
13	蒙城县辛集乡唐庙村	生猪养殖	2009
14	亳州市谯城区张店乡张各村	肉鸡养殖	2009
15	亳州市谯城区五马镇芍花村	中药材种植	2011
16	蒙城县许疃镇许疃村	畜禽养殖	2011
17	利辛县永兴镇诸王村	蔬菜种植	2012
18	蒙城县王集乡大韦村	小麦良种繁育	2012
19	涡阳县龙山镇段营村	中药材种植	2012
20	亳州市谯城区五马镇乔口村	桃种植	2012
21	蒙城县小辛集乡李大塘村	蔬菜	2013
22	谯城区十河镇大周村	蔬菜	2013
23	谯城区牛集镇蒋楼村	蔬菜	2013
24	谯城区十八里镇	中药材	2013
25	谯城区谯东镇	中药材	2013
26	谯城区五马镇	地产中药材	2013
27	蒙城县庄周办事处后娄村	蔬菜	2013
28	谯城区古井镇吕楼村	中药材	2014
29	蒙城县马集镇田桥村	家具制造	2014
30	利辛县城关镇蒋庄村	大棚蔬菜	2014
31	涡阳县楚店镇三里赵村	黑小麦	2015
32	利辛县永兴镇法堂村	蔬菜	2015
33	谯城区五马镇吴小阁村	甜桃	2015
34	蒙城县乐土镇双龙社区	园艺业	2016
35	利辛县城北镇大管社区	蔬菜	2016
36	谯城区张店乡黄楼村	桃	2016
37	涡阳县西阳镇解沟村	树莓	2017
38	蒙城县小辛集乡城西村	蔬菜种植	2017
39	涡阳县义门镇刘营村	美国薄壳山核桃	2018
40	蒙城县立仓镇薛庙村	虾稻共作	2019
41	涡阳县曹市镇辉山村	休闲农业和乡村旅游	2020
42	蒙城县板桥集镇双鹿村	蔬菜种植	2021

续表 8

序号	示范村镇名称	主导产品名称	认定年份
43	蒙城县岳坊镇戴尧村	莲藕种植	2021
44	涡阳县临湖镇	特色花生种植	2022
45	蒙城县双涧镇王湾村	蔬菜种植	2022
46	利辛县巩店镇永昌社区	果蔬种植	2022
47	谯城区张店乡王楼村	蔬菜种植	2022

农副产品管理

【概况】2022年，亳州市“菜篮子”工程建设工作成效显著，在全省2020—2021年度“菜篮子”市长负责制考核中，亳州市位居优秀等次，蔬果种植面积和总产量位居全省前列。农产品质量安全水平稳步提高，在省级农产品质量安全例行监测中，亳州市蔬菜、畜禽、水产品监测合格率均在98%以上。长三角绿色农产品生产加工供应基地建设取得新进展，累计30家主体纳入省级长三角绿色农产品生产加工供应基地创建。谯城区（中药材）、蒙城县（蔬菜）分别纳入省第一、二批“一县一业（特）”全产业链示范创建县区。全市销往沪苏浙地区粮油、果蔬、肉类、水产品总量396.8万吨，销售额363.71亿元。

【长三角绿色农产品生产加工供应基地建设】2022年，亳州市立足“一县一业”，做大做强涡阳县“大豆＋苔干”、蒙城县“蔬菜＋畜禽”、利辛县“生猪＋食用菌”、谯城区“药膳＋辣椒”等特色优势产业。出台《亳州市加快建设长三角绿色农产品生产加工供应基地实施方案》，并成立由市委、市政府分管负责同志任组长，农业农村、财政、乡村振兴、发展改革等部门为成员的工作领导小组，建立工作调度机制，压紧压实责任。2022年，先后12次召开基地建设专题推进会议，推动基地建设落实落地。与上海市奉贤区农业农村局签订战略合作框架协议，并组织4批人员赴上海市奉贤区农业农村局、上海市农科院、上海华维集团、上海西郊国际大市场等地，学习借鉴先进经验、创新理念、经营模式，加强合作，探索发展新路径。投入财政资金267.4万元，在上海市青浦区、宝山区，分别设立亳州绿色农产品运营中心和展销中心，占地2100平方米，举办绿色优质产品进超市、进社区活动50余次，拓宽特色农产品销售渠道。亳州市爱家食品、五洲牛肉、万礼食品、康楼禽蛋等100多个绿色农副产品走进上海超市，受到上海市民一致好评。依托全国绿色食品博览会、上海农交会等展示平台，组织58家龙头企业开展市场推介，提升农产品品牌美誉度和市场影响力，实现“销产品、塑品牌、开市场”。上海疫情期间，亳州市依托农产品协会、蔬菜协会，为上海地区支援蔬菜、食品、药品3000余吨，支持上海疫情防控工作。奉贤区向省农业农村厅发函致信，感谢亳州市农业农村局对上海疫情防控工作的支持。

【蔬果产业】2022年，推进蔬果产业结构优化。实施设施蔬果提量增效工程，着力推进设施蔬果基地建设，谯城区投入资金8000余万元，补助设施蔬果大棚基地建设，建成设施基地1万亩，已建成谯城智慧农业谷展示基地；涡阳县投入财政资金6000余万元，建成以赵瓦房日光温室为标杆的设施蔬菜生产基地，正在建设苔干冷藏保鲜配套设施；利辛县投入财政资金4000万元，对食用菌规模栽培、大棚建设及配套设备等予以扶持，建成国家级果蔬产业创业园区，正在开展预制菜产业园建设；蒙城县整合涉农资金12亿元，以上海市外蔬菜主供应基地建设为抓手，建成1500亩兴农绿港现代产业园区、1400亩兴农绿巨人设施基地等，正在建设调理食品加工基地。推进蔬果基地设施“智能化”。建成谯城区智慧农业谷，推广机械化育苗，年丰蔬菜育苗基地使用智能温控系统提升蔬果育苗成活率。示范推广兴农绿港现代产业园区发展模式，谋划引进上海市华维节水科技集团股份有限公司，引导设施蔬果主体运用智能水肥一体化设施、智能温控设施等。推广蒙城县“县乡村三级物流体系”建设模式，配套建设蔬果产地冷藏设施，不断提升蔬果仓储物流智能化水平。推进蔬果基地生产“标准化”。推进标准化生产，推广安徽精益诚“六统一”模式，着力增加绿色优质农产品供给。全市参与制定绿色食品蔬果操作规程3项，省级地方标准13项，市级地方标准2项，指导“三品一标”申报企业制定生产技术规程531项，涡阳苔干、蒙城篱笆黄花梨、利辛香椿、涡阳坛闷蒜获批国家地理标志农产品。

【农产品质量安全监测】2022年，亳州市加强源头治理、过程管控，实施农产品质量安全监测，开展“治违禁 控药残 促提升”三年行动，试行食用农产品合格证制度，农产品质量安全水平稳中向好，全市辖区内未发生重大农产品质量安全事件。农产品质量安全监测。印发《关于做好2022年农产品质量安全监测工作的通知》，明确各县区目标任务，要求定量监测任务达到2批次/千人，截至目前，全市已完成定量检测10975批次，合格率99%以上，已速测256243批次，合格率99.99%。“治违禁 控药残 促提升”三年行动。开展农资市场执法监管。印发《关于开展2022年放心农资下乡进村活动的通知》《2022年亳州市农资打假“夏季百日行动”实施方案》，明确市县责任分工，细化措施和时间节点，迅速安排农资打假执法行动，强化农资市场监管，加大农资质量监督抽检力度，狠抓大案要案查处。2022年以来，全市整顿农资市场405次，出动执法人员3595人次，检查农资生产企业25个次，检查农资经营单位2877家，检查制种基地39个次，抽检农资样品231批次，立案查处农资领域行政处罚案件73件（其中：种子23件、肥料5件、农药45件），罚没款44.25万元，为农民挽回经济损失107.66万元，其中涉嫌犯罪移送公安机关追究刑事责任案件1件。组织开展达标合格证专项抽检、鸡蛋禁限用药物和疫情期间农产品保供等3次专项监督抽检，共抽检农产品160批次，监测合格率99%以上。组织市畜牧中心、市执法队开展针对性执法监管和飞行检查4次。同时，严控常规药物残留超标，加强乡镇农产品质量安全监测站的监督检查力度，要求按照《乡镇农产品质量安全监管公共服务机构日常巡查工作规范（试行）》，建立定期巡查和不定期抽查工作机制。实施检打联动。制定芹菜、韭菜、豇豆、辣椒、猪肉等15个重点品种精准治理清单和技术性管控意见，坚持问题导向，严肃查处种养殖环节使用禁限用药物行为，对于日常监管、风险监测、监督抽查发现的不合格农产品，及时查清生产经营过程中的违法违规行为，实施“检打联动”，跟进开展执法，切实做到有案必查、查必到底、违法必惩。2022年，共张贴宣传挂图1300余份，出动执法监管人员6146人次，检查主体4154家次，办理监管执法案件35个。全市推进食用农产品合格证制度实施，已实施合格证制度的生产经营主体达到588家，开具合格证19.53万张，附带合格证上市的农产品7.16万吨。检验检测机构“双认证”。推进蒙城县农产品质检机构通过CMA、CATL“双认证”，2022年，全市共有市级检验检测中心、涡阳县检测中心、蒙城县检测中心3家通过“双认证”的检验检测机构，“双认证”通过率达60%。

【农产品质量安全全程追溯】2022年，投资建设亳州市智慧农业综合服务平台，将农产品质量安全检测、认证、追溯等监管功能融合到平台内，全市已有481家农业生产经营主体入驻国家农产品质量安全追溯平台，已有5553家农业生产经营主体进入省级以上产品质量追溯平台，已有1882家主体及被监管单位入驻市农产品质量安全追溯平台开展追溯。在安徽省农产品质量安全溯源平台上，累计上传农事记录2.2万条，生成追溯码180.3万张、合格证89.84万张、达标合格证12万张。推进追溯“四挂钩”，落实《亳州市农产品质量安全追溯与农业农村重大创建认定、农业品牌推选、农产品认证、农业展会等工作挂钩的实施方案》，强化农产品质量安全追溯应用，并将追溯码与合格证做到有机结合，实现“带证上网、带码上线、带标上市”。

【农产品标准化和安全县建设】全市市级以上蔬果标准园87个；

新增省部级畜禽养殖标准化示范场5家，市级以上畜禽养殖标准化示范场达到502家；创建市级以上水产健康养殖场100家。蒙城县成为上海首个在皖市外蔬菜主供应基地，供沪绿色蔬菜基地面积达10.52万亩。全市三县一区均为省级农产品质量安全县。健全农资和农产品生产经营主体信用档案。通过智慧农业综合服务平台，建立网上农资信用档案505家，建立网上农产品生产经营主体1095家，同时，以乡镇为单位，将辖区内农资和规模以上农产品生产经营主体归档，建立线上线下同步的信用档案；推进农产品质量安全红榜和黑名单制度落实，2022年全市红榜主体28家，未有生产经营主体纳入黑名单。

【"菜篮子"工程建设】发挥市蔬菜、水果和农产品协会的作用，壮大经纪人队伍，推动更多的人投入经纪人队伍中来，全市经纪人队伍已有204人，带动亳州市蔬果产值增收2亿元。电子商务产业壮大。以涡阳县、蒙城县电子商务发展根基，发展蔬果电子商务，打通线上销售渠道，涌现出"我家亳州"App线上选送配菜模式、涡阳县"赵瓦房微信小程序"选配菜模式，全市线上蔬果电子商务规模达8亿元。展销中心示范带动。发挥上海市外蔬菜主供应基地和安徽亳州市绿色优质农产品展示展销中心对接批发市场、亳州市绿色农产品（上海）运营中心对接超市、社区的作用，在江浙地区复制推广产销衔接模式，不断拓宽亳州市蔬果销售渠道，实现效益最大化。依托上海农交会、合肥农交会、全国绿色食品博览会等区域性、综合性展示展览平台，组织亳州市龙头企业58家参展，召开农业招商、产品推介座谈会，进一步提升农产品品牌美誉度和影响力，实现"销产品、塑品牌、建渠道、招项目"。

（苏泓光）

水　利

【概况】2022年，亳州市践行"节水优先、空间均衡、系统治理、两手发力"治水思路，水利累计投资142933万元，较2021年同期增加25681万元，增长21.9%。

【水旱灾害防御】2022年，亳州市汛前开展水旱灾害隐患风险排查，结合实际修编完善各类防汛应急方案预案，更新市级抢险专家库，有针对性开展业务培训和防汛演练，加强防汛抗旱物资储备管理，提升水旱灾害防御水平。汛期严格落实包保责任制和24小时领导带班值班制度，及时科学调度涵闸，实现安全度汛。6月10日18时，亳州市启动抗旱Ⅲ级应急响应应对旱情。6月27日，全市普遍降雨，最大达到110毫米，旱情解除，18时及时解除旱情Ⅲ级应急响应。抗旱期间，全市累计开启泵站26座，累计开机9758台时，累计提水3527.07万立方米，累计用电95.81万千瓦时，利用机电井46000多眼，灌溉面积810万亩。7月5日6时至20时，亳州市北部降大暴雨、局部地区特大暴雨，中部降大到暴雨，南部降中到大雨。全市平均降雨量53毫米，谯城区平均降雨量126.4毫米最大，利辛县平均降雨量22毫米相对较小，其中谯城区五马站326毫米、双沟站307毫米、魏岗站272毫米、梅城站266毫米降雨量较大。截至7月5日晚21时，谯城区24个乡镇、街道共计受损房屋2598处，搬离人员1778人，受淹面积58.66万亩。7月4日晚，市水利局接气象部门预警，立即开启城区及主要沟河涵闸，预腾库容。7月5日5时降雨开始，市水利局立即关闭宋汤河小洋桥闸，防止涡河水进入城区，把亳菊路钢坝闸、牡丹路橡胶坝立即放平，最大程度开启下游王寨闸、亳芜大道闸、大西庄闸、郭万闸等涵闸大流量泄洪，最大限度减轻内涝灾害。

【重点水利工程建设】2022年，亳州市编制水网规划，融入国家水网主骨架，谋划储备一批、熟化建设一批水利工程，实现防洪网、供水网、灌溉网相互协调，解决发展瓶颈。引江济淮亳州境内工程全面完成，实现城区80%水源置换。推进包浍河治理（涡阳段）工程，涡阳县茨河、蒙城县北凤沟、利辛县北凤沟、谯城区武杨河高阁闸至武杨河闸段等4个中小河流治理项目完成，新开工建设谯城区惠济河治理工程，宋汤河六期河道综合治理工程荣获安徽省建设工程"黄山杯"奖。

【民生水利建设】2022年，亳州市在全省率先实现47.15万农村人口地下水水源替换，蒙城县城乡供水一体化项目入选水利部“农村规模化供水工程‘两手发力’典型案例20例”。推进引调水工程，新建6处地表水厂，续建2处地表水厂，新建取水泵站4处、输水管道78千米、配水管道376.7千米、加压泵站3处，新开工厂区工程7处，完成投资142320万元。做好农村饮水保障，维修养护农村饮水工程150处，建立健全三级水质监测体系，常态化开展水厂日检、县级巡检和市级抽检，持续开展农村饮水安全动态监测，保障供水安全。

【水资源管理】2022年，亳州市促成全省首例2单取水权交易，实现政府与市场“两手发力”的重点突破。坚持节水优先，开展节水宣传，提高节水意识，推进节水载体建设，蒙城县节水型社会达标建设获水利部命名，利辛县节水型社会达标建设完成任务，利辛县经济开发区节水型园区建设、利辛皖能环保电力有限公司等2家企业完成节水型企业创建。加强用水总量、用水效率双向控制，合理配置水量，坚持优水优用，构建水资源利用新模式。推进地下水保护和治理，通过地表水置换、封闭地下水开采井、加强节约用水管理等综合措施压采地下水使用，深层地下水水位稳中有升。

【水土保持监管】2022年，亳州市推进水利领域检察公益诉讼协作机制建设，与检察院联合防治人为水土流失，经验做法在水利部水土保持司第7期水土保持工作动态发布，向全国推广。建立水土保持管理工作联席会议制度，与市交通运输局联合开展公路项目专项督查；与市发改委联合开展在建省市审批的风电项目全覆盖水土保持监督检查；与市检察院共同对水土保持方案存在问题的编制单位和建设单位进行约谈。加强源头管控，审批水土保持方案139个，其中审批制52个，承诺制管理87个。开展园区水土保持“管家式”服务，利用无人机遥感影像监测水土流失情况，成果供园区内生产建设项目共享，变“单个项目评”为“区域整体评”，为项目落地减时限、降成本，切实减轻企业负担。

【河湖保护管理】2022年，亳州市创建谯城区涡河城区段、涡阳县涡楚河、蒙城县梦蝶湖等3条省级幸福河湖和利辛县西淝河马店大桥至入茨淮新河口段1条流域级幸福河湖。建立月考核制度，通过“脚步丈量500米”的方式，暗访县区河道；采用问题交办“一事三单”机制对发现问题一月一通报、一月一考核，有效解决水利部反馈的32处“四乱”问题。严格水域岸线管控，完成269条10千米以上河道管理范围划定和10条流域面积1000平方千米以上河道岸线保护与利用规划编制。开展河道大清理专项行动，累计清理河道2700千米、水面面积37平方千米，清理生活垃圾、秸秆、塑料等2081吨。强化信息化应用，完善“智慧水利”平台，布设涡河、西淝河、茨淮新河视频监控199台，对亳州市重点水域、敏感河段进行实时监控，每季度通过无人机、卫星对亳州市清水廊道遥感监测1次，实现对全市河流的动态管理。建成水利、河长制主题公园，融入亳州水情、五水共治、治水学法、科普休闲、历史人文等元素。

（张淮阳）

工业

鸟瞰酒神广场　　（古井集团　供图）

概　述

【概况】2022年，全市实施制造业“提质扩量增效”行动，推进工业企业“扶优育规”，工业经济呈现持续恢复、稳中向好的良好态势。全市规模以上工业增加值同比增长10.6%，居全省第2位，较去年同期提升10个位次。增速分别高于全国、全省7.0个百分点和4.5个百分点。全市工业用电量同比增长15.6%，居全省第1位。医药制造业产值356.5亿元、增长10.8%。规模白酒企业占全省1/3以上，古井集团年产值首次突破200亿元，古井贡酒品牌价值以2270.27亿元再创新高，名列中国白酒第四位、安徽白酒第一位。涡阳县绿色装配式建筑、蒙城县汽车及装备制造、利辛县轻纺服饰、谯城区现代中医药等特色产业加速集聚。

2022年，全市新入库工业项目351个、计划总投资438.9亿元，分别同比增长86.7%和61.2%；新增技改项目141个、计划总投资156.8亿元。全年累计完成工业投资212.8亿元、同比增长18.8%，完成工业技改投资97亿元，同比增长27.7%，分别居全省第10位和第4位，比低谷时前进6位和10位。

2022年，全市规模工业企业实现营业收入1282.5亿元，同比增长14.8%，高于全省6.5个百分点，增速居全省第2位；利润总额98.6亿元，同比增长54.4%，高于全省62.9个百分点，增速居全省第1位。营业收入利润率达7.7%，高于全省2.7个百分点，居全省第2位。

【企业扶优育规工作】2022年，出台《亳州市工业企业“扶优育规”工程实施方案》，建立网格化的包保工作机制，“一企一策”制定落实帮扶措施，完善政策扶持体系，将首次入规奖励标准提高至15万元，促进企业发展壮大。2022年，全市新增规模工业企业80家，扭转全市规模工业企业连续五年持续减少的被动局面；全市年产值超亿元企业达到243家。其中，超5亿元企业35家、超10亿元企业14家、超20亿元企业8家、超50亿元企业2家。

亳州市部分龙头企业一览表

表9

企业名称	所属产业类别	产品名称	投资规模（万元）	2022年产值（万元）	入驻园区
安徽九方制药有限公司	现代中医药及大健康产业	葛酮通络胶囊、虎地肠溶胶囊、心荣颗粒、补气口服液等	20000	26000	亳州高新区
安徽天祥药业有限公司	取代中医药及大健康产业	中药材提取物、配方颗粒	34000	70000	亳州高新区
安徽鑫泰药业有限公司	取代中医药及大健康产业	中药饮片	10000	50356	亳芜产业园区
奇瑞商用车（亳州）有限公司	新能源和新材料产业	新能源汽车制造	140050	75648	亳芜产业园区
涡阳县盛鸿科技有限公司	绿色装配产业	钢结构、各类板材	115443	506112	涡阳开发区
安美徽金沙河面业有限责任公司	绿色食品产业	小麦粉、挂面、饮用水	200000	184959	涡阳开发区
安徽江淮安驰汽车有限公司	汽车装配制造产业	瑞风MPV系列产品	131091	126685	蒙城开发区
蒙城繁枫真空科技有限公司	制造业	真空泵及其他专用设备制造	40000	27080	蒙城开发区
安徽伯希和户外装备用品有限公司	轻纺产业	户外运动服饰	8100	41000	利辛开发区
安徽翰联色纺股份有限公司	轻纺产业	棉纱、布匹服装	15000	14000	利辛开发区
亳州联滔电子有限公司	电子信息产业	电子产品	60000	120691	谯城开发区
安徽亳州喜宝鞋服有限公司	轻纺产业	纺织面料鞋	60000	50383	谯城开发区

【产业结构调整】2022年，实施传统产业改造提升，全市五大主导产业同比增长14.0%，高于全市3.4个百分点。装备制造业同比增长23.6%，高于全市13.0个百分点。六大高耗能产业仅仅增长2.4%，低于全市8.2个百分点。其中，酒、饮料和精制茶制造业同比增长23.6%，拉动全市增长7.7个百分点；计算机、通信和其他电子设备制造业同比增长32.4%，拉动全市增长1.3个百分点。

【产业转型升级】2022年，实施科技创新引领计划，全市新增省级智能工厂和数字化车间7个，省级服务型制造示范企业4家、省级服务型制造示范平台2家、省级专精特新冠军17家、省级企业技术中心3家、安徽省新产品16个、安徽工业精品4个，安徽省消费品工业“三品”示范企业8个、工业互联网场景应用2家、注册羚羊工业互联网平台认证企业768家。古井贡酒白酒工业互联网平台获评国家级特色专业型工业互联网平台，古井贡酒先进过程制造入选2022年国家智能制造优秀场景名单。

【产业绿色发展】2022年，全市规模工业能耗增速下降0.7%，万元工业增加值能耗下降10.2%，拉动全市单位GDP能耗下降2.1个百分点。全年工业企业分布式光伏电站建成并网101家，并网规模99.83兆瓦，年发电量可达1.2亿千瓦时，约减少4万吨标准煤使用量。推荐申报国家级绿色工厂2家、绿色产品1个；新增省级绿色工厂3家、市级绿色工厂13家、省工业领域节能环保“五个一百”推介目录21家、节能环保优质生产企业目录5家、节能环保先进技术目录2项、节能环保新产品新装备目录4个、节能环保重点改造项目目录10个。（李　梦）

安徽古井集团有限责任公司

【概况】2022年，古井集团超额完成各项经营预算指标。古井贡品牌价值再创新高，以2270.27亿元名列中国白酒品牌价值第四位、安徽白酒第一位。古井集团荣登中国制造业500强，安徽省百强企业。安徽古井贡酒股份有限公司荣获“全国白酒行业质量领先企业”，再获“全国产品和服务质量诚信示范企业”“全国质量检验信得过产品”。古井酒文化博览园入选国家工业旅游示范基地，古井贡酒白酒工业互联网平台项目入围国家新一代信息技术与制造业融合发展试点。先后荣获“安徽省国有控股企业税收贡献10强”“安徽食品行业标准贡献奖”“安徽省基层思想政治工作示范点”等荣誉。古井贡酒荣获华樽杯全球高端商务用酒卓领品牌、全球烈酒十大领导品牌、中国浓香型白酒三强品牌等荣誉。

2022年，古井智能园区项目1#酿酒车间1620条窖池建造完成，129条窖池已投料产酒。古井贡酒•年份原浆主题酒店项目、黄鹤楼随州项目、明光酒业扩产项目等重点工程项目按计划推进。合作成立安徽古井健康科技有限公司，开启中医药大健康产业发展新征程。

【省委书记郑栅洁调研古井集团】2022年11月11日，省委书记郑栅洁到古井集团调研，实地察看酿酒生产智能化技术改造项目和酿酒生产、污水处理现场，要求提高质量、扩大产量、做强品牌，推动国有资本和国有企业做强做优做大。郑栅洁到古井酿酒生产智能化技术改造项目（简称“古井智能园”）现场，实地考察项目规划设计情况和施工进度。古井集团党委书记、董事长梁金辉向郑栅洁汇报相关工作。随后，郑栅洁到古井智能园酿酒1车间，详细了解酿酒生产流程、智能酿造情况和原粮种植情况，着重关注古井贡酒从一粒粮到一滴酒的全过程质量管控体系，并勉励古井提高质量、扩大产量、做强品牌，推动国有资本和国有企业做强做优做大。郑栅洁实地观看古井贡酒酿酒生产过程，仔细询问酿酒生产情况，近距离查看优质的酿酒原料。郑栅洁详细了解无极酒窖特色藏酒环境，指导古井贡酒打造品牌特色，弘扬优秀酒文化。谯城区白酒企业集聚地水环境问题是郑栅洁该次考察的重点事项之一。郑栅洁到古井产业园污水处理站，询问该污水处理站的处理规模、中水回用情况、每吨水的处理成本等。郑栅洁强调，古井集团要强化责任意识，切实履行企业责任，高度重视环保和污水处理工作，抓好经济发展的同时注重做好环境保护。

【古井酒文化博览园入选国家工业旅游示范基地公示名单】2022年11月，文化和旅游部公示国家工业旅游示范基地名单，安徽省古井酒文化博览园成功入选。该次入选国家工业旅游示范基地，标志着古井酒文化博览园进入国内工业旅游发展最高水平，对全国工业旅游发展具有较强示范引领作用。该次评定是根据《国家工业旅游示范基地规范与评价》行业标准，经各省（自治区、直辖市）文化和旅游行政部门推荐，文化和旅游部按程序组织专家综合考量园区的基本条件、基础设施及服务、配套设施及服务、旅游安全、旅游信息化、综合管理等方面评审选出。古井酒文化博览园是全国首批工业旅游示范点、中国白酒第一个国家AAAA级旅游景区。

【连续七年获评“全国产品和服务质量诚信示范企业”“全国质量检验稳定合格产品”】3月15日，在中国质量检验协会主办的“3•15”国际消费者权益日“产品和服务质量诚信承诺”主题活动中，古井集团荣获“全国产品和服务质量诚信示范企业”“全国质量检验稳定合格产品”荣誉称号，是古井贡酒连续七年获评此项殊荣。中国质量检验协会是质量检验领域的行业组织和专业社团机构，自2000年起便携手各行业的质量领先品牌开展“3•15”国际消费者权益日“产品和服务质量诚信承诺”主题活动。历经20余年发展，该活动已成为国内具有重大影响力的“3•15”宣传活动，在维护消费者合法权益，引领企业全面提升产品和服务质量，引导企业提高质量诚信等方面发挥着重要作用。

【古井贡酒酿造技艺获“国家级非物质文化遗产代表性项目”授牌】古井贡酒酿造技艺正式获第五批国家级非物质文化遗产代表性项目授牌。国家级非物质文化遗产代表性项目是经中华人民共和国国务院批准，由文化和旅游部确定的非物质文化遗产。国家级非物质文化遗产是中华文化的瑰宝，是中华文脉的重要象征，也是发展国家文化软实力的重要资源。古井贡酒酿造技艺入选国家级非物质文化遗产代表性项目，对推动古井贡酒酿造技艺传承和发展具有重要意义。

【古井贡酒入围新一代信息技术与制造业融合发展试点示范名单】工业和信息化部公示2022年新一代信息技术与制造业融合发展试点示范名单。古井贡酒股份有限公司的白酒工业互联网平台项目入围“特色专业型工业互联网平台方向”名单。古井集团提出数字化古井新路径，建设工业互联网体系，推动生产模式的转型升级。公司借助5G、互联网、大数据、云计算等新技术，构建白酒工业互联网平台。搭建以SAPERP+CRM为主航道的数字化架构，逐渐积累渠道电商化、订单在线协同、供应商在线协同等20余个解决方案。打通古井数据链，构建数字化供应链体系，对供应链上下游开放应用，全面提升古井管理水平与运营效率；在自动化方面，开展酿造、勾储、灌装生产环节的自动化、规模化、智能化建设与应用，产量、质量得到显著提升，实现降本增效。

【古井集团改革案例入选全国典型】“中国改革2022年度地方全面深化改革典型案例”名单公布，古井集团“围绕双百亿，再造一个古井”推动国企改革三年行动案例成功入选。古井集团制定《古井集团国企改革三年行动实施方案（2020—2022年）》，落实国企改革三年行动重要机制类任务，提升改革质量实效，提高公司治理水平，推动企业高质量发展。

【古井集团荣获省市多项荣誉】2023年1月28日，在省发扬自我革命精神坚持严的基调持续深化“一改两为”全面提升工作效能大会上，安徽古井贡酒股份有限公司获“安徽省国有控股企业税收贡献10强”称号，位列第三，较2021年前进一个名次。1月29日，古井贡酒股份有限公司获“亳州市税收贡献10强”“亳州市制造业企业10强”荣誉称号，均位列第一；亳州古井销售有限公司和安徽盛隆商贸有限责任公司分别获“亳州市现代服务业企业10强”第一名和第四名。2022年，古井集团营业收入、利润总额、上缴税收等经营指标均圆满完成，上缴税收同比增长约41%。

【古井贡酒与养生天下签署战略合作协议】2022年11月25日上午，古井贡酒与养生天下签署战略合作协议。古井集团党委书记、董事长梁金辉，古井集团党委副书记、股份公司总经理周庆伍，古井贡酒股份公司副总经理、总会计师朱家峰，养生天下董事长贾友彬，建安集团党委委员、副总经理胡启胜，创晟投资公司执行董事曹峥等出席签约仪式。周庆伍主持签约仪式。古井贡酒股份公司代表马彪，养生天下代表贾友彬共同走上签约台，在战略合作协议书上签字并合影留念。养生天下正式成为古井集团的战略合作伙伴，携手开启中医药大健康产业发展新征程。

【“古井贡酒·年份原浆”粮食种植基地签约仪式举行】2022年8月31日，“为农惠农，乡村振兴，‘古井贡酒•年份原浆’粮食种植基地签约仪式”在古井党建企业文化馆隆重举行。市政府副市长刘婉贞，市政府副秘书长李刚，农业农村部粮食夺丰收安徽科技小分队专家组组长、中国农业科学院作科所作物遗传育种中心副主任谢永盾，古井集团党委书记、董事长梁金辉等出席仪式。安徽古井贡酒股份有限公司分别与安徽中瑞粮油有限公司、利辛县粮丰农业发展有限公司、安徽省黄淮种业有限公司、亳州市中亳农业发展有限公司、亳州市谯城区金地农业投资有限公司等亳州市种植大户进行签约，达成12万亩小麦种植协议。古井集团采购中心从种植主体、作物品种、质量标准、定价模式、收储和送货要求等方面，详细介绍古井集团基地种植合作模式。

【举办中国首届年文化论坛】2022年9月18日，安徽古井贡酒•年份原浆文化研究院成立后的首场秀——中国首届年文化论坛在安徽亳州举行。市委常委、宣传部部长吉洪武，中国酒业协会理事长宋书玉，山东省军区原副政委幸胜标，西安卫星测控中心原副政委罗士坤，南京大学历史学院院长张生，工业和信息化部工业文化发展中心副主任孙星，中国作协影视文学委员会副主任、中国电影文学学会常务副会长艾克拜尔•米吉提，湖北省文联副主席、湖北省曲艺家协会主席、著名相声表演艺术家、国家一级演员陆鸣，山东省关工委副主任、省委宣传部原副部长黄泽存，古井集团党委书记、董事长梁金辉等参加论坛。论坛由安徽省亳文化研究会监事长、党支部书记、安徽古井贡酒•年份原浆文化研究院专家委员会委员郭景斌主持。论坛现场，行业内外的多位专家学者，围绕中国年文化特有的文化价值和内涵展开交流。南京大学历史学院教授、南京六朝博物馆馆长胡阿祥线上参会，与现场参会人员“谈年说酒”，探讨品“年酒”、悟“大道”。华东师范大学中国智慧研究院院长、中国现代思想文化研究所研究员贡华南以“意味深长的年三十”为主题进行分享。年画艺术家、首批国家级非物质文化遗产项目杨柳青年画代表性传承人冯庆钜从“年俗、年画、年酒”三个方面，对年文化进行阐述。中国酒史学家、山东社会科学院历史所研究员王赛时作“中国的年酒文化”主题演讲。山东省军区原副政委幸胜标，中国科学技术大学科技史与科技考古系教授张居中，安徽师范大学马克思主义学院教授、安徽师范大学出版社总编辑、副社长戴兆国，中国酒业协会文化委员会秘书长任志宏现场交流发言。

（吴　伟　杨金川）

工业企业简介

【安徽家和中药科技股份有限公司】坐落于安徽省亳州市经济开发区紫苑路888号，法定代表人李华民，总投资两亿元。2022年实现年产值7.8亿元，年税收1103万元。

公司占地50亩，面积33333.33平方米，厂区建筑面积43688.88平方米。其中生产车间20000平方米，仓库（原料库、半成品库及成品库）14000平方米，综合办公楼5000平方米，职工宿舍食堂等生活配套设施1800平方米，辅助用房200平方米，购置中药饮片、中药提取、固体制剂设备、包装设备、检测检验仪器设备、环保设施及其他辅助设备，配套建设道路。容积率1.23、建筑密度60%、绿化率12%、非生产性用房占地面积占总用地面积比例5.4%、投资强度300万元/亩。

主要产品各类精致中药饮片和口服饮片8000吨，片剂、胶囊剂、颗粒剂等中成药1000吨，是按照现代的中药生产工艺流程设计、建设的现代化中药企业。公司成立于2016年8月3日，2017年9月开始投入建设，2018年9月份实现整个厂区建设完成，于2019年3月13日通过国家药品GMP认证，2019年3月份正式投产，解决就业人员566人，实现年产1000吨常规饮片、500吨毒性饮片以及300吨直接口服饮片生产车间，做到毒性饮片的生产、仓储与普通饮片严格分开，购置符合GMP要求的目前市场上最先进的中药饮片生产设备、3条生产线（常规饮片、毒性饮片、直接口服饮片）、仓库、质检、办公楼及现代化的生产设备、化验设备、污水处理、消防设备堪称一流。

【安徽江淮安驰汽车有限公司】 安徽江淮安驰汽车有限公司成立于2010年9月，是江淮汽车唯一MPV全系列专业化生产制造基地。2022年实现年产值12.7亿元，纳税8941万元。

公司注册资本6亿元，固定资产总投资14.23亿元，总占地面积482亩，建筑面积13.35万平方米，拥有国内一流水平的冲、焊、涂、总四大工艺智能化生产线，已具备年产5万台生产能力。主要产品为瑞风M3、M4、L5、L6四个平台MPV车型，其中瑞风M3、M4以商用为主，满足中短途客运、专车、中小微企业主多功能用车需求；瑞风L5、L6以公商务为主，主攻公商务接待、中高端租赁和旅游等市场。

江淮安驰汽车公司吸引佳仕龙机械制造有限公司、安徽讴神机械制造有限公司、合肥常青机械有限公司（蒙城）、安徽鑫元实业股份有限公司等11家零部件及物流厂商到蒙城投资，带动汽车改装、销售、维修、零配件供应、二手车交易、物流、职业技术学校培训等产业链的发展，已形成以整车生产制造为龙头、零部件制造为核心的汽车产业链集群，直接和间接带动当地就业。

【安徽天祥药业有限公司】 安徽天祥药业有限公司坐落于亳州市经济开发区银杏路1166号，总投资2.3亿元，资产总额5.3亿元人民币，占地100亩，总建筑面积58333平方米，2014年取得GMP证书并正式投入生产，2019年制剂车间顺利通过GMP认证，公司整体项目可实现年提取中药材10000吨，实现销售收入8亿元。2020年销售收入6.7亿元，产值7.3亿元，纳税总额达3969.57万元，2021年产值5.8亿，纳税总额达3609.57万元，是亳州市高新开发区纳税大户。公司先后荣获“安徽省与中央企业合作发展优秀项目”“亳州市纳税大户”“守合同重信用单位”等奖项，分别于2016年和2019年两次成功申报“国家级高新技术企业”。2022年企业产值7亿元，税收4631万元。

“十四五”时期，安徽天祥药业扩大产能，投资新建30000吨中药配方颗粒提取项目，项目总投资8亿元，占地238亩，设计总建筑面积282323平方米，计划投资8亿元，项目建成后，可实现年提取中药材3万吨，生产中药配方颗粒3万吨，年收入可达30亿元，纳税达1亿元以上，解决就业1000人以上。

公司现有员工340人，其中大专以上学历专业人员110多人，从事科研工作人员60多人，占职工总数的18%。天祥药业十分重视研发工作，在遵循传统中药汤剂制备原则的基础上，积极探索采用现代工艺技术和装备，持续研究中药配方颗粒提取物生产、质控关键技术，公司2020年研发投入达2387.36万元，占企业销售收入的3%以上。

安徽天祥药业系江苏省江阴天江药业有限公司全资子公司。江阴天江药业有限公司创办于1992年，隶属于世界500强企业——中国医药集团，是一家集中药配方颗粒产、销、研为一体的国家高新技术企业，为国内中药配方颗粒行业的先驱者和领跑者，是中国中药配方颗粒首家研制生产企业，是国家中医药管理局指定“中药配方颗粒试点生产企业”。是国内通过GMP认证、规模较大的中药配方颗粒生产厂家。公司自建成以来，始终把科研放在首位，先后承担完成中药配方颗粒研制专项课题国家级16项，省级3项，完成公司内部课题100多项。制定中药配方颗粒行业标准并上报国家药监局备案。

【亳州联滔电子有限公司】 亳州联滔电子有限公司隶属于上市公司立讯精密工业股份有限公司，立讯作为一家以技术为导向的企业，2020年在电子连接器市场，全球排名第四，中国排名第一。立讯精密于2010年上市，2021年集团营收近2000亿元，市值

3000亿元。立讯精密专注于连接器、连接线、马达、无线充电、天线、声学和电子模块等产品的研发、生产和销售，产品广泛应用于3C（计算机、通信、消费电子）、汽车、医疗及智能家电、5G等多个领域。亳州联滔电子有限公司2022年全年实现产值12.06亿元，同比增长10.36%，实现利税总额16435万元。

亳州联滔成立于2010年，位于安徽谯城经济开发区仙茅路8号，占地面积180亩，投资8亿元，目前员工2700余人。公司主要研发、生产和销售 电脑、手机、游戏机、电视机用的各种连接线，5G射频天线，新能源汽车整车线束等产品。公司客户包含联想、联宝、苹果、Dell、华为、松下、索尼，微软，蔚来，理想，上汽等国内外知名企业。

亳州联滔属高新技术企业、国家级绿色工厂、安徽省技术创新示范企业、安徽省智能工厂、国家知识产权优势企业，公司内部设有研发中心，精密组件加工中心和自动化中心，2021年研发投入3600余万元。公司自主研发的V-BY-ONE、Type-C、嵌入式（eDP）高清数字信号线获得安徽省新产品、工业精品的荣誉称号。目前公司专利申请数量136件，部分已经转化成实际应用。

联滔电子属高新技术企业、国家级绿色工厂、安徽省技术创新示范企业、国家知识产权优势企业，已通过ISO9001、ISO14001、ISO45001、IATF16949、ISO13485、UL 、CNAS17025国际实验室等多项认证；公司内部设有研发中心、精密组件加工中心和自动化中心。

2022年亳州联滔营收11.1亿元，2021年亳州联滔营收10.1亿元，同比上升9.9%。亳州联滔电子有限公司2022年全年实现产值12.06亿元，同比增长10.36%。2022年实现利税总额16435万元。

亳州联滔在市区各级政府的支持下，公司新能源汽车线束项目于2020年年底顺利投产，2021年11月汽车线束、汽车新能源零部件一期生产项目正式投产，该项目主要从事新能源整车线束的生产，目前一期使用5栋厂房（面积约3.6万平方米）。汽车线束项目总营收预计占比11.8%。

（李　梦）

【五得利集团亳州面粉有限公司】该公司位于谯城经济开发区庄周路东侧紫苑路南侧，是五得利集团第13家全资子公司，占地8.4公顷，总投资7亿元，其中固定资产4.1亿元。一期、二期、三期工程分别于2014年3月、2015年4月、2017年12月投产，有国际先进水平的自动化控制系统生产线6条，日处理小麦4200吨。公司生产的面粉有超精粉、六星馒头王、六星切面王等系列产品，出粉率高，灰粉低，在国内处于领先地位。产品畅销安徽、江苏、河南、湖北、江西、福建、浙江、上海、广东等10余个省市。生产原料主要是亳州当地小麦，采取优质优价，引导农户种植优良品种。平均价格较市场高2～3分，平均每年可增加农民收入6300万元。公司先后获评安徽省农业产业重点龙头企业（甲级队）、安徽省A级粮食经营活动守法诚信企业，安徽省小麦粉加工20强企业，中国好粮油示范企业。（王艳敏）

【亳州市永刚饮片有限公司】该公司位于谯城经济开发区长江路，成立于1984年，是一家专业从事中药饮片研发、生产、销售于一体的企业。注册资本1亿元。公司生产经营1072种中药饮片，年生产能力达15000吨。公司与安徽中医药大学、浙江中医药大学、亳州市职业技术学院等国内多所高校和科研院所建立“产学研”合作关系。建立“省级企业技术中心”，参加省市级的科研项目建设，包括安徽省科技重大专项亳州地产大宗药材及饮片商品规格等级研究，省科技厅一般转移支付项目知母中药饮片产地加工与炮制生产一体化关键技术规范研究，组建亳州地产中药材趁鲜加工创新团队。曾获“安徽省高新技术企业”“安徽省创新型试点企业”“安徽省专精特新中小企业”“安徽省农业产业化龙头企业”“安徽省民族企业”“安徽省企业技术中心”及第十一届“安徽省诚信企业”“安徽省中医药大学教育发展基金会会员单位”“十二五民族食品定点生产企业”“第四批全国民族团结进步创建活动示范单位”“中华民族医药百强品牌企业”等称号。

（李金鹏）

【利辛强英食品有限公司】该公司位于利辛县经济开发区，是安徽强英鸭业集团有限公司全资子公司。公司专业从事樱桃谷鸭规模养殖、屠宰加工、饲料生产。占地15.67公顷，于2016年建成投产。拥有现代化肉鸭分割生产线4条，配套冷库库容1万吨，污水处理能力6000立方米/日，日屠宰24万只肉鸭。与之配套的利辛饲料有限公司于2017年初投产，年产能60万吨。年收购消化当地玉米近40万吨，保证了当地4万公顷玉米收益。公司采取“公司+家庭农场（农户）+银行+政府”产业联合体发展经营模式，实行统一提供鸭苗、统一配送饲料、统一提供兽药、统一技术服务、统一保护价收购的管理方式进行运作。实行产销分离管理模式，公司直接对基地发展与产品订单加工负责。产品订单、市场开发、客户维护由集团肉食销售中心统一负责，拥有销售团队80余人。有“强英”“精英”“领英”“雄英”四大品牌。产品种类从肉鸭白条、半片、精细分割延伸至30余个品种200余种规格，销售网络渠道遍及全国30余省份180多个城市。是“双汇”“金锣”“周黑鸭”“绝味”“久久鸭”“精武鸭”“煌上煌”等国内知名肉类熟制加工企业战略供应商。

（陈玉强）

【安徽协和成药业饮片有限公司】该公司位于谯城区药都路，是一家集中药材种植、中药饮片加工、中成药制造、产品研发、进出口贸易于一体的现代化中药企业。公司占地15.33公顷，注册资金6660万元，总资产10亿余元。拥有安徽省本草国药饮片有限公司、亳州市中药材进出口检测中心、安徽协和成制药有限公司、安徽协和成典当有限公司、安徽协和成国医堂门诊有限公司5家全资子公司。2005年2月投产。公司主要产品有中药饮片，中成药制剂、中药提取物、保健食品等。产品畅销全国各地，并远销韩国、美国、英国、匈牙利等20余个国家。中药饮片年产2万吨；中成药年产颗粒剂1000万袋、硬胶囊剂3亿粒、片剂3亿片。公司是首批“安徽省中药配方颗粒试点研究单位”，建有“博士后科研工作站”“王广基院士工作站”“中药饮片制造新技术安徽省重点实验室”。曾获中国海关高级认证企业、国家创新型试点企业、农业产业化国家龙头企业、中华民族医药百强品牌企业、国家火炬计划重点高新技术企业、中医药国际化推进十强领军企业、全国中药材饮片出口十强企业、全国中药饮片诚信品牌等称号。公司建设820公顷规范化中药材GAP种植基地，2007年通过GAP认证，被安徽省商务厅、财政厅、农委、省出入境检验检疫局授予“安徽优秀农产品出口示范基地”称号。

（王艳敏）

【安徽省亳州煤业有限公司】该公司于2010年1月15日设立，由淮北矿业和安徽省煤田地质局共同出资组建，以亳州境内煤炭及共伴生资源的开采、洗选、加工与销售为一体，所属分公司袁店二井煤矿和信湖煤矿。注册资本1000万元，股权结构为淮北矿业（集团）占60%，安徽省煤田地质局占40%，淮北矿业（集团）为控股股东。

（陈玉强）

商　贸

2022年9月7日，亳州市民在商店里选购传统月饼　　（刘勤利　摄）

商务工作

【概况】2022年，亳州市商务经济主要指标保持在合理区间，整体呈现总体平稳、稳中有进的良好发展态势。亳州市社会消费品零售总额实现1188.2亿元，同比下降0.2%，总量居全省第8位，增幅居全省第9位；累计实现进出口总额6.54亿美元，同比增长1.1%，出口额5.29亿美元，同比增长9.8%。利用外商直接投资1610万美元，同比增长153.9%，增幅居全省第4位。

【商贸流通】2022年，亳州市实施限上企业培育行动，限上批零住餐企业突破1004家，限上新能源汽车销售额增长7.1倍。发放消费券4040万元，举办促消费活动320场，参加企业3765家，拉动消费3.8亿元，全市电商网络销售额实现129.6亿元，增长20%；全市快递量增长55.39%，亳州市被评为2022年快递服务现代农业金牌项目。积极推动商贸品牌创建，2022年15家企业被认定为“安徽老字号”，全市“安徽老字号”累计34家、“安徽特色商业街”2家。

【农村电商】2022年，实施农村电商提质增效工程，新培育农村电商经营主体420家。进行网点优化调整，按照分类管理、动态调整、功能覆盖原则，优化农村电商网点，全年全市农村电商网点优化调整至775个，其中综合服务点从317个增加到356个。强化精准培训，采取集中培训、“一对一”培训等多种方式，重点对驻村工作队、村“两委”干部、农村新型经营主体负责人、农村电商网点经营者开展培训，累计培训6529人次。组织90余人参加省厅举办的电商直播大赛，组织14家企业参加好网货大赛，其中蒙城县姜秋月获得省级电商直播大赛三等奖。组织申报省级农村电商高质量发展项目，为亳州市电商企业争取省级农村电商高质量发展项目764.25万元（57个项目），资金额位居全省第三位、皖北第一位。

【行业监管】2022年，加强安全生产监管，印发《亳州市商贸领域安全生产大检查工作方案》《亳州市商贸领域消防安全大检查工作方案》等文件，指导县区商务部门做好商贸领域安全生产和消防安全工作。2022年，全市商务部门共检查商超、加油站点、餐饮等商贸企业1975次，发现并整改隐患1447处。强化环境保护，开展油气回收治理工作。结合安全生产检查，共计检查加油站点110点次，对加油站油气回收设施和油气回收监测报告进行重点检查，对检查发现问题督促企业进行整改。开展行业文明创建，对照《亳州市创建全国文明城市（实地考察）指导手册》（2022年版）标准，对19家测评企业进行实地暗访、反馈问题、督促整改。截至2022年底，省、市反馈问题基本完成整改。

【暖民心行动】2022年，推行文明菜市，亳州市文明菜市任务数量35个（城区9个、乡镇26个），已完成40个，完成率114.29%。打造放心家政，推动全市家政服务业体质扩容，2022年新增员工制家政企业5家，完成进度125%；培训家政服务人员41555人次，完成进度102.1%；新增家政服务人员9230人，完成进度113.95%，提前完成各项年度目标任务。

【对外贸易】2022年，加大外贸主体培育孵化力度，孵化新增进出口实绩企业82家，全市进出口实绩企业达到265家。加强政策扶持力度，组织申报省级项目11个，市级项目76个，兑现省市级外贸发展专项资金共计1962.6万元。广泛开拓国际市场，组织80多家企业参加第131届、132届线上广交会、第五届中国国际进口博览会等展会；195家企业与RCEP缔约方开展外贸进出口贸易，累计实现进出口总额2.64亿美元。积极培育外贸新业态，21家企业通过阿里巴巴国际站、速卖通、亚马逊等跨境电商平台，拓展线上国际市场，实现出口3606万元；组织申报“2022年安徽出口品牌”，1家企业获得认定。

【贸易投资】2022年，亳州市外商直接投资完成1610万美元，同比增长153.9%，增速居全省第4位；新设外资企业15个，同比增长114.3%，增速居全省第1位。联合市贸促会共同成立市服务外资企业工作专班，落实外商投资企业联系服务制度，建立利用外资项目库。深入县区调研，组织摸排全市“走出去”企业情况，对有意愿“走出去”企业实行重点帮扶。强化联系对接，壮大在外经营主体规模。截至2022年底亳州市共有10家企业在境外设立企业或办事处11个。

【商贸平台建设】2022年，全市新增市场主体2289家、同比增长17.9%，实现经营（销售）收入1341.7亿元，同比增长18%；完成联动创新区试点任务75项，国家层面试点经验已复制推广186项，省级改革试点经验已复制推广24项，形成可复制可推广制度创新成果19项，其中“税信通”联合激励打造涵养市场主体新样板、涡阳片区保税货物融资贷款新型融资试点模式被中国（安徽）自由贸易试验区微信公众号登载推广。国家加工贸易产业园建设稳步推进。制定出台国家加工贸易产业园建设实施方案，明确时间表和路线图，扩大加工贸易产业发展集群，提升3个加工贸易梯度转移重点承接片区基础设施和产业配套能力，推动形成现代制造业加工贸易集聚区。落实商务、海关、税务、金融、外事等有关涉外部门联席会议制度，加大政策落实和协调服务力度，及时会商解决加工贸易发展中的困难和问题。

【贸易促进工作】2022年，组织参加经贸培训活动，参加中国国际进口博览会、涉外法律服务培训、投资中国业务培训等培训活动15次。拓展商事法律服务，办理、代办原产地证书、商事证明书等各类单据突破100余份，受理各类涉及涉外单据认证咨询50次以上。新增15家企业申报省国际商会会员，强化与长三角地区贸促机构的交流，拜访上海奉贤贸促会，建立初步沟通机制；对接皖北贸促机构，与淮北贸促会达成初步合作协议。搭建交流平台，建立“亳州贸促—国际商会群”，吸引外贸、商贸等各类企业近200余家参与，搭建政策信息发布、企业交流、问题反馈的综合性平台。（程 沛）

供销合作

【概况】亳州市供销合作社联合社是市政府直属机构。2022年，全市供销社新建或改造为农服务中心11个，总数达37个；流转土地面积40.35万亩，托管土地面积92.62万亩；配方施肥服务68.87万亩次，统防统治服务115.1万亩次，农机作业服务265.53万亩次。

【供销社基层组织建设】2022年，完成新建村级供销社10个，总数达79个；创建省级标杆基层供销社3个；通过业务、项目带动等方式改造升级薄弱基层供销社8个；改造升级农村综合服务社25个，农村综合服务社总数为1233个。

【“三位一体”综合合作试点工作】2022年，在涡阳义门供销社、蒙城春霖供销社、利辛县阚疃供销社、谯城聂红伟专业合作社4家经营主体进行生产、供销、信用“三位一体”综合合作试点，指导试点经营主体进一步提升服务水平。

【助力第十五届安徽国际茶产业博览会】2022年8月18—21日，第十五届安徽国际茶产业博览会在合肥滨湖国际会展中心举办。亳州市供销社成立市茶博会参展工作组委会，制定参展工作总体方案。精心布置，继续以独立特装方式单独搭建620平方米展馆，共组织28家企业300多种花草茶等产品参展。

【项目建设和招商引资工作】2022年，市供销社通过省、市级新农村现代流通服务网络工程专项资金共支持建设项目7个，支持农业社会化服务、为农服务中心等项目建设。项目总投资695万元，其中财政专项资金141万元（省级财政资金103万元，市级财政资金38万元）。2022年市供销社完成招商引资项目3个，投资总额约3.2亿元。

（潘学成）

烟草专卖

【概况】亳州市烟草专卖局（安徽省烟草公司亳州市公司）是安徽省烟草专卖局、中国烟草总公司安徽省公司在亳州市设置的烟草行政管理机构和国有独资商业企业，实行“统一领导、垂直管理、专卖专营”管理体制，行政上担负烟草专卖市场管理职能，业务上以卷烟经营为主。截至2022年底，有谯城、涡阳、蒙城、利辛4个县级烟草专卖局，1个物流中心，12个部门，1个稽查支队。

【综合管理】2022年，市烟草专卖局（公司）推进基础建设工作，完成市局（公司）办公场所及建筑外立面改造，沿街建筑破旧面貌改善，周边街道整体形象得到提升。完成彩源劳动服务公司和涡阳县烟叶经贸公司的工商注销、银行账户注销，完成厂办大集体改革。加强卫生管理工作，创建无烟党政机关，并加强市局办公区域卫生管理，明确专人对卫生工作进行监督管理，成功创建为全省卫生先进单位。

【专卖管理】2022年，市烟草专卖局（公司）完善打假协作机制，烟草公安、烟草邮政两个涉烟情报研判中心实体化运行，落实省公安厅文件精神，与市公安局森林警察支队衔接协作，推动卷烟打假“数据共享、主动研判、统一指挥、联合执法”模式推进。打击各类涉烟违法违规行为，全年查获涉烟案件1585起，办理涉烟国标网络案件4起、省标网络案件6起，因涉烟违法犯罪移送司法机关拘留12人、逮捕9人、判刑22人，卷烟市场秩序更加规范有序。开展政务服务作风建设专项整治工作，落实政务服务“5+5”工作要求，推进许可证办理“就近办”“零跑腿”，打通服务群众的“最后一公里”。

【卷烟营销】2022年，市烟草专卖局（公司）坚持“总量控制、稍紧平衡，增速合理、贵在持续”十六字方针，优化卷烟需求预测，提高营销调控水平，年度平均需求预测准确率99.1%。探索推进雪茄单列管理，引入雪茄适销品规14个，现在销雪茄总品规68个，其中进口雪茄品规16个。承担国有企业社会责任，助力地方及经济发展，获“亳州市税收贡献10强”荣誉称号。融入乡村振兴大局，年度累计投入50余万元，建成36户徽映农网便民终端。助力文明城市创建，按照“因地制宜、分类建设、建管结合、有序推进”标准，加强与政府机关、企事业单位合作共建，建立文明吸烟环境设施138个，截至2022年底，共建设各类文明吸烟场所740个，有效为文明吸烟提供设施保障，实现烟民与非烟民分流。

（丰　飞）

粮食管理

【概况】2022年，全市实行粮食安全党政同责。市委、市政府主要负责同志担任第一责任人，推动粮食产业发展等工作。印发《亳州市粮食安全领导小组关于调整领导小组成员的通知》，市委书记、市长担任组长，成员单位增至22家；印发《市委常委会委员粮食安全工作责任清单》《市政府领导班子成员粮食安全工作责任清单》，市委召开全市粮食安全工作暨2022年市粮食安全领导小组会议，扛稳粮食安全主体责任。2022年，全市落实储备计划8.55万吨，其中省级储备4.2万吨、市级1.1万吨，县区级3.25万吨；完成2022年度省级储备轮换1.9万吨，市级储备轮换0.44万吨，县区储备粮轮换1.09万吨；保障增储任务落实，分解下达县（区）政府增储小麦计划8.7万吨、增储成品粮计划400吨，调剂330吨小包装成品粮计划、调剂食用植物油小包装计划90吨。

【粮食领域专项治理问题整改】2022年，明确党组成员、副主任专职分管涉粮科室，调整组建粮食专项治理工作专班，统筹推动问题整改。对亳州市党委、市政府落实粮食安全属地管理主体责任情况反馈意见、专项巡察、专项审计、自查自纠，梳理问题624个，完成整改597个，整改率95.7%。对已完成的整改任务，探索建立长效机制144个，对尚未整改到位的27个问题，制定整改措施91项，细化责任单位、责任人员，制定整改节点时序，确保真改实改。

【监督检查工作】2022年，落实省委编委会《完善体制机制统筹加强粮食安全监管机构职能的意见》要求，全市粮食主管部门工作人员由21名提升到29名。制订《2022年“双随机、一公开”定向抽查工作计划》，开展明察暗访9次，抽调检查人员38人次，累计检查企业91家，办理“12325”全国粮食流通监管热线转办线索1件，信访件2件，举报件2件，做出行政处罚2次。印发亳州市《国有粮食购销企业近亲繁殖专项整治行动方案》，严格执行国有粮食购销企业重点岗位交流轮岗制度，全市62家国有粮食企业交流人员261人。

【国有粮食企业改革】2022年，市政府召开专题会议，听取国有粮食企业改革有关情况的汇报，研究国有粮食企业改革工作，学习先进地区国企改革经验、薪酬管理制度等，探索粮食企业改革路径，确定按照“总公司+分公司（乡镇中心粮站）+收储库点（分站或分库）”模式，成立“县、区粮油购销有限公司”。推进土地确权，2022年全市国有粮食企业土地确权率由巡查整改前的71.3%提升到86.6%，达到省80%以上工作要求。

【午秋收购工作】2022年，市级成立午秋粮收购工作领导小组，围绕“有人收粮、有钱收粮、有仓收粮、有车运粮”等重点环节，加强协同配合，有针对性解决实际问题，全市全年收购218万吨粮食，未发现农民“卖粮难”现象。

【粮食仓储建设】2022年，市本级在谯城区大杨镇新建中储粮谯城分库，按1∶1.5比例置换老库区，总仓容18万吨；三县一区谋划粮食仓储项目6个总仓容120万吨，其中，涡阳1个（25万吨）、蒙城2个（30万吨）、利辛1个（30万吨）、谯城2个（35万吨）。印发《亳州市粮食和物资储备局深入推进粮食产后节粮减损工作方案》，推动粮食产后领域节粮减损。下达粮食产业化专项奖补资金102万元，扎实开展“中国好粮油”行动计划项目验收工作。2022年补助2家企业优质粮食工程项目省级转移支付资金350万元，上报2023年度优质粮食工程项目2个。省、市、县三级储备全部通过“智慧皖粮”信息化系统开展业务，实现仓内监控、粮情测控全覆盖。

（武　庆）

海　关

【概况】2022年，亳州市货物贸易进出口总值43.7亿元，比2021年（下同）增长4.5%，扭转外贸总值持续下滑的态势。其中，出口35.4亿元，增长13.8%；进口8.3亿元，下降22.8%。2022年，亳州市中药材出口6亿元，增长20.5%，占安徽省中药材出口总值的81.1%。主要出口市场是韩国、越南、中国台湾，分别为2.7亿元、1.5亿元、1.2亿元，分别增长3.6%、42.6%、49.2%。2022年，亳州市海关先后获亳州市无烟机关、2020—2022年度省直机关文明单位。

【打击走私综合治理】2022年，开展“国门利剑2022”“护卫药都2022”行动，持续巩固打私成果。年初，市委常委会听取海关对全市打击走私综合治理工作的汇报，杜延安书记对全市打私工作提出要求。薛冰副市长参加全市打击走私综合治理领导小组工作会议，对年度工作进行部署安排。根据工作形势变化，及时调整亳州市打击走私综合治理领导小组，将领导小组成员单位由8家增至18家。与市生态环境局建立“非法入境固体废物移交联系配合机制”，进一步厘清固体废物后续处置工作职责。谢耀朋同志荣获2021年度平安亳州建设先进个人。2022年以来辖区未发生走私犯罪刑事案件。对照《2022年安徽省打击走私综合治理工作考评细则》，经自查及与合肥海关缉私局汇报沟通，海关承担的省对市平安建设考评项“打击走私综合治理”，亳州市无失分。

【优化营商环境】2022年，制定实施《亳州海关促外贸稳增长十八条措施》。指定专人密切关注出口整体通关时间，优化跨境贸易营商环境。印发《亳州海关关长接待日管理办法》，每月开展接访，主要负责人在关企微信群主动公布手机号码，畅通关企沟通渠道。联合亳州市商务、税务等部门举办4期外贸企业家沙龙活动、2期企业家茶叙会，收集企业反映问题21个，均得到及时办理或转办。指导亳州市两个公用型保税仓库用好保税仓政策，两家企业顺利完成知识产权海关保护备案，落实减税降费措施，引导企业依规依需申领RCEP原产地证。主要负责人受邀为亳州市政府党组理论学习中心组作外贸高质量发展专题辅导。积极配合谯城区结合中药材产业加快建设公用型保税仓库，全力支持亳州市建设保税物流中心（B型）。

【快速通关保障工作】2022年，依托海关全员取得危险货物及其包装检验岗位资质优势，组建危险货物及其包装检验监管人员库，实施“1+X”监管模式。即每次开展危险货物及其包装现场检验，从查验科随机选取1人，另从人员库随机抽取1人，既满足双人现场执法，又实现对出口防疫物资的随报随检，打通服务企业的“最后一公里”。同时举一反三，把“1+X”监管模式推广到属地查检业务全领域，结合7×24小时预约通关服务，着力解决外贸企业普遍反映的订舱难、船期紧等堵点问题。组建属地查检作业人员库，打破科室界限，统筹调配人力资源，全员参与属地查检作业，实现对辖区出口货物的即检即放，最大限度满足企业通关需求。2022年，海关采用“1+X”监管模式监管出口货物763批次，其中，在节假日、休息日加班实施出口货物属地查检5批次，大幅压减企业查验等待时间。

【亳州中药材技术性贸易措施研究评议基地建设】亳州中药材技术性贸易措施研究评议基地作为全省目前唯一一家评议基地，聚焦评议、预警、宣传、培训、科技五大功能，评议基地服务能力和社会影响力持续提升。加强通报评议。针对药品生产质量管理规范（GMP）认证管理变化导致中药材出口越南受阻事项，向海关总署国际司提交特别贸易关注，海关总署标法中心对越南官方发出通报。强化监测预警。开展召开6期中药材出口预警分析，在海关总署《技术性贸易措施导刊》发布预警信息12篇，在中药材技贸措施网站发布信息106条，为企业提供政策宣传、出口指导；开展中药材外贸企业2021年遭遇国外技贸措施影响调查工作，参与编写2022年国外技术性贸易措施对中国中药材产品出口影响研究报告。扩大宣传影响。编印《中药材技术性贸易措施工作及中药材进出口主要政策》宣传册，向企业发放60余本。制作“预警信息|欧盟修订原产地规定”“解读|技术性贸易措施之影响调查”等微信稿件5篇，在“海关发布”“‘12360’海关热线”“合肥海关‘12360’服务热线”平台发布。提高培训成效。通过开展专项培训、上门实地讲解，向企业普及技贸措施技术法规、标准、合格评定程序、进出口流程等知识。提升科技服务。加强与亳州学院、合肥海关技术部门的合作，更好提供技术支撑、人才保障。

【税收征管工作】2022年，引导企业本地报关纳税，指导企业积极应用税款“电子支付”，提高税收征管效率。2022年，海关完成税收7498万元，同比增长19.0%。

【“点菜式”服务】2022年，开展“合畅2022”专项活动，升级推出《亳州海关便民服务菜单》（第二版），服务事项从21项增至27项，累计发放并回收150余份，整理服务需求38项，围绕AEO认证培育和RCEP规则等业务政策开展集中培训和送教上门36次，帮助解决问题29个，新增AEO高级认证企业1家。

【清廉海关建设】2022年，开展“海关重点项目和财物管理以权谋私”专项整治，主要负责人以《筑牢廉政防线 打造清廉海关》为题讲廉政党课。常态化抓好廉政教育，紧盯“节日”四风问题，开展海关系统违纪违法典型案例警示教育，给干部职工打好廉政“预防针”。2022年，亳州海关党委和党支部开展廉政学习10次，组织关员观看警示教育片2部，在单位微信群发送廉洁过节提醒7次，转发纪律要求10余条，坚决防范酒驾醉驾等违纪违法情事发生。

（邱　昊）

旅 游

2022 年 6 月 18 日，市民在游览曹操地下运兵道景区“后备箱”夜市　　（刘勤利　摄）

概　述

【概况】2022年，全市国内旅游人数2050.91万人次，增幅位居全省第6位；国内旅游收入160.38亿元，增幅位居全省第5位。举办“千年药都 醉美花海”2022亳州芍花养生文化旅游系列活动，媒体曝光量1亿多次，亳药花海美景在中央电视台《新闻联播》片尾展示。推出“文物带您游亳州”“跟着非遗游亳州”“皖美好味道 食养在药都”系列报道文章。赴上海奉贤区学习交流，签订《亳州市、奉贤区文旅部门合作协议》。与商丘市开展交流合作，签订《商丘市文化广电和旅游局·亳州市文化旅游体育局文旅合作框架协议》。

【媒体宣传】2022年，市文旅体局官方网站、微信公众号、微博、抖音等平台推出“听故事，游安徽”“安徽人游安徽”活动和“快乐健身暖民心”行动等系列宣传报道。全年微博粉丝数量增加至13.8万，实时更新动态信息2200余条。编发推送微信800余条，粉丝总数4.1万余人。亳州市文旅体动态被央视《新闻联播》报道一条，文化和旅游部采用11条，国家体育总局1条，《中国旅游报》刊登亳州市文旅宣传信息10条，《安徽日报》刊登信息20条。

【乡村旅游】2022年，编制《亳州市乡村旅游发展规划》，出台《亳州市乡村旅游高质量发展行动计划（2022—2024）》。扎实开展安徽省乡村旅游“421”创建行动，积极争创省乡村旅游重点村、主题村和特色美食村。谯城区古井镇药王村、十八里镇虞集村、涡阳县义门镇民族村、蒙城县庄周街道九里桥社区4个村获评安徽省特色美食村；涡阳县辉山村获评安徽省精品主题村；评选推出21个高质量“双微”示范点，模范带动全市“双微”提升点建设。

【旅游品牌创建】2022年，古井酒文化博物馆获评国家工业旅游示范基地、北关历史街区获评国家级旅游休闲街区、涡阳县徽酒老子故里文旅景区通过AAAA景区景观质量评定，冲击亳州市第十个AAAA级旅游景区。积极整合林拥城、大型国防教育基地、汤王温泉、古井产业园、药王村等环主城区休闲康养旅游资源，发挥品牌集聚作用，打通各景区之间的交通瓶颈，加快提升康美中药城、神农谷智慧药市、济人药业等中医药健康旅游基地旅游产品和服务质量，打造满足区域休闲市场需求的中华药都（亳州）康养旅游风景道。

【2022亳州文化旅游年活动】2022年，举办“文化进万家”——2022亳州“红红火火过大年”春节期间系列活动、美酒佳酿·传承千年——亳州市第五届白酒文化桃花春曲系列活动、秋季开酿大典、“千年药都 醉美花海”2022亳州芍花养生文化旅游系列活动、“世界药都·谯见非遗”——2022亳州文化旅游年非遗系列活动，2022药博会、“天下道源·传奇皖北”研学在亳州系列活动，“我为亳州旅游代言”——亳州美好推荐官宣传推介活动等活动，其中芍花节期间，亳州万亩芍花美景登上央视《新闻联播》片尾。

【安徽人游安徽活动】2022年，发布系列宣传图文和短视频宣传稿件。推出林拥城林趣露营地、曹操地下运兵道“后备箱”夜市、北关老街熟皮坑花街集市、林拥城国潮光影秀、汤王温泉“激情一夏 冰泉狂欢节”等一批旅游项目。打造“世界药都中医药健康养生之旅”“春芳如画 赏春探春风情之旅”“品味药都美食游”等精品旅游线路。开展2022“安徽人游安徽”亳州旅游合肥社区行活动、“新徽菜·名徽厨”皖美好味道 百县名小吃之亳州一桌菜展示活动、利辛县“我爱我家·十大名小吃”评选等活动，联合实施“北华佗南新安”亳州黄山双城记。全市各景区推出门票免费、半价、优惠等活动。

【“皖美好味道·百县名小吃”品牌建设】2022年，打造“皖美好味道·百县名小吃”品牌，评选推出一批游亳州“不得不吃”的名菜、名点、名宴，一批“不得不进”的特色美食名店，一批“不得不游”的美食精品线路。华祖焖鸭等11道名菜入选首批游安徽“不得不吃”的特色美食（小吃）；怀养堂药膳食补餐厅等6家名店入选首批游安徽“不得不进”的特色美食（小吃）名店；品味药都美食游和食全食美亳州游入选首批游安徽“不得不游”的特色美食旅游线路。指导市药膳协会在2022年药博会期间举办2022“皖美好味道·百县名小吃之亳州一桌菜活动、新徽菜·名徽厨”第四届“华佗杯”全国药膳大赛暨2022安徽省药膳制作职业技能竞赛系列活动。整合全市美食资源，制作完成游在药都系列丛书之《吃得好——寻味亳州美食》宣传册。

（武　伟）

2022亳州文化旅游年

【概况】亳州文化旅游年活动自2017年举办，已连续举办6年，累计举办亳州红红火火过大年系列活动、芍花养生文化旅游节、全国药膳大赛、华佗祭祀大典、华佗五禽戏国际健身气功博览会等各项特色活动300余项次，成为亳州市独特的文化旅游品牌项目。通过活动，提高亳州市文化旅游知名度、美誉度和影响力，助力亳州文化旅游加速发展。

【活动项目】2022亳州文化旅游年共安排23项活动，包括“春游江淮请您来”暨千年药都·醉美花海——2022亳州芍花养生文化旅游系列活动、2022国际（亳州）马拉松赛、“游历江淮·徒步亳州”——2022安徽省全民健身徒步大会、“棋”聚药都 智慧“亳”弈——“亳州杯”2022全国象棋快棋锦标赛、“声动亳州”林拥城森林帐篷音乐节、相约花戏楼——亳州二夹弦、淮北梆子戏系列展演活动暨2022年全市文艺汇演、2022年第五届中国（亳州）国际健身气功博览会、长三角五禽戏大联动健康论坛暨第十三届华佗五禽戏养生健身节、2022中医药健康旅游博览会系列活动等，涵盖文化、旅游、体育等领域。

（武　伟）

亳州文化旅游控股集团有限公司

【概况】亳州文化旅游控股集团有限公司成立于2017年8月，为亳州市政府直属国有独资公司。公司注册资本20亿元，业务涵盖景区运营与管理、旅游投资与开发、酒店餐饮、旅行社、旅游商品开发与贸易、物业服务、文化传媒、工程施工、殡葬殡仪服务等。先后成功打造林拥城·药都林海、亳药花海、汤王温泉、兵器博物馆、华佗百草园等知名旅游项目

【下属景点景区】截至2022年底，集团下属19个景点景区：花戏楼、南京巷钱庄、曹操地下运兵道、曹腾墓、张园汉墓、道德中宫、华祖庵、江宁会馆、魏武祠、陈抟庙、亳州市展览馆、火星时代研学基地、亳药花海、林拥城、亳州市大型国防教育基地、华佗百草园、南湖灯光水舞秀、汤王温泉、明道宫。全国重点文物保护单位4家：花戏楼、南京巷钱庄、曹操地下运兵道、曹氏宗族墓群。国家AAAA级景区5家：花戏楼、南京巷钱庄、曹操地下运兵道、林拥城、亳州市展览馆。

【景区运营管理】2022年，以亳州市文化旅游发展有限责任公司为载体，挖掘亳州名人、名城、名胜资源，串珠成链、活化利用，全力打造文化旅游目的地形象。“中原宝藏”花戏楼巧夺天工、美轮美奂；“地下长城”曹操运兵道精巧奇绝、神秘壮观；神医庙堂华祖庵古朴典雅、药圃流香；“近代钱庄活化石”南京巷钱庄，庭院通幽；火星时代研学游基地集科普教育、互动体验、沉浸游览为一体，亳州市展览馆展述一城，馆藏千秋。以亳州亳药花海投资运营管理有限公司为载体，开发建设林拥城·药都林海、亳药花海休闲观光大世界、华佗百草园、大型综合国防教育基地、南湖灯光水舞秀等一批精品旅游项目。林拥城景区被誉为“天然氧吧”，建有蜗牛庄园、水上乐园、萌宠乐园、房车露营基地，动静交映、山水映衬、风景如画。中草药变景观的亳药花海，芍开万亩，花香四溢。华佗百草园集世上中药花卉，犹如人间百花仙境，有鹿鸣山、青囊湖、花千谷、休闲沙滩等景观，着力打造亳州休闲旅游示范区。

【旅行社管理】2022年，发展旅游集散服务功能，聚焦发展组团、地接、研学、客运车队和涡河水上游，打造中华传统文化之旅、中医药康养之旅、白酒文化体验之旅、花海林海休闲之旅等特色旅游线路，持续做热养生

游、研学游、乡村游、红色旅游，力争为游客提供品质旅游服务。

【酒店餐饮管理】2022年，以安徽省上居酒店管理有限公司为载体，着力发展“中医药+旅游”，全力做好“吃住旅”文章。旗下拥有汤王温泉、上居•雅途酒店、花海书舍酒店、三馆居庭院式高端民宿、明道宫美食综合体、熟皮坑商业街等精品项目。中医药养生理疗佳品汤王温泉锶水爽滑；综合性商旅酒店上居•雅途酒店集客房、会务、游学于一体；特色美食、药膳，传承回味亳州味道与记忆。

（高　雷）

景区选介

【花戏楼】国家AAAA级旅游景区，全国重点文物保护单位。原名山陕会馆、大关帝庙，位于亳州北关历史文化街区花戏楼街北段。清初顺治十三年（1656）由山西、陕西两省的药材商人在亳州集资所兴建。乾隆年间增添许多彩绘和雕刻。是以大关帝庙为主体建筑，由张飞庙、岳飞庙、朱公书院、火神庙和粮坊会馆等组成的古建筑群。整个建筑面积3163平方米，分戏楼、钟楼、鼓楼、座楼和关帝庙大殿等几个部分。花戏楼是山西建筑和徽派建筑结合的典范，同时也是晋商文化和徽商文化结合的典范，以砖雕、木雕、铁旗杆“三绝”闻名于世，被誉为“中原宝藏”。

花戏楼“三绝”：大关帝庙山门前耸立铁旗杆一对，每根重6吨，高16余米，直插云霄，是为花戏楼一绝。旗杆分5节，每节分铸八卦蟠龙，顶端铸丹凤1只，造型生动，旗杆上有三层方斗风铃24只，迎风叮当作响，清脆悦耳。花戏楼的木雕是第二绝，共雕有三国戏文18出，人物数百个，神态各异，龙争虎斗，呼之欲出。花戏楼的第三绝在山门。花戏楼的山门是一座仿木结构的三层牌坊式建筑，上面镶嵌着闻名天下的立体水磨砖雕，玲珑剔透，琳琅满目。花戏楼的砖雕，属徽派微雕艺术，在不足5厘米厚的水磨青砖面上，共雕人物115人，禽鸟33只，走兽67只，楼台殿阁多处，花草树木无数，内容涉及中国的宗教、历史、政治、军事、风俗民情等诸多方面。1988年1月，被国务院公布为全国重点文物保护单位。2010年被评为国家AAAA级旅游景区。

【曹操运兵道】国家AAAA级旅游景区，全国重点文物保护单位。由谯望楼、建安文学馆和地下运兵道三部分组成。地下运兵道以大禹首为中心，向四面延伸，分别通达城外。整个地道经纬交织，纵横交错、布局奥妙，规模宏大，已发现长度近8000米，被誉为“地下长城”。

古地道距地表深度一般为2～3米，最深处超过7米。结构有土木结构、砖土结构、砖木结构、砖结构4种形式。道路有单形道、平行双道、上下两层道、立体交叉道等几种形式。道内高一般在1.6～2.1米之间，宽0.6～0.9米，道内转弯处均为“T”形道口连接，平行双道相距2～3.5米，中间砌有方形传话孔。设有猫耳洞、掩体、障碍券、障碍墙、绊腿板、陷阱等军事设施，还有通气孔、灯龛等附属设施。

近年来在古地道的发掘维修过程中出土有汉、唐、宋各代文物，有铁刀、铁剑、弹丸、衔枚、铜镜、铁钉、瓷器、围棋子、钱币等，对研究我国古代军事建筑、军事战术以及曹操军事思想有重要价值。

2001年6月25日被国务院公布为全国重点文物保护单位。2016年被评为国家AAAA级旅游景区。

【南京巷钱庄】国家AAAA级旅游景区，全国重点文物保护单位。位于亳州北关老街南京巷19号。是以货币为经营对象的民间金融机构旧址，建于清道光年间（1821—1850）。是目前国内保存最完好的古钱庄建筑。为面阔3间的三进四合院，存有门厅、正厅、后厅、柜房、账房、掌柜房、灶房等建筑30余间，建筑风格中西合壁，布局严谨，保存完整。景区内采取实物、蜡像等手法，再现了当时钱庄经营的场景，同时陈列有中国历代钱币展览，从原始的贝币直至中华人民共和国法定货币人民币，还有世界流通硬币，共展出文物约3588件。1998年5月，被安徽省人民政府公布为全省文物保护单位。2013年3月，被国务院公布为全国重点文物保护单位。

【曹氏宗族墓群】全国重点文物保护单位。位于亳州魏武大道两侧，主要包括董园汉墓群、曹四孤堆、刘园孤堆、薛家孤堆、观音山孤堆、张园汉墓、马园汉墓、袁牌坊汉墓群、元宝坑汉墓群等。始建于东汉末年。占地约10平方千米。曹氏宗族墓群的形制基本相同，为砖石结构的多室墓，一般具有前室、中室、后室以及数量不等的耳室或偏室，其中最具代表性的是石结构的曹腾墓和砖结构的曹嵩墓。由文献记载可知，亳州城南有曹腾、曹褒、曹嵩、曹炽、曹胤等人的墓群。近年考古发掘证实，亳州城南除有曹腾等人墓以外，还有曹鼎、曹鸾、曹勋、曹水、曹宪等人的墓。曹氏宗族墓群，墓门多为石结构，饰有画像刻石，墓室墙壁，券顶绘有彩色壁画。出土有玉刚卯、玉猪、银缕玉衣、玉枕、象牙石等珍贵文物。出土的800多块带文字墓砖，有隶、篆、草、真、行等书体。记载内容有曹氏宗组成员或地方官吏姓名等，对研究我国古代字体演变等具有重要价值。2001年6月5日，被国务院公布为全国重点文物保护单位。

【尉迟寺遗址】全国重点文物保护单位。位于亳州市蒙城县许疃镇毕集村。遗址现存面积10万平方米左右。东西长约370米，南北宽约250米，现存崮堆面积约5万平方米为遗址中心部位，其中埋藏着壕沟环绕的主要居住区。1988年安徽省文物考古所对该遗址进行调查，确认为新石器时代遗址。从地层情况和14（上角）碳测定的年代看，尉迟寺遗址的年代距今4600～4800。尉迟寺遗址是皖北地区规模最大的一处原始聚落遗址，其发现对大汶口文化的全面研究是一项巨大的突破。1998年，被安徽省公布为省级文物保护单位。2001年6月25日，被国务院公布为全国重点文物保护单位。

【万佛塔】全国重点文物保护单位。又名插花塔。位于蒙城县宝塔中路49户北约50米的万佛塔公园内，因塔身内外嵌砌琉璃小佛近万尊而得名。占地面积约2500平方米，周长250米，呈长方形，是一处保存完整的宋代古塔。万佛塔为八角十三层楼阁式砖塔，高42.6米。塔的四正面辟门，其余四面砌作假窗，外檐第二、第三层用砖砌作塔檐平座。自四层以下只出小平台，无平座。此塔自第四层以上有变化，下面几层穿心式楼梯，上面则改成盘旋式楼梯，第七层以上门窗位置不规则。万佛塔体型不很大，但造型秀丽，结构富于变化，保存亦较完整。1961年被省政府公布为省级文物保护单位，被载入《中国名胜词典》。2006年5月，被国务院公布为第六批全国重点文物保护单位。

【古井酒文化博览园】国家AAAA级旅游景区。位于亳州古井镇，为仿明清宫廷建筑，园区景点达40余处，被中国文化和旅游部命名为“工业旅游示范点”“安徽省十大研学旅游示范基地”。

园区有古井酒文化博物馆、古井酒工业生产观摩区、魏井园和古井园等井园、酒神广场等，其中两口千年古井及明清窖池群、明清酿酒作坊遗址为国家重点文物保护单位。

古井酒文化博览园包括北区和南区两大部分，北区游览点有古井园、灌装自动化车间、酿酒生产车间，南区游览点有古井酒文化博物馆和古井山庄。以博大精深、独具特色的古井酒文化为主线，全面展示古井酒文化对中国酒文化的继承和发展，馆藏有丰富、珍贵的古代酒器、酒具。2008年被评为国家AAAA级旅游景区。

【无极酒窖】古井贡酒地下“无极酒窖”总建筑面积51900平方米，共分三层，内设酒窖99座，特制陶坛储存总量19999只。

“无极酒窖”将悠久的古井酒文化与亳州独一无二的历史人文相结合，将“曹操运兵道”“花戏楼”等文化元素完美融入其中，并吸收西方酒庄风格，融汇古今、横贯中西、错落有致、高低呼应、左右通透、阴阳和中、独具一格，堪称“天下第一窖”。窖内有唐代、明代、清代、近代等窖池所酿造的原酒窖藏区，并设有专门的原酒定制区。

【薛阁塔】又名文峰塔，位于亳州市薛阁路中段路南。清乾隆三十七年（1772）亳州知州郑交泰，为兴文风始建，初为五层。嘉庆十七年（1812）州绅何天衢投资续建两层，成为七层玲珑宝塔。因塔建在明代吏部考功司郎中薛惠的家庙薛家阁附近，故当地人称此塔为薛阁塔。塔为砖结构，楼阁式建筑造型，直椎八角形，共七层，高34.15米，底层周长23.36米，塔座为8块大清石奠基。每层外转角为砖砌仿木方柱，柱上是砖枋，枋上为塔檐，枋下饰砖刻斗拱、禽鸟、花卉图案。塔内为“壁内折上式”，从第二层至第六层内壁上各有一面南小龛，为供神之处。塔顶八角飞檐、翘角垂脊、风铃叮当，筒瓦屋顶，玲珑剔透。塔尖为铁铸莲花座，座上铸葫芦式塔刹，直插云霄。2019年10月，被国务院公布为全国重点文物保护单位。

【天静宫】国家AAAA级旅游景区、省级文物保护单位。又称太清宫，位于涡阳县城北郑店村。太清宫始建于东汉延熹八年（165），始称老子庙。因桓帝梦见老子降于殿廷，乃颁旨在老子故里建庙立祠，祀奉老子，并命陈相边韶撰《老子铭》碑。李唐王朝，以老子为始祖，尊此庙为祖庙。唐武德三年（620）、贞观六年（632）、乾封元年（666）、光宅元年（684），曾相继于此营建宫阙殿宇。天宝二年（743）钦封此宫为太清宫。唐末毁于兵火，几成废墟。北宋大中祥符七年（1014）至天禧二年（1018）间奉敕重建，规模比唐时还大。元世祖之后，道教再度兴盛，此宫得以新建，并根据道教教义易名为天静宫。明崇祯年间（1628—1644）和清康熙八年（1669）均进行过装修。历史上的太清宫占地200公顷，食业数千人。今太清宫是20世纪90年代由海外华人捐资在原址上重建的，其主要建筑按宋代规制建设，有老君殿、三清殿、灵官殿、天师殿、重阳殿、吕祖殿、老祖殿、元辰殿、财神殿、慈航殿、道士舍、迎仙桥、钟楼、鼓楼、两庑、长廊、山门及门前广场等。各殿神像及宗教设施齐备。1998年，被安徽省人民政府公布为省级文物保护单位。

【庄子祠】国家AAAA级旅游景区。位于蒙城县漆园办事处，道教庙宇。始建于北宋，宋元丰元年（1078），知县王竟创建于涡河北岸漆园城，后被黄河水淹没，明万历九年（1581），蒙城知县吴一鸾于今址重建。有逍遥堂、梦蝶楼、卷篷各3间，道舍3间，鱼池桥1座。左为梦蝶楼，右为观鱼台。逍遥堂居中，堂中塑庄周像，每年春秋祭祀。明崇祯五年（1632），知县李时芳重修逍遥堂，增建五笑亭，辟池为庄子濠上观鱼园，并撰《新修庄子祠记》，刻碑立于祠内。门前立丈余高的石碑，镌刻“庄周故里”4个大字。现存庄子祠是蒙城县政府在宋代庄子祠旧址上新建的，总占地面积3.47公顷，总建筑面积1086平方米，全祠由祠堂建筑群与万树园两部分组成。主要建筑有大三门、影壁、山门、逍遥堂、古衡门，濮池、五笑亭、观台、观鱼桥、梦蝶楼、南华经阁、东西碑廊、道舍、客舍等。

【亳州市博物馆】国家AAAA级旅游景区，爱国主义教育基地。位于亳州市谯城区芍花路209号，馆名由1963年时任中国科学院院长的郭沫若题写。亳州市博物馆为仿汉城堡式建筑，在原三国揽胜宫基础上改建而成，建筑面积5200平方米，文物库房面积1200平方米，室内陈列面积2800平方米，馆藏文物2687余件。其中以新石器时代陶器、石器，汉代青瓷器、玉器，隋代白瓷器、陶俑，唐代三彩器，宋元瓷器等为突出。亳州博物馆陈列的主题为“穿越五千年——亳州文化寻源”，按照历史发展的脉络，展示亳州博大精深的文化魅力和多姿多彩的文物形态。展厅由序厅、涡河文明、商汤都亳、道源圣地、汉魏风骨、天下望州、亳商市井、近代和当代亳州8个部分组成，共展出文物810余件套。2013年被评为国家AAAA级旅游景区。

亳州博物馆集声、光、电等现代传媒技术于一体，采用文字、图片、实物、动画、沙盘等多种表现手法，再现亳州千年文明的历史画卷，成为展示亳州历史文化名城的标志性建筑。

【亳州城市展览馆】国家AAAA级旅游景区。位于亳州经济开发区市政公园南岸，占地面积3.33公顷，建筑面积3.1万平方米。展馆共分为城市规划、文化旅游、药业、酒业、农业、亳州中医药博物馆、亳州名人馆等多个展区，设置有序厅、总规模型厅、城市规划互动体验厅等多个体验区域。形象化解读城市变迁、科技化呈现城市形象，叙说城市历史、讲述城市成就、描绘城市蓝图，是城市文化展示、知识传播、公众参与、规划成果交流和城市生活体验平台。

整个展览馆坐落在开放、抬起的绿色公共平台之上，象征亳州是建于肥沃高地上的城市。灰色基座体现亳州作为三朝古都的厚重历史，白色竖向金属百叶蕴含道家文化“上善若水”的柔美、中华药都的草木茂盛和未来的轻盈与飞跃。

展览馆分南北两楼，有城市规划、文化旅游、酒业、药业、农业五个主题展区，系统的描绘亳州的过去、现在和未来。步入序厅LED屏幕展现亳州独具特色的四季变换美景，全景亳州尽收眼底，结合舞台灯光与音响，依托数字沙盘、时光飞船等科技，同步演绎“一圈一带”以市区带动三县的城市规划格局，创新转型及药业、酒业、农业、旅游业的钻石节点，彰显我们亳州“沟通南北、对接中外”的皖北区域性门户强势潜力。运用了先进的多媒体手段：总归模型沙盘秀、VR飞行体验、赛道英雄、飞行影院、芍药花海数字影院、全息投影、种子殿堂隔空互动等项目，带您领略亳州的风采神韵。

亳州市展览馆以亳州人的视角，用数字、图片、雕塑等方式展现了亳州的过去、现在和未来，而在这条历史长河中，一个个沙盘模型浓缩着亳州的记忆。

【华佗纪念馆】 国家AAA级旅游景区，全省文物保护单位。又名华祖庵、华佗庙，位于亳州市永安街中段路北，东邻三神庙和神农衣冠冢，南邻曹操的斗武营，是祭祀神医华佗的庙堂。因庙的历代主持皆为女僧，故称华佗庵。1961年郭沫若到亳州，亲题“华佗纪念馆”馆名。华佗辞世后，家人流散，故居被水冲坏。1981年，被安徽省人民政府公布为全省文物保护单位。

唐初尚文，谯人便在他的故居前建华佗庙，而后又多次修建。现存华佗纪念馆与华佗故居连为一体，占地1.3万平方米，有山门、耳房、大殿、东西殿、禅房、元化草堂、存珍斋、益寿轩、课徒馆、自怡亭、五禽戏台、药圃、洗芝池、碑廊等建筑。大殿上方悬有清嘉庆二年（1797）安徽巡抚朱圭题写的“燮理通微”的匾额。殿内金柱上有朱圭题写的楹联：“五戏转灵枢道本皇轩仙位业，四轮消劫运功参地释佛菩提”。店内供奉着雕塑大师钱绍武为华佗雕塑的铜像。碑廊上襄着古今名人为华佗题写的诗文。整个纪念馆，古朴典雅，环境优美，凝聚了中医药文化的精髓。

【魏武祠】 国家AAA级旅游景区，是一座三进式仿汉建筑群，总占地面积2200平方米，由曹操纪念馆、魏武祠和三曹诗碑长廊三部分组成。以曹操纵横捭阖、极富传奇的一生为主线，从政治家曹操、军事家曹操、文学家曹操等不同层面，展示三国历史文化的专题性展馆，为世人还原一段真实、完整的三国历史。2010年被评为国家AAA级旅游景区。

【蒙城板桥战斗纪念馆暨雪枫公园】 国家AAA级旅游景区，位于蒙城县板桥镇，是为纪念八路军第四纵队在淮北板桥集抗击日伪军进攻的战斗而建。纪念馆占地1.32万平方米，建筑面积980平方米，馆内设2个展厅和一个多媒体放映厅，展示100余幅珍贵图片和部分实物，并收藏有120名将军的题字。新四军在战斗中击落敌机的照片陈设在四师纪念馆，当年被击落的飞机就陈列在板桥雪枫公园内。2007年在遗址上建起板桥雪枫公园，公园紧邻河面，水陆面积约40公顷，公园内有板桥战斗纪念碑一座。

【陈抟庙】 国家AAA级旅游景区。又名希夷故里，位于谯城区城南宋塘河西岸陈家营村。是道家著名人物陈抟的出生地，陈抟庙始建于宋，后历代维修，保留至今。2007年市政府斥资重建，在各殿内围绕着陈抟及道家文化进行布展，2009年1月对游客开放。陈抟庙占地5000平方米，有山门、碑亭、三教殿、老祖殿、图南堂、扶摇堂和希夷睡洞等建筑组成。碑亭内立清光绪年间所刻“希夷故里”古碑一方，碑亭两侧分别立有“重修希夷故里”碑、“陈抟源流考”碑、“澳门陈族归乡认宗”碑。大殿内塑有希夷先生坐像，仙风道骨，飘逸睿智。殿内陈列内容是以陈抟生平、学术成就及其对中国文化、哲学思想和道教贡献为主题，展示涡水道家文化。2010年被评为国家AAA级旅游景区。

【白鹭洲国家级水利风景区】 国家AAA级旅游景区，国家级水利风景区。位于利辛县阚疃镇。由茨淮新河、利阚新河、白洋沟、月牙河和利阚新河公路桥、永幸河公路桥等水利工程设施以及几条水系围合而成的3个岛屿共同组成。岛屿上水杉参天挺立，四季松柏常青，环岛有护坡、沙滩，四周水面宽阔，水质优良，清澈见底。景区总占地面积120公顷，其中陆地面积80公顷，水面40公顷。2009年8月，被水利部正式批准为国家级水利风景区；12月被评为国家AAA级旅游景区。

【道德中宫】省级文物保护单位。又名“老祖殿”或“老子行宫”，位于亳州市老祖殿街东首，坐北朝南，山门正对问礼巷（相传是当年孔子问礼之地），是祭祀春秋时期伟大的思想家、哲学家、道家学派的创始人老子的庙祠。为历代祭祀老子的宫观。道德中宫始建于汉代，据《亳州志》记载：汉桓帝、唐高宗、唐玄宗、宋真宗等，都曾前来拜谒过老子庙祠。后因战乱，洪水等颓废。现存道德中宫是明万历年间（1573—1620）重修的，整个建筑坐北朝南，存有山门、拜殿、大殿、东殿、西殿等古建筑20余间，占地面积约2000平方米。布局对称，金碧辉煌。山门镶嵌“道德中宫”4个砖雕大字，步入山门，悬挂在拜殿门上的是“道法自然”巨型匾额。明间屏风，绘道教“太极图”。穿过拜殿为道德中宫的大殿，大殿3间，高大宏伟，正门上悬“上德若谷”巨型匾额，是祭祀老子的地方。殿内塑有3米多高的老子塑像。东殿3间题“紫气东来”匾额，敬奉鲁班，西殿门悬“返璞归真”匾额，敬奉财神。1989年5月，被安徽省人民政府公布为全省文物保护单位。1991年重新镌刻的《道德经》石碑镶嵌在院内西墙上。

【新四军第四师司令部旧址】省级文物保护单位。位于涡阳县新兴镇，占地3000平方米，是安徽省爱国主义教育基地。1939年9月初，彭雪枫带领新四军游击支队到新兴集，开创以新兴集为中心的豫皖苏边抗日根据地。1940年2月，游击支队改番号为新四军六支队；6月又与黄克诚领导的八路军第二纵队合编为八路军第四纵队；1941年新四军组建后改番号为新四军第四师，同年彭雪枫率新四军四师转移到津浦路东。四师在新兴集期间，司令部直属机关有政治部、锄奸部、民运部、参谋部、军法处、副官处、供给处、拂晓剧团、拂晓报社等十多个部门。四师司令部旧址为砖木结构的四合院，分东西两个院子，有房34间，包括刘少奇旧居、彭雪枫旧居、彭雪枫德政碑，陈列有各种图片和革命文物等。现已辟为新四军第四师纪念馆，军委原副主席张震为纪念馆题写馆名。1981年，被省政府公布为省级文物保护单位。

【张乐行故居】省级文物保护单位。位于涡阳县张老家村，是捻军首领张乐行的诞生地。故居属清式四合院，院内松柏掩映，有合瓦瓦房16间，其中前排堂屋5间，会客厅5间，东西厢房各3间。客厅重梁起架，雕梁画栋，明柱走廊，花格门窗，建筑雄伟。故居内存有张氏大宗谱、张氏小宗图、张慰祖墓碑及张敏行墓碑等。1981年，被安徽省人民政府公布为全省文物保护单位。

【捻军会盟旧址】省级文物保护单位。位于涡阳县城西关大桥北侧，西环路西侧。原名山西会馆，是山西旅游商人集资所建，整体建筑雄伟、庄肃。捻军起义时，曾会盟于此。中华人民共和国成立后，命名为捻军会盟旧址。1981年，被安徽省人民政府公布为全省文物保护单位。

【北平城遗址】省级文物保护单位。位于涡阳县曹市镇北3千米，是汉朝“山桑城”故址，东汉末封文钦为山桑侯。当地俗称“北平城”“红粟城”，《水经注》及刘志存《涡阳县志》均有记载。又因城址土呈红色，当地人遂以“红城子”呼之。2004年，被安徽省人民政府公布为省级文物保护单位。

【蒙城文庙】省级文物保护单位。又名孔庙，始建于元至元二十一年（1284）。是封建时代祭孔、演礼和办学的地方。文庙院长54.54米，宽37.45米，面积2042平方米。文庙自前而后有大成门和大成殿。大成门又名戟门，面阔五间，是通向大成殿的过道门。大成门东连名宦祠，西接乡贤祠。大成殿，原名先师殿，是文庙的主体建筑。殿阔5间，进深3间，为歇山顶抬梁式建筑。东西庑各7间，为灰色筒瓦覆顶。2008年，文物部门对文庙进行维修，增添文庙文化内涵，塑孔子及四配圣像，立碑悬匾，添置香炉，增设至圣堂、崇教堂、才俊堂、国学堂，成为“探寻古文化，接受传统教育”的基地。

【亳州北关历史街区】又称北关老街。位于谯城区北关，面积约90.67公顷，在明清时期是集商贸、居住、金融于一体的商业街区。北关老街依涡河而建，街道多顺河而行。历史上有“72条街，36条巷”之称。清光绪年间（1875—1908），亳州有大小街道146条，其中北关商业区街道57条，大多以行业命名，一街一市，如：花子街、白布大街、牛市、驴市等。汇聚全国10多个省市和地区的33家商业会馆，其中湖广会馆、河南会馆、山陕会馆（花戏楼）、江宁会馆等规模最大，功能也较齐全。到清末民初，有大小钱庄33家，各类商店、栈、号、行、庄近千家，被称为“小南京”。现在的亳州老街主要指北门口以北，涡河以南的老街区，保存古街近20条，街貌依旧，建筑典雅，是研究明清中原商贸文化不可多得的实物资料。

【明王台】全省文物保护单位。明王台在谯城区大有街路北通真观内，西、北两面靠哑巴坑，地面建筑早毁，现为一略高于周围地面的台地，是元末红巾军农民起义领袖刘福通拥韩林儿称帝时的宫殿遗址。《亳州志》载：“刘福通自砀山清河迎韩林儿为帝，据亳继位，遗台尚存。”韩山童与刘福通于元至正十一年（1351）聚众起义，韩山童被推奉为明王，后被元军擒杀。韩林儿号“小明王”，立国号宋，都亳州，建元龙凤。以亳州通真观设为宫殿，并拆城西太清宫建筑材料扩建宫殿。1981年9月，被安徽省人民政府公布为全省文物保护单位。

【江宁会馆】位于亳州市古泉路中北侧，是南京药材商人为经销方便，于清嘉庆十二年（1807）在圆觉寺的基础上集资改建的（圆觉寺自康熙年间就由南京商人管理使用）。会馆坐北朝南，青砖灰瓦。现存山门、戏楼、配楼、钟楼、鼓楼、看楼、正殿、偏殿等古建筑，计52间。山门3间，明间正门匾额镶嵌砖刻“江宁会馆”4个大字，东西次间匾额，分别镶嵌“钟山”“分秀”碑刻大字，意为将中山之秀分到亳州来。进入山门即是戏楼，戏楼与大殿南北相对而建，舞台前突、木结构，屏风彩绘“二龙戏珠”图案，上悬“秀接钟山”匾额，整座戏楼建筑，集南北风格于一体，秀丽多姿，看楼与钟鼓楼分列东西两侧，檐廊弯绕，构成一个古老的四合院，具有鲜明的亳州地方特色。江宁会馆对研究清代早期建筑艺术，宗教、商务具有重要价值。1989年5月，被安徽省人民政府公布为全省文物保护单位。

【金不换亳州酒文化生态博览园】金不换亳州酒文化生态博览园位于涡河三十里画廊景观带，陵西湖畔。景区内有明代永昌酒号遗址、清代天吉长酒坊遗址等古窖池群，古泉、地下酒窖等历史文物。园区内明、清古窖池遗址为安徽省文物保护单位。金不换酒传统酿造技艺被列入安徽省非物质文化遗产名录。园区内有原酒品鉴体验中心、私人酒道馆、万吨酒封坛储酒区等景点，停车场、游客服务中心、酒店等配套设施。

【林拥城·药都林海景区】国家AAAA级旅游景区，安徽省“省级林业示范基地”。位于亳州市南外环、西外环、北外环道路外侧，为“林在城中、城在林中、林城辉映”之意。景区呈环状，拥抱整个亳州市，全长约50千米，占地面积约1333.33公顷，总投资11.7亿元。林拥城景区构成主要为“一带两区”，即一条环抱全市的林拥城林带、西外环现代林业示范区和南外环生态旅游观光区。由亳州文旅集团旗下亳州市新农村建设开发有限公司投资运营。

林拥城南外环生态旅游观光区位于南外环（亳芜大道）南侧，占地面积约446.67公顷，总投资约5.8亿元，其中生态造林费用约2.8亿元，旅游观光设施建设约3亿元。景区内建有游客服务中心、音乐书吧、欧风园、枫林广场、杨树林生态休闲区等多个旅游景观项目，马术培训基地、烧烤基地（音乐广场）、森林迷堡、房车营地等配套游乐项目。主题游乐园——蜗牛庄园、特色文化主题园——国锦园、中华诗词园和雕塑公园等项目。

【汤王温泉旅游度假区】国家AAA级旅游景区。位于亳州市区西北角涡河与洪河交汇处的三角地带。是亳州市第一个利用锶温泉独特的理疗价值，并结合亳州中医药养生文化特色，打造的休闲养生旅游项目。度假区将优质锶泉水与丰富的地产药材相结合打造13处中药药浴泡池；根据神医华佗创编的五禽戏，巧用五行研发药浴经典名方，打造华佗五行池，对应表里调节阴阳五行，强健五脏肺腑功能。内部设有药膳主题餐厅、映月楼河畔餐厅、特色涡河船宴、明道宫老亳州美食综合体、花戏楼小吃街等餐饮服务项目。已通过省级旅游度假区基础价值评定，入选中国度假休闲旅游发展示范案例。

占地面积约6.4公顷，总投资约1.6亿元。温泉泉水取自于地下2300米，出水温度达60℃，日出水量1600立方米。温泉为氟、偏硅酸理疗热矿水，其中锶含量16～24毫克/升，是国内罕见的高矿化度、富含益于人体保健化学组分的锶医疗热矿水。

温泉内设有66个特色温泉池在内的85个项目，另配有中医养生馆、木屋汤院，水上乐园等养生休闲娱乐项目。配套有1200个更衣柜、可容纳300多人的休息大厅和自助餐、SPA、鱼疗、健身等项目，日最大接待量2000人。

【南湖灯光水舞秀】南湖公园灯光水舞秀工程位于南湖公园的中心区域，项目总投资约6000万元，建设水域面积为178000平方米。

南湖公园灯光水舞工程主要以喷泉、灯光、水幕电影、音频系统、雾森系统为主要载体，以亳州地域文化特色为依托、通过“序篇”“古韵亳州”“养生亳州”“美丽亳州”“醉美亳州”“幸福亳州”六个篇章，把古典亳州悠久的历史文化、现代亳州跨越崛起的律动之美阐释得淋漓尽致。总时长约30分钟，其中水幕电影时长约10分钟，音乐喷泉灯光秀时长约20分钟，每天晚间8点播放一次。

水幕规模高度25～30米，幅宽不小于50米，垂直视角为30°，水平视角在45°范围内。喷泉建设规模长度不小于180米，宽度不小于30米，喷泉主喷高度不低于60米。其中表演区有12种水形组成包含圆环、弧形、椭圆、矩阵及多种组合型水形水势高低错落，水形刚柔并济，光色变幻万千，水幕与喷泉的完美联动，体现律动之美也是次项目的主要特点。

【润耕天下假日农场】该项目位于谯城区十河镇大周村，园区占地面积约66.67公顷，是集生态旅游、休闲度假、科普教育、生态农业示范、生态产品生产为一体的综合性园区。园区建成观光花海、生态餐厅、采摘乐园、游乐场、农耕体验、开心农场、摸鱼池、民俗木屋、跑马场、公共安全研学基地、少儿拓展中心等娱乐体验项目。其中生态餐厅可容纳400人同时体验民俗挖丸子，民俗木屋可接待50～60人住宿，少儿拓展中心可同时接待500人的亲子体验团队。

【康美华佗国际中药城】康美华佗国际中药城是康美药业斥资35亿元打造的国际现代化的中药材专业市场，占地1000亩，建筑面积120万平方米，日上市中药材品种2600余种，日人流量4万～5万人，年交易额超300亿元人民币，是目前全国规模最大、配套最全、管理最规范的中药材交易中心、物流配送中心、供求信息中心。2014年，康美华佗国际中药城凭借行业领先优势，成为中医药行业全国唯一一家CCTV中国经济观测点。

康美中药城以亳州市的市花“芍花”为设计理念，采用花瓣式组合，围绕电子商务中庭，八个花瓣分别代表不同类别的药材经营区域。目前，康美中药城正在积极打造国家AAAA级旅游风景区，挖掘和弘扬药都亳州近千年的中医药养生文化旅游资源，现已顺利通过省景观质量专家评审会评审。康美中药城中医药健康养生文化氛围浓郁、旅游基础设施完善、健康旅游项目多样、健康旅游商品丰富，是天然的中药材博物馆，先后被评为国家3A级旅游景区、“安徽中医药健康旅游基地”、首批安徽省旅游商品特色街区、“亳州市中医药休闲观光旅游示范区”“亳州市研学旅行基地”。

康美中药城目前已建成亳州唯一的国际会展中心，正在建设五星级酒店以及一流的中药研发、科技教育、商业服务等其他配套商业服务区，真正成为世界中药的窗口，中医药文化的舞台。

（市文旅体局）

财政　税务　金融

2022 年 2 月 10 日，亳州市税务局汤王大道办税服务厅工作人员为纳税人办理业务　　（聂宗涛　摄）

财　政

【概况】2022年，全市一般公共预算收入完成148.1亿元，较上年同期增收7.8亿元，增长5.6%，增速居全省第10位。全市财政支出完成397.2亿元，较上年同期增支19.8亿元，增长5.2%。其中，民生支出完成332.9亿元，增长3.7%，占财政总支出的83.8%。2022年，亳州市财政局获中国财政科学研究院2022年度财政科研宣传工作优秀奖，2022年预算管理一体化建设为全省第三，2021年度政府财务报告工作为全省第一，2021年度财政总决算、国有企业财务会计决算工作均为全省第四，2021年度财政部门决算为全省前列；2021年度乡镇财政资金监管和惠农补贴资金管理发放工作、2022年非税收入收缴执行情况分析编报工作、2022年地方政府债务管理工作、2022年预算管理工作均获省财政厅通报表扬。

【税收情况】2022年，亳州市三大产业实现地方级税收89.4亿元，其中：第二产业实现地方级税收34.3亿元，同比增收2.5亿元，增长7.7%，带动地方级税收收入增长2.6个百分点；第三产业实现地方级税收54.9亿元，同比减收9.3亿元，下降14.5%，下拉地方级税收收入增长9.7个百分点。重点企业税收情况。古井酒厂（含古井销售公司、古井贡酒股份有限公司、古井集团有限责任公司、龙瑞玻璃）入库地方级税收11亿元，同比增收2亿元，增长22.1%；许疃煤矿入库地方级税收2.1亿元，同比增收1.1亿元，增长101.4%；涡阳煤矿（含涡北煤矿、洗煤厂、袁店二矿、信湖煤矿）入库地方级税收3.2亿元，同比增收2.3亿元，增长252.9%；板集煤矿入库地方级税收0.9亿元，同比增收0.6亿元，增长196.8%；药都银行入库地方级税收1亿元，同比减收347万元，下降3.4%。

2022年，亳州市地方级税收总量贡献较多的8个重点行业依次是：房地产业（占比26.5%）、批发和零售业（占比19.2%）、建筑业（占比9.9%）、金融业（占比8.2%）、煤炭开采和洗选业（占比7.1%）、酒制造业（占比6.3%）、医药制造业（占比4.2%）、租赁和商务服务业（占比2.8%），共实现地方级税收75.4亿元，占全市地方级税收收入的84.3%。

2022年主要行业地方级税收收入完成及占比情况表

表10　　　　单位：亿元

行业	总量			增量		
	完成额	占比（%）	增幅（%）	增加额	拉动地方级税收收入增长（%）	增量排名
地方级税收收入	89.4	100.0	−7.1	−6.8		
第一产业	0.2	0.2	0.4	0.1	0.001	
第二产业	34.3	38.4	7.7	2.5	2.6	
采矿业中的煤炭开采和洗选业	6.4	7.1	176.6	4.1	4.2	1
制造业中的酒制造	5.6	6.3	13.8	0.7	0.7	3
制造业中的医药制造业	3.8	4.2	2.7	0.1	−1.5	4
建筑业	8.8	9.9	0.2	0.02	−0.2	5
第三产业	54.9	61.4	−14.5	−9.3	−9.7	
批发和零售业	17.2	19.2	12.2	1.9	1.9	2
金融业	7.4	8.2	−1.6	−0.1	−0.1	6
租赁和商务服务业	2.5	2.8	−17.6	−0.5	−0.6	7
房地产业	23.7	26.5	−31.2	−10.7	−11.2	8
主要行业小计	75.4	84.3	−5.9	−4.7	−4.9	

【财政改革创新】2022年，亳州我市实施零基预算改革，召开出台《亳州市本级零基预算改革实施方案》，全面梳理市级不符合零基预算改革精神的支出政策文件，清理整合专项资金2.9亿元。推进重点领域财政事权和支出责任划分改革，出台《亳州市交通运输领域财政事权和支出责任划分改革实施方案》《亳州市应急救援领域财政事权与支出责任划分改革实施方案》，建立权责清晰、财力协调、区域均衡的市以下财政关系。预算绩效管理改革，印发《亳州市财政局关于推进2022年预算绩效管理提质增效的通知》《2022年市级预算绩效管理重点任务清单》，增强预算约束力，36个绩效评价项目全部完成第三方绩效评价。创新政府财务报告编制。建立部门、县区联动协作机制，连续两年参加全国财报会审，并在全国座谈会上代表发言。

【落实助企纾困政策】2022年，落实税费优惠政策，全市累计退税减税降费81.2亿元。落实积极的财政政策，支持新兴产业补短板，拨付省重大新兴产业基地奖励资金2500万元，皖北地区高质量发展暨皖北承接产业转移集聚区省级补助资金12635万元；加大援企稳岗支持力度，减征参保单位失业保险费10838.8万元，受理社保缓缴申请3445.7万元，发放企业稳岗返还资金4661万元、就业见习岗位补贴3500.2万元、一次性留工培训补助361万元、临时性专项岗位及公益岗位补贴1122.3万元；对承租行政事业单位和国有企业房产的中小微企业、个体工商户，减免房屋租金6089.1万元。激发市场消费增活力，开展“皖美消费·乐购药都”等促消费活动，带动社会消费品销售超过3亿元。

【“三农”保障工作】2022年，强化涉农资金投入保障。全市一般公共预算农林水支出61亿元，增长6.1%，高于全市一般公共预算支出增幅0.9个百分点；土地出让收入用于农业农村资金23.5亿元，市本级及县区土地出让收入用于农业农村的资金占比均超省定9.4%的标准；全市投入13亿元新建高标准农田58万亩，推动“三农”工作高质量发展；全面实施三大粮食作物完全成本保险和种植收入保险，为农户提供风险保障96.7亿元；落实资金1亿元支持农作物病虫害防控工作，共防治面积1422.9万亩次，夯实粮食安全根基。

【改善民生工作】2022年，出台《亳州市进一步厉行节约坚持过紧日子若干举措》，加大一般支出压减力度，市本级压减和严控非重点非刚性支出7亿元，统筹用于保障民生等重点领域支出；投入3亿元支持实施安心托幼行动和学前教育促进工程，建成普惠性托位11550个；加大中职学校基础设施建设投入，安排市、县职教园区建设资金23.3亿元，支持教育事业优先发展；2022年全市疫情防控资金支出8.4亿元，全力支持医疗设备购置、核酸检测能力提升、医疗物资储备供应，全方位提高重大突发事件应急处突能力，为广大群众生命健康安全提供坚实的资金保障；扎实保障民生项目建设，2022年，亳州市民生实事累计拨付资金182.1亿；暖民心行动累计拨付资金4.9亿，保障民生工程圆满完成各项工作任务。

【优化采购举措】2022年，免收投标（响应）保证金和采购文件工本费，支持供应商采用电子保函形式缴纳履约保证金，全市实施采购项目1026个，免收投标（响应）保证金36863万元，供应商采用电子保函等形式缴纳履约保证金11109万元，降低制度性交易成本；推广运用“徽采云”监管系统，时时在线解答预算单位问题，实现采购目录中规定的14类商品均可在电子卖场采购，采购金额2620万元；优化中小微企业采购环境，提高小微企业优惠幅度，对符合规定的小微企业给予的价格扣除优惠由6%提高到10%。

【国资国企改革】2022年，规范市属企业董事会建设，向6家市属企业委派外部董事，实现外部董事占多数。深化三项制度改革，建立科学合理的选人用人机制、与市场紧密接轨的劳动用工机制、激励与保障相结合的市场化分配机制，推动管理人员能上能下、员工能进能出、职工收入能增能减。开展市属企业低效无效资产清退处置专项行动，促进企业瘦身健体和提质增效。加强国资国企在线监管，对涉及“三重一大”决策事项和大额资金运行状况、重大投资等信息进行实时监管。印发《市属企业经营业绩分类考核办法》，对市属企业实行分类考核，科学设定考核指标，促进企业良性发展。

（张世珍）

税　务

【概况】2022年，全市税务部门共组织各项税费收入431.70亿元，同比增收58.31亿元，增长15.6%。其中，税收收入173.72亿元，同比减收10.58亿元，下降5.7%；非税收入161.16亿元，同比增收57.75亿元，增长55.8%；社会保险费收入96.35亿元，同比增收11.10亿元，增长13.0%；其他收入（工会经费）0.47亿元，同比增收0.05亿元，增长10.5%。全市税收总量居全省地市第10位，居皖北六市第3位；增幅居全省地市第9位，居皖北六市第3位。2022年，全市办理出口退（免）税3.99亿元，同比增加0.55亿元，增长15.9%。

2022年，资政报告获得各级党政领导肯定性批示14篇次，《从经济税收数据看亳州—阜阳县域经济发展趋势和特点》获得国家税务总局王军局长肯定性批示。市税务局被评为全国节约型机关、全省优化营商环境工作先进单位、2022年市直单位效能考核先进单位。市税务局第二税务分局荣获全国工人先锋号。

【减税降费】2022年，市税务局建立“1+11”工作机制，推动新组合式税费支持政策落实落地，累计为企业办理退税减税缓税降费89.46亿元，占全部税费收入的20.7%，惠及市场主体12.28万户次。其中，增值税留抵退税28.13亿元、增值税减免15.31亿元、企业所得税减免20.41亿元、制造业中小微企业继续缓缴税费6.05亿元。

【征管改革】2022年，推行管查联动、以查促管工作机制。试点县区税务局派驻税务稽查工作组、大企业服务和管理工作组。开展征管数据质量监控，征管质量5C评价在全省位于A级。完善土地增值税征管工作机制，476个项目纳入土地增值税项目日常台账管理。办结全市第一例国际税收反避税案件，补缴税款及滞纳金16.41万元。2022年，深化“放管服”改革，简化税费优惠享受程序、持续推进减证便企利民、推行税收事项容缺办理等16项改革措施。创新设立“枫桥式”纳税人缴费人权益保护中心，实现全年纳税人零投诉。2022年，省对市优化营商环境考核亳州纳税指标位居全省第一。

2022年12月20日，亳州市税务局工作人员到安徽济人药业了解防疫药品销售情况（张亚坤　摄）

【依法治税】2022年，规范开展重大税务案件审理工作，全年受理重大税务案件60件，审结58件。落实深化税务执法方式创新“1331”配套制度，试行税收法治员制度和税收说理式执法。组织开展新录用公务员执法资格考试，全市税务系统考生通过率100%，平均分位列皖北第一、全省第二，两人成绩并列全省第一。2022年，推进“稽查案件质效提升年”活动，全年办结稽查案件137户，查补入库9300万元，同比增长232.1%。查结涉嫌骗取留抵退税案件14户，对省局推送的3户物流企业涉嫌骗取留抵退税案件，快速精准打击，形成震慑效应。加强风险评估应对管理，组织入库税款1.91亿元，其中纳税评估入库0.64亿元，同比增长106.3%；风险应对入库1.27亿元，同比增长366.7%。

【税务干部队伍建设】2022年，择优选任4名科级领导干部、2名县局纪检组长和9名基层税务分局长；完成市税务局7名科级干部、5名县区税务局班子成员、8名基层税务分局长交流轮岗；推荐5名科级干部到地方任职；制发年轻税务干部健康成长意见，遴选8人到市税务局工作；分类别选好49名市级岗位专才、4名省级岗位专才、3名青年才俊。在全省税务系统业务比武决赛中，10人入围省局专业骨干或优胜个人，较2021年增加9名。

2022年8月31日，市担保公司举行“惠农担”批量担保业务战略合作签约仪式
（李雪松　摄）

【创新服务项目】2022年，与邮政公司、邮储银行联手建立“税费家邮站”，协力为纳税人缴费人提供“一站式”税费缴纳、物流速递、银税互动等服务。创新推出“纳税人之家”直播互动平台，拓宽线上服务渠道。推动“税信通”联合激励机制扩围增面，纳入地方政府考核指标，升级为安徽省“纳税信用绿卡”在全省推广应用，省委书记郑栅洁在全省两次会议上点名表扬“税信通”。

（聂宗涛）

金　融

·地方金融监管·

【概况】2022年，亳州共有银行机构17家，其中农业发展银行1家、大型银行6家、城市商业银行1家、农村商业银行4家、村镇银行4家、农商行异地分支机构1家。市级保险机构38家，其中财产险18家、人身险20家。2022年，全市银行保险业整体呈现稳健运行态势，整体风险可控。

【金融服务】2022年，引导银行保险机构立足亳州市委、市政府“六一战略”发展定位，融入地方经济社会发展大局。出台亳州银行业保险业支持中医药振兴发展十八条意见，优化全产业链综合金融服务。截至12月底，辖内银行业金融机构各项存款、贷款余额3173.88亿元、3111.59亿元，增速分别为13.08%、13.73%。开展“一行一司一类一品”普惠金融产品创新活动，推出“中药材商圈贷”“道地药材预期收益贷”“产地溯源保险”等创新产品，重塑了轻资产、差异化的新型信贷模式。至12月末，辖内普惠型小微企业贷款余额759.76亿元，增速2.58%；普惠涉农贷款余额602.21亿元，增速12.97%；普惠型小微企业贷款利率较年初下降0.68个百分点，压降幅度居全省第一位。

【保险保障功能发挥】2022年，开展产品创新应用评比，建立保险产品库，查找辖内业务落地空白点，引入保险产品服务落地或基于本地实际创新产品服务，全年共推广落地新产品服务151项。有序推进保险业稳增长，会同应急局、医保局等部门，协同推动安责险、普惠型医疗保险等的增量扩面，拓宽保费来源。截至2022年底，安责险保费收入同比增长52.89%。推进特色农险发展，组织召开特色农险推进会，指导保险机构认领示范村镇开展上门宣传，提供有针对性的特色农险服务。2022年，特色农险原保险保费收入同比增长70.66%。

【金融风险防控】2022年，建立不良贷款处置承诺责任制，制定年度不良处置计划，按季度跟进处置进度。全年共处置不良贷款金额20.29亿元，实现不低于上年处置金额目标。法人机构风险逐步收敛，推进问题股东处置，对问题股东清单实行动态管理，做细做实村镇银行监管，对辖内4家村镇银行进行全面风险“体检”，向主发起行通报发现的主要问题。摸排房地产领域风险，以“保交楼”为关键缓释风险，避免“停贷”风险集中向金融端转移。加强案件防控重点监管，针对法人银行机构及人身险公司骗保案件高发的情况，压实案件防控主体责任，做到案件“应报必报、应报及报”。

（余晓郁）

·银　行·

【中国人民银行亳州市中心支行】 2022年，全市金融机构人民币各项贷款余额首次突破3000亿元至3118.11亿元，较上个千亿目标完成时间加快7个月，余额居全省第7位；同比增加375.19亿元，增长13.68%，增速居全省第13位；全市金融机构人民币各项存款余额3212.06亿元，余额居全省第9位；同比增加364.52亿元，增长12.8%，增速居全省第9位；全市金融机构人民币存贷款同比增长13.23%，合计增速居全省第12位。

金融支持。2022年，开展货币政策工具提质增效行动，根据支农支小再贷款“双增”目标，扩大再贷款投放，用好普惠小微贷款支持工具，全年全辖累计投入支农支小再贷款81.53亿元、同比增长36.4%，发放普惠小微贷款激励资金6072万元，撬动法人机构净增普惠小微贷款34亿元，拉低法人机构普惠小微贷款利率72个基点，向市场主体让利近3亿元。开展“贷动小生意 服务大民生”金融支持个体工商户专项行动，做好药商、粮商和生活服务商户的“地毯式”走访，入户宣传政策、上门在线办贷，2022年，全市个体工商户和小微企业主经营贷款同比增长14.42%，较2021年加快0.5个百分点，累计为1.45万户受困主体办理贷款延期还本付息130亿元。

金融稳增长助推高质量发展劳动竞赛。2022年，对接三大产业协同发展，从农业“两强一增”、工业提质扩量增效、服务业锻长补短三大板块，分别设置20项可量化、可比较、可考核的金融信贷竞赛指标，组织银行机构强化考核、下沉资源、集中帮扶、宣讲政策，疏通“敢贷愿贷能贷会贷”机制传导，引导信贷资源向三大产业领域小微主体倾斜。劳动竞赛活动获得省委书记郑栅洁的批示肯定，《安徽新闻联播》《安徽日报》、“中安在线”等省级媒体作专题报道。

2022年8月26日，中国人民银行亳州市中心支行召开全市金融改革创新工作推进会

（王小郑　摄）

探索农业碳账户建设。2022年，完成对规模生猪养殖场、小麦种植大户、有机肥生产企业等3类279户农业经营主体开展碳账户核算和评价。印发《关于加大农业碳账户评价结果运用的通知》，指导金融机构基于农业碳账户创新信贷产品，对绿色农业经营主体实施差异化信贷政策。2022年，为15户市场主体提供优惠贷款余额2032万元。借助党建引领信用村建设服务平台拓展评价结果运用，引导金融机构加大线上对接。

创新再贷款直通“农信担”“小微担”模式。2022年，整合货币政策和政府担保资源，创新推出支农支小再贷款直通“农信担”“小微担”模式，建立“专项资金+专项担保”“优惠信贷+贴费担保”“正面清单+负面清单”机制，推动纳入正面清单的农业产业主体、小微市场主体“应贷尽贷”“见贷即保”，重点做好示范级以上家庭农场、农民专业合作社、专精特新中小企业的定向直投，提高享受再贷款政策支持的主体比例。

2022年，支农支小再贷款直通业务累计投放21.83亿元、直达市场主体3475户，相关做法被《中国金融》选入2022年度金融品牌展评案例。

省级金融教育示范基地落户亳州。2022年，指导辖区内药都农商行因地制宜打造特色化省级金融教育示范基地，基地兼具金融教育与文化熏陶功能，分为产品展示、专家讲座、模拟体验、互动交流、意见征集五大基本功能模块和城市名片特色模块。其中，基本功能模块既包含内容丰富、形式多样的宣传展板、纸质书籍、宣传手册、音频视频，又配置多种可供社会公众体验、互动的教育设备，还可开展金融沙龙、专家讲座等特色活动，城市名片特色模块则展示华佗五禽戏和中药材相关知识，致力弘扬亳州传统文化。基地配有讲解员提供专业的金融教育服务，将金融科技和人文关怀相融合，切实满足不同类型消费者金融知识需求，实现精准教育，有力提升社会公众的金融素养。

亳州中药城“手机号码支付”示范圈建设。2022年，创新“惠农快付”1个特色产品，提供开户预约、支付结算等一揽子金融服务；建成6个手机号码支付体验区，不同角度展示手机号码支付功能；打造6个中药材产业链示范场景，为中药材收购、加工、仓储、销售、物流铺就手机号码支付场景应用。顺利完成手机号码支付涉农推广工作，实现辖内手机号码支付应用快速增长，全市新增手机号码支付用户12万余户。其中，中药材市场示范圈内手机号码支付用户5800余户、覆盖率达30%。特色做法在全省专题会上做经验交流，《亳州中药材产业链手机号码支付应用场景案例》荣获安徽省手机号码支付应用场景案例设计大赛一等奖。

金融支持乡村振兴工作。2022年，开展金融科技赋能乡村振兴示范工程，推广“金农信e链”农业产业链融资模式，实现涉农信贷批量化、集约化投入。创新“产业平台+集体组织”贷款模式，支持长三角绿色农产品基地建设，实现村集体经济组织贷款新突破。创新农村活体资产抵押、农产品质押贷款，助力特色产业发展和农民增收。健全新农主办银行责任制，创新开展农村金融服务“一镇一站一队一接一平台”（“五个一”）建设，凝聚乡镇政府和涉农银行合力，推进农村金融服务站规范化建设，常态化开展金融惠农政策宣传、融资对接。2022年，全市88个农村金融服务站累计开展政策宣讲2723场次，帮助1.2万户农业主体获得贷款17.39亿元。

金融改革创新。2022年，印发《关于深入推进全市金融改革创新工作的通知》（亳银发〔2022〕23号），明确12项工作任务，引导金融资源持续向乡村振兴、绿色发展和科技创新倾斜。联合市发改委印发《关于做好金融支持绿色低碳项目工作的通知》，推动3家农商行和1家村镇银行挂牌成立绿色金融事业部。开展信贷产品创新专项行动，推动银行机构成立信贷产品创新专班、申报信贷创新项目、强化创新进展调度。在绿色发展领域，创新货币政策工具+秸秆生态链模式，打通“绿色+普惠”货币政策工具服务绿色产业链的良性循环。2022年，累计向生物质发电项目投放碳减排贷款1.39亿元，促进减少碳排放5.15万吨二氧化碳当量；向秸秆产业链企业投放优惠贷款4500万元，促进15万余吨秸秆资源化利用，相关做法入选安徽金融改革创新优秀案例。在科技创新领域，抢抓科技创新再贷款政策窗口，推动国有商业银行与产业园区、普惠担保机构密切合作，推广“园区贷”合作增信模式，分批推荐“白名单”企业，实行批量担保、利率优惠。加快知识产权质押贷款推广，激发企业科研创新动能。

金融风险防控。2022年，做实日常监测，摸清风险底数，压实金融机构主体责任，严控增量风险，辖区内没有中高风险机构。联合银保监部门评估研判金融机构应急预案，指导做好修订完善工作，开展全过程演练，提高应急处突能力。加强沟通联系，促进信息共享和政策协同，统筹做好风险识别校正与风险化解工作。一体推进存保宣传和挤兑风险防控，开展“相约涡河之畔，守护存款安全”主题宣传活动，营造存款有保障的良好氛围。动态优化调整房地产信贷管理，推进“保交楼”专项借款政策落地，助力修复房地产市场预期和信心。落实《打击治理洗钱违法犯罪三年行动计划（2022—2024年）》，推动5起洗钱案件成功侦破并宣判，其中自洗钱案件2起。

基础金融服务。2022年，加大电信网络诈骗打击力度，涉案账户数量持续下降，全年累计挽回群众损失2710.52万元。落实支付手续费减免政策，累计减费让利1219.97万元，惠及市场主体6.38万户。加大反假货币、拒收人民币现金整治力度。全力保障增值税留抵退税、个税退税等惠企利民政策落地见效，确保各类退税资金第一时间精准直达市场主体。做好国债服务，全辖区国债销售量同比增长76.5%，其中农村地区同比增长7.8倍。推动长三角征信链平台、应收账款融资服务平台应用，做好受疫情影响信息主体的征信权益保障工作，开展“征信服务提升年”活动，提升征信为民服务水平。推进外汇服务网上办理，实现结售汇市场准入等行政许可事项全流程线上办理，网上办理率达92%，好评率100%。推动外汇衍生品业务发展，实现业务量和首办户双突破。

（丁皖蒙）

【中国银行股份有限公司亳州分行】2022年，中国银行股份有限公司亳州分行下辖利辛、蒙城、涡阳三个县支行。全辖有员工373人，下辖营业网点18个，内设部门10个。截至2022年底，人民币各项存款余额218.65亿元，安徽省各地市中行（以下简称：系统内）存款余额总量排名第6，较年初新增13.42亿元。人民币各项贷款余额248.23亿元，余额总量系统内排名第7，较年初新增23.85亿元。实现营业收入7.56亿元，系统内排名第7。实现净利息收入6.96亿元，排名第7。实现拨备前利润6.14亿元，系统内排名第7。

信贷服务。全年为地方经济发展累计发放贷款87.84亿元，将金融活水精准滴灌到经济发展的重点领域和薄弱环节。科技型企业贷款余额较年初增加342.27%，战略新兴产业贷款余额较年初增加50.33%，制造业贷款余额较年初增加30.18%，“新市民”贷款余额较年初增加140.47%。支持民营经济发展，民营企业贷款较年初新增6.55亿。累计发放小微企业贷款38.26亿元，较年初新增10.03亿元，并达成“两增两控”底线监管要求，普惠金融考核排名系统内第5名。涉农贷款余额77.38亿元，较年初新增19.4亿元，任务完成率295.78%；普惠型涉农贷款余额12.46亿元，较年初新增3.46亿元，任务完成率164.69%。发放党建引领信用村投放贷款1.04亿元，投放户数和金额均排名系统内第3。累计发放碳减排贷款1.10亿元，实现碳减排量7.55万吨。个人住房贷款余额146.83亿元，较年初新增6.07亿元，新增排名系统内第4，四行份额第3；消费贷款余额1.92亿元，较年初新增1.2亿元，新增排名系统内第8名。

信贷产品创新。2022年，与国元保险亳州中支签订战略合作协议，探索“银行+保险”合作新路径；结合亳州产粮大市的农业特色，创新开发“助粮贷”产品，累计投放金额1812万元；结合农副产品加工业特色，创新开发“苔干贷”产品，累计投放金额1300万元；结合亳州中医药大健康产业，助力中药细分产业的研究分析，创新研发“中银花茶贷”，累计投放金额1.08亿元，特色产品“中医药健康贷”投放金额7.5亿元，“医药宝”投放金额5.6亿元。

（杨博文）

【中国农业银行亳州分行】2022年，中国农业银行亳州分行存贷款总量首次突破700亿元。其中，各项贷款余额334.2亿元，较年初净增57.4亿元，连续3年超50亿元；各项存款余额388.7亿元，较年初净增39.3亿元。不良贷款率0.33%，保持全市较低水平。

服务乡村振兴。2022年，贯彻落实安徽农行与亳州市政府签订的“十四五”金融服务乡村振兴战略合作协议，制定农户上门服务和党建共建方案，54支乡村振兴党员先锋队开展常态化驻村服务，各级党组织积极主动与各乡镇、村两委结对子、想点子、开路子，为种养大户、家庭农场、农民专业合作社等新型农业经营主体提供优质服务，已支持新型农业经营主体2400户，贷款余额4.39亿元，较上年增长3900万元。全年新支持农户1.63万户，累计发放惠农贷款43.69亿元，惠农e贷新增6.25亿元，余额达21.7亿元。不断提高县域金融机构覆盖面，新设乡镇网点蒙城三义支行，新增惠农通服务点35个，全辖79个乡镇已设立125个服务点，乡镇覆盖率100%，打通金融服务乡村振兴“最后一公里”。对标国家乡村振兴战略，成立工作专班，省、市、县各级行联动，重点加大县域承接的产业转移项目和当地支柱产业信贷支持力度。全行农村基础设施贷款、乡村产业贷款、粮食安全领域贷款、种业贷款分别新增20.47亿元、4.49亿元、7372万元、3672万元，增速分别达86.6%、16.91%、24.18%、124.9%。

民生服务工作。2022年，组建14支“普惠金融党员先锋队”，加强银、政、企对接，落实为企纾困“五进”工作，发挥农行“抵押e贷”“园区贷”“链捷贷”“续捷e贷”等特色产品优势，推进普惠金融业务快速发展。全年累计为1004户小微法人企业投放贷款14.25亿元。全行普惠金融贷款余额29.83亿元，较上年增长10.17亿元，增幅51.7%，其中普惠型法人贷款余额10.96亿元，较上年增长3.95亿元，增幅56.3%。提升制造业贷款及中长期贷款总量和占比，制造业贷款余额达成22.96亿元，增速129.1%。为辖内4家公立医院发放设备更新改造贷款1.25亿元。绿色、战新、科创等重点领域贷款分别增长12.34亿元、12.26亿元、1.92亿元，增速分别达67.1%、57.5%、64.5%，增速超全行、增量超计划。结合区域发展，加大对交通、能源、通信等基础设施重点建设项目的金融支持；围绕民生改善，大力支持安居工程、垃圾污水治理等项目。累计投放亳蒙高速、徐淮阜高速、协和谯北风电场、蒙城县水环境综合治理、利辛县污水厂、利辛建筑垃圾消纳等24个重大项目贷款，金额30.08亿元。助推个人消费和生产经营复苏，个人消费贷款、个人经营贷款分别增长1.35亿元、1.87亿元；联合重点商户开展“汽车节”“家装节”营销活动，汽车分期、家装分期分别增长1.94亿元、4.15亿元，均居四行第1。

银行业务创新。2022年，创新银、政、担三方合作模式。对接省普惠担保公司、亳州各县区财政局及各开发区管委会，与安徽亳州高新技术产业开发区、安徽亳州谯城经济开发区、亳州芜湖现代产业园、涡阳县经济开发区和蒙城县经济开发区、利辛县经济开发区等全辖6个省级重点开发区签订合作协议，创办“金穗普惠贷”业务，批量向园区34户白名单企业，提供信贷支持2.05亿元。与市、县融资担保公司创新建立批量担保模式，实现1869户农户、授信金额3.7亿元承保，降低农户信贷业务风险。与女企业家协会、香辛料协会签订战略合作协议，大力推广“巾帼贷”“香料e贷”等创新产品。上线“古井e贷”融资项目，打通古井下游经销商融资链条。围绕康美大市场个体经营户，推广普及“康美e贷”专项产品。加快推进与中联物流“线上+线下”信贷融资模式。服务实体经济呈现多元化、批量化、全面化。强化对地方进出口头部企业的国际结算和信贷支持，国际结算、结售汇、跨境人民币结算量市场份额提升至同业第1，国际业务实现跨越式赶超。

让利企业纾困。2022年，推广落实无还本续贷业务。依托金融服务普惠民生“我为群众办实事”专项行动，全面梳理摸排受疫情影响企业清单，逐户上门开展无还本政策宣传，发放明白纸、签订业务告知书，确保已合作客户的政策和产品宣传全覆盖。同时，对有延期还本付息需求的客户，开辟绿色通道，优先通过“续捷 e 贷”提供无还本续贷服务，缓解企业流动资金压力。全年为22户企业办理无还本续贷1.48亿元。全面落实“减费让利”政策。2022年投放的小微企业、个体工商户贷款平均执行利率3.87%，较年初下降93个BP，通过减免企业评估手续费、抵押登记手续、账户开户费、账户管理费、降低利率等方式，主动为企业减费让利6500万元。

（李迎春）

【中国农业发展银行亳州市分行】 2022年，农发行亳州市分行累计投放各类资金75.5亿元，年末贷款余额368.1亿元，较年初净增21.7亿元。实现“一个第一”。农发基础设施基金投放16.23亿元、居皖北第一，特别是以投贷结合方式支持涡阳“标准化厂房＋职教园区”建设，国家发改委到亳现场核查政策性开发性金融工具签约项目时予以肯定。首创“两个模式”。依托蒙城蔬菜产业首创“产业平台＋村集体经济”兴业富民模式，首创城市更新模式。落地“一个首单”。依据国家金融有关政策，实现存量国有资产盘活贷项目全省首单落地。

金融服务。2022年，落地全市首笔政策性开发性金融工具，累放农发基础设施基金9

笔、16.23亿元，投放额度居全省第四、皖北第一，占全市政策性开发性金融工具投放总量的86.2%。推动制造业中长期贷款项目落地，金额5.1亿元。加大小微企业信贷支持力度，累计向11家普惠小微企业发放贷款8800万元。服务国家粮食安全，2022年，统筹政策性收储和市场化收购，巩固资金供应主渠道地位，全年累计投放粮棉油贷款14.2亿元，支持粮食收购占商品粮50%以上。

创新典型案例。2022年，创新城市更新模式。落地全省首笔城市更新项目，累计获批城市更新项目3个、金额31.5亿元。聚焦市区城郊接合部和县城，通过统筹支持“产业平台+基础设施”、以项目平衡库土地开发收入补充项目收益等方式，破解城市更新项目现金流不足问题，在全省复制推广。创新“产业平台+村集体经济”兴业强农富民模式。依托蒙城蔬菜产业平台，以乡村振兴公司为载体，采用中长期项目嫁接新型农业经营主体方式，通过利益联结纽带，将村集体和农民嵌入产业链条，实现村集体经济和农民收入同步提升。首批向7个乡村振兴公司授信5480万元，实施后每年7个村集体可增收71万元、农民人均可增收3万元。落地全省首笔资产盘活贷项目。贯彻落实国务院办公厅关于进一步盘活存量资产扩大有效投资的意见，盘活利辛县职业教育资产6.1亿元，帮助政府沉淀资产转化为有效投资资金。

（张　弛）

【中国工商银行亳州分行】2022年，中国工商银行亳州分行下辖6个一级支行、21个营业网点，自助银行42个，智能银行网点21个，在全辖区布置73台自助ATM设备，在职人员414人。2022年，被亳州市文明委推荐第13届“安徽省文明单位”候选单位，荣获安徽工行“2022年市场竞争力先进二级分行”“定点扶贫先进单位”“金融扶贫先进集体”等荣誉称号。

信贷服务。2022年，各项贷款增量41.95亿元，增幅20.27%。其中个人贷款增量18.45亿元，增幅13.45%；公司贷款增量16.87亿元，增幅28.65%。本外币全部存款增加27.01亿元，增幅11.27%。其中，储蓄存徽商银行亳州分行款增加20.35亿元，对公存款增加5.84亿元。实现中收8131万元，较上年同期增加529万元。全行实现净利润、拨备前利润分别为4.58亿元和6.91亿元。全口径不良余额7550万元，较年初下降313万元，不良贷款率0.31%，较年初下降0.07个百分点。实现累计清收处置金额15580万元。

经营转型。2022年，三代社保卡累计换发约7万张，占比超40%，居同业第一位。2022年换发约2万户，居同业第1位。手机银行增加7.9万户，居同业第2位。推动外汇业务首选银行战略取得突破，外汇业务新开办网点加快增长，推动城乡联动发展战略发挥作用，指派2人专职驻点扶贫，发挥金融优势，持续加大产业扶贫金融支持力度，全力保障信用农户资金需求。推动网点竞争力提升，全年网点综合竞争力KPI考核全省第3位。新增网点1家，装修改造3家。注重客户服务，网点服务客户满意率全省第1位。持续压降内外部风险，风险暴露水平不断下降。

内部管理。2022年，推动基层党组织建设，成立离退休人员党总支，下辖3个本部党支部，对市行机关党支部进行重新规范改选，全辖基层党组织由42个增加到45个，实现党支部标准化建设达标，各机构党员全覆盖、网点主要负责人党员占比100%。开展党史学习教育，结合“我为群众办实事”活动，全力践行“员工为本”理念，注重让员工共享发展成果，认真开展特困救助和员工慰问，解决员工的“急难愁盼”，提高员工幸福感和归属感。

（庞文虎）

【中国邮政储蓄银行亳州市分行】2022年，中国邮政储蓄银行亳州市分行邮银存款结余512.76亿元，邮银个人储蓄存款结余473.35亿元，自营个人储蓄存款结余100.39亿元，信用卡新增客户3.7万户，实现分期3.53亿元，零售贷款结余155.04亿元。对公存款结余39.41亿元，对公贷款结余46.36亿元，小企业贷款净增2.1亿元。

风险防控。2022年，强化各级机构、各条线“一把手”主体责任，组织签订案防工作目标责任书，开展案件风险排查，2022年获得省分行案件防控评估优秀单位。开展风险经理派驻管理，选派6名风险经理按月开展履职考评，加强对支行“贴身式”监督。全年固化“周四”清收日活动，开展“固堤清淤”“资产质量保卫战”大行动，坚持大额不良督办机制，确保贷高质量完成资产保全工作。强化全员合规意识，全年开展合规联络员会议、合规大讲堂、合规下基层、合规知识测试、庭审观摩等各类活动，开展安全生产隐患排查大整治，在省分行创建平安邮储考评中获得优秀等级。

服务实体经济。2022年，依托“小微易贷”“极速贷”等优势产品，发展线上贷款，利用大数据新技术提升小微企业的金融服务质效，2022年实现小微企业线上贷款投放超11亿元；开展“五进”活动，提供送贷上门服务，按照精准服务、持续深耕、集约管理、规模发展的总体思路，开展进园区、进街道、进社区、进乡镇、进商圈活动；搭建平台，通过开展银企对接会、政策座谈会、助企纾困对接会等方式，了解企业金融服务需求，深化政银合作，实现批量获客，提高地方经济中小微企业信贷投放覆盖面；按照“应延尽延”“应续尽续”原则，持续开展客户贷款无还本续贷，降低客户融资成本和财务成本，进一步缓解客户续贷、转贷压力。2022年无还本续贷投放1.44亿元，较上年增长5380万元。

普惠金融。2022年，持续减费让利支持民营小微企业发展。全年累计投放普惠型小微企业贷款66.55亿元，年净增8.67亿元；普惠型小微企业贷款户数结余1.31万户，较2021年净增4021户；普惠利率较2021年下降49BP，其中小微企业法人贷款利率降至4.43%；积极助力复工复产，全年向中小微企业提供96.82亿元资金支持。成立首贷户专项服务小组，开展首贷户专项服务活动，明确工作目标、具体措施和政策支持，通过深入挖掘内外部数据资源，依托白名单精准营销，全年实现小微型企业首贷户新增175户。

助力乡村振兴。2022年，聚焦乡村振兴战略大力发展涉农贷款，推进数据赋能，利用乡村振兴卡“无感授信”、乡村振兴卡白名单极速贷、线上信用户贷款等产品，推广信用类贷款。成立20个乡村振兴金融服务队，对全市88乡镇、街道进行网格化对接走访，利用“乡村振兴卡发卡+授信”新型服务形式，推进信息流、沟通流、资金流“三流合一”集约化作业，推进“只让客户跑一次”的全流程授信服务，提升客户用款时效。开展“整村授信”，扩大对新型农业经营主体、产业带头人、小农户等群体的金融服务覆盖。依托“邮担云通”模式，对涉农主体在营销获客、流程优化、信息互通等方面进行优化升级，精准对接各类新型农业经营主体融资需求。2022年涉农贷款余额113.14亿元，年增长9.43亿元，其中普惠型涉农贷款结余32.08亿元；新型农业经营主体贷款结余3.67亿元，年增长0.78亿元；三农贷款结余46.91亿元，年净增10.57亿元；累计建设信用村1181个，累计评定信用户2.44万户，发放乡村振兴卡1.03万张，新增授信6630户，新发放贷款23.49亿元，结余12.76亿元。

履行社会责任。2022年，积极参与亳州市全国文明城市创建和片区包保工作，每月派驻志愿者到汤陵社区开展节能降耗、金融宣传、交通执勤等文明创建工作，开展绿色植树、扶贫爱心捐款、学雷锋志愿服务等社会公益

2022年5月25日，邮储银行亳州市分行工作人员向农户宣传“极速贷”
（岳胜楠 摄）

活动，争做道德规范标兵，连续3年获得总行邮爱公益捐款“百强团队”称号。获人行亳州中支金融服务稳增长助推高质量发展劳动竞赛优秀奖，被亳州市公安局、亳州银保监分局评为银行业金融机构第七轮安全评估优秀单位，获全市银行业保险业信访处置劳动竞赛三等奖。

（岳胜楠）

【徽商银行亳州分行】2022年，徽商银行亳州分行资产总额285.84亿元，较年初增加62.19亿元，增幅为27.81%。其中，各项贷款余额283.13亿元，较年初上升62.06亿元，增速为28.07%。总负债276.34亿元，较年初增加60.46亿元，增幅28.01%。其中，各项存款余额为234.25亿元，较年初上升60.57亿元，增速为34.87%。全年经营运行良好，无安全和重大责任事故发生。

2022年，徽商银行亳州分行获评“亳州市突出贡献奖”；荣获“亳州市2021年度市直单位机关效能考核（公共服务类）优秀等次单位”，在全市金融类单位排名第一；荣获2021年度“药都反诈先进单位”，是唯一一家金融机构获此荣誉；在2022年“安徽省服务行业居民满意度调查活动”中被授予“最佳服务质量企业”。

（马冰茹）

【亳州药都农村商业银行股份有限公司】2022年，亳州药都农村商业银行股份有限公司下设营业网点52个，在职人员861人。被省委、省政府授予“安徽民营企业税收贡献50强”，被市委、市政府授予“亳州市税收贡献10强”“亳州市现代服务业企业10强”，被区委、区政府授予“优秀现代服务业企业”称号。截至2022年底，药都农商银行资产规模607.71亿元，贷款余额491.27亿元，较年初增长45.78亿元、增幅10.28%；负债规模558.06亿元，存款余额487.31亿元，较年初增长53.67亿元、增幅12.38%。全年实现各项收入32.64亿元、利润总额3.48亿元、净利润2.65亿元，上缴税收3.13亿元。

服务乡村振兴。2022年，探索“党建+”金融服务新模式，全面服务乡村振兴战略，总行统一选派150名政治强、业务精、作风实的金融助理到村开展“点对点”服务；聚焦在农村地区广泛的金融需求上，开展“整村授信”，让农村产业在“育苗”阶段得到有效的金融支持“整村授信”实现辖内行政村全覆盖，合计授信12万户、255.72亿元、用信余额168.06亿元。优化信贷资源配置，发挥“金农易贷”在普惠金融助力乡村振兴领域作用，针对新型农业经营主体特点，降低准入门槛，为新型农业经营主体提供信用贷款服务。截至2022年底，“金农易贷”共完成授信21.2万户、369.98亿元，累计发放贷款2295.27亿元，用信16.19万户、227.4亿元。开展“一支部一品牌”创建活动，打造“冲锋舟”“丰收守护者”10多个支部品牌，创新“海参贷”“粮商贷”10多个特色产品。

企业服务工作。2022年，出台13条举措，创新稳企快贷、道地药材预期收益等专属信贷产品十余项，合计授信10.9亿元；平均下调贷款利率60BP，全年让利于客户3.39亿元；运用货币政策工具，发放低成本贷款254亿元。服务“六一战略”，发挥数字金融优势，线上线下联动融入经济发展，全年累计发放贷款978.48亿元，其中面向中医药产业投放173亿元；“金农企e贷”已累计为13974户中小微企业、商贸企业、新型经营主体等提供80.16亿元的信贷支持，小微企业首贷户占比高达85%；“金农信e链”共合作中医药核心企业46家，为1296户上下游企业和商户提供72.5亿元的信贷支持；普惠型小微企业余额315.99亿元。党员带头深入开展金融服务“五进”活动，面对面解决融资需求2.6万个、65亿元。

民生服务工作。2022年，先行先试代办19项社保业务，为全省首家代理社保业务的银行，社保卡累计发卡136.75万张，留存资金53.41亿元；手机银行累计签约80.78万个，年交易1024.83万笔、3076.35亿元。服务疫情防控，贯彻落实疫情防控政策，扎实做好员工安全防护、构建网点“防护网”；全面启动流动服务车、“小红帽”后援队，保障疫情期间金融服务不间断。助力公益事业发展，向“暖民心行动”捐赠50万元助力老年食堂建设，向希望工程捐赠30万元助贫困学子圆梦，“乡村振兴，爱心助农”行动帮助古井镇门庄村销售滞销蔬菜50余万千克，助农增收

300余万元；全年共向社会捐赠近400万元。坚持开放共享，主动融合适老服务、反诈宣传、普法宣传、“小红帽”志愿服务，遍布城乡的52个网点变身“暖心驿站”。

（张　利）

·保　险·

【中国人民财产保险股份有限公司亳州市分公司】2022年，全市系统实现保费收入13.30亿元，同比增长4.3%，保费规模位列全省系统第六。全年上缴税收总额8870.51万元（其中代扣代缴5687.26万元）。全险种综合成本率104.04%，高于亳州财险行业6.04个百分点。保费规模、赔款支出总额和纳税贡献均居亳州保险行业首位。

保险服务工作。2022年，保险服务工作主要做了以下几个方面。服务乡村振兴方面。创新“防贫保”试点工作，实现政策性养殖保险突破，率先在亳州开展AI生物识别风控软件试点。服务智慧交通方面。车险结构进一步优化，家用车保费占比超过55%，线上化率持续提升。警保联动，为全市电动自行车上牌提供网点服务。服务健康养老方面。承办三县大病保险项目，配合医保部门开展打击医保欺诈，“皖惠保”项目第三季顺利启动，取得预期效果。服务绿色环保方面。承办脱贫攻坚工程光伏发电财产保险，安责险提标扩面，承保企业数量和保费规模均在全省系统领先。服务科技创新方面。为在亳落地的高科技企业提供综合保险服务。服务社会治理方面。诉责险承保量扩大，农民工工资支付履约险、完工履约保证、工程质量保险等实现突破。为谯城区精神病人提供政府救助保险；为全市消防队员提供意外及补充医疗保险保障；为全市公安队伍提供补充医疗保险及公安民警执法安全责任风险保障。

（牛晓星）

【中国人寿财产保险股份有限公司亳州市中心支公司】2022年，中国人寿财产保险股份有限公司亳州市中心支公司实现保费收入3.88亿元，承保7.5万余人，承担风险保额3700亿元，上缴利税3261万元。本年度，荣获亳州市守法诚信A级单位称号，荣获2021年度反洗钱A级评价。

服务实体经济。2022年，中国人寿财产保险股份有限公司亳州市中心支公司为推进“双碳”目标下的关键领域提供风险保障486亿元，全年为3934家企业提供全面风险保障1796亿元，其中安全生产责任保险为企业提供风险保障425.55亿元；农民工工资履约保证保险为企业提供风险保障1.16亿元；建工履约保证保险为企业提供风险保障3320.16万元；企业财产险为企业提供风险保障37.40亿。

乡村振兴工作。2022年，加大对菜篮子工程、农村基础建设等领域的保障支持，中央政策性养殖业保险为农户提供风险保险保障5.75亿元；特色农产品保险为农户提供风险保障1.57亿元；持续推进“防贫保”项目，为2.49万户次脱贫户提供风险保障508.05亿元。

（高闪闪）

【中国太平洋人寿保险股份有限公司亳州中心支公司】2022年，中国太平洋人寿保险股份有限公司亳州中心支公司下辖市区本部、涡阳支公司、蒙城支公司、利辛支公司，拥有46名员工和435名营销员。2022年，标保达成1.08亿，亳州市场排名第三位。

产品服务。2022年，形成以“神行太保”“太慧赔”“太平洋寿险”官微及“科技个险”四大应用平台为主要构成的企业级移动应用体系，推动销售和服务模式在业内率先转型。2022年，公司在售险种覆盖人寿保险、年金保险、健康保险、意外伤害保险等多个领域。在产品策略方面，优先发展保障型、长期储蓄型产品，并通过数据分析与客户洞见开发客制化产品。客户策略方面，完善客户服务体系，创造以“坐享服务、智能导航、便捷透明”为核心要素的全新客户体验。全年履行保险责任，保障保险消费者的合法权益，强化诚信建设，实施承保、理赔透明化举措，完善95500全国客户服务电话体验和高端客户增值服务。营运体系建设方面，探索和实践基于新技术应用的模式创新和流程再造，将智能移动终端、3G无线网络、第三方实时支付、保险智能引擎、微信平台等有效结合，在行业内打造并推出“神行太保”智能移动保险生态系统。2022年，梳理优化理赔流程，提升理赔服务时效，加强理赔调查力度，在有效管控风险的基础上，提高理赔获赔率，全年理赔服务申请到支付1.13天。

（李　蕾）

【中国平安财产保险股份有限公司亳州中心支公司】中国平安财产保险股份有限公司亳州中心支公经营范围覆盖亳州辖区，下设利辛、涡阳、蒙城3个支公司、一个古城营销服务部。主要经营财产损失保险、意外伤害保险、机动车辆保险、建筑工程保险、安装工程保险、货物运输保险、船舶保险、能源保险、一般责任保险、保证保险、信用保险、种植保险、养殖保险等多种保险业务。2022年，公司保费收入8亿元，支付赔款5亿元，纳税贡献7663.06万元，连续多年荣获支持地方经济发展先进单位。

理赔服务业务。2022年，累计接车险报案44240笔，完成结案42301笔，车险报案结案率95.6%；整体万下案件结案时效9.25天（含人伤）；投诉量同比下降超过15%，电话表扬件及递送锦旗25笔。2022年，超50万大额车险理赔案件50笔，合计赔款3795.6万，均为车险三者人员伤亡案件。财意险方面，5万元以上大额案件共53笔，赔款金额共计928.8万元。

服务实体经济。2022年，加强对地方企业的支持和服务。全年参与银企对接活动12场次，签约企业户数93户，保险保障金额共计51233余万元，其中高新技术企业保障金额3920余万元。拓展社会责任险领域，坚持以服务客户、服务于地方发展为核心，推广政府鼓励发展的环责、食责、安责、校责险，扩大承保范围，2022年为5578家企业单位提供风险保障1945.2亿元。

支持乡村振兴建设。2022年，以“共保体”方式中标涡阳县地方政策性特色农业保险，拓展涡阳县地方政策性特色农险中的规模化种植大棚蔬菜、规模化养殖的种鸡、能繁母羊3个品种。除地方政策性农业保险保障特色产品外，拓展“农机保”“农家保”等涉农财产保险。2022年，完成与利辛县、涡阳县农业农村局战略合作协议的签订，积极探索农业保险产品和模式创新发展，推动亳州名优农产品在平安E采平台线上扩销。

（吕红美）

【国元农业保险亳州中心支公司】2022年，国元农业保险亳州中心支公司推进三大粮食作物完全成本保险和试点玉米收入保险，提升服务能力，助力亳州市乡村振兴。三大粮食作物保险由原来仅保障直接物化成本的基本险升级为包含人力成本、地租成本等在内的完全成本保障。小麦保险金额由367元/亩提升至860元/亩；玉米保险金额由282元/亩提升至700元/亩；水稻保险金额由406元/亩提升至1000元/亩。2022年亳州市粮食作物种植面积1313.2万亩，国元农业保险承保面积1229.1万亩，保险覆盖率93.60%，为粮食生产提供风险保障金额96.7亿元，午秋两季承保大户户次1608户，种粮大户单季获得赔款135.03万元。玉米收入保险试点承保面积0.59万亩，提供风险保障金额646.38万元。

产品服务开发。2022年，国元农业保险开发养殖户自助理赔系统，运用智能识别科技，提升工作效率，理赔时效从2021年平均7.5天，缩短至3.2天。经测试，客户操作规范，资料符合要求，养殖户可以获得“秒赔”。率先在蒙城县实施“防贫保”综合保险政策，为2.6万户7.4万人提供风险保障金额达3780亿元，理赔513余户次，户均受益2667元。开发符合亳州市资源禀赋农业保险产品。累计开发20余种中药材保险产品，全面覆盖亳州市当地中药材品种。开发辣椒保险，申请开发增加肉牛、露地蔬菜保险金额，支持亳州市绿色农产品发展。落实政府大豆玉米带状复合种植推广工作，及时开发大豆商业性补充险，大豆基本险+补充险叠加兜底带状复合种植生产风险。

长三角绿色农产品基地建设。2022年，国元农业保险亳州中心支公司，亳州市农产品协会，安徽农产品产供销长三角综合体专业合作社联合社，中国银行亳州分行四方签订战略协议。农业保险保障种植、销售端生产经营风险，客户利用保单增信融资解决蔬菜种植户生产资金需求，亳州市农产品协会和联合社发挥专业技术、销售网络优势，合力推进亳州市“一基地”建设。

（张　鹏）

交通　邮政　通信

济广高速与盐洛高速亳州枢纽　　（张延林　摄）

交　通

【概况】2022年，全市交通固定资产投资完成66.12亿元，创造亳州市交通投资的新纪录。其中，高速公路完成投资22.53亿元，同比增长309%；民航机场完成投资5.79亿元，完成率为145%；国省干线完成投资14.1亿元，完成率为103%；水运项目完成投资10.2亿元，其他投资完成13.5亿元，各类投资全面飘红。第三季度，交通投资拉动全市固定资产投资增长22.1个百分点。印发《亳州市“十四五”综合交通发展规划》《亳州市交通重点项目三年行动计划（2022—2024）》，共谋划项目45个，包括高速公路项目6个、普通国省干线项目30个、水运项目9个，计划完成总投资788.25亿元。其中，“十四五”期间计划完成投资536亿元。

2022年1月18日，民警向驾驶员宣传安全知识　（张廷林　摄）

【重点项目建设】亳蒙高速二期和徐淮阜高速全面开工建设，亳蒙高速一期和亳州机场超额完成年度投资计划，汤王隧道实现通车运行，涡河航道一体化建设进展顺利，涡阳船闸提前开工。G237蒙城绕城段、S306蒙城绕城段、G329利辛绕城段等项目已通过交工验收并通车。G311亳州西段、S245涡阳北段等项目开工建设，G105亳州段完成施工招标。亳州至郸城高速、涡阳至利辛高速提前启动项目前期工作。

【交通行业治理】2022年，治超工作持续加强。印发《关于进一步加强全市道路货物运输车辆超限超载源头治理工作的通知》，投资125万元完成8个重点货物运输源头企业监管系统建设。坚持以固定治超站为主阵地，实施定点查处与流动巡查相结合，充分运用科技手段，常态化制度化开展路警联合执法。全市共称重检测货运车辆6.65万辆次，查处非法超限运输车辆968辆，卸载各类货物7819.45吨，交通运输部门罚款249.83万元，交警部门罚款14.77万元、驾驶证记分1293分，查处货源单位75户次、非法改装车辆8台、吊销从业资格证4本、吊销车辆营运证13本。执法工作扎实开展。2022年，克服疫情等影响，主动联合公安交警等部门开展联合执法检查，“重拳”出击，有效巩固执法成果，保障交通运输市场安全平稳畅通。全年共开展客货运市场执法检查217次，出动执法人员3984人次，查处客运违法违规车辆541台次，处罚金额249万元。信用交通试点顺利通过评估。作为全省“信用交通试点市”，在公路工程、道路运输、水运工程等重点领域开展信用评价工作。对全市1114家“两客一危”企业、39.6万名从业人员进行分类信用评价，对公路（水运）工程562家企业进行信用评价。2022年8月，亳州市顺利通过省交通运输厅、省发改委对“信用交通市”创建试点的评估验收。交通质量安全持续加强。全面开展农村公路技术指导服务，送服务到基层、到工地，结合工作实际，印发《农村公路混凝土路面施工质量控制要点》。加强对“省市联合”监督项目及国省干线公路质量安全监督，全年开展质量安全综合督查2期，下发通报等16份，抽查实体质量4755处，发现并整改问题99个，保证工程质量高位持续运行。

【农村道路建设】2022年，采取一周一调度、半月一提示、每月一通报等形式，强力推进农村公路项目建设。2022年11月份全面完成农村公路建设任务，为助力乡村振兴提供坚实支撑。全市全年共完成农村公路提质改造工程249.6千米，完成危旧桥梁改造34座，完成农村公路养护工程973.7千米。蒙城县成功创建安徽省“四好农村路”示范县。

【交通助力经济社会发展】2022年，落实“疫情要防住、经济要稳住、发展要安全”的要求，牵头做好主城区7个交通卡点的疫情防控工，全面落实保通保畅措施，助企纾困。因表现突出，市交通运输局共有1个单位、5个基层党组织、6名工作人员荣获省市表彰。其中，市局荣获“安徽省先进集体”，一线防疫人员张宏伟荣获“安徽省先进工作者”。筑牢疫情防线。按照上级安排，自2022年1月5日至12月7日，牵头负责的交通卡点共查验人员699.2万人次，查验车辆197.3万辆次，核酸检测209.68万人次，查验黄码648人、红码67人，有效防止疫情通过交通卡点进行传播。落实保畅措施。畅通货车司机健康码申诉绿色通道，做好重点产业链供应链“白名单”企业物流运输服务。全面落实统一规范的通行证制度，使用全国统一规定的“重点物资运输车辆通行证”，实行“一车一证一线路”，保障各类重点物资运输车辆快速便捷通行。全力助企纾困。制定印发《亳州市疫情防控期间物流运输行业纾困政策》，给予运输重点企业生产物资、执行政府指令性运输任务等车辆驾驶员补贴16.6万元。积极落实减费降税政策，2022年为企业取消货物港务费用65万元，为船民减免船舶检验费用300万元。积极推进农村客运补贴及城市交通发展奖励政策落实，共发放资金4883.6万元。组织银企对接，精准帮扶企业，共走访企业76家次，现场解决问题21个，办理企业留言24个，召开银企对接会8场次，参与企业近500家，共推介15个交通建设项目，初步达成意向20亿元，有效推动企业复工复产，激发企业的市场活力。

【安全生产保障】2022年，全年召开4次党组会议进行专题研究。坚持以开展各类专项行动为抓手，深入排查行业领域内安全隐患。全年组织专项督查10次，下发通报6期、督办单30份，组织开展企业约谈4次，约谈企业27家次。积极创新安全监管形式，全力开展“爱航、护航、伴航”和“旁站式”监管服务工作，开展“旁站式”管理服务工作55次，出动工作人员165人次，保障学生平安渡运3600余人次，过渡群众7.8万余人次，市海事中心被市委、市政府授予“平安亳州建设工作先进集体”。扎实开展道路隐患排查，完成省、市挂牌督办道路交通安全隐患整治116处，全市农村公路16776公里全部排查，排查隐患19599处，隐患里程5173公里。2022年，亳州市辖区交通运输领域未发生安全事故，与2021年（5起事故，伤亡8人）相比，实现事故起数与伤亡人数双下降，安全生产形势稳定向好。

（杨华卿）

·公 路·

【汤王大道涡河隧道建成通车】2022年，汤王大道涡河隧道建成通车。汤王大道涡河隧道南起汤王大道与和平路交口处，下穿涡河、郑店子湿地公园、小洪河，终于汤王大道与古泉路交口处，路线全长1345米。隧道主线为双向六车道，设计时速60千米/小时，隧道内采用机械通风，工程概算投资约6.27亿元。隧道开通后，缓解了两岸市民快速过河通行压力，对完善市区路网规划、拉动涡北区域经济社会发展具有重要意义。

【G237、S306蒙城绕城段一级公路改建工程建成通车】2022年，G237、S306蒙城绕城段一级公路改建工程完工通车。G237蒙城绕城段一级公路。路线全长11.62公里，采用一级公路标准，兼具城市道路功能，工程建设总投资约16.5亿元。其中，涡河五桥桥长1065米，主桥为（165+83+40）米独塔不对称斜拉桥，主塔采用三柱式桥塔。S306蒙城绕城段一级公路。路线全长6.24公里，采用一级公路标准，兼具城市道路功能，工程建设总投资约11.5元。其中，涡河四桥桥长1072.5米，主桥为（80+145+80）米三跨变截面预应力混凝土连续刚构。G237及S306蒙城绕城段一级公路建成后，进一步完善蒙城县城外环线大通道，与途经县城的G237、G329、S309等国、省道构成骨干公路网，同时，串联起宁洛高速、综合客运枢纽站、蒙城高铁

2022年10月18日，亳蒙高速谯城（立德）至涡阳（标里）段项目建设现场
（任亮霓　摄）

站等，形成高效快速的立体交通网。

【G329利辛绕城段一级公路新建工程完工通车】2022年，G329利辛绕城段一级公路新建工程完工通车。路线全长9.752千米，采用一级公路标准，工程建设总投资约4.6亿元。工程于2020年9月1日开工建设，2022年8月28日完工通车。通车后，极大改善了全县的交通状况，有效提高了公路运输网的服务水平，有力推动和促进区域经济的更好发展。

（杨华卿）

·铁　路·

【普通铁路】亳州站位于亳州市谯城区，北距北京西站751千米，南距九龙红勘站1656千米，隶属上海铁路局，现为二等站。上下行均为电气化区间，办理客货运业务。总占地面积34799平方米，站房属于仿汉建筑，总建筑面积9574平方米，是原站房面积的6倍，从北至南，依次为中铁快运营业室，出站口，候车室，售票处，办公区。站台采用无站台柱雨棚设计。亳州站是京九铁路上较大客运站、始发站。始发合肥、上海、宁波、温州等多趟列车，通达全国70个重要城市中的50多个。

【高速铁路】亳州南站位于亳州市高新技术产业开发区，隶属于中国铁路上海局集团有限公司，主要过境线路有商合杭铁路（京九高速铁路）、亳蚌城际铁路（规划）。2016年11月，亳州南站站房和站前广场规划设计方案通过专家评审。2018年4月20日，亳州南站开工建设。2019年11月，亳州南站站房进入内部装修和外部配套设施的建设阶段。2019年12月1日，亳州南站随商合杭高速铁路北段的开通而投入运营。亳州南站总规模约86000平方米，其中站房面积为15000平方米，站台规模为5台10线，设计客流高峰期可同时容纳1500人。亳州南站站型为高价落客平台线侧平式站型，站房主体分为三层，地下1层，地上2层。地下一层以出站集散厅、出站通廊、商业开发、餐饮为主的功能布局；地上一层以进站集散厅、售票厅、VIP候车室、贵宾厅、旅客服务为主。地上二层以候车厅、军人候车区、重点旅客候车区、母婴室为主的功能布局。落客平台下面为架空层，主要为人流疏散、各种交通衔接、配套服务提供公共空间。

【铁路春运】2022年，亳州铁路春运40天发送旅客35.8万人次，同比增长22.6%，日均发送旅客0.9万人次。2022年铁路春运自1月17日起至2月25日止，节前15天，节后25天，共计40天，比2021年春运提前11天。为满足春运期间旅客出行需要，亳州火车站增开旅客列车10列，其中始发4列（上海方向2列，宁波方向1列，东莞方向1列），高铁亳州南站计划增开旅客列车17列，其中始发8列（省内方向4列，上海方向3列，杭州方向1列）。

·亳州交通投资控股集团有限公司·

【概况】亳州交通投资控股集团有限公司经营范围涵盖公共交通、城市环卫、汽车服务、交通基础设施建设、建筑施工、建材供应、商业运营、新能源等业务板块。2022年，集团公司实现收入14.82亿元，其中竞争性子公司实现经营性收入15.84亿元，完成岗责目标的106.62%；实现经营性净利润2532万元，完成岗责目标的110.09%；上缴经营性税费3274万元，完成岗责目标的163.70%；上缴国有资本经营收益1.1亿元。截至2022年底，集团资产总额122.16亿元，所有者权益56.64亿元，资产负债率53.64%，国有资本保值增值率102.11%，相比2021年集团资产规模增长13.34亿元，增幅12%。2022年，集团取得授信20.62亿元，落实放款22.9亿元。加大直接融资力度，注册发行5亿元非公开发行公司债券，票面利率3.9%，创2020年以来安徽省同期限、同评级私募债最低利率。拓展间接融资市场，以子公司为授信主体，落实放款14.9亿元，平均利率4.5%，极大降低了融资成本，让集团发展“轻装上阵”。2022年，集团涌现好人好事1300余件，拾遗现金3.6万余元，收到锦旗12面，感谢信2封，徐艳等10余名优秀党员、党务工作者获得省市表彰，公交驾驶员高团结获评“亳州好人”，通达利公司团支部获评“安徽省五四红旗团支部”、市级“青年安全生产示范岗”等荣誉称号，5路木兰线荣获“安徽省三八红旗集体”荣誉称号。

【项目建设】2022年，集团围绕交通主业，优化交通资本布局，完成多个项目建设。亳蒙高速公路谯城（立德）至涡阳（标里）段项目完成投资5.51亿元，完成岗责目标的137.75%。亳州高铁南站金融商务中心项目完成预验收。集团首个分布式光伏发电项目成功并网，向新能源领域迈出第一步。亳州港多式联运综合物流园项目完成立项、可研、航评、岸线审批等前期工作，各项工作有序推进；亳州市智慧停车场项目完成十河、赵桥地块主体验收工作，已开展各业态招租工作，中心城区道路停车泊位运营已启动收费；规范养护运维管理，做好S309大中修维护和小修保养工作，累计实现产值约3280万元；李门楼还原小区（二期）还原房已交付。

【运营管理】2022年，省道309收费站全年共迎送车辆622万辆，通行费收入2514万元。通过搭建橇装加油装置、定制流动加油车等方式，打造流动补给站，多途径为客户提供油品补给服务，打通能源供给“最后一公里”。全年供油4415吨，收入超4000万元。采取“未建先售”模式及时将309收费站广告资源投向市场，避免资产闲置，降低成本投入。

【民生保障】2022年，优化调整公交线路44条，新增环线3条，新增改造站台200余处，公交线网科学性、市民满意率、上座率不断提升。便民停车更省心，完成道路泊车一期1330个泊位和亳州市智慧停车信息服务平台建设，进一步盘活城市公共停车资源。养老助餐更暖心，着力构筑助餐服务网，为27个养老助餐点、800余名老人提供团餐配送。

【国企改革】2022年，推进国企改革三年行动开展，规范管理党委会议事决策程序和范围，集团及子公司全部将党建工作写入企业章程。制定董事会向经理层授权的工作方案、授权管理制度和授权清单，充分发挥董事会定战略、作决策、防风险功能。全面深化薪酬分配、全员考核和劳动用工改革，加大企业内部分配和绩效考核权重，实行全员绩效考核，实现“业绩升、薪酬升、业绩降、薪酬降”的强激励和硬约束。坚持市场化用人理念，集团所有空缺岗位和新设岗位，全部有序开展管理人员竞聘上岗。采取“揭榜挂帅”的方式选拔4个优秀团队在项目一线经风雨、长才干，推荐选拔6名年轻干部到基层一线、关键岗位、重要项目挂职锻炼，进一步拓宽干部视野、丰富干部阅历。

【集团党建工作】2022年，在亳蒙高速一期、金融商务中心等重点项目成立临时党支部，把党的政治优势转化为项目推进优势。公交集团“五小党建”入选省级“领航计划”培育库，安车集团“365党建融合”入选市级“领航计划”示范库。以廉洁从业评价为“小切口”，同下属6家单位签订廉洁从业责任评价清单。开展“实干兴企”作风建设年专项活动，重点对议定事项落实、信访事项办理、工程项目进展开展专项督查，确保各项任务责任到人、落实到位。助力疫情防控工作，2022年4月，向利辛县捐赠200万元用于疫情防控，组建公务车应急保障突击队，运输里程超25万千米。融入社区包保工作，全年累计开展志愿活动、不文明劝导140余次，派出350人次参与三轮车治理劝导。支持乡村振兴工作，捐助利辛县阳光村10万元用于中药材项目建设，助农消费5万余元。

（李　超）

邮　政

【概况】2022年，亳州市邮政、快递企业（含总部直营分支机构）49家，从业人员6000人。邮政营业场所139处，其中普遍服务场所102处。快递末端服务网点2000个。行政村快递网点覆盖率100%。全年邮政行业业务总量完成38.56亿元（全省第2位），同比增长30.86%（全省第1位）；业务收入完成26.5亿元（全省第4位），同比增长13.86%（全省第1位）；快递业务量完成4亿件（全省第2位），同比增长55.39%（全省第1位）；快递业务收入完成18.19亿元（全省第3位），同比增长33.92%（全省第1位）。邮政业务总量和快递业务量规模首次进入全省前两位，邮政业务总量增速连续第4年居全省第1位。

【国家邮政局领导到亳州调研】2022年3月1—2日，国家邮政局党组成员、副局长陈凯到亳调研邮政快递业发展情况。省邮政管理局、亳州市人民政府主要负责同志陪同调研。在亳期间，陈凯一行深入谯城区十八里镇小怀村、孙口村和蒋李村等快递服务站了解快递进村“邮快电”合作情况，并赴圆通电商创业园、市电商快递产业园等调研快递电商融合发展、快递共配模式、快递包装回收利用及快递进校园等情况。陈凯调研时指出，亳州市邮政快递业近年来发展速度很快，为商贸流通和乡村振兴做出了重要贡献，创新举措值得点赞。

【行业监管】2022年，邮政监管体系进一步完善。8月，涡阳县编委批复设立涡阳县邮政业发展中心，公益一类全额拨款事业单位，核定事业编制5名。全市邮政普遍服务网点全部落实《邮政普遍服务》标准，邮政普遍服务末端投递能力进一步提升。机要通信平稳安全运行，扫黄打非、邮票发行和社会监督工作有序开展。依法查处未经许可经营快递业务或超范围经营快递业务等违法行为15起。

【安全生产】2022年，开展邮政快递业安全生产专项整治三年行动，开展重点领域安全风险隐患排查治理。加强督查检查和隐患排查，确保“三项制度”得到落实。完成党的二十大、全国“两会”等重大活动时期寄递渠道安全保障工作。市邮政管理局连续第5年获评“全市安全生产和消防工作先进单位”。

【寄递物流体系建设】2022年4月，市政办印发《亳州市加快农村寄递物流体系建设实施方案》，推动“快递进村”工程提档升级，年内建成300个标准化村级快递服务站点和50个村级寄递物流综合服务示范站点。市电商快递产业园一期于11月建成投入使用，中通、极兔、丰网等企业已进驻亳州。涡阳县电商快递产业园8月挂牌，全县10家邮政、快递企业全部入驻，形成23000平方米的邮政快递业聚集区。亳州圆通、亳州韵达区域分拨中心建设完成并投入运营，转运时效节省6～8个小时。

【“交邮”合作】2022年11月10日，谯城区举行“交邮合作”项目启动仪式，市邮政管理局、谯城区邮政业发展中心、市邮政分公司、谯城公交公司负责人参加启动仪式。交邮合作依托农村乡镇客运站，乡镇邮政所及农村电商网点，改造提升乡镇客货邮政服务站，充分“利用公交的腿，借助邮政的点，畅通物流的网”，为城乡居民提供更加快捷、便民、优质的寄递服务。

【快递服务现代农业】2022年，亳州“花草茶”“香辛料”“养生膏”被国家邮政局授予“2022年全国快递服务现代农业金牌项目”。其中，“花草茶”以2.12亿件寄递量位列金牌项目第2位，已经连续第4次获评；“养生膏”“香辛料”首次入选，以年寄递量3300万件、1100万件位列金牌项目第11、91位。

【从业人员权益保障】2022年，联合交通、发改、人社等七部门出台《亳州市做好快递员群体合法权益保障工作实施方案的通知》。省邮政管理局党组书记、局长伍洲文，省总工会副主席阮怀楼，市委书记杜延安，市长秦凤玉等领导到亳州邮政、快递企业慰问一线快递小哥。强化人才队伍建设，组织开展快递从业人员技能提升培训，共培训 295 人次。强化纠纷调解，联合市人社局在全市新业态行业率先成立劳动争议调解委员会。

（刘虎诚）

通 信

【无线电管理】安徽省无线电管理委员会办公室亳州管理处是安徽省经济和信息化厅派出机构。主要职责是宣传贯彻执行国家和省无线电管理的方针、政策，管理亳州市辖区内无线电频率的指配使用、无线电台站的建设布局，开展无线电频谱监测和监督检查，协调处理市辖区内无线电管理有关事宜，下辖亳州无线电监测站。2022 年，连续 3 年获评市直单位效能考核良好等次，1 人获评市直单位优秀党员。被省经济和信息厅评为 2021 年度先进单位，1 人获优秀个人。在全省无线电技能竞赛中获得信号分析科目三等奖。工信部无管局和国家无线电管理网站、《安徽日报》、中安在线、《亳州晚报》等平台累计报道亳州市无线电管理工作 25 次。

社会服务工作。2022年，优化整合皖事通7项行政许可事项，更新频率台站等相关业务表单及范本。无线电业务一网通办，全程网办。全年共办理无线电行政许可等业务35件，核换发电台执照4457个。保障引江济淮工程、蒙城县气象雷达等重要业务用频，指导办理申请审批业务。商请省无线电监测站协助完成蒙城县通用机场选址电磁环境测试工作。指导和服务广电5G基站建设发展、各电信运营企业日常业务办理等工作。妥善解决联通公司32处WLAN站点干扰110处5G基站、公安部门117处专用设备大范围干扰市县人口密集区数百处通信基站等问题，协调推动教育系统治理违规滥用手机信号屏蔽器干扰基站通信等企业难点痛点问题。

无线电工作。2022年，开展无线电频谱监测工作，完成3400～3600兆赫、P频段、省际边界区域700兆赫频段等专项监测任务4次，开展赴县监测巡查7次，全年累计监测29490小时，编发频谱监测统计报告12期，7期获全省优秀等次。受理排查市人防办、市移动公司等干扰投诉6起，立案2件，累计消除各类干扰源152处。无线电安全保障。完成党的二十大、冬奥会、冬残奥会、全国、省、市“两会”等期间的无线电安全保障任务7次，教育、人事、司法等各类考试无线电安全保障45次，累计出动无线电技术人员300余人次、无线电监测和管制车辆160余辆次。常态化开展辖区内民航航线、铁路、气象等重要无线电业务保护性监测。党的二十大期间快速查处市区“黑广播”1起、GPS干扰1起，收缴非法设备3套。无线电监管工作。开展频率年度检查、卫星地球站及短波无线电台站核查工作，核查重点台站发射频率、参数23套次。开展业余无线电管理清查整顿工作，赴实地核查清理过期僵尸台站23个，补办设台手续14件。组织“双随机一公开”等执法检查2次，先后联合市场监管、公安、海关等部门开展无线电发射设备销售市场专项检查、打击非法无线电设备入境专项行动等工作3次，核查各类无线电设备70余套，整改各类问题13个。无线电监测能力提升。新增华日移动监测站一套，实现20兆赫～26.5吉赫频段范围内的监测、20兆赫～18吉赫频段范围内测向能力。新增考试专用无线电数传作弊监测系统1套。

（吴曙光）

【电信】中国电信股份有限公司亳州分公司成立于 2000 年 8 月，隶属于中国电信安徽公司，下辖涡阳、蒙城、利辛三个县级分公司和 2 个市区销售服务中心。2022 年，分公司业务发展总量 16.8 亿元，全业务收入突破 10 亿元。市电信公司先后荣获安徽省文明单位、安徽省安全文化示范单位、安徽省劳动竞赛先进集体、中国电信集团先进集体等荣誉，利辛营业厅荣获“亳州市三八红旗集体”荣誉，亳州希夷营业厅荣获“亳州市文明窗口单位”荣誉，公司网络高级专家韩啸、姜伟获得“安徽省重大合理化建议奖”、网络高级专家姜培荣获评“亳州工匠”荣誉称号。

信息安全工作。2022年，警企协同开展信息安全工作。对内严格入网审核，开展安全加固，筑牢反诈防线，提供反诈线索40余条，配合公安抓捕5个反诈窝点。对外联合市公安局成立亳州市首家反诈骗教育基地，提升反诈骗工作的社会宣传力度。

疫情防控保障工作。2022年，委派100多名党员参与政府基层防疫工作超2000次，先后调配110余人支援亳州市公安局、谯城区组织部、蒙城县防疫办、利辛县卫健委，高效完成数据流调。投入1万余台智能门磁设备，保障市人民医院、县区方舱医院等重要防疫区域；打造200多台智能监控闸机，保障谯城区乡镇卫生院等重点区域防疫监管；组建5个专项护网队伍，保障市政府防疫调度工作视频会议。

云网能力建设。2022年，整合公司内外部资源，有序开展网络部署，全年新建5G基站1101处，累积建设5G基站2215处，实现全市集镇及以上区域5G网络连续覆盖，风景区、网红打卡地等重点区域5G网络厚覆盖，全年建设千兆光网端口52万个，率先覆盖全市城市区域及重要乡镇。

（丁　浩）

【移动】2022年，中国移动亳州分公司电信业务总量累计完成18.54亿元，同比2021年增长15.2%。完成5G投资3.7亿元，新建1207处5G站点。截至2022年底，累计建成5G站点3001个，5G网络覆盖广度深度进一步拓展，实现城区和乡镇双网覆盖，持续保持网络领先优势。获全省“5G网络建设劳动竞赛”二等奖、“5G网络品质领航”先进集体荣誉称号。

数智服务。2022年，推动百业智能化改造和数字化转型，推进云计算、大数据、人工智能等技术创新和应用，构建“连接+算力+能力”新型信息服务体系，支撑“数字亳州”建设。建成全国首个白酒行业5G工业互联网项目——古井集团智能园5G全连接工厂。加快5G+智慧农业、5G+智慧医疗、5G+智慧交通、5G+智慧教育等应用落地，助力政府打造3个中药材数字农业示范基地；建成“亳州全民健康信息平台”、亳州5G+智慧停车场项目，获评工信部主办的全国“绽放杯”5G应用优秀奖；建成亳芜园区第九小学5G+智慧校园，获评2022年度智慧教育典型案例，并收录至《“5G+智慧教育”发展及产业图谱白皮书（2022）》。

服务政府中心工作。2022年，完成党的二十大、亳州“两会”、药博会等重大活动通信和网络安全保障，实现“零重大故障、零安全事件、零重大投诉”。打击治理电信网络诈骗犯罪与不良信息治理，落实“断卡2.0”专项行动，涉案号码量由2021年56件降至18件，同比下降67.9%。疫情防控“三个保障”落实有力。全力做好隔离点、方舱医院等重点场所的网络保障，累计出动保障人员650人次、保障车辆260辆次。乡村振兴目标超额完成。派出驻村干部4名，投入帮扶资金28万元，购买集团对口扶贫县农产品50.51万元，助销利辛等脱贫县农产品44.41万元，完成率全省第二。

（李晓波）

【联通】中国联合网络通信有限公司亳州市分公司（以下简称“市联通公司”）于2001年4月6日成立，主要职能是提供网络通信服务。

推进移网5G化，为不同的客户目标群打造产品套餐。加快线上化转型，优化线下实体渠道，以5G、智家、权益等创造价值、打动客户。

搭建智慧行业平台，推广“钉钉”等品牌产品。新增L900基站63个，L1800基站142个，室分系统19处，竞合电信室分3处，对3所高校54台设备进行扩容；专线业务开通364条，提速40余条；扩容谯城区Bras地址池8个C，OLT上联扩容50余条，OLT新开10余个。

提升用户上网感知，整治宽带弱光。通过整改主干线路质量、基站标准化、接入网设备整合、去除三级分光组网、重点合作商技术帮扶等措施，光衰不达标准率降低至2%以下，网络质量提升。

（市联通公司）

城乡建设与管理

亳州涡河两岸　　　　（刘勤利　摄）

城乡规划

【概况】2022年，亳州市编制完成《亳州市省际毗邻区域中心城市战略规划》，为省际毗邻区域中心城市建设和高质量发展提供规划路径和依据。开展道东片区概念规划和城市设计以及城东文化新区控制性详细规划编制工作，谋划区域发展格局，完善和提升区域城市功能，指导和规范区域规划建设。编制完成神农大道与合欢路交口东南角街坊、魏武大道与香附路交口东北角街坊及25个地块控制性详细规划，已经市自然资源和规划管理委员会研究通过。

2022年，科学推进村庄布局分类及规划编制工作。根据《安徽省村庄规划编制指南》及省自然资源厅要求，完成自然村及行政村的村庄布局分类工作。将行政村分为五类，其中特色保护类66个、城郊融合类254个、集聚提升类741个、搬迁撤并类30个和其他类103个；将13629个居民点分为四种类型，其中提升型2491个、稳定型7811个、收缩型1544个、撤并型1783个。经市县两级统筹合力推进，完成527个集聚提升类及有条件有需求村的“多规合一”实用性村庄规划编制工作。为加强村庄风貌引导，体现乡土特色和地域特点，经征求意见、专家论证、规委会审议，《亳州市村庄规划编制规程（试行）》于2022年11月印发实施。

【审批质效提升】2022年，制定建设工程规划许可证豁免清单，简化建设单位申报流程，降低申报成本。完成5轮审批制度改革，大幅压减审批时限和申报材料，审批效率和系统应用居全省前列。将项目策划生成事项由依申请办理事项转变为政府全程代办的政府内部运转事项，帮助103家企业制作“项目策划生成数据文件”，平均为每家企业节省2天申报材料准备时间。组织召开22次市自然资源和规划管理委员会全体成员会，审议规划相关议题53个，其中新建项目规划设计方案32个、规划设计方案调整项目10个、地块控规及总体规划等议题11个。发放“一书两证”312件，其中《建设项目用地预审与选址意见书》36件、拟用地面积约5928.16亩，《建设用地规划许可证》103件、拟用地面积约8529.96亩，《建设工程规划许可证》173件、建筑规模约目前已基本完成803.82万平方米。

【规划批后管理】2022年，加强规划批后管理，推进中心城区项目规划跟踪管理全覆盖，依据《亳州市建设工程规划批后管理办法》，实行验线全覆盖，完成项目验线122个，验线率达100%，保障规划刚性和有效实施。依法做好规划核实工作，依申请开展规划核实，引入第三方复核单位，出具建设工程竣工核实技术报告，依法依规办理“规划核实合格证”63件。

（周　项）

住房和城乡建设

【概况】2022年，亳州市住房和城乡建设局围绕亳州市“六一战略”部署，落实省住建厅“五个住建人”要求，聚焦“发展、安全、管理、建设、民生、改革”六大任务推进工作。2022年，出台《支持县域建筑业高质量发展的实施意见》，新增施工总承包一级资质2家、二级资质116家，全市一级资质建筑业企业总数达到16家、二级资质建筑业企业总数达到160家，分别比2021年增长14%、264%。

【建筑业发展】2022年，全市建筑资质企业1522家，在库337家。实现全年建筑业总产值184.74亿元，增速10%；各项关联指标稳步提升，其中建安工程投资由6月份的-18.2%提升至12月底的4.3%，全省排名第9位，摆脱后进位次。支持装配式建筑和绿色建筑发展，新开工装配式建筑面积213.96万平方米，占比29.6%，竣工面积225.98万平方米，占比23.65%，新增装配式生产基地2家（利辛鼎基和利辛联诚钢结构）。全市民用建筑绿色建筑竣工比例90.07%，既有公共建筑改造规模18.79万平方米，既有居住建筑改造68.71万平方米，市行政中心等8个项目采用合同能源管理模式加强运行节能，85个公益性单位或工业企业通过光伏发电实施可再生能源代替，发电量79兆瓦。在亳芜园区探索推进超低能耗建筑发展，积极帮助亳芜园区申报绿色发展低碳片区。推进《亳州市建筑市场信用管理办法》落实，充分发挥信用评价在创新监管机制、提高监管能力方面的基础性作用，强化对企业行为的监管，实现信用评价结果与企业招投标、评优评先等挂钩，有效规范建筑市场秩序。

【安全生产工作】2022年，坚持疫情防控常态化，落实防控机制、建立项目“五级包保”机制，持续优化各项疫情防控措施，开展工地现场常态化巡查，全年累计开展疫情防控检查159次，发现并整改问题200多个，确保全市建筑工地未发生聚集性疫情传播。开展自建房屋安全隐患排查整治，排查城乡自建房157.5万户，疑似存在安全隐患房屋3.63万户，全部落实工程或管控措施，排查整治工作两次被省住建厅通报表扬，全省自建房整治工作现场会在亳州市召开。完成农村低收入群体危房（抗震）改造902户，持续提高农房设计建造水平。防范化解建筑领域安全风险。强化安全责任落实，完善监管制度，坚决防范遏制重特大事故发生。2022年市级共抽查在建建筑工程320个，下发执法检查建议书25份，移交市城管执法部门进行处罚案件11件；县区共检查在建项目1229个，查处问题项目24个。实施行业质量安全“两扫、两铁”行动，“智慧工地”“绿色工地”“红色工地”“安心工地”试点创建，亳州市61个项目被省住建厅认定为试点项目，占全省的13%。积极引导企业争创省级安全标化工地，16个项目获得认定。安全生产事故起数和死亡人数“双下降”。加强和改进建设工程消防设计审查验收管理，全年共办理消防设计审查320项、消防验收233项、消防验收备案301项。排查全市存在室内消火栓无水高层住宅小区139个，截至2022年底已整改完成106个，整改率76.26%。

【工程质量监管】2022年，强化工程质量监管，制定实施《强化亳州市新建住宅工程质量竣工交付监督管理》等6项制度，开展质量问题专项治理，整改完成问题570项，立案处罚8个存在较严重问题的项目；加大工程质量市级督导检查力度，累计检查项目82个，下发整改通知单71份，约谈企业4家，实施信用惩戒3起，移交处罚9起；推行住宅工程业主开放日制度，累计覆盖项目33个，房屋23945套，参与业主8287户，发现问题4339条，全部整改到位；开展质量创标创优活动，2022年度，全市26个项目通过市级质量标化工地评选，28个项目通过芍花杯评选，9个项目通过黄山杯评选；推进住宅工程质量保险试点工作，全力守住工程质量底线。

【城市更新项目建设】2022年，按照“体检先行、示范引领、统筹推进”的工作思路，从生态宜居、健康舒适等8个方面，构建5大维度、18个类别，共80项城市体检指标体系。建立全方位、全覆盖的数据采集体系，摸清城市短板，把脉“城市病”，提出“诊治”对策建议，形成亳州城市自体检报告。在城市体检采集数据的基础上，以低效闲置地块和零散棚户区为重点，科学规范编制《亳州市中心城区城市更新专项规划》，将中心城区划分成8个更新片区，平均面积18.45平方千米，同时梳理出老旧小区改造、棚户区改造等十大更新工程，谋划项目11大类，总投资166.06亿元，已融资授信51.5亿元，占比31%。研究出台《亳州市城市更新实施办法》等一系列政策制度，保障城市更新各项工作落实落细。建成希夷大道等4条9.8千米城市主干道“白加黑”更新改造，提升交通通行品质；建成杜仲路、合欢路下穿京九铁路立交工程，打通铁路两侧交通瓶颈；建成汤王大道涡河隧道、三清大道PPP项目，缓解涡河两岸通行压力，闭合主城区东外环。聚焦上学、就医等群众急难愁盼问题，重点打造第三十四中学、第十小学、第八幼儿园，提速亳州中医药学院、市儿童医院、市肿瘤医院、市中医院二期项目建设，加快推进第八小学主体工程建设，聚力保障市职教园区全面开工，进一步优化公共服务设施布局，城市功能品质显著提升。

【历史文化名城保护】2022年，编制完成《亳州历史文化名城保护规划》《亳州市北关历史文化街区保护规划》等7部名城、名镇、街区保护规划。采用“微改造”方式，下足“绣花”功夫，优化历史文化街区修缮策略。梳理和发掘历史文化遗存，新增公布20处历史建筑，截至2022年底亳州市共有历史建筑133处。在全省率先聘请10名省、市级历史文化名城保护专家顾问，擦亮“国家历史文化名城”金字招牌。及时完成《亳州国家历史文化名城保护条例》修编工作，使历史文化遗存保护有法可依，持续强化历史文化遗存保护与利用。

【住房保障】2022年，因城施策，着力做好保障房、公租房“两房”建设，棚改、旧改“两大改造”。棚户区改造计划新开工13611套、基本建成17084套，实际完成新开工13667套、基本建成17150套，超额完成各项棚改年度目标任务，完成量居全省前3。完成投资78.46亿元，拉动全社会总投资增加近100亿元。2022年亳州市首次实施保障性租赁住房工作，利用现有房源完成3808套保租房发展任务，获得省住建厅充分肯定。公租房“兜底”保障力度加大，计划发放租赁补贴1260户，实际发放租赁补贴1800户，发放率为142.86%，居全省前列。有效解决3.8万户城镇中低收入家庭等困难群体的住房问题。计划改造老旧小区91个，实际改造99个，惠及居民10529户，完成率全省第1。通过改造，城镇居民人居环境明显改善。2022年亳州市住房保障工作成效显著、亮点纷呈，各项工作位居全省前列，省政府拟对亳州市棚户区改造、保障性租赁住房和老旧小区改造工作进行激励。

【环境保护治理工作】2022年，坚持“厂、网、河、岸”系统推进城市黑臭水体整治，市本级12条黑臭水体整治工作全面转入生态修复及后期管护阶段。同时按照省厅目标任务要求，坚持“一河（湖）一策”原则，全面开展县城黑臭水体核查评估，督促各县科学制定整治方案。三县依照实施方案开展控源截污、生态修复等治理工程，初见成效，省市多次水质检测中均未发现水体反黑反臭问题。常态化抓好扬尘防治和文明创建督导检查，推动“绿色工地”建设。加大市级扬尘督查频次和处罚力度，2022年，累计开展市级扬尘督查检查796次，下发整改通知单129份，扣除信用分65起，移交立案处罚18卷，验收通过23家扬尘污染防治优秀示范工地，达到标杆引领示范效果。深入推进农村生活垃圾治理，进一步健全农村生活垃圾收运处置体系，农村生活垃圾无害化处理率99.93%；针对集镇周边垃圾收集不净、垃圾桶满溢等问题，累计开展督查暗访10次，发现问题及时督促整改；加大对市场化公司考核力度，推动企业提高服务质量；抓好农村生活垃圾分类治理试点工作，全市已有4个乡镇和79个村开展生活垃圾分类和资源化利用试点工作。

【工程建设项目审批制度改革】2022年，提前完成省市营商环境改革任务，审批时间进一步压减，验收时间由原来的15个工作日压减至6个工作日，时长压减60%。出台《带方案出让和简易低风险项目拿地即开工方案》《用地清单制实施细则》；14个项目实现“拿地即开工”，6个项目实行“用地清单制”，2个项目实现“验收即拿证”。大力推行“高效办成项目前期一件事”“多测合一”“地理信息图应用”，优化公用报装服务，提升综合服务窗口服务质效。2022年2月，亳州市工程建设项目审批综合服务窗口被省文明委和省住建厅命名为“全省住房城乡建设系统文明服务窗口”。“人防四纳入”改革作为改革优秀案例被住建部2022年第六期工改简报刊载报道。“亳州市建立施工许可豁免清单帮助小微市场主体减负”被省政府办公厅《安徽政务交流》作为解决“一类问题”典型案例在全省交流。

（周　倩）

·亳州城建发展控股集团有限公司·

【概况】亳州城建发展控股集团有限公司主要承担市政府委托的城市基础设施和公共事业的建设、融资、运营和管理等职能。同时，坚持走市场化和投资多元化的道路，旗下子公司涉足房地产开发、工程施工、工程咨询管理、中医药、公用事业、建材商贸、股权投资等多个产业领域。2022年，城建集团完成经营性收入62.75亿元，上缴经营性税费3.4亿元，完成融资资金77.21亿元。

【项目建设】2022年，按照市委、市政府部署要求，推进项目建设，累计完成投资30.43亿元。创园绿化、涡河综合治理及游园项目已全部完工；华佗广场、魏武广场停车楼项目已完成验收；亳州电商快递产业园项目一期单体及周边室外配套、3#、5#、7#楼周边室外配套已竣工验收；市本级政府还原小区地下车库改造项目，金街家园、亳芜家园、南湖家园等6个小区改造项目已基本完成，其他还原小区地库改造工作正在积极推进；中心城区菜市场项目，芍花路菜市场、三曹路菜市场已完成竣工验收，人民路菜市场已基本完工。

【地产商业运营】2022年，城建集团竞拍商住用地7宗、总面积32.83公顷、总金额11.18亿元，为集团公司持续经营、稳健发展奠定基础。商业运营方面，华佗广场•永安里商业街于2022年10月1日开业，“十一”假期开业引爆全城，其间客流量逾57万人次，已成为亳州休闲消费新地标。宁波保税区进口商品（亳州）直销中心于2022年11月5日在建安文化广场盛大开业，填补亳州市区进口商品业态的空白，开业3天营业额达46万元，客流量逾1.2万人次，为周边居民带来全新的休闲购物体验。

【融资工作】2022年，城建集团创新融资模式，多方比选融资方案，多措并举拓宽融资渠道，开展流动资金贷款、信托贷款、融资租赁等多项工作。全年完成间接融资审批33.41亿元，落实资金23.41亿元；完成直接融资审批43.8亿元，落实资金43.75亿元。按季度编制宏观经济分析报告和债务分析报告，详细分析宏观经济数据、公司债务情况，为集团公司开展融资工作提供参考。

【国企改革三年行动】2022年，推进国企改革三年行动计划。根据集团改革三年行动方案（2020—2022年）要求，明确33项改革重点任务，逐条逐项挂图作战，任务完成率达100%，高质量完成国企改革三年行动收官工作。同时，召开城建集团第一届董事会第一次会议，修订公司章程、董事会议事规则等，全面落实董事职权，完善集团现代企业治理体系。

【信息化工作】2022年，集团不断提高信息化、数字化管理水平，推动网络安全水平提升。持续优化集团OA系统、督查督办管理系统、人力资源管理系统，完成云平台验收和管理培训。根据发展需求及时定制信息管理系统，不断加强集团数据管理，切实提高数据运营水平。完成集团网站及6个信息系统等级保护备案，为公司网站、线上系统提供安全保障。

（张启业）

城市管理

【概况】2022年，亳州市城市管理局围绕全国文明城市创建、国家园林城市创建、生活垃圾分类、疫情防控、城市生命线安全工程等工作。开展市容秩序大治理、环境卫生大清扫、园林绿化大提升、市政设施大体检专项行动。在市中心市政公园、体育公园、亳州高铁站、城市展览馆和杜仲路、芍花路、药都路、希夷大道部分路段开展“席地而坐”城市客厅示范区域大创建活动。共查处和规范各类店外经营3500处，排查整治户外广告、门头店招10013处。开展主城区餐饮油烟整治行动，3184家餐饮门店已全部安装油烟净化设备，油烟净化器安装率达到100%。规范共享单车管理，施划停车点1446处。开展联合徒步执法，建组建27支联合徒步执法组，在市区21条主干道持续实施徒步巡查管理，解决可视范围内城市管理和文明创建问题5000个。

2022年，亳州市城市管理局被国家机关事务管理局、中共中央直属机关事务局、中华人民共和国国家发展和改革委员会、中华人民共和国财政部联合授予“节约型机关”称号。获2022年度安徽省建设工程“黄山杯”奖，被亳州市信访局评为全市信访工作先进单位。亳州市公用事业管理服务中心被安徽省住房和城乡建设厅授予“学雷锋活动示范点”。城南地表水厂获2022年全省住房城乡建设系统“学雷锋活动示范点”荣誉称号；王潜被人力资源和社会保障部、住房和城乡建设部授予“全国住房和城乡建设系统先进工作者”称号；傅春凯、周瑞民、方鹏等7人被安徽省住房和城乡建设厅评为“先进个人”。

【城市生命线安全工程】2022年，亳州市城市生命线安全工程（一期）项目建设，于2022年3月25日开工建设。范围覆盖亳州市建成区118平方公里，总投资9136万元。项目对城区燃气、桥梁、供水、排水等领域开展风险评估，对存在较大风险的184公里燃气管网、17座桥梁、152公里供水管网、575.31公里排水管网实现安全监测，共安装前端感知设备3072套。项目重点针对燃气、桥梁、供水、排水四个专项，构建“一网一库一平台”的城市生命线应用工程。2022年6月13日，亳州市城市生命线安全运行监测平台试运行，在全省范围内率先完成城市生命线安全工程一期项目建设，获省奖补500万元。

【暖民心行动】2022年，亳州市因地制宜实施停车便民工程，新增城市停车泊位14836个，其中城市公共停车泊位3714个。合理规划创造“增量”，城市新建住宅小区按不低于1∶1.2标准配建停车泊位，2022年规划建设和改造停车场13处。规范管理激活“存量”，出台《机动车停车场管理办法》《机动车停放服务收费管理办法》，制定相关实施方案，依法推进停车规范管理，清理占道停放的“僵尸车”、货柜，减少公共停车位资源占用，鼓励群众使用地下公共停车场，缓解地面交通压力，73个地下公共停车场已经投入使用。智慧服务用好“变量”。建成统一的停车信息管理和服务系统平台，逐步推进有条件的单位停车场资源信息接入，推广智慧停车服务，实现“能开放则开放”目标，推行“错时开放”，提高停车设施利用效率，科学划定临时停车泊位，满足群众临时停车需求。在城市主要交通路口建成遮阳（雨）棚14个。

【国家园林城市创建】2022年，建成区内市区两级共实施绿化建设项目12个，建成区新增绿地约50万平方米。亳州市绿地率达40.36%、绿化覆盖率达42.55%、人均公园绿地面积达14.3平方米/人、公园绿化活动场地服务半径覆盖率达86.11、万人拥有绿道长度1.55千米、城市绿道服务半径覆盖率达68.44%，各项指标达到创建标准要求。完成建成区绿化遥感测绘分析，编制创园技术汇报视频、创园画册，协调市区完成创建申报材料的汇编整理。开展立体绿化试点建设，谋划6处试点项目，完成5处完成方案设计。推进沿线绿化补缺补差，实施街头绿地改造，完成改造提升11处；加强沿线绿化管养，提高绿化品质。2022年12月，国家园林城市创建通过省厅专家组初验。

【市政设施建设】2022年，全年制水5898万吨。涡北地表水厂土建工程完工，三水厂土建工程量达30%；开展打击偷盗水行动，先后排查存在问题用水户600余户（包括宾馆、酒店、浴室、企事业单位及个人用户），补缴水费40余万元，移交司法机关2户，全年漏损率下降1.21%。2022年完成24.5千米燃气老旧管网改造。管道天然气年供气达2.1亿方，液化石油气年供气达3.8万吨。开展污水处理提质增效，城区四座污水处理厂安全稳定运行，改造污水管网39.26千米，完成缺陷点整治84个，年处理污水8990.2万吨，产生的54415.54吨污泥全部无害化处置。各污水处理厂平均进水BOD浓度上升到99.6毫克/升，与2021年相比提升21.6毫克/升。实施人行道提升改造8.3平方千米。实施空中管线整治。市本级完成牡丹路、养生大道等20个路段弱电下地和城区131个居民小区及390条小街巷空中管线整治。完成高新区800套路名牌、城区1万多杆市管路灯“身份证”的安装。

【安全生产】2022年，开展城镇燃气安全排查整治和城镇燃气安全整治“百日行动”。共排查一般隐患6532处、重大隐患7处，建立问题、任务、标准、责任“四项清单”，实行清单式台账管理。对居民及非居民燃气用户进行地毯式入户安检，全市执法检查1711次，处罚19次、26.8万元，打击违规供应非法气源行为7起，吊销燃气经营许可证企业2家。实施燃气安全正规化建设。推进城镇燃气场站经营企业安全生产标准化（三级）建设，截至2022年底，已有21家城镇燃气场站经营企业通过评审验收。实施窨井盖安全排查专项行动。维修更换城区供排水以及燃气、弱电井盖1839套，雨水篦子1501套。实施安全出行行动，完成建安隧道健康监测和11座桥梁维修加固。修订《亳州市城市防汛应急预案》，开展防汛应急演练，完成雨水管网清淤280公里，落实防汛排涝点位责任制，专业应急抢险及时进行应急处置，成功应对9次较强降水。全年消除路灯故障和安全隐患8563件。

【城市综合管理服务平台建设】2022年，初步建成城市运行管理服务平台。整合城市综合管理服务平台中的智慧市政、智慧园林、智慧环卫、综合执法等城市管理行业应用系统，接入城市生命线，创新研发城市防汛“云调度”、五车监管“一拍明了”、园林绿化“一框统计”、共享单车“一网统管”等智能化应用场景。应邀参加住建部数字城管系统，国家十项标准中第五、第六、第九、第十部分的制定工作，2022年在省对市系统平台运行情况考核中位列第2位。亳州市数字城管城市运行管理服务平台建设经验被国家住房城乡建设建部向全国推广。2022年7月28日安徽省住房城乡建设厅城市监督管理处组织全省15个地市网上观摩亳州城市运管服平台系统。8月15日，全国市长研修学院（国家住房和城乡建设部干部学院）在昆明举办的加快城市运行管理服务平台建设推进城市“一网统管”培训班上，亳州市作经验交流。8月24日，住房和城乡建设部城市监督管理局在青岛召开的“2022年度住房和城乡建设系统领导干部专业能力提升培训班”上，亳州市作经验介绍。

【生活垃圾分类】2022年，出台《亳州市城市生活垃圾分类管理办法》。推进生活垃圾分类投放设施的建设，对108个小区368处分类投放点进行验收，对145个居民小区增设生活垃圾分类亭281处，对132个物业小区初步实施撤桶并点工作。完善填报生活垃圾分类管理信息平台资料，2022年第二、三季度亳州市生活垃圾分类持续保持位列全国125个小城市组第21位，全省6个小城市组第2名，全省综合排名第8位。2022年亳州市市辖区生活垃圾日处理能力1400吨。2022年共焚烧生活垃圾37.66万吨，发电量15956.65万千瓦时；布桶3892只，日收集厨余垃圾约110吨，全年共处理餐厨废弃物31188吨。生活垃圾无害化率达到100%。

（王纪福）

房地产管理

【概况】2022年，全市房地产开发投资453.1亿元，同比下降0.1%，较上半年回落10.7个百分点。从投资类型看，商办用房投资较快增长，住宅投资总量较去年基本持平。2022年，全市住宅投资375.4亿元，较2021年增加328.0亿元，占全部投资的82.8%，其中仅90平方米及以下户型住宅投资下降5.7%，其他住宅投资保持增长；商业营业用房投资45.6亿元，增长14.3%，占全部投资的10.1%；办公楼投资5.4亿元，增长39.9%，占全部投资的1.2%；其他投资26.7亿元，下降22.6%，占全部投资的5.9%。从投资结构看，建安工程投资仍占主力。2022年，全市建安工程投资344.8亿元，下降0.8%，下拉房地产开发投资0.6个百分点，占全部投资的76.1%；全市土地购置费95.6亿元，增长8.9%，拉动房地产开发投资增长1.7个百分点，占全部投资的21.1%。分载体看，投资增长差异明显。2022年，利辛县房地产开发投资65.8亿元，增长23.6%，位居全市第1位，拉动全市增长2.8个百分点；涡阳县和蒙城县房地产开发投资分别为90.2亿元、103.0亿元，增长8.5%、9.6%，拉动全市增长1.6个和2.0个百分点；亳芜现代产业园区和谯城区房地产开发投资分别为11.8亿元、77.3亿元，下降2.9%、17.0%，下拉全市0.1个和3.5个百分点；亳州高新区房地产开发投资104.9亿元，下降11.1%，下拉全市2.9个百分点，房地产开发投资总量占区固定资产投资总量的比重超6成，对区投资增长影响较大。

【房地产销售】2022年，一系列支持刚需和改善性购房需求的政策落地实施，全市商品房销售面积和销售额降幅均有所收窄。全年全市商品房销售面积519.6万平方米，同比下降24.2%，降幅较上半年收窄6.6个百分点。从销售类型看，现房销售市场表现较好，全市现房销售面积71.4万平方米，增长2.3倍，占全部销售面积的13.7%，占比较去年提升10.6个百分点。全市商品房销售额288.9亿元，同比下降27.6%，降幅较上半年收窄8.9个百分点。分载体看，仅涡阳县和亳芜现代产业园区商品房销售面积保持增长，其他县区出现不同程度下滑。涡阳县和亳芜现代产业园区商品房销售面积分别为80.0万平方米、17.7万平方米，增长3.1%、27.6%。占全市销售面积的15.4%、3.4%；谯城区、蒙城县和利辛县商品房销售面积分别为123.2万平方米、118.2万平方米、85.4万平方米，分别下降14.8%、18.8%、17.1%，占全部销售面积的23.7%、22.7%、16.4%；亳州高新区商品房销售面积95.1万平方米，下降52.6%，占全市销售面积的18.3%，占比较去年回落11.0个百分点。

【商品房待售库存减少】2022年，全市商品房待售面积80.5万平方米，同比下降8.7%，总量较一季度和上半年分别减少50.7万、24.6万平方米。从待售类型看，住宅待售面积43.7万平方米，下降32.2%，占全部待售面积的54.3%；商业营业用房待售面积32.8万平方米，增长48.4%，占全部待售面积的40.8万平方米；办公楼待售面积3.0万平方米，增长82.3%，占全部待售面积的3.7%；其他待售面积1.1万平方米，占全部待售面积的1.3%。

（李春芳）

·安徽古井房地产集团有限责任公司·

【概况】2022年，古井房地产集团统筹推进疫情防控和经济发展，履行国企责任，选派两名员工长期参与高速卡口防疫，为利辛捐赠200万元，助力疫情防控。选派3名干部常驻蒙城县三义镇刘园村，助力乡村振兴。实施减免物业房租举措，累计减租300余万元，帮助市场主体减负担、渡难关。参与市区三轮车治理工作，助力文明城市创建。公司荣获亳州市“安全生产和消防工作先进单位”称号、“亳州市希望工程爱心单位”称号。古井逍遥苑项目被评为“安徽省建筑安全生产标准化示范工地”。

【项目建设】2022年，古井颐康园、逍遥苑、悦蓉庄等在建项目有序推进。完成竣工项目预算与时间成本对比分析和在建项目月度成本偏差分析，项目成本管控日益加强。全年完成工程项目结算23项，结算审减金额达825万元，经济签证审减金额达246万元，审减率高达43%。

【物管品牌管理】2022年，古井物业公司深化“服务业主”经营理念，全年处理公区维修、业主报事报修近8000余件。成功拓展谯城区政府办公楼物业服务项目。落实党建引领“红色物业”发展，与亳州市谯城区汤陵街道办事处共谋创建悦湖城邻里服务中心。推广实施现场“5S”管理，物管品牌影响力持续提升，获亳州市“年度最具影响力的物业服务企业”称号。

【古井悦湖城项目获“广厦奖”】2022年，中国房地产协会、住房和城乡建设部住宅产业化促进中心联合公布第十届（2021—2022年度）“广厦奖”第二批获奖项目。古井房地产集团开发的古井悦湖城名列其中。该奖项为房地产开发最高奖项。这是古井房地产集团第二次获得“广厦奖”。

古井悦湖城项目由安徽古井房地产集团有限责任公司开发建设。项目位于花戏楼路与香附路交口北侧，与陵西湖公园一路之隔。项目总占地面积约172亩，建筑面积约33万平方米，是由17层阔景洋房和25～33层观湖高层、风情商业街区、高层办公组成，于2020年5月完成竣工验收交付。该项目曾先后获得“安徽省建筑安全生产标准化示范小区”“2019—2020年度安徽省房地产行业特色物业奖”等荣誉称号。

（穆　琳）

国土资源管理

【概况】2022年，出台《亳州市落实最严格耕地保护制度若干措施》，提出8条措施，压实耕地保护责任。组织开展流失耕地摸底调查工作，推进2021年度流失耕地排查整改工作，全市及各县区实现年度耕地面积不减少。实施土地复垦整理项目，已完成补充耕地5526.73亩，超额完成省级下达的5000亩补充耕地任务。因地制宜实施旱地改造为水田项目，验收入库9004.67亩，耕地质量等别平均提升0.79等，粮食产能增加71.49万千克。加强设施农业用地管理及保障，办理设施农用地备案3409.71亩。其中，亳州市2021年耕地保护成绩突出、土地节约集约利用成效好、闲置土地处置效果明显，被省政府督查激励，并奖励1000亩新增建设用地计划指标。

【行政执法工作】2022年，完成全市自然资源和规划系统40个基层中心所更名和职责重新核定工作，全市66个乡镇基层林业站所挂牌成立。针对自然资源和规划机构改革后，执法队伍不统一问题，经协调推进，市国土资源执法支队已更名为市自然资源和规划（林业）执法监察支队，并对职责进行整合，统一行使国土资源、林业、规划执法职责；对谯城分局所属城北木竹检查站和土地执法监察大队进行编制职责人员整合，设立谯城分局和城区分局自然资源和规划（林业）执法大队，完善执法监察机构。以“零容忍”的态度和措施对待增量农村乱占耕地建房问题，结合卫片执法、耕保督察、例行督察等问题图斑，核查疑似新增农村乱占耕地建房问题。

【资源要素保障】2022年，建立并落实市、县用地要素保障会商协调推进机制，提高服务质效。全年共召开会商会44次，会商项目192个。完成13个片区土地征收成片开发方案编报审批工作，涉及片区用地2.95万亩，已全部获批和备案。上报省政府审批单独选址项目8个，面积775亩，已全部获批。接收县区报件99个批次，面积1.3万亩；市政府审批104个批次，面积1.32万亩（含部分2021年批次用地）。2022年全市计划储备建设用地规模为1.35万亩，实际储备建设用地1.61万亩，完成全年任务的119%。分类实行“统一规划、分期供地、分期建设”的方式供应土地，提高土地利用效率。推行工业用地带方案出让及“用地清单制”，保障优质工业项目用地需求。2022年，全市供应土地599宗、面积2.62万亩，成交价款89.3亿元。积极盘活存量低效闲置土地，全市批而未供土地处置基数为2.42万亩，已处置7432亩、处置率30.65%，闲置土地处置基数为1.94万亩，已处置8766亩、处置率45.14%，两类土地已超额完成年度处置任务目标。工业低效土地已处置66宗、面积5513亩。盘活农村建设用地，印发《全市农村集体经济组织使用集体建设用地兴办（举办）企业的指导意见》，完成23宗集体建设用地使用权审批工作，面积260亩；在谯城区试点推进农村集体经营性建设用地入市工作，出让集体经营性建设用地7宗、面积154.82亩，出让金1870.4万元；城乡建设用地增减挂钩项目已组卷22个批次、面积5633亩，验收往年上报项目1.62万亩，在省域内流转增减挂钩节余指标3000亩，交易金额12.5亿元。颁发首宗地热资源采矿权证，完成BR02探矿权保留登记工作，按时完成17件重点项目的压矿查询服务业务。

【规划编制工作】2022年，亳州市完成国土空间总体规划“三区三线”划定，划定成果已获自然资源部第一批批准使用。全市划定耕地保护红线876.08万亩、永久基本农田面积775.25万亩，市中心城区城镇开发边界182.93平方千米、生态保护红线42.78平方千米，并在此基础上编制形成《亳州市国土空间总体规划（2021—2035年）》初步成果。市级“十四五”矿产资源总体规划编制工作及各县矿产资源总体规划审批工作已完成，国土空间生态修复规划已通过专家评审。

【政务服务】2022年，开展“四送一服”及“推进自然资源要素对接”活动，开展政策宣讲158次，要素对接会301次，“双招双引”顶格对接571次，召开座谈会184次，调研走访企业项目759家，解决企业项目问题330个。推行不动产登记网上（掌上）办理，推广使用不动产登记电子证照，实现不动产登记业务不见面或最多跑一次及7×24小时不打烊服务，不动产登记服务更加便民利企。2022年全市共颁发证书43.6万本，证明9.95万份，其中通过“互联网+不动产登记”办理各类不动产登记业务2.97万件，使用电子签名签章和电子合同等电子材料“无纸化”办理4682件，延伸服务办理登记业务3.32万件。推动部门大联动、业务大协同，提前介入各审批事项，不断简化优化工作程序，推进“拿地即开工”“交地即发证”“交验即发证”“交房即发证”，建设用地规划许可证、不动产权证、建设工程规划许可证和建筑工程施工许可证实现一站式、一天内“四证齐发”，有效助力工程建设项目早开工、早投产。印发《亳州市中心城区国有划拨土地上房屋上市交易暂行办法》《关于工业项目分幢不动产登记有关问题的意见》《解决部分工业项目不动产登记历史遗留问题的处置意见》，推行工业项目“分幢办理”“灵活抵押”及登记材料齐全时“免收登记费”、规划执法时“轻违免罚”、竣工验收时“容缺办理”等一系列举措，聚力解决不动产登记难题。2022年，完成80多个划拨土地上商住小区的调查工作，为228个工业项目办理分幢登记，为50家有历史遗留问题的企业项目办理不动产权证。积极推进农村“房地一体”确权登记发证工作，全市宅基地总数为140.67万宗，现外业测绘已全面完成，权籍调查及权属审批已接近尾声，已登记43.6万宗。统筹推进解决“难安置”问题与稳定商品房销售有效结合，“难安置”专项治理工作完成房屋安置12970套，涉及安置户7629户。深化工程建设项目“多测合一”改革，印发《亳州市工程建设项目“多测合一”工作实施方案（试行）》和《关于在社会投资简易低风险项目开展房产测绘“测算合一”的通知》，开放测绘市场，推动测绘成果在部门间共享。

【安全生产工作】2022年，印发年度安全生产工作要点及安全生产重点任务清单，每月组织召开安全生产联络员会议，协调推进工作落实。开展12项专项活动，开展安全生产大检查，检查生产经营单位230家次，排查整改隐患251个。执行汛期24小时值班和领导带班等制度，开展地质灾害防治自查自纠工作。积极推进亳州市地面沉降骨干监测网建设，启动地面沉降InSAR解译工作，完成全市地质灾害风险调查外业验收工作。做好安可替代工作，加强网络安全督导检查及隐患排查。把好来访人员疫情防控关口防输入，管好内部人员外出审批报备抓防控，做好防疫物资储备使用重防护，落实落细各项疫情防控举措。

【基础能力建设】2022年，科学实施矿山生态修复工程，申报跨年度项目2个，于2022年底前实现施工队进场施工；印发《亳州市2022年采煤沉陷区矿山生态修复和耕地复垦目标任务通知》，明确2022年治理目标任务；在实施袁店二矿采煤沉陷区省级综合治理项目的基础上，同步开展涡北煤矿、许疃煤矿、板集煤矿等在建生产矿山“边开采、边治理”项目，并于2022年底前基本完成主体工程施工。统筹开展自然资源统一确权登记工作，市本级北凤沟、罗沟、蒋湾沟、南湖，利辛县白洋沟、黄沟、青龙沟，以及蒙城县拉马沟等自然资源统一确权登记项目已通过省专家组验收。“三调”数据成果已推送至相关单位，建立覆盖全市的国土调查共享应用数据库，全面推进“三调”成果共享应用。全面完成亳州市243个测量标志的普查、验收问题整改工作，完成2022年度亳州数字城市地理空间框架建设基础地理信息数据的更新。积极推进“天地图·亳州”的共享与应用，为社会公众提供最新、安全、可靠的地理信息服务资源。在2022年市级地理信息公共平台综合评估中，“天地图·亳州”首次被评为五星级节点。全力推进2022年度国土变更调查工作，完成全市3.14万个国家监测图斑及上半年地类变化图斑、跟踪图斑、自提图斑的外业举证以及内业上图建库。及时形成“一张图”数据最新成果，完成规划、报批和供地等核心业务数据库更新，为国土空间规划、各项业务审批监管和辅助决策提供有力支持；推进卫星中心建设，建立健全相关制度机制，及时接收分发遥感影像和卫片执法监测图斑数据，为亳州市卫片执法核查、历史遗留矿山核查、土地报批和供应等提供底图。强化政务信息公开，切实保障群众的知情权、表达权、参与权和监督权。规范档案管理，积极推进档案数字化建设，全市自然资源和规划系统共计完成45万余卷（件）库存档案的整理、数字化及修复工作。

（周　项）

林业资源管理

【概况】2022年，亳州市组织召开2次总林长会议和3次市级林长会议，全面贯彻国家和省林长制工作最新决策部署。6月21日，市级总林长、市委书记杜延安专题召开林长制工作会议，研究部署深化新一轮林长制改革工作，查摆2021年林长制工作存在的问题和薄弱环节，分析原因，针对性制定整改措施，聚力摆脱林长制工作落后局面。市政府主要负责人、分管负责人多次主持召开全市林长制工作专题推进会议，压实县区林长工作责任。

【林长制度建设】2022年，调整《亳州市重点生态功能区域市级林长分工方案》和各级林长责任区，推进林长制综合管理平台应用，林长和林长制“五个一”信息全部录入平台。落实巡林制度，发布市总林长令2次，印发林长提示单5次，督促各级林长按时巡林，全市各级林长、护林员应用“林掌 A_{PP}”巡林巡护实现全覆盖。市县两级林长直接联系林业产业基地和林业经营主体120个，联系乡村级林长403名，及时全面掌握基层实际情况，推动林业产业基地和经营主体高质量发展。

【平安森林行动】2022年，加强森林资源保护，严格使用林地管理，坚持保民生工程、保基础设施建设的原则，审核审批徐淮阜高速亳州段等重点建设项目48个，涉及使用林地3225.15亩。扎实开展森林、草原监测和森林督查，全面完成国家林草局下发亳州市51个森林、草原监测样点任务和1361个森林督查疑似图斑现场核实任务。湿地保护修复，蒙城县北淝河国家湿地公园已申请试点验收，涡阳县包河省级湿地公园已批准试点建设，建成多处湿地保护小区，全市新增湿地保护面积13.35万亩，湿地保护率为51.82%，达到全省平均水平。加强野生动植物保护，建立打击野生动物非法贸易联席会议制度，开展联合执法“2022清风行动”，查处破坏野生动植物资源案件33起。办理穿山甲、羚羊角、熊胆粉等国家重点保护野生动物行政许可审核事项227件、“三有”陆生野生动物审批事项9件。古树名木全部实行挂牌保护，对树势衰弱的古树及时开展针对性复壮、抢救和修复。在城市征迁和开发建设中，对126株古树后备资源进行登记造册，实行避让保护。建立森林防火网格化体系，提高重点区域防火码扫码率，购置6万多元森林防火储备物资，全年无森林火灾发生。

【健康森林行动】2022年，科学安排绿化用地，编制印发《亳州市造林技术导则》，提升国土绿化标准。推进“四旁四边四创”国土绿化行动，完成人工造林0.99万亩、森林抚育5.7万亩，创建省级森林城镇4个、森林村庄46个，均超额完成省级下达任务。组织开展道路沿线绿化大会战，针对农村道路绿化缺棵断档现象，林业、交通等部门联合行动，共完成664条路段补植补栽任务，栽植树木21.5万株。全面实施江淮运河生态廊道工程，完成沿线15千米范围内人工造林0.22万亩、森林质量提升1.44万亩。投入资金527万元，抓好美国白蛾防控，防治作业面积达124万亩，实现发生面积、危害程度“双下降”。

【实施金银森林】2022年，扶持新型经营主体发展，申报安盛农业特色林业高质量发展示范园、利辛县硕丰省级特色林业高质量发展示范园为第二批省级特色林业高质量发展示范园，为亳州市谯城区农民合作社联合会新型林业经营主体申报林下经济项目30万元。引进和发展龙头企业12家，种植美国薄壳山核桃等经济林产业5.5万余亩，为周边村民提供就业岗位1600个，人均年收入增加6000元；因地制宜多模式探索发展林药、林蔬、林禽、林旅等林下经济，年经济总产值达10.36亿元，带动就业16.77万人，实现林农、林企增收致富。

【碳汇森林行动】2022年，编制《安徽省亳州市蒙城县国有白杨林场林业碳汇试点方案》，探索碳汇造林新模式，推广人工造林、森林抚育及退化林修复经营模式和关键技术，建设林业碳汇基地9500亩。加强林业碳汇计量监测，着力构建林业碳汇数据库。

【活力森林行动】2022年，推进集体林权制度改革，办理林权抵押登记5件，抵押贷款金额2582万元。发展绿色金融，落实“五绿兴林·劝耕贷”融资4200万元，为蒙城县国有白杨林场办理公益林补偿收益权质押贷款30万元。推进森林保险，与国元保险公司签订森林保险协议，为全市2.82万亩公益林和5.39万亩商品林办理政策性保险。

（周　顶）

水资源管理

【概况】2022年，全市推进地下水保护和治理，完成用水总量、用水效率双控和水量分配、生态流量管控任务。实施地表水源置换、关停中深层自备井、加大违法违规取用水行为查处等措施压采地下水使用，深层地下水平均水位稳中有升。围绕水土保持、节约用水、《地下水管理条例》等相关水法，开展送水法进社区、进机关、进企业、进学校等活动。推进节水型社会建设，谯城区、涡阳县、蒙城县被水利部命名为节水型社会达标建设县区，利辛县完成节水型社会达标建设。

【初始水权分配制度】2022年，全面完成全国重点河湖名录明确的477条河湖基本生态流量保障目标确定工作，有序开展已建水利水电工程生态流量复核。加强生态流量日常监管，严格跨省流域省界断面、重要控制断面和生态流量控制断面下泄流量水量水位考核和监督检查。加快推进江河流域水量分配。新批复10条以上跨省江河水量分配方案，累计达到应分配江河数量的77%以上。

【取用水监管】2022年，开展取用水管理专项整治行动“回头看”。推进取用水管理专项整治行动，在完成整改提升的基础上开展“回头看”，利用日常监管、专项检查、“双随机、一公开”监管等方式，加大违法取用水查处力度，规范取用水行为及管理秩序。

【河湖生态环境复苏】2022年，开展母亲河复苏行动。落实复苏河湖生态环境指导意见及实施方案，全面排查确定断流河流、萎缩干涸湖泊修复名录，制定“一河一策”“一湖一策”，开展母亲河复苏行动。

【地下水管理条例配套制度建设】2022年，贯彻落实《地下水管理条例》，制定地下水开发利用管理办法，推进地下水回补、地下水管控指标确定等标准制修订工作。加快编制海（咸）水入侵、地下水战略储备、禁限采区划定相关技术规程。研究编制地热能开发禁止和限制取水范围划定规程。

（周　彪）

电力资源管理

【概况】2022年，全社会用电量93.11亿千瓦时，同比增长13.85%；全口径售电量87.58亿千瓦时，同比增长15.25%。全年电网最大负荷达到230.18万千瓦，同比增长3.1%。营业户数244.46万户。全年未发生大面积停电事件。

【两率统计】2022年，全市供电可靠率99.9071%，同比增加0.04个百分点；城市供电可靠率99.9406%，同比增加0.02个百分点；农村电网供电可靠率99.9028%，同比增加0.05个百分点。全市综合电压合格率99.920%，城市综合电压合格率99.990%，农村电网综合电压合格率99.912%。

【供电服务】2022年，办电措施更加优化。实现低压小微企业电力接入工程260米以内的10千伏普通用户涉电审批告知承诺制或备案制，对需行政审批的10千伏及以下高压用户实行并联审批。在安徽政务服务网实现线上“全程网办”，线上办电渠道进一步丰富，实现资料更简、环节更少、时间更快。办电成本持续压降。全面推进“三零”“三省”落地，为低压小微企业节省投资1200万元，为大中型企业客户节省投资2500万元。加强园区服务，开展临时用电租赁业务，与高新区、亳芜园区签订电力线路共建协议1.04亿元。扎实开展客户受电工程“三指定”专项治理行动，查处并整改问题27个。服务风险防控进一步强化。开展投诉高发班组治理，实行问题清单销号管理。加强服务问题闭环管控，持续强化客户诉求处理审核督办机制，编制《2022年供电服务投诉典型案例》，组织基层单位学习借鉴。严格落实意见类工单提级管控，对各渠道客户诉求实行市级直查。全年投诉压降成效明显。供用电安全可靠水平提升。推行配网规划建设一体化管理，统一设备选型和工艺工序，实施标准化建设改造。聚焦服务乡村振兴战略，大力实施农村电网巩固提升工程，建成8个“美丽乡村、电力先行”电气化示范项目，1个项目被评为“国网2022年度配网百佳工程”。

（孙龙涛）

教 育

2022年9月3日，亳州市第二小学开展少先队入队仪式　　（洪　雷　摄）

概 述

【概况】2022年，亳州市共有各级各类学校2259所。其中，普通高等教育学校2所，成人高等教育学校1所，中等职业学校13所，普通高中33所，普通初中279所，小学908所，特教学校4所，幼儿园1019所。全市共有在校生1137415人。其中，普通高等教育22517人，成人高等教育20180人，中职教育45652人，普通高中111047人，普通初中262593人，小学500022人，特教学校1439人，幼儿园173965人。全市共有教职工78533人。其中，专任教师68007人。

2022年，亳州市青少年学生心理健康教育和管理模式在第五届长三角德育论坛上作经验交流。在安徽广播电视台分期展播市教育系统25个关爱留守儿童事例。在全省率先开展中小学法治副校长年度考核评价机制，受到省教育厅、省司法厅和省法宣办的高度评价，并被法制网和《安徽法制报》等多家媒体宣传报道。《安徽青年报》整版报道亳州市课后服务典型做法，《创新课后服务举措，推动扩容提质增效》和《围绕“两个全覆盖”办好群众天天有感的民生实事》案例入选全省中小学课后服务工作典型案例。亳州市被省政府评为“职业教育改革发展真抓实干成效明显市”，市教育局被市政府评为“全市信访先进单位”、被省教育厅授予全省幼儿园优秀自制玩教具展评活动优秀组织奖。

【党的建设】2022年，健全组织强基础。成立市委教育工委，填补历史空白，理顺教育管理体制，解决上下不对称问题。充分发挥市委教育工作领导小组作用，健全党委统一领导、党政齐抓共管、部门各负其责的教育领导体制。全市教育系统新增基层党组织26个，发展党员649人。选派312名党建指导员，加强民办学校党建指导。强化学习提素养。提高“一月一学一课一片一实践”和“三会一课”实效，组织158名中小学校党组织书记参加全国第六届网络培训示范班，组织976名中小学校党组织书记参加国家教育行政学院举行的专题网络培训。推进改革强保障。成立校外教育培训监管科（民办教育管理科），充分发挥民办学校行业党委作用。推进中小学校党组织领导的校长负责制，代拟省级方案初稿，贡献亳州智慧，受到省委组织部和省委教育工委的肯定。全市共有132所学校推行党组织领导的校长负责制，占比为53.44%，超额完成省级下达的目标任务。创先争优强示范。发挥党员先锋模范作用，选派党员干部驻点市信访局接访，深入参与疫情防控。实施“登高计划”，加强“五星基层党组织”建设，新创建“五星基层党组织”21个、“五星远教站点”25个。

【教育提升工作】2022年，出台实施《亳州市教育系统干部能力作风提升年实施方案》，扎实开展能力作风提升年活动，深入推进“三严三实”“马上就办、真抓实干”作风建设，加快提升教育治理能力，重点整治教育系统形式主义和官僚主义，消除“虚、躲、冷、粗、假”五种作风顽疾。全面提高教育质量。出台实施《亳州市基础教育质量提升三年行动计划（2022—2024年）》，加快提升基础教育质量，推动“有学上”向“上好学”转变。发挥教研第一推动作用，成立市级学科教学研究指导组36个，开展各项学科指导组活动100余次，组织中小学线上教学教研活动68次。开展中小学幼儿园优质课、优秀教育论文评选，组织义务教育作业设计大赛。录制教学资源课172节，45节获得省级精品课。评选645名市教坛新星，推荐81名参加省级评选。推进市级科研课题立项和结题，立项168项，结题237项。评选第四届市级优秀教科研成果42项。坚持“五育并举”，深化“三全育人”，开展第六届师生校园读书创作、“童心向党”等活动，组织传统武术、五禽戏、文艺院团进校园等活动，评选美育特色学校20所、劳动教育特色学校20所。落实市政府教育质量奖，激励县区和学校担当作为。参与文明城市创建，得到市委、市政府肯定。加强中小学生心理健康教育，下发《亳州市教育局关于进一步加强心理健康教育工作的通知》，出台《亳州市教育局加强全市青少年学生心理健康教育工作方案》，成立亳州市心理健康教育领导小组。

开展以适应性辅导、考前心理调节、挫折防范等为主题的专题讲座100多场次，受众师生及家长4万余人次。亳州二中《坚持立德树人 推动学校多样化有特色发展》案例入选全省普通高中多样化有特色发展典型案例。利辛县入选2022年安徽省实施德智体美劳“五大行动”实验区。加快建设智慧学校。投入资金1.86亿元，建设城镇中小学智慧学校261所，实现城镇中小学智慧学校建设全覆盖，且全部实现与省平台互联互通。建设亳州智慧教育平台，搭建督导考核、走班排课、网络教研等系统。

【教育结构优化】2022年，促进学前教育普及普惠发展。出台实施《亳州市“十四五”学前教育发展提升行动计划》。新建、改扩建公办园38所，新增公办学位7350个。评定市级特优园35所、市级一类园37所。开展幼儿园办园行为督导评估。认定普惠性民办园341所。实施幼儿园延时服务，2022年秋季学期实现全覆盖。促进义务教育优质均衡发展。加快推进义务教育优质均衡发展县区创建，改善义务教育学校基本办学条件，支持义务教育学校多渠道补充优秀教师。深化教育联盟（集团）建设，探索跨市（区）联盟办学形式，支持亳州市第九小学与安徽师范大学合作办学，组织主城区2个优质教育集团开展城乡教育联合体试点。促进高中教育特色多样发展。出台实施《亳州市“十四五”县域普通高中发展提升行动计划》，治理普通高中大班额，确保全清除、无新增。落实部属、省属高校县中托管帮扶项目。支持中央美术学院托管帮扶利辛七中、淮北师范大学托管帮扶涡阳县义正书院高级中学、安徽师范大学托管帮扶蒙城县第六中学、蚌埠医学院托管帮扶利辛县第十中学，实现区域内薄弱县中托管帮扶全覆盖。促进职业教育提质培优发展。划拨土地575亩、总投资13亿元开工建设亳州市职教园区。推进涡阳县职教园区建设，建成利辛机电科技学校新校区、亳州市崛起职业技术学校。获批省颁A类标准中职学校2所、省颁B类标准中职学校1所。成立亳州市校企合作服务中心，建设校企合作服务平台，组织全市职业院校对接160家本地企业。亳州幼儿师范学校教师团队参加全国职业院校技能大赛教学能力比赛，荣获二等奖的好成绩。促进民办教育规范有序发展。举全市之力规范民办义务教育发展，统筹用好关停取缔、核减计划、转型发展、购买学位等路径，压减存量、调优结构。全市民办义务教育在校生规模占比3.53%，市域及所辖各县区均完成民办义务教育在校生规模占比不超过5%的调控目标。

【教育改革创新】2022年，创新教师交流机制。建立中小学教师积分遴选机制，全市面向乡村学校积分制遴选教师679名，打破过去以“考分高低论英雄”的弊端，激励乡村教师爱岗奉献、安心教书、潜心育人。推进“县管校聘”管理改革，交流轮岗中小学教师2366人、校长118人。创新学校招生制度。完善义务教育招生政策，升级网上报名招生系统，出台最严招生纪律，严格落实“十项严禁”等纪律要求，规范义务教育招生。健全普通高中招生制度，从2021年秋季入学的初中七年级学生开始，将生物学（含生物学实验操作考试）、地理科目学业水平考试成绩计入2024年初中学业水平考试总分，纳入普通高中录取成绩，2024年初中毕业时不再统一组织实施国学经典考试。创新教育评价机制。组建教育评价改革专班，印发《中共亳州市委教育工作领导小组秘书组关于做好全省首批深化新时代教育评价改革试点项目工作的通知》，组织新时代教育评价改革专题调研和典型案例评选活动。创新法治教育机制。参加2022年全国“宪法卫士”行动计划，全市有71.4万名中小学生参与在线竞赛，合格率、优秀率全省第一，6年蝉联全省青少年“宪法卫士”法治宣传教育桂冠。

【师资水平提升】2022年，全面推行师德师风考核负面清单制度，实行师德考核“一票否决”。开展“药都最美教师”“最美职教人”“市级师德标兵”评选表彰活动。组织庆祝教师节系列活动，营造尊师重教浓厚氛围。培养名师队伍。实施“123”名校长培养工程，评选“2535”名师331名。设立名校长工作室10个、名师工作室70个。承办2022年安徽省第六届中小学青年教师教学竞赛，组织9名选手参赛，1人获得省特等奖和“安徽省五一劳动奖章”，5人获省二等奖和“安徽省优秀青年教师”称号、3人获省三等奖和“安徽省青年教育教学能手”称号。蒙城县逍遥路小学丁秀老师获得省级班主任基本功大赛小学组一等奖（第一名），并代表安徽省参加长三角班主任基本功大赛。强化师训干训。举办各类校（园）长培训班3期、培训校（园）长409人次，举办各类教师培训班15期、培训教师67384人次。亳州市在全省长三角经验交流会上就师资培训作典型发言（全省2个），4个中小学教师信息技术应用能力提升工程案例在全省范围内推广。

【校园环境治理与教育宣传工作】维护校园安全稳定。完善校园疫情防控机制，全力阻断疫情在校园传播。健全校园安全季度调度推进制度。深入推进校园安全专项整顿，开展校园安全暗访督查10次，整改安全隐患1237处。提升防范化解重大风险能力，建立健全接访下访、包案化解、阅批群众来信、督办群众来电等制度。市教育局获评“全市信访先进单位”。完善教育督导机制。健全督学责任区制度，实现责任督学挂牌督导全覆盖和“经常性督导＋专项督导”全覆盖。对蒙城县学前教育普及普惠开展三轮督导评估复核，抽检评估幼儿园100所。组织防范校园欺凌、“双减”、教育收费等专项督导，建立健全反馈、通报、整改、奖惩四位一体的问责机制，推动教育督导“长牙齿”“树权威”。推动“双减”落地见效。提升作业管理水平，全市1260所义务教育阶段学校均建立作业公示制度，出台作业管理办法。全面实施课后延时服务，在全省率先建成课后服务信息化智慧管理平台，开发“慧学习”系列活动课程，先进做法两次入选全省中小学课后服务典型案例。加强校外培训机构监管，压减学科类校外培训机构265所，压减率为91.7%。现有的24所学科类培训机构全部纳入全国校外教育培训监管与服务综合平台管理，支付开通率和资金核验通过率均为100%。加大教育宣传力度。成立宣教中心，整合宣传力量。市教育局在安徽教育网发稿693篇，首页发布381篇，均位居全省第一。在“中安在线”发稿246篇。策划优秀青年教师事迹宣传活动，共推出优秀青年教师57人。推出“学报告 话发展”专栏30期，在《亳州晚报》和亳州市广播电视台推出“新闻媒体进校园”、优秀校长和教师先进事迹展播等系列报道。圆满完成各类考试任务。克服疫情防控形势复杂严峻困难，高质量完成高考、中考、学考、成考、研考、教师资格考试等艰巨任务，实现“健康考试”“应考尽考”“平安考试”总体目标。

【教育办学条件改善资助与暖民心行动工作】加快改善办学条件。投入资金11.87亿元，新建、改扩建公办幼儿园、中小学63所，增加学位4.8万个。投入资金1.83亿元，实施144所学校改造提升项目，建设校舍、运动场等附属设施45个（校舍40026平方米、运动场62421平方米），购置教学生活设备设施5570台件套、教育信息化设备5715台件套，民生工程项目建设年度排名全省第二。精准落实资助政策。资助困难学生21万人，发放各类资助资金2.65亿元；办理困难大学生生源地贷款18564笔，贷款资金1.99亿元。选派1名专家参与中职国家奖学金教育部评审工作，1名中职国家奖学金获奖学生的事迹材料被省教育厅推荐至教育部（全省推荐6名）。推进暖民心行动。实施“安心托幼”暖民心行动，新增托位9905个，完成率为112.72%，典型做法被《安徽教育信息》专刊报道。实施“老有所学”暖民心行动，在中职学校开设老年教育教学点，新增学习者5.88万人、参与学习教育活动的老年人17.22万人，位于全省领先位次。

（马　晴）

学前教育

【概况】2022年，全市投资16414万元，新建、改扩建学前教育民生工程项目38个，全部完工，投入使用37个，扩充学前教育资源。发挥优质幼儿园的示范引领作用，加强幼儿园规范管理，评定市级特优园35所、市级一类园37所。扩充普惠性学前教育资源，引导和支持民办幼儿园更好地向公益性、普惠性发展，新建、改扩建公办园38所，新增公办学位数7350个；认定341所民办园

2022 年 5 月 19 日，幼儿园老师在给孩子们讲解瓜果、蔬菜知识
（刘勤利　摄）

为普惠性民办园。推进示范性托育机构创建，全市依法注册登记 135 所托育机构，其中 60 所在国家卫健委托育平台备案成功，市本级已建成 4 家示范性公办托育机构，可提供托位 300 个。

【学前教育管理】截至 2022 年底，全市共有幼儿园 1019 所，在园幼儿 173965 人。其中，公办幼儿园（独立园）322 所、在园幼儿 96889 人（占在园幼儿总数的 55.69%），全市学前三年毛入园率达 96.55%；民办幼儿园 697 所。其中，普惠性民办幼儿园 548 所，普惠园覆盖率（公办园和普惠性民办园在园幼儿占比）为 90.36 %。新增托位 9905 个，完成率 267.7%。全市 97 所幼儿园开设托班，幼儿园开设托班比例达到 9.2%。全市 1019 所幼儿园提供课后服务，实际参与幼儿 110864 人，实现幼儿园课后服务需求全覆盖。全市共有学前教育教职工 17868 人。其中。专任教师 12527 人。全市幼儿园校园占地面积 3211222 平方米，校舍建筑面积 1694520 平方米，各类图书 1820265 册，固定资产总值 294734 万元。

义务教育

【概况】2022 年，全市共有各类小学 908 所，较上年的 983 所减少 75 所。共有小学教学点 78 个，较上年的 82 个减少 4 个。全市共有小学在校生 500022 人，较上年的 511484 人减少 11462 人。全市共有小学教职工 29597 人，其中专任教师 27784 人；专任教师中本科及以上学历 19438 人，专科学历 8305 人；拥有中级职称 10514 人，副高及以上职称 2777 人。全市小学校园占地面积 11259017 平方米，校舍建筑面积 3667660 平方米，拥有各类图书 10192847 册，各类计算机 105657 台，固定资产总值 579192 万元。

全市共有各类初中279所，较上年的277所增加2所。共有初中在校生262593人，较上年的265082人减少2489人。全市初中教职工18121人，其中专任教师16165人；专任教师中本科及以上学历15049人，专科学历1116人；拥有中级职称5496人，副高及以上职称2661人。全市初中校园占地面积9504602平方米，校舍建筑面积33649978平方米，拥有各类图书8779752册，各类计算机71862台，固定资产总值498518万元。

【义务教育管理】2022 年，印发《关于进一步规范中小学招生秩序严肃招生纪律的通知》（亳教工委〔2022〕2 号），召开全市规范义务教育招生秩序视频会议。印发《亳州市教育局关于做好 2022 年普通中小学招生入学工作的通知》明确坚持属地管理、坚持免试就近入学、坚持依法依规及坚持均衡分班的义务教育阶段招生基本原则。全面严格落实教育部关于中小学招生“十项严禁”等纪律要求。民办义务教育学校招生纳入审批地统一管理，与公办义务教育学校同步招生。坚持“两个一致”优先保障原则，公办义务教育学校要严格执行免试、划片、就近入学的要求，按照本地教育行政部门划定的学区，招收适龄儿童少年入学，不得违规招收学区外的适龄儿童少年入学。严格落实《中华人民共和国义务教育法》《中华人民共和国未成年人保护法》等法律规定，切实保障适龄儿童少年接受义务教育的权利。完善联盟（集团）办学机制，加强城乡义务教育联盟（集团）建设。

2022年，全市实施中小学重点建设项目25个。完工15个，在建10个，完成投资102312.3万元。全市义务教育薄弱环节改善与能力提升项目计划投资18264.6万元，实施144所学校，校舍（含附属设施等）45个，校舍面积40026平方米、运动场62421平方米，购置教学生活设备设施5570台件套、教育信息化设备5715台件套，均已完成。

【义务教育质量提升攻坚行动】围绕政策要求和目标任务精准施策，打通课后服务与“五项管理”“五大行动”的融合路径，推进“五育并举”。印发《亳州市教育局关于进一步加强中小学生课后服务工作的通知》，实施“慧学习”系列课程，丰富社团活动，丰富服务内容，拓展课后服务渠道，提升学生综合素养。建成课后服务信息化智慧管理平台，购置课后服务精品特色课程近百门，覆盖德智体美劳五大类，通过信息化智慧平台免费给学校、学生使用，助力推进“五育并举”，不断满足家长和学生的多样化需求。落实教师“弹性上下班”，认真落实《安徽省教育厅关于印发〈安徽省义务教育学校校内提质减负措施〉的通知》要求，2022年秋季学期起全面落实参与课后服务教师“弹性上下班”，实现课后服务义务教育学校全覆盖、有需要的学生全覆盖。探索联盟办学机制，提升课堂教学质量。印发《亳州市基础教育质量提升三年行动计划（2022—2024年）》，从教师队伍、教研管理、内涵建设等方面提出明确要求，并细化各部门的任务分工，确保工作落到实处。推进蒙城县义务教育优质均衡发展县区创建，深化教育联盟（集团）建设，探索城乡教育联合体试点。主城区亳州市第九小学与安徽师范大学合作办学，探索跨市（区）联盟办学形式；谯城中学教育集团新吸纳亳州四中、亳州十五中，充分发挥优质学校的示范辐射作用；亳州二中教育集团新吸纳亳州十七中、二十中、十八里镇中心中学，跨出城乡学校联盟（集团）办学试点的关键一步，实现联盟（集团）办学的新突破。加强控辍保学，确保“全就学”。健全完善控辍保学工作机制，落实《安徽省义务教育控辍保学工作指南》要求，开展春、秋季学期义务教育阶段学生返校就读排查工作，共排查学生138万人次，无一人失学辍学。制定《亳州市“十四五”特殊教育发展提升行动计划》，调整亳州市特殊教育资源指导中心成员，按照“全覆盖、零拒绝”原则，做好适龄残疾儿童少年受教育情况核查和“一人一案”安置工作，2022年适龄残疾儿童少年入学率达到95.6%。对留守儿童关爱保护和控辍保学进行调研，为全市普通学校从事与特殊教育业务相关的中小学校校长和教师开展融合教育业务培训和教材国家级示范培训等。

【德智体美劳全面培养】开展以“传承雷锋精神 争当文明使者”为主题的学雷锋系列活动，举办以“书香伴成长 阅读不放假”为主题的第十四届暑期亲子读书征文活动。联合市委宣传部、团市委、市妇联等单位开展“永远跟党走 奋斗新征程”主题系列活动：征文比赛、小学生故事会、中学生演讲会和主题知识问答。组织开展“喜迎二十大 同心护未来”六一主题宣传教育活动。开展垃圾分类进校园宣传教育活动，节能环保教育主题征文比赛、亲子微视频录制等活动。组织开展第五届师生校园读书创作活动和“慧阅读”活动。开展“习近平新时代中国特色社会主义思想进校园”活动6场，组织全市教育系统党员团员干部、青少年学生等近百万人收听收看庆祝中国共产主义青年团成立100周年大会实况直播。开展“红色故事进校园”活动，邀请抗美援朝老兵宣讲红色故事55场。利用爱国主义教育基地和公益性文化设施开展红色研学、纪念仪式、致敬革命先烈、专题展览等主题教育活动2000余场次。开齐开足中小学道德与法治课和思想政治课，面向中小学生开展“十个一”活动，组织“践行社会主义核心价值观 争做新时代好少年”主题演讲比赛、“童心向党”系列活动。建设9个思想政治课教育实践教育基地，深入开展红色研学活动。评选“新时代好少年”970人、“红领巾文明章”先进个人122名、学雷锋先进个人147名、市级“三好学生”1567名、优秀班干部372名、优秀少先队员785名、优秀少先队集体246个，优秀德育工作者70名、优秀班主任82名、优秀班集体320名。评选“笔墨书初心 奋发向未来”书画作品375篇、“喜迎二十大，奋进新征程”主题征文1753篇、“神州迎春，玉兔送福”生肖邮票设计352篇。重视班主任队伍建设，组织选手参加安徽省2022年班主任基本功大赛，其中1人获得一等奖并代表安徽省参加长三角班主任基本功大赛。加强心理健康教育。印发《亳州市教育局关于进一步加强心理健康教育工作的通知》，成立亳州市心理健康教育领导小组。明确三个100%目标，即各中小学校心理健康专职教师配备率100%，城区各中小学校、各乡镇中心校心理辅导室建设使用率100%，开展每年不少于1次的学生心理健康测评，全市小学高年级（四至六年级）、初中、高中学生覆盖率100%。印发《亳州市教育局加强全市青少年学生心理健康教育工作方案》，建立健全“4+3+1”青少年学生心理健康教育和管理模式，并在第五届长三角德育论坛上作经验交流。落实关爱留守儿童“12345”工作法，推动开学工作心理健康教育“五个一”。出台《亳州市教育局关于深化家校共育促进学生心理健康教育工作的通知》《亳州市关于指导推进家庭教育的五年规划（2021—2025年）》和《进一步加强家庭家教家风建设重点任务分工方案》，对学生心理健康教育作出整体规划，对教师配备、辅导室建设、教师培训、家校共育、课程开设、专题活动、课题研究、经费保障等提出具体目标，建立政府、学校、家庭、社会“四位一体”联动机制。市教育局开展家校共育课题研究，组织开展家风家教相关讲座15场，开展“教子有方 家校共育”亲子拓展活动3场，形成高质量的研究论文1篇、调研报告2篇；组织选手参加市直机关第二届“注重家风家教 培育家国情怀”演讲比赛，亳州幼师鹿剑桥、亳州十八中邓露老师分获一等奖和二等奖；开展关爱女童工作，组织本单位职工为“亳州妇儿关爱行动”捐款5492.4元；配合市妇联资助贫困女高中生12名、女大学新生10名。开展体育工作。联合市文化旅游体育局共同印发《2022年度亳州市中小学生和教职工体育比赛行事历及竞赛规程》并逐步进行实施。组织人员参加全国青少年校园足球师资国家级专项培训，全市共有41人报名参加。指导各学校制定体育运动工作方案，将校园体育活动时间和内容纳入教学计划，要求所有学校通过开展“大课间”活动，全面落实“阳光体育运动1小时”活动计划。为促进体教融合，市教育局联合市文化旅游体育局共同举办校园五禽戏师资培训和校园五禽戏线上交流比赛，组织传统武术、五禽戏进校园活动，激发学生运动兴趣，增强体教融合活力。市教育局被省体育局评选为2018—2021年度全省群众体育先进单位。实施美育熏陶行动。按照课程计划、课程标准选用国家审定通过的教材开设音乐、美术和书法课程，艺术教育课程开课率达100%。开展书法、戏曲、非物质文化遗产进校园等活动，实现规定的教育目标。根据《中小学书法教育指导纲要》要求，推广“书法教育特色学校”办学经验，开展每周一节书法教学课，邀请著名书法家进校园开展书法讲座，普及书法知识，提高学生文化素养。联合开展戏曲进校园活动。市委宣传部、市文明办、市教育局等六部门联合印发《2022年度亳州市戏曲进校园活动实施方案》，面向全市1311所中小学百万在校学生开展戏曲进校园活动。组织文艺院团进校园开展二夹弦、淮北梆子戏、黄梅戏等地方优秀戏曲作品专业演出14场。组织戏曲专家、专业戏曲从业人员、非遗传承人和戏曲爱好者组成戏曲知识宣讲员志愿者队伍，开展12场戏曲专业知识宣讲活动。开展亳州市校园文化艺术展演活动和美育特色学校评选工作，荣获国家级一等奖2个、三等奖1个、优秀组织奖1个。实施劳动教育促进行动。制定《亳州市中小学劳动教育任务清单》《亳州市教育局关于开展2022年垃圾分类进校园活动的通知》《亳州市教育局2022年生活垃圾分类进校园工作实施方案》《亳州市劳动教育特色示范校评选方案》，规范开设中小学劳动教育必修课程，中小学劳动教育课平均每周不少于1课时，开课率达100%。举办“快乐劳动 幸福成长”主题黑板报、征文评比，共计37余场次。组织全市中小学校开展“环保小卫士”“生活垃圾分类流动红旗班”等评选活动；生活垃圾分类知识竞赛和“践行垃圾分类、倡导绿色生活”演讲比赛等。评选出“垃圾分类进校园”先进集体

29个、先进教师75名、先进学生129名。开展以“培育小小劳动者”“强国复兴有我，致敬最美劳动者”等主题劳动实践活动58场次。配合团市委开展“红领巾小志愿者”“红领巾为群众办实事”“社区小主人”等主题教育活动，评选“红领巾文明章”先进个人122人，先进集体149个。联合团市委开展“小手拉大手 共建美丽庭院”活动，通过农村中小学团员、少先队员带动家庭、家庭影响邻里、邻里带动全员共同参与美丽庭院建设，通过开展“小手拉大手”系列教育实践活动，实现“教育一个孩子、影响一个家庭、带动一个社区”的目标。

（马　晴）

特殊教育

【概况】2022年，全市特殊教育学校以义务教育学段学校为主，招收听力、智力、视力、自闭症等类型学生。制定《亳州市“十四五”特殊教育发展提升行动计划》，推进全市特殊教育高质量发展。调整亳州市特殊教育资源指导中心成员，落实责任分工。加强教师队伍建设，为全市普通学校从事与特殊教育业务相关的中小学校校长和教师开展融合教育业务培训和教材国家级示范培训等。按照“全覆盖、零拒绝”原则，做好适龄残疾儿童少年受教育情况核查和“一人一案”安置工作，2022年适龄残疾儿童少年入学率达到95.6%。

【特殊教育管理】2022年，全市共有特教学校4所。共有特殊教育学生4681人，其中特殊教育学校在校生1439人，普通中小学随班就读学生2505人，普通中小学送教上门学生737人。全市共有特殊教育教职工219人，专任教师200人；专任教师中本科及以上学历167人，专科学历33人；拥有中级职称61人，副高及以上职称42人。全市特教校园占地面积88489平方米，校舍建筑面积60295平方米，拥有各类图书74501册，固定资产总值13767万元。

（马　晴）

【亳州市特殊教育学校】亳州市特殊教育学校建于1959年，坐落在亳州城的中心，占地16亩，建筑面积5000多平方米，教学楼、宿舍楼、综合楼、职训楼各一座，爱心桥直通环城路，构造出一所环境幽静，交通便利，楼房别致，景色宜人的集盲教育、聋教育、培智教育，自闭症教育、聋儿语言康复教育、残疾人职业教育为一体的综合型特殊教育学校。是安徽省确立的皖北片盲教育招生学校，也是安徽省特教建校最早，规模较大，师资力量雄厚，教育教学质量较高，各种功能教室齐全的特教学校之一。

学校现有15个教学班，在校生200余人，其中聋生部184人；教职工40人，其中本科学历16人，专科学历27人，中师学历7人；中学高级教师2人，小学高级教师26人，中国特教研究会会员2人。省特教研究会理事1人。学术委员1人。近年来，先后有6名教师获“全国特殊教育先进工作者”称号，6名教师获省“先进教育工作者”称号，2名教师获省“模范教师”称号，3人获省“十五”特殊教育科学研究先进个人，还有许多教师被评为市先进个人等荣誉称号。

学校结合市情校情，开办特殊教育职业高中班，加大师资力量投入，带动聋生参加高考，提升学历水平。为进一步巩固学生康复成果、培养学生团体意识、提高学生实践能力，学校定期组织全体师生及学生家长参加研学旅活动，到校外课堂中学习锻炼。学校先后带领学生前往火星时代研学基地、十河大周润耕天下等开展多次研学旅行活动。

普通高中教育

【概况】2022年，全市共有普通高中33所。共有普通高中在校生111047人，较上年的104805人增加6242人。共有普通高中教职工8950人，其中专任教师7842人。专任教师中本科及以上学历7835人；拥有中级职称2083人，副高及以上职称1903人。全市普通高中校园占地面积2941842平方米，校舍建筑面积2197059平方米，拥有各类图书2650887册，各类计算机22498台，固定资产总值391251万元。

【普通高中教育管理】2022年，控制和消除普通高中大班额。落实《安徽省控制和消除高中大班额专项规划》，做好全市普通高中大班额消除工作，组织各县区对普通高中大班额消除情况进行核实，确保全市普通高中大班额全部清除，无新增现象。改善全市普通高中办学条件，对普通高中新建、改扩建情况进行规划，制定普通高中学校规划建设项目表。规范招生行为。制定《亳州市教育局关于做好2022年普通中小学招生入学工作的通知》《亳州市2022年普通高中招生录取工作方案》等。对统筹确定招生规模和计划、普通高中招生范围、规范特殊类型招生、省示范高中指标分配、随迁子女考试招生、政策加分及有关工作要求作出具体部署。落实教育部关于中小学招生入学的“十项禁令”，执行《中共亳州市委教育工委 亳州市人民政府教育督导委员会关于进一步规范中小学招生秩序严肃招生纪律的通知》要求，畅通举报和申诉受理渠道、公布举报电话，主动接受社会监督。提升普通高中教育质量。深化中考招生制度改革，稳妥推进新高考综合改革，印发《亳州市人民政府办公室关于成立亳州市高考综合改革领导小组的通知》，成立由市政府主要负责人任组长的领导小组，召开全市高考综合改革精神培训视频会和高考综合改革实施方案解读培训会，向市政府第28次常务会议专题汇报高考综合改革工作开展情况。开展“实施普通高中新课程新教材新高考、巩固大班额治理成果、推进选课走班”专项调研，及时解决“三新”改革中出现的问题及困难。印发《亳州市“十四五”县域普通高中发展提升行动计划》，落实部属、省属高校县中托管帮扶项目，中央美术学院与利辛七中、淮北师范大学与涡阳县义正书院高级中学、安徽师范大学与蒙城县第六中学、蚌埠医学院与利辛县第十中学托管帮扶有序推进，实现借梯登高。

2022年，全市改善普通高中办学条件投资3849万元，实施项目学校24所（土建17所、设备7所），建设面积192701平方米，购置设施63628台（件、套）。

（马　晴）

·亳州一中·

【概况】亳州一中始建于1910年（清宣统二年），1959年列入安徽省属重点中学，1999年被命名为安徽省级示范高中。截至2022年底，学校现一校两区，在职教职工417人，其中正高级教师5人，高级教师162人，一级教师181人，二级教师57人；特级教师9人，市级学科带头人22人、骨干教师15人，教坛新星57人，受国家、省、市级表彰的优秀教师100多人。现有教学班98个，在校学生近5000人。

【教育教学质量提升】2022年，全面推进“三新”改革。以“双新”示范校建设为抓手，做好课程规划，加强课程管理，开设丰富多彩的选修课，打造了一批精品校本课程和特色课程。高一年级有序推进选课走班、生涯规划等工作，高二年级全面研究新教材与新高考衔接工作，高三年级做好培优与升本工作，推动“三新”背景下学校教育教学管理工作有序开展。加强教学常规管理，规范教学过程，完善教学管理考核。每周上交一次“教室日志”，加强教师出勤督查，及时反馈教学中存在的问题。每学期开展两次教学检查，规范教学过程，明确备课、上课、作业批改、课后辅导、单元检测、学科测试要求。每学期进行一次综合教学检查、学生问卷调查，汇总课堂教学情况，调研并进行问题整改，确保教学质量。加强考试管理，严格质量分析，强化检测结果运用。以深化课堂教学改革为重点，确保课堂教学有效、高效。研究新形势下的课堂教学，重新审视课堂中的师生活动，深化课堂教学备、讲、练、测、评、辅六大环节，建立生本课堂，各教研组每学期开展课堂教学专题研讨会3次。

【教研活动】2022年，坚持“教研以研课为主，研课以研教法为主；教研要有利于教学质量的全面提高，要有利于教师的专业成长”的原则，细化完善大教研活动，坚持每周一次集体教研活动，每月一次大教研活动，把“研”字落到实处，做到传理念、开眼界、修素养。加大校本教材研发力度，以“服务于学生、服务于教师、服务于高考”为宗旨，组建各学科课程研发团队，着手启动本学期校本教材研究工作，本学期每个学科组至少要申报一项校本教材研究。

【教师队伍建设】2022年，坚持加强师德师风建设，提高教师职业道德水平。印发《亳州一中奖励方案》，加大对优秀教师的表彰奖励力度。建立健全师德师风建设长效机制，组织教职工进行师德、法纪等理论学习，每学年每位教师思想政治集中学习不少于12学时。将师德师风作为年度考核、职称评聘、岗位晋级、职务晋升、评优奖励的重要依据。规范教师从教行为，对师德失范行为予以严肃处理。坚持“头雁领飞群雁”，积极发挥骨干教师的辐射作用、示范效应。充分发挥“三名”工作室的引领作用，建立校本名师制度，大力实施“涡北名师”计划，通过课堂观察、学术交流、学术报告等活动，辐射带动课堂教学、教育科研工作。继续进行学科组专家讲座活动、校内示范课、公开课、观摩课活动，打造一支政治过硬、业务过硬、作风过硬的骨干力量，引领全体教师当好新时代“四有好老师”“四个引路人”。

【艺术教育工作】2022年，在课程建设方面，根据新课程标准和具体要求，按照国家要求开齐开足上好音乐课。为了使艺术教学工作开展得更加顺利，校教科所组织全体教师开展每周一次的备课活动，严格的备课制度和考勤制度的开展更有利的促进教育教学工作的提升，此外还积极组织教学骨干参加各种教研培训会和艺术交流活动。针对艺术课程的安排、教学设施的完善、教学方案的实施和规划都有了新的发展和突破。在推进和深化新课程改革的同时，学校对艺术教育的重视并结合艺术教育的现状和实际，针对性的采取措施，着力提高对艺术教育的人力物力财力全方位的投入和对广大学生艺术教育的重视度。

（高　剑）

中等职业教育

【概况】2022年，全市共有中等职业学校13所。有中职在校生45652人。全市中职学校共有教职工2569人，专任教师2419人。全市中职学校校园占地面积2007811平方米，校舍建筑面积1332763平方米，拥有各类图书1665201册，各类计算机11345台，固定资产总值204843万元。

【办学条件】全面完成中央巡视安徽反馈问题整改任务。划拨土地575亩、总投资13亿元建设亳州市职教园区。推进涡阳县职教园区建设，建成利辛机电科技学校新校区、亳州市崛起职业技术学校。达标示范建设成效明显，亳州幼儿师范学校、蒙城建筑工业学校获批省颁A类标准中职学校；安徽亳州机电信息工程学校获批省颁B类标准中职学校。亳州市被省政府评为“职业教育改革发展真抓实干成效明显市”，获得1000万元专项奖励资金。

【职教发展】开展2022年全市中等职业学校“三优”作品评选活动，推荐优秀作品参加全省中等职业学校优秀论文、优秀教学软件和优质课评选活动，共有36件作品获奖。开展全市职业学校教育教学技能竞赛和班主任业务能力竞赛活动，推荐优秀作品参加安徽省中等职业学校教育教学技能竞赛暨全国职业院校技能大赛教学能力和班主任业务能力比赛，共有29件作品获奖，市教育局获优秀组织奖。亳州幼儿师范学校教师团队参加全国职业院校技能大赛教学能力比赛，荣获二等奖第一名。开展市级教学成果奖评选活动，推选6项作品参评省级教学成果奖，其中1项作品获省特等奖、2项作品获省一等奖，亳州中药科技学校教学成果《“三层管理、四制联动、五环推进”全过程实习管理模式的创新与实践》被省教育厅推荐参加国家级教学成果奖评审。市教育局联合市委统战部等8家单位举办全市第三届“最美职教人”评选活动，评选出10名“最美职教人”和10个“最美职教人”提名奖。

【校企合作】成立亳州市校企合作服务中心，建设校企合作服务平台，召开校企合作共建专题对接会5次，组织全市职业院校对接160家本地企业。下发《亳州市加强校企合作共建实训基地的若干意见的通知》（亳政办〔2022〕7号），统筹全市职业院校专业建设和实训基地建设，对认定为金牌、银牌、铜牌的“市级院校实训基地”，分别按照每年100万元、80万元、50万元的标准给予补贴。持续开展专业布局与调整，健全专业随产业发展动态调整机制。坚持面向市场、服务发展、促进就业的办学方向，遵循“合理布局、错位发展、突出重点、服务产业”的原则，紧密围绕“六一战略”布局设置专业，新增中医养生保健、康复技术、物流服务与管理、物联网技术应用、新能源汽车运用与维修专业、工业机器人技术应用等27个专业。发挥“亳州职教”微信公众号的影响力，年度内发布职教信息687条，关注量达16666人。

（马　晴）

·亳州幼儿师范学校·

【概况】亳州幼儿师范学校始建于1951年，前身为亳县师范学校，1988年改为亳州幼儿师范学校。学校占地面积343亩，建筑面积12.2万平方米，拥有独立钢琴房300间，多功能声乐教室8个、数码钢琴教室8个、录播室2个、书法实训室3个、绘画实训室9个、手工制作实训室3个、语音室2个、理化实验室2个、计算机网络教室6个、舞蹈教室10个、大型多功能厅1座，钢琴450架，电子钢琴600架，民俗乐器齐全，古筝120架，二胡128把，纸质图书22万册，电子图书20万册，学前教育专业实训室25个，是全国学前教育专业实训室配置最齐全的学校之一。2022年，学校有专兼职教师263人，其中在职在编167人，高级讲师58人，“双师型”教师150人，研究生及在读研究生56人。建有省级名师工作坊2个，市级名校长工作室1个，市级名师工作室5个，市级金牌思政教师工作室1个。设有五年制大专和三年制中专两个办学层次，包括学前教育、美术、音乐、舞蹈表演、航空服务、播音主持、城市轨道交通运营服务、保育8个专业，教学班95个，在校生5135人。拥有直属幼儿园2所，附属幼儿园4所，校外实习实训基地128个。

在2022年全市中职学校优秀论文、优秀教学软件和优质课评选中，学校教师参选作品荣获17个一等奖，8个二等奖，6个三等奖。参加省“三优”比赛荣获3个二等奖，11个三等奖。2022年申报4项市级课题，5项市级课题结题，3本校本教材参加“‘十四五’职业教育规划教材”申报。

【基础设施建设】2022年，加快男生宿舍楼、综合实训楼建设，为招生、管理等提供便利条件，促进专业实践教学发展，同时用于今后开会、活动、学术报告等，确保2023年暑期投入使用。在科技楼东侧设立美术小院，包括4个高标准现代化教室、文化墙和艺术长廊等，用于美术、书法、手工教学，展示师生作品等，以加强专业建设，凸显办学特色。

【办学水平提升】2022年，学校通过安徽省中等职业学校A类办学水平评估，成为安徽省18所A类中职学校之一。学校坚持以“品格素养、文化素养、艺术素养”为育人理念、以全面提高教育教学质量为核心、以“体育、艺术、生活”三个文化节为载体，以师生技能、师生说课、师生书画、学生学科竞赛四项赛事为抓手的“一三四”育人新模式，取得可喜育人效果，荣获2022年中等职业教育安徽省教学成果一等奖。提高校园绿化美化、节能降耗、垃圾分类回收的工作成效，传播生态文明理念，倡导绿色生活方式，师生生态文明素养显著提升，校园更加文明和谐，被评为安徽省首批“绿色学校”。教师资格证考试通过率保持高位。遵循国考大纲要求，坚持每月开展一次学科竞赛，以赛促教、以赛促学。尽管受到疫情影响，2017级大专班教师资格证国考通过率仍达97.65%，高于全省平均通过率75个百分点。

【学校教育工作】2022年，完成安徽省职业技能大赛学前教育专业赛点任务。组织师生参加市药博会、市芍花节开幕式、市2022年职业活动周文艺表演、市中学生运动会开幕式等演出活动，服务社会的同时，展示学校素质教育成果。开展钢琴演奏会、艺术文化节、周末大舞台、文明礼貌月等活动，丰富师生文化艺术生活。作为教育部第三批“1+X”证书制度试点学校，学校认真做好考核培训工作。2022年，幼儿照护考核报名学生200人，考核通过200人，通过率100%。2022年，学校5组教师参加安徽省中职学校教育教学能力比赛，荣获一等奖2项，二等奖1项，三等奖2项。学校编排的戏曲《杜鹃山》在全国第七届中小学生艺术展演戏剧类节目中荣获教育部一等奖。在第四届中华经典诵写讲大赛中，荣获省一等奖2个，国家级三等奖1个。学生参加亳州市第五届“永远跟党走，奋进新征程”主题演讲比赛荣获一等奖，连续5年蝉联全市中小学“说宪法讲宪法”诵读比赛一等奖。举办“2023届毕业生网络双选会”，240家用人单位为763位大专毕业生提供2000多个就业岗位。

【教师队伍建设】2022年，每月召开一次师德师风主题教育会，每学期召开两次师德师风研讨会，暑期组织全体教师进行为期3天的师德师风培训，每学期开学前所有老师签订师德承诺书，持续完善师德师风考核制度。1名教师被评为“亳州市最美职教人”，2名教师获提名奖。充实思政人才队伍，现有思政课专任教师11位，录制思政精品课，加强思政课特色化建设。学校思政教师马侨惠团队在安徽省职业院校技能大赛教学能力比赛决赛中荣获一等奖，成为安徽省唯一进入全国决赛的中职思政团队，并荣获国家级二等奖第一名。把思政元素和意识形态教育有机融入学校丰富多彩的活动中，开展社会主义核心价值观系列活动、党史学习教育系列活动、爱国主义系列活动、法治教育系列活动等，做到鲜活灵动，润物无声。面向全体教师举办“课程思政”教学设计大赛，深入挖掘课程思政元素。开齐开好劳动教育课，通过星级宿舍月考评、班级劳动区维护、社会实践系列教育活动等，形成常态化劳动教育机制，培养学生劳动意识，获评亳州市“劳动教育特色学校”。立足专业特色，融合艺术教育与传统文化，开设音乐、舞蹈、书法等艺术课程，办好茶艺、戏曲、民乐等54个学生社团，获评安徽省首批中华优秀文化传承学校，亳州市“美育特色学校”。

（张　丹）

·亳州中药科技学校·

【概况】亳州中药科技学校坐落在亳州市高新区莲花路1号，是一所医药卫生类公办国家级重点中等职业学校，与安徽亳州技师学院实行一校两牌。学校创办于1960年，初创时为亳县城关初级中学。1982年，学校易名为亳县四中。1986年秋，经阜阳行署教委批准，学校正式改制为亳州市第二高级职业中学。1995年，学校被认定为安徽省重点中等职业学校。2001年3月，学校被教育部认定为国家级重点职业中学。2007年6月，经安徽省教育厅批准，在原亳州市第二高级职业中学基础上建立亳州中药科技学校。2012年4月，经安徽省政府批准成立安徽亳州技师学院，与亳州中药科技学校实行一校两牌。

学校现为国家中等职业教育改革发展示范校、国家首批现代学徒制试点单位、国家首批“1+X”证书制度试点学校、全国职业院校实习管理50强学校、教育部第三批国防教育特色学校、国家级高技能人才培训基地、国家残疾人职业培训基地。荣获第四届“黄炎培优秀学校奖”、安徽省首批优秀中等职业学校办学水平A类学校、安徽省校企合作示范学校、安徽省文明校园。

学校占地335亩，建筑面积14万平方米。现有教职工449人，在校生13728人。学校现开设中药、中药制药、护理、医学检验技术、医学影像技术、康复技术、数控技术应用、汽车维修、计算机、烹饪、美容美发、电子商务等32个专业，形成三年制普通中专、“3+2”五年制大专、中高级工等多层次办学体制。

2022年学校荣获全省中等职业学校教育教学技能竞赛优秀组织奖，并获得“安徽省绿色学校”“全省技能人才评价机构五星级”等荣誉称号；同年入选安徽省中等职业学校“三全育人”典型学校培育建设名单，安徽省中等职业学校“三全育人”典型学部培育建设名单，安徽省中等职业学校名班主任工作室培育建设名单。学校《“三层管控、四制联动、五环推进”全过程实习管理模式的创新与实践》荣获安徽省中等职业教育省级教学成果奖特等奖；学校《中职中药专业“四德三技”阶梯式人才培养的创新与实践》荣获安徽省中等职业教育省级教学成果一等奖。

【实施“三教”改革】组织教师参与2022年安徽省中等职业学校教师教学能力大赛，获得省级一等奖2个、二等奖4个、三等奖4个；完成亳州市中职学校三优评选工作，获得省级二等奖1个、省级三等奖4个，市级一等奖4个、市级二等奖10个、市级三等奖8个；开展中职学校师资队伍建设项目，参与安徽省职业教育创新发展试验区建设；组织专业课、公共课等近25名骨干教师参加省级培训，强化教师素质提高。

【资助工作】学校进一步完善学生资助工作的运行机制，各项学生资助工作开展顺利。学校已将原建档立卡、边缘户、易致贫户、低保家庭学生和孤残学生等九类特殊困难学生全部纳入了资助政策范围，做到了应享尽享，资助政策全覆盖。2022年学校共资助学生7706人，资助资金达2090.29万元。

【职业培训和职业技能鉴定工作】学校积极探索“互联网＋职业技能培训”模式，开展劳动关系协调员培训五期278人、中药炮制工残疾人培训一期80人、学生创业培训两期120人；开展学生职业技能等级认定3174人，合格3082人；开展六类人员、企业新员工及社会人员职业技能等级认定4310人，合格3294人；开展药膳汤卤面和滋补牛肉馍专项能力考核五期385人；开展省级中药炮制工高级研修班培训45人、市级保健按摩师高级研修班培训43人。

【招生与就业】2022年学校招生人数为4621人。2022年毕业生就业率稳中有升，毕业生总数为3383人（安徽亳州技师学院2165人、亳州中药科技学校1218人），就业人数为3315人，就业率为98%；本地就业人数2774人，本地就业率为82%。

【校企合作】继续实行校企合作以及订单式人才培养模式，加大校企合作覆盖面，学校在与原有企业保持良好合作的基础上，又与安徽世茂中药饮片公司等企业深度合作，累计深度合作企业达到86家。

【技能大赛】9月27日，2022年安徽省美容美发职业技能大赛暨长三角竞赛、国赛选拔赛在合肥举行。亳州中药科技学校（安徽亳州技师学院）选派的参赛选手表现突出，获得一个一等奖、一个二等奖和两个三等奖的优异成绩。10月22日，亳州市职业技能竞赛暨第三届全省家政服务职业技能大赛选拔赛在安徽亳州技师学院（亳州中药科技学校）开幕。本次比赛由市人力资源和社会保障局、市总工会、市妇联联合主办，安徽亳州技师学院承办。来自全市的30多名选手参加了比赛。

（张晓银）

民办教育

【概况】2022年，全市共有义务教育阶段在校生76.26万人，其中民办义务教育在校生14.07万人（含2022年秋季购买学位113748个）、民办义务教育在校生规模占比3.53%，其中谯城区占比3.33%，涡阳县占比2.84%，蒙城县占比4.42%，利辛县占比3.5%。市域及所辖各县（区）完成2022年度民办义务教育在校生规模占比不超过5%的调控目标，同时完成规范民办义务教育发展的党建、财务、教师管理、规范办学、新项目筹划等各项年度任务。

【民办教育管理】民办高中阶段学校年检工作。5月中下旬，市教育局组织人员成立年检组，对市教育局审批的12所民办高中阶段学校开展2021年度年检。年检组在各学校自查、县区教育局初评的基础上，按照《亳州市民办中小学2021年度检查指标体系（试行）》标准，通过查阅资料、实地查看、座谈走访、现场反馈等多种形式开展年度检查。亳州市风华实验中学、蒙城县实验永兴中学等7所学校为年检结果为“合格”，利辛县启明高级中学、蒙城县创新中学等4所学校为年检结果为“基本合格”，亳州现代科技艺术学校年检结果为“不合格”。党的建设有关内容写入民办学校章程审核工作。根据《教育部办公厅关于深入贯彻落实党的教育方针 进一步做好党的建设有关内容写入民办学校章程工作的通知》要求，全面启动党的建设有关内容写入民办学校章程工作。按照“谁审批，谁负责”的原则，市教育局负责审核民办高中阶段学校章程修订，各县区教育局负责审核义务教育阶段、学前教育阶段民办学校章程修订。4月26日，民办教育专班联合局机关党委对各民办高中阶段学校修订后的章程进行审核，并及时反馈存在的问题，督促学校进行整改。全市714所民办幼儿园、137所民办义务教育阶段学校、12所民办高中阶段学校全部完成党的建设有关内容写入民办学校章程工作。

民办学校决策机构成员集中备案工作。根据《安徽省教育厅转发教育部办公厅关于印发〈民办学校决策机构成员备案管理办法（试行）〉的通知》精神，市教育局组织各县区教育局及高新区分局开展民办学校决策机构成员备案工作。市教育局负责民办高中阶段学校备案工作，各县区教育局、市教育局高新区分局负责辖区内民办义务教育阶段和学前教育阶段学校备案工作。全市718所民办幼儿园、141所民办义务教育阶段学校、12所民办高中阶段学校，全部完成民办学校决策机构成员集中备案工作，备案率、及时率、规范率均达100%。学科类校外培训机构治理工作“回头看”工作。联合市委政法委、市民政局、市科技局、市文化旅游体育局、市市场监督管理局印发《关于做好网格员对校外培训机构日常巡查工作的通知》，对校外培训机构办学资质、办学行为、安全隐患进行排查，查处“一对一”“一对多”等“地下”违规培训行为。市“双减”工作督导暗访组分别在双休日、清明节、劳动节、端午节假期等重要时间节点，以“四不两直”方式对辖区内以中小学生为培训对象的校外培训机构开展7次，发现问题30个，下发问题整改通知单10个。下发《亳州市学科类隐形变异培训问题专项排查整治工作方案》，转发《关于做好学科类校外培训机构治理“回头看”工作的通知》。开展排查整治行动，严防学科类培训逃避监管。4月份，谯城区教育局依法对无办学许可证、违规开展培训的龙之文教育培训机构进行查封取缔。市教育局高新区分局依法对锐至思培训学校给予吊销办学许可证的处罚。非学科类校外培训机构起底式摸排工作。根据《安徽省教育厅等10部门关于开展校外培训机构摸底排查工作的通知》要求，市教育部门协同市科技局、市文化旅游体育局开展校外培训机构摸底排查工作。切实摸清校外培训机构底数、分类建账、动态调整。按照“谁审批，谁负责”“谁主管，谁负责”原则，严格落实非学科类校外培训机构的主管责任，压实县级审批监管责任，加快非学科类培训机构审批进度。校外培训机构的资金监管工作。切实将学科类、非学科类培训预收费存量和增量全部纳入监管，持续跟踪监测相关指标数据，充分发挥“双减”工作监测平台作用。2022年第二季度，把全市未消课培训课程学生信息纳入全国校外教育培训监管与服务综合平台，纳入率100%；督促校外培训机构下载全国平台手机端App，并将机构的资金、人员、材料、场地等信息上架，27所培训机构全部上架，上架率100%。加强与金融监管部门协同和对接，通过第三方托管、风险储备金等方式，对校外培训机构预收费进行风险管控，加强资金监管，防止出现因机构“退费难”“卷钱跑路”等影响社会稳定的现象发生。公布主管部门监督举报电话。市教育局牵头市科技局、市文化旅游体育局、市市场监督管理局等部门形成工作合力，强化工作措施。发动社区群众、社会监督员、综治网格员及其他社会力量共同参与，形成多管齐下、齐抓共管的校外培训机构治理工作机制。公布培训机构主管部门监督举报电话。将全市27所学科类校外培训机构的基本信息、办学许可证信息、资金信息、场地信息、人员信息、材料信息等全部纳入国家校外教育培训监管与服务综合平台进行监管。亳州市教育局网站公布市、县两级学科类、非学科类校外培训机构主管部门监督举报电话，畅通校外培训机构违规办学行为投诉举报渠道，回应社会关切。“双减”政策宣传。通过地方广播电视台、报纸、网站等新闻媒介及时报道“双减”工作开展情况。全市教育系统有200多篇“双减”工作宣传信息在安徽教育网等各级宣传平台刊发。通过《关于校外培训致全市家长及学生的一封信》、家长会、家访等方式，多措并举，广泛宣传“双减”政策。向学生及家长发放亳州市“双减”明白卡，全面深入宣传“双减”政策，凝聚更广泛的社会共识，助推“双减”工作落地落实。印制亳州市“双减”工作专报，每周一期，宣传“双减”政策、工作动态和校外培训机构的监管、督查情况，并上报给秦凤玉副书记、曹振萍副市长和市“双减”工作领导小组成员单位。把政府购买学位作为重要措施，优先购买进城务工人员随迁子女占比较高的民办义务教育学校的学位，保障随迁子女受教育权利，全市投入资金1.5亿元，购买学位113748个。

（马　晴）

高等教育

【概况】2022年，推进亳州学院加快高质量发展步伐。安徽省人民政府下达《关于同意亳州学院管理体制调整的批复》(皖政秘〔2022〕250号)，同意亳州学院上划后实行“省市共建、以省为主”管理体制。亳州学院立项中药学和食品科学与工程两个高峰培育学科，完成32个本科专业2022版人才培养方案修订工作；推进“四个一”品牌建设，3门课程入选教育部在线教育研究中心2022“拓金计划”；获批省级一流课程15门，省级教学团队2个；申报省级质量工程项目50项，立项校级质量工程项目89项、校级大学生创新创业训练计划项目85项，获省级教学成果特等奖1项、一等奖1项，获学科技能竞赛国家级奖励10项，省级奖励261项。引进高层次人才19人、紧缺人才38人，专职思政课教师5人、专职辅导员3人、外教1人；认定30名“双能型”教师，“双能型”教师达246人；年度新晋升6名教授、12名副教授；遴选推荐高校学科(专业)拔尖人才学术资助项目2人、高校优秀青年人才支持计划项目6人。立项科研项目118项，其中获批教育部项目3项、省级项目28项；签订横向项目35项，协议资金471.719万元；获批专利66项，其中国际发明专利5项，国内发明专利9项；完成“一种快速集水式保鲜物流箱”等7项发明专利转化。深入推进亳文化与学科专业、课堂教学、学生生活相融相促，获批安徽省高等学校人文社会科学重点研究基地“亳文化研究中心”；对外开展学术交流活动及其他合作交流，深化与省内兄弟院校沟通联系，学习办学经验，提升办学质量。亳州学院中医药学院校区基本建成，主校区风雨操场基础浇筑完成，亳州体育场东看台配套项目有序推进。持续推进信息化建设，智慧校园建设水平不断提升。

亳州职业技术学院启动实施中药学专业群进入国家“双高计划”，全面推进8大专业群建设。立项建设职业教育提质培优行动计划项目60余项、省校两级内涵建设项目110余项，获省级教学成果特等奖1项，《儿科护理学》获评全国精品在线课程；建成7个省级专业教学资源库，完成14个“1+X”证书试点申报和建设工作；成功承办中药传统技能和工业互联网技术与应用省级赛事。与亳州市总工会、亳州中药科技学校、亳州工业学校合作成立亳州工匠学院，完成28个实验实训室建设项目，年底实验实训课开出率达100%。中医师承项目全面展开，检验检测研究院实质性运作。依托全市人力资源培训平台，全年组织各类社会化考试14336人次，职业技能等级鉴定1394人。新聘25名能工巧匠来校兼职兼课，获全国优秀教学案例二等奖、全省应急救护师资实操授课团体二等奖、全省教学能力大赛一二三等奖6项，医学院教师王秀蓉获中国红十字会“会员之星”称号。选派18位副高以上专业技术人员进驻18家企业，担任技术顾问，在全省科技大会上被作为典型案例予以表扬。获安徽省科技进步二等奖1项，立项国家自然科学基金项目1项，亳菊的提纯复壮和亳菊新品种研究工作取得新进展，获得安徽中药资源普查科技一等奖，编写出版《神医华佗》城市礼品书。获金砖国家技能大赛一等奖、全国健身气功锦标赛团体一等奖、全国青年职业技能大赛银奖。全年学生技能比赛和创新创业大赛获得省级以上奖项50余项。完成省市下达的年度征兵任务，获评全省高校征兵优秀等次，位居全省同类院校前三位。学生王品武获评2022年第五届“闪亮的日子——青春该有的模样”全国大学生创新创业人物事迹典型。学院荣获亳州市青年志愿者服务优秀组织将、安徽省“五四红旗团委”和全国无偿献血促进奖。

(马　晴)

·亳州学院·

【概况】亳州学院办学始于清宣统元年(1909)的蒙城师资讲习所，1952年创办蒙城县初级师范学校，1956年7月更名为安徽省蒙城师范学校，2002年3月独立升格为亳州师范高等专科学校，2016年3月独立升格为亳州学院。亳州学院是安徽省人民政府举办的公办普通本科高校，主要致力于培养本科层次应用型、技术技能型人才，承担人才培养、科学研究、社会服务、传承创新地方文化的基本职能。截至2022

年底，亳州学院下设有14个内设机构、2个群团组织、12个党总支、11个教学院系。占地面积101.73公顷，建筑面积58.80万平方米。其中，在建面积26.55万平方米。在校教职工634人。其中，专任教师484人，正高级47人，副高级113人，博士44人。在籍学生11249人。其中，本科生10081人，占89.62%，专科生1168人，占比10.38%。

【党的建设工作】2022年，亳州学院以迎接和学习宣传贯彻党的二十大精神为主线，制定学习宣传贯彻总体方案和任务清单，在校园网、官方新媒体平台设专栏宣传大会精神，组建宣讲团走进40个学生社团、面向292个班级开展宣讲，推动宣传宣讲全覆盖。严格落实党委领导下的校长负责制，制定《关于坚持和完善党委领导下的校长负责制的实施细则》。发挥党建工作领导小组议事决策、组织协调功能，制定年度党建工作要点、二级单位党建责任目标，研究基层组织建设“强基础、提质量、创品牌”三年行动计划等重点工作。深入开展“三查三问”，进行党内政治监督谈话25人次、主体责任谈话36人次。推深做实省委巡视整改，完成首轮校内巡察整改和成效评估，顺利开展第二轮校内巡察。发挥审计委员会作用，开展5类14项审计。成立预算管理委员会，提升预算工作科学性、规范性。大力推进思政课程和课程思政改革，开设习近平新时代中国特色社会主义思想概论，出台思政队伍岗位津贴制度，提升思政队伍薪资待遇。常态化长效化开展党史学习教育和“我为群众办实事”。坚持大抓基层鲜明导向，制定基层党建工作“三个清单”，深化“对标争先”项目建设，落实《关于提升党支部组织生活质效的实施方案》，选树11个优秀典型。认真践行“三严三实”“马上就办、真抓实干”，制定《亳州学院领导干部作风提升实施方案》，抓好党建+信访落地，出台领导班子阅批群众来信、包案带案下访工作制度，推行“院领导接待日”制度，高效率办理信访事项237件。坚定不移推进全面从严治党，抓住关键少数，制定并严格落实《贯彻落实〈党委（党组）领导班子成员履行“一岗双责”推进全面从严治党若干规定〉〈关于加强对“一把手”和领导班子监督的若干措施〉重点任务清单》。出台《关于加强新时代廉洁文化建设的实施意见》，强化校园廉洁文化建设。

【本科教学工作合格评估】2022年，亳州学院坚持“以评促改、以评促建、以评促管、评建结合、重在建设”原则，制定合格评估工作方案，按月召开评建工作调度会，下达9次评建任务书，开展检查近20次，分赴景德镇学院、江苏第二师范学院、南京特殊教育师范学院学习评建经验，补短板、强弱项、固底板、扬优势，不断提升办学水平。

【管理体制调整与教育教学改革工作】2022年12月27日，安徽省人民政府下达《关于同意亳州学院管理体制调整的批复》（皖政秘〔2022〕250号），同意亳州学院上划后实行“省市共建、以省为主”管理体制。

2022年，立项中药学和食品科学与工程两个高峰培育学科。完成32个本科专业2022版人才培养方案修订工作。依托“第二课堂”强化思想政治教育和综合素质拓展。深入推进体育和艺术俱乐部制改革。制定学期劳动教育计划，开展劳动教育实践周活动。推进“四个一”品牌建设，《大学英语I》（王亚琪主讲）、《毛泽东思想和中国特色社会主义理论体系概论》（康宇主讲）、《体育与健康（五禽戏）》（代志星主讲）3门课程入选教育部在线教育研究中心2022“拓金计划”；获批省级一流课程15门，省级教学团队2个；申报省级质量工程项目50项，立项校级质量工程项目89项、校级大学生创新创业训练计划项目85项，获省级教学成果特等奖1项、一等奖1项，获学科技能竞赛国家级奖励10项，省级奖励261项。

【师资队伍建设】2022年，引进高层次人才19人、紧缺人才38人，专职思政课教师5人、专职辅导员3人、外教1人。认定30名“双能型”教师，“双能型”教师达246人。年度新晋升6名教授、12名副教授。遴选推荐高校学科（专业）拔尖人才学术资助项目2人、高校优秀青年人才支持计划项目6人。

【科学研究工作】2022年，立项科研项目118项。其中，获批教育部项目3项、省级项目28项。签订横向项目35项，协议资金471.719万元。发表二类以上论文30余篇，市厅级领导批阅咨政报告18篇。其中，李景彪撰写的《“世界中医药之都”视角下的乡村振兴问题及建议》获副省长张曙光批示。获批专利66项。其中，国际发明专利5项，国内发明专利9项。完成“一种快速集水式保鲜物流箱”等7项发明专利转化。俞浩主持的《安徽药用菊花产业化技术体系构建与应用》获安徽省科学技术奖二等奖，《道地中药白芍、滁菊的品质提升关键技术研究及应用推广》获淮海科学技术奖三等奖。时伟的论文《乡村教师核心素养与教师教育课程重构》获得省社科奖三等奖。朱丽的《伟大建党精神融入社会主义核心价值观培育研究》获年度全省“三项课题”研究成果三等奖，陈德琥的《庄子文化与淮河经济带生态文明建设研究》获年度全省“三项课题”研究成果优秀奖。

10月26日，亳州学院亳芜科技创新中心揭牌仪式在亳芜园区软件产业园A区举行；11月8日现代中药产业学院、白酒产业学院揭牌仪式在亳州学院勤政楼第五会议室举行，科技创新中心和产业学院的成立，进一步深化校地、校企合作，有力推动亳州学院产学研转化，为地方产业振兴和科技进步注入新动能。

【就业创业工作】2022年，亳州学院2022届毕业生总人数5729人，截至12月底，毕业去向落实率95.60%。其中，安徽省内就业3723人，亳州市就业1151人。线上线下组织16场招聘活动，提供就业岗位6000多个；通过就业工作QQ群等途径发布用人单位信息，提供就业岗位2万余个；使用省就业平台，提供就业岗位77578个；落实“访企拓岗促就业”专项行动，走访103家企事业单位。完成创业培训420人，申请创业补贴44.6万元，12个创业项目团队全部入驻创业园。

【传承与弘扬亳文化】2022年，推进亳文化与学科专业、课堂教学、学生生活相融相促，获批安徽省高等学校人文社会科学重点研究基地“亳文化研究中心”，出版《中国长寿之乡——亳州市谯城区长寿养生文化研究》《亳州碑刻研究》《亳州文学史》等专著，申报《亳文化研究》《亳文化研究教学创新团队》，新开设《亳文化研究》《魏晋文学研究》专业选修和公共选修课。

【对外交流合作】2022年，与韩国安养大学、韩国清州大学、泰国清莱皇家大学签订合作协议，开展学术交流活动及其他合作交流。加快融入长三角一体化发展步伐，深化与上海中医药大学、嘉兴学院的交流合作，积极与省内兄弟院校沟通联系，学习办学经验，提升办学质量。

【学院基础设施建设】亳州学院中医药学院校区基本建成，主校区风雨操场基础浇筑完成，亳州体育场东看台配套项目有序推进。新增教学科研仪器设备2595万元。全年采购图书约8.4万册，馆藏书刊总量达110万册。投入996.8万元推动信息化建设，智慧校园水平不断提升。

（王晓军）

·亳州职业技术学院·

【概况】亳州职业技术学院成立于2003年6月，是一所全日制公办普通高等职业院校、安徽省技能型高水平大学立项建设单位。安徽省首批全日制本科教育联合培养单位、安徽省首批校企合作示范基地、安徽省就业先进单位、安徽省创业示范点、安徽省高职扩招标杆校、国家级节约型公共示范单位、安徽省文明单位。办学层次以普通专科为主，兼有专升本、五年制大专和成人教育本、专科。学校占地面积31.4公顷，总建筑面积22.9万平方米，实验实训基地建筑面积5万余平方米，学校纸质图书60余万册，纸质和电子专业期刊5000余种，教学科研仪器设备资产总值达1.1亿元。

截至2022年底，全日制在校生近1.3万人，非全日制在校生近8000人。学校设有药学院、医学院、教育与管理学院、信息工程系、智能工程系、建筑工程系、继续教育学院、基础教学部和马克思主义学院9个二级教学单位，建有8个专业群，开设中药学、中药制药、药学、中医学、护理、针灸推拿、康复治疗技术、学前教育、连锁经营管理、高速铁路客运服务、大数据与财务管理、机电一体化技术、医疗器械维护与管理、电子商务、计算机应用技术、建筑工程技术、建筑室内设计等36个专业。其中，央财支持建设专业4个，省级特色专业和综合改革试点专业16个。建有安徽省中医药科学院亳州分院、安徽省华佗中医药研究院、亳州市产品质量检验检测研究院，国家级实训基地2个，省级示范实训中心和实践教学基地16个。2014年与安徽中医药大学联合举办专升本教育，设有中药学、护理学两个本科专业；与安徽大学、安徽中医药大学、沈阳药科大学、蚌埠医学院开展本科层次函授教育和自学考试，在籍学生近7000人。学校建有职业技能等认定站、年均培训和鉴定社会各级各类人才1万多人次。学校拥有专兼职教师704人，其中校内教师398人，教授、研究员和主任医师等正高级职称14人，副教授、副研究员、副主任医师等副高级职称79人；享受国务院特殊津贴1人，市政府津贴12人，省级学科与技术带头人、技术领军人才、教学名师、专业带头人、教坛新秀33人；“双师素质”教师327人。校外兼职教师306人，聘任包括中国工程院院士卢秉恒，国医大师徐经世等专家、教授61人。

【师资队伍建设】2022年，实施教风行动计划，设立专职思政和辅导员岗位津贴，配齐专职思政教师29人。建成市级以上名师工作室3个，建设省级教学创新团队2个。制订教师在职提升学历学位计划，组织教师业务技能提高培训300余人次。认定省级双师型教师7人，校级双师型教师37人，评定教授2人，副教授5人，高校讲师7人，助教30人，编制内公开招聘教师72人。修订外聘教师管理办法，新聘25人能工巧匠来校兼职兼课。获全国优秀教学案例二等奖、全省应急救护师资实操授课团体二等奖、全省教学能力大赛一二三等奖6项，医学院王秀蓉获中国红十字会“会员之星”称号。

【内涵项目建设】2022年，启动实施中药学专业群进入国家“双高计划”，全面推进8大专业群建设。立项建设职业教育提质培优行动计划项目60余项、省校两级内涵建设项目110余项，获省级教学成果特等奖1项，《儿科护理学》获评全国精品在线课程。建成7个省级专业教学资源库，完成14个“1+X”证书试点申报和建设工作。成功承办中药传统技能和工业互联网技术与应用省级赛事。与亳州市总工会、亳州中药科技学校、亳州工业学校合作成立亳州工匠学院。完成28个实验实训室建设项目，截至2022年底实验实训课开出率达100%。中医师承项目全面展开，检验检测研究院实质性运作。依托全市人力资源培训平台，全年组织各类社会化考试14336人次，职业技能等级鉴定人数1394人。

【科技服务工作】2022年，选派18位副高以上专业技术人员进驻18家企业，担任技术顾问，在全省科技大会上被作为典型案例予以表扬。获安徽省科技进步二等奖1项，立项国家自然科学基金项目1项，亳菊的提纯复壮和亳菊新品种研究工作取得新进展，获得安徽中药资源普查科技一等奖，编写出版《神医华佗》城市礼品书。2022年度发表三类及以上论文36篇。

【学生管理工作】2022年，实施学风行动计划，巩固“学生管理提升年”成果，完善“554”体系，加强学工平台系统和三级评定体系建设，全年奖助覆盖学生15739人次，总金额2641余万元。获金砖国家技能大赛一等奖、全国健身气功锦标赛团体一等奖、全国青年职业技能大赛银奖。全年学生技能比赛和创新创业大赛获得省级以上奖项50余项。完成省市下达的年度征兵任务，获评全省高校征兵优秀等次，居于全省同类院校前三位。

【招生就业工作】2022年实施招生制度改革，录取各类学生3600人，文理科录取分数线较往年提高100多分，停止招生五年一贯制大专。开展书记校长访企拓岗行动，推荐就业岗位10000多个。2022年毕业3874人，就业3766人，就业落实率97.21%，高于全省同类院校3.3个百分点。安徽省内就业3248人，占毕业生总数83.84%。亳州市本地就业2377人，占毕业生总数61.36%。学生王品武获评2022年第五届“闪亮的日子——青春该有的模样”全国大学生创新创业人物事迹典型。

【校园文化建设】2022年，实施校风行动计划，凝练亳职“三诚”精神，获评全省卫生先进单位、全市疫情防控先进单位。推进亳文化和中医药文化建设，承办亳台文化交流活动。推进“一站式”社区建设，建设33个大学生社团，举办大学生第二课堂品牌活动20场次，获亳州市青年志愿者服务优秀组织，安徽省“五四红旗团委”，全国无偿献血促进奖。

【治理体系建设】2022年，修订完善党委会议和院长办公会议议事规则，召开党委会议24次，院长办公会议15次，党政联席会议31次。发挥教学指导委员会和学术委员会职能，提升教学管理和学术治理水平。修订并完善学校章程，建成以章程为主的校园规章制度体系。

（李余璧）

·亳州开放大学·

【概况】亳州开放大学前身是安徽广播电视大学亳州分校，创办于1982年，是亳州市唯一一所面向社会开展学历继续教育和非学历继续教育的，服务亳州市全民终身学习的，多层次、多规格、多功能、多形式办学的综合性新型高等学校，辖涡阳、蒙城、利辛三个县级学院。2022年7月13日，亳州市政府正式批复同意安徽广播电视大学亳州分校更名为亳州开放大学，亳州开放大学将积极承担全市终身教育与学习型城市建设相关组织工作，发挥亳州社区大学、亳州老年开放大学办学职能，积极开展社区教育、老年教育。2022年，学校有本科专业17个、专科专业22个，各级各类在校生达到13591人，其中校本部4356人，办学规模位居全省前列。亳州开放大学自2011年开始连续12年荣获安徽开放大学“办学先进单位”称号。

【学历教育】2022年，亳州开放大学适克服经济发展新常态、疫情防控新常态对招生的影响，校领导班子成员主动分组带队调研，根据需求适时调整专业设置和招生计划，培育新的招生增长点。完善工作机制、激励机制，实行专升本有优惠、退役军人减免学费、老带新有奖励的学员奖励机制，切实提高师生参与招生的积极性。创新招生宣传方式，广泛利用电视、微信公众号、网站、车体广告等各种媒体，做到招生宣传全覆盖。2022年招生规模稳中有升，校本部共注册录取1474人，含三县共计4704人，在全省开放大学系统位居前列。

【非学历教育】2022年，亳州开放大学争取市委、市政府和市教育局支持，依托电大系统，开展各类非学历教育及社会培训项目。2022年，全国计算机等级考试9月份报考182人次；养老护理员培训100人次；创业培训330人次；互联网营销师培训30人次；协助市委组织部管理安徽干部教育在线平台，考核学员9001人，合格率100%；积极与安徽开放大学签订专业技术人员继续教育项目合作协议，截至2022年10月，合作培训公需课817人次，专业课103人次，转岗培训40人次。

亳州开放大学健全组织机构，成立老年教育工作办公室，具体负责老年教育线上线下工作。对原学生宿舍楼进行改造，逐步完善办学条件和设施。学校精心安排课程、制订教学计划、聘任有教学经验的教师，保障办学水平，2022年9月6日，老年开放大学正式开课，已开设五禽班、形体班、电脑班，学员110余人。开课以来，市人大、市政协、市教育局等上级领导多次到学校指导工作，提出合理化建议。在做好线下教学的同时，依托老年远程教育网和国家开放大学“终身学习平台”强大的平台服务功能，为老年学习者提供各门类、多课程的在线教学，扩充全市老年教育网上学习资源的配备总量。通过与安徽老年开放大学沟通，开通老年远程教育网子网6家，实现全市老年远程教育全覆盖，截至2022年底，全市远程教育网访问量18.4万人次，注册人数达7.1万人。

【教学质量提升】亳州开放大学按照专业实施教学计划，每学期提前制定面授课表，落实面授教师和教室，确保教学有序开展。精心组织实践环节教学，慎重选配指导教师，召开动员会，按专业分解落实教学任务，明确完成时限，安排专人负责督促协调，实行清单式管理，逐周统计通报完成情况，帮助学员按时顺利完成论文选题、写作、答辩等实践环节学习任务。认真开展教学检查，每学期校领导带领教务、教学等相关科室负责人深入教学一线，全面检查校本部以及三县学院教学环节落实情况，并在反馈座谈会上通报检查情况、交流工作经验、探讨改进办法。此项检查作为亳州开放大学教学常规工作不断强化完善，起到较好效果，也得到省开大肯定和好评。

2022年，学校组织学员申报2021年奖学金、2021年优秀毕业生、优秀学生干部，共有70名学员获得国家开放大学，23名学员获得安徽开放大学奖学金，4人被评为国家开放大学优秀毕业生，17人被评为安徽开放大学优秀毕业生，1人被评为国家开放大学优秀学生干部，1人被评为安徽开放大学优秀学生干部。着力加强师德师风建设，通过教职工例会加强学习，在每周教职工例会上通过学习文件、观看视频等多种方式，不断深入开展党史学习、思政教育，增强教职工遵守职业道德、忠诚人民教育事业的自觉性，引导全体教职工向政治觉悟有提升、专业素质有提高、工作态度有转变、工作实绩有进步方面发展。按照市教育局师德师风主题教育活动方案要求逐步推进师德师风建设。加大对思政课建设的支持力度，强化思政教研室管理，选优配强思政课教师队伍，步调一致开展思政课教学工作。建立健全《亳州开放大学教科研管理制度》，激励教师积极参与各级举办的教学科研活动，产出高质量成果。2022年，张晶晶在国家开放大学汉语言文学专业优秀论文评选活动中获特等奖，韩国庆老师获优秀指导教师；黄爱芹等教师被授予“三育人”先进个人荣誉称号；在安徽开放大学2022年中华经典诵写讲大赛中，孙恒利、明磊、牛金格老师获诵读类二等奖，李井军老师获书法类二等奖，孙能顺老师获三等奖，学校获优秀组织奖。落实教师工作量和辅导员800分考核办法，明确电子教案、微课制作、网上发帖、在线时间次数、网上作业督促与批改等主要考核内容，量化考核指标，一月一统计，一月一通报。校本部多位教师加入省开大相关课程的网络教学团队。学校网上教学取得显著成效，国开学习网多项质量因子考核排名位列全省前茅。

【校园服务工作】校园信息服务硬件建设。学校对校园网络进行升级改造，教师办公网络达到1000Mb，500Mb无线覆盖校园。多媒体教室和网络机房满足教学和考试需要，其中有容纳200人多功能会议室2个，容纳100人多功能会议室2个，网络机房20个。积极推进国家开放大学云教室建设，新建云教室2间，推进直播教室平台建设与应用，提升教师运用新技术进行远程教学的能力。完善工作机制，实行科室信息员采写报送、专人审核上报考核办法。2022年共发布信息66篇，其中发布到省开大、省教育厅网站50余篇，宣传内容全面丰富，学校形象全面提升。2022年，学校承担教育、司法、卫生、事业单位等各级各类社会考试，始终秉承服务师生、服务专业、服务社会的初心，不断发挥学校的社会服务职能，提升学校的社会影响力，并以此推动学校发展和整体性建设。

【安全文明建设】2022年，学校坚持24小时值班制度、门岗来人登记制度等，定期排查用电、用气、消防等安全情况，发现问题及时整改。加强安全教育，对学生进行防盗、防火、防电、防毒、防溺水、防电诈以及安全出行教育，传授安全常识，提高安全防患意识和能力。落实全面从严治党主体责任，开展党风廉政宣传及教育，警醒广大教职工树立廉洁从教意识，筑牢思想道德防线。严格考风考纪。坚持并完善考试培训制度、回避制度，做到每次开考前召开培训会，强调纪律，熟悉业务。完善巡考制度，每学期期末考试，挑选责任心强、业务水平高的人员到三县电大巡考，协助各县考点圆满完成考试任务。落实考试责任，与考点和巡考人员签订考试责任书，严格责任追究。

（刘　军）

科　技

亳州城市智能停车大厦　　　　　　（刘勤利　摄）

概　述

【概况】2022年，亳州市高新技术企业较去年增加39.8%、增速全省第二，入库科技型中小企业较去年增加43.7%。管行业管投资增速全省第二。全市中医药年产值1500亿元。其中，医药制造业年产值343.5亿元、增长8.4%。86家规上企业研发投入高于2%。其中，药业企业56家，占比64%。九方制药、雷允上药业、太阳升药业、协和成药业等多家企业正在研发新药。70家全国知名及医药百强企业先后落户亳州。疏风解毒胶囊连续6次被列为国家《新冠肺炎诊疗方案》推荐用药并成功进入欧盟市场，亳药产业集群获评全省唯一的国家级优势特色产业集群，“北华佗”中医药品牌影响力日益增强。

【科技强农工作】2022年，亳州市在全省率先实现科技特派员服务行政村“一对一”全覆盖。科技特派员领办或参与创办的334家合作社等实体，应用推广新品种、新技术1084个（项），建成新品种（新技术）集成示范基地137个，帮扶农户539户、培育技术能手或致富带头人116名，促进企业、村集体等经济实体增收2128万元。涡阳县获评国家级小麦制种大县。新认证绿色农产品、有机农产品81个，农业产业化龙头企业635家，规上农产品加工产值居全省第1位。全省首家无人机农场示范基地央视宣传，农业科技进步贡献率66%。

【科技创新平台建设】2022年，亳州市众创科技创业服务有限公司“亳州青年科技创业园孵化器”获批国家级科技企业孵化器、亳州利创孵化器管理有限公司“辛创云众创空间”获批国家级众创空间。中国花茶基地众创空间等5家众创空间获批省级众创空间，全市省级及以上科技企业孵化器和众创空间达到16家。亳芜产业园区先后与复旦大学、安徽工程大学、长三角信息智能创新研究院、上海大学、亳州学院等高校签约共建科创平台，亳芜创新创业中心（张江研究院）、亳芜科技创新中心（亳州学院）均已试运营，亳芜技术转移中心和孵化器项目（安工程）基本完成建设，亳芜信息智能创新研究院（长三角研究院）、上海大学已开展前期工作。

【科技金融工作】2022年，设立1.5亿元市科技成果转化引导基金，筛选9个项目进入省科技成果转化项目库，第一笔投资安徽协和成制药有限公司完成后，后续投资正在推进。设立600万元科技型企业贷款风险补偿资金池，累计向58家科技型企业发放科技贷款89笔、4.04亿元。与邮储银行进行战略合作，成立金融科技特派团，服务农业农村科技发展。谯城区与省担保集团合作，科技贷款实现新突破。

【科技体制改革】2022年，出台《亳州市人民政府关于贯彻安徽省深化科技创新体制机制改革加快科技成果转化应用体系建设行动方案的实施意见》（亳政秘〔2022〕57号），成立市长任组长的科技创新工作委员会，统筹领导、组织协调科技创新工作。建立十大产业专班联系高校院所对接机制，成立市科技成果转化专班，与组织部、人社局共同从在亳高校、科研机构、企业遴选11名科技人员挂职市县区科技部门科技助理。从在亳高校选聘24名科研人员挂职重点药企科技副总。将16项科技创新奖补事项纳入“免申即享”平台，兑现169个科技项目奖补资金5093.95万元。5月份被安徽省创建一流营商环境工作领导小组办公室作为“为企服务”平台办理企业反映问题典型案例。

（郭学斌）

气　象

【概况】2001年12月18日，亳州市气象局成立。有亳州市气象台（亳州市突发事件预警信息发布中心）、亳州市国家气象观测站（亳州市气象探测中心）、亳州市公共气象服务中心、亳州市气象灾害防御技术中心（亳州市人工影响天气办公室）、亳州市气象局财务核算中心（市气象局行政事务服务中心）5个直属事业单位。辖涡阳县气象局、蒙城县气象局、利辛县气象局、谯城区气象局4个县区气象局。截至2022年底，亳州市气象部门共有55人，本科以上学历52人，占在职职工总量的94.5%。硕士8人，占在职职工总量的14.5%。中级职称以上人员37人，占在职职工总量的67.2%。其中，高级职称13人，占在职职工总量的23.6%。

2022年全市年平均气温16.7℃，较常年偏高1.1℃，为有完整气象记录（1966年，下同）以来最高。年降水量784.1毫米，较常年偏少1成左右，雨量分布北多南少，谯城区最多907.5毫米，较常年偏多1.3成，蒙城最少666.6毫米，较常年偏少2.8成。年日照时数2263.4小时，较常年偏多1.5成。年内寒潮频发，盛夏和秋季遭遇高温、干旱，台风"暹芭"致亳州市北部雨量破历史纪录，初霜创历史最早纪录。综合全年气候要素、极端气候事件及其灾害影响，2022年属于"正常"的气候年景。

承担1项中国气象局观测类试点项目，4项省气象局科研项目（结题3项），1项市科技重大专项（通过验收），自立科研项目6项。取得计算机软著作权1项、实用新型专利4项。交流发表论文30篇，出版译作1篇。入选安徽省农林水利气象产业劳模工匠创新工作室1个。参加学术交流论文23篇，发表期刊论文7篇，其中SCI论文1篇、核心期刊论文2篇。年内新晋工程师2人、高工1人。联合市总工会、市人社局、团市委、市妇联联合开展全市气象行业职业技能竞赛；组织参加全省气象行业职业技能竞赛，取得团体第六名，个人全能第七名。年内1人获市政府第六批次特殊津贴，1人获市"五一劳动奖章"，2人获全省气象系统先进工作者。

【2022年度重大气候事件】年平均气温再创新高。年平均气温16.7℃，较2021年（次高）偏高0.2℃，创有完整气象记录以来新高。2022年四季平均气温均高于常年，冬季平均气温为4.0℃，为历史第十暖冬，春、夏两季平均气温分别为17.1℃和29.2℃，均为历史最高，秋季为17.4℃，为历史第五高。高温开始早、结束晚、持续时间长。2022年全市平均高温日数52天，较常年（17.3）偏多2倍。其中，谯城51天、涡阳54天、蒙城52天、利辛51天，除利辛仅次于1967年61天，居历史第二外，其他县区均居历史第一。高温开始早（5月29日谯城、涡阳），结束晚（10月3日，涡阳、蒙城、利辛），高温持续时间长，其中涡阳、蒙城、利辛均创高温最晚日期。

3月出现中度倒春寒。3月17—23日全市出现中度倒春寒过程，其中16日傍晚至17日全市大部出现7～8级大风，16—18日最低气温下降10℃左右，且17—23日连续一周平均气温低于10℃（较常年偏低），对盛花期的杏树影响较大，造成坐果率低。

出现春夏连旱。4月1日至7月4日全市平均降水量173.5毫米，较常年同期偏少近4成，期间出现24天高温（较常年同期偏多17天），平均无降水日数为80.5天，最长连续无降水日数达24天。4月初谯城气象干旱露头并持续发展，5月4日起全市普遍出现气象干旱，6月上中旬普遍出现中度以上气象干旱，截至7月4日谯城区重度以上干旱达50天，7月5日受台风"暹芭"影响，干旱才解除。

台风"暹芭"致亳州市雨量破历史纪录。7月5日前后，受台风"暹芭"残余环流影响，亳州市出现强降水天气过程，累计雨量大，降水分布北多南少，主要表现为降水强度大、影响范围广、持续时间长等特点，多地不同程度受灾。强降水主要集中在7月5日，日降雨量谯城区有8站≥250毫米，其中亳州国家站248.2毫米，为有气象记录以来单日降水量第三位，占亳州常年平均年降水量的31%；五马326.4毫米，突破所在地历史极值。强降水时间主要集中在5日5—18时，最大小时雨强97.9毫米/小时（5日18时，谯城五马）。此次台风风雨综合强度为（谯城）近40年最强。

国庆气温先升后降"冰火两重天"。10月1—3日全市出现大范围晴热高温天气，其中10月2日各地最高气温为：谯城36.5℃，涡阳38.1℃，蒙城39℃，利辛39.1℃，均创有气象记录以来10月新高。自10月3日夜间起全市自北向南出现剧烈降温，48小时和72小时最高气温和平均气温降幅均为历史最大，72小时平均气温和最高气温降幅分别为20℃～22℃、26℃～28℃。

涡阳、蒙城、利辛初霜创历史最早纪录。10月10日早晨涡阳和蒙城出现初霜，10月19日涡阳、蒙城、利辛出现霜，三县初霜均创有气象记录以来最早。

【气象监测精密化】2022年，加快综合观测体系建设，新增3个智能气象站，启动蒙城X波段雷达建设，亳州C波段雷达投入正式业务运行，截至2022年底，全市建成119套多要素自动站、33套城市气象自动站、2套环境气象自动站、94套高速公路气象站、25套国省道交通气象站、14套自动土壤墒情监测站、10套大气电场仪、4套闪电定位系统、4个国家自动气象站、4套车载移动气象站、3套生态气象监测站、1个机场气象站、1部C波段双偏振天气雷达和1部风廓线雷达。2022年地面气象观测业务运行稳定，自动站稳定运行率99.99%，气象数据可用率100%，数据传输及时率99.98%，综合观测质量全省第一，气象观测质量管理体系绩效评价位列全国第一。

【预报预警能力提升】2022年，亳州市24小时晴雨预报质量93%，位居全省前列。制作各类服务材料179期，编发预报预警短信826条，发送微博1361条。印发《城市气象保障服务工作方案》《应对极端天气停课停工停业工作机制指导意见》《关于建立自然灾害红色预警手机全网发布联动机制的通知》《学校应对极端天气停课安排和误工处理实施细则》等文件。联合召开重大气象灾害预警信息快速发布机制协调会，年内共发布寒潮、暴雨（雪）、强对流、雾霾等预警信号150期，启动红色预警手机全网发布，发布红色预警4期，其中暴雨红色预警3期、高温红色预警1期；全面完成应急广播与突发事件预警信息发布平台对接。稳步推进气象灾害风险普查。

【气象+赋能服务】开展全流程递进式气象服务，与农业部门开展人防、技防双联动；助力城市大脑“智能中枢”建设，融入城市网格化管理；常态化开展三方会商，服务污染防治攻坚战；依托智能网格预报产品，实现恶劣天气交通预警全流程、业务化、精准化，年内发布雾、霾、道路结冰等恶劣天气预警68期。

【人工影响天气能力提升】人工影响天气能力提升项目获市发改委批复，列入市本级投资项目。市、县政府共投资522万元采购飞机增雨服务和2部增雨燃气炮，加之原有17套自动火箭增雨作业装备，在亳州形成空地协同的作业格局。与公安部门建立人影安全管理工作机制，将人影火箭工作纳入公共治安管理范畴。年内开展4次技能培训，组织2次应急演练。全年增雨57点次，发射火箭弹287枚，燃气炮5208发，飞机增雨5架次。

（马魁侠）

防震减灾

【概况】2022年，地震监测能力明显提高。研究制定震情监视跟踪工作方案，成立震情跟踪工作领导小组，对震情跟踪各项工作进行部署。严格执行“震情会商工作制度”和“震情会商报告报送制度”。做好异常情况的跟踪与落实，严格执行地震宏观异常和谣传信息日报制度。对辖区内出现的所有异常，坚决做到异常核实“不过夜”，有一起核实一起，做到件件有落实，事事有回音。加强群测群防网点动态管理。对地震群测群防工作开展全面核查，对工作不力的网点和个人，及时进行调整，坚决杜绝“人情点”“关系点”。加强对监测仪器设备的运行维护，保证仪器设备的正常运行，观测资料连续可靠、信息传递及时准确。

【震害防御工作】2022年，开展建设工程地震安全日常检查和“双随机、一公开”监管。加强对县区审批业务培训和指导，建立“市县联动”行政审批和监管制度，有效提高亳州市建设工程抗震设防监管能力和服务水平。开展防震减灾科普教育基地和示范学校创建。亳州市防震减灾科普教育中心已通过国家级科普教育基地评审；2所学校通过省级科普示范学校初审；6所学校通过市级科普示范学校初审。亳州市城市活动断层探测及地震危险性评价项目进展顺利，工作实施方案通过国家局评审，已开展亳州市城市活动断层探测及地震危险性评价项目目标区浅层地震勘探、中深部地震勘探、标准钻孔探测与第四纪地层剖面的建立等工作，超额完成年度工作目标任务。

（王洪仁）

文 化

2022年1月24日，亳州市北关历史文化街区，民间剪纸艺人王炳华（左五）在展示虎年迎新春剪纸作品（刘勤利　摄）

概 述

【概况】2022年，全市贯彻落实省厅《村级综合性文化服务中心要求与评价》标准，结合乡村振兴，推进村级综合文化服务中心提质升级，全市已建成村级综合文化服务中心1338个，覆盖率99.5%。创新文化惠民工程。指导县区创新开展“送戏进万村”活动，制定下发“送戏进万村”政府购买服务方案，完善“按需制单、百姓点单、政府送戏”的运行机制，确保送戏下乡的质量和数量。完成“送戏进万村”全年任务1316场。

【文化服务】2022年，配合市人大做好《亳州市公共文化服务保障条例》立法调研工作，打造15分钟阅读圈，重点做好市文化馆、林拥城阅读空间建设。发挥平台效能，克服疫情防控影响，加大安徽文化云平台活动信息、视频等上传报送力度，全年全市县级以上各公共文化场馆共接待169.5万人次，发布活动2243场次；乡镇文化站及村级文化服务中心活动16592场次。

【文化惠民】2022年，开展品牌文化活动。围绕党的二十大胜利召开等重大时间节点，策划组织全市2022年乡村春晚、“魅力亳州——2022年民俗大拜年”系列活动。其中，春节期间在北关历史街区开展民俗踩街活动6场次，受到新华社、人民网等主流媒体关注和报道。举办“‘六一’少儿文艺会演”“博物馆、文化馆欢乐奇妙夜”“‘5•18’国际博物馆日”“文化和自然遗产日”“我在博物馆画文物”全省青少年儿童绘画大赛、“人人有艺”全民艺术普及免费公益培训、“亳州文化大讲堂”等系列主题活动，取得良好效果。同时，还举办安徽省新时代现实题材优秀小戏展演亳州专场，受到社会一致好评。

2022年2月5日，亳州市谯城区十河镇大周村，演员为群众演出豫剧《三进士》

（刘勤利　摄）

【文艺创作】2022年，组织各县区积极申报省级2022年度戏曲孵化计划，《代理村干部》入选省级戏曲孵化计划，现已完成创排。开展市级戏曲孵化计划申报工作，各县区共报送14部大戏、47部小戏，经专家评议并公示，确定对《紫槐花》《汉相曹操》等3部大戏，《共待万家团圆时》《双喜临村》等6部小戏。遴选美术、书法、篆刻、摄影作品共5幅作品申报第十三届中国艺术节。组织各县区申报2019—2020年度安徽省社会科学奖（艺术类），共报送一部曲艺、一部大戏作品。完善艺术生产机制。推动国有文艺院团改革走深走实，指导亳州市演艺公司开展社会效益评价考核工作，开展市级“十佳院团”“十大名角、十大名剧”评选活动。

【文化遗产传承保护】2022年，完成申报国家级非物质文化遗产代表性传承人4个。曹氏家族墓群荣获首批“安徽省级遗址公园”。亳州市酒厂有限公司（金不换酒传统酿造技艺）、攀峰文化传播有限公司（利辛面塑）入选2022年省级非遗工坊。完成南京巷钱庄消防提升工程、花戏楼西看楼修缮、牛集明代石碑碑亭等项目建设。开展“曹操宗族墓群文字砖全国巡展——敦煌站”，联合省考古研究所开展“喜迎二十大 永远跟党走 奋进新征程 ——亳州最新考古成果展”。

（武　伟）

文物保护

【概况】2022年，市文物保护发展中心全面贯彻落实习近平总书记关于文物工作系列重要论述和重要指示批示精神，突出文物保护、管理、利用三大水平提升，推动文物工作取得明显成效。

2022年，曹氏家族墓群入选安徽省省级考古遗址公园，成为全省首批6家之一。新新沟、忠烈祠等4处革命文物入选《2022年安徽省第二批革命文物名录》。推动市本级与谯城区文物管理职责划分取得新进展。完成全市省级以上文保单位“两线”矢量数据采集上报和全国革命文物资源数据库数据采集工作。完成《亳州市让文物活起来工作方案》的编制、印发和任务分解。全面落实全市各级文物保护单位“四有”工作，推动将文物保护规划相关内容纳入国土空间规划。积极推进市、区文物保护事权划分。

【文物项目保护】2022年，坚持抢救性与预防性保护并重，按照“前期谋划一批、编制储备一批、开工实施一批”的工作思路，分类分批推进文物保护工程。国保单位曹氏家族墓群水害治理、蒙城万佛塔防雷工程等2个项目获国家文物局批准立项；花戏楼消防、安防、防雷工程、山门砖雕修复前期勘察研究，亳州古地道渗水治理前期勘察研究、曹氏家族墓群（含薛阁塔）安防工程等6个项目完成设计方案编制并获国家文物局批复，通过《国家文物保护资金管理系统》完成资金申报；花戏楼木雕彩绘修复工程、朱公书院保护修缮等3个设计施工一体化招标项目积极推进；古井贡酒酿造遗址修缮项目、花戏楼砖雕木雕数字化展示项目、花戏楼火神庙修缮项目计划争取2023年立项。省保单位华祖庵元化草堂修缮、古淝公所修缮项目、四女汉墓群保护展示工程，华祖庵消防设施提升项目，道德中宫消防设施提升项目等5个项目设计方案获省文物局批复，通过《安徽省文物综合管理系统》完成资金申报。实施完成花戏楼西看楼维修、南京巷钱庄消防工程、牛集镇明代石碑碑亭等项目。积极谋划，开展曹操故宅修复（含曹氏宗祠）、木兰文化园、尉迟寺遗址国家遗址公园创建等文物活化利用项目前期调查研究；指导孙万林公馆、老邮局等多个市县级文物修缮工程。

【文物考古项目】2022年，配合市重点工程项目建设，协助省考古研究所完成三清大道工程涉程井遗址段项目考古发掘，实施牛集镇安溜集兴福寺遗址考古勘探，推进金达融府小区、润华明珠小区等建设项目文物调查、勘探和发掘工作。配合交通运输部门完成G105亳州段一级公路改建工程文物资源调查，并对涉及文物点双沟六里桥开展现场调查、论证、迁移选址前期工作。配合市城建集团开展亳州古地道建控地带内人民路菜市场建设项目申报批准，项目已开工建设。指导高新区做好一般文物点二十里井保护工作。

【文物利用工作】2022年，加强文物史料整理研究，深挖文物价值内涵，文物传播利用途径，多举措让文物“活起来”。联合省考古研究所举办“喜迎二十大•永远跟党走•奋进新征程——亳州最新考古成果展”。亳州花戏楼荣获“全国文化遗产旅游百强案例”和“安徽省十大文物活化利用优秀案例”。结合清明节、国庆节等重要节日节点，突出用好革命文物的“生动教材”根本属性，利用革命旧址及纪念设施开展参观、瞻仰、纪念等活动，传承红色基因。实施革命文物展陈提升，举办“战斗的史诗•光辉的历程”“节日•清明——强国复兴有我”等革命文物陈列及临展12个。

【文物安全监管】全年筑牢底线思维，坚持重点文物场所安全监管检查常态化与节假日、汛期等阶段性专项检查相结合，加大文物安全检查力度，落实文物安全直接责任人公告公示制度。联合公安部门持续开展“打击文物犯罪”专项行动。联合市公共事业处完成古地道漏水抢险治理。推进文物建筑消防安全大检查、大整治和文物保护范围内自建房安全专项整治。以“国际博物馆日”和“文化和自然遗产日”活动为契机，积极开展文物普法宣传。全年实现文物安全事故零发生，文物安全状况切实改善。

【制度建设】2022年，根据文物部门职能和工作需要，对中心领导班子及全体工作人员职责进行重新明确划分，同时，修改完善亳州市文物保护发展中心学习制度、考勤与请销假制度、财务管理制度等12项工作制度，设立市文物中心财务评审小组和市文物中心文物保护项目工作小组，编制《亳州市文物保护发展中心规章制度汇编》，确保各项任务落细落实，形成按章办事的良好氛围。

（武　伟）

文化市场监管

【概况】2022年，亳州市开展文化市场执法监管，有效规范市场秩序，维护国家意识形态安全，为全市社会经济发展营造良好的文化环境。全市全年出动执法人员3.8万余人次，检查经营单位1.7万余家次，开展专项整治行动12次，立案查处违规经营单位140余家次，罚款12万元，责令停业整顿8家次，吊销文化经营许可证5家，受理举报投诉130余起，没收盗版书籍和非法出版物5.8万余册，有效净化市场秩序。

【扫黄打非】2022年，抓好“净网”“清源”“护苗”“秋风”“固边”“新风”“正道”等专项整治行动，“扫黄打非”各项工作落到实处。加大出版物市场监管力度，净化文化市场环境，3月份市本级织对涡阳县进行出版物市场专项执法检查，6月初组织全市三县两区出版物市场交叉互查，共抽调执法人员20余人，检查文化经营场所212家，检查发现问题书店22家。5月底将谯城区建安书店涉嫌侵犯著作权案件移交公安机关立案查处，对行业内违法违规经营行为起到强烈震慑作用。8月18日查处亳州市育才书店涉嫌发行侵权盗版图书案，该案件涉案图书数量众多，涉案非法经营额之大、出版物数量之多，是亳州市建市以来版权保护领域规模最大案件，并移交公安机关。

【执法监管常态长效化】2022年，建立健全错时执法检查机制，重点加强午间、周末和节假日监管。按照“重点查查重点、反复查查反复”要求，对重点地段（学校周边）、重点时段（下班后和晚上）、重点经营场所（有违规记录）进行随机、突击检查。落实“网格化”管理和错时执法检查，建立完善市场巡查、联合执法、投诉举报、专项治理、案件查办等工作制度，组织开展区域联动暗访、部门联合执法，确保问题发现早、问题处置快、处置效果好。打击网吧、歌舞游艺娱乐场所等接纳未成年人和出版物经营单位发行非法出版物等行为，清查KTV曲库违禁歌曲，文化市场环境不断净化。地毯式摸排整治非法卫星电视广播地面接收设施，印制宣传资料1000张，发动引导安装卫星设施住户自行拆除。开展“黑广播”“伪基站”等非法电台集中打击专项行动，全年共监测记录广播信号60余个，航空信号3个，取缔黑广播1处。

【行业文明创建】2022年，组织开展行业单位创建文明旅游示范单位活动，林拥城•药都林海景区、花戏楼景区、上居雅途酒店管理公司3家单位被评为全市首批文明旅游示范单位，林拥城•药都林海景区参评全省文明旅游示范单位。对照创建全国文明城市标准，加强上报的景点景区、书店、文化场馆以及互联网上网服务场所等行业单位测评点位文明创建工作，开展好各项活动，高质量报送图片资料、说明报告等。严格查处旅游市场不规范经营，提升外来游客对城市的好感度，促进文明城市的创建。2022年，开展集中验收巡查行动4次，出动执法人员377人次，整改问题单位15家次。

【信用体系建设】2022年，以文化娱乐行业转型升级为契机，教育引导各类经营业主依法经营、诚信经营、文明经营、安全经营。利用全国文化市场技术监管与服务平台和市场监管多部门联合监管平台，全面实施“双随机一公开”检查，记录随机抽取的检查对象、执法检查人员、检查事项、检查结果等，做到全程留痕，实现过程可溯源、责任可追溯。全年“双随机一公开”抽查98次，出动执法人员4140人次，检查经营单位1235家次。累计上传130余条信用处罚信息，及时在官方网站公示。对主城区网吧市场、歌舞娱乐市场80余家经营单位进行信用评级。

【综合执法效能提升】全年多次召开主城区网吧、KTV等行业文明创建培训会、安全生产培训会，增强经营业主法制意识、安全意识和文明意识。举办2期文化市场综合管理培训班。开展文化市场综合执法岗位大练兵活动，亳州市代表队在省级比赛中取得历史性突破，斩获奖项3枚。实施网吧视频监控统一监管平台安装工作，全市在线100余家网吧，超额完成年度任务。贯彻落实行政执法三项制度，研究制定《亳州市新闻出版（版权）领域常用行政处罚裁量基准》，推进执法规范化工作。

（武　伟）

亳州市国家级非物质文化遗产代表性项目

【概况】亳州市国家级非物质文化遗产代表性项目共6项，分别为华佗五禽戏、二夹弦、老子传说、西凉掌（亳州晰扬掌）、淮北梆子戏、蒸馏酒传统酿造技艺（古井贡酒酿造技艺）。此外，亳州市省级非物质文化遗产代表性项目54项；市级非物质文化遗产代表性项目180项。亳州市共有国家级“非遗”传承人2人、省级32人、市级204人。

【二夹弦】2008年被列入国家级非物质文化遗产代表性项目名录。二夹弦是中国汉族戏曲剧种之一，主要流行于山东西部、河南东部及北部，江苏北部，安徽北部一带的地方戏。在安徽省亳州市，山东省菏泽市定陶区传承发展较为突出。因二夹弦的伴奏乐器四胡（四弦胡琴）是每两根弦夹着一股马尾拉奏，因而其流行地的群众按照其方言习惯称它为“二夹弦”。“撕绫罗，打茶盅，不如二夹弦哼一哼”“二夹弦哼一哼，不穿棉袄能过冬”“不吃不穿不过年，也要去听二夹弦”，这些来自亳州广大人民群众的村言俚语，表达了对二夹弦这一剧种的喜爱和赞美，也充分证明这一稀有剧种的珍贵价值。

【华佗五禽戏】2011年被列入国家级非物质文化遗产代表性项目名录。华佗五禽戏发源于亳州，是东汉伟大医学家华佗继承古代导引养生术，依据中医学阴阳五行、脏象、经络、气血运行法则，观察禽兽活动姿态，用虎、鹿、猿、熊、鸟等动物形象动作创编的一套养生健身功。为更好地传承发展五禽戏，亳州市政府和国家体育总局在亳州每年都举办中国（亳州）华佗五禽戏养生节。2012年，国家体育总局授予亳州“中国五禽戏之乡”牌匾。五禽戏是一种外动内静动中求静、刚柔相济、内外兼练的仿生功法，与中国的太极拳、日本的柔道相似。习练时要注意全身放松，意守丹田，呼吸均匀，做到外形和神气都要像五禽，达到内外兼备的效果。

【老子传说故事】2014年被列入国家级非物质文化遗产代表性项目名录。老子传说故事在涡阳民间一直流传至今，已有千百余年。通过地方口语叙述，描述老子传奇的一生，作为民间口头文学创作，丰富民间文学宝库，有着较高的文学研究价值。老子传说故事基本上分为两个部分，第一部分是老子的故事，通过《孤苦童年》《合欢树》《信言不美》《上善若水》《师从商容》《官场沉浮》《孔子问礼》等17个故事，刻画老子从童年到暮年的成长过程，展现老子唯物辩证法，为人修身，探索宇宙的博大精深的哲学思想。第二部分是有关老子和天静宫的传说，共整理出《九龙迎驾》《老子和辉子》《武家河的传说》《天静宫的由来》《老子犁沟》《大石枕》《老子和苔干》《老君靴》《冷子不打天静宫》等23篇故事。老子传说故事反映出涡阳深厚的文化积淀，也从另一个方面佐证老子出生地的历史本源。

【西凉掌（亳州晰扬掌）】2021年被列入国家级非物质文化遗产代表性项目名录。晰扬掌发源于亳州，元朝时期回族阿訇，根据穆斯林礼拜动作，《古兰经》文字的运笔走势，结合中国象棋的对弈棋局，而演化的一门武术“晰扬掌”“晰”为“晰诸教异同之理，阐幽明生死之说，上穷造化，中尽修身，末言后世”。“扬”为发扬光大之意。共有七套拳术，354个招式，步法有随、快、退、碾，回环转折，曲线迂回。劲力刚而不僵，柔而不松，以内合为基础，以外合为根本，达到劲、力、体一致。20世纪80年代全国武术挖掘整理时，国家体委通过专家考证，认定晰扬掌发源于亳州，于2007年在亳州成立晰扬掌保护协会，2013年

11月被国家体育总局批准为首批中国体育非物质文化遗产保护与推广项目。

【淮北梆子戏】2021年被列入国家级非物质文化遗产代表性项目名录。淮北梆子戏，又称“亳州梆剧”“安徽梆子”“土梆子”，是流行于淮北地区的艺术个性化比较强的地方戏曲剧种，在安徽省具有较大影响，是亳州最受欢迎的一种戏剧。淮北梆子戏的唱腔具有高昂、粗犷、奔放、感染力强的特点，有文武曲牌200多种。对这种演唱形式，老百姓习称它为“高梆”。亳州梆剧唱腔结构为板腔体，主要有慢板、二八板、飞板、栽板、滚板、流水板等板式。伴奏乐器有打击乐（大锣、小锣、战鼓、梆子、边鼓、钹、镲等）。民间管弦乐（竹笛、板胡、二胡、月琴、中软、琵琶、唢呐、笙）。

【蒸馏酒传统酿造技艺（古井贡酒酿造技艺）】2021年被列入国家级非物质文化遗产代表性项目名录。古井贡酒产地为亳州，其酿造技艺起源于曹操向汉献帝进献“九酝春酒”及其酿酒方法“九酝酒法”，该工艺最早记录于北魏贾思勰《齐民要术》，距今已有1800多年的历史。经世代传承，该酿造技艺以“泥窖发酵、混蒸续楂、老五甑操作”为主要特征，特别是“桃花春曲”“分层取醅”“择时摘酒”等糠、水、曲等配料方式为其核心工艺。其工艺演变与发展同亳州地区居民生活方式、思想观念及风俗习惯融为一体，形成亳州独特的酒文化。古井贡酒酿造技艺在传承发展中不断革新，通过开展培训，传承人带徒等形式，在酿酒工作中不断实践。同时形成“李天华操作法”等创新理论成果，不断推动该技艺的传承与发展。

（武　伟）

新闻出版广播电视

【概况】2022年，巩固壮大宣传舆论阵地。市、县级广播电视台围绕“举旗帜、聚民心、育新人、兴文化、展形象”的使命任务，精心打造《亳州新闻联播》《药都时空》《走进农家》《政务沟通零距离》等重点栏目，加强权威信息发布、咨询服务，增加优质精神文化产品供给。亳州广播电视台和县级融媒体中心形成“两微一端一抖”等新媒体矩阵，亳州广播电视台“掌上亳州”新闻客户端、蒙城县融媒体中心《建好服务平台 做强“媒体+”》荣获“2021年长三角广播电视媒体融合成长项目”。

【精品宣传】2022年组织开展“我们的新时代”主题作品创作展播、2021年度“弘扬社会主义核心价值观 共筑中国梦”主题优秀网络视听节目展播活动。推荐亳州广播电视台《我们放学啦》申报2021年度省优秀少儿节目扶持项目。组织开展全市2021年度广播电视新闻奖（广电类）和优秀文艺作品（电视类）评奖工作，评选出3类共5件广播电视优秀文艺作品（电视类），共评选出综艺节目类、音乐节目类和广告类作品优秀作品、2大类24件新闻奖（广电类）优秀作品。

【广电新闻出版惠民工程】2022年，按照一月一村一场电影放映要求，截至11月30日，亳州市农村电影公益放映16956.67场，完成比达到107.38%，新片率82.38%，达到新片率60%以上任务目标，中小学生爱国主义教育影片放映1014场。积极推进应急广播和智慧广电建设，推动全市有线电视网络整合工作，完成全市地面数字电视700兆赫频率迁移任务。

（武　伟）

·亳州广播电视台·

【概况】2022年，亳州广播电视台围绕市委、市政府的中心工作和重大决策部署，做强做优新闻宣传主业，加快媒体深度融合发展，加强全媒体传播体系建设，新媒体平台全年推送图文信息约1.6万条，总点击量约6亿+，阅读量达到10万+的稿件21篇。亳视频抖音号发稿约1300条，累计点击量超4.7998亿次，其中1000万+12条、100万+93条，增长粉丝8.4万人，日均增长255人。

【宣传工作】2022年，主要新闻栏目先后策划推出“在习近平新时代中国特色社会主义思想指引下”“新时代 新气象 新篇章”等专栏，重点围绕习近平新时代中国特色社会主义思想、习近平总书记系列重要讲话、总书记视察安徽重要讲话等开展宣传报道。亳州视听网、掌上亳州新闻客户端继续推出“首页首屏首条”工程，做到习近平新时代中国特色社会主义思想、党的二十大报告和总书记重要论述讲话天天见、天天新。

党的二十大系列宣传工作。围绕迎接、宣传、贯彻党的二十大这条主线，加强策划，推出专题、专栏、系列报道、微广播剧等。组织广播电视各频道频率、各新媒体平台围绕党的二十大推出“奋进新征程 建功新时代”和“奋进新征程 建功新时代•亳州巨变”“奋进新征程 建功新时代•亳州这十年”“沿着总书记的足迹”“喜迎二十大”“二十大时光”“深入学习宣传贯彻二十大精神”等专栏，形成强大宣传声势。新媒体平台开设“二十大时光”“庆祝党的二十大胜利召开网络精品节目展播”等专题，播发文字、视频、短视频、长图、H5等300余条，并通过跳转省级主要媒体网站等形式，集纳中央和省级主要媒体报道，营造喜庆热烈的舆论氛围。

重大主题宣传工作。加大重大主题宣传力度，继续推出“暖民心 办实事 亳州在行动”等专栏；聚焦全面实施“六一战略”、乡村振兴、疫情防控等，推出重点策划报道18个；围绕双招双引、用工招聘、全面深化改革成果等推出重点自主策划报道17篇。“药都时空”微信号播发疫情防控稿件295条，一批内容成为爆款产品，图文短视频新闻《#亳州支援#上海抗疫物资车队出发前，市委书记专门嘱咐》累计点击量603.5万+。加大电动三轮车治理宣传力度，策划推出“三轮车治理大家谈”系列报道，制作推送一大批特色鲜明、易于传播短视频，发稿405条，新媒体推送图文稿件30篇，短视频13条，总点击量超30万+。加强助企纾困精准服务，通过广播电视新媒体平台开展“直播带岗”“区长上线 直播带岗”“高新有位 高薪有为”等直播招聘活动，发布用工信息，并通过网络海报在朋友圈推广，共发布用工信息75期，涉及企业287家、岗位26389个。

对外宣传工作。电视方面，在《安徽新闻联播》发稿320篇；在央视发稿26篇。其中，在央视《新闻联播》发稿5条，新华网和《光明日报》微博视频号各发稿1篇，在新华网客户端播发3篇。党的二十大会议期间，电视台克服地方台在安徽广播电视台《安徽新闻联播》发稿空间小的困难，早安排、早策划、早动手，多次与省台沟通协调，先后在《安徽新闻联播》的组稿中播发有关亳州的稿件7篇，从不同层面、不同角度发出亳州声音。广播方面，在央广主要栏目发稿21条，在省台发稿441条。其中，在《全省新闻联播》发稿258篇，再次刷新历史纪录，多个月份取得全省各地市台发稿第一名的好成绩。

公益宣传。开展“读书沙龙”“世界读书日”“E”起护航、中小学生讲故事比赛、防范网络沉迷、我和我的祖国读书日等公益活动；主办全市少儿文化艺术节展演活动；承办桃花节、芍花节直播推介、市直机关第九届微型党课、全市家风演讲比赛、2022药博会开幕式中医药文化演出等活动，累计举办各类活动27场次。围绕喜迎党的二十大、党的二十大精神宣传贯彻、文明创建、“药博会”等推出公益宣传片63个，下载47个，播出总时长10207分钟。其中，围绕喜迎党的二十大创作的《看亳州见幸福》被学习强国平台推送；短视频《以诚为本 以信立足》《节能降耗 从我做起》入围2022年度安徽省广播电视公益广告大赛。

【媒体融合工作】2022年，电视台认真学习习近平总书记关于深化媒体融合的重要论述，召开推进媒体深度融合务虚会，制定《亳州广播电视台推进媒体深度融合工作方案》，健全《掌上亳州客户端发稿制度》《亳视频任务分解》《新媒体绩效考核制度》等一系列规章制度，不断加强全媒体传播体系建设，塑造主流舆论新格局，深化由传统媒体向融媒体转型。确立移动优先战略，打造移动传播矩阵。按照《亳州广播电视台融媒体建设提升行动方案》《关于深化广播电视节目资源整合的实施方案》等方案要求，有序有力推进媒体融合，初步形成载体多样、渠道丰富、覆盖广泛的移动传播矩阵。截至2022年底，亳州广播电视台融媒体平台用户量突破177万。其中，掌上亳州客户端装机量突破63万+，药都时空微信公众号粉丝量42万+，亳视频抖音号粉丝56万+，亳州广播电视台官方微博粉丝量16万+。药都时空微信公众号由安徽省广播电视局推荐参加2022长三角广播电视媒体融合传播力案例并通过终审。再造采编发流程，打造融合传播机制。电视台在媒体融合工作中以重构采编发网络、再造采编发流程为突破口，深度整合广播电视新闻资源，结合工作实际，持续完善融媒体采编发流程。实行融媒体指挥中心“值班长”制度，统一调度新闻资源，客户端、微信、抖音、视频号、微博、广播、电视等根据自身定位，提取新闻资源，初步形成“一次采集、多种生成、多元发布”新闻传播格局。建立规章制度，打造融媒体工作团队。在提升全媒体记者传播能力上狠下功夫，每月安排2名新闻从业人员至新媒体部进行轮岗培训，提升一线采编人员全媒体发稿能力。利用新闻夜校进行写稿、摄像、短视频制作业务培训，建立一套适应融媒体发展的规章制度，完善《掌上亳州App记者编辑绩效考核方案》《药都时空微信公众号绩效考核方案》等绩效考核制度，调动采编记者的工作积极性。创新内容生产机制，按照《亳州广播电视台融媒体工作室管理办法》，鼓励编辑记者自由组合“内部创业”，组建工作室。成立“i+”“大芋头”“南湖扬帆”等融媒体工作室，创作推出一大批融媒体传播精品。电视台新媒体平台已经成为掌控亳州地区舆论话语权的重要宣传阵地，有力地提升亳州广电的舆论引导力。着力拓展媒体融合新业态。开展常态化广播节目网络直播，实现广播节目的可听、可视，进一步提升传播力、影响力。新媒体部除常态化开展乐动全城、政风行风热线等广播节目直播外，还开展读书沙龙、关注中高考、追雨、药博会、杜仲路下穿隧道通车直播、京东亳州商场开业和主城区义务教育阶段招生政策发布会等直播，建立常态化突发事件直播机制，提升传播力、影响力，累计全年直播活动近400场次。推进“互联网+政务+服务+商务”业务拓展，先后与市文明办、市人民检察院、市政法委等单位开展深度合作，对其微博、微信、网站、头条号等近15个融媒平台进行托管。

【经营管理与安全生产】扎实开展安全生产、安全播出等各项工作，交出全年“零事故”的好成绩。受疫情冲击和广电行业广告市场整体疲软等多重因素叠加影响，2022年经营创收明显下滑，压力明显增大。电视台对台属公司加强考核，持续加大广告清欠力度，通过对内挖掘潜力，对外主动出击，探索实施“媒体+活动+营销”经营运作新模式，策划实施“2022年少儿春晚”“五马桃花节”“龙扬梨花节”“2022芍花节”“六五环境日”“微型党课”比赛、“2022药博会开幕式文艺演出”等活动近30场次，着力推进由单一广告经营向多元产业发展转型。进入2022年下半年，经营收入降幅收窄，有企稳向好迹象。技术保障确保安全。持续加强技术创新，组织技术中心、新媒体部等部门加快推进技术创新，开展网络技术培训、网络安全技术内部测评和创新型技术应用研究，基本完成《亳州广播电视台广电新技术应用实验室建设方案》。在2022年的药博会直播中成功实现5G视频回传技术、数字微波技术的创新应用。截至2022年底，技术中心、新媒体部开展网络信息安全自查12次，参与省、市网络信息安攻防演练两次，开展小屏直播191场次。电视台把安全播出作为广电工作的“生命线”，时时放在心上，落实在行动上，第一时间组织节目生产、技术保障等部门学习国家广电总局、省广电局有关文件精神，就党的二十大等重要安保期进行安排部署，制定《亳州广播电视台迎接党的二十大广播电视和网络视听安全播出、安全生产专项工作方案》，成立安全播出和安全生产自查工作领导小组，加强网络安全管理，对可能出现的网络安全问题制定预案，在重要节点增加值班力量，严格执行24小时值班带班和零报告制度，线上线下值班相结合，做到万无一失。按照《亳州广播电视台安全播出突发事件应急预案》开展安全播出演练，把安全播出各项工作落细、落小、落实，圆满完成“党的二十大”直转播任务，交出广播电视和网络视听安全播出“零事故”的好成绩。

【干部队伍建设】2022年，电视台新提拔台属公司总经理2名；10名管理人员试用期满通过考核并正式任职（其中正科级干部2名）。依据《亳州广播电视台第七届“拔尖人才”选拔管理办法》，开展新一轮“拔尖人才”评选工作，李斌斌等11位优秀员工被授予亳州广播电视台第七届“拔尖人才”称号。全年为36名专业技术人员办理职称聘任手续。对取得副高职称的3名聘用员工申请纳入事业编制管理。认真贯彻落实《亳州市干部能力作风提升年计划》关于“强化学习培训抓提升”的要求，大力组织、开展人才队伍教育培训工作，共组织全台科级以上干部、中层管理人员和一线业务骨干参加各类培训325人次，内容涉及政治理论学习、“六个能力”提升、全媒体产业运营、网络视听技术、保密知识教育等，有力提升全台管理人员和业务骨干的政治素养和业务技能。

（吴　戈）

·亳州晚报社·

【概况】2022年，亳州晚报社贯彻落实习近平新时代中国特色社会主义思想。全媒体平台开设“在习近平新时代中国特色社会主义思想指引下——新时代 新作为 新篇章”“新时代 新征程 新伟业”“理论新境界”“沿着总书记的足迹”“我们的新时代”“牢记总书记嘱托”等专栏，发稿604条，推出《从“中国饭碗”看亳州“粮方”》《让法治精神“飞”入寻常百姓家》《城市善于“思考”生活更加幸福》《从“劳有所岗”到“劳有优岗”》《学习进行时“习近平的2021”：扎实推动共同富裕，实实在在造福人民》等一批重点稿件。加强理论版对习近平新时代中国特色社会主义思想以及党的二十大精神的阐释，撰写一批理论文章和言论评论，刊发《中青年干部要无愧新时代——学习贯彻习近平总书记在中青年干部培训班开班式上的重要讲话精神》等理论文章10余篇。

【思想贯彻工作】2022年，围绕迎接党的二十大胜利召开，亳州晚报以“奋进新征程，建功新时代”为主栏目，聚焦亳州生动实践，采写刊发《我市多点发力筑牢社保屏障》《以产业兴旺带动乡村全面振兴》《住房建设撑起百姓满满“幸福感”》《返乡创业带领村民同致富》等稿件80余篇，充分展现发展成就，生动讲述发生在亳州大地上的火热故事。围绕“六一战略”“皖北走前列、全省靠前站、全国有位置”等主题，聚焦发展成就，展望美好未来，推出一批主题宣传报道，充分展现亳州人民群众生活的新变化和实实在在的获得感。围绕贯彻落实省市两会精神，推出“贯彻落实省市两会精神——新开局 新精彩”主题报道，全面复盘“十四五”开局之年亳州市取得的新成就、新亮点。推出“非凡的成就 亳州这十年”报道，分县区推出《三次产业齐发力 跑出发展加速度》《十年蝶变，庄周故里扶摇直上》《甩掉贫困帽，织出幸福新生活》等稿件整版6篇，围绕县区主导产业、特色做法、民生福祉等，展示各县（区）党的十八大以来的发展成就，内容翔实、编排精美、有视觉冲击力。推出《蓬“亳”向上新答卷——党的十八大以来亳州经济社会发展综述》等稿件八篇特别报道，推出“喜迎二十大 幸福向未来”“心动亳州·感动中国——十年来，那些让我们心动的名字”“奋进新征程，建功新时代——十年巨变”等栏目。

在党的二十大胜利召开之后，围绕“深入学习宣传贯彻党的二十大精神”主专栏 策划推出“加快实施‘六一战略’谱写中国式现代化亳州篇章”“江淮记者调研行”等系列报道以及“学报告 话发展”“二十大精神在亳州”等全媒体报道。其中“加快实施‘六一战略’谱写中国式现代化亳州篇章”专栏推出《“世界中医药之都”正加速走来》《牵手沪苏浙，做好产业转移大文章》《长三角餐桌端上更多“亳州味道”》《“华夏酒城”建设大步向前》《让游客来亳更有看头和玩头》《“百万人口现代化城市”渐行渐近》等报道，全面盘点“六一战略”实施成效，推动各项任务落地落实，以实际行动和优异成绩检验贯彻二十大精神成效。“学报告 话发展”全媒体专栏采写编发《亳州市交通局局长孙善豹：让亳州高质量发展的“血脉”更加畅通》《亳州市城管局党组书记、局长张守雨：当好“五个卫士”构建城管新发展格局》等稿件。

2022年，亳州晚报社围绕“六一战略”实施背景、愿景，组织撰写并推出《全面实施“六一战略” 开启亳州发展新篇章——一论认真贯彻落实市第五次党代会精神》《践行“三严三实”“马上就办、真抓实干”在全面实施“六一战略”中走在前、作表率——二论认真贯彻落实市第五次党代会精神》《弘扬伟大建党精神 全面推进党的建设——三论认真贯彻落实市第五次党代会精神》3篇本报评论员文章，拉开亳州晚报“六一战略”主题报道的序幕。推出全媒体系列报道“投身‘六一战略’开启亳州未来贯彻市第五次党代会精神”系列报道，采写刊发《迈向两千亿目标 “药”向世界舞台》《让更多“亳州味道”飘香长三角餐桌》《300亿元“华夏酒城”正在酿造》等6篇深度报道，对亳州市“一都一区一基地 一城一市一中心”的建设情况进行全方位的解读。

【疫情防控宣传】2022年，及时推送全市疫情防控重要政策、疫情防控动态，以及防控战线上的感人事迹等，长期开设“众志成城抗击疫情”栏目，全年累计发稿180多篇，推出“奋战疫线展芳华——致敬防控疫线的最美身影”等多个策划。对疫情防控指挥部及市疾控部门发布通告、通知、提示等文字内容进行短、平、快的可视化表达，让广大网友第一时间了解防控政策。同时，深入防控一线，拍摄、制作一批视频原创稿件，通过抖音、视频号等短视频平台发布，为疫情防控营造浓厚的社会氛围。

【创建全国文明城市宣传】2022年，按照市委宣传部宣传方案和全国文明城市创建测评体系的要求，将创建全国文明城市宣传工作作为年度重点任务，专栏专题、新闻报道、言论评论、公益广告及融媒作品有序推进。策划制作公益短视频《节电有道，节约有德》《共建生态文明，添彩绿色亳州》《参与志愿服务，助力文明创建》《乘着公交去上学》等融媒产品；在新媒体各平台推出文明创建主题公益广告十余次。发挥新媒体优势，先后开展《植此青绿，添彩亳州》《亳州公交新体验》等直播活动，在抖音、视频号进行直播，进行文明礼仪线上教育引导。同时，亳州新闻网开设“创美好亳州，建美好家园”全国文明城市创建专题专页，内设栏目10余个，发稿200余篇。特别是报社“暖新闻”专栏刊发的《新人双双收到立功喜报》一稿，被《人民日报》、新华社等中央媒体转载发布，阅读量过千万。

【宣传工作】2022年，开设“改进作风我们在行动”，并组织系列专题访谈报道，推出《以一流营商环境助力高质量发展》评论，“我与企业同呼吸”策划报道，“送政策 展风采 助纾困”，采写刊发一批精品力作。三轮车整治宣传。2022年，亳州晚报共发稿约240篇，其中《亳州晚报》发稿约106篇；亳州网以及《亳州晚报》、亳州发布微信、亳州头条客户端等新媒体平台发稿约130篇。推出《治理电动三轮车，让城市更美好》《全民参与，支持电动三轮车治理》《齐抓共管 做好电动三轮车治理》系列评论。全媒发力，融合报道，及时准确报道相关政策举措和进展，和市民中的积极声音，把握好“时度效”，有力引导舆论，为电动三轮车治理工作顺利推进营造浓厚的舆论氛围，受到市领导好评。粮食安全宣传。2022年，亳州晚报准确报道权威信息、深入基层发掘亮点、创新策划精品力作、融合报道同频共振，全媒体平台推出共采写刊发各类体裁稿件110余篇，新媒体平台阅读量逾15万次。在粮食安全方面，在麦收时节策划推出“从‘中国饭碗’看亳州‘粮方’”系列报道，《“藏粮于技”，打造增产之钥》《“藏粮于地”，夯实丰收之基》《“藏粮于农”，开创未来新局》，通过麦收时节里农业丰收、农民增收图景，探寻“百亿斤粮仓”亳州的“藏粮之方”，解读粮安天下的亳州努力和担当，系列报道受到领导好评，引发读者热议，澎湃新闻以及人民网、安徽网等转载系列报道；“节粮减损 防止浪费”，推出《抵制“舌尖上的浪费”》栏目，发稿《践行“光盘行动”珍惜美好“食”光》《走进餐饮单位倡导“光盘行动”》《“反对浪费崇尚节约”志愿者在行动》等稿件7篇，并推出药都时评文章《让“光盘”成为习惯》，受到读者好评。生态环境保护宣传。2022年，围绕污染防治、环境治理等生态环境保护工作，加大正面宣传报道力度，传递环保正能量；加强评论、公益广告刊发力度以及舆论监督报道，为打赢污染防治攻坚战营造良好氛围。共刊发《因污染防治违规严重22家汽车维修企业被约谈》《亳州“堵疏控”三结合管控柴油车污染》《谯城城管推进秋冬季大气污染防治工作》等相关稿件约160篇，总阅读量近30万。普法教育宣传。2022年，开设《晚报律师团》《江淮执行风暴》《普法故事》《剑指电信诈骗》等多个法治宣传栏目，累计刊发稿件163篇。在“12•4”国家宪法日、“宪法宣传周”期间，各媒体平台根据自身特点，采取文图、视频等多种形式，集中开展宪法学习宣传，大力弘扬宪法精神、维护宪法权威，让宪法家喻户晓、深入人心。药博会宣传。2022年，亳州晚报全媒体平台采写刊发约20个整版，相关稿件约240篇，阅读量近70万。特别是将药博会预热报道与喜迎二十大结合起来，推出“奋进新征程 建功新时代——透过药博看药都”重磅系列主题报道。

【新媒体建设】2022年，亳州晚报社新媒体中心与市交通局共同策划“桥见变迁”，选取近年来亳州建设的部分代表性的桥为视角，反映亳州经济社会发展取得的辉煌成就，阅读量超过百万。2022年，《亳州晚报》除做好自身的报纸、两微一端一视屏外，还承担亳州市委对外政务窗口——亳州发布、亳州市政府、市人大、市政协网站的运维。其中，亳州发布微博，长期居于安徽各市政务新媒体第一位；在2023年度2月20日发布的全国政务榜上，亳州发布跻身全国第11位，排在上海发布、重庆发布之后。

（詹秀秀）

博物馆

【概况】亳州市博物馆是总占地面积1.8万平方米，建筑面积5200平方米，文物展厅面积2800平方米，馆藏珍贵文物5000余件（套）。亳州市博物馆是一座中式城堡风格的建筑，现为“国家AAAA级旅游景区”“国家二级博物馆”“安徽省爱国主义教育示范基地”“安徽省社会科学知识普及基地”“亳州市爱国主义教育示范基地”，还曾被评为“安徽省十家最美博物馆”“安徽省最美公共文化空间”。

【展馆陈列】博物馆一层为主展馆，其基本陈列主题为《穿越五千年——亳州文化寻源》，按照历史发展的脉络，分为序厅、涡河文明、商汤都亳、道源圣地、汉魏风骨、天下望州、亳商市井、近现代亳州8个部分。展厅内，新石器时代陶器、石器，汉代青瓷器、玉器，隋代白瓷器、陶俑，唐代三彩器，宋元瓷器，以及曹操宗族墓群出土的文字砖等。

【主题活动】亳市博物馆结合中华传统节日和重大纪念日，推出了“博物馆欢乐奇妙夜”“我在博物馆画文物”“亳博学堂”等丰富多彩的社教活动970场次，举办“百岁画仙——萧龙士书画艺术展”等临时展览56场次，举办“架起沟通历史的桥梁”等流动性展览51场次。“曹操宗族墓群文字砖拓片全国巡展”，把亳州的优秀历史文化“送”出去，推动了亳州市文博事业的发展。现已赴西安碑林博物馆、中国文字博物馆、南京六朝博物馆、张家界市博物馆、敦煌市博物馆等地，展期观众参观量突破百万。

（张小丽）

文化馆

【概况】亳州市文化馆位于建安文化广场“五位一体”A座，面积约6000平方米，2017年9月18日由亳州市机构编制委员会正式批复设立。业务功能分区涵盖音乐、美术、舞蹈、书法、数字化等十余项，遍及群众生活的方方面面。其主要职能是：贯彻执行国家文化艺术方面的有关法律、法规、方针、政策，发挥亳州市中心文化馆的主导作用；组织承办亳州市大型公益性群众文化活动；指导、协调、辅导亳州市（包括县、区、乡、镇）重要的公益性文化艺术活动；组织创作各类艺术作品，丰富群众文化生活；举办各类艺术展览；开展艺术培训（辅导、讲座），培养青少年和各类成人艺术人才；收集、发掘、整理民间艺术遗产和非物质文化遗产等。

【文化活动】亳州市文化馆先后举办系列大型社会文化活动，其中与亳州市博物馆联合开创“博物馆欢乐奇妙夜”精品社教活动，在全国文博、文化系统率先垂范。作为亳州市群众文化单位，亳州市文化馆多次组织参加省内外各项文化艺术活动，助力亳州市文化事业的发展；创建亳州市文化旅游创意产业园，联合亳州市博物馆开发的文创产品两次荣获全国大赛银奖；组织亳州市广播影视产业园成功申报为省级园区，多部影片获国家级奖项；在北关历史街区创办非物质文化遗产直播间，提升亳州传统文化的影响力；开展“非遗”进校园活动，传承亳州市非物质文化遗产。

（石秀云）

新华书店

【概况】2022年，亳州新华书店发挥党政图书发行主渠道、主阵地作用，做好党的二十大文件及学习辅导读物宣传发行服务工作。承办党的二十大文件及学习辅导读物亳州首发式活动，在门店显著区域布置党的二十大读物专题展台，集中展示展销重点主题图书。政企服务团队走进机关、乡镇、学校、企事业单位，主动开展送书上门服务和征订业务，大力推进全渠道、全覆盖发行，确保第一时间向全市党员干部群众提供学习读物。2022年，亳州新华书店发行党的二十大文件及学习辅导读物共计38万余册。完成2022年农家书屋发行配送工作，亳州市农家书屋更新图书8.9万册，农家书屋结对共建公益捐赠图书1.7万元。

【文化惠民工程】2022年，亳州新华书店响应“我们的中国梦”——文化进万家活动要求，开展流动售书下基层活动，丰富基层群众文化生活。开展书香进机关、进社区、进企业、进学校、进军营、进乡村等活动累计127场。落实全省文化惠民季活动，全市新华书店门店读者刷卡补贴金额40.15万元。推进全省图书销售惠民月活动，惠及全市读者5.3万人次，惠民金额11.85万元。成立“新华红”志愿服务队，全年开展志愿服务160余次，服务时长1700小时，直接参与乡村振兴、文明城市创建、疫情防控等志愿服务，履行社会责任。

2022年9月28日，亳州新华书店开展“新时代乡村阅读季”农家书屋结对共建活动

（聂连丽 摄）

【公共文化服务】2022年，亳州新华书店跟进“15分钟阅读圈”建设，从项目选址到需求方案，从项目中标到建成运营，全程参与其中，全覆盖运营全市20个“15分钟阅读圈”项目。拓展新门店及校园店，推进亳州伊顿庄园店建设和亳州学院校园店建设。亳州学院校园店已开放运营，伊顿庄园店已完成项目装修设计、鉴定等前期工作。

蒙城图书馆累计23个月稳居全省县级图书馆接待读者人次第一名，在全国县级馆公众号影响力评比中，多次位列全国前十，线上直播话题最高关注度达到5.2万人次，2022年累计接待读者53.38万人次，图书流通量117.7万册次，外借图书58万册次，举办读者活动378场、开展馆外流动服务29场。

【免费教材发行工作】2022年，亳州新华书店有限公司做好义教阶段的免费教材发行工作，兑现“课前到书，人手一册”的服务承诺。全力做好教材的余缺调剂工作，及时解决学校因学生增减而产生的课本余缺，保证学校正常的教学秩序，全年为九年义务教育阶段学校提供免费教材2000万余册。

（杨春娇）

医疗卫生

2022 年 6 月 21 日，亳州市中医院医务人员为小朋友贴三伏贴　　（刘勤利　摄）

概　述

【概况】2022年，全市共有各级各类医疗卫生机构2568个。其中医院86家（综合医院50家、中医院8家、中西医结合医院9家、专科医院17家、护理院2个），乡镇卫生院92个，村卫生室1338个，社区卫生服务中心15个，社区卫生服务站119个，妇幼保健机构5个，疾控中心5个，卫生计生监督局（所）5个，采供血机构1个。全市实有床位34152张，千人口床位达6.88张；在岗卫生技术人员增至33387人，其中执业（助理）医师12768，千人口执业（助理）医师达2.57人；注册护士数增至16284人，千人口注册护士达3.28人。

2022年，市属医疗卫生单位引进高层次人才3名、急需紧缺人才（硕士研究生）15名，评审通过卫生系列高级专业技术资格471人，落实市属医疗单位引育人才待遇699.3万元。在省第一届“杰出人才”“骨干人才”评选中，全市有8名医疗卫生专业技术人员评为“杰出人才”，有14名医疗卫生人才评为“骨干人才”。市属医疗卫生单位有5名高层次人才经过推荐、确认，享受健康医疗服务关心关爱政策。贯彻落实习近平总书记关于“长三角一体化发展战略”，亳州市人民医院共派出9名医务人员分别到江苏省口腔医院（南京医科大学附属口腔医院）、良春中医院（南通）、浙大一院、浙大一附院和上海瑞金医院、复旦大学附属肿瘤医院、上海儿童医院等地挂职锻炼、跟班学习和实践锻炼。亳州市中医院邀请连云港市中医院赵化南教授在市中医院设立名中医工作室，与上海中医药大学附属岳阳中西医结合医院肝病中心建立业务联系，选派肝病科1人到岳阳中西医结合医院进修学习。市第五人民医院安排5名精神科医生到上海市精神卫生中心进修。

全市共投入卫生健康经费31.14亿元，其中市本级3.35亿元、谯城区7.30亿元、涡阳县5.98亿元、蒙城县7.23亿元、利辛县7.28亿元。2022年市本级共申请地方政府专项债券资金6900万元。其中，市人民医院传染病区改扩建项目申请1200万元，市中医院二期工程项目申请5700万元。市中医院二期工程项目申请中央预算内资金5000万元。

【科教工作】2022年，接收住院医师规范化培训学员81人（其中中央项目学员47人、专硕学员34人）、全科医生转岗培训100人、农村订单定向免费医学毕业生41人。新招录定向生61名，并与县区签订《就业协议书》。举办省级、市级继续教育项目21个、123个，分别培训4300余人次和9260余人次，继续教育项目执行合格率为100%。建立市级医疗卫生重点专科评审专家库，遴选确定13个市级临床重点专科。组织评选出临床科研重点项目10个，临床科研一般项目27个，教学类科研项目8个。

【医疗监管】通过《安徽省医疗服务综合监管平台》进行医疗机构及医务人员不良行为记分1269起，其中对医疗机构记分792起，对个人记分477起。共受理医疗服务投诉举报13件，其中省转办4件，均在规定时间内调查回复，回复满意率100%。开展重大事项合法性审核8件，完成推广证明事项告知承诺制、法治政府建设自查等工作任务。所有行政审批事项和公共服务事项均实行网上办理，市级共办理4983件，市长热线2200件，行风热线回复40件，说办就办回复21件，没有不满意办件。

【人口计划生育工作】2022年统计年度，亳州市出生人口40835人，出生率5.89‰、人口自然增长率2.78‰、出生人口性别比114.19、出生人口政策符合率95.67%，完成各项人口控制目标任务。为15357名独生子女领证户、二女绝育户等奖扶对象发放1533万元，为1010名独生子女死亡后未再生育户、独生子女伤残户等特扶对象发放637万元，为869名破产企业职工中独生子女领证户兑现一次性奖励173.8万元，为42527户兑现独生子女保健费1108.92万元。

【医政医管】完成胸痛、创伤、卒中三大中心建设，持续实施县级医院能力提升工程，开展临床路径管理工作，全市县级以上综合医院临床路径入径率和完成率达到90%以上，2022年，在全省124所医院临床路径管理工作评估中，亳州市、亳州市人民医院、蒙城县第一人民医院分别获得市级、城市医院、县级医院“三个第一”的好成绩。加强医疗质量安全监管，共成立41个市级专业质控中心，全年开展公立医院考评、临床路径考评、综合医疗质量督查、药事、护理、院感、血液透析、临床用血、疫情防控等督查70次；全市卫生健康行政部门和医调委共受理调解纠纷147例，其中医调委调解142例、行政调解5例，调解成功147例，调解成功率100%，共计产生赔偿676.0万元。顺利完成1584人医师执业资格考试，机考雷同率为零。

【健康促进工作】2022年，市级组织开展健康促进工作督导3次、技术指导3次，举办培训会2期。通过市、县区电视台播放“健康素养66条”、新冠肺炎预防等公益广告20余部，通过报纸、网络、微信号等发布新冠肺炎防控、控烟、传染病防治等科普知识百余篇。评选出市级健康素养巡讲专家12名、市级健康口腔巡讲专家12名，3人参加省级健康素养巡讲专家现场评选。建立并完善市级健康科普资源库。市级开发制作的《科普相声：保“胃”健康》《爱牙护齿守健康》，在2022年安徽省第三届新时代健康科普作品征集大赛中分获网络人气奖、优秀奖。全市三县一区均持续性开展省级健康县区创建工作。组织开展2022年健康素养监测项目，全市居民健康素养水平为28.10%。持续推进健康巡讲进校园、进企业、进社区活动，广泛宣传每个人是自己健康的第一责任人，倡导文明健康生活方式。累计发放健康教育印刷资料52种，217.72万份；播放健康教育音像资料29种，播放时长22.34万小时。通过村村通广播、FM88.2HZ新闻综合频率，循环播放常态化疫情防控、卫生防病知识；在主城区选择入住率较高的13个小区，签约社区智能物联网终端149台，通过投放海报、核心知识等方式开展社区宣传；制作健康宣传栏6期、投放海报22张，发布科普文29篇、浏览量约3万余人次。

【有效衔接健康脱贫与乡村振兴工作】2022年，持续巩固健康脱贫成果，坚持动态消除村卫生室及村医“空白点”，全市每个行政村至少有一个村卫生室，每个村卫生室至少有一名合格村医。按照“定定点医院、定诊疗方案、加强质量安全管理”的原则，实现34种大病集中救治，在管大病救治49735人，及时跟进对符合救治条件的人进行救治。持续做好脱贫人口家庭医生签约服务，重点做好高血压、糖尿病、结核病、严重精神障碍四种主要慢病患者的规范管理和健康服务，完成全口径监测对象家庭医生签约服务签约268014人。

【基层医疗卫生工作】2022年，组建市级基层医疗机构标准化建设专家组，统筹负责“优质服务基层行”、社区医院创建和特色专科创建等项目督查指导工作。全市79家乡镇卫生院（社区卫生服务中心）达到优质服务基层行“基本标准”，其中22家达到“推荐标准”，6家乡镇卫生院（社区卫生服务中心）创建成为社区医院，10家乡镇卫生院创建成二级综合医院。持续推进村卫生室标准化建设，达到城市社区医疗卫生机构和村卫生室标准化建设1047个，完成率106.29%。积极推进中心卫生室建设，以乡镇为单位结合人口规模，科学统筹村卫生室布局，建设乡镇卫生院“院办院管”延伸点，人员由乡镇卫生院派驻或按编外聘用职工管理，构建以中心卫生室为主体、一般村卫生室为补充，公益特色鲜明的村级医疗卫生服务体系，形成农村地区15分钟健康服务圈，全市中心卫生室已达80个。

【卫生健康项目建设】继续实施总投资约88亿元的医疗卫生健康事业“三年提升、两年巩固”行动，共筹建卫生健康项目95个，截至2022年底，已建成市人民医院急诊大楼、涡阳县中医院二期工程、利辛县第二人民医院改扩建工程、蒙城县第一人民医院感染性疾病检测和诊疗能力提升等68个项目。市儿童医院、市肿瘤医院主体工程已结束，室内安装、装饰工程有序推进。

【医药卫生体制改革】制定下发《关于印发〈亳州市深入推广福建省三明市经验深化医药卫生体制改革实施方案（2022—2025年）〉的通知》（亳医改〔2022〕4号）、《关于印发亳州市2022年综合医改工作要点的通知》（亳医改〔2022〕5号）、《亳州市人民政府办公室关于印发〈亳州市推动公立医院高质量发展实施方案〉的通知》（亳政办秘〔2022〕25号）等一系列文件，有序推进医改向纵深发展。持续推进现代医院管理制度试点，深入推进紧密型县域医共体建设，完成全市8个紧密型县域医共体绩效考核，规范紧密型医共体中心药房建设，推进蒙城县“医共体+医防融合”试点，医防融合试点实现县区全覆盖。建成4家紧密型城市医联体，推动公立医院高质量发展。持续做好乡村医疗卫生服务能力提升“百千万”工程，各县级及以上公立医院遴选84名医生到基层医疗机构帮扶，选派村医到市县医院进修，共开展带教查房4069次、外科手术1093次，卫生院人员进修427人次、培训5266人次，村医服务水平和能力明显提高。2022年全市县域内就诊率87.54%，跨省就医占比6.16%。

【智慧医疗信息化建设】2022年，亳州市进一步推进医疗信息便民服务，亳州市全民健康信息平台（二期）通过验收，进一步扩充电子病历数据库、健康档案数据库内容，增加医疗资源数据库，医疗大数据持续为疫情防控、家庭医生签约服务和医保智能审核等提供数据支持；建成市级电子健康卡卡管平台，全市累计发放电子健康卡222.27万张、用卡432.99万次；推动区域检查检验同质化。2022年建成市区域检验中心，谯城区、涡阳县和利辛县县域影像中心。依托安徽省智联网医院平台，实现全省范围内跨机构医学影像共享调阅，接入医疗机构118家。大力推进远程医疗，2022年以医共体牵头医院为主体为基层医疗机构提供远程影像诊断45.8万例、远程心电诊断9.6万例；亳州市人民医院互联网医院提供预约挂号35.96万人次、报告查询263.49万人次、门诊缴费支付15.41万人次、在线咨询4.11万人次、在线复诊6184人次。推广公立中医医院智慧中药房应用，每日可完成1500张处方和300张膏方制备，截至2022年底，通过智慧共享药房享受看病就诊、煎药、寄药等服务的省内群众达100万人次，省外群众达50万人次。

【农村敬老院改革】继续巩固农村敬老院管理体制改革，将乡镇敬老院移交乡镇卫生院统一管理，为入住敬老院的失能五保老人提供“医疗护理+生活照护”一体化服务，进一步提升基础设施、医疗水平、护理质量和供养能力，实现医疗护理与养老的有机统一、融合发展。全市132家乡镇敬老院中已有126家与乡镇卫生院实现融合发展，100岁以上的在院老人增加到14人、80～99岁的在院老人增加到1804人，集中供养率居皖北六市第1位、全省第3位。集中入住的五保老人经精心医疗照护后，987名患病老人中有960名病情得到基本控制、415名有褥疮的老人全部痊愈。（陈宗汤）

中医药服务

【中医药政策落实】市委、市政府出台《关于促进中医药传承创新发展若干措施》《亳州市创建全国基层中医药工作示范市实施方案》，市卫生健康委先后印发《亳州市“十四五”中医药发展规划》等规范性文件，进一步明确中医工作重点，做到长远规划与近期目标相结合，为中医药事业发展创造良好的政策环境。市、县区政府每年安排400万元专项资金用于中医药事业发展。2022年，市政府安排3亿元国债资金、1亿元国家专项资金用于市中医院二期工程，投入1000万元用于市中医院人才队伍和学科建设。

【中医医疗机构建设】2022年，全市公立中医院全部完成新院一期工程建设，亳州市中医院二期工程、涡阳县中医院三期工程进展顺利，华佗中医院整体接管中兴医院工作。市和三县公立中医院全面创成三级医院，亳州市中医院入选全国重点特色中医院，省级中医区域医疗中心建设进展顺利。蒙城县中医院、市中医院全国绩效考核位次均前进40余位，蒙城县中医院首次进入全国前200名。

【基层中医药工作】2022年国家、省、市三级拨付资金1000万元用于强化农村基层中医药服务能力，截至2022年底，全市92个乡镇卫生院、14个社区卫生服务中心全部建成中医馆，所有社区卫生服务站、村卫生室均具有中医药服务能力，“15分钟中医药服务圈”目标基本实现。

【中医人才及学科建设工作】2022年，全市新增全国名中医工作室指导老师1名、“江淮名医”1人、省级名中医工作室1个、省名中医4人、省基层名中医4人。评选“十四五”市级中医重点专科16个、第四届市级名中医20人，8个专科被省中医药管理局确定为“十四五”省级优势特色专科。全市现有国医大师工作室3个、全国名中医工作室3个、全国名中医工作室指导老师2名、省名中医13名、省基层名中医9名。

【中医药助力疫情防控】2022年，支持药企研制中药制剂或颗粒剂，加工生产“银花防感汤”、疏风解毒胶囊等中药制品，全市药业企业共向市外支援疏风解毒胶囊等中成药500万盒和防疫用颗粒剂、汤剂60万人份。同时，在密切接触者、一线工作人员等高风险人群中应用银花防感汤、疏风解毒胶囊预防，“新十条”发布前，全市一线工作人员零感染。

【智慧中药房建设】编制《亳州市智慧中药房建设方案》，完成首批试点市中医院医共体智慧中药房建设任务，2022年通过智慧共享药房享受看病就诊、煎药、寄药等服务的省内群众达250万人次，2022年9月被人民网专题报道。（陈宗汤）

疾病预防控制

【概况】2022年，全市疾控机构共有编制437个，其中2022年新增编制20个（涡阳县疾控中心新增编制10个，利辛县疾控中心新增编制10个）。加强疾控实验室建设，依托实验室核酸检测能力提升工程，市及各县区疾控中心均建成核酸检测实验室并投入使用；先后购置近1000万元大型理化检测设备，水质检测项目从60项提高到80项；顺利申请600万财政资金采购配置2个移动生物安全二级实验室及相关辅助移动设施。新建一个350平方米的PCR实验室，安装、调试相关仪器设备，核酸日检测能力从5000份提高到12000份。全市以县区为单位，适龄儿童22剂次国家免疫规划疫苗报告接种率均达95%以上。麻疹、AFP、流脑、乙脑、AEFI监测相关指标均达到规定要求。其中，年化排除麻疹风疹病例报告发病率2.08/10万、48小时完整调查率99.05%、麻疹血标本采集率为99.05%。AFP报告后48小时调查率为100%，合格便采集率为89.47%。流脑24小时及时调查率和标本采集率均为100%，AEFI及时报告率98.78%。

【传染病防控】2022年，全市共网报法定传染病19693例，报告病种主要为乙肝5925例，其他感染性腹泻病4734例，手足口病2570例，流行性感冒1850例，肺结核1555例。

流感防控。全市共报告流感样病例8520例，采集并检测流感样病例咽拭子标本2075份，流感病毒阳性结果704份。其中BV型370份、BY型2份、季H3型332份。

手口足病防控。全市共报告手足口病病例2568例，无重症、死亡病例。每月定期开展手足口病病原学监测，共采集检测病例样本392份，阳性结果282例，其中EV-A71病毒阳性4份，CV-A16病毒阳性33份，CV-A6病毒阳性200份，其他肠道病毒阳性43份。

肠道传染病防控。落实腹泻病人监测周报制度，全市共就诊腹泻病人8532例。落实霍乱弧菌环境和食品监测统计月报制度，共采集水体、水产品、食品、公厕粪便等样本1589份，霍乱弧菌检测结果均为阴性。

登革热防控。完成6轮次伊蚊密度监测工作，共调查1389户，发现阳性水体135个，平均布雷图指数为9.72，提示5—7月存在传播风险，7—9月存在高度传播风险。落实清理蚊虫滋生地、滞留喷洒等综合防控措施。

艾滋病、结核病等重大传染病防控。艾滋病患者抗病毒治疗全部移交到医疗机构。开展艾滋病哨点监测，共采集标本4936人份，发现1例HIV阳性患者、55例梅毒阳性患者；完成自愿咨询检测1302人次；受理学校结核病预警信息292个，排除193个，规范处置疑似事件99起，联合市教育局开展全市学校结核病防控专项暗访。艾滋病CD4检测和病毒检测比例分别为98.57%和98.36%，治疗成功率和覆盖率分别为93.86%和97.15%；结核病患者登记管理率100%，总体到位率97.32%，结核病病原学阳性率56.73%，重点人群耐多药筛查率95.65%。

【突发公共卫生事件应急处置】2022年，为加强全市应对新冠肺炎疫情防控队伍建设，建立统一、协调高效的调配机制，高效、有序、精准开展流行病学调查，全市市、县（区）、乡镇组建三级60支710名专业技术人员组成的流调队伍。为进一步充实市级流调队伍，在市级医疗机构选派具备公共卫生专业背景的10名专业技术人员到市疾控中心流调专班集中办公，纳入市级流调队伍，参与日常工作。同时摸底全市市级医疗卫生机构具备公共卫生专业背景人员，作为市级流调队伍储备人员。

应急处置。2022年全市共报告突发公共卫生事件15起，其中一般事件3起和未分级事件12起，甲类传染病事件2起、乙类传染病事件12起和其他中毒事件1起，事件共波及248901人，报告发病120人，无死亡。按照分级管理原则，全市各级疾控机构人员第一时间深入发生地开展现场应急处置工作，均及时采取严格防控措施，有效控制事态的进一步扩大，最大限度地降低损失。

学校卫生。制定亳州市学生常见病和健康影响因素监测方案，开展学生常见病和健康影响因素监测质量控制，完成对72间教室的环境监测。覆盖4个县（区）、31所学校，共体检学生10462人。

职业卫生。1.开展职业病危害专项治理，全面调查摸底大中小微各类企业和部分涉放射医疗机构，其中涉尘涉毒涉放射用人单位全部在申报系统申报，建立粉尘危害基础数据库。2022年5月印发《亳州市职业病危害专项治理工作方案（2022—2025年）》，启动实施职业病危害专项治理摸底调查、执法检查、治理整改工作，并建立基础台账。2.纳入治理范围的用人单位56家，2022年度所涉及的申报、检测、体检、培训治理任务已全部完成。3.经9月23日市职业病防治工作联席会议研究通过并印发《亳州市职业病防治“十四五”规划》。4.赴所辖全部4个县区规范开展市级职业健康检查机构质量控制监督检查工作并下发督查通报。5.全市2022年共开展监督检查171次，实现县（区）全覆盖执法，下达执法文书91份，立案查处职业卫生案件7起，罚款执行到位5万元，并确保及时整改违法行为。6.印发《亳州市2022年职业病防治项目实施方案》，收集报送职业健康核心指标个案卡8907余张，连续四年每年增加1000张以上，积极向省申请超额完成两个县（区）共计963人次以上接触有害因素劳动者主动监测任务，开展81人次尘肺病患者随访，主动向省申请承担并高标准完成包括快递、外卖、货车司机、环卫工人、教师、医护等在内的重点行业职业健康素养监测与干预1700人，全面开展职业健康素养进企业、进学校、进机构活动，对80家工作场所职业病危害因素、10家非医疗机构放射危害因素、4家放射诊疗机构监测点医院实施监测，完成6家职业性放射性疾病监测点医院调查和8家工作场所职业病危害因素监测现场验证工作。

慢性病管理。开展死因监测，全市通过死因监测信息系统网报的死亡病例且已终审数为33779例，粗死亡率6.76‰，上报完成率112.66%。做好上消化道癌机会性筛查及诊治工作，6家项目医院胃镜诊疗任务38789例，2022年1—12月共实际上报胃镜总量41405例，完成率106.74%。其中癌症人数597人，早期癌症人数147人，早诊率24.62%，与省级平均水平基本持平。

地方病防治。完成全市碘盐、尿碘、水碘监测和儿童甲状腺肿调查工作。各县区持续保持碘缺乏病消除状态，达到饮水型地方性氟中毒控制标准。

【严重精神障碍治疗管理】2022年，全市在册患者27248人，严重精神障碍报告患病率5.45‰。12月份管理率为96.94%，规范管理率为94.23%，面访率为94.08%，体检率73.51%，患者服药率为93.31%，规律服药率82.27%，精神分裂症服药率为94.17%，精神分裂症规律服药率为83.38%。

职业健康监督管理。开展职业病危害专项治理，全面调查摸底大中小微各类企业和部分涉放射医疗机构，其中涉尘涉毒涉放射用人单位全部在申报系统申报，建立粉尘危害基础数据库。2022年5月印发《亳州市职业病危害专项治理工作方案（2022—2025年）》，启动实施职业病危害专项治理摸底调查、执法检查、治理整改工作，并建立基础台账。纳入治理范围的用人单位

56家，2022年度所涉及的申报、检测、体检、培训治理任务已全部完成。经9月23日市职业病防治工作联席会议研究通过并印发《亳州市职业病防治“十四五”规划》。赴所辖全部4个县区规范开展市级职业健康检查机构质量控制监督检查工作并下发督查通报。全市2022年共开展监督检查171次，实现县区全覆盖执法，下达执法文书91份，立案查处职业卫生案件7起，罚款执行到位5万元，并确保及时整改违法行为。印发《亳州市2022年职业病防治项目实施方案》，收集报送职业健康核心指标个案卡8907余张，连续四年每年增加1000张以上，积极向省申请超额完成两个县区共计963人次以上接触有害因素劳动者主动监测任务，开展81人次尘肺病患者随访，主动向省申请承担并高标准完成包括快递、外卖、货车司机、环卫工人、教师、医护等在内的重点行业职业健康素养监测与干预1700人，全面开展职业健康素养进企业、进学校、进机构活动，对80家工作场所职业病危害因素、10家非医疗机构放射危害因素、4家放射诊疗机构监测点医院实施监测，完成6家职业性放射性疾病监测点医院调查和8家工作场所职业病危害因素监测现场验证工作。

职业健康保护行动。将健康企业建设纳入国家卫生城市、全国文明城市创建的总体部署，2022年6月会同市总工会等8部门联合印发《亳州市健康企业建设实施方案》，建设市级健康企业10家，下文通报表彰并在有关网站予以公布，择优向省卫生健康委推荐省级健康企业评选对象和第二批健康企业建设优秀案例；2022年4月联合市总工会等5部门印发《关于开展职业病防治法宣传周活动的通知》。联合市总工会等5部门在国祯环保公司开展宣传周启动仪式，加强职业健康权益保护宣传。举办特色活动，5月4日亳州市电视台制作长达4分钟余的职业病防治法宣传专题报道活动，广泛宣传“争做职业健康达人”和“争创健康企业”理念。创新亮点工作，2022年4月，市卫生健康委以为产业工人办实事、减轻企业负担为出发点，市卫生健康委网站“亳州市卫生健康培训平台”开设职业健康网课，免费为企业（医疗机构）主要负责人和职业健康管理人员提供课程培训、打印培训证等服务，对职业病防治内容进行宣传培训，深受广大企业和医疗机构欢迎。择优向省卫生健康委推荐省级健康企业评选对象和第二批健康企业建设优秀案例，鼓励广大企业积极建设健康企业，维护广大工人职业健康权益。积极向国家和省投稿，并发布多篇亳州市职业健康工作动态和成效。在2021年启动“争做职业健康达人”活动评选“职业健康达人”52名的基础上，再次评选“职业健康达人”55名。开展职业卫生知识“进企业、进学校、进机构”活动，活动共开展主题宣讲活动39次，宣传咨询活动80次，专题讲座（网络公开课）20次，开展警示教育活动69次，印发宣传材料13060份，制作、播放宣传视频28件，制作宣传条幅、展板456个，出动宣传人数318人次，宣传受众人数达20072人次，进一步提高职业病防治知晓率。（陈宗汤）

妇幼健康

【概况】2022年，亳州市建立覆盖城乡，涵盖孕前、孕期、新生儿各阶段的出生缺陷防治服务制度，形成免费婚前医学检查、免费孕前优生健康检查、育龄妇女增补叶酸预防神经管缺陷、免费产前检查、免费产前筛查、产前诊断、出生缺陷医院监测、新生儿疾病筛查等出生缺陷防治项目的出生缺陷综合防治网络。2022年全市完成婚前医学检查5.05万人，婚检率96.7 %，完成免费孕前优生健康检查4.48万人，任务完成率100.1%，新增叶酸发放人数4.75万人，免费发放叶酸19.4万瓶。开展免费新生儿遗传代谢病筛查3.43万人，筛查率96.44%，开展新生儿先天性心脏病筛查3.41万人，筛查率96.09%，新生儿听力筛查34177人，筛查率96.23%。实施免费孕中期产前筛查2.41万人，早孕期产前筛查4500余人，产前筛查率74.5%。

【免费“两癌”筛查全覆盖】2022年全市4个县区实现农村适龄妇女免费“两癌”筛查全覆盖，利用中央、省级资金265.2万元，争取地方财政投入300万元。2022年全市完成免费宫颈癌筛查59585人，任务完成率

156.8%，完成免费乳腺癌筛查31134人，任务完成率311.34%。

【托育服务】2022年12月，亳州市托育服务指导中心在亳州市妇幼保健院挂牌成立，负责全市托育机构卫生保健指导、托育机构卫生评价、托育机构从业人员培训等工作，积极推动和保障全市托育服务发展。（陈宗汤）

卫生监督执法

【概况】2022年，全市承担国家“双随机”任务718家，监督完成718家，任务完成714家，检查中发现关闭4家，完成率99.44%，完结率100%。全市共监督检查9749户次，办理卫生健康行政处罚案件327件，其中医疗卫生95件（其中无证行医44件），传染病防治78件，公共场所卫生98件，放射卫生12件，生活饮用水卫生14件，职业卫生8件，餐饮具消毒单位4件，学校卫生10件，妇幼健康1件，消毒产品生产单位7件，共执行罚没款256.06万元。办理的行政处罚案件中，大案要案办理情况：吊销执业许可证的1件，罚款10万元以上的2件，对个人罚款5万元以上的26件。

【专项监督检查】开展消毒产品生产企业分类监督综合评价。对20家消毒产品生产企业进行综合评价，其中2家消毒产品生产企业被列入重点监督单位。

开展无证公共场所整治专项活动。共检查公共场所80家，其中55家持有公共场所卫生许可证，持证率68.75%，已责令未办理公共场所卫生许可证的单位尽快办理。

开展游泳场馆监督抽查工作。共监督检查游泳场所24家次，下发卫生监督意见书9份，立案查处7件，罚款3500元，结果均在主要媒体上进行公示。根据实际发现的问题，针对个别卫生管理意识较差、相关卫生知识水平较低的游泳场所及时进行专门的约谈和培训，有效的保障消费者的合法权益，避免公共危害事故的发生。

开展餐饮具集中消毒服务单位专项检查。对全市3家餐饮具消毒服务单位开展9次专项监督抽检，对其中2家餐饮具集中消毒服务单位进行行政处罚，罚款2万元，1家单位被责令停产停业。对于监督抽检结果，及时向社会公示，并将抽检结果不合格的单位通报给市场监督管理局。

开展现制现售直饮水机水质专项抽检。对123台现制现售饮水机水质进行抽检，其中10台现制现售饮用水机出水水质细菌总数不合格，合格率为91.87%，对于抽检不合格的现制现售饮用水经营单位，已责令其及时查明原因消除污染，对水质进行再检验，检测结果合格后方可供水。抽检结果均在新闻媒体上予以公示，并通报给市场监督管理局和城市管理局等相关部门。

开展医疗机构依法执业监督检查。市级每季度每个县区随机抽查民营医院2家，对医疗机构依法执业情况进行监督检查，对存在的问题当场下达监督意见书责令医疗机构整改，进一步规范医疗机构执业。

开展非法行医场所暗访。采取市级组织人员对县区非法行医场所开展暗访，并将暗访的线索及时书面反馈县区卫健委要求核实查处并限期上报结果，下一季度市级对县区上报的上一季度暗访查处情况进行复核。全市共立案查处非法行医案件44起（其中市级2起，谯城区1起，涡阳县19起，蒙城县19起，利辛县3起），罚没款190余万元。

【血液安全管理】2022年，全市无偿献血37074人次，无偿献血总量72479单位，连续多年位居全省第四位。全血400毫升献血率达到95.8%，位列全省第一位。自愿无偿献血者比例为100%。固定献血者比例为57.43%，位列全省第一位。全年供应红细胞总量68721.5单位，同比增长2.15%，供应血浆类产品57334单位，同比增长14.3%，不仅完全满足辖区内临床用血需求，还多次支援省内外各地用血，调出红细胞类6336单位、血浆类11450单位，调出量位居全省第二位。亳州市再获“全国无偿献血先进市”称号，这是全市自2004年以来连续第九次获得此荣誉。（陈宗汤）

医疗保障

【概况】2022年，全市医保系统以学习宣传贯彻党的二十大精神为主线，为参保群众提供更高品质的医疗保障。实施“医保调研年”活动，开展家庭医生签约服务基金使用等16项调研，梳理56条工作建议和思路；开展代表委员“专题联络月”活动，收集资金拨付等14项意见建议。2022年，构建“党建+医保基金监管模式”获评全省先进事例，局机关党支部被授予全市“先进党组织”荣誉称号，在市政府廉政工作会议上作典型交流发言，全省医保信访现场会在亳州市召开。

【医保政策调整】2022年，调整门诊待遇政策。7月1日全面落地实施职工医保门诊共济保障政策，全市享受门诊共济待遇6726人次、基金支出463.4万元，补齐职工门诊政策短板；新增法布雷病等7种门诊慢特病，执行全省统一的准入认定标准、用药目录、报销限额；提高居民门诊待遇，卫生院和村卫生室门诊单次报销限额分别增加至80元、45元。

调整异地就医政策。落实省内大病无异地政策，肾衰竭等7个病种在试点医院住院治疗，无须转诊，享受参保地二级和县级医疗机构报销政策；双向开通5种门诊慢特病（高血压、糖尿病、恶性肿瘤门诊放化疗、尿毒症透析、器官移植抗排异治疗）全国异地直接结算，切实减轻参保人员“垫资”负担；职工、居民市外就医控制比例一致，取消未转诊备案不予报销的规定。

调整参保缴费政策。明确退休职工累计缴费年限；规范灵活就业人员、职工居民参保关系转移切换、生育保险及津贴等待遇享受等待期。中医药医保服务。梳理规范中医药198项服务和2266种药品价格；动态调整5批次15项中医服务项目价格；实施中医药适宜技术和康复诊疗服务付费改革，受益18598人次，基金支付4252.8万元；申报26项院内制剂通过省医保局评审，即将纳入医保支付，为“世界中医药之都”建设作出医保贡献，得到省市领导充分肯定。

【助力乡村振兴建设】2022年，民生工程全面达标。采取“每月调度、双月督查、季度通报、定期排名、年底考核和向县区领导发提示函”等举措，重特大疾病医疗保险和救助工程圆满收官。2022年全市基本医保参保568.7万人，参保率113.8%，政策范围内居民住院报销77.6%、职工住院报销83.2%、居民普通门诊报销55%、重点救助对象报销78%，均超民生工程目标。同时，参与“健康口腔”暖民心行动，将“牙脱敏治疗”等15个项目纳入医保支付，全年基金支付877.9万元。重点人群保障。推进重特大疾病医疗保险和救助与乡村振兴有效衔接，实现由“351”“180”向“三重”保障平稳过渡，落实重点人群保障政策。全年累计参保资助23.29万人、6464.9万余元，参保率100%；全年筛选自付费用1万元以上数据5.95万条，每月推送乡村振兴、民政等部门加强监测，有效避免因病致贫返贫风险发生。以市政办名义出台《关于贯彻落实安徽省健全重特大疾病医疗保险和救助制度若干举措的通知》（亳政办〔2022〕10号），增加两类困难群众，扩展医疗救助覆盖范围。2022年，全市实现重点人群“应保尽保”、医保待遇“应享尽享”、监测数据“应推尽推”、慢病证“应发尽发”、帮扶对象“应访尽访”、反馈问题“应改尽改”，得到省乡村振兴督查高度评价。

【实施医保改革】2022年，高标准推进“国家参保人员个人授权查询和使用试点”，打造参保信息“一库、一脑、一键、一网”（数据汇集管理库、科学应用智慧脑、高效查询快捷键、安全使用防护网），2022年10月在全国率先上线运行，初步实现信息查询使用、商保理赔“一站式”办理目标，破解参保信息不对称等问题，顺利通过国家局中期评估。“DIP”改革顺利实施。针对国家模块不完善、省局平台不成熟、医疗机构认知不到位等困难，引入第三方技术力量，分层级抓试点、分类别抓整改、分年度抓数据、分病种抓入组，实现改革“加速度”。全市DIP病种3566个，总体入组率99.3%，2022年12月如期实现模拟付费。集采成果落地惠民。全年集采药品405种、医用高值耗材1440种、节约资金2.4亿余元，减轻群众就医负担，缓解基金支出压力；开展医用设备集中招采，采取“五统一”模式（省招标集团统一代理、医疗机构统一计划、医保部门统一审核、第三方专家统一论证、国家平台统一招标），全年共采购彩超等非乙类设备3批次27台，节约资金727万元，有效降低医疗机构运营成本。

【基金监管机制建设】2022年，以集中宣传月活动为抓手，组织“开春第一课”集中培训，印发张贴卫生院、卫生室、民营医院和定点药店四类通报1.6万张，云上签订《医保医师信用承诺书》9160份，兑现500元“保底举报奖励”7起、合计1.28万元，积极营造“不敢骗、不能骗、不想骗”的维护基金安全氛围。智能监控深化拓展。巩固国家基金监管创新试点成果，推进县区医保智能监控分中心建设，实现市县（区）联动，实时共享全量监控信息，开辟异地就医、门诊慢特病、基金支出等板块，升级智能审核规则。2022年事前提醒4.63万次、事中打卡551.2万次、事后筛选疑点83.48万条，全部推送县区落地排查。分类监管机制创新。探索实施“重点监管帮扶+诚信免检”机制，对存在“三假”、主观故意违规、制度不健全等行为的21家机构，纳入重点监管帮扶，采取警示教育、违规查处等7项监管帮扶措施；对无群众举报、无严重违规、无指标异常等的13家机构，实行全市医保免检，享受评先评优、结余基金分配、诚信评价加分等，强化诚信激励、失信严管的风向标。能力提升e站正式运行。全国首创“医保服务能力提升e站”在线学习平台，设置“我的学习、e站智库、在线测试、结果运用、医保论坛”5大板块18个一级栏目，医保系统和定点医药机构工作人员线上“充电”，医保政策知识得到普及，医保监管服务能力得到提升。实施“4+2”医保违法违规行为专项治理，即落实省局“131”专案、冒用死亡信息、血液透析检查和两定机构复查四项规定动作，开展“工伤报补、村卫生室私采药品”治理两项自选动作，通过医院自查、全面普查、部门联查、县（区）互查、举报深查，实现2641家定点医药机构现场检查全覆盖。2022年全市追回违规基金5715.8万元，处理“两定”机构2904家次、参保人员158人、解除协议12家、移送司法机关8起，有力发挥震慑效应。

【公共服务提升】2022年，开展“两创两评”。制定实施方案，创建5项示范点（医保服务窗口、医保基层服务、医保定点医疗机构、智慧医保管理服务、医保定点零售药店），提升医保公共服务质效。其中谯城区医保经办中心8个办事窗口全部实现“一码通办”，获评“省级医疗保障服务示范点”。对标硬件标准化、软件制度化、服务规范化目标，创建29个模范窗口。按照“政治素质高、服务态度好、业务能力强”的要求，评选50名“服务之星”。举办医保经办业务培训暨擂台赛，竞评15名“业务能手”，树立比学赶超的良好导向。实现“四简四提”。即简化“医保关系转移、异地费用结算、省内大病无异地、商保报销”四项业务手续，实现经办事项线上提速、异地备案“日清”提速、医疗机构“刷脸”提速、医保移动支付提速。打造“一上一下”医保服务品牌。推深“两路三盲”慢病线上认定服务。完善慢病管理信息系统，充实全学科医疗专家库，做实“7×24小时”全流程线上办理，做到两轮专家鉴定，群众、专家、经办人员三方不见面办理。创新“医保春暖行动”下沉基层服务。市、县（区）联动，把医保经办“固定窗口”变为“流动窗口”，医保办事大厅移到群众客厅，打造百姓家门口的医保服务站。活动发放宣传材料5.33万余份，赠送退烧药3000袋，接受咨询3.8万余人次，办理居民缴费4221人次、手工报销1162人次、异地就医1381人次、慢特病申报816人次。人民网、《安徽日报》、省市广播电视台等主流媒体广泛深入报道，深受群众好评。2022年，亳州市“打通服务内循环，慢病管理不作难”做法入选全国医保经办服务优秀案例；省政协副主席姚玉舟、刘莉分别莅临市医保窗口调研，对医保服务给予高度评价。

【新冠疫情防控工作】2022年，强化三项保障。保障防疫费用，2022年下拨新冠疫苗接种费用14批次、2227.26万元，连续9次下调核酸（抗原）检测价格，极大减轻疫情防控财政压力；保障药品供应，督促企业配送药品19次，满足基层医疗机构用药需求；保障市场秩序，会同市场监管等部门检查药店6次，维护防疫物资保供保价。抓实三项督查。督查定点药店防控措施落实、督查“一退两抗”药品实名销售上传、督查医保协议履行情况，发现问题58起，全部反馈县区处理。2022年因违反防控要求暂停55家、解除3家药店医保协议，追回基金73.55万元。落实四项政策。兑现企业医保费缓缴、“乙类乙管”后医疗救治保障、便民发热门诊医保结算、部分用药临时纳入医保支付四项政策。缓缴6195家企业3个月医保费，与1668个便民发热门诊打通结算通道，新冠病人结算36582人次、基金支出341.77万元，有力发挥医保抗疫作用。

【基金精细管理工作】2022年，基金运行全流程管控。年初科学编制总额预算，严格按季度拨付资金，上线医共体基金账户监测系统，统一记账管理、实时分析查询，确保及时、足额、压茬拨付。每季度开展基金运行分析，精准分析研判，强化风险预警。医共体内控全领域开展。建立业务审核、基金财务管理、信息系统风险防控等制度，完善风险防控、重大费用支出集体决策机制。8月开展全市经办机构内控自查自评和综合评估，防范违规行为的发生。基金绩效管理全链条实施。对中央拨付的三项资金（城乡居民基本医保补助资金、医疗救助资金、医疗保障服务能力建设），严格执行分配使用规定，强化目标管理，做好绩效监控和评价，最大限度发挥资金效益。2022年全市医保参保574.89万人，基金收入66.97亿元、支出57.24亿元，结余9.42亿元，实现基金总体收支平衡、略有结余，安全平稳运行的目标。（徐　伟）

·亳州市人民医院·

【概况】2022年，亳州市人民医院完成定点医院和发热门诊建设，完成6号楼3楼手术室和产房改造、6号楼6楼新建12张ICU病房，购置方舱CT和核酸检测设备。完成市核酸检测基地建设，11月中旬投入使用。骨科、重症医学科、普通外科、神经内科4个专科获评2022年度省级临床重点专科。全年全院发表论文230篇，获批专利59项。GCP基地9个专业组通过省药监局备案复核，正式具备开展药物临床试验资格，承接药物临床试验项目12项。

【疫情防控救治】2022年，亳州市人民医院严格落实各项疫情防控制度，按照《新型冠状病毒肺炎防控方案（第九版）》、“二十条”措施、“新十条”优化措施以及国家、省、市相关会议和文件要求，制定医院具体落实措施，全年修订疫情防控制度15个。实行领导班子疫情防控巡查包保责任制，加强问题整改。全年召开疫情防控调度会29次，研判形势，梳理流程，协调解决存在问题。抽调122名医生、184名护士支援上海、天津、淮南、利辛、蒙城等地，抽调21个医护梯队前往隔离病房一线，抽调医生2000余人次、护士10000余人次参与本土疫情防控，圆满完成高速路口、高铁站、隔离点、移动核酸检测车驻守，市区26所学校核酸采集等任务。“新十条”优化措施实施后，落实“保健康、防重症”要求，统一调度指挥，迅速扩增收治床位，按要求配备重症床位和可转化床位，确保急诊和重症肺炎患者得到及时有效救治。

【公立医院综合改革】2022年，亳州市人民医院出台医院高质量发展实施方案，申报公立医院高质量发展省级试点。落实分级诊疗，提高辐射能力，与市妇幼保健院建立紧密型城市医联体。成功申请临床新项目定价51项，带来新增收入1034万元。加强药品耗材合理使用管理，重点加强抗肿瘤药物、抗菌药物、辅助用药点评，处罚不合理病历17份，药占比控制在25.79%，耗占比控制在14.35%。推进DIP付费准备工作，积极参加DIP培训，启动DIP管理系统招标。巩固临床路径管理，新增和修订20个病种表单，共完成62696例，执行比例70.22%。成功举办全市第二届临床路径管理技能大赛，在安徽省临床路径技能竞赛中，医院荣获单项奖（临床路径视频奖）二等奖，一人荣获个人二等奖。

【学科建设】2022年，亳州市人民医院学科建设再结硕果。设立学科建设专项经费800万元，完善重点专科建设资金管理办法，在耗材和设备上支持先进技术发展。心衰中心通过国家标准版认证，心脏康复中心通过国家认证，“夫精人工授精”技术通过国家现场验收开始正式运行，产前筛查中心升级为产前诊断中心，骨科荣获争创中国质量奖提名奖，老年医学科通过安徽省规范化老年医学科建设评估，医养结合中心被评为安徽省优质医养结合示范机构、三星级养老机构。入选“国家卫健委神经介入建设中心单位”，获中华医学会心身医学分会“心身医学整合诊疗中心”认证，成为国家“5G+糖尿病数字化管理”项目试点医院，加入国家心血管病中心肺动脉高压专科联盟、安徽省儿童骨科联盟。牵头成立亳州市门静脉高压联盟、亳州市胸痛中心联盟、亳州市盆底超声培训基地，开设肺结节诊疗中心。积极推进五大中心建设，落实儿科医生进产房制度，卒中中心在国家脑防委上报数据排名中稳居全省第2名，总分最高排名全国44名。启动VTE防治中心建设，通过国家VTE防治中心评审验收。健康管理中心荣获第二届安徽省健康科普技能比武大赛团体二等奖、个人三等奖。技术攻关取得实效。围绕急诊急救、重大疾病、外出转诊重点病种攻关医疗技术，18项重点三新项目、56项一般三新项目通过立项评审，2020年度20个项目完成结题。独立开展冠状动脉旋磨术12例，成功开展皖北首例腹腔热灌注治疗，成功开展全市首例婴儿颅内动脉CTA检查、全市首例“脱细胞异体真皮移植术”、全市首例“经导管主动脉瓣膜置换术（TAVR）”、全市首例“经胸超声引导下经皮穿刺房间隔缺损封堵术”、全市首例“经皮室间隔心肌消融术”、全市首例“无痛内镜下胆总管结石取出术”、全市首例“造血干细胞移植术”、全市首例“多发性骨髓瘤自体造血干细胞移植术”、全市首例“神经外科帕金森脑深部刺激术（DBS）”等前沿技术。

【人才队伍建设】2022年，亳州市人民医院坚持引才、育才、用才相结合，通过机制改革、塑造平台、完善政策推动人才队伍建设。深化人事制度改革。修订退休返聘办法，出台职工服务期管理暂行办法、领导班子成员联系高层次人才制度，积极推进编制周转池改革，首批副高及以上职称264人纳入编制周转池管理。不断优化调整绩效核算方案。坚持向临床一线、高技术含量、高风险、高劳动强度、关键岗位、业务骨干和做出突出贡献的人员倾斜。加强高层次人才引进培养，争取大学选派挂职科技副院长1名，全职引进胸外科硕士学历主任医师1人，柔性引进知名专家5名，新增在读博士5人，组织“杰出青年医师”“亳医新星”参加协和内科线上培训班和医学英语培训。高级职称评审通过149人。其中，正高24人、副高125人。杨淼等8人、张玉慧等11人入选安徽省第一届卫生健康杰出人才和骨干人才，吴建明被评为“安徽好医生”，郭秀荣被评为“安徽省优秀护理工作者”，王自兰被评为“江淮护理之星”，陆静、刘芳欣被安徽省总工会授予“安徽省五一劳动奖章”和“安徽省金牌职工”荣誉称号。

【科研教学】2022年，亳州市人民医院科教水平稳步提升。依托安医大资源和力量提升医务人员科研意识和能力，开展科研系列培训4场。获批2022年省级重点研发计划项目1项，申报安医大基金项目10项，科研项目库立项58项，全年签署科研经费合同突破1700万元。启动第二批13个药物临床试验（GCP）科室创建工作，启用1期药物临床研究型病房。推进生物学实验室、分子实验室、细胞实验室、动物研究坊等建设，已完成科研基础实验室筹建方案设计。推动科研成果转化，借助省卫健委主推平台录入认证科研成果，积极承接企业研发需求和项目。着力提升教学能力，健全覆盖专科、本科、硕士的教学体系，制定临床实践教学管理制度。持续做好安理工本科班、安庆医专双主体教学班教学工作，开展住院医师规范化培训、全科医生转岗及骨干全科医生培训。硕导增至97人次，全年招收硕士研究生34名。着力打造精品课程，建立医院精品课程库，举办第一届临床精品课程大赛、护理精品课程大赛。

【质量与安全管理】2022年，亳州市人民医院强化质量与安全管理，多措并举保障患者安全。质量管理常抓不懈。医疗护理质量持续提升。加强单病种质量管理，全年出院患者手术占比30.13%、四级手术占比16.36%、微创手术占比19.55%、手术患者并发症发生率0.18%。持续加强输血管理和血液安全，在2022年全省血液安全专项督查中排名第一。进一步规范病案首页手术名称和编码填写，挂靠医院的市病案质控中心在安徽省病案质控中心年终总结汇报中排名全省第2名。以赛促学、以赛促进，牵头举办全市首届病案知识及编码技能竞赛、全市首届康复治疗技能大赛，举办医疗核心制度与医疗规章制度知识竞赛、优秀病例演讲比赛。紧扣护理安全“十大目标”，运用QCC等科学管理工具改善护理项目17项，护理质量持续提升。医保管理持续加强。强化医保政策培训，举行医保警示教育暨医保政策培训会议、常用医保违法违规行为解读培训会，组织《安徽省医疗保障基金使用监管违法违规问题检查指引（试行）》培训学习，完成全院医保基金使用自查自纠专项治理，保障医保资金安全。管院感管理力度持续加大。落实书记、院长管院感要求，将院感工作纳入院党政领导班子重要议事日程。医院被评为2021—2022年度安徽省“感控之星”先进集体、“安徽省医务人员诊疗过程手卫生监测优秀医疗机构”，李俊、柴小玉被评为2021—2022年度安徽省“感控之星”先进个人。平安医院建设持续深化。坚持党政同责、一岗双责、齐抓共管、失职追责，以“时时放心不下”的高度责任感，开展“全覆盖、多轮次”安全生产督导检查。定期召开安全生产会议，层层签订安全生产和消防安全责任书，认真开展安全生产“百日攻坚”行动，主要负责人定期开展安全隐患排查。畅通投诉渠道，落实《医疗机构投诉接待处理“十应当”》，修订《信访投诉预防处理办法》，未发生重大纠纷及医疗事故。运营态势持续向好。健全运营管理体系，推进运营管理实施方案落实。每月开展绩效奖核算情况、医疗工作量指标完成情况、科室收入结构等相关指标分析，加大成本管控，提高运营管理效益。牢固树立“过紧日子思想”，全面实施节能降耗，强化节水节电节气管理，完成光伏发电项目调研及论证工作并启动施工。按要求招标第三方能源审计机构，为医院提供可行性能耗方案。2022年全院用电2400万千瓦时，同比节约229万千瓦时。上线SPD，开启医用耗材精细化智慧管理新模式，有效解决物资积压问题，推动耗材成本管理走向合理化、智能化。“国考”成绩连年攀升。将国家三级公立医院绩效考核作为核心任务来抓，定期调度分析，持续改进提升。2021年度考核等级为B++，全国排名437位。在2022年艾力彼全国地市级医院排行榜中排名147名，在安徽省地市级医院中排名第3名。

【智慧医院建设】推进电子病历六级及互联互通成熟度测评四级甲等建设，通过了互联互通成熟度测评四级甲等省级符合性测试，完成电子医保凭证人脸识别对接及线上支付应用改造和院内所有系统电子签名改造。积极探索5G+医疗，围绕急诊救治、远程诊断创新5G应用场景，上线5G+急救系统，实现上车即入院，有效缩短救治时间。上线OES财务管理系统，全面提升财务工作效率。高度重视网络安全，开展漏洞威胁排查和市级网络攻防演练防御。推进公立医院间信息共享，完成区域检验中心和区域影像中心建设并启动试运行。互联网医院案例《让人民群众了解信息化医疗的趋势——感受智能就医的便捷》荣获全国“百强实践优秀案例”奖。

【医疗服务】完成检验中心设备更新，服务能力明显提升。日间手术、MDT、远程会诊和加速康复医疗服务模式有序推进，日间手术病种增至84个、术式增至120个，开展4400余例。MDT病种增至18个，开展460余例。加速康复病种增至27个，完成1575例。开展远程会诊194例。平均住院日下降至6.72天。推进责任制整体护理，积极开展“以患者为中心”的医护一体化、多学科合作模式，开展延续护理服务。持续优化门诊流程布局，推进入院准备中心和“一站式”预约检查中心建设，落实门诊学科群理念，完成门诊楼分区布局优化调整。响应十项暖民心行动——健康口腔行动，开业运营市口腔医院。

【医院文化建设】2022年，亳州市人民医院以“双心”文化厚植医院发展底蕴。文化建设持续推进。着力打造“以患者为中心”“以员工为核心”的“双心”文化，以人为本打造有温度的医院。丰富宣传类型及形式，讲好亳医故事，擦亮亳医品牌。开展评先评优和医师节、护士节庆祝表彰活动，积极开展职工篮球赛、趣味运动会等文体活动，开展第六届“有书共读”活动，拍摄抗疫宣传片《守护》。加强人文关怀，改善职工工作环境和条件，第一时间落实职工婚假、产假、男职工护理假、育儿假、子女护理假。开办职工子女暑托班和托育中心，解决职工后顾之忧。全力做好文明卫生城市创建，开展环境卫生整治，医院环境进一步美化。

【基建项目建设】2022年，亳州市人民医院有序推进各类在建工程建设。启用急诊医学中心，急诊急救能力进一步增强。推进复合手术室建设，采用滑轨CT+DSA组合，建成后系皖北首家。放疗中心、核医学科再扩建项目主体工程完工，完成PET-CT招标。利用财政贴息贷款采购一批急需医疗设备。完成市残联大楼消防验收并投入使用。启动全生命周期管理中心建设项目，国家发改委已入库。推进省级儿科区域医疗中心建设，积极与上级医院对接洽谈，筹备托管市儿童医院。

【政府指令性任务】2022年，亳州市人民医院全面完成各类政府指令性任务。参加第三届“千医下乡”，承担“两会”、药博会、领导接访等指令性医疗保障任务70余次、纪委驻点服务300余人次，承担2022年普通人口慢性病鉴定4931例，承担看守所体检500余人次。（何　甜）

·亳州市中医院·

【概况】2022年，亳州市中医院出院人次为3.4万人次；门急诊人次为77.3万次（含核酸24.7万人次）；手术例数为8619例；三四类手术例数5475例；120接诊患者数8948人。

2022年，医院面向社会公开招聘工作人员50名，引进急需紧缺型人才14名，落实总会计师制度招聘引进医院总会计师，引进病理科、护理部、骨伤科高层次人才，进一步夯实人才队伍建设。加强青年人才培养工作，确定31位同志为医院青年人才培养对象，进行为期三年的人才培养工作。马奎军获批安徽省第三届名中医。组织院内名医选拔，确定孟磊等11人为“亳州市中医院首届名医”。医院通过卫生系列高级专业技术职称38人。其中，正高7人，副高31人，中级专业技术职称126人。医院不断完善绩效考核方案，健全能上能下的选人用人机制，提高医务人员工作积极性，打造高素质骨干人才队伍。

2022年，医院规划建设中医药文化馆，以中医药发展为主线，以上承人类起源、下启中医药现代研究与发展为内涵，宣传普及中医药文化。围绕“名院、名科、名医、名药”，通过医院微信公众号、网站、院报、抖音等融媒体平台，加强先进典型、医疗技术宣传。医院官网更新新闻273篇，微信公众号发布原创文章123篇，抖音发布视频49条。市委网信办、文明办授予医院抖音号“文明账号”荣誉称号，市政办通报表彰医院获评政务信息舆情工作先进单位。医院工作受到国家级媒体报道8次，省级媒体报道7次，市级媒体报道110余次。

【疫情防控救治】2022年，医院完成PCR核酸实验室改造工程，组建综合治疗科，规范就诊流程，保障患者就医安全。重视医务人员培训，组织新冠防控全员培训40余次。累计抽调医务人员5400余人次，完成学校及社会面的核酸采集百万人次。完成2次亳州方舱医院、2次蒙城方舱医院接管任务，调派上海方舱医院、新疆库尔勒市第三人民医院、广德入境人员隔离点、利辛方舱医院等支援人员共计187人次。开展高速入口、火车站、汽车站等疫情防控卡点现场核酸采样工作，调配护理人员225人，完成风险人群核酸采集118.64万人次，抗原检测27.36万人次。推进新冠疫苗接种工作，落实5个城区疫苗接种点、4个乡镇疫苗接种医疗保障救治点和两辆流动车的医疗保障救治工作。医院在2021年1月至2022年5月期间共计接种新冠疫苗17.6万人次，进一步筑牢群体免疫屏障。

【学科建设】2022年，医院被纳入国家中医特色重点医院、省级区域医疗中心及省级中医医疗中心建设单位。安徽省中医院选派吴媛媛、韩光磊到医院挂职副院长，医院分批次选派职能和临床科室人员到省中医院进修学习，进一步增强医院综合管理能力。医院高度重视项目建设，明确建设目标，制定“365”工程及具体实施方案，落实任务清单制，实施月度、季度跟踪考核。通过党政齐抓共管，医院基础设施条件得到改善，现二期工程进度已完成50%，病房楼和后勤楼已封项，计划于明年底完工。同时医院在科研能力、人才建设、临床服务能力建设、院内制剂、中医药服务能力等方面均取得重大进展和突破。

规范胸痛、卒中及创伤中心建设，提高危急重症救治水平。通过质量分析会、典型病例讨论会、联合例会对救治过程各个环节进行复盘、发现问题、挖潜提高。上线车载急救终端系统，提升急救接诊工作效率及应急反应能力。医院深度开展对外技术合作，不断提升区域中医诊疗辐射能力。鼓励科室分批次与区域医疗中心上级医院合作，共建优质医疗资源专科联盟。医院分别与江苏省第二中医院、安徽医科大学第一附属医院、蚌埠医学院第一附属医院等签订协议开展专科联盟合作。

成立急诊外科、肾病科、中医全科、风湿免疫科、康复科，开设夜间中医门诊，组建肿瘤科血液病治疗组。成功创建1个省级中医特色专科肿瘤科，3个“十四五” 首批市级中医重点专科肺病科、脑病科、儿科，2个市级临床重点专科普通外科、康复科。审批通过新开展的“三新”项目41项，普外科腹腔镜联合胆道镜治疗肝外胆管结石的临床应用、腔镜下甲状腺切除术，肾病科自体动静脉内瘘成形术，麻醉科超声引导下的神经阻滞等取得医疗技术新突破。

完善药学部门建设，拓展“互联网+药学服务”。持续加强抗微生物药物合理使用工作，通过出台制度、用药宣讲、处方点评及审核、绩效考核等措施，持续提高临床合理用药水平。医院获“医疗机构药事管理优秀奖”，刘溪清入选“安徽省药健康进万家科普”竞赛省级宣讲人才库、唐长征获“第六届安徽省医院药师个体化药学服务优秀案例大赛亳州赛区”二等奖。

【教学科研】2022年，医院获批省、市级继续医学教育项目20项。医院投入近500万元完成临床技能中心建设，已申请学校对医院成为安徽中医药大学非直属附属医院进行现场评审，医院也在积极筹备申报安徽省中医住院医师规范化培训基地，进一步提升医院的科研教学能力。医院重视加强实习生管理，接收来自安徽中医药大学、阜阳卫生学校、皖北职业技术学校、亳州中药科技学校等实（见）习生近200人，其中本科生占比33%。医院不断完善临床教学体系，加强师资能力培养，开展与亳州学院、亳州职业技术学院合作，定期组织教学工作专项检查。2人入选第八批亳州市健康素养巡讲专家库。

推动科研工作取得新突破。医院获批省级科研课题6项，包括安徽省2022年度中医药传承创新项目3项、安徽省红十字基金会中医药传承创新发展研究项目2项、安徽省科研项目1项，获批安徽中医药大学临床科研项目18项，获批市卫健委科研项目6项，项目经费总金额170万元（不含自筹经费）。组织申报2022年市重点研发计划自筹经费项目6项、市临床医学研究中心2个。马奎军入选安徽省自然科研系列科学传播专业高级职称评委会专家库。

医院成功签约建设徐经世国医大师工作室、马骏全国名中医工作室、赵化南全国名老中医药专家传承工作室；开展张杰安徽省国医名师工作室成员招募工作并按计划开展签约工作；医院尹安坤获批第七批全国老中医药专家学术经验继承工作指导老师，进一步加强师承教育促进中医药传承创新。

【医院质量和医院安全管理】2022年，医院以“注重内涵建设 提高医院整体质量”为主题，规范考核体系建设，完善医院综合质量目标管理方案及实施细则。开展质量与安全分析，对耗材使用、归档病例、处方点评等进行质控验证，发挥考绩办督办职能，持续改进医院管理。医院不断优化健康体检服务，2022年获批省委组织部、省卫健委授予“公务员体检定点单位”。

开展运行病历、归档病历、围手术期、临床危急值等督查工作，加强多学科会诊、院内和院际会诊、临床路径等管理。医院组织院际会诊450次，多学科会诊68次。成立肺癌MDT专家组、甲状腺结节MDT团队。加强疾病监测上报管理，开展漏报、迟报督查通报及绩效考核。顺利完成2022年度四级电子病历复审工作。进一步加强病案首页管理，开展医病案首页填写规范培训，确保中医病案首页上传数据质量。王阳阳获市第一届病案知识及编码技能竞赛三等奖。

围绕患者安全季开展系列活动，举办“护理质量与安全管理短视频”比赛、第三届护理质量改善比赛，开展患者安全培训、用药安全宣传活动，提高护理质量安全意识，保障临床护理质量安全。通过月度、季度、专项检查和专科小组检查等形式，以优质护理服务单元及星级护士站评比等为手段，进一步加强护理质控工作。

【“华佗工程”建设】传承精华，守正创新，为充分发挥中医药特色优势，医院加强针对门诊中药使用率、门诊非药物疗法使用情况的绩效考核。2022年，医院开具门诊处方26.708万张，中药处方占比62.94%、饮片处方占比30.73%、非药物疗法人次占比10.33%、中草药使用率20.95%。举行冬病夏治及秋冬季膏方宣传工作，深受到群众欢迎。

推进院内制剂品种的研发工作，深化与蒙城县中医院、安徽九方药物研究院合作，已取得2个制剂品种的备案，另有8个制剂品种正在研发。主动开展对外合作，按计划推进制剂室建设。推广中医药适宜技术应用，积极开展中医护理工作，成立中医传统治疗门诊，实施中医适宜技术40项，服务患者共计43.78万人次，为群众提供中医药特色诊疗服务，彰显中医药在预防治病中的重要作用和价值。

【智慧医疗建设】医院努力提升信息化管理水平，致力于让更多患者享受到数字化时代便捷高效的诊疗服务。2022年，医院简化患者就诊流程，实现医保人脸识别及在线支付功能。上线自助发药机，搭建智慧中药房信息平台。对接省医保监管平台，实现事前、事中、事后的医保监管。完成安徽省智联网医院平台对接，实现跨区域、跨院区的影像资料共享。完成院内信息系统及门户网站的等级保护建设并通过定级备案等保测评，保障院内的网络安全。现互联网医院线上问诊已试运营，预计2023年将完善基础设施打通就诊全流程，将更好的便利广大群众就医。提升财务信息化水平，正式运行成本核算系统，完成医院财务系统与财政集中管理平台对接工作，实现数据互通。

【深化医改工作】2022年，医院认真落实三级公立医院绩效考核工作，加强组织领导，明确责任分工，成立三级公立中医医院绩效考核领导小组；严格把关数据填报，实行分管院领导—院长—党委书记“三把关”“三签字”审核；召开工作部署协调会、考核结果分析会、措施落实调度会等，加强过程监督和管理，改进指标质量；强化结果运用，将考核指标纳入医院综合目标质量管理。在国家公布的2021年三级公立中医医院绩效考核结果中，医院监测指标得分643.67分，较2020年提高42.73分；排名327名，上升46名；指标等级为B级，提高一个等级。推进分级诊疗和精准帮扶工作，助力提升基层医疗卫生服务能力和水平。2022年，医院与花戏楼社区卫生服务中心建立城市紧密型医联体合作。结合服务中心实际需求，选派专家长期坐诊，让群众在社区即可享受到三甲医院的优质诊疗服务。选派专家到医共体成员单位及协议医院业务指导42次，组织医共体成员单位医疗骨干到医院进行业务学习5次，应邀到乡镇卫生院业务培训10次，组织义诊16次。同9家医共体成员单位签订心电远程会诊协议。全年共上传诊断数14000余例，切实为基层解决心电诊断的短板。医院落实“千医下乡”工作，选派8名医师到乡镇卫生院帮扶，为受援单位注入技术力量和发展活力。

2022年，医院落实“光明工程•白内障复明”项目，通过救助资金免费救治226名白内障患者。推进暖民心健康口腔行动，走进养老院、校园，开展义诊宣传、授课培训。履行残疾评定中心职责，组织医务人员开展32次残疾评定工作，共评定4313人次。结合全国爱耳日、爱眼日、全国肿瘤活动周等卫生主题日，组织义诊宣传活动，免费为市民提供健康诊疗咨询服务。

（魏姗姗）

体育

2022 年 6 月 25 日，健身爱好者在华佗广场习练华佗“五禽戏”　　（刘勤利　摄）

群众体育

【概况】2022年，完善群众身边的健身设施。为加快推进全民健身场地设施建设的需求，亳州市“15分钟健身圈”共建设完成340块。按照市委、市政府要求，大力实施“暖民心快乐健身行动”，全市居住小区健身设施维修改造提升和配建完成154个，行政村健身设施维修改造提升完成310个，全市“15分钟健身圈”城市社区覆盖率100%，公共体育设施免费或低收费开放率100%。全市人均体育面积2.51平方米。

【公共体育设施维护】2022年，通过公开招标方式定期对城乡器材进行巡查，发现问题及时维修；建立一巡查、两报告工作机制，委托中标单位网上定位全市公共体育器材和场地并建立大数据，为公共体育器材的布点、管理、修缮、更换提供科学准确的技术保障。更换及维修器材合计260余件，提高体育设施使用效率，确保市民休闲有去处、健身有场地。

【全民健身活动】2022年，采取线上+线下模式，打造一批有影响力的全民健身品牌活动，举办2022年亳州市全民健身运动会线上赛。举办安徽省纪念毛泽东主席题词70周年全民健身主题活动暨安徽省广场舞业余联赛亳州市开赛仪式。举办开展亳州市华佗五禽戏交流展示活动。举办2022亳州市全民健身社区运动会线上赛。举办亳州市第三届运动会社会组比赛。组队参加安徽省第十五届运动会健身气功比赛，斩获气舞第一名、五禽戏第一名、八段锦第二名及团体第一名。举办第十三届华佗五禽戏养生健身节暨健身气功五禽戏大联动活动，活动内容丰富，含开幕式展演、健身气功交流比赛、安徽省校园五禽戏师资培训、体育文化书画摄影展等内容，为健身气功爱好者搭建交流展示平台。全年共举办全民健身赛事活动480次，参加赛事活动人数48.7万人次。

2022年1月1日，徒步爱好者在亳州市区街头参加徒步活动

（刘勤利　摄）

【体育社会组织发展】2022年，指导83个体育社会团体做好2021年度年检工作，指导市华佗五禽戏协会、市足球协会做好换届选举工作，指导市武术协会更换法人，指导市库钓钓鱼俱乐部做好注销工作，指导体育社会组织规范举办赛事活动。

【“体育+互联网+居家”教学】2022年，在社区文体中心分别设立亳州市科学健身指导站点及亳州市健身气功辅导站，拓宽广大健身爱好者参与科学健身的场地，群众可以随时随地锻炼养生，提高身体素质。开展以“强国复兴有我”为主题的“我为群众办实事，科学健身进社区”志愿服务活动。围绕“快乐健身行动”开展科学健身指导“四进”活动。开展五禽戏线上教学活动4场，广泛开展以五禽戏为主的“五进”志愿服务活动，常态化开展五禽戏展演进景区活动，重点开展五禽戏进校园活动。亳州市“传承非遗·养生五禽戏”志愿服务项目入选国家体育总局2022年全民健身志愿服务项目库。在亳州职业技术学院和涡阳县高炉镇四〇村成功举办全国百城千村健身气功交流展示安徽省主会场活动，600余名健身气功爱好者参加，圆满展示亳州市健身气功风采。全年体育项目培训人次完成10.8万人。

（武　伟）

2022年12月26日，市民在亳州市社区文体中心体验健身设备

（刘勤利　摄）

青少年体育

【概况】2022年，亳州市承办2022年安徽省青少年武术散打锦标赛暨U系列比赛、2022年安徽省青少年篮球（乙组）锦标赛2项赛事，全省近700名青少年运动员参赛。谯城区体育运动学校在亳州市第十一中学挂牌，布局武术套路、跆拳道、拳击、空手道、武术散打、足球6个竞技项目，进一步推动“体教互融”。涡阳县体育运动学校在涡阳县六中挂牌，亳州市实现市县（区）体校全覆盖。

【中小学体育】2022年，严格执行国家课程计划，按要求开足体育课时，开课率100%。各地各校根据“体育与健康”学科教学内容，结合本校学生实际，制定学期教学计划和课时教学计划，围绕课程标准，开展体育教学研究和课程教学改革，部分学校利用亳州市体育教育资源，开发五禽戏等具有区域特色的校本课程，丰富体育课程内容。加强体育学科教学考核，所有学校将体育教学和学生体质健康测试结果纳入教师工作考核，与工作绩效挂钩。

开展形式多样的体育活动。落实每天校内锻炼不少于1小时。全市各级各类学校制定体育运动工作方案，将校园体育活动时间和内容纳入教学计划，严格实施。所有学校要开展“大课间”活动，全面落实“阳光体育运动1小时”活动计划。市直学校、县（区）直学校、各中心校按照学期体育工作计划召开不同类型的中小学生运动会，部分学校组织师生开展篮球比赛、乒乓球比赛、拔河比赛、跳绳比赛等阳光体育系列比赛。为促进全市教育系统深化体教融合，推动青少年文化学习和体育锻炼协调发展，市教育局联合市文化旅游体育局共同印发《2022年度亳州市中小学生和教职工体育比赛行事历及竞赛规程》并逐步进行实施。

推进体育特色学校创建。各地各校结合本地实际，充分挖潜并利用体育教育资源，发展特色体育项目，着力打造体育特色学校建设。2021—2022学年度全市共有2所幼儿园被认定为“全国幼儿园足球特色学校”，7所中小学被认定为“全国校园足球特色学校”。市教育局利用本地传统项目资源，在全市中小学推广校园五禽戏，开展校园五禽戏教

亳州市体育公园　　（刘勤利　摄）

2022年11月13日，张乐（左二）、程伟（左四）荣获安徽省第八届残疾人运动会羽毛球项目金牌 （王国栋　摄）

师培训，开展校园五禽戏教师培训500多人次。

【体育竞赛成就】2022年，在安徽省第十五届运动会上，亳州市体育健儿共获奖牌99枚。其中，金牌50枚、银牌18枚、铜牌28枚，完成既定参赛目标，创造亳州市参加省运会历史最好成绩。其中青少年篮球代表队获得建市以来篮球项目首金，取得历史新突破。亳州市代表团荣获“体育道德风尚奖代表团”称号，实现竞赛成绩和精神文明双丰收。全国比赛摘金夺银。亳州市运动员参加2022全国比赛荣获1金3铜，2022年全国武术散打冠军赛李博获90公斤级冠军、丰子辉获85公斤级季军、张大恒获80公斤季军；2022年全国跆拳道冠军赛方正获季军。

【体教融合工作】2022年，市文旅体局联合市教育局印发《亳州市关于深化体教融合 促进青少年健康发展实施意见》，细化体教融合工作具体举措，推动青少年文化学习和体育锻炼协调发展；教练员助力“双减”，课后延迟服务。跆拳道、武术套路、田径等项目教练到亳州学院附属中学亳州三十三中开展课后延迟服务，助力青少年健康发展的同时，发掘竞技后备人才；实施竞技体育项目进校园，推动激光射击、击剑、拳击、足球等项目进校园，加强学校“主育”阵地建设。

（武　伟）

社会事务管理

2022 年 3 月 4 日，“中国好人”、亳州“活雷锋”张西军（右四）老人在向武警战士讲述雷锋精神（张延林 摄）

人力资源管理

【概况】2022年，亳州市人力资源和社会保障局贯彻落实就业优先战略，凝心聚力为企优环境、为民办实事，完成各项目标任务，实现“十四五”良好开局。全年新增城镇就业6.88万人，就业形势保持总体稳定。推进“三公里”充分就业社区建设，扎实开展“三级三方服务千企”和“两保五对接”活动，在各村（社区）设立“一台一表一专栏”，实施“53353”拓岗计划，开发岗位13092个，发放补贴4147.59万元。常态化开展“2+N”招聘、“招聘进镇村”“招聘长廊”等活动934场，提供岗位59.37万个。强化就业帮扶，发放失业补助金3277人556.56万元、失业保险技能提升补贴4308人809.1万元。就业工作获2021年度省政府真抓实干激励表彰，获得600万元就业资金奖励，市人社局被省政府表彰为就业工作先进单位。

【人才队伍建设】2022年，推进实施县以下事业单位职员等级晋升制度，全面推进职称网上评审。精心组织各类人事考试任务，实现疫情防控和考试管理双安全。推进补贴性技能培训，不断壮大高技能人才队伍。举办高级研修班，为药业企业培训QA、QC技术人员。出台《亳州市加强校企合作共建实训基地的若干意见》，全市职业院校对接服务重点企业160家。

【权益保障工作】2022年，开展根治欠薪专项行动，推行“欠薪维权二维码”进工地，建立公开集中接访制度，全面畅通反映渠道，共受理处置欠薪案件162起，为5781名劳动者追发工资待遇4437万元。深入实施维护新就业形态劳动者权益保障专项行动，组织实施千户企业培育共同行动，开展劳动关系协调员培训班，培育4户协调劳动关系社会组织，济人药业获评“全国和谐劳动关系示范企业”。建立“互联网＋调解”服务平台，指导大中型企业建立劳动争议调解委员会，推进基层劳动人事争议调解组织建设，建立健全“总对总”在线诉调对接机制。累计办理劳动人事争议案件549件，立案审理案件结案率达到97%以上，调解成功率达到73%以上。

【“三公里”充分就业社区建设】2022年，以社区三公里范围内的劳动者、小微企业为重点服务对象，精准提供就业政策、岗位招聘信息等，达到“三公里”内享受公共就业服务的目标，实现“家门口”就业。通过“政府主导推动、社会力量参与、线上线下结合”的服务模式，引进第三方机构运营“三公里”就业圈，把就业工作做到社区，就业帮扶做到社区，就业评价做到社区。指导第三方运营机构开展用人单位和岗位信息摸排，指导社区开展求职者登记注册，信息平台入驻企业20459家、发布岗位48658个、登记注册161195人。认定55个“三公里”充分就业社区，占城市社区比例44.7%。

【“亳州老乡，请您回家”助您创业活动】2022年，出台实施《亳州市推动全民创业促进就业支持实体经济高质量发展的若干措施（试行）》，聚焦“五大工程”“十五条政策措施”助推全民创业。举办第三届“药都创赢”创业大赛、首届创业安徽大赛亳州选拔赛等创业赛事，在全省率先开办创业特训营和训练营，打造“创业大讲堂”培训品牌，在深圳等城市设立驻外服务站，引导亳州老乡返乡创业，不断推动创业安徽行动在亳州落地见效。2022年全市新增返乡创业项目1.61万个，发放创业担保贷款8.61亿元，创业带动就业8.1万人。

【“亳州养生”品牌建设】2022年，举办第十九届长三角科技论坛药膳产业发展分论坛暨“亳州养生”产业发展研讨会，行业专家现场把脉，推动一批品牌店走出亳州、走向全国。深入推进标准化培训、全程化服务“亳州养生”品牌培育模式，制定“药膳制作师”行业企业评价规范，填补该工种的全国行业标准及操作规范空白。举办全省首届药膳制作师职业技能大赛，侯怀奇、怀凯分别被人社部评为“全国最具特色劳务品牌形象代言人”“全国新星劳务品牌形象代言人”。

【乡村振兴工作】2022年，起草《亳州市加快推进乡村人才振兴的实施意见》，为乡村人才振兴提供政策支撑和依据。落实鼓励人才向艰苦地区和基层一线流动的各项激励政策，组织农民工参加职业技能培训、职业技能等级认定和职业技能竞赛。全市开展农民工培训32437人次，完成年度任务的141%。实施“三支一扶”计划，招募165名高校毕业生到基层从事“三支一扶”。落实乡村教师职称评审倾斜政策，组织开展亳州市2022年职业技能大赛暨首届乡村人才振兴职业技能大赛，为乡村振兴人才搭建平台。

【就业帮扶政策实施】2022年，加大乡村公益性岗位开发管理力度，为脱贫劳动力和低收入群体提供就地就近就业岗位，激发内生动力，乡村公益性岗位规模保持基本稳定。组织脱贫劳动力专场招聘会11场，为58721名脱贫劳动力发放跨省就业一次性交通补助1605.55万元。聚力实施农村劳动力就业技能培训工程，对易返贫致贫人口、农村转移就业劳动者等实施免费技能培训，全面提升农村劳动者素质，实现高质量就业。

【优化营商环境　打造“人社样板”】2022年，全面贯彻落实省、市关于创建一流营商环境的决策部署，加强营商环境政策学习，准确把握劳动力市场监管指标领域的内涵和外延，牢固树立“以测评促整改、以测评促提升”的工作导向，成立创优营商环境对标提升工作专班，在企业招工用工、返乡创业服务、构建和谐劳动关系等方面持续发力，在省委为企优环境季度分析评议中，牵头的劳动力市场监管指标连续两季度居全省第一，连续四季度居皖北第一。

【“两节”期间根治欠薪攻坚战】2022年，集中人社、住建、房产、交通、水利、公安、司法等7部门人员到统一地点办公，编成专案组、工作组和督导组，排查化解欠薪风险隐患、处置欠薪维权线索。畅通反映渠道，密集开展5轮次集中接访，参加接访市县（区）领导达70多人次。实施重大疑难案件领导包案和提级办理制度，带案到工地、到项目，及时化解重大欠薪隐患。下达限期整改指令书50个，以涉嫌拒不支付劳动报酬犯罪移交公安案件7件。启用农民工工资保证金168万元，使用房产预售监管资金拨付45个项目61388.56万元。将2批15家单位列入拖欠工资企业异常名录，形成震慑效应。

（刘　凯）

社会保障

【概况】2022年，全市持续推进全民参保，全市城镇职工基本养老保险参保55.68万人，失业保险参保22.31万人，工伤保险参保32.96万人，城乡居民养老保险缴纳当年保费居民198.86万人，均超额完成年度任务。提升社保经办服务质效，创新实施“社银合作2.0”、灵活就业人员领取养老金“免申即享”“退休一次办”等方式，其中“退休一次办”做法获评全省十大改革案例。

【提高社会保险保障水平】2022年，按期完成改革后退休人员待遇重新核算工作，完成退休人员养老金待遇调整工作，工资发放做到“一个不漏，一个不错”。待遇调整共惠及退休人员11万人，人均月增资134.3元，调整后全市月人均养老金为3400元。城乡居民养老保险发放率达100%。人均缴费水平300.89元，当月新增人员待遇领取水平达184.86元。

【强化基金风险防控】2022年，开展全市社保基金管理提升年行动，扎实开展社保基金安全教育警示月活动，完善基金监督管理机制，累计核查反馈疑点数据5459条，全力保障群众每一分“养老钱”安全。规范有序开展企业职工申请领取基本养老保险资格（退休）审核审批工作，完成退休人员养老金待遇调整。

【助企减负纾困】2022年，落实社会保险费缓缴政策，明确缓缴企业“白名单”，292家企业缓缴各类社保费用2562万元，减征7014家参保单位失业保险费7916.28万元。精准落实援企稳岗政策，发放稳岗补贴4661.11万元，惠及4607家企业。对符合条件的中小微企业等用人单位，采取“免报直发”模式，通过内部数据比对筛查审核，免除企业申报程序，让符合享受政策的企业“一次不用跑”“全程零材料”。

【创新实施“退休一次办”】2022年5月，亳州市在全省率先启动参保职工“退休一次办”联办工作，打破部门壁垒，实现养老保

2022 年 11 月 26 日，社区老人们正在享用老年食堂午餐　（刘勤利　摄）

险待遇申领、社保关系转移、失业金停发、劳动用工解除以及跨部门的医保在职转退休、住房公积金提取、计生奖励等 21 个事项“一表申请、一窗受理、一网办结”，办结时限压缩 70%。2022 年全市 3347 名参保职工享受到“退休一次办”高效、便捷的经办服务，切实提升企业和群众幸福感和满意度，得到广大参保人员的高度认可。“退休一次办”联办工作被亳州市委、市政府列入亳州市 2022 年度改革案例，被评为安徽省 2022 年度十大改革案例，入选人社部信息化便民服务创新提升典型案例。

【推进工伤预防】2022 年，加强与安监、住建等部门的联系，完善部门协调机制，制定亳州市工伤预防实施方案，以建筑业、危化品为重点行业全面开展工伤预防项目，有效推动用人单位和职工由“伤后保障”向“提前预防”意识的转变。强化工伤保险政策宣传，扎实开展工伤保险参保扩面工作。

【提高企业职工补充养老保险制度覆盖面】2022 年，加大企业职工补充养老保险宣传力度，提高参保单位建立企业年金的积极性，新增企业年金备案 19 家，全市 74 家单位建立企业年金，参加职工 1.58 万人。

【打造社会保障卡居民服务“一卡通”】2022 年，全面推进社保卡工作，累计发行第三代社保卡 150 万张。182 项政务服务事项和 95 项人社业务事项实现“一卡通用”。升级全市旅游票务系统，加入社保卡闸机购票、电子社保卡人脸识别入园等功能。打造“社保卡＋公交＋抗疫”出行新模式，加载交通运输部密钥，集成老年卡、学生卡、爱心卡、安康码等各类卡码。惠农补贴、保险待遇和公积金提取、农民工工资均已实现通过社保卡一卡发放。

（刘　凯）

民　政

【概况】2022 年，全市民政系统全面落实习近平总书记对民政工作重要指示批示精神，在保障和改善基本民生上实现新突破，在加强和创新社会治理上取得新成效。在 2022 年全省民政综合评估中获得优秀等次；获得“2021 年度平安亳州先进集体”荣誉称号；成功创建全市首家模范机关。相关工作做法先后 8 次在全省民政工作会议上做典型发言。老年助餐工作被新华网、《人民日报》等多家媒体报道。市民政局副局长任淑娟获评全国“社会救助先进个人”。

【基本民生保障】困难群众主动发现机制进一步完善，建立低收入人口动态监测平台，成功对接 14 个部门的 35 项业务数据，处置办结预警信息 1769 条；完善“望闻问切”主动发现机制，变群众“被动申请”为政府“主动发现”；推广应用“皖救一点通”，实现救助事项“掌上办”“指尖办”。全市城乡低保标准分别提高至 706 元、689 元每人每月，较 2021 年分别增长 7.8%、4.9%，城乡特困人员基本生活标准分别提高至 1196 元、896 元每人每月。全市共保障低保对象 22.8 万人、特困供养人员 2.6 万人，孤儿和事实无人抚养儿童 0.6 万人、发放困难残疾人生活补贴 10.3 万人和重度残疾人护理补贴 7.4 万人、临时救助 4957 人次，保障困难艾滋病群体 1477 人，投入社会救助资金 17.3 亿元，较 2021 年同期增长 13.1%，保障力度持续增强。

【社会服务供给】针对“一老”布局“10 分钟助餐服务圈”，全省率先完成老年助餐建设任务，建成城市老年食堂（助餐点）127 个，农村老年食堂（助餐点）214 个，开展助餐服务 237 万人次，发放助餐补贴 580.6 万元，惠及老人 3.4 万人，老年助餐工作资金支出和群众知晓满意度全省领先。完成 768 户困难老年人居家适老化改造，100 张家庭养老床位试点建设，升级改造 14 家县级特困供养机构，建成 56 个村级养老服务站（幸福院），2 个智慧养老机构。落实高龄津贴制度，2022 年发放高龄津贴 2290.1 万元，惠及老人 13.6 万人。针对“一小”积极构建未成年人保护新格局。建成未成年人救助保护中心 5 所，乡镇（街道）未成年人保护工作站 69 所，覆盖率达 78.4%，全省领先。开展农村留守儿童“牵手行动”，全市 2037 名党员干部牵手帮扶 2416 名留守儿童。实施孤儿助学 75 人、事实无人抚养儿童助学 196 人。

【城乡社区建设】推动全市 1348 个村（社区）均修订完善村规民约和居民公约。不断深化城乡社区协商，蒙城县立仓镇罗集社区被确认为全国村级议事协商创新实验试点单位。谯城区汤陵街道汤陵社区“四诊”工作法、薛阁街道马元社区“四个家”工作法入选全省优秀社区工作法。4 名社区工作者荣获安徽最美城乡社区工作者称号。发挥“五社联动”优势，构建社区治理“一盘棋”格局。建成乡镇（街道）社工站 88 个、村（居）社工室 1320 个，位居全省第一方阵。抓好专业社会人才队伍建设，落实专业职称补贴政策，2022 年发放补贴 12.8 万元。3 名社工分别获得“江淮优秀社工”“江淮社工之星”称号，4 名社工入选亳州市 2020 年市直单位享受健康医疗服务高层次人才。全市持证社会工作者 590 人，注册志愿者超过 95 万人，在社会治理中发挥积极作用。

【社会组织管理】强化社会组织党建，创建“红社向党 益心为民”党建品牌，大力实施“四强化一提升”工程。持续清理整治行业协会商会乱收费，开展“我为企业减负担”专项行动，引导社会组织为 739 家会员企业减免收费 212.7 万元。持续推进“僵尸型”社会组织整治，注销、撤销登记 23 家。加大社会组织培育力度，推动十大新兴产业协会组建，支持中药材类五大行业协会组建。积极引导社会组织参与乡村振兴和稳就业工作，结对帮扶 10 个脱贫村，招录应历届高校毕业生 1042 人。

【专项社会事务工作】扎实开展流浪乞讨救助工作，坚持源头预防，快速发现及时救助。2022 年全市累计救助 727 人次，落户安置 21 人。组织开展“活人墓”等突出问题整治规范工作，不断增强公益性公墓服务功能，全市改造提升农村公益性公墓 4 座。实现婚姻登记“市内通办”，切实提升婚姻登记服务便利化水平。不断强化区划地名管理工作，建立健全区划与地名管理工作议事协调机制，全面完成市级、市内行政区域界线联检工作。积极开展国家地名信息库数据质量建设行动，全面提升地名信息质量，高质量完成第一和第二阶段国家地名信息库中 24302 条地名信息质量核查和审核修改，审核率 100%。

（胡月琴）

退役军人事务管理

【概况】2022 年，全市退役军人事务管理系统落实市委、市政府关于加强新时代退役军人工作各项决策部署，以退役军人能力提升、暖心解难专项行动为牵引，为退役军人提供优质服务保障。亳州市县（区）获评新一届省级双拥模范城（县），在全省退役军人事务局局长会议上做题为《敢于同自己过去，用心用情用力暖心解难》典型交流发言。

【安置工作】制定印发《亳州市 2022 年转业军官安置工作方案》《亳州市 2021 年退出现役士兵安置工作方案》，军转干部全部安置到行政岗位、并按照规定定职定级，162 名政府安排工作退役士兵均安置到事业单位和国有企业岗位（1 名自愿选择灵活就业），安置到事业单位岗位比例较 2021 年提升 20%。

【优抚工作】2022年，先后印制下发《关于开展网上祭英烈等系列活动的通知》《关于开展烈士纪念设施数据更新审定工作的通知》《关于组织开展县级以下烈士纪念设施整修工程等检查验收工作的通知》《关于进一步加强烈士纪念设施提质改造和排查整修工作的通知》《关于印发〈亳州市优待证制发工作实施方案〉的通知》《关于在全市定点医疗机构推行优抚医疗“一站式”结算平台的通知》，对清明英烈祭扫、烈士纪念设施整修改造、优待证制发、优待目录清单、优抚医疗“一站式”结算等工作进行部署。发放各类优抚对象抚恤补助资金49.84万人次，资金26207.95万元，为全市5395户义务兵家庭发放优待金10472.01万元，县级以下烈士纪念设施整修243座。

【双拥工作】2022年5月12日上午，市委书记、市双拥工作领导小组组长杜延安在市会务中心主持召开市双拥工作领导小组会议。9月6日下午，全省双拥模范城（县）命名暨双拥模范单位和个人表彰大会在合肥举行，亳州市被命名为“安徽省双拥模范城”，蒙城县、涡阳县、利辛县被命名为“安徽省双拥模范县”，实现“满堂红”。选树亳州市“模范退役军人”444名、“最美退役军人”11名、“最美拥军人物”20名、“好军嫂”47名；2022年度安徽“最美退役军人”“最美拥军人物”发布，蒙城县道源种植专业合作社总经理葛维超评为全省“最美退役军人”；市老年体协会长怀岩被评为安徽省“好军嫂”。11月17日下午，时任市委副书记秦凤玉在市会务中心主持召开市委退役军人事务工作领导小组会议。

【退役军人就业创业】2022年，开展退役士兵职业教育和技能培训工作，任务完成率126%、培训合格率100%。在筑梦社区等园区共建退役军人创业孵化基地，市县新增就业创业园地12家，市县区均组建退役军人创业导师团队，现有人员41名，组织13名退役军人参加省市组织的“特训营”培训。不断服务军创企业做大做强，2022年新增退役军人创办的科技型中小企业15家、高新技术企业13家、专精特新企业3家，市级专项资金给予退役军人创办企业奖补资金160余万元。

【服务保障体系建设】2022年，立足服务保障体系“全覆盖”“五有”的基础，通过示范创建、队伍建设等推动全市服务保障体系建设从“有”向“优”转变，推动实施518家全国示范型村级退役军人服务站创建，已全部通过省级验收。组织并参加全省退役军人事务系统“业务技能大练兵大比武”活动，荣获三等奖及优秀个人奖。

（张　婕）

亳州市获二等功（含二等功）以上奖励退役军人一览表

表11

序号	姓名	何种奖励
1	高　峰	二等功
2	周　伟	二等功
3	孙万华	二等战功
4	李山林	二等战功
5	张喜宽	二等功
6	宁　波	二等功
7	董春雷	二等功
8	苏玉齐	二等战功
9	王　辉	二等功
10	宋　伟	二等功
11	方振礼	二等功
12	孙万军	二等功

续表 11

序号	姓名	何种奖励
13	姜文海	二等功
14	于　超	二等功
15	王传军	二等功
16	王秀东	二等功
17	方广军	二等功
18	张　华	二等战功
19	邓　昊	二等功
20	杨　光	二等功
21	陈家义	二等功
22	李清源	二等功
23	董运义	二等功
24	杨虎啸	二等功
25	任亚光	二等战功
26	马守勇	二等功
27	王大召	二等功
28	陈　辉	二等功
29	李　飞	二等功
30	王凤凯	二等功
31	杨向阳	二等功
32	岳苏站	二等功
33	葛献义	二等功
34	王全志	二等功
35	孙元魁	二等功
36	高振彪	二等功
37	张玉德	二等功
38	殷建廷	二等功
39	王　文	二等功
40	王建华	二等功
41	李　冰	二等功
42	张亚田	二等功
43	陈贺彪	二等功
44	徐继光	二等功
45	王　衔	二等功
46	程　建	二等战功
47	李绍福	二等功
48	易士亮	中国人民解放军士官优秀人才奖三等奖
49	魏兴学	二等功
50	崔　涛	二等战功
51	许　进	二等功
52	王朝春	二等功

续表 11

序号	姓名	何种奖励
53	李学举	二等功
54	蒋春景	一等功
55	杜运亮	二等功
56	罗书田	二等功
57	苏宇航	二等功
58	张从合	二等功
59	王跃华	二等功
60	董　升	二等功
61	张　德	二等功
62	陈　辉	二等功
63	张俊海	二等功
64	邹云峰	二等功
65	罗　威	二等功
66	姜洪法	一等功、二等功
67	燕化先	二等功
68	燕中全	二等功
69	张海涛	二等功
70	周志亮	二等功
71	李建杰	二等功
72	王爱民	全国模范退役军人
73	洪长建	二等功
74	张海燕	二等功、南京军区红旗车驾驶员标兵、中国人民解放军士官优秀人才二等奖
75	杨彦飞	二等功
76	赵明坤	二等功
77	耿勤柱	二等功
78	盛晓雷	二等功
79	李　磊	二等功
80	尹振三	二等功
81	孙冬冬	二等功
82	张金善	二等功
83	尹纯立	二等功
84	杜海良	二等功
85	张　标	二等功
86	李明飞	二等功
87	杜　春	二等功
88	王全臣	二等功
89	彭建军	二等功
90	陈孝吾	二等功
91	代永杰	二等功

续表 11

序号	姓名	何种奖励
92	秦保东	二等功
93	葛绍斌	二等功
94	李爱杰	二等功
95	李　才	二等功
96	李永春	二等功
97	王晓伟	二等功
98	刘　松	一等功
99	张三虎	二等功
100	张建华	二等功
101	苑树民	二等功
102	邵玉凯	一等功
103	蔡化平	二等功
104	目云怀	二等功
105	葛彩义	二等功
106	葛朋举	二等功
107	张　伟	二等功
108	王　一	二等功
109	张　利	二等功
110	代子涛	二等功
111	赵万金	一等功
112	李秀法	二等功
113	杨华林	二等功
114	李明辉	二等功
115	樊民三	二等功
116	段云飞	二等功
117	桂　超	二等功
118	管　飞	二等功
119	杨建伟	二等功
120	楚明明	二等功
121	张飞飞	二等功
122	代　军	二等功
123	葛新胜	二等功
124	马士奎	二等功
125	丁小龙	二等功
126	杨鑫岳	二等功
127	王新建	二等功
128	王　雷	一等功
129	梁启发	二等功
130	邵　联	二等功
131	王子亮	二等战功

续表 11

序号	姓名	何种奖励
132	侯保发	二等功
133	孙洪建	二等战功
134	鹿希敏	二等战功
135	张之礼	二等功
136	王荣山	二等战功
137	邹德建	二等功
138	郁志永	二等功
139	陈传奇	二等功
140	吕保友	二等功
141	鹿　伟	二等功
142	汪贵华	二等功
143	丁怀志	一等战功
144	王　亮	二等功
145	刘　继	二等功
146	梅利洋	二等功
147	刘同新	二等功
148	张　磊	二等功
149	聂子贤	二等功
150	林东齐	二等功
151	张玉华	二等功
152	王振华	二等功
153	江兆刚	二等功
154	周　壮	二等功
155	邓　森	二等功
156	李　琦	二等功
157	李华杰	二等功
158	王　杰	二等功
159	张灯杨	二等功、战时三等功
160	施朝阳	二等功
161	施朝安	二等功
162	孙玉辉	二等功
163	赵廷良	二等功
164	黄邓勇	二等功
165	杜春亮	二等功
166	刘　磊	二等功
167	潘新敏	二等功
168	张明明	二等功
169	陆玖铃	二等功
170	陆　杰	二等功
171	焦丹丹	二等功

续表 11

序号	姓名	何种奖励
172	刘子武	二等功
173	郭兴昌	二等战功
174	闫庆保	二等战功
175	马昆鹏	二等功
176	李良库	二等功
177	王　飞	二等功
178	宋保刚	二等功
179	陈　元	二等战功
180	刘　林	二等功
181	朱子楠	二等功
182	姚　斌	二等功
183	庄峰云	二等功
184	李玉峰	二等功
185	朱　涛	二等功
186	孙保才	二等功
187	江文忠	二等战功
188	王　勇	二等功
189	刘　兵	二等功
190	杨　权	二等功
191	冯　振	二等功
192	吴吉民	二等战功
193	来学全	二等战功
194	王义忠	二等战功
195	贺玉龙	二等功
196	杜俊杰	二等战功
197	唐　磊	二等功
198	于邦勇	二等功
199	罗　飞	二等功
200	杨万军	二等功
201	李　明	二等功、第 15 届中国武警十大忠诚卫士提名奖
202	高伟亚	二等功
203	杨志民	二等功
204	杨绍岳	二等功
205	海　剑	二等功
206	李　超	二等功
207	李从山	二等战功
208	刘　勇	二等功
209	王殿奎	二等战功
210	许广海	二等功
211	张　彬	二等功

续表 11

序号	姓名	何种奖励
212	张立宝	二等战功
213	黄红军	二等功
214	董　彪	二等功、中国人民解放军士官优秀人才奖三等奖
215	昝纪明	二等功
216	张　永	二等功
217	李大帅	二等功
218	杨振民	二等功
219	樊启魁	二等功
220	张明泽	二等战功
221	杨胜利	二等功
222	孙元友	二等功
223	梁家印	二等功
224	吕钦平	二等功
225	刘　冰	二等功
226	闫景礼	二等战功
227	赵海峰	二等功
228	刘万一	二等战功
229	闫龙亮	二等功
230	袁德清	二等功
231	张景伟	二等功
232	周晓东	二等功
233	闫彪	二等功
234	秦洪涛	二等功
235	王茂魁	二等功
236	高广华	二等战功
237	裴　涛	二等功
238	王守贞	二等功
239	支大君	二等战功
240	吴晓建	二等功
241	李玉海	二等功
242	林红渠	二等功
243	王团结	二等功
244	丁俊伟	二等功
245	吴学亮	二等功
246	马守安	二等功
247	常保存	二等功
248	肖玉杰	二等功

开发区简介

亳州高新技术产业开发区一角　　（刘勤利　摄）

亳州高新技术产业开发区

【概况】1993年4月，安徽省政府批准成立亳州经济技术开发区；2013年7月，和市南部新区合并成立亳州经济开发区；2018年5月，谯东镇石轿铺村、辛庄村、石大营村、车埠口村，汤陵街道汤东社区、外环新村和十九里镇，划入市经开区，调整面积47平方千米，调整后面积约147平方千米；2019年1月，省政府批准更名为安徽亳州高新技术产业开发区；2020年8月，谯东镇铜关村、辛各村划入市高新区管辖，调整后面积约158平方千米。2022年度，在18项主要经济指标中，亳州高新区有4项指标增速居全市前三位。其中，社会消费品零售总额居全市第一位，总量为83.1亿元，同比增长0.9%。规模工业增加值居全市第二位，同比增长19.1%。两项指标居全市第三位：地区生产总值同比增长4.8%，总量为258.3亿元；战略性新兴产业产值同比增长14.45%。一般公共预算收入13.8亿元，同比下降13.2%，增长率居全市末位，总量为13.8亿元。

【招商引资工作】2022年，高新区签约招商项目90个、总投资180.815亿元，占地4246.43亩。落地项目60个、总投资86.31亿元，占地1249.15亩，其中单独选址类项目16个，总投资32.2亿元，占地949.15亩。2022年签约项目中，主导医药、食品产业及其延伸产业类项目数量占比84.44%，投资额占总投资64.88%

【征迁还原工作】2022年，亳州高新区完成光明东路（京九铁路—亳涡路段）项目用地征迁，涉及土地总面积75.194亩，其中国有土地性质46.042亩，集体土地性质29.152亩。涉及房屋241户，总面积6.9万平方米。完成养生家园、亳芜二期选房工作，其中养生家园共有房源5784套，亳芜二期共有房源2404套。

【项目建设】2022年，新增投试产项目20个；新开工项目60个，其中工业项目33个。2022年，亳州高新区列入全市重点调度推进项目78个、总投资629亿元，年度计划投资100.1亿元，完成投资111.7亿元，完成年度任务的111.7%。落地工业项目10个、占地597亩，全部按照“标准地”模式出让。

【产业发展】2022年，新增亳州市悠善堂生物科技有限责任公司等10家规上工业企业，通过“免申即享”平台兑现10家新入规工业企业奖补300万元。完成新入规工业企业10家、服务业企业6家、限上商业企业34家，孵化新增进出口企业21家，新增战略性新兴产业企业5家。切实了解企业实际生产情况，精准研判发展状况，重点对工业产值、工业投资、技改投资等主要经济指标进行监测分析，促进全区重点企业健康发展。2022年高新技术企业认定通过23家，全区现有56家，比2021年净增11家。

【营商环境优化】2022年，推动优化营商环境工作，通过为企服务平台收办问题1422个，办结1421个，办结率99.92%。通过提供过桥资金等方式为79家企业提供资金帮助共2.77亿元，为218家企业解决用工900人，协调企业用地6宗、250.97亩。2022年，185名干部已对包保的321家重点企业（项目）进行全覆盖走访，共向各企业发放“码上监督”平台宣传彩页约3000张、二维码名片1500余张。区属责任单位按月、按季度开展各类为企服务活动125次，参与企业1694家次。

【疫情防控工作】2022年，市高新区累计接到省推送数据64974条，全部及时核实完毕，严格落实常态化疫情防控措施。按照“疫情要防住、经济要稳定、发展要安全”的要求，从严从细落实重点场所防控措施，找准疫情防控和经济发展的最佳平衡点，在持续巩固防控成果的同时，全力保障经济社会发展。疫苗接种。有序推进新冠疫苗全程接种和加强剂次接种工作，共设立4个接种点，12周岁以上人群第一剂次接种完成率100.52%，第二剂次接种完成率105.51%；18周岁以上加强针接种完成率86.52%；3～11岁人群第一剂次接种完成率96.03%，第二剂次接种完成率92.04%。

【文明创建工作】2022年，高新区预算投入创建资金3948万元，打造各样本位及周边对标达标。陆续开展居民小区“扫楼”行动，道路标线施划行动，交通秩序集中整治行动，康美中药材市场集中整治，万达广场、外经钻石广场、国购中心街专项整治，“牛皮癣”小广告治理行动等16项专项整治行动，小区环境、乱停乱放、市场环境、商业内街等环境改善提升明显。高新区以各新时代文明实践所（站）为平台，组织开展各类文明实践志愿服务活动1351场次。编发文明城市工作简报22期，各类文明创建新闻宣传报道680篇。其中，省级媒体报道78篇、市级媒体317篇、区级媒体285篇。3月，亳州高新区“依水为邻•魅力高新公益行”项目获评“感动药都”志愿服务优秀项目典型、第一社区管理中心孔繁华获评优秀个人；12月，亳州经济开发区纳税人权益保护志愿者协会、亳州交通音乐广播雷锋车队获评2022年度亳州市“十佳志愿服务组织”，全区20名志愿者获评2022年度亳州市“百名优秀志愿者”。

【三轮车治理】2022年，成立区电动三轮车综合治理工作领导小组，建立“一办七组”等组织体系。在中心城区各小区主要出入口设置电动三轮车治理劝导岗117处，第六、第七、第八、第九社区管理中心及十九里镇等在出入城区主要路口设立电动三轮车治理宣传点20处，制作发放一通告两封信105600份。干部职工带头处置电动三轮车1020辆，处置率100%。设置两个电动三轮车交易处置点（沃泰生物、亳药堂）、两个换乘点（沃泰生物、新发地）。5月1日前全面完成电动三轮车处置任务，未注册牌照的电动三轮车一律禁止在中心城区通行。累计登记电动三轮车49699辆，处置49699辆，处置率100%。

【市容管理】2022年，常态化开展城区道路环境卫生保洁，实行冲洗、洗扫与人工保洁相结合模式，机动车道每天冲洗洗扫4次、洒水2次，非机动车道、人行道每天冲洗洗扫2次，有效提升道路卫生水平。按照创建全国文明城市的要求，对管理的17座垃圾中转站，20座公厕进行全面升级改造，建立长效管理机制并制定公厕和垃圾中转站管理考评细则。2022年累计运输垃圾11685车，约9.27万吨，保障高新区生活垃圾日产日清。推进高

蒸蒸日上的亳州高新区　　（张延林　摄）

新区生活垃圾分类工作，选定在40个居民小区约70754户新建148座垃圾分类投放点。根据大气防治工作要求，针对渣土商砼车加强管理，要求渣土公司按照“六个必须”规范运输，共立案17卷，下处罚决定书17卷，结案14件，处罚金额10400元。

【环境保护工作】2022年，亳州高新区$PM_{2.5}$数值41.2微克/立方米，同比上升6.3%，其中污水处理厂国控点数值40.7微克/立方米，亳州学院国控点数值41.7微克/立方米。扎实开展河湖地表水污染治理工作，2022年度共建成集污池106处。续签涡河、亳城河、涡包新河、黑风沟保洁合同，8河1湖均落实专业的保洁公司，对河道漂浮物及岸坡进行日常清洁。推进农村人居环境改善专项行动，入户宣传引导庭院整治和改善卫生习惯。累计评选“美丽庭院”1786户、“文明户”338户，圆满完成省市两级农村人居环境专项整治行动督查考核，农村人居环境得到较大提升。抓好秸秆禁烧工作，新建10处高塔智慧监控点位，覆盖重点区域，实现全天候不间断监管。

【市场监督管理】2022年，共办理营业执照新设立7416户。其中，个体工商户新设立4408户，企业新设立3008户，农民专业合作社新设立27户，合伙企业新增8户。截至2022年底，全区登记在册个体工商户24608户，企业16083户，农民专业合作社257户，合伙企业54户。做好食品安全监管工作。严格落实进口冷链食品“全报备、全进仓、全检测、全消毒”处置流程。截至2022年底，高新区共有各类食品经营户6104家，深入开展“食安安徽”品牌建设，持续推动食品生产企业和小作坊规范提升。学校食堂及幼儿园“明厨亮灶”覆盖率达100%。完成灵芝、天麻、铁皮石斛按照传统既是食品又是中药材物质管理试点工作。强化药品监管工作。按照药械化监管工作重点，持续构建完善药械化安全质量监管，严格实行网格化监管、格式化检查、痕迹化管理的“三化”模式监管。加大对药品安全知识的宣传力度，共检查药品经营单位122家、医疗器械经营企业164家、医疗机构14家、疫苗接种单位2家、化妆品经营企业6家；对8家药店新冠抗原检测试剂销售备案工作。

【信访维稳工作】2022年，党工委管委会领导班子成员带头开门接访、带案下访，全年开门接访106次，接待群众207批562人次。全区群众全年没有发生进京访，没有发生赴省集体访，赴省访5批10人次，同比分别下降61.54%和41.18%。在党的二十大，全国、全省“两会”以及冬奥会、冬残奥会等重要会议和重点敏感节点信访群众零进京零赴省，赴省访全市最低。开展“白天干工作，晚上干信访”工作机制，利用晚上时间，到各社区管理中心、十九里镇，对存在的疑难复杂信访问题进行逐案分析，寻求解决办法，推进化解工作，37项疑难复杂信访事项、信访积案得到有效化解。持续推进民警社区、农村警务室建设，促进“一村一警一辅”工作提质增效，推动源头稳控措施和“警民联调”化解机制，努力将矛盾纠纷化解在早、化解在小。截止到2022年底，共排查化解矛盾纠纷4160起。

【社会事业发展】2022年，严格审批城乡居民最低生活保障，全面开展城乡低保、“五保”年审。全区低保覆盖2602人、纳入“五保”344人、救助孤儿60名，累计发放计生等各项补助1950万余元。脱贫成果更加巩固。实施两批次个性化帮扶，及时发放“四带一自”特色种植养殖项目资金74万余元；拨付光伏资金93万元；134名学生享受“雨露计划”项目资助，资助资金20万余元，把“脱贫不脱政策”落实到位。居民保障更加全面。居民养老保险缴费64314人，1934.9万元，到龄22980人，月发放养老金325.2万元。筹集征地社保费用497.3万元，支付征地社保资金3891.11万元。组织1427名被征地农民参加汽车驾驶等就业培训，发放培训补贴185.5万元。退役军人更有保障。开展春节“八一”等重要节日慰问走访，落实优抚资金560万余元。累计58名退役军人完成就业专项岗位选岗工作。在7个符合条件的社区（村），高标准建设全国示范型军服站，已全部高分通过县区初验和市级审核。建立退役军人纾困解难专项资金，为退役军人解决医疗难、住房难、生活难问题。追讨欠薪更有成效。共受理拖欠农民工工资投诉260余件，清理解决拖欠金额3460余万元，涉及农民工2000多人。受理办结市长热线190多件，涉及金额200余万元；办理国务院欠薪线索转办件1186件，其中商业和新业态类投诉1088件；工业项目类和房建项目投诉78件，涉及金额约110万余元，已全部办结。

【党的建设】2022年，发放《习近平谈治国理政》（第四卷）4500册，发放党的二十大报告3500册，发放党章3500册，组织学习党的二十大精神、研讨交流和集中宣讲。强化队伍管理。深入开展排查整顿农村发展党员违规违纪问题，发现违规违纪问题23个，对18名党员及17名责任人作出处理。抓实非公党建。聚焦两个覆盖，新建非公企业党组织41个，指导党组织按期换届49个，群团组织覆盖面100%；选派第五批非公党建指导员29名，实现党建工作指导全覆盖，推进非公企业党组织活动场所提档升级。坚定不移推进从严治党。全年共受理问题线索122件，接转往年线索49件，已办结109件。共立案审查调查47人，给予党政纪处分52人，追缴违纪款339554.23元。第一种形态处理189人、第二种形态处理38人、第三种形态处理5人。5月底成立高新区纪检监察协作区，全年运用第一种形态处理30人，给予党纪政务处分3人。7月份开通运行小微权力"监督一点通"，对群众反映的问题诉求建立清单台账，对办理全过程跟进监督，及时反馈信访办理结果，全年受理投诉174件，办理满意率91%。（李　丹）

亳州芜湖现代产业园区

【概况】亳州芜湖现代产业园区是亳州、芜湖两市政府按照省委、省政府加强南北结对合作，促进区域经济协调发展的战略部署，于2012年经省政府批准成立的省级重点经济开发区。按照"一级政府，一级财政"模式，实行财税独立、封闭管理的运营体制。2022年，在亳州市反馈16项经济指标中，亳州芜湖现代产业园区8项指标增速居亳州市第1位，3项指标增速居亳州市第2位。其中地区生产总值12.27亿元，同比增长11.3%；一般公共预算收入完成4.45亿元，增长10%，战略性新兴产业产值增长34.6%、工业增加值增长20.1%、建筑业总产值增长11.6%、高技术制造业增加值增长68.1%、工业投资增长37.3%、技改投资增长48%。园区在2021年全省开发区综合考评中排名上升22位；在皖北承接产业转移集聚区36个开发区考核中居第二档、第16位；在2021年南北合作共建园区建设发展目标考核中，5年来首次进位。

【园区建设】2022年，园区建设扎实推进。定位更加清晰。"3+1"主导产业即大健康、新材料、新能源汽车及零部件和2.5产业（生产性服务业）即"3+1"主导产业，新能源汽车及零部件产业的首位度超过20%。政策更加精准。发放物流补贴302万元。出台软件信息服务业政策。"园区贷"为企放贷7000万元。优化实施投产后兑现装修补贴、入规后兑现设备补贴、税收覆盖后再享受税收优惠政策的"三后"管理模式。企业更有信心。企业响应园区"大干60天，冲刺二季度"活动和"大树计划"，园区企业家对中国经济、园区发展充满信心，克服疫情影响，抱

亳芜现代产业园区亳州市芊荷药业有限公司生产车间　（刘勤利　摄）

团取暖前行，精气神十足，争先进位、做大做强意愿强烈，2022年亿元以上企业数量同比增加57.1%，“大树计划”效果显现。态势更加向好。全年规上工业企业营业收入平均增长52%。经营收入首破百亿，“四上”企业首破百家、达138家。“十四五”以来，高新技术产业增加值、财政收入、外商直接投资等16项指标提前1年实现“三年倍增”。盘活问题项目25个、土地3000亩、厂房30余万平方米，利用闲置低效的土地、厂房引进亿元项目24个，建设起2.5产业园、新能源汽车、电子信息、五金机电、数字经济、医疗器械、人力资源等十大特色“园中园”。其中，2.5产业园开园一年半引进企业61家，实现产值10余亿元、税收3.4亿元；2022年亳州奇瑞项目实现产值8亿元。

【项目签约】2022年，新能源汽车及零部件首位产业“从无到有、起步良好”，亳州奇瑞商用车公司带动7家汽车零部件企业落地。央企中融讯驰注资20亿元收购芯航电子，打造电子信息龙头企业。引进总投资20亿元小米及九阳生态链制造、10亿元BFB国际健康食品产业园、6亿元义荣高档服饰织造、5亿元昶威精密合金制造等项目。2022年签约项目44个，总投资95亿元。新落地亿元项目32个。软件产业园引进38家企业、完成产值2.6亿元。2022年，举办第一次企业产品供需对接会，实现园区内循环销售收入7亿元；招引中国供应链行业龙头深圳怡亚通公司入驻，深圳怡亚通与园区12家企业签订平台服务协议，天马国药等园区企业得以实现外贸突破。启动扶优育规“大树计划”，新培育“四上”企业、规上工业企业，总数分别达138家、65家。

【产业发展】2022年，提高企业“含技量”，探索以企业为主体、市场为导向、产学研深度融合的开放式自主创新生态体系。安徽乐聚服务机器人研究院、复旦大学张江研究院亳芜创新创业中心、上海大学亳芜企业创新中心、安徽工程大学亳州孵化器等8家双创平台正式运营。提升发展“含金量”。印发亩均效益评价工作办法，亩均投资强度、亩均税收逐年提高。提升园区“含绿量”，坚持绿色发展，正在申报省级城乡建设绿色发展试点城市（低碳片区）。

【营商环境提升】2022年，探索建设亳州市争创一流营商环境观察点，本着全过程、全链条、全方位、全天候的“四全”理念，全力打造更好、更优、更卓越的营商环境“全生态”，工作重心由纯公共服务转向公共服务与市场化专业化服务并重。拨付财政扶持资金6亿元，办理增值税留抵退税1.6亿元。在首创“免申即享”基础上，构建不叫不到、随叫随到、服务周到、说到做到“四到”服务机制。创新“畅聊下午茶”机制。“园区事务代表”工作入选省委组织部“一改两为”专刊创新案例。启动建设“零计划停电”示范区，探索由“零计划停电”到“不停电”的要素保障。

（田继云）

县（区）概览

正在建设中的谯城北部新城　　（刘勤利　摄）

谯城区

【概况】2022年，谯城区全年生产总值（GDP）804.2亿元，按可比价格计算，比上年增长4.1%。分产业看，第一产业增加值87.5亿元，增长3.7%；第二产业增加值332.7亿元，增长6.6%；第三产业增加值384.0亿元，增长2.1%。三次产业结构由上年的11.1∶40.8∶48.2调整为10.9∶41.4∶47.8。其中，工业增加值占GDP的比重为30.9%。服务业增加值占GDP的比重为45.6%。按常住人口计算，人均GDP 52701元，比上年增加2965元。

【农林牧渔业】2022年，全年粮食作物种植面积249.1万亩，比上年同期提高0.3%。其中，小麦种植面积136.1万亩，扩大0.8万亩，亩产447.65千克，同比增长0.5%。药材种植面积73.5万亩，扩大2.7万亩。油料种植面积2.46万亩，扩大0.05万亩。棉花种植面积0.8万亩，比上年减少0.03万亩。蔬菜种植面积42.7万亩，扩大0.75万亩。全年粮食产量91.5万吨，比上年增加0.3万吨，增产0.3%。其中，夏粮60.9万吨，增加0.7万吨，增产1.2%；秋粮30.6万吨，与上年持平。油料产量0.38万吨，棉花产量0.04万吨。

【工业和建筑业】2022年，全年规模以上工业增加值（小口径）同比增长0.8%，在总计中，国有企业下降14.9%，集体企业增长94.2%，股份合作企业增长3.2%，股份制企业下降3.3%。规模以上工业总产值增长3.0%。各工业行业有11个行业总产值保持增长。金属制品业总产值增长最快，同比增长91.4%，其次有橡胶和塑料制品业增长46.0%，电力、热力生产和供应业增长25.6%，酒、饮料和精制茶制造业增长17.7%，专用设备制造业增长10.3%，医药制造业增长8.6%，农副食品加工业增长8.5%，食品制造业增长4.7%，木材加工和木、竹、藤、棕、草制品业增长2.8%，计算机、通信和其他电子设备制造业增长0.5%。

【固定资产投资】2022年，全年固定资产投资增长-0.3%，较上年同期上升0.3个百分点。其中，工业投资增长20.5%，房地产开发投资增长-13.1%。重点项目建设加快推进。全年新签项目61个，合同总投资150.3亿元；新建亿元以上工业项目41个。新落地项目35个。成交工业用地50宗、1870.2亩。全年参加全省开工动员项目38个，已开工并纳入统计37个。全区省重点项目完成投资167.6亿元，超过年度目标任务1.9%。

【国内外贸易】2022年，消费品市场增长平稳。全年社会消费品零售总额416亿元，比上年增长7.3%。按经营地统计，城镇消费品零售额348亿元，0增长；乡村消费品零售额68亿元，增长5.1%。从小口径数据看，在限额以上企业商品零售额中，粮油食品类增长11.3%，服装鞋帽类增长-52.8%，日用品类增长-58.4%，体育、娱乐用品类增长-56.8%，书报杂志类增长22.4%，中医药品类增长-0.9%，汽车类增长9.4%，家用电器类增长-13.2%。对外经济全年进出口总额18016万美元，比上年减少1.5%。其中，出口14974万美元，同比增长4.5%；进口3042万美元，同比减少23.1%。

【交通】2022年，全年公路里程4356千米，公路旅客运输量511万人，公路货运量1578万吨；公路旅客周转量35763万人千米，公路货物运输周转量189348万吨千米。

【财政金融】2022年，财政收入同比增长。全年一般公共预算收入30.7亿元，增长8.1%。其中，增值税降低6.7%，企业所得税增长11.8%，个人所得税降低10.1%。财政支出同比下降。全年财政支出68.9亿元，比上年降低4.8%。其中，社会保障与就业支出增长1.2%，卫生健康支出增长21.7%，城乡社区事务支出降低78.3%，文化体育与传媒支出降低21.6%，节能环保支出降低25.5%，教育支出增长3.2%。金融市场规模进一步扩大。年末全区金融机构各项存款余额（人民币口径，下同）1367.0亿元，比上年末增加123.2亿元，增长9.9%。其中，住户存款余额808.3亿元。金融机构各项贷款余额1549.1亿元，比上年末增加

168.8 亿元，增长 12.2%。其中，短期贷款余额 409.6 亿元，中长期贷款余额 491.8 亿元。

【教育和科学技术】2022 年，教育事业全面协调发展。年末各类中等职业教育学校 5 所，在校学生 19557 人。普通高中 10 所，在校生 31670 人，高中阶段毛入学率 92%。初中 63 所，在校生 72891 人。小学 236 所，在校生 158594 人。年末全区各类专业技术人员 10800 人，授权专利 908 件。

【文化和卫生】2022 年，公共文化服务水平提高。年末全区有文化馆 1 个，公共图书馆 1 个，公共图书馆藏书量 17 万册，乡镇街道综合文化馆 21 个。全国重点文物保护单位 6 处，省级重点文物保护单位 23 处，市级重点文物保护单位 23 处。卫生事业快速发展。年末全区有卫生机构 950 个。其中，医院、卫生院 47 个，妇幼保健院（所、站）1 个，疾病预防控制中心 1 个。执业（助理）医师 2856 人，医院、卫生院床位数 3312 张。社区卫生服务中心 4 个，村卫生室 317 个，乡村医生和卫生员 800 人。参加城乡居民医疗保险人数 141.0 万人，参保率 100%。

（任　凯）

涡阳县

【概况】涡阳县地处豫皖苏鲁要冲，南界利辛县、阜阳市太和县，北靠河南省永城市、淮北市濉溪县，东壤蒙城县，西邻亳州市谯城区。清同治三年（1864 年）置县，隶属颍州府，解放后属阜阳专区和阜阳市，2000 年 5 月由阜阳市划归亳州市。2022 年，涡阳县下辖 20 个镇，3 个街道，383 个村（居）委。其中，21 个城市社区，362 个村。土地总面积 2110 平方千米，耕地面积 15.75 万公顷，户籍总人口 1736277 人，417407 户。

【经济发展】2022 年，涡阳县完成地区生产总值 451.7 亿元，同比增长 5.1%，增速居全市第 1 位；固定资产投资增长 19.1%，增速居全市第 2 位；社会消费品零售总额 268.2 亿元，总量居全市第 2 位；完成一般公共预算收入 21.9 亿元，增长 7.6%，增速居全市第 3 位；城镇常住居民人均可支配收入 34959 元，总同比增长 5.5%，增速居全市第 2 位；农村常住居民人均可支配收入 16769 元，增长 6.6%，增速居全市第 2 位。

【产业转型升级】2022 年，涡阳县坚定“工业强县”战略，大力实施制造业提质扩量增效行动计划。2022 年绿色装配式建筑建材、生态有机农产品加工“2+N”产业产值同比增长 11.1%，规模工业增加值同比增长 9.0%，增速居三县一区第一位。鸿路钢构涡阳生产基地产值突破百亿大关，成为全市第一个县域百亿级“链主”企业。2022 年底规模以上工业企业 116 家，产值亿元以上企业 31 家，其中 5 亿元以上企业 6 家、10 亿元以上企业 5 家。2022 年，道阳电源、创丰纺织、海森曼机械等 25 个制造业项目开工建设，新开工制造业项目投资增长 184.9%；鸿路钢构五期、亿嘉油脂、徽酱酒业等 12 个制造业项目基本建成；正宇面粉、爱家食品等 9 家企业技改项目投产达效，工业投资增长 19.1%。2022 年世界制造业大会签约项目 9 个，合同引资额合计 15.3 亿元，央企合作项目 2 个，总投资合计 10.68 亿元，均已开工建设。黑娃食品、盛鸿科技的企业级工业

亳州市涡阳县道源国家湿地公园一角　（刘勤利　摄）

互联网平台基本建成。推进“亩均论英雄”改革，完成规模以上工业企业2021年度亩均效益评价。2022年新增省级“专精特新”冠军企业1家、省级“专精特新”企业3家、省级工业设计中心1家、省级技术创新示范企业1家、省数字化车间3家、安徽工业精品1家。

【深化改革】2022年，实施91项改革事项，重点领域和关键环节改革不断取得突破。持续深化“标准地”改革，出让“标准地”51宗、2021.15亩，实现“四证齐发”“拿地即开工”。规模工业企业“亩均效益”评价全部完成，盘活工业闲置用地191.8亩。203个服务事项上线“免申即享”惠企平台，兑付惠企资金1819.96万元，实现从企业“上门找政策”向政府“上门送政策”转变。全面推广电子保函应用，为投标企业释放现金流8.62亿元，推进公共资源交易标准化试点工作，获评全国政府采购百强县。深入实施“互联网+政务服务”，网上办理92.1万件，全程网办率达99.8%。全力推行“田长制”改革，基本农田监管横向到边、纵向到底。185个村“小田变大田”改革试点取得明显成效，农户土地流转收入亩均增加200元以上。

【项目建设】2022年，涡阳县牢固树立“投资为纲、项目为王”理念，以高质量项目建设夯实高质量发展基础。报批建设用地5405亩，争取政策性开发性金融工具等各类资金12.01亿元，191个省市 重点项目开工率、投资完成率、竣工率分别为100%、110.5%、136.4%。全年上报集中开工项目40个，总投资200.45亿元，一季度获全省投资赛马通报激励，徐淮阜高速、亳蒙高速二期、国道344、省道245开工建设，亳州机场跑道完成铺设，外联内畅的交通格局逐步放大。职教园区一期、涡南地表水厂、包浍河治理工程、城东物流示范园区项目启动实施，涡阳地表水厂主体竣工验收，西苑河畔、席楼等5个安置小区建成交付，县医院新建门诊楼即将投用，民生优先的城市功能更加完善。

【城市建设】2022年，涡阳县完成气象局小区、教师公寓楼小区等23个老旧小区改造，总建筑面积40.23万平方米，惠及居民3631户。完成嵇山路、包河路、乐行路西段等主干道路建设，清淤疏通雨污管网35千米。启动城区供水管网全覆盖二期工程，铺设供水管网96千米。完成孙楼居民区、农场家属院、郑店新村、三里丁居民区等管网建设，铺设天然气管网60千米。持续立体增绿，建成界洪河水系绿道6.8千米，绿化滨河景观带22万平方米。县体育中心、体育公园全面开放，成为市民休闲健身首选地。推进历史建筑保护，红旗旅社、百货大楼整修工程有序启动，孙万霖公馆、黉宫完成保护性修缮，历史文脉得以传承。县文化馆获评国家一级馆，县图书馆、博物馆获评安徽省社会科学知识普及基地。

【营商环境】2022年，涡阳县集中开展“新春访万企，助力解难题”“优环境，稳经济”活动7次。省、市领导在涡公开接访企业110家，收办企业诉求158个。同时，县四大班子领导及县法院、县检察院主要负责人组成23个工作组，分赴各镇（街道）、开发区开展“优环境，稳经济”活动集中办公，聚焦企业发展过程中的急难愁盼问题。2022年，通过省创优营商环境为企服务平台收办问题2332个，办结2321个，办结率达99.52%。贯彻落实重点企业（项目）包保走访机制，将442个企业（项目）作为帮扶重点，落实县领导、县直部门领导、企业服务联络员包保制度，各包保责任单位、责任人每月至少开展1次工作走访。聚焦企业资金、用工、减税降费等要素需求，搭建要素对接平台，常态化组织开展政银企对接会、企业家沙龙、“2+N”招聘等活动，为企业发展保驾护航。2022年，新增个体工商户1.03万户。为各类市场主体办理减免缓退税费7.98亿元，组织金融机构对接企业591家（次），为324家企业落实贷款21.51亿元。举办招聘活动169场，为企业招工10258人。

【招商引资】2022年，招商服务中心坚定不移把“双招双引”作为经济工作的第一战场，紧盯涡阳县主导产业，围绕延链补链强链，主攻重点区域，着力招大引强，在精准招商、招商机制、招商保障上实现新突破，圆满完成全年工作目标任务。全年共签约招商引资项目72个，总投资312亿元。其中，亿元以上项目39个（10亿元以上项目4个、5亿元以上项目8个）。荣获全市招商引资考核第一名，获得奖励资金1000万元。

【乡村振兴战略】2022年，涡阳县坚持农业农村优先发展，持续巩固拓展脱贫攻坚成果，把实施乡村振兴战略作为新时代“三农”工作的总抓手。聚焦“三落实一巩固”，坚决守住不发生返贫的底线，有序推进乡村振兴。落实常态化防返贫监测帮扶，开展集中排查、二轮排查工作，全年累计新识别监测对象121户403人。聚焦脱贫群众增收，开发乡村公益性岗位10043个，实施光伏到户项目9020户，为5443户落实特色种养殖补贴2369.6万元，脱贫劳动力务工就业达47357人，2022年涡阳县农村常住居民人均可支配收入16769元，同比增长6.6%，脱贫人口人均纯收入12003元，较2021年增加1335元，增幅12.5%。聚焦“三保障”及饮水安全，完成农村危房改造286户，发放教育资助3724.54万元，资助学生60886人次，脱贫人口和监测对象100%参保，县域内52处农村水厂的维修养护任务全面完成。坚持“问题导向”，对照2021年度国家考核评估和省巩固拓展脱贫攻坚成果同乡村振兴有效衔接考核评估反馈问题及2022年度国家乡村振兴局暗访调研和省督查反馈问题，全面举一反三，加以解决。统筹安排各级财政衔接资金3.94亿元，其中县级资金1.3亿元。持续推进乡村建设和乡村治理，新建农村巷道71.1万平方米，完成8个省级美丽乡村中心村建设以及90个行政村670个自然村人居环境整治优化工作，涡阳改厕模式被中共中央办公厅、国务院办公厅作为典型经验做法进行通报。

【生态建设】2022年，涡阳县坚持以习近平新时代中国特色社会主义思想为指导，认真贯彻落实习近平生态文明思想，深入打好污染防治攻坚战。聚力“天更蓝”，印发实施《涡阳县2022年大气污染防治工作实施方案》《涡阳县空气环境质量改善提升工作方案》，持续开展扬尘、挥发性有机物治理等专项行动，落实空气质量监测全天候网格化管控机制，$PM_{2.5}$平均浓度控制在43.6微克/每立方米以下，优良天气达到259天，空气质量优良天比率达71%，完成空气环境质量控制目标。聚力“水更清”，扎实推进地表水污染治理集中攻坚提升等九大专项行动，完成11个农村生活污水治理、8个农村环境综合整治、1条黑臭水体治理和8个镇驻地污水处理厂提质增效。完善地表水生态补偿考核机制，设立113个地表水生态补偿断面，覆盖全县23个镇（街道），涡河岳坊大桥国考断面水质达到地表水Ⅲ类标准，包河石弓断面水质达到地表水Ⅳ类标准，全县地表水Ⅱ类、Ⅲ类水质断面占比全市第一。聚力“土更净”，依托全省固体废物管理信息系统，将全县101家危险废物产生单位和4家经营单位全部纳入平台管理，实现危险废物处置全过程监管，全县危险废物处置利用率100%，医疗废物安全处置率100%。

【民生保障】2022年，涡阳县累计投入财政资金55.75亿元改善民生，占财政总支出的84.1%。18项民生实事全面完成，10项暖民心行动完成年度目标任务。健全完善多层次养老服务体系，养老服务机构床位数突破1万张。城乡低保月均标准分别提高至706元、689元，累计发放特困供养补贴7644万元、两残补贴2862.58万元。全力实施农村居民本地就业“121”计划，累计开发公益性岗位9896个。强力推进根治欠薪行动，共查处和化解欠薪纠纷53起，为1643名农民工解决工资1985.46万元。城乡居民基本医疗保险、养老保险参保率均达96%以上。落实城乡居民医疗保险补偿10.2亿元、大病保险1.72亿元，政策范围内住院费用综合报销比例超80%。涡阳县慈善协会组建成立。持续深化双拥共建，再获安徽省双拥模范县称号。（王　凯）

蒙城县

【概况】蒙城县地处淮北平原中部，位于安徽省西北部，亳州市东部，隶属安徽省亳州市。东邻蚌埠市怀远县，西靠亳州市利辛县、涡阳县，南接淮南市凤台县，北接淮北市濉溪县。省道307线、305线、203线交会于蒙城县城，南洛高速公路贯穿境内，济祁高速南北纵贯，距高速公路出口2千米。境内涡河、茨淮新河、阜蒙新河全年通航，经淮河通江达海。距京沪、京九铁路枢纽站蚌埠站、阜阳站80～90千米；距合肥新桥机场、徐州观音机场200千米，阜阳机场80千米。辖区面积2091平方千米，人口148.19万人，下辖3个街道、2个乡、12个镇。2022年，实现地区生产总值457亿元，增长5.1%；一般公共预算收入27.82亿元，增长6%；规模工业增加值增长5%；固定资产投资增长12%；社会消费品零售总额增长1.5%。

【产业发展】工业经济。2022年，坚持助企纾困不动摇，出台扶优育规激励措施，新增规模工业企业45家。江淮星锐系列多功能商用车、博森人防等50个项目开工建设，常顺汽车零部件、住方智能门窗产业基地等25个项目建成投产，佰世达木业、国能生物发电等27家企业产值超亿元。汽车及装备制造、新型建材家居、食品制造及农产品加工三大主导产业实现产值100.9亿元。新增战略性新兴产业企业11家，产值增长15.2%。新增高技术制造业企业3家，增加值增长50%。完成工业技改投资17.6亿元、增长17%。新培育市级以上“专精特新”企业5家。88家规模工业企业完成亩均效益评价。上元家居获批“省级数字化车间”，3家企业通过“市绿色工厂”认定。繁枫真空科技成为全省首家碲化镉发电玻璃生产装备制造商。首批江淮新能源MPV进入拉美市场。

现代农业。推进“两强一增”行动。实施优质粮食工程，全年粮食产量157万吨，夏粮单产和总产增速均居全省第一位。大豆玉米带状复合种植实现“玉米基本不减产、增收一季豆”，示范基地大豆单产居全省第二位。建设高标准农田15万亩。北凤沟中小河流治理工程完工。清淤大中沟137.7千米，新建大中沟涵闸泵站5座。县农业科技示范场被评为国家农作物品种展示评价基地。深化“六位一体”综合农事托管，主要农作物耕种收综合机械化率达99.8%。获批全省首批农业生产“大托管”示范县。特色产业加快发展。新增省级长三角绿色农产品生产加工供应基地2家，小辛集现代农业产业园获批“省级现代农业产业园”，上海沪外蔬菜供应基地冷链集配中心被确定为首批省级冷链集配中心，获评省级“一县一业（特）”全产业链发展示范创建县。建成漆园黄牛养殖基地，“蒙城黄牛”获注地理标志证明商标。培育壮大新型农业经营主体，新发展示范合作社、示范家庭农场171家。农村常住居民人均可支配收入增长7.5%。规上农产品加工企业产值增长6%，强英食品入选省农产品加工“五个一批”50强培育名单。新认证“三品一标”农产品32个，精益诚、金冠面粉、恒瑞面粉获评“皖美农品”品牌。

商贸服务业。新增限上企业25家。入选“国家县域商业体系建设试点县”。城投时代广场特色餐饮街区建成运营，新增“安徽老字号”2个，评选“蒙城老字号”25个。举办惠民购车节、美食文化节等“皖美消费•乐购蒙城”系列活动，整合商贸、房地产、汽车、通信、金融保险等行业优惠“大礼包”，出台促进新能源汽车消费措施，发放消费券500万元，带动消费1.7亿元。新建镇级电商快递综合服务中心7个、村级电商快递融合网点100个。新增电商经营主体105个，实现电商交易额30亿元、增长20%。房地产市场平稳健康发展，商品房销售面积120万平方米，去化周期处在合理范围。建筑业资质企业发展至236家，实现产值48亿元、增长14.6%。创建AA级旅游景区、旅游村庄5家，培育省级休闲农业和乡村旅游示范园区1家。

【改革创新】2022年，完善政府权责清单、公共服务清单、政府权力中介服务清单和行政许可事项清单，增加政府权责242项、公共服务49项，减少行政权力中介服务58项。在全省率先建立权责事项“两单一图四机制”模式，实现基层事项清单“两级联动”和“双向考核”。推进“一网一门一次”改革，开发“企业开办”“企业职工退休”等5项场景应用。推行“一制度两窗口”，解决“上班没空办、周末没处办”问题。提供线上线下并行服务，办理事项64.9万件。实施零基预算改革。完成国企改革三年行动任务。持续巩固农村集体产权制度改革成果，新增“三变”改革村24个。经济强村比例达16%以上。

实施营商环境对标提升行动和“大起底”专项行动。严格落实系列税费支持政策，减税降费及退税8.48亿元。连续开展“新春访万企、助力解难题”“优环境、稳经济”等现场集中办公活动，实现涉企诉求“一口收办”，办结企业问题2065件。推广电子保函替代投标保证金，为市场主体释放流动资金6.63亿元。“免申即享”上线惠企政策214项，兑现奖补资金4460万元。新增市场主体1.4万个，其中民营企业5166家。

省级创新型县通过评审，科技创新指数增幅居全省前三位。中嘉环保建材、振兴永发农机列入省科技攻关计划项目库。润宝食品、喜乐佳饲料入选省科技成果转化基金项目库。签订产学研合作协议12家，引进高层次人才54人。遴选科技特派员514名，组建产业科技特派团6个，实施项目36个，精益诚、京徽蒙入选首批省级科技特派员创新创业示范基地。新认定高新技术企业39家，入库科技型中小企业86家。创蒙众创空间、县电子商务孵化园被认定为省级众创空间。新授权发明专利50件，技术合同交易成交额、知识产权质押融资贷款均迈上亿元台阶。

【招商引资】2022年，聚焦主导及新兴产业，成立七大产业专班，精准对接招引项目。新签约亿元以上项目41个，总投资172亿元，其中10亿元以上项目5个。新落地亿元以上工业项目29个，总投资110.4亿元，其中10亿元以上项目4个。首个40亿元项目海螺建材产业园签约落地。法兰泰克等45个项目当年签约、当年开工，知行合一安检装备等28个项目当年签约、当年投产。实际到位省外资金突破200亿元。实施“创业蒙城”五年行动计划，号召8000余名在外老乡返乡创业，转化落地项目1310个，带动投资9.4亿元。

【项目建设】2022年，实施省、市重点项目“挂图作战”。新开工亿元以上项目49个、竣工28个，177个省、市重点项目完成投资196亿元。涡河蒙城港区、齐山路安置小区等17个10亿元以上项目开工建设。连续2个季度获得省投资“赛马”激励。谋划储备项目420个，总投资1380亿元。高标准编制皖北集成性跨区域项目包，总投资200亿元。获批中央投资项目5个，争取政策性资金4亿元。发行专项债27.45亿元，有力支持城乡基础设施建设。涡河四桥、五桥建成通车，涡河蒙城枢纽蓄水通航，亳蒙高速、五蒙高速开工建设，阜蒙宿（淮北）铁路蒙城段全线开工，蒙城通用机场完成选址。重点项目建设工作获省政府表彰。

【城乡建设】2022年，完成“三区三线”划定，有序推进县国土空间总体规划编制，形成高铁片区规划初步方案，完成历史文化名城保护规划、北大街历史文化街区保护规划。推进全国文明城市创建，实施提升项目33个。涡河城市公园开工。增加城区绿地2万平方米。完成城市声环境功能区划分。开展城市体检，改造污水管网6.8千米，疏浚雨水管网170千米，完成弱电治理巩固提升项目。新建改造北九路、周元路等9条道路11千米。改造老旧小区33个。棚户区改造住房新开工2290套、竣工交付4446套。建成5G基站210处，实现城区5G网络全覆盖。

启动乡镇空间规划编制工作。12个美丽乡村中心村主体工程完工。新建农村公厕371座、改造户厕5020户。建设巷道564千米。无害化处理农村生活垃圾14.8万吨。改造升级农村电网252千米。建设“四好”农村路121千米，创建农村公路品质示范路30千米，改造农村公路危桥30座，获评省交通运输一体化示范县、省“四好”农村路示范县。城乡一体化供水快速推进，吕望水厂正式供水，入选全国农村规模化供水工程“两手发力”典型案例。

【生态环保】2022年，持续推进中央和省环保督察反馈问题整改，开展生态环境问题大排查、大起底、大整治工作。做好秸秆禁烧与综合利用工作，秸秆综合利用率达95%以上。$PM_{2.5}$浓度36.1微克每立方米，空气质量和优良天数比率居全市第一位。开展地表水污染治理集中攻坚战，完成44条农村黑臭水体整治，涡河、芡河、北淝河等断面水质达到国家考核要求。国家县域节水型社会达标建设通过水利部验收。河（湖）长制工作扎实推进，鲲鹏湖入选“省级幸福河湖”。农药化肥使用量实现零增长。完善能耗双控制度，建成分布式光伏电站16座，单位GDP能耗下降3%。完成“四旁”植树56.1万株，新建完善农田林网

7.6万亩，创建省级森林城镇1个、森林村庄10个。

【社会民生】2022年，民生支出59.9亿元，占财政支出的85%，18项民生实事全面完成。完善防止返贫动态监测帮扶机制，“三保障”和饮水安全增量、变量问题动态清零，无一户一人返贫致贫。投入衔接资金3.7亿元，实施项目651个，产业发展类项目资金占比高于国家要求10个百分点。脱贫人口务工就业稳中有增，脱贫户家庭年人均收入增速高于农村居民可支配收入，位居全省乡村振兴实绩考核持续攻坚区第3名。开展拖欠农民工工资源头治理。发放兜底保障资金3.3亿元。城乡居民养老、医疗保险应保尽保。

办好办实群众天天有感的关键小事。强化就业优先政策，创建“三公里”充分就业社区14个，城镇新增就业1.65万人，农村转移劳动力1.8万人。就业工作获省政府表彰。推行家政从业人员亮码（牌）上岗，新增从业人员1913人。实施“新徽菜•名徽厨”蒙厨培育行动，遴选11个特色培育项目，培训蒙厨师傅917人次。聚焦“一老一小”，建成运营老年食堂（助餐点）77个，设立老年大学2所、老年学校（课堂）312所，新备案托育机构32家、托位1875个。守护口腔健康，为7000余名儿童实施口腔疾病综合干预。改造升级45个小区、55个村（社区）健身设施。新增车位1.1万个。改造提升城乡菜市9家。

【社会事业】2022年，新建、改扩建幼儿园11所，新建中小学3所，新增公办幼儿园学位2970个、中小学学位6000个。义务教育优质均衡发展，“双减”政策落地落实。县职教中心公共职业培训基地建成投用，建筑工业学校获评“省优秀中等职业学校”。党政主要领导干部履行教育职责督导考核荣获省优秀等次。深入推进紧密型医共体建设，深化医药卫生体制改革工作获省政府表彰。蒙城县第二人民医院成功创建三级综合医院。新增村级养老服务站25个、养老床位450张。县文化馆获评“国家一级馆”，县图书馆获评“省社会科学知识普及基地”。“人文蒙城”工作扎实推进，《庄子养生功》入选首批全国优秀体育科普作品，《大众庄学》入选中华传统文化优秀丛书，获批省级非遗项目2个。承办省青少年篮球锦标赛（乙组）、省青少年武术散打锦标赛。蒙城县运动员在省第十五届运动会上获得28金7银8铜的好成绩。食品安全“两个责任”落地见效。消防、自建房、道路交通等领域安全隐患排查治理成效明显。化解信访积案598件，信访工作获省级表彰。退役军人工作高质量发展，获评“全省双拥模范县”。

（王丽娜）

利辛县

【概况】利辛县位于黄淮平原南部，安徽省西北部，地处北纬32° 51′ ~ 33° 27′，东经115° 54′ ~ 116° 31′，坐落在西淝河中游两岸。其东部与蒙城县接壤，东南部与淮南市的凤台县为邻、南部与阜阳市的颍上县交界，西南与阜阳市颍东区相连。利辛区位优越，交通便利。宁洛高速、济广高速、济祁高速、国道329和多条省道纵横交织，京九铁路、青阜铁路贯穿南北，淮宿阜城际铁路利辛段开工建设。县城距阜阳机场45千米，亳州机场临境而建，3小时经济圈内覆盖南京、合肥、郑州、武汉、徐州等城市。西淝河、阜蒙河、茨淮新河航运通江达海。利辛县南北跨度41.6千米，东西距离68.5千米，面积2005平方千米，其中耕地面积202.2公顷。2022年，全县户籍户数55.0万户，总人口为176.4万人，2022年市级反馈常住人口117.3万人。

【经济发展】2022年，利辛县全年生产总值386.8亿元，按可比价格计算，比上年增长3.5%。分产业看，第一产业增加值60.7亿元，增长3.9%；第二产业增加值114.4亿元，增长4.7%；第三产业增加值211.7亿元，增长2.8%。三次产业结构由上年的15.5 ∶ 30.2 ∶ 54.3调整为15.7 ∶ 29.6 ∶ 54.7，其中工业增加值占GDP比重为18.4%。按常住人口（2022年常住人口为117.3万人）计算，人均GDP为32975元。

【农业生产】2022年，利辛县农作物播种总面积24.7万公顷，比上年增长0.82%，其中粮食播种面积22.2万公顷，比上年下降0.08%。全年粮食总产量138.9万吨，比上年增长0.2%。油料种植面积1506公顷，比上年增长5.1%，油料产量7110吨，增长5.3%，棉花种植面积36公顷，比上年下降4.0%，棉花产量29吨，比上年下降2.1%，蔬菜种植面积14101公顷，比上年增长4.7%。全年共完成造林面积205公顷，零星四旁植树120万株，森林抚育面积1362公顷，村及村以下竹木采伐量2.02万立方米。畜牧业生产稳步推进，规模养殖比重进一步提高，畜产品质量不断提升。全县拥有农业机械总动力183.0万千瓦，比上年增长0.78%；全年化肥施用量（折纯）54651吨，与上年基本持平；地膜使用量650吨，与上年基本持平；农药使用量1569吨，比上年下降4.0%。

【工业企业】2022年，全县规模以上工业企业116家。全年规模以上工业增加值比上年增长6.5%。国有企业生产增长较快，比上年增长31.4%。增幅比规模工业高24.9个百分点。全县25个工业行业中，9个行业增加值保持增长。其中，煤炭开采和洗选业增长67.5%，纺织服装、服饰业增长12.6%，文教、工美、体育和娱乐用品制造业增长30.3%，医药制造业增长28.7%，通用设备制品业增长4.3%，专用设备制品业增长1.1%，电力、热力生产和供应业增长25%，燃气生产和供应业增长17.9%，水的生产和供应业增长76.5%。高技术制造业增加值增长16.9%。战略性新兴产业产值增长8.7%。规模以上工业统计的主要产品产量中，小麦粉增长26.52%，鲜、冷藏肉增长14.8%，针织服装增长7.3%，水泥增长8.6%，砖增长4.2%，自来水增长81.8%。

【固定资产投资】2022年，全县固定资产投资比上年增长20.3%。其中，第一产业完成投资增长24.2%，第二产业完成投资增长37.2%，第三产业完成投资增长14.6%。全年施工项目个数264个，比上年增长22.8%。全年房地产开发投资额65.8亿元，比上年增长23.6%。全年商品房新开工面积98.3万平方米，比上年下降27.3%，竣工面积38.6万平方米，比上年下降45.4%，商品房销售面积85.4万平方米，比上年下降17.1%，商品房销售额45.8亿元，比上年下降32.9%。

【国内外贸易】2022年，全县社会消费品零售总额249.7亿元，比上年增长0.3%。从四行业看，

鸟瞰利辛新城 （刘勤利 摄）

批发业销售额538.1亿元，增长16.4%，零售业销售额140.7亿元，增长1.4%，住宿业营业额1.2亿元，下降0.3%，餐饮业营业额50.2亿元，增长8.8%。全年实际进出口总额达3653万美元，同比下降38.9%。

【交通运输】2022年，全县交通运输仓储、邮政业增加值24.6亿元，比上年下降0.6%。通公路里程4472.5千米。全年邮电业务总量7.43亿元。其中，邮政业务总量1.77亿元，电信业务总量5.66亿元。年末电话用户89.3万户，其中固定电话2.6万户，移动电话86.7万户。互联网用户34.9万户。

【教育文化】2022年，全县普通中专2所，在校学生为11353人。普通中学79所，在校学生91605人；其中：高中10所，在校学生28861人；初中69所，在校学生62744人。小学242所，在校学生115544人。初中阶段适龄人口入学率为100%；小学学龄人口入学率为100%；普通初中和小学学生辍学率均为零；小学毕业生升学率为96.2%；初中毕业生升学率为68.13%。2022年专利授权603件，其中发明专利授权120件，实用新型236件，外观设计247件。全县有效发明专利852件，每万人口拥有量7.16件。高价值专利168件，每万人口高价值专利拥有量1.41件。2022年末全县有文化馆1个，公共图书馆1个，馆藏图书16万余册，档案馆1个，馆藏图书资料3万余卷册。县级广播电台、电视台和有线电视台各1座，广播、电视人口覆盖率100%。

【医疗保障】2022年，全县拥有卫生机构599个。其中，医院、卫生院42个，卫生防疫机构1个，妇幼保健机构1个，卫生监督所1个，社区卫生服务中心28个，村卫生室411个。年末医院、卫生院共有编制床位4106张，实有床位7057张。年末拥有各级各类卫生技术人员7167人。其中，医院、卫生院5702人，卫生防疫机构45人，妇幼保健机构175人。专业技术人员中，执业医师2027人，注册护士3357人。全民健身活动开展情况。2022年，全民健身全面开展，全年共组织开展各级各类全民健身活动27项次，村级体育活动完成326场。完成3个乡镇“三个一”体育设施建设，村级体育设施全覆盖，全年完成75个体育设施提升改造建设，竞技体育成绩再上新台阶。

（孙福爱）

人物

2022 年 3 月 23 日，退伍老军人、老党员、红色宣讲员许玉亭（左六）向小学生及志愿者宣讲英烈故事（刘勤利　摄）

2022年中国好人榜亳州人物

刁志岭（敬业奉献）

刁志岭，男，中共党员，安徽利辛人，1965年12月生，1986年4月进入利辛县人民法院工作，历任书记员、助理审判员、审判员、经二庭副庭长、民三庭庭长、民四庭庭长，生前系利辛县人民法院审判委员会委员、三级高级法官。2021年12月8日上午，56岁的刁志岭在利辛县人民法院诉讼服务大厅接待群众时，突发心梗晕倒，手握案卷，溘然离世，连一句话都没留下。35年的职业生涯，他把青春和热血献给了自己钟爱的审判事业和办事群众，其经手的无数案件中，无一错案，无一起上访缠诉案。

2022年3—4月，刁志岭被评为“亳州好人”；2022年第二季度被评为“安徽好人”；荣登2022年第三季度“中国好人榜”。

2022年安徽好人榜亳州人物

谭艳芳（敬业奉献）

谭艳芳，女，1973年8月生，中共党员，安徽协和成药业饮片有限公司统计员。2005年进入公司成为一名普通工人，17年如一日扎根生产一线；牵头采取“基地+企业+农户”模式，成立中药材标准化、规模化种植示范区，助力企业农户共赢，带领村民科学致富；创新工作方法，推广“一物一码”技术，赋予中药材特有的二维码身份标识，为企业节约成本的同时大大提高了工作效率和准确率。曾获全国劳动模范、安徽省“三八红旗手”、全国“三八红旗手”、亳州市劳动模范、亳州市道德模范提名奖等荣誉。

2019年8月被评为“亳州好人”，2022年第三季度被评为敬业奉献类“安徽好人”。

2022年亳州好人榜

邓　宁

邓宁，男，1982年11月生，国家税务总局蒙城县税务局工作人员。邓宁自1999年拿到人生中第一张无偿献血证后，23年来从未停下无偿献血的脚步，目前已累计献血3800毫升。2017年邓宁自愿加入中华骨髓库，成为一名造血干细胞志愿者，并于2021年10月与一名白血病患者配型成功，经过4个半小时的循环分离，288毫升的造血干细胞液成功提取完毕，整个捐献过程很顺利。2008年邓宁为汶川地震灾区捐款6000多元。多年来他组织身边的亲人和朋友，给偏远山区儿童捐款捐物，累计达2万元。

杨　标

杨标，男，1990年6月生，涡阳县公安局交通管理大队辅警。2013年12月入职以来杨标先后在涡阳县公安局交管大队楚店公路巡逻中队和交管大队党建办工作。工作期间，杨标曾开道护送患儿急救、救助电梯遇险老人，他英勇救人的事迹被新华社、《中国青年报》、“中国警方在线”、中国新闻网、中国警察网等多家媒体转发报道。2016年杨标被亳州市公安局交警支队评为“岗位服务标兵”。

刘　鹏

刘鹏，男，1993年3月生，中共党员，退役军人，涡阳县公安局交通管理大队城管一中队辅警。刘鹏2015年参加交管工作，6年间，他曾3次救人不留姓名，帮受害群众挽回损失20余万元，个人累计捐款捐物2万多元。他救人的先进事迹，被《人民日报》《安徽日报》等十几家新闻媒体报道。在部队期间多次被评为“优秀士兵”，2016年12月被评为涡阳县首届“最美交警”荣誉称号。

张展鹏

张展鹏，男，1989年9月生，利辛县公安局刑侦大队中队长。十年来，张展鹏先后参与办理并侦破各类案件1100余起，抓捕犯罪嫌疑人440余名。2018年，张展鹏带领扫黑除恶专业队打掉恶势力犯罪集团2个、“村霸”恶势力团伙1个，破获刑事案件13起，劝投境外涉黑恶逃犯3名，向行业监管部门发出预警通报函5件。在涉黑恶案件（线索）倒查工作中，张展鹏带领工作专班圆满完成了316条重点线索、12起涉黑恶案件的倒查工作，提出整改意见85条。2019年荣立个人三等功并被推举为市公安机关“不忘初心，牢记使命”先进个人代表；2021年荣获全市公安机关成绩突出个人，安徽省公安机关2021年度“侦查尖兵”候选人。

张志刚

张志刚，男，1977年3月生，赵桥乡双楼行政村人。1995年张志刚结婚后就把大伯接过来与自己一起生活，再苦再忙的时候也不忽略对大伯的照顾。然而生活却不尽如人意，2009年71岁的大伯因为脑萎缩、关节炎等疾病导致记忆力减退，最后瘫痪在床，从浆洗缝补到吃喝拉撒，张志刚12年如一日悉心照顾大伯的生活起居。

潘传成

潘传成，男，1988年10月生，利辛县星火社会工作服务中心法人、理事长，利辛县爱心协会副会长。2011年，潘传成组建了志愿者服务队伍，多次开展志愿服务活动。10余年来，个人累计捐款12余万元。所负责的“爱的背包”架起“亲情桥梁项目”“手拉手关爱留守儿童”等项目，先后获评全市感动药都先进典型，其中阳光家园快乐成长关爱农村留守项目2020年5月获评全省“月评十佳”优秀志愿服务项目，2021年12月获评安徽省优秀青年志愿者。

刘　刚

刘刚，男，1994年5月生，涡阳县龙山镇八里孙自然村人，从事影视文化工作。2022年1月19日，刘刚在魏武大道桥偶遇一名女子跳河，他当即脱掉外套和鞋子，跳进冰冻刺骨的河里，将女子成功救回岸上。

蒋浩然

蒋浩然，男，1993年8月生，中共党员，谯城区城父镇小西庄人；张慧，女，1997年2月生，两人均服役于武警西藏自治区总队那曲支队。蒋浩然2016年参军入伍，在武警陕西总队某部服役，2018年提干考试中，蒋浩然又如愿考上了武警工程大学，军校毕业后当300多名来自全国各地的战友纷纷背上行囊回到原单位时，蒋浩然再次踏上了“逆行”之旅——援藏。入伍6年来，蒋浩然先后2次荣立个人三等功。参军入伍也一直是张慧的梦想，穿不了“橄榄绿”，就穿“孔雀蓝”！2019年，张慧通过应征文职人员实现了自己的参军梦想，因工作突出被评为“四有优秀文职人员”、荣立三等功一次。其先进事迹被安徽文明网、《人民日报》、人民网、“学习强国”平台宣传报道。

陈超产

陈超产，男，1982年10月生，涡阳县丹城镇陈老家村人。2022年3月13日上午6时许，在南京打工的陈超产和王雪雨夫妇突遇火灾。屋内滚滚浓烟，陈超产浑身被烧得通红，但还是死死拽住吊在阳台外妻子王雪雨的手臂，把生的希望留给妻子，直到消防员赶到。当王雪雨被救出火场时，她向消防员呼喊：“先救我老公。”陈超产在阳台拽着王雪雨的视频被传到网上，夫妻二人在火灾中相互救助的画面感动了很多网友。

刘艳侠

刘艳侠，女，1971年4月生，谯城区汤陵街道汤陵社区居民，“小花精剪”理发店店长。1992年从外地学成回来后，刘艳侠筹集一笔钱，租了一间小房子，开了属于自己的理发店。一个偶然的机会，刘艳侠免费帮一个收垃圾的老人理发。这件事对刘艳侠触动很大，她突然意识到自己应该在擅长的领域去帮助一些困难人群。自此开启了她的爱心义剪之路，20多年来她用手中的剪刀为600余名困难群众和行动不便的老人免费理发，剪刀不知道用坏了多少把。在她的影响下，儿子也加入爱心义剪队伍中，不仅跟着她一起到社区为困难居民义剪，而且还加入了亳州市爱心协会组织的“一个人的美发师”志愿服务项目，到敬老院、广场、学校等开展爱心义剪。做一件好事并不难，难的是几十年都在做好事。20多年，刘艳侠用自己的实际行动诠释了一名普通人的价值信仰，用手中的剪刀温暖了社区邻里。

付常青

付常青，男，1987年8月生，中共党员，蒙城县立仓镇中心小学教师。2008年，付常青走上三尺讲台，14年来他坚守在偏远农村教学一线，关注留守儿童成长，家访次数近万次，义务为学生解决生活难题、送教上门。在关爱孩子健康成长的同时，付常青同样注重钻研业务。教学中，他积极探索新教法，在《中华少年》《科研》《中小学教育》等杂志发表教育教学论文，多次获评省、市、县教学大赛奖项；他在多地开展公开课教学160余次、学术报告40余场，曾被安徽师范大学文学院聘为授课专家。他积极推动课程改革、引领青年教师发展，并在县区内多次开展学术报告，带领大批青年教师探索以“模仿—阅读—实践—反思”为模式的乡村教师专业化成长路径。付常青先后获评安徽省“优秀青年教师”、安徽省“优秀教师”等荣誉称号，入选教育部首批“乡村优秀青年教师”培养奖励计划。

宋中祥

宋中祥，男，1990年5月生，蒙城县坛城镇庞庙村人。宋中祥8岁时因不慎触碰到高压线致使双臂截肢。在父母的鼓励下，宋中祥付出了常人难以想象的努力和艰辛，学会了像正常人一样学习、生活。14岁，宋中祥受父亲影响开始接触体育运动，为了实现当运动员拿金牌的梦想，他四处寻找机会，19岁时，他进入辽宁省残疾人自行车队，成为一名专业的自行车运动员。为了增强体质，迅速提高运动技能，他克服困难，以顽强的毅力强化训练，很快就赶上并超过了正常人的水平。从2009年加入辽宁省体训中心自行车队，到现在为止已经有13年的时间了，宋中祥参加了数十余场国内外赛事，曾先后荣获2011年第八届全国残运会自行车团体赛铜牌及自行车70公里大组赛铜牌；2013年全国残疾人自行车锦标赛计时赛银牌及团体竞速赛金牌；2014年第九届全国残运会自行车70公里赛金牌；2015年环青海湖公路自行车邀请赛第三名；2016年中英国际自行车邀请赛（健全人组）第六名等荣誉。

任其昌

任其昌，男，1957年8月生，中共党员，涡阳县石弓镇耿楼村人。2002年，妻子由于意外瘫痪卧床，生活不能自理。为了悉心看护，这个从未干过家务、没做过饭的男人，成了妻子的细心“保姆”和“心理医生”。繁重的家务，承包地的耕种，孩子的照顾全压在任其昌身上。20年来，面对生活完全不能自理的妻子，他悉心照料，用内心的坚守兑现婚姻的承诺；用无微不至的照顾，诠释着“丈夫”二字的内涵。

高团结

高团结，男，1972年12月生，谯城区薛阁街道人，亳州市公交公司122路驾驶员。2022年5月4日下午，在谯城区新华北路和古泉路交叉口百大超市附近发生惊险一幕，两名下水道施工人员在作业时不慎掉入井下缺氧窒息。危急时刻，驾驶公交车经过的高团结迅速将车辆平稳停靠在路边后，毫不犹豫地下井实施紧急救援，看到两名遇险工人被120拉走以后，高团结悬着的心也终于放下了，并继续投入运营任务。从冲下公交车到救起两名工人，前后不超过10分钟的时间！他争分夺秒地施救，成功挽救了两个家庭。他冒着缺氧窒息的危险奋力救人的视频被热心群众拍下来传到网上后，引得人民网、新华网、《人民日报》《安徽商报》等多家媒体的广泛报道，引起强烈反响，网友纷纷称赞道“为热心肠的人点赞，好人一生平安！”“名字取得真好，团结就是力量”“救的不只是两人的生命，而是两个大家庭”“为平民英雄点赞！”

刘　彦

刘彦，男，1969年4月生，中共党员，谯城区五马镇五马村人，亳州市天狼救援队会员，谯城区爱国拥军促进会副会长。2014年刘彦加入公益大家庭，成为一名志愿者。多年来，他坚持参加各项志愿服务活动100余场次，个人捐款捐物近两万元。2020年刘彦签订了身体器官捐献协议和眼角膜捐献协议。2021年7月，河南省发生特大暴雨，刘彦第一时间向组织递交“请战书”，连夜赶赴郑州灾区，迅速投入抢险救援中，他怀抱一名婴儿被拍下的照片，经当地媒体转发，浏览量超过2000万次，被称为“亳州力量”。他先后荣获“感动药都”“省月评十佳志愿服务先进个人”等称号。

张　奎

张奎，男，1968年11月生，蒙城“梦之蝶家庭读书会”创办人。2013年，张奎以纯公益的形式创办的蒙城县第一家“梦之蝶家庭读书会”，定期对外开放。9年时间，他自费采购各类书刊达3万余本（册），总投资约35余万元。同时组织“梦之蝶家庭读书讲师团”进社区演讲50多场次，2000人次受益。2012年以来，参加创建文明县城、慰问环卫工等公益活动100多次。张奎于2017年荣获蒙城县“十佳文艺工作者”称号；2014年11月被评为安徽省首届“书香之家”；2018年10月获得全国“书香之家”称号；2018年11月被蒙城县图书馆授予“阅读推广人”称号；2019年其家庭被评为“亳州市最美家庭”“安徽省最美家庭”。

2022年9月20日，亳州市2022年“全民道德宣传日”暨7—8月份“亳州好人”发布活动颁奖现场

刘亚军

刘亚军，男，1986年8月生，利辛县城关镇春店社区西刘庄人。2022年3月28日晚上7时，刘亚军路过利辛县市民健身公园时，发现两个女孩不慎落水，他急忙扔下电瓶车纵身一跃扑入水中，拖住两名女孩，奋力游上岸边，成功救起两名落水女孩。谈及此次下水救人行为时，刘亚军表示：“发现有人落水，谁看到都会去救的，如果以后再遇到这样的事，我还是会毫不犹豫地跳下去救人。”

侯纯广

侯纯广，男，1981年8月生，中共党员，利辛一中高级教师，中国教科文卫体工会第四届全国委员会委员。2010年12月，侯纯主动请缨申请赴新疆和田地区支教，成为安徽省首批援疆支教老师。2011年春，侯纯广告别刚刚分娩的妻子，远赴新疆和田地区。侯纯广平时刻苦钻研教学，不断提高教育教学能力和水平。侯纯广2012年被安徽省援疆指挥部授予“优秀援疆干部人才”，被和田地委、和田行署授予“优秀援疆教师”。2013年被安徽省教育厅授予“优秀援疆教师”、2014年获评“全国五一劳动奖章”、2015年获评“全国先进工作者”等荣誉称号。

辛　敏

辛敏，女，1973年2月生，涡阳县义门镇菜园行政村路东园组村民。2003年，辛敏的丈夫患骨膜炎，因医治不当，导致双腿萎缩，股骨头坏死。为了医治丈夫的腿，辛敏不放弃任何机会，四处求医问药，花光了家中所有的积蓄，仍然无济于事，丈夫还是卧床不起，上有年迈多病的父母，下有嗷嗷待哺的孩子，一家六口人的生活重担全部落到这个柔弱的女子肩上。19年来，她悉心照料用勤劳的双手撑起了一个家。2022年3月其被评为孝老爱亲类“涡阳好人”。

刘保军

刘保军，男，1969年5月生，涡阳县标里镇刘竹村人。刘保军是标里镇刘竹村宏远养殖场的负责人，由于整天在猪圈里活动，刘保军身上总是脏兮兮的，而他又不太注重“外表”，所以单从外表看，他像是一位老实巴交的农民，然而这样一位浑身脏兮兮的“猪倌”，却有侠义般助人为乐的风骨。从刚开始给村里的孤寡老人送“年肉”，到2020年初一次性捐给国家88000元用于疫情防控，刘保军的每一次捐赠都是内发于心，外化于行，让人心生敬佩。2022年7月获评助人为乐类“涡阳好人”。

吕化国

吕化国，男，1968年10月生，中共党员，利辛县展沟镇王刘村吕塘人，安徽省太和县大华能源科技公司采购员。2012年以来，他先后出资近20万元，无偿资助5名贫困大学生，帮助他们圆了大学梦。出资6万元为吕塘庄沿路修建路灯，出资8万元帮助新建了吕塘新村广场，配备了多套室外活动器材，让全村老百姓能享受像城里人一样的健身娱乐生活。无论在农村还是业界，无论在家里亲戚还是朋友圈子，吕化国无可争议地成为人见人夸、上进心极强的好青年。

李保安

李保安，男，1962年9月生，中共党员，1982年退役后进入亳州市交通运输系统工作，期间历任张集交管站站长、站党支部书记；城关公路征费稽查站站长、亳州市公路运输管理处维修科副科长、工会副主席。李保安通过自学总结出了自己的一套汽车维修管理经验，发表了多篇学术论文，并多次获得省级奖项。如今，李保安已到退休年龄，但这位有着30多年党龄的交通战线“老兵”依然选择奋战在保畅通、保稳定一线，他说，“离岗不离党，退休不褪色，虽然从交通战线上退休了，但只要组织需要我，我将召必回，回必战。”李保安1995年获评“安徽省交通系统先进工作者”、2013年获评“全省交通运输行业文明职工标兵”，曾4次获评亳州市人民政府先进工作者和先进个人，多次获评阜阳交通系统和亳州市交通系统及亳州市政务服务中心先进个人、优秀党员、优秀党务工作者等。在他的教育引导和家庭氛围熏陶下，儿子进入部队工作，因成绩突出多次受奖并荣立三等功，李保安的妻子也被评为2019年度亳州市“优秀兵妈妈”，其所在家庭被评为2020年度亳州市“最美家庭”。

秦　楠

秦楠，女，1979年7月生，现任涡阳县融媒体新媒体部主任。1996年刚从中专毕业的秦楠便开始新闻工作，至今已有26年，她所创作的电视节目已达3000余期，编辑节目时长达3万分钟；制作招商引资、对外宣传、汇报总结各类专题片800多部。2020年疫情防控期间，秦楠通宵达旦地工作，只为第一时间发布疫情防控信息和“暖新闻”，在这期间“涡阳新闻”官方抖音号圈粉十余万人、一则助力复工复产的新闻被央视采用。秦楠先后于2011年获评亳州市“五一劳动奖章”，2020年获评亳州市“最美抗疫新闻人”，2021年3月入选安徽省广播电视和网络视听骨干人才库，2022年1月被推选为亳州市第五届人大代表。多年来，秦楠编辑创作的20多部作品分别获得安徽广播电视奖一、二、三等奖，全省电视节目技术质量奖（金帆奖）一等奖、二等奖等多个奖项，特别是2020年编辑创作的作品《航天强国 筑梦有我》获安徽省广播电视奖广播社教类一等奖、安徽新闻奖一等奖。

戴　荣

戴荣，女，1989年8月生；李峰，男，1989年10月生，夫妻二人均为蒙城县岳坊镇于庙村村民。2002年，戴荣的父亲因病去世，看着家中智力残疾的妈妈和精神残疾的哥哥，13岁的戴荣迅速褪去青春的稚嫩，担起生活的重担。身高不够，她学会了站在板凳上烧饭；力气不够，她将衣服分多次清洗；没有收入，她学会了除草、施肥、打药，务农养家……面对好心人的收养和供她上学，戴荣婉拒了别人的好意，坚持照顾妈妈和哥哥。2009年戴荣遇到了她的另一半李峰。结婚后，戴荣心里仍放不下母亲和哥哥，就和丈夫一起照顾娘家人。丈夫李峰外出打工，挣钱养家，戴荣则在家照顾母亲、哥哥和一对儿女，13年来，夫妻二人默默支撑着这个家无怨无悔。

林　飞

林飞，男，1972年8月生，中共党员，利辛县程家集镇程集社区人。1996年，林飞当选为程家集镇程集村村委会主任。任职期间，正值青春年华的他凭着强烈的事业心和责任感关心照顾村里的贫困户和残疾人，使村里60多名贫困户靠党的好政策勤劳致富。该村被县镇评为扶贫助残工作示范村。林飞先后被省、市残疾人联合会授予扶残助残先进个人，被亳州市残疾人工作委员会评为扶残助残先进个人，亳州市第三届、第四届残疾人自强模范，在部队多次获得“优秀士兵”“优秀班长”等荣誉称号。

张向东

张向东，男，1971年9月生，现就职于安徽古井贡酒股份有限公司物流调度中心成品酒仓库六号库组长。2022年11月12日上午10点多，张向东到市区魏武大道和州后街交叉口附近办事时，听到旁边有电动车倒地的声音，循声望去，看见一中年男子倒在电动车下。张向东赶紧上前查看，只见倒地男子口吐白沫、不省人事。张向东清除了男子口中的异物和白沫，将口罩卷起放到男子牙齿中间，防止其咬伤舌头，并立刻对其进行心脏复苏。按压两三分钟后，男子恢复了一些意识，之后张向东又持续对其进行了十多分钟的心脏复苏，直至急救医生赶来。

蒋庆军

蒋庆军，男，1975年4月生，中共党员，中学高级教师，亳州市谯城区十八里中心中学副校长。蒋庆军2004年9月参加工作，2007年通过招聘考试成为一名在编教师。多年来，他用自己微薄的工资帮助了十多位家庭困难的学子，让他们不再因贫困而辍学。他致力于课堂研究，培养了一批批优秀的青年骨干教师，为教育教学工作注入新的活力。他参与下乡送教公开课、示范课50多场次，足迹遍及古井、颜集、五马、沙土等乡镇，为乡村教师送去了一堂堂生动有趣的示范课，受到了师生们的一致好评；他受邀赴全国各地开展专题报告200余场次，受益师生60000余人次。蒋庆军先后荣获亳州市学科带头人、亳州市“药都最美”教师、亳州市“乡村创新创业领军能人”、安徽省“乡村首席教师”、全国“最美教师”、首届“全国十佳书香校长”等荣誉称号。

郁志斌

郁志斌，男，1980年9月生，中共党员，蒙城县公安局交通管理大队一中队辅警，被群众爱称为“黑脸金刚”。14年来早出晚归，郁志斌把执法宣传和劝导教育有机结合，零投诉零违纪打造了文明交通示范岗，他把岗亭当作服务市民的窗口，尽心尽力地解决着市民的困难、求助和投诉。为了提升服务水平，郁志斌在岗亭内除了备用开水外，还准备了常用的速效救心丸、创可贴等药物，以备用时之需。据不完全统计，郁志斌从业14年间，所做的点滴善行足有800余起。由于工作成绩突出，郁志斌先后被亳州市交警支队评为“十佳辅警爱民之星”“疫情防控先进个人”，连续4年被亳州市公安局评为“十佳辅警岗位标兵”“百优辅警”。

程　艳

程艳，女，1969年3月生，利辛县孙庙乡幸福村人。21年来，她无怨无悔、精心照顾瘫痪卧床的丈夫，以一己之力抚育两个儿子成长，用担当诠释爱情与母爱，赢得当地群众的一致夸赞。程艳的事迹被利辛县电视台报道，该家庭被亳州市文明办评为“五星级文明标兵户”、被县妇联评为“最美家庭”，程艳被县妇联评为“最美妻子”。

2022 年亳州好人一览表

表 12

月份	亳州好人姓名	类别
1—2 月	张展鹏	敬业奉献
	张志刚	孝老爱亲
	邓　宁	助人为乐
	刘　鹏	见义勇为
	杨　标	助人为乐
3—4 月	潘传成	助人为乐
	刘　刚	见义勇为
	刁志岭（离世）	敬业奉献
	蒋浩然　张　慧	敬业奉献
	陈超产（离世）	孝老爱亲

续表 12

月份	亳州好人姓名	类别
5—6 月	任其昌	孝老爱亲
	高团结	见义勇为
	刘艳侠	助人为乐
	付常青	敬业奉献
	宋中祥	敬业奉献
7—8 月	刘　彦	助人为乐
	张　奎	助人为乐
	刘亚军	见义勇为
	侯纯广	敬业奉献
	辛　敏	孝老爱亲
9—10 月	刘保军	助人为乐
	秦　楠	敬业奉献
	吕化国	助人为乐
	李保安	敬业奉献
	戴　荣	孝老爱亲
11—12 月	蒋庆军	敬业奉献
	郁志斌	敬业奉献
	程　艳	孝老爱亲
	张向东	见义勇为
	林　飞	助人为乐

附　录

2022 年 9 月 24 日，丰收在望的亳州利辛稻田　　（刘勤利　摄）

亳州市2022年国民经济和社会发展统计公报[1]

亳州市统计局　国家统计局亳州调查队

2023年3月28日

2022年是党和国家历史上具有里程碑意义的一年。全市上下在市委、市政府的坚强领导下，坚持以习近平新时代中国特色社会主义思想为指导，深入贯彻党的十九大、十九届历次全会和党的二十大精神，认真贯彻落实中央和省委、省政府各项决策部署，坚持“三严三实”“马上就办、真抓实干”，全面实施“六一战略”，坚持高质量发展，经济稳定向好，社会大局稳定，现代化美好亳州建设迈出坚实步伐。

一、综合

初步核算，全年生产总值（GDP）[2]2101.5亿元，按可比价格计算，比上年增长4.2%。分产业看，第一产业增加值286.6亿元，增长3.8%；第二产业增加值732.6亿元，增长5.8%；第三产业增加值1082.3亿元，增长3.4%。三次产业结构由上年的13.8∶33.9∶52.3调整为13.6∶34.9∶51.5，其中工业增加值占GDP比重为25.2%。按常住人口计算，人均GDP42258元，比上年增加2949元。

年末全市常住人口496.0万人，常住人口城镇化率为44.1%，比上年提高0.9个百分点。

全年居民消费价格比上年上涨1.9%，其中食品烟酒价格上涨3.6%，衣着上涨1.2%，居住下降1.4%，交通通信上涨4.3%，教育文化娱乐上涨3.4%，医疗保健上涨0.2%。商品零售价格上涨2.5%。工业生产者出厂价格上涨3.2%，工业生产者购进价格上涨4.0%。

2022年全市生产总值及其增长速度一览表

附表1　　单位：亿元

指标	绝对数	比上年增长（%）
生产总值	2101.5	4.2
第一产业	286.6	3.8
第二产业	732.6	5.8
工业	529.4	6.6
建筑业	203.5	3.6
第三产业	1082.3	3.4
交通运输、仓储和邮政业	94.8	1.6
批发和零售业	186.6	4.7
住宿和餐饮业	43.5	3.0
金融业	145.8	6.0
房地产业	162.4	−0.7
营利性服务业	213.5	5.0
非营利性服务业	226.2	2.9

2022年全市居民消费价格比上年涨跌幅度一览表

附表2 单位：%

指标	比上年涨跌幅度
居民消费价格	1.9
其中：食品烟酒	3.6
居住	−1.4
衣着	1.2
医疗保健	0.2
交通和通信	4.3
教育文化和娱乐	3.4
生活用品及服务	1.5
其他用品及服务	1.8

全年城镇新增就业7.6万人，开发岗位13092个。新增返乡创业项目1.3万个，带动就业6.4万人。

二、农业

全年粮食作物种植面积875.5千公顷，比上年增加0.2千公顷；其中，小麦种植面积440.5千公顷，增加2.1千公顷。油料种植面积10.2千公顷，增加1.9千公顷。蔬菜种植面积80.0千公顷，增加1.8千公顷。中草药材种植面积60.2千公顷，增加1.6千公顷。

全年粮食产量516.6万吨，比上年增长0.4%。其中，夏粮322.7万吨，增长1.4%；秋粮193.9万吨，下降1.2%。油料产量5.3万吨，增长17.6%。糖料产量0.1万吨，下降85.3%。蔬菜产量325.3万吨，增长4.0%。瓜果产量59.3万吨，增长0.5%。

2022年全市主要农产品产量一览表

附表3 单位：万吨

产品名称	绝对数	比上年增长（%）
粮食	516.6	0.4
油料	5.3	17.6
花生	4.7	18.2
油菜籽	0.4	17.5
芝麻	0.1	8.4
糖料	0.1	−85.3
蔬菜	325.3	4.0
瓜果	59.3	0.5

年末全市生猪存栏193.8万头，比上年增长2.8%；全年生猪出栏359.0万头，增长4.8%。猪牛羊肉产量33.9万吨，增长4.2%。禽蛋产量8.9万吨，增长10.0%。牛奶产量1.2万吨，增长9.8%。水产品产量5.7万吨，增长4.7%。

年末全市农业机械总动力844.3万千瓦，比上年增长1.7%。农作物耕种收综合机械化水平94%，为全国首批整建制实现主要农作物生产全程机械化示范市；涡阳县获评国家级制种大县（小麦）。畜禽规模养殖比重86%，试点中药材趁鲜切制企业17家，新认证绿色食品、有机农产品81个。新建高标准农田58万亩、总数达771.4万亩、占比87.2%，实施"小田变大田"239.4万亩、占比27%，新建全程机械化综合农事服务中心13个，建成全省首家无人农场示范基地。科技特派员实现行政村全覆盖，农业科技进步贡献率66.5%，农作物耕种收综合机械化率94%，适度规模经营比例57.8%。实施农村居民本地就业

“121”计划，开展农民工职业技能培训3.2万人。国家农业科技园区通过验收，亳药产业集群获批全省唯一的国家级优势特色产业集群。年末市级以上农业龙头企业635家。其中，国家级7家，与上年持平；省级84家，较上年增加19家。年末拥有农民合作组织3.0万家，较上年增加1433家。合作组织成员69.8万人，较上年增加1.2万人。

全市共建成美丽乡村省级中心村397个，建设农村巷道1500公里，升级改造农村电网505.5公里，完成改厕2万户，实现47.2万农村人口地下水水源置换，农村生活垃圾无害化处理率98%。涡阳县改厕模式、蒙城县城乡一体化供水工程入选全国典型案例。村级综合文化服务中心覆盖率99.5%。交通出行更加便利。谋划启动交通重点项目“三年行动计划”，新建续建国省干线147.2公里，提质改造农村公路249.6公里。

三、工业和建筑业

年末全市规模以上工业[3]企业681户。全年规模以上工业增加值比上年增长10.6%。国有企业和集体企业生产增长较快，增幅分别比规模工业高2.9个和78.8个百分点。获批省级“专精特新”冠军企业4家，羚羊工业互联网平台注册企业768家。

2022年全市规模以上工业增加值一览表

附表4　　单位：%

指标	比上年增长
规模工业增加值	10.6
其中：国有企业	13.5
集体企业	89.4
股份合作企业	3.1
股份制企业	10.6
外商及港澳台商投资企业	-17.9
其他企业	5.8
其中：国有及国有控股企业	20.6
其中：大中型工业企业	18.5

全市29个工业行业中，12个行业增加值保持增长。其中，煤炭开采和洗选业增长19.9%，食品制造业增长19.0%，酒、饮料和精制茶制造业增长23.6%，医药制造业下降0.9%，金属制品业增长39.2%，电力、热力生产和供应业增长14.7%，计算机、通信和其他电子设备制造业增长32.4%，五大主导行业对全市规模以上工业增长贡献率达94.0%。高技术制造业增加值增长6.7%。战略性新兴产业产值增长14.9%。

规模以上工业统计的主要产品产量中，小麦粉增长5.7%、精制茶增长177.1%、冷冻蔬菜增长32.8%、白酒增长18.6%、电子元件增长720.1%、家具增长96.6%。

2022年全市主要工业产品产量一览表

附表5

产品名称	单位	绝对数	比上年增长（%）
小麦粉	万吨	226.6	5.7
精制茶	吨	2134.8	177.1
白酒	万升	13524.5	18.6
冷冻蔬菜	吨	703.9	32.8
自来水生产量	万立方米	5529.5	79.6
冻肉	万吨	10.7	5.5
饲料	万吨	70.7	-9.5

续附表 5

产品名称	单位	绝对数	比上年增长（%）
中成药	万吨	1.0	20.5
中空玻璃	万平方米	102.2	11.5
人造板	万立方米	37.6	0.6
金属门窗及类似制品	万吨	1.9	0.6
石墨及碳素制品	吨	4916.3	11.4
电子元件	万只	880.0	720.1
纸制品	万吨	2.2	31.6
家具	万件	18.7	96.6
医疗仪器设备及器械	万台	1.5	92.8

全市规模以上工业企业营业收入增长14.8%；营业利税总额增长42.5%；利润总额增长54.4%。农副食品加工业，酒、饮料和精茶制造业，医药制造业，金属制品业，非金属矿物制品业，计算机、通信和其他电子设备制造业，电力、热力生产和供应业，煤炭开采和洗选业等8个行业利润均超亿元。

全年建筑业增加值203.5亿元，比上年增长3.6%。房屋建筑施工面积1602.6万平方米，增加543.9万平方米；房屋竣工面积417.5万平方米，增加98.8万平方米。

四、固定资产投资

全年固定资产投资[4]比上年增长8.8%。分产业看，第一产业投资增长16.3%，第二产业投资增长18.7%，第三产业投资增长5.6%。工业投资增长18.8%，其中制造业投资增长18.9%。工业技术改造投资增长27.7%，民间投资下降3.8%。

2022 年全市行业固定资产投资增长速度一览表

附表 6　　单位：%

行业	比上年增长
农、林、牧、渔业	15.6
采矿业	−45.3
制造业	18.9
农副食品加工业	63.0
酒、饮料和精制茶制造业	78.1
医药制造业	−16.2
非金属矿物制品业	3.6
汽车制造业	43.0
电力、燃气及水的生产和供应业	35.1
交通运输、仓储和邮政业	84.3
信息传输、软件和信息技术服务业	7424.4
批发和零售业	−87.4
住宿和餐饮业	−21.7
房地产业	−1.9
教育	11.8
卫生和社会工作	41.0
文化、体育和娱乐业	−41.4

全年房地产开发投资453.1亿元，比上年下降0.1%。商品房销售面积519.6万平方米，下降24.2%；商品房销售额288.9亿元，下降27.6%。

2022年，全市计划实施亿元以上省重点项目735个，包括续建项目470个、计划新开工项目265个。省重点项目年度计划投资完成率101%；265个计划新开工项目开工261个，开工率98.5%；114个计划竣工项目实际竣工157个、竣工率137.7%。易腾服装基地、住方科技智能化门窗生产、东越纺织年产8000万米化纤面料生产、济人药业医药产业园、新伊塑业年产6万吨新型医疗食品薄膜生产、亳州中科科博中药材检测等亿元以上项目建成投产或主体完工；年加工3万吨风电塔筒、法兰泰克自动化起重机智能制造、安徽利鑫联诚钢结构年产2.6万吨钢结构生产、中联重科新型材料产业园、安徽天祥药业30000吨中药配方颗粒提取、奇瑞新能源车等亿元以上项目加快建设。

五、国内贸易

全年社会消费品零售总额1188.2亿元，比上年下降0.2%。按经营地统计，城镇消费品零售额907.2亿元，下降0.6%；乡村消费品零售额281.0亿元，增长1.3%。按消费类型统计，商品零售额1081.0亿元，增长0.04%；餐饮收入107.2亿元，下降2.1%。

限额以上单位商品零售额中，吃、穿、用类商品零售额分别比上年增长21.6%、下降15.5%和增长13.6%。其中，粮油类增长16.5%，肉禽蛋类增长24.9%，服装类下降24.4%，化妆品类下降3.6%，日用品类下降26.4%，中西药品类增长30.0 %，家用电器和音像器材类下降34.6%，石油及制品类增长8.7%，汽车类增长2.6%，金银珠宝类下降39.2%，文化办公用品类下降29.4%。

全市限额以上通过公共网络实现的商品零售额为3.4亿元，同比增长16.5%。与网购密切相关的邮政快递业增长较好，全市快递业务量增长55.4%，快递业务收入增长33.9%。开展“皖美消费”系列活动。限上批零住餐企业突破1000家，限额以上新能源汽车零售额增长7.1倍。

六、对外经济和旅游

全年进出口总额6.5亿美元，比上年增长1.1%。其中，出口5.3亿美元，增长9.8%；进口1.3亿美元，下降24.3%。从出口经营主体看，生产型企业出口增长1.7%，贸易型企业出口增长87.2%。从出口企业类型看，国有企业出口增长37.8%，民营企业出口增长9.6%。从主要出口国家看，出口韩国增长3.4%，出口越南增长19.8%，出口马来西亚增长8.9%。全市孵化新增进出口实绩企业82家。积极组织80余家企业参加第131届、132届线上广交会、第五届中国国际进口博览会等展会；195家企业与RCEP缔约方开展外贸进出口贸易，累计实现进出口总额2.6亿美元；21家企业通过跨境电商平台实现出口3606万元。

2022 年全市出口主要分类一览表

附表7

单位：万美元

指标	绝对数	比上年增长（%）
出口额	52903	9.8
其中：中药材	17515	−1.1
机电产品	2817	−20.8
其中：一般贸易	49703	11.4
加工贸易	4097	−19.2
其中：生产型企业	44371	1.7
贸易型企业	8532	87.2
国有企业	529	37.8
民营企业	52374	9.6

全年新设外商投资企业15家；实际利用外商直接投资1610万美元，增长153.9%。

全年接待国内旅游人数2050.9万人次，比上年下降14.0%。国内旅游收入160.4亿元，下降15.4%。年末全市共有旅行社34家，AAA级以上旅游景区44处，其中AAAA级旅游景区9处；三星级以上旅游饭店15家，其中五星级饭店1家、四星级饭店4家；全国乡村旅游重点村2个、国家工业旅游示范基地1个、国家级旅游休闲街区1个、省级及以上中医药健康旅游基地5个、省研学旅行基地3个、省旅游商品特色街区2个、省级旅游度假区1个、省级旅游休闲街区1个、省级特色旅游名镇4个、省级特色旅游名村6个、AAA级旅游村庄13个。古井酒文化博览园获评国家工业旅游示范基地，北关历史街区获评全国旅游休闲街区，三馆居获评省十佳民宿。11道特色美食（小吃）、6家特色美食名店、2条特色美食线路入选游安徽"不得不吃"的名菜、"不得不进"的特色美食名店、"不得不游"的美食精品线路。举办"千年药都 醉美花海"2022亳州芍花养生文化旅游系列活动，媒体曝光量超1亿，亳药花海美景在中央电视台《新闻联播》片尾展播。

七、交通和邮电

全年交通运输、仓储和邮政业增加值94.8亿元，比上年增长1.6%。

全年公路旅客运输量473万人，比上年下降43.2%；公路和水运货物运输量36439万吨，增长32.0%。公路旅客运输周转量5.4亿人千米，下降37.3%；公路和水运货物运输周转量837.3亿吨千米，增长26.4%。全年港口货物吞吐量83.7万吨，增长347.6%。G237蒙城绕城段、S306蒙城绕城段、G329利辛绕城段等项目已相继通过交工验收并通车，亳蒙高速二期和徐淮阜高速全面开工建设，汤王隧道如期实现通车运营，涡河航道一体化建设进展顺利。

年末全市民用汽车拥有量87.4万辆，比上年增长14.9%，其中私人汽车75.5万辆，增长13.8%。轿车拥有量37.3万辆，增长9.9%，其中私人轿车36.5万辆，增长10.2%。全市城区年末公交营运车辆1717辆，出租车营运车辆3005辆。

全年邮电业务总量[5]81.1亿元。其中，电信业务总量42.5亿元，邮政业务总量38.6亿元。年末本地固定电话用户20.8万户，移动电话用户537.6万户。年末基础电信运营企业计算机互联网宽带接入用户205.6万户。累计建设5G基站5216个，实现了城区、工业园区、集镇、行政村、高速和高铁沿线全覆盖。

八、财政、金融和保险业

全年一般公共预算收入148.1亿元，比上年增长5.6%，其中税收收入89.4亿元、占财政收入的60.4%。财政支出397.2亿元，其中民生支出完成332.9亿元、占财政总支出的83.8%。分科目看，科学技术支出增长32.1%，社会保障和就业增长15.2%，卫生健康增长13.8%，交通运输增长13.7%，农林水增长6.1%，教育增长5.6%。

年末全市金融机构各项存款余额（人民币口径，下同）3212.1亿元，比上年末增加364.5亿元，增长12.8%。其中，单位存款余额862.7亿元，增长0.4%；住户存款余额2309.5亿元，增长18.8%。金融机构各项贷款余额3118.1亿元，比上年末增加375.2亿元，增长13.7%。其中，短期贷款1207.4亿元，增长13.7%；中长期贷款1823.0亿元，增长11.3%，其中个人消费贷款905.3亿元，增长5.9%。

2022年末全市金融机构人民币各项存贷款余额一览表

附表8

指标	年末数（亿元）	比上年末增长（%）
各项存款余额	3212.1	12.8
其中：单位存款余额	862.7	0.4
住户存款余额	2309.5	18.8
各项贷款余额	3118.1	13.7
其中：短期贷款余额	1207.4	13.7

续附表 8

指标	年末数（亿元）	比上年末增长（%）
中长期贷款余额	1823.0	11.3
个人消费贷款	905.3	5.9

年末全市共有9家证券公司营业部，开户股民（含基金）总数16.1万个，比上年增长19.7%。全市共有保险公司38家，其中财产保险公司18家，人寿保险公司20家。全年保险业保费总收入80.5亿元，增长0.4%。其中，财产险业务保费收入40.0亿元，增长7.1%；人身险业务保费收入40.5亿元，下降5.8%。赔款和给付35.6亿元，增长8.8%。其中，财产险业务赔款和给付支出28.1亿元，增长3.8%；人身险业务赔款和给付支出7.6亿元，增长32.4%。

九、教育和科学技术

年末全市普通高校2所，在校学生2.3万人。各类中等职业教育学校（不含技工学校）13所，在校生4.6万人。普通高中33所，在校生11.1万人，高中阶段毛入学率94.3%。普通初中279所，在校生26.3万人，初中阶段适龄人口入学率100%。小学908所，在校生50.0万人，小学学龄儿童入学率100%。各级各类成人学校毕业生1.7万人。新建、改扩建公办幼儿园、中小学63所。建设城镇中小学智慧学校261所。获批省颁A类标准中职学校2所、省颁B类标准中职学校1所。实施“安心托幼”和“老有所学”暖民心行动，新增托位9905个、学习人数5.9万人。

2022 年全市各类教育发展情况一览表

附表 9　　　　单位：人

指标	招生数	在校生数	毕业生数
普通高等教育	7563	22517	9590
中等职业教育	18279	45652	17145
普通高中	39578	111047	33407
普通初中	86714	262593	88744
小学	70923	500022	87934
特殊教育	605	4681	552

年末全市有各类专业技术人员5.8万人。全市高新技术企业358家，较上年增加102家。各类科技成果684项。主要科技成果有：华佗国药股份有限公司“国家二级中药保护独家品种——华佗牌救心丸全产业链品质提升研究”、亳州学院“miRNA介导的亳芍芍药苷合成转录调控机制研究”、安徽翰联色纺股份有限公司“环保混纺纱的生产方法”等。

全市拥有省级及以上研发平台110家，其中国家级研发平台5家；全市新获批省级众创空间 5家，省级及以上科技企业孵化器和众创空间达到16家；全市新组建市级工程技术研究中心7家、重点实验室3家。认定吸纳技术合同885项，合同成交额73.5亿元，较上年增长34.3%，输出技术合同467项，合同成交额45.6亿元，较上年增长288.7%。

全市有效商标总量98103件，同比增长21.8%。授权专利3692件，其中发明专利437件。制定、修订地方标准43项，开展食品质量监督抽查1.8万批次。全市拥有国家地理标志产品5个，获批国家地理标志保护产品“亳菊”1件，5家企业通过“亳白芍”地理标志专用标志使用核准，新增地理标志证明商标“蒙城黄牛”“涡阳榆钱”2件。

十、文化、卫生和体育

年末全市共有专业艺术表演团体459个，文化馆5个，公共图书馆5个，博物馆5个，乡镇综合文化站87个，农家书屋1296个，建成村级综合文化服务中心1338个。全国重点文物保护单位8处，省级重点文物保护单位44处，市级重点文物保护单位59处。国家级非物质文化遗产名录6项，省级名录54项，市级名录

180项。广播电视台4座，调频转播发射台4座，电视转播发射台4座。有线电视用户20万户，电视综合人口覆盖率100%。全年出版报纸 1种，总印数917.6万份。全市开展免费送戏下乡1316场，举办“亳州文化大讲堂”“博物馆、文化馆、‘非遗’进基层”等活动74场次，开展“小小讲解员”非遗视频展播等活动125场次，开展“人人有艺”全民艺术普及免费公益培训课程共33个公益课程，惠及1100余人次。申报国家级非物质文化遗产代表性传承人4名，曹氏宗族墓群荣获首批“安徽省级遗址公园”称号。

年末全市共有卫生机构2568个，其中医院86个，卫生院92个，社区卫生服务中心（站）134个，妇幼保健院（所、站）5个，疾病预防控制中心5个。卫生技术人员33387人，其中执业（助理）医师12768人，注册护士16284人。医院、卫生院实有床位数32556张。全年诊疗2459.3万人次。村卫生室1338个，乡村医生和卫生员3726人，农村有医疗点的村占总村数的100%。完善三孩生育支持政策，出台优化生育政策促进人口长期发展实施方案。实施健康口腔暖民心行动，市口腔医院挂牌运营，二级及以上（中医）综合医院全部设置口腔科，配置牙椅102张，增长38.7%。优化医疗资源布局，全市三级公立医院增加到9家，市中医院入选全国重点特色中医院建设单位，同步推进省级中医区域医疗中心建设，市人民医院急诊大楼、蒙城县第二人民医院新院投入使用。全市县域内就诊率87.5%，位居全省第一。成功创建安徽省卫生城市，连续9次获得全国“无偿献血先进市”称号。

年末全市共有体育场地14705个，其中体育场35个，体育馆12座。全年在国际和国内的重大比赛中，全市运动健儿获54枚金牌、47枚银牌和56枚铜牌。获得2个全国冠军，获得建市以来省运会篮球项目首金。“全民健身”系列主题活动蓬勃开展，全年共举办百人以上群众体育活动108次，其中现代体育项目群众活动73次，民间传统体育群众活动35次。加强全民建设基础设施建设，新建健身步道46.5公里，新设立五禽戏习练点30个。

十一、人民生活和社会保障

全年全市常住居民人均可支配收入26070元，比上年增长6.5%。人均消费性支出17036元。

按常住地分，全年城镇常住居民人均可支配收入39364元，比上年增长5.5%。人均消费性支出20409元，增长3.1%。其中，食品支出增长3.1%，衣着增长7.0%，居住增长0.7%，教育文化娱乐服务增长2.3%。城镇常住居民恩格尔系数[6]为34.0%，与上年持平。年末城镇常住居民人均住房建筑面积54.3平方米。

全年农村常住居民人均可支配收入17872元，比上年增长6.6%。人均生活消费支出14955元，增长6.0%。其中，食品支出增长5.5%，衣着增长7.5%，居住增长3.6%，交通增长9.1%。农村常住居民恩格尔系数为33.2%，比上年下降0.2个百分点。年末农村常住居民人均住房建筑面积57.6平方米。

年末全市参加城镇职工基本养老保险55.7万人，比上年增长10.2%；城镇职工基本医疗保险31.6万人，增长4.8%；城乡居民基本医疗保险543.3万人，下降3.9%；参加城镇职工生育保险26.4万人，增长12.2%；失业保险22.4万人，增长13.1%；全市参加工伤保险32.3万人，下降2.1%；参加新型农村养老保险357.4万人，下降1.4%。全市城乡低保水平进一步提升，全年发放低保金12.3亿元，较上年增长12.6%，城镇低保年末保障0.8万人，农村低保年末保障22.1万人。

年末全市有各类收养性社会福利单位床位3.4万张，收养各类人员9713人。城镇建立各种社区服务设施758个，乡镇、街道及县（市、区）级社区服务中心93个，综合性社区服务站127个，改扩建乡镇敬老院19所。全年销售社会福利彩票2.5亿元，筹集公益金3100.2万元。

十二、资源、环境和应急管理

全年批准建设用地1814公顷，划定永久基本农田面积51.7万公顷，完成补充耕地368.4公顷。人工造林661公顷，完成四旁植树30.2万株，完成森林抚育5.7万亩，育苗面积5.9万亩，园林绿地面积4384.9公顷，创建省级森林城镇4个、森林村庄46个。全面实施江淮运河生态廊道工程，完成沿线15千米范围内人工造林0.2万亩、森林质量提升1.4万亩，新增湿地保护面积8902.6公顷。

全市水资源总量23.2亿立方米，用水总量10.4亿立方米。已发现各类矿产8种，已探明储量的矿产5种，煤炭储量达44.4亿吨。城市日供水综合能力32.5万吨，自来水普及率达99.8%。液化气年家庭用量0.6万吨，城市气化率达99.7%。

年末全市有各类气象台站4个，自动观测点310个，生态环境检验监测站5个。全市年平均气温16.7℃；年日照总时数2263.4小时；年平均降水量781.4毫米。

全年市区环境空气质量优良天数为271天，空气质量达标率为74.2%。$PM_{2.5}$平均浓度为40.8微克/立方米。区域环境噪声平均值为56.0分贝，交通噪声平均值为63.9分贝。在涡河设置的涡河亳州、义门大桥、岳坊大桥、龙亢4个监测断面，水质类别均为III类，较上年水质有所改善。集中式饮用水水源地水质达标率100%。

全市共发生各类生产安全事故29起、死亡34人，分别比上年下降23.7%、17.1%。全年共排查安全隐患[7]8.7万处，无重大生产安全事故、重大森林火灾事故、重大消防火灾事故、重大自然灾害事故，安全生产形势总体稳定向好。

注：

［1］本公报数据为初步统计数。部分数据因四舍五入的原因，存在与分项合计不等的情况。

［2］生产总值及各产业增加值绝对数按现价计算，增长速度按可比价格计算。

［3］规模以上工业统计范围为年主营业务收入2000万元及以上的企业。

［4］固定资产投资统计范围为计划总投资500万元以上项目及房地产项目。

［5］邮电业务总量按2020年不变价格计算。

［6］恩格尔系数是指居民食品消费支出占全部消费性支出的比重。

［7］排查安全隐患不含生产经营租住自建房和城乡自建房隐患排查。

亳州市“十四五”循环经济发展规划

大力发展循环经济，推进资源节约集约利用，构建资源循环型产业体系和废旧物资循环利用体系，对保障能源资源安全，推动实现碳达峰碳中和，促进生态文明建设具有重要意义。根据国家发展改革委《“十四五”循环经济发展规划》《安徽省“十四五”循环经济发展规划》和《亳州市国民经济和社会发展第十四个五年规划和2035年远景目标规划纲要》，制定本规划。规划期限为2021—2025年。

一、发展现状与面临形势

（一）发展现状

“十三五”期间，亳州市认真贯彻落实习近平生态文明思想，深入学习贯彻习近平总书记考察安徽重要讲话指示精神，绿色发展理念不断增强，政策保障体系更加完善，经济社会高质量发展水平逐步提升，循环经济发展取得显著成效。

1.试点示范深入实施。涡阳、蒙城、谯城3个省级开发区获批省级园区循环化改造试点，利辛县大宗固废综合利用基地获批，大宗固体废弃物利用率达到86.4%。制定《亳州市畜禽养殖废弃物资源化利用提标升级技术指南》，开展生猪、蛋鸡、肉鸭、肉牛4个示范规模养殖场提标升级改造试点。实施商品有机肥试点，发展循环农业，培育了一批以畜禽粪污为主要原材料的有机肥企业。推进建筑节能，大力发展绿色建筑和装配式建筑，重点打造涡阳县绿色建材产业集聚区，新建绿色建筑占新建民用建筑比例达100%。

2.清洁能源产业持续壮大。“十三五”期间，全市能源资源利用效率大幅提升，单位GDP能耗累计下降19.07%，单位GDP二氧化碳排放大幅下降。持续推进新能源发电项目建设，形成以太阳能、风能、生物质能为主的新能源产业集聚区。推进煤改气、煤改电工作，取缔燃煤小锅炉及燃煤设施3500余个，全市清洁能源消费占比达10%以上。可再生能源产业规模持续壮大，消费占比不断提高。2020年，全市可再生能源发电22.32亿千瓦时，较2015年增长近21倍。农林生物质领域建成上海电气蒙城生物质发电、国能蒙城生物质发电、光大涡阳生物质热电、亳州国祯生物质热电等项目，总装机12万千瓦，发电量8.11亿千瓦时，占总发电量的6.55%，实现了农作物秸秆、农药袋等农业废弃物转化成电能。生活垃圾焚烧领域建成蒙城县生活垃圾焚烧发电、利辛县生活垃圾焚烧发电、亳州市生活垃圾焚烧发电及二期等项目，总装机3.7万千瓦，发电量1.59亿千瓦时，占总发电量的1.28%，实现经济效益、生态效益、社会效益有机结合。

3.农业废弃物利用不断提升。实现农村有毒有害垃圾回收体系全覆盖，秸秆综合利用水平全面提升，利用率从2015年的78.8%提升到2020年的93%。蒙城县畜禽养殖废弃物资源化利用整县推进、养殖粪污"变废为宝""肥水管网还田"模式在全国推广，全市建设规模养殖场粪污集中处理中心9个。2020年，全市畜禽废弃物资源化综合利用率达97%以上，主要农作物化肥和农药使用量零增长。

4.工业绿色转型进度加快。"十三五"期间，全市工业绿色发展水平显著提升，三次产业比由2015年的18.1∶38.8∶43.1调整为2020年的14.2∶35.0∶50.8，获批国家级绿色工厂5家，省级绿色工厂11家。现代中药产业基地发展质量不断提升，产业规模突破1300亿元。工业化和信息化有效融合，获得国家级两化融合管理体系贯标评定企业140家，省级工业智能工厂及数字化车间19家。创新能力持续增强，获批国家级工业设计中心1家、国家级制造业单项冠军示范企业1家，实现"零"突破。

5.城市废弃物处理有效推进。生活垃圾分类和再生资源回收有效衔接，城市生活垃圾分类工作有序推进，餐厨废弃物资源化利用项目建设取得突破。谯城区建成日处理能力200吨的餐厨废弃物处理项目。谯城区年处理150万吨建筑垃圾项目加快建设。再生资源回收网络体系建设稳步推进，建成亳州市循环经济产业园垃圾应急填埋库、飞灰填埋库、园区污水处理厂、生活垃圾填埋场、生活垃圾焚烧发电厂、餐厨废弃物处理厂、废机油处理、炉渣处理、城建集团炉渣处理等项目。城市再生水利用有效提升，2020年，城市再生水利用率达29%。城市节水工作有序推进，成功创建国家节水型城市。

6.政策机制逐步完善。落实循环经济相关法规政策，制定亳州市加强塑料污染治理实施方案、再生资源回收体系建设中长期规划、秸秆综合利用实施方案、畜禽规模养殖场粪污资源化利用长效机制实施意见、地表水污染治理集中攻坚战方案、城市生活垃圾分类管理办法、危险废物收集贮存转运试点方案、快递包装绿色转型方案等制度规定，体制机制日益完善，有效推进资源节约利用和循环经济发展。

（二）存在问题

"十三五"期间，全市循环经济发展取得显著成效，但受宏观环境影响和发展阶段制约，循环经济发展仍然存在一些突出问题。一是资源环境约束突出，能耗指标、环境容量支撑不足，生态修复压力大，统筹发展和保护难度不断增加。二是绿色低碳发展水平有待提高，战略性新兴产业链仍需完善，传统发展模式和路径惯性较大，末端治理减排潜力有限，绿色低碳发展转型进程有待加快。三是全市煤炭占能源生产、消费比重高，煤电装机占比高，天然气、非化石能源占能源消费比重低的"三高两低"特征明显，煤炭占据能源消费主体地位特征短期内难以根本转变，实现碳达峰碳中和压力较大。四是光伏建筑一体化、储能、氢能、智慧能源等清洁能源发展不快，对全市新型基础设施和先进制造业发展贡献不大，新能源消纳能力不足，发展循环经济任务依然艰巨。

（三）面临形势

发展循环经济是我国经济社会发展的一项重大战略。立足新发展阶段，贯彻新发展理念，构建新发展格局，大力发展循环经济，推进资源节约集约循环利用，对推进绿色发展，保障能源资源安全，实现碳达峰碳中和意义重大。

1.发展循环经济是推动绿色转型的重要途径。亳州市经济发展主要依靠传统动能，绿色发展面临较大压力。"十四五"时期是亳州市实现绿色发展的关键阶段，需要大力发展循环经济，加快构建循环经济发展体系，推动经济社会发展全面绿色转型。

2.发展循环经济是实现“双碳”目标的重要基础。碳达峰碳中和对降低能源消耗、实施清洁生产、减少温室气体排放等提出更高要求。大力发展循环经济，可以有效延长材料和产品生命周期，减少生产过程能源消费和产品生产、报废过程中的碳排放，有利于实现“双碳”目标。

3.发展循环经济是保障资源安全的重要举措。“十四五”时期，随着长三角区域一体化、皖北承接产业转移等重大战略的深入实施，亳州市资源能源需求仍将刚性增长。发展循环经济，推动新能源和节能环保产业发展，构建长三角大产业链循环，完善废旧物资回收利用体系，提高再生资源替代比例，大幅减少对能源资源的依赖，为保障资源安全发挥重要作用。

二、总体要求

（一）指导思想

坚持以习近平新时代中国特色社会主义思想为指导，全面落实习近平总书记对安徽作出的系列重要讲话指示批示，深入贯彻习近平生态文明思想，完整、准确、全面贯彻新发展理念，全面贯彻落实碳达峰碳中和决策部署，大力发展循环经济，全面提高资源利用效率，着力构建绿色低碳循环发展的经济体系，为加快实施“六一战略”，全面建设经济强、百姓富、生态美、环境优的美丽亳州，实现经济社会可持续发展提供资源保障。

（二）基本原则

——坚持创新驱动。大力推进创新发展，强化创新对循环经济的引领作用。落实长三角一体化发展战略，推进特色产业协同创新，推动现代中药、白酒、农副产品深加工等主导产业高质量发展。完善有利于创新的制度环境，推动跨领域跨行业协同创新。

——坚持重点突破。以再利用、资源化为重点，提升重点区域、重点品种资源回收利用水平，加强生态设计，防范环境风险，大力提高重点行业、重点领域资源利用效率，强化经济社会发展的资源保障能力。围绕推动循环经济高质量发展，重点打造废弃资源综合利用等循环经济产业。

——坚持市场主导。加快推行源头减量、环境友好、资源循环、末端治理的生产方式，建立激励与约束相结合的长效机制，发挥市场配置资源的决定性作用，充分激发市场主体参与发展循环经济的积极性，增强循环经济发展的内生动力。

——坚持绿色引领。围绕碳达峰碳中和目标，不断优化调整能源结构，扩大清洁能源和非化石能源利用规模，构建能源绿色低碳生产及消费体系。实行能源消费强度和总量双控制度，推进能源循环梯级利用，加强能源系统整体优化，大力提高能源效率。

（三）发展目标

——资源循环利用体系基本建成。围绕碳达峰碳中和目标，推进传统行业绿色转型升级、清洁生产、节能技改，构建清洁、高效、低碳、循环的绿色制造体系，资源综合利用效率进一步提高。

——绿色经济产业体系加快构建。培育形成一批绿色设计、绿色工厂、绿色产业链示范企业，企业循环式生产、园区循环式发展、产业循环式组合基本形成。引领和促进全市战略性新兴产业集聚发展，创新型现代产业体系和现代经济体系加快构建。

——废旧物资回收网络更加完善。构建以社区回收站点为基础、集散市场为核心、加工利用为目标“三位一体”的再生资源回收网络体系，再生资源回收、集散、加工处理能力不断提高。

——城乡绿色生活方式全面推行。绿色价值理念牢固树立，生态消费、绿色消费理念成为社会共识。绿色建筑、可再生能源建筑大规模应用，节约资源、垃圾分类、绿色出行等行为得到全面贯彻。

——循环发展制度体系持续健全。循环发展的法规、政策、标准等制度体系进一步健全，循环经济统计评价制度不断完善，循环发展技术创新能力显著提升，长效推进机制更加健全。

亳州市“十四五”循环经济发展主要目标一览表

附表 10

序号	指标	单位	2020 年	2025 年	属性
1	资源产出率	%	—	完成省下达目标	预期性
2	单位 GDP 能耗降低	%	[19.1]	[13]	约束性
3	单位 GDP 二氧化碳排放降低	%	[28]	完成省下达目标	约束性
4	大宗固废综合利用率	%	88	90	预期性
5	一般工业固体废物综合利用率	%	85	＞85	预期性
6	农作物秸秆综合利用率	%	93	95	预期性
7	畜禽粪污综合利用率	%	80	85	预期性
8	农膜回收利用率	%	—	85	预期性
9	单位 GDP 用水量	%	—	[19]	约束性
10	城市再生水利用率	%	29	35	预期性
11	再生资源回收利用率	%	—	70	预期性
12	城市生活垃圾资源化利用率	%	—	60	预期性

注：[ ]指5年累计变化。

三、重点任务

（一）构建绿色低碳产业体系，提高资源利用效率

1.加快传统产业绿色低碳转型。实施重点工业领域碳达峰行动，探索在重点行业开展建设项目碳排放影响评价。持续推动中药、白酒等行业清洁生产，全面提升发展质量和环境治理水平。加快传统产业全流程清洁化、循环化、低碳化技术改造，促进传统产业绿色转型升级。推进工业产品绿色设计示范企业创建，开展省级绿色工厂评价管理，培育绿色设计产品、绿色工厂、绿色工业园区、绿色供应链管理企业，推动传统产业企业逐步实现产品全生命周期的绿色管理，建设“四位一体”绿色制造体系。到2025年，创建国家级绿色工厂10家、省级绿色工厂20家。

2.培育战略性新兴产业。构建战略性新兴产业发展“142”体系，推动中药优势产业突破发展，培育新一代信息技术、高端装备制造、新材料、新能源汽车四大成长型产业，支持节能及新能源装备产业发展。推进亳芜产业园五金机电产业园向电子信息产业园转型，培育亳州市电子信息产业集群。依托龙头企业建立产业集聚区，聚焦抓平台、扶企业，推动产业数字化转型，大力发展工业互联网，推进数字产业化创新。推进产业集聚发展，打造优势产业集群。

3.提升产业链供应链竞争力。发挥特色产业和配套企业优势，延长现代中药、白酒、农副产品深加工、文化旅游等产业链供应链，巩固增强产业链竞争优势。补齐高端装备制造、先进基础工艺等领域产业链短板。积极承接国内外尤其是长三角新兴产业转移，加快推进一批产业链关键环节重大项目。推广应用绿色开采技术，推动煤炭绿色开采，强化产业链供应链协作联动，构建安全可控的产业链供应体系。实施产业链补链固链强链行动，分行业开展供应链战略设计和精准施策，推行产业集群群长制、产业链供应链链长制、产业联盟盟长制。

4.推进园区循环化改造。推动开发区依法依规开展规划环境影响评价，严格准入标准，完善循环产业链条。开展资源循环利用示范基地和零碳产业园区建设，建设一批循环经济领域新型工业化产业示范基地。深化开发区循环化改造，加快推行源头减量、环境友好、资源循环、末端治理的生产方式，实现企业循环式生产、园区循环式发展、产业循环式组合。构建煤电、建材、纺织、食品加工、机械装备以及铝制品加工等闭合产业链条，把煤电循环产业园建设成为高水平的省级工业园区、皖北地区重要的煤炭深加工和新型产业基地。

5.加强废弃物协同处置。依

托农林废弃物、畜禽粪便资源化利用，扩大生物质天然气和沼气利用规模，构建就地收集原料、就地加工转化、就近消费利用的分布式清洁燃气生产消费体系。积极发展生物天然气工程，鼓励建设沼气发电示范工程，实现城乡有机废弃物可持续利用。加强废水、废渣等污染物集中治理设施建设及升级改造，开展涉及挥发性有机气体的工业企业“一企一策”系统化处理。加强水资源高效利用、循环利用，推进中水回用和废水资源化利用。推动建筑业转型发展，依托涡阳县绿色建筑特色产业集群，大力发展新型建材产业。加快发展钢结构装配式建筑、PC装配式建筑产业，培育发展新型墙体材料，打造集生产、展示、集散、服务、交易等为一体的装配式建筑产业基地，争创省级装配式建筑产业基地。

专栏1　绿色制造体系

建设绿色制造体系：围绕现代中药、白酒、纺织服饰等重点行业开发绿色产品，建设绿色工厂和绿色供应链，打造绿色工业园区，积极申报国家、省级绿色制造项目。打造零碳示范区和示范企业，构建清洁、低碳、循环的绿色制造体系，推动建设高效清洁的循环经济园区。

工业资源综合利用：加快建设涡阳县、利辛县大宗固废综合利用基地建设，加快实施利辛县煤电循环产业园重点项目，推进煤矸石、药渣、粉煤灰等工业固废综合利用。实施能效“领跑者”行动计划，培育一批骨干企业。

（二）构建废弃物资循环体系，加强再生资源利用

1.完善废旧物资回收网络。加强城乡废旧物资回收处理体系一体化发展，推动废旧物资回收网点与生活垃圾分类网点“两网融合”。建立家电、汽车、电子等消费品废旧回收循环利用体系，促进消费向绿色、健康、安全发展。通过垃圾分类投放站（柜）、预约上门回收、卖场内设置分类回收箱等方式，提高回收的便捷性。运用大数据智能化手段，逐步实现电子电器产品从投放到回收处理全程跟踪监管。推进废铅蓄电池收贮和危险废物收贮中心建设，发展废弃资源综合利用产业。

2.提升再生资源利用水平。推动亳州循环经济产业园提质增效，实现再生资源规模化、规范化、清洁化利用。引进培育大型再生资源回收企业，实行统一回收、集中交易与处理加工。推进废塑料、废钢铁、废轮胎等再生资源回收利用，提升行业规范化水平。落实再生原材料推广使用制度，拓展再生原材料市场应用渠道。落实再生资源分级质控和标识制度，推广资源再生产品和原料。推动太阳能光伏组件、动力蓄电池、碳纤维材料、生物基纤维、复合材料和节能灯等废弃物回收利用。

3.规范二手商品市场发展。积极推进“互联网+流通”行动计划，加快流通网络化、数字化、智能化建设。规范发展旧货市场，促进二手商品流通。加快畅通绿色产品流通渠道，加快发展线下流通企业。利用群众性休闲场所、公益场地开设跳蚤市场，促进闲置物品交易和流通。鼓励社区定期组织二手商品交易活动，促进居民家庭闲置物品交易和流通。

4.加快再制造产业发展。推动汽车制造业与服务业联动发展，加强全生命周期管理，提供远程运维、状态预警、故障诊断等在线服务，实现产品再制造、再利用。促进生物基可降解替塑产品研发推广，围绕“龙头+配套”推动生物基新材料链式发展，打造产业集群，申报省级重大新兴产业基地，争创国家级产业集群。

专栏2　废旧物资循环利用

推进植物秸秆、工业废渣、建筑垃圾等固体废弃物在墙体材料中的综合利用，推广新型墙材生产能源梯次利用。鼓励回收树叶、树枝等林业废弃物，支持生物质发电项目建设。推动废纸、废塑料、废旧轮胎、废金属、废玻璃等再生资源规模化、规范化、高值化回收利用。完善生活废弃物、废旧塑料等再生资源回收利用监管体系，构建铅蓄电池等废弃产品逆向回收利用体系。推进再生资源集中交易回收处理加工。

（三）完善农业循环利用体系，促进资源回收利用

1.推进农业结构优化调整。推广新型生态化种养模式和生态循环农业技术集成应用，推广病虫害绿色防控、节水灌溉等技术，积极开展循环农业示范创建。改造提升畜禽养殖场资源化利用设施，鼓励沼液利用，实施水禽旱养，控制农业源氨排放。

推动养殖业减量用药，规范兽药、饲料添加剂使用，推进养殖过程清洁化。优化种养业布局，推进农产品产、加、储、运、销全产业链绿色化标准化发展。

2.加强农作物秸秆综合利用。全面实施农作物秸秆“四离一集中”。完善农业资源循环利用体系，以秸秆“五化”利用为重点，推进秸秆综合利用。推动秸秆焚烧发电项目建设。推进秸秆在墙材中的综合利用，推进“无废农业”建设。高水平建设涡阳县、利辛县大宗固废综合利用基地，到2025年，全市秸秆综合利用率达95%。

3.提升畜禽养殖粪污资源化利用水平。加快规模化养殖场粪污资源化利用整县推进和绿色种养循环项目建设。稳步推进畜禽养殖液态粪污肥水还田模式应用，广泛开展废水就地消纳、就近还田、种养结合、农牧循环。鼓励规模养殖企业与有机肥生产企业深度合作，有效利用畜禽养殖固态粪污，支持有机肥生产企业区域收纳、集中处理、制肥还田，提升畜禽粪污资源化利用水平。到2025年，畜禽粪污综合利用率达85%。

4.加强农业废弃物资源化利用。加快废弃农膜、农药包装物等农业废弃物回收体系建设，结合农村人居环境整治，建设田间垃圾收集设施，对废弃农膜进行定点堆放、定期处理。实施农膜回收行动，建立健全农田残留地膜污染监测网络。开展农膜合理使用和废弃农膜回收利用试点，提高农膜使用水平和回收利用率。加强农膜市场监管，推进废旧农膜资源化利用，减量使用传统地膜，鼓励支持生产使用全生物降解农膜。到2025年，农膜回收率达85%以上，农药包装废弃物基本实现有效回收处理。

（四）健全绿色循环消费体系，推动社会绿色转型

1.促进绿色产品消费。推动建立统一的绿色产品标准、认证、标识体系，完善绿色产品市场准入和追溯制度。推动国有企业率先执行企业绿色产品采购指南，推行绿色产品政府采购制度。开展全社会厉行节约反对浪费行动。认真执行节能产品、环境标志产品政府采购政策，加大政府绿色采购力度。畅通绿色产品流通渠道，推动线下流通企业及线上电商平台设立绿色产品销售专区。推广绿色电力证书交易。培育绿色消费理念，鼓励绿色产品消费，扩大绿色消费市场，推行绿色办公，完善绿色采购制度，推动企业增加绿色产品和服务供给。

2.打造绿色物流。加快推进亳州港多式联运综合物流园、高铁新区现代物流园、亳州机场空港物流园建设，构建水、陆、空多式联运高效物流服务体系。推广绿色低碳运输工具，积极推动新能源和清洁能源运输车辆在城市公交、出租汽车、物流配送、邮政快递等领域应用。提升智能交通水平，鼓励发展智慧仓储、智慧运输，支持物流企业构建数字化运营平台，推进物流运输信息共享，提高运输效率。加快推进快递包装绿色转型，扩大可循环快递包装应用规模。

3.推进绿色建筑。大力发展绿色建筑，加大装配式建筑应用，力争到2025年，城镇新建建筑执行绿色建筑标准比例达100%，城镇装配式建筑占新建建筑面积比例达30%。推动超低能耗建筑、近零能耗建筑发展，推广可再生能源应用和再生水利用。推广绿色建筑技术，推进太阳能发电产品与建筑一体化应用。

4.倡导绿色低碳生活方式。深入推进绿色生活创建行动。推行绿色办公。引导家庭节约资源，提升物品重复使用率，优先购买使用绿色产品，不用或少用一次性用品，大力推广节能家电、高效照明产品、节水器具、生物基可降解聚酯等绿色产品。优先选择绿色出行方式，优先发展公共交通，鼓励绿色出行。实施垃圾分类和源头减量，推进资源化利用。深入开展全民教育，将勤俭节约、绿色低碳的生活理念融入家庭教育、学校教育等体系，纳入干部教育培训教学内容。开展绿色社区、绿色学校、绿色家庭等创建活动。培育宣传一批成效突出、特点鲜明的绿色生活优秀典型，广泛宣传推广简约适度、绿色低碳、文明健康的生活理念和生活方式，形成崇尚绿色生活的社会氛围。推进塑料污染全链条治理，促进生物基可降解替塑产品应用推广。争创全国文明城市。

四、重点工程与行动

（一）能源清洁高效利用工程

积极推动煤炭清洁高效利用和煤电联营一体化发展，大力发展煤电循环经济产业。着力提升

煤系共伴生矿产资源开发利用水平，推进煤炭副产品综合利用，提高资源综合利用效率。加大电能替代力度，积极推进太阳能、风能、生物质能、地热能等可再生能源发展，提升清洁能源利用效率，扩大清洁能源利用规模。“十四五”期间，建成板集电厂二期，力争板集电厂三期开工建设。

专栏3　可再生能源推广行动

开展工业领域电力需求侧管理专项行动，推动可再生能源在开发园区的应用，从根源上减少工业企业碳排放。加大新能源汽车推广力度，重点推广混合动力、纯电动、天然气等节能环保车辆在城市公交、出租车等领域的应用。持续推进公共建筑节能改造，建设一批超低能耗建筑示范项目。加快可再生能源建筑规模化发展，推动太阳能、浅层地热能、生物质能等可再生能源规模化应用。

（二）生物质能多元利用工程

坚持因地制宜、科学布局、高效利用、绿色循环，重点发展生活垃圾焚烧发电、农林生物质焚烧发电，多元推进生物质能转型升级和多途径利用，因地制宜推进生物质发电向热电联产转型。“十四五”期间，重点建设利辛生物质热电项目，加快涡阳县生活垃圾焚烧发电、利辛县生活垃圾焚烧发电二期等项目建设，加快亳州国祯生物质热电联产二期等项目前期工作。到2025年，力争全市生物质发电装机达20万千瓦。

（三）新型储能应用工程

大力推进电源侧储能项目建设。统筹高比例新能源系统发展和电力安全稳定供应，以电网为核心平台，优化整合本地电源侧、负荷侧资源，充分挖掘电源、储能、负荷等调节能力，在工业负荷大、新能源条件好的地区，探索开展增量配电网改革试点。支持分布式电源开发建设和就近接入消纳，合力布局电源侧、电网侧储能设施，推动用户侧储能多元发展。力争到2025年，全市储能电站容量达40万千瓦。

专栏4　新能源发展行动

加快推进生活垃圾焚烧发电、秸秆焚烧发电项目建设，推进垃圾分类工作。发挥江淮MPV和奇瑞新能源汽车等带动优势，重点发展锂离子电池、充电服务及后市场服务产业。鼓励开展燃料电池公交车、出租车等示范运营，探索氢燃料电池汽车应用，探索开展油、电、气、氢一体发展模式。

（四）园区循环化改造工程

根据物质流和产业关联性，优化开发区空间布局，持续推进循环化改造。围绕产业链、价值链“双链”提升，实施产业链精准招商，完善循环产业链条，推动产业循环式组合、企业循环式生产。开展节能降碳改造，推动企业产品结构、生产工艺、技术装备优化升级，推进能源梯级利用和余热余压回收利用。实施清洁生产改造，促进原材料和废弃物源头减量。加强水资源循环利用，推进中水回用和废水资源化利用。加强废水、废气、废渣等污染物集中治理设施建设及升级改造。到2025年，具备条件的省级以上开发区全部实施循环化改造。

（五）大宗固废综合利用工程

进一步拓宽药渣、酒糟、污泥、煤矸石、粉煤灰、炉渣、脱硫石膏、草木灰等工业固废利用渠道，扩大在生态修复、绿色开采、绿色建材、交通工程等领域利用。以大宗固废综合利用基地、亳州循环经济产业园建设为依托，推进工业固废综合利用。推行建筑垃圾源头减量，推动建筑垃圾资源化利用，推广废弃路面材料原地再生利用，开展建筑垃圾资源化利用示范城市建设。加快推进秸秆高值化利用，完善收储运体系。到2025年，全市大宗固废综合利用率达90%以上。

（六）城市废弃物协同处置工程

完善政策机制和标准规范，推动协同处置设施参照城市环境基础设施管理，保障设施持续稳定运行。通过市场化方式确定城市废弃物协同处置付费标准，有序推进工业窑炉、火电厂协同处置工业固体废物、生活垃圾。推进餐厨废弃物、林业废弃物等低值有机废物统筹处置利用。到2025年，全市实现城市原生垃圾“零填埋”。

（七）污水资源化利用工程

因地制宜建设城镇污水收集管网，就近引入城镇污水处理厂或建设大三格化粪池。优化农村生活污水治理路径，谋划实施乡镇污水处理厂污泥无害化处置和资源化利用项目，加强污泥产生、运输及处置监督管理，建立健全污泥全过程管理台账。到

2025年，全市污泥无害化处理率达90%。

（八）塑料污染全链条治理行动

强化源头治理，围绕塑料制品生产使用重点领域和重要环节，有序禁止、限制部分塑料制品生产、销售和使用，积极推广替代产品。规范塑料废弃物回收利用，建立健全塑料制品生产、流通、使用、回收处置等环节管理制度。鼓励农业生产者使用符合标准、安全可控的全生物降解地膜，在部分地区适宜作物上实现对传统地膜替代。加强可循环、易回收、可降解替代材料和产品研发，积极采用新型绿色环保功能材料，推广使用符合相关标准和要求的再生塑料。到2025年，塑料制品生产、流通、消费和回收处置等环节管理制度基本建立，塑料污染得到有效控制。

（九）快递包装绿色转型行动

鼓励制定快递绿色包装服务类地方标准。强化快递包装绿色治理，推行简约包装，推进快递包装标准化、绿色化、循环化。推动电商快件包装定制化、仓配一体化、运输标准化服务。使用可循环、易回收、可降解的包装材料和符合快递封装要求的包装产品，避免、减少快递企业二次包装。加强快递包装回收，规范快递包装废弃物分类投放和清运处置。到2025年，电商快件基本实现不再二次包装，邮政快递网点禁止使用不可降解的塑料包装袋、塑料胶带、一次性塑料编织袋，基本实现快递包装绿色转型。

（十）绿色制造体系提升行动

实施工业绿色升级工程，开展重点企业节能诊断，鼓励实施合同能源管理。实施可再生能源替代，推广自发自用分布式光伏发电。推进能源、新型建材等产业低碳发展，加快建设绿色制造体系，推进企业绿色转型升级，推动企业实施绿色清洁生产，构建清洁、高效、低碳、循环的绿色制造体系。促进工业资源综合利用水平提升。到2025年，省级及以上绿色工厂达30个，单位GDP能耗完成省下达目标任务。

五、政策保障

（一）健全制度标准体系

完善循环经济标准体系，强化行业监管。鼓励企业制定严于国家标准、行业标准的企业标准；引导企业积极采用国际标准或国内外先进标准，保持企业所用标准的先进性和适用性。推动建立统一的绿色产品标准、认证、标识体系，完善绿色产品市场准入和追溯制度。推动国有企业率先执行企业绿色产品采购指南，推行绿色产品政府采购制度。

（二）构建统计评价体系

研究完善循环经济统计体系，优化统计核算方法，加强能源计量、统计及调度。探索建立废弃物综合利用补偿机制，通过市场化手段推进资源综合利用。完善循环经济发展评价指标体系，鼓励开展第三方评价。加强循环经济统计调查和监测分析，推动园区、企业建立资源消耗、污染排放台账，提高精细管理水平，加强资源消耗、综合利用和废弃物监测分析。充分运用大数据信息技术手段，创新统计调查方法，多渠道收集相关数据并建立数据库。

（三）培育绿色交易市场机制

探索开展并积极参与排污权、用能权、用水权、碳排放权等交易，落实初始分配、有偿使用、市场交易、纠纷解决、配套服务等制度。积极推动资源循环利用第三方服务体系建设，建立循环经济信息系统和技术咨询服务体系，培育扶持一批为循环经济发展提供规划、设计、建设、改造、运营等服务的专业化机构。

（四）加强财税金融政策支持

加大金融支持绿色产业发展，支持符合条件的企业利用资本市场多渠道融资。加大财政税收扶持力度，落实好高新技术企业税收优惠和增值税转型、引进技术设备、关键零部件、原材料和秸秆综合利用等优惠政策。鼓励金融机构加大对循环经济重大工程投融资支持。加强绿色金融产品创新，加大绿色信贷、绿色债券、绿色基金、绿色保险对循环经济企业支持。

（五）健全绿色收费价格机制

加强资源环境市场制度建设，落实环保收费与环境价格政策，逐步实行资源有偿使用。完善污水处理收费政策，合理制定污水处理收费标准，健全收费标准动态调整机制。建立健全生活垃圾处理收费制度，落实居民阶梯电价、阶梯水价和分时电价政策，完善价格形成和动态调整机制。

（六）强化监督管理

加强废旧物资回收、利用、处置等环节监管。强化生活垃圾分类处理项目运行监管，加强对再生资源回收工作规范指导，推动行业自律。建立分类监督机制，完善企业产品和服务标准自我声明公开监督机制。加强事中事后监管，加大违法行为处罚力度。加强标准实施监督，畅通投诉举报渠道，充分发挥新闻媒体、社会组织和消费者对标准实施的监督作用。

六、组织实施

市发展改革委加强统筹协调和监督管理，及时总结分析工作进展，切实推进本规划实施。各有关部门按照职能分工抓好重点任务落实，并加强与节能、节水、垃圾分类、“无废城市”建设等工作衔接。各地高度重视循环经济发展，精心组织安排，明确重点任务和责任分工，结合实际抓好规划贯彻落实。

重点任务分解表

附表11

序号	工程行动	牵头主办单位	协同配合单位
1	能源清洁高效利用工程	市发展改革委	市生态环境局、市经济和信息化局
2	生物质能多元利用工程	市发展改革委、市农业农村局	市经济和信息化局
3	新型储能应用工程	市发展改革委	市经济和信息化局、市供电公司
4	园区循环化改造工程	市发展改革委	市生态环境局
5	大宗固废综合利用工程	市发展改革委	市生态环境局、市经济和信息化局
6	城市废弃物协同处置工程	市商务局	市发展改革委、市城市管理局、市生态环境局
7	污水资源化利用工程	市城市管理局	市发展改革委、市生态环境局、市水利局
8	塑料污染全链条治理行动	市发展改革委、市生态环境局	市商务局、市城市管理局
9	快递包装绿色转型行动	市邮政管理局	市交通运输局
10	绿色制造体系提升行动	市发展改革委、市经济和信息化局	市生态环境局等市节能工作领导小组成员单位

索 引

主题索引

本索引采用主题分析索引法，按索引词首字汉语拼音字母顺序排列，同声同韵字按声调、同音字按笔画顺序排列，若首字母相同按第二字音序排列，依次类推。索引词后的阿拉伯数字表示该词所在页码，数字后的英文字母a、b、c分别表示该页文字的左、中、右栏。

A

B

C

D

E

F

G

H

J

K

L

M

T

W

图表索引

本索引按图片和表格在文中的先后顺序排列，图片说明文字和表格标题后的阿拉伯数字表示所在页码。

系列图片索引

随文图片索引

表格索引